U0513658

先秦史

吕思勉文集

上海古籍出版社

圖書在版編目(CIP)數據

先秦史 / 呂思勉著. —上海：上海古籍出版社，
2020.3（2023.8 重印）
（呂思勉文集）
ISBN 978-7-5325-9469-6

Ⅰ.①先…　Ⅱ.①呂…　Ⅲ.①中國歷史－先秦時代
Ⅳ.①K22

中國版本圖書館 CIP 數據核字(2020)第 022402 號

呂思勉文集

先秦史

呂思勉　著

上海古籍出版社出版發行

（上海市閔行區號景路159弄1–5號A座5F　郵政編碼201101）

（1）網址：www.guji.com.cn

（2）E-mail：guji1@guji.com.cn

（3）易文網網址：www.ewen.co

江陰市機關印刷服務有限公司印刷

開本 890×1240　1/32　印張14.25　插頁5　字數370,000

2020 年 3 月第 1 版　2023 年 8 月第 3 次印刷

ISBN 978-7-5325-9469-6

K·2756　定價：58.00 元

如有質量問題,請與承印公司聯繫

前　言

　　呂思勉先生,字誠之,筆名駑牛、程芸、芸等。一八八四年二月二
十七日(清光緒十年二月初一日)誕生於江蘇常州十子街的呂氏祖
居,一九五七年十月九日(農曆八月十六日)病逝於上海華東醫院。
呂先生童年受的是舊式教育,六歲起就跟隨私塾教師讀書,三年以
後,因家道中落而無力延師教授,改由父母及姐姐指導教學。此後,
在父母、師友的幫助下,他開始系統地閱讀經學、史學、小學、文學等
各種文史典籍。自二十三歲以後,即專意治史。呂先生夙抱大同思
想,畢生關注國計民生,學習新文化,吸取新思想,與時俱進,至老
彌篤。

　　呂先生長期從事文史教育和研究工作。一九〇五年起開始任
教,先後在蘇州東吳大學(一九〇七年)、常州府中學堂(一九〇七年
至一九〇九年)、南通國文專修科(一九一〇年至一九一一年)、上海
私立甲種商業學校(一九一一年至一九一四年)等學校任教。一九一
四年至一九一九年,先後在上海中華書局、上海商務印書館任編輯。
其後,又在沈陽高等師範學校(一九二〇年至一九二二年)、蘇州省立
第一師範學校(一九二三年至一九二五年)、上海滬江大學(一九二五
年至一九二六年)、上海光華大學和華東師範大學任教。其中,在上
海光華大學任教最久,從一九二六年至一九五一年,一直在該校任教
授兼歷史系主任,并一度擔任該校代校長。一九五一年,高等學校
院系調整,光華大學并入華東師範大學,呂先生遂入華東師範大學歷

史系任教,被評爲歷史學一級教授。呂先生是教學與研究相互推動的模範,終生學而不厭,誨人不倦。

呂先生是二十世紀著名的歷史學家,對中國古代史的研究,做出了巨大的貢獻,取得了多方面的成就。他在中國通史、斷代史、社會史、文化史、民族史、政治制度史、思想史、學術史、史學史、歷史研究法、史籍讀法、文學史、文字學等方面寫下大量的論著,計有通史兩部:《白話本國史》(一九二三年)、《呂著中國通史》(上冊一九四〇年、下冊一九四四年),斷代史四部:《先秦史》(一九四一年)、《秦漢史》(一九四七年)、《兩晉南北朝史》(一九四八年)、《隋唐五代史》(一九五九年),近代史一部:《呂著中國近代史》(一九九七年),專著若干種:《經子解題》(一九二六年)、《理學綱要》(一九三一年)、《宋代文學》(一九三一年)、《先秦學術概論》(一九三三年)、《中國民族史》(一九三四年)、《中國制度史》(一九八五年)、《文字學四種》(一九八五年)、《呂著史學與史籍》(二〇〇二年),史學論文、札記及講稿的彙編三部:《呂思勉讀史札記》(包括《燕石札記》、《燕石續札》,一九八二年)、《論學集林》(一九八七年)、《呂思勉遺文集》(一九九七年),以及教材和文史通俗讀物十多種,著述總量超過一千萬字。他的這些著作,聲名廣播,影響深遠,時至今日,在港臺、國外仍有多種翻印本和重印本。呂先生晚年體衰多病,計劃中的六部斷代史的最後兩部《宋遼金元史》和《明清史》,已做了史料的摘録,可惜未能完稿,是爲史學界的一大遺憾。

《先秦史》是呂思勉先生的中國斷代史系列著作的第一部,寫於二十世紀三十年代的中期,一九四一年十二月,列爲齊魯大學國學研究所的專著彙編之二,由上海開明書店出版發行,書後附有人名、地名、引用書目和篇名的索引。作者自謂:《先秦史》在"論古史材料,古史年代,中國民族起源及西遷,古代疆域,宦學制度,自謂甚佳"。該書出版以後,呂先生曾作過仔細的校訂;五十年代初,他整理自己的舊作,特將"有獨見"、可成"精湛之作"的地方摘出,寫有札録一冊。

一九八二年九月，《先秦史》經楊寬、呂翼仁諸先生的校訂，作爲"呂思勉史學論著"之一種，由上海古籍出版社出版，初版的幾種附錄沒有收錄。

　　本次《先秦史》的新版，以開明書店的初版本爲底本（幾種附錄仍不收錄），吸取了作者和楊、呂諸先生的校訂成果，并將原書的繁體直排、雙行夾注，改爲繁體橫排、單行夾注。除訂正了原書的一些訛誤之外，其他如習慣用詞、行文遣句、概念術語等，均未予改動。《先秦史》的札錄，原是作者爲自己的研究工作所做的摘錄，文字非常簡略，有些只是提示性的輯要，但都標有相應的頁碼，現以頁下注的方式，附在正文之中，以便讀者參考。

李永圻　張耕華
二〇〇五年二月

目　録

第一章　總　論

歷史果何等學問？治之果有何用耶？自淺者言之，則曰：史也者，前車之鑒也。昔人若何而得，則我可從而放效之；若何而失，則我可引爲鑒戒，斯言似是，而實不然。何則？大化之遷流，轉瞬而已非其故，世事豈有真相同者？見爲相同，皆察之未精者耳。執古方以藥今病，安往而不貽誤？近世西人東來，我之交涉，所以敗績失據者，正坐是也。然則史學果何用耶？

曰：史也者，所以求明乎社會之所以然者也。宇宙間物，莫不有其所由成，社會亦何獨不然？中國之社會，何以不同於歐洲？歐洲之社會，何以不同於日本？習焉不察，則不以爲異，苟深思之，則知其原因極爲深遠，雖極研索之功，猶未易窺其萬一也。因又有因，欲明世事之所由來，固非推之邃初不可。此近世史家，所以記載務求其詳，年代務求其遠；雖在鴻荒之世，而其視之之親切，仍與目前之局等也。

史事既極繁賾，而各時代之事勢，又不能無變異，治史者自不能不畫爲段落。昔日史家，多依朝代爲起訖。一姓之興亡，誠與國勢之盛衰，羣治之升降，皆有關係，然二者究非同物，此近世史家，所以不依朝代，而隨時勢以分期也。分期之法，各家不同，而畫周以前爲一期，則殆無二致。是何哉？論者必曰：封建易爲郡縣，實爲史事一大界，斯固然也。然封建郡縣之遞嬗，其關係何以若是其大？則能言之者寡矣。蓋世運恆自塞而趨於通，而其演進也，地理若爲之限。以交通之阻隔，乃將世界文化，分爲若干區；區自有其中心，而傳播於其鄰

近;久之,則各區域之文化,更互相接而終合爲一焉。此前世之行事,
可以共徵;亦今後之局勢,可以豫燭者也。中國地處亞東,爲世界文
明發源地之一。其地東南濱海;西則青海、西藏,號稱世界第一高原;
北則蒙古、新疆,實爲往古一大內海,山嶺重疊,沙磧緜延,實非昔時
人力,所能逾越;東北興安嶺之麓,雖土壤腴沃,而氣候苦寒,開拓且
非旦夕可期,更無論踰嶺而北矣。職是故,中國今日之封域,實自成
爲一文化區。摶結此區域內之人民而一之,而誕敷其文化,則中國民
族,在世界上所盡之責任也。此一區域之中,事勢亦自分難易。內地
之諸省及遼寧,久摶結爲一體,吉、黑及蒙、新、海、藏,則不免時有離
合焉。此等皆以大勢言之,勿泥。封建廢而郡縣興,則我民族摶結內地及
遼寧之告成,而其經營吉、黑及蒙、新、海、藏之發軔也。其爲史事一
界畫,不亦宜乎?

　　復次:史材之同異,亦爲治史者分畫界綫之大原因。今之言史
材者,固不專恃文字,究以依據文字者爲多,科學未興之時則尤甚。
西儒或分書籍爲三種:一曰屬於理智者,言學之書是也。二曰屬於
情感者,文辭是也。三曰屬於記憶者,史籍是也。吾國舊分書籍爲四
部。經、子二部,略與其所謂屬於理智者相當;集與其所謂屬於情感
者相當;集部後來,龐雜至不可名狀,然其初,則專收文辭,實上承《七略》之《詩賦略》,説
見《文史通義・文集篇》。史與其所謂屬於記憶者相當;雖不密合,以大致言
之固如是。然此乃後世事,非所語於古初。《漢志》,《大史公書》尚附
《春秋》之末,更微論秦以前也。吾國史官,設立甚早,然其所記,與後世
史官所記者,實非同物。參看下章。況經秦火,盡爲煨燼,謂古書亡於秦火,
實誣罔之辭。自漢以後,更無祖龍,漢、隋諸志著録之書,什九安在? 況古代學術之傳,多
在口耳,不專恃竹帛乎? 然史經秦火而亡,則非虛語,以史在當時爲官書也。《史記・六國
表》曰:"秦既得意,燒天下詩書。諸侯史記尤甚,爲其有所刺譏也。詩書所以復見者,多藏
人家,而史記獨藏周室,以故滅,惜哉惜哉。"人家之人當作民,此唐人避諱字未經改正者。
周室二字,苞諸侯之國言,乃古人言語,以偏概全之例,非謂周室能盡藏列國之史。① 其

――――――――――

　　① 史籍:多藏人家,人當作民,史記獨藏周室,周室苞諸侯之國言。

僅存者，皆附經、子以傳，則仍爲言學術之書；而私家所稱述，更無論
矣。史以記載爲主，古代之記載，缺乏如是，治古史之法，安得不與治
後世之史異？治之之法異，斯其所成就者亦不同矣，此又古今史家，
所以不期而同，於周、秦之間，皆若有一界畫在者也。

　　今之治國史者，其分期多用上古、中古、近世、現代等名目，私心
頗不謂然。以凡諸稱名，意義均貴確實，而此等名目，則其義殊爲混
淆也。梁任公謂治國史者，或以不分期爲善，見中華書局刻本《國史研究》附
錄《地理年代篇》。其説亦未必然。然其分期，當自審史事而爲之，並當自
立名目，而不必强效他人，則審矣。言周以前之史，而率約定俗成之
義，以求稱名，自以先秦二字爲最當。今故逕稱是編爲《先秦史》焉。
大古、中古等名，自昔即無定義，見《詩·甫田》疏。①

————————

　　① 時代。

第二章　古史材料

　　今之所謂科學者,與前此之學問,果何以異乎? 一言蔽之曰:方法較密而已。方法之疏密,於何判之? 曰:方法愈密,則其使用材料愈善而已。信如是也,古史之材料,既以難治聞,當講述之先,固不得不一爲料檢也。

　　近世史家,大別史材爲二:一曰記載,二曰非記載。[①] 記載之中,又分爲四:一曰以其事爲有關係,而記識之以遺後人者,史官若私家所作之史是也。二曰本人若與有關係之人,記識事迹,以遺後人者,碑銘傳狀之屬是也。此等記載,恆不免誇張掩飾,然其大體必無誤,年月日,人地名等,尤爲可據,以其出於身親其事者之手也。且誇張掩飾,亦終不可以欺人,善讀者正可於此而得其情焉。三曰其意非欲以遺後人,然其事確爲記載者,凡隨意寫録,自備省覽之作皆是也。四曰意不在於記載,然後人讀之,可知當時情事,其用與記載無異者,前章所言屬於理知、情感兩類之書是也。記載大都用文字,然文字語言,本爲同物,故凡口相傳述之語,亦當視與簡策同科焉。非記載之物,亦分爲三:一曰人,二曰物,三曰法俗。人類遺骸,可以辨種族,識文化之由來。物指凡有形者言,又可分爲實物及模型、圖畫兩端。法俗指無形者言,有意創設,用爲規範者爲法,無意所成,率由不越者爲俗。法俗非旦夕可變,故觀於今則可以知古也。法俗二字,爲往史所常用,如《後漢書·東夷傳》謂"倭地大較在會稽東冶之東,

---

① 　史籍:史籍理論上之分類。

與珠崖儋耳相類,故其法俗多同"是也。史家材料汗牛充棟,然按其性質言之則不過如此。

史家有所謂先史時代(prehistory)者,非謂在史之先,又別有其時代也。先史之史,即指以文字記事言之亦可該口傳言先史,猶言未有文字記載之時云爾。人類業力,至爲繁賾,往史所記,曾不能及其千萬分之一。抑史家之意,雖欲有所記識,以遺後人,而其執筆之時,恆係對當時之人立説,此實無可如何之事。日用尋常之事,在當時,自爲人所共知,不煩記述,然閲一時焉,即有待於考索矣。非記載之物,雖不能以古事詔後人,然綜合觀之,實足見一時之情状,今之史家,求情状尤重於求事實,故研求非記載之物,其所得或轉浮於記載也。如觀近歲殷墟發掘所得,可略知殷代社會情状,不徒非讀《史記・殷本紀》所能知,並非徒治甲骨文者所能悉也。非記載之物,足以補記載之缺而正其譌,實通古今皆然,而在先史及古史茫昧之時,尤爲重要。我國發掘之業,近甫萌芽,而其知寶古物,則由來已久。大抵初由寶愛重器而起,重器爲古貴族所通好,其物既貴而又古,其可愛自彌甚。如周、秦人之侈言九鼎,梁孝王之欲保雷尊是也。①　見《漢書・文三王傳》。此等風氣,雖與考古無關,然一入有學問者之手,自能用以考古,如許慎《説文解字序》,言"郡國往往於山川得鼎彝,其銘即前代之古文,皆自相似"。則考文字學之始也。鄭玄注經,時舉古器爲證,則考器物之始也。《漢書・郊祀志》,載張敞案美陽鼎銘,知其爲誰所造,則考史事之始也。此等風氣,歷代不絶,而趙宋及亡清之世爲尤盛,其所珍視者,仍以鼎彝之屬爲最,亦及於刀劍、錢幣、權量、簡策、印章、陶磁器諸端,所考索者,則徧及經學、史學、小學、美術等門。或觀其形制,或辨其文字,或稽其事迹。其所考釋,亦多有可稱,惜物多出土後得;即有當時發現者,亦不知留意其在地下及其與他物並存之情形,因之僞器雜出,就見有之古器物論之,僞者蓋不止居半焉。又其考釋之旨,多取與書籍相證,

①　古物:愛好古物之始。

而不能注重於書籍所未紀。此其所以用力雖勤，卒不足以語於今之所謂考古也。發掘之業，初蓋借資外人。近二十年來，國人亦有從事於此者。又有未遑發掘，但據今世考古之法，加以考察者。其事，略見衛聚賢《中國考古小史》、《中國考古學史》兩書，皆上海商務印書館出版。所得雖微，已有出於文字紀載之外者矣。其略，於第三、第四兩章述之，茲不贅。

　　近二十年來，所謂"疑古"之風大盛，學者每訾古書之不可信，其實古書自有其讀法，今之疑古者，每援後世書籍之體例，訾議古書，適見其鹵莽滅裂耳。英儒吳理氏（Charles Leonard Woolley）有言：薛里曼（Schliemann）發見邁錫尼（Mycenae）之藏，而知荷馬（Homer）史詩，無一字之誣罔。見《考古發掘方法論・引論》。彼豈不知荷馬史詩，乃吾國盲詞之類哉？而其稱之如此，可知古書自有其讀法矣。書籍在今日，仍爲史料之大宗，今故不憚煩碎，略舉其要者及其讀法如下：

　　先秦之書，有經、子、集三部而無史，前已言之。然經、子實亦同類之物。吾國最早之書目爲《七略》。除《輯略》爲羣書總要外，凡分《六藝》、《諸子》、《詩賦》、《兵書》、《數術》、《方技》六略。別六藝於諸子，乃古學既興後之繆見，語其實，則六藝之書，皆儒家所傳，儒家亦諸子之一耳。兵書、數術、方技，其當列爲諸子，更無可疑。《漢志》所以別爲一略者，蓋因校讎者之異其人，非別有當分立之故也。然則《七略》之書，實惟諸子、詩賦兩類而已。[1] 儒家雖本諸子之一，而自漢以後，其學專行，故其書之傳者特多，後人之訓釋亦較備。傳書多則可資互證，訓釋備則易於瞭解，故治古史而謀取材，羣經實較諸子爲尤要。經學專行二千餘年，又自有其條理。治史雖與治經異業，然不通經學之條理，亦必不能取材於經。故經學之條理，亦爲治古史者所宜知也。經學之條理如之何？曰：首當知漢、宋及漢人所謂今古學之別。古代學術之傳，多在口耳，漢初之傳經猶然。及其既久，乃或著之竹帛。即以

---

　　① 　學術：《七略》實惟諸子、詩賦兩類。

當時通行之文字書之。此本自然之理，無庸特立名目。西京之季，乃有自謂得古書爲據，而訾前此經師所傳爲有闕誤者。人稱其學爲古文，因稱前此經師之學爲今文焉。今古文之別，昧者多以爲在文字。其實古文家自稱多得之經，今已不傳；看下文論《尚書》處。此外如《詩·都人士》多出一章之類，其細已甚。其傳者，文字異同，寥寥可數，且皆無關意指。鄭注《儀禮》，備列今古文異字，如古文位作立，義作誼，儀作義之類，皆與意指無關，其有關係者，如《尚書·盤庚》"今予其敷心腹腎腸"，今文作"今我其敷優賢揚歷"之類，然極少。使今古文之異而止於此，亦復何煩爭辨？今古文之異，實不在經文而在經說。經本古書，而孔子取以立教。古書本無深義，儒家所重，乃在孔子之說。說之著於竹帛者謂之傳；其存於口耳者，仍謂之說，古書與經，或異或同，足資參證，且補經所不備者，則謂之記。今古文之經，本無甚異同，而說則互異，讀許慎之《五經異義》可見。今文家之傳說，蓋皆傳之自古，古文家則出己見。故今文諸家，雖有小異，必歸大同；不獨一經然，羣經皆然，讀《白虎通義》可見，此書乃今文家言之總集也。古文則人自爲說。又今文家所言制度較古，古文則較新，觀封建之制，古文封地較大，兵制古文人數較多可知。以今文口說，傳自春秋，古文則或據戰國時書也。兩漢立於學官者，本皆今文之學。西漢末年，古文有數種立學，至東漢時仍廢。然東京古文之學轉盛。至魏、晉之世，則又有所謂僞古文者出焉。於《尚書》，則僞造若干篇，並全造一《僞孔安國傳》。一切經說，亦多與當時盛行之古說有異同。並造《孔子家語》及《孔叢子》兩書，託於孔氏子孫以爲證。此案據清儒考校，謂由王肅與鄭玄爭勝而起，見丁晏《尚書餘論》。今亦未敢遽定，然要必治肅之學者所爲。自此以後，今文之學衰息，而古文之中，鄭、王之爭起焉。南北朝、隋、唐義疏之學，皆不過爲東漢諸儒作主奴而已。宋儒出，乃以己意求之於經，其說多與漢人異，經學遂分漢、宋二派。以義理論，本無所軒輊；宋學或且較勝，然以治古史而治經，求真實其首務。以求真論，漢人去古近，所說自較宋人爲優，故取材當以漢人爲主。同是漢人，則今文家之說，傳之自古，雖有譌誤，易於推尋，非如以意立說者之無所質正，故又當以今文爲主也。此特謂事實如此，非謂意存偏重，更非主於墨守也。不可誤會。

六經之名，見於《禮記·經解》，曰《詩》、《書》、《禮》、《樂》、《易》、《春秋》。漢人所傳，則爲五經，以樂本無經也。後世舉漢人所謂傳記者，皆列之於經，於是有九經，《春秋》並列三傳，加《周官》、《禮記》。十三經於九經外，再加《孝經》、《論語》、《孟子》、《爾雅》。之目。此殊非漢人之意。然因治古史而取材，則一切古書，皆無分別，更不必辨其孰當稱經，孰不當稱經矣。

詩分風、雅、頌三體：風者，民間歌謠，讀之可見民情風俗，故古有采詩及陳詩之舉；《公羊》宣公十五年何《注》："五穀畢入，民皆居宅，男女有所怨恨，相從而歌，飢者歌其食，勞者歌其事，男年六十，女年五十無子者，官衣食之，使之民間求詩。鄉移於邑，邑移於國，國以聞於天子。故王者不出牖户，盡知天下所苦；不下堂而知四方。"《禮記·王制》：天子巡守，"命大師陳詩，以觀民風"。雅則關涉政治；《史記·司馬相如列傳》："大雅言王公大人，德逮黎庶；小雅譏小己之得失，其流及上。"頌者，美盛德之形容，意在自誇其功烈，讀之，亦可見古代之史實焉。風本無作誼可言，三家間有言之者，其説必傳之自古，然亦不能指爲作者之意。歌謠多互相襲，或並無作者可指。雅、頌當有本事，今今文説闕佚已甚，古文依據《小序》，詩詩皆能得其作義，已不可信；又無不與政治有關，如此，則風雅何別乎？① 故《詩序》必不足據。然後人以意推測，則更爲非是。何則？詩本文辭，與質言其事者有異，雖在並世，作者之意，猶或不可窺，況於百世之下乎？故以詩爲史材，用之須極矜慎也。

《尚書》：今文家所傳，凡二十八篇《堯典》一，合今本《舜典》，而無篇首二十八字。《皋陶謨》二，合今本《益稷》。《禹貢》三。《甘誓》四。《湯誓》五。《盤庚》六。《高宗肜日》七。《西伯戡黎》八。《微子》九。《牧誓》十。《洪範》十一。《金縢》十二。《大誥》十三。《康誥》十四。《酒誥》十五。《梓材》十六。《召誥》十七。《洛誥》十八。《多士》十九。《無逸》二十。《君奭》二十一。《多方》二十二。《立政》二十三。《顧命》二十四，合今本《康王之誥》。《費誓》二十五。《呂刑》二十六。《文侯之命》二十七。《秦誓》二十八。古文家稱孔壁得書百篇，孔安國以今文讀之，得多十六篇。古文家以無師

---

① 經學：古文詩詩皆能得其作義，又無不與政治有關，不可信。

説，亦不傳授。是爲《逸十六篇》，其目見於《書疏》。曰《舜典》。曰《汨作》。曰《九共》。曰《大禹謨》。曰《益稷》。曰《五子之歌》。曰《胤征》。曰《湯誥》。曰《咸有一德》。曰《典寶》。曰《伊訓》。曰《肆命》。曰《原命》。曰《武成》。曰《旅獒》。曰《冏命》。今亦已亡。今所行者，乃東晉時梅賾所獻之僞古文本也。真書二十八篇，亦附之以傳矣。書之較古者，如《堯典》、《禹貢》等，決爲後人所作，然亦可見其時之人所謂堯、舜、禹者如何，究有用也。而類乎當時史官，或雖出追述，而年代相去不遠者，更無論矣。

今之《儀禮》本稱《禮經》。後儒尊信古文，以《周官》爲經禮，此書爲曲禮，乃生儀禮之名。其實《周官》之所陳，與此書之所述，絕非同物也。此書凡十七篇。爲冠、昏、《士冠禮》、《士昏禮》。喪、祭、《士喪禮》、《既夕禮》、《士虞禮》、《特牲饋食禮》、《少牢饋食禮》、《有司徹》、《喪服》。朝、聘、《聘禮》、《公食大夫禮》、《覲禮》。射、鄉、《士相見禮》、《鄉飲酒禮》、《鄉射禮》、《燕禮》、《大射儀》。之禮，可考古代親族關係，宗教思想，内政外交情形；並可見宫室、車馬、衣服、飲食之制，實治史者所必資。

《易》爲卜筮之書，與宗教、哲學，皆有關係。二者在古代，本混而不分也。哲學可分兩派：偏重社會現象者，爲古人所謂理，偏重自然現象者，爲古人所謂數。《易》爲古代宗教、哲學之府，自可兼苞此二者。[1] 後之治《易》者，自亦因其性之所近，而別爲兩派矣。途轍所趨，亦因風會。大抵今文主於理，今文《易》説，今皆不傳。然《漢志》易家有《淮南道訓》二篇。注曰：“淮南王安，聘明《易》者九人，號九師説。”蓋即今《淮南子》之《原道訓》。然則《淮南書》中，凡類乎《原道訓》之言，皆今文《易》説也。不寧惟是，諸古書中，有類乎《原道訓》之言，亦皆今文《易》説也。蓋《易》説本古哲學家之公言，非孔門之私言也。知此，則今文《易》説，亡而不亡矣。[2] 古文主於數。魏、晉人主於理，宋人主於數。言數者多主上下《經》，言理者多主《繫辭傳》，今本所謂《繫辭》者，王肅本作《繫辭傳》，見《經典釋文》。案《史記・自序》引今《繫辭》之文，謂之《易大傳》，則王肅本是也。足徵今文之學，爲孔門嫡傳也。然古文及宋人之説，雖非孔門

---

① 經學：易可苞言理、言數兩派。

② 經學：《易》爲古哲學公言，知此則今文《易》説，亡而不亡。

《易》説，要爲古代哲學之遺。宋人《大極圖》及《先後天圖》之學，原出道家，更無可疑。觀胡渭《易圖明辨》可知。然道家之學，亦有所受之，非杜撰也。以治史取材言，正無所輕重矣。

《春秋》本紀事之書，治史取材，實爲最要。然亦有當留意者。蓋孔子之修《春秋》，本以明義，故於元文已有删定，非復魯史之舊也。不修《春秋》，與孔子所修《春秋》異辭，見《公羊》莊公七年。案《春秋》所記會盟征伐之國，隱、桓之世少，定哀之世多，非必二百四十年之中，諸侯之交往，果後盛於前也。僖公八年葵丘之盟，《公羊》曰"桓公震而矜之，叛者九國"，而經所記國，曾不逮九。① 蓋據亂之世，所治國少，太平之世，所治國多，魯史元文，有爲孔子所删者矣。又《春秋》有時月日例。設其事而不月者，則二月中事，一似即在正月。觀此兩端，即知遽據經文，不可以爲信史也。《春秋》本文，極爲簡略。欲知其詳，宜看三傳。《穀梁》幾無記事；《公羊》間有之，僅取説明《經》意而止；皆不如《左氏》之詳。然《左氏》記事，亦有須參看《公羊》，乃能得其真者。② 如邲之戰，據《公羊》，楚莊王幾於堂堂之陳，正正之旗。據《左氏》，則始以和誑晉，終乃乘夜襲之，實不免於譎詐。《公羊》所言，蓋取明與楚之意，非其實矣。然《左氏》云："晉人或以廣隊不能進，楚人惎之脱扃。少進，馬旋，又惎之拔斾投衡，乃出。顧曰：吾不如大國之數奔也。"當交戰之際，而教敵人以遁逃，以反爲所笑，殊不近情。故有訓惎爲毒，以惎之，又惎之斷句者。然如此，則顧曰之語，不可解矣。必知《公羊》還師佚寇之説，乃知莊王既勝之後，不主多殺，故其下得教敵人以遁逃。然則《左氏》所謂"晉之餘師不能軍，宵濟，亦終夜有聲者"，蓋亦見莊王之寬大。杜《注》謂讙晉師多而將不能用，殆非也。舉此一端，餘可類推。又《左氏》解經處，固爲僞作；《漢書·楚元王傳》曰："初，《左氏傳》多古字古言，學者傳訓詁而已。及歆治《左氏》，引傳文以解經，轉相發明，由是章句義理備焉。"此爲《左氏》解經處出於劉歆之明證。今《左氏》解經處寥寥，蓋造而未及成也。其記事處亦多非經意；如泓之戰，《公羊》褒宋襄，《左氏》非之。《左氏》所采蓋兵家言，非儒家語也。③ 此亦不可以不知也。古人經傳，本合爲一書，故引傳文者亦皆稱爲經。如諸書引"差之毫釐，繆以千里"者，多稱《易》曰，今其辭僅見《易緯》，蓋亦傳文也。《公羊》與《春秋》，實當合爲一書，故漢人引《公羊》者，皆稱爲《春秋》。至《左》、《穀》則皆非《春秋》之傳。《穀梁》昔人以爲今文，近崔適考

---

① 封建經學：春秋前國少，後國多，乃書法。
② 經學：《左氏》記事，參看《公羊》乃得真。
③ 經學：泓戰《左氏》兵家言。

定其亦爲古文,其説甚確。見所著《春秋復始》。惟治史與治經異,意在考古事,而非求《春秋》之義,則三傳固當無所岐視耳。

《禮記》合羣經之傳、如冠、昏、鄉、射、燕、聘之義,即《儀禮》之傳。又如《王制》言巡守之禮,即《尚書·堯典》之傳。儒家諸子如《樂記》爲《公孫尼子》,《中庸》爲《子思子》。及逸禮如《奔喪》、《投壺》皆逸禮,見疏。而成。義疏家言,謂"凡記皆補經所不備"。蓋所謂經者,原不過數種古書,孔子偶取以爲教,並不能該典籍之全。故凡與經相出入者,皆可取資參證也。《大戴禮記》與《小戴禮記》,體例相同。昔人以其無傳授,或不之信。然其書確爲先秦、西漢古文,治史取材,正不讓《小戴》也。

《周官》爲古代政典。① 唐《六典》、明清《會典》,皆規放焉。古書所述政制,率多一鱗一爪,惟此書編次雖或錯亂,猶足見古代政制之全。日本織田萬稱爲世界最古之行政法典,見所著《清國行政法》。信有由也。此書蓋戰國時學者所述。故所言制度,均較今文家所傳爲晚。以此淆亂經義固非,信爲周公致大平之書,益誣矣。然先秦政制,率因儒家之書而傳。儒家誦法孔子,所言皆《春秋》以前之制。欲考戰國時制者,獨賴此書之存。② 《管子》所述制度,間與《周官》相合,然遠不如《周官》之詳。此其所以可寶,正不必附諸周公也。此書在儒家亦可厠於記之列,而不當以亂經説。

《論語》、《孝經》,漢人引用,皆稱爲傳。蓋傳有專釋一經者,如《禮》之《喪服傳》,《易》之《繫辭傳》是也。有通乎羣經者,則如《論語》、《孝經》等是也。《論語》記孔子及孔門弟子言行,與《史記·孔子世家》相出入,極可信據。崔述撰《考信錄》力攻之。③ 近人盛稱其善。其實年月日,人地名之不諦,古書類然。以此而疑其不可信,古書將無一可信者矣。崔氏之學,襲用漢學家考據之法,而其宗旨實與宋同。故其所謂考據者,多似是而非。夫古書牴牾矛盾處,苟其深曲隱晦,或爲讀者所忽。崔氏所考,皆

---

① 經學:《周官》爲最古行政法典。

② 經學:可考較晚一期制度,此古文説所以可貴。

③ 經學:崔述攻古書,漢學家以爲不足信。

顯而易見，豈有講考據之漢學家，皆不知之之理？然而莫或措意於此者，以此爲古書之通例，不待言也。近人自謂能發古人所未發而其所言者，實皆古人所以爲不必言，弊正同此。《孝經》在儒家書中，並無精義，然漢時傳授甚盛者，以其時社會，猶重宗法而其書又淺近易解故也。如後漢章帝令期門羽林之士，皆通《孝經》，即取其淺近易解。《孟子》爲儒家諸子之一，後人特列之於經。其書頗可考見史事，又多足補經義之闕。如《萬章上篇》所言堯、舜、禹禪讓事，即《尚書》之大義也。設無此篇，孔門官天下之大義，必不如今日之明白矣。《爾雅》爲古代辭典，言訓詁名物特詳，尤治古史者所必資也。

　　《孟子》既特列於經，其餘儒家諸子，又多入《二戴記》，今仍存於子部者，僅《荀子》耳。此書言禮，多與法家相出入，足考禮家之流變，又多存古制，其要正不下於《孟子》也。《家語》、《孔叢子》雖爲僞物，然古書無全僞者，除以私意竄入處外，仍多取古籍爲資，實足與他書相校勘也。此凡僞書皆然，故僞書仍有其用。《晏子春秋》，昔人或列之墨家，然除外篇不合經術者若干條外，仍皆儒家言，蓋齊、魯學者，各以所聞，附諸晏子。以考晏子之行事未必信，以考儒、墨子學說則真矣。

　　道家之書，最古者爲《老子》。[①] 此書上下篇之義，女權皆優於男權。蓋女系時代之傳，而老子著之竹帛者，在各種古書中，時代可謂最早者矣。女系固非即女權，然女系時代，女權總較男系時代爲優，此社會學家之公言也。《禮記·禮運》："孔子曰：我欲觀殷道，是故之宋，而不足徵也，吾得坤乾焉。"《鄭注》謂《殷易》首坤。案凡女系社會，多行兄終弟及之制，殷制實然，蓋猶未脫女系社會之習。《坤乾易》及《老子》書，皆其時女權昌盛之徵也。《老子》一書，觀其文辭，亦可知其時代之早。如全書皆三四言韻語，又書中無男女字，只有雌雄、牝牡字是也。梁任公以書中有偏將軍、上將軍之語，謂爲戰國時書，然安知此兩語非後人所改乎？執偏端而抹殺全局，此近人論學之通病也。《莊子》書已非完帙，[②]《經典釋文》云："《漢志》《莊子》五十二篇，即司馬彪、孟氏所注本也。言多詭誕，或似《山海經》，或類占夢書，故注者以意去取。其內篇衆家並同。自餘或有外而無雜。惟郭子玄所注，特會莊生之旨，故爲世所貴。"案今郭象注本，僅有三十三篇。蓋所刪者幾三之一矣。以史材言之，實可惜也。其言哲學之義，

---

① 學術：《老子》爲極古之書。
② 學術：《莊子》非完帙。

最爲超絶。至論人所以自處之道,則皆社會組織業經崩潰以後之説,可以覘世變矣。《列子》乃晉人僞書,然亦多有古書爲據,善用之,固仍有裨史材,而尤可與《莊子》相參證也。《管子》一書,昔人或列之道家,或列之法家,蓋從其所重。其實此書所苞甚廣,儒、道、名、法、兵、農、縱橫家言,無不有焉。辭義既古,涉及制度處尤多,實治古史者之鴻寶也。

《淮南要略》,謂墨子學於孔子而不説,故背周道而用夏政。《吕覽·當染》,謂魯惠公請郊廟之禮於天子,天子使史角往,其後在魯,墨子學焉。古清廟明堂合一,實爲庶政所自出。墨子所稱雖未必盡爲夏制,然其道必有原於夏者。儒家所稱多周制,周以前制,實藉墨家而有傳,誠治古史者所宜措心矣。又墨子初學於孔子,故後雖背之,而其言仍有與儒家相出入者。《親士》、《修身》、《所染》三篇,人所易見。此外多引《詩》、《書》之辭亦足與經傳相校勘,或補其闕佚也。

名與墨並稱,亦與法並稱。今《墨子》書中,《經》上下、《經説》上下、大小《取》六篇,實爲名家言。蓋古哲學之傳,墨子得之史角者。古哲學宗教恆相合,明堂爲古宗教之府,固宜有此幽深玄遠之言。其引而致諸實用,則控名責實,以御衆事,乃法家所取資也。名家之書,今存者惟一《公孫龍子》。此書《漢志》不載,而《隋志》有之。或疑其晚出近僞,然其説似有所本。名家玄遠之論,僅存於《荀子·不苟》、《莊子·天下》、《列子·仲尼》三篇中,讀之亦可考古代純理哲學焉。近人多好以先秦諸子與希臘哲學相比附,以偏端論,固亦有相會處。以全體論,則非其倫。章炳麟謂諸子皆重實用,非言空理,其説是也。惟名家之言,如此三篇所述者,不甚與人事相涉。

法家宗旨有二:一曰法,二曰術。法以治民,術以治驕奢淫佚之貴族。其説具見於《韓非》之《定法篇》。可見晚周時政治情形。法家之意主於富國強兵,故獨重農戰;其時剥削農民者爲商人,故多崇本抑末之論,又可見其時生計情形也。其書存者,有《韓非子》及《商君書》。《韓非》多言理,《商君》多言事。《管子》書中,所存名法之論,多窮源竟委之言,尤足見原本道德之意。

縱橫家之書,傳於今者有《鬼谷子》。辭義淺薄,決爲僞物。《戰國策》卻係縱橫家言,此書所述行事,意皆主於表章説術,大事或麤存輪廓,小事則全非實在,甚或竟係寓言,列之史部則繆矣。

陰陽家、農家、小説家之言,今皆無存者,僅散見他家書中。雜家存者,惟一《吕覽》。此書中所存故事及古説甚多,亦爲史家鴻寶。

《漢志》分兵書爲權謀、形勢、陰陽、技巧四家。其書之最盛行者爲《孫子》。多權謀家言,間涉形勢,而於陰陽、技巧闕焉。蓋權謀之道,通乎古今;形勢亦有相類者;陰陽多涉迷信,寡裨實用;技巧非器不傳,亦且隨時而異,故皆無傳於後也。《墨子》書《備城門》以下諸篇,多技巧家言,亦間涉陰陽,然殊不易解。《吴子》、《司馬法》,皆篇卷寥寥,罕存精義。然其辭不似僞爲,又多見他書徵引。蓋古人輯佚之法,與後世異。①後人輯佚,必著出處,任其辭意不完,散無友紀,逐條排列。古人則必隨義類聚,以意聯綴,又不著其所自來,遂成此似真非真,似僞非僞之作,致啓後人之疑也。《六韜》一書,後人以其題齊大公而詆其僞,此亦猶言醫者託之黄帝,言藥者寓之神農耳。其書多言制度,且多存古義,必非可以僞作也。

數術之書,今亦無一存者。《漢志》形法家之《山海經》,非今之《山海經》也,説見下。方技之書,存者有《素問》、《靈樞》,皇甫謐謂即《漢志》之《黄帝内經》,信否難決,要爲古醫經家言。《神農本草》,淆亂已甚,真面目殆不可見。清代輯本,以孫星衍《問經堂叢書》本爲最善,然所存亦僅矣。醫藥非專家不能解,就其可知者觀之,可略見古代自然科學之情況。又醫經所論,多涉陰陽五行,又多方士怪説;本草亦有輕身延年等語;又可略見古代宗教哲學及神仙家言之面目也。

詩賦之屬;詩即存五經中,賦則《漢志》所著録者,今存屈原、荀卿二家。屈原賦即《楚辭》,多傳古事,且皆係神話,與鄒魯之傳,僅言人事,雖若可信,而實失古説之真者不同,尤爲可寶。荀子賦即存其書

---

① 經籍:古人輯佚之法與後世不同。

中,亦有可考古事處。

以上皆先秦之書。漢人所述,辭義古者,實亦與先秦之書,不相上下。① 蓋古人大都不自著書,有所稱述,率本前人,故書雖成於漢世,說實本於先秦;又先秦人書,率至漢世,始著竹帛,其辭亦未必非漢人所爲,或有所潤飾也。漢世諸子,辭義俱古者,首推《賈子》及《淮南王書》。伏生之《尚書大傳》,董生之《春秋繁露》,雖隸經部,亦可作儒家諸子讀。韓傅之《詩外傳》,則本係推廣詩人之意,非規規於説《詩》。其書多引古事,與各種古書相出入,足資參證。劉向之《新序》、《説苑》、《列女傳》,專於稱述行事,取資處更多矣。

古書之稍近於史者,當首推《周書》。② 此書蓋即《漢志·六藝略》書家所著録。綜全體觀之,實爲兵家言,然其中確有若干篇,體制同符《尚書》。蓋古右史之遺,爲兵家所存録者也。後世或稱爲《逸周書》,蓋以非儒家所傳云然,義亦可通。或稱《汲家周書》,則非其實矣。次之者爲《國語》。此書與《左氏》極相似,故自古有《外傳》之稱。清儒信今文者,謂《左氏》即據此書編成,雖未敢遽斷,然二書確爲同類,則無可疑也。二書之意,皆主記當時士大夫之言行。蓋由記言而推及記行,由嘉言懿行而推及於莠言亂行,實仍右史之遺規也。次則《吳越春秋》及《越絶書》。二書雖出漢代,其說實傳之自古。古書之傳於後者,北方多,南方少。此二書爲楚、吳、越三國之傳,尤可寶矣。《華陽國志》,其書尤晚,然其言古蜀事,亦二書之倫也。③ 尤可貴者爲《山海經》。④《漢志·數術略》,雖有是書之名,然非今書。《漢志》所著録,蓋所謂"大舉九州之勢,以立城郭官舍"者,乃司空度地居民之法。此書則方士之遺。其言某地有某神,及其祠祀之禮,蓋古列國

---

① 經籍:先人之説,或後世乃著竹帛;後出之書,或述先人説,故成書時代難定學術年代蚤晚。

② 經學:《周書》一部乃古書,爲兵家所存録。

③ 史學:偏方之傳,惟《吳越春秋》、《越絶書》、《華陽國志》,然則古方志—圖經—中當多可寶史料,今僅酈道元。

④ 經籍:《山海經》,方士之書。

之巫，各有所主；其言域外地理，則方士求仙採藥者之所爲也。古各
地方各有其傳説，蓋多存於地理書中。古地理書鉅籍亦甚多，今皆亡
佚。其僅存者，當以酈道元《水經注》所裒録爲最富矣。又古代神話，
多存緯書中，然其物既與讖相雜，真僞極不易辨，用之尤宜謹慎也。古
所謂讖即今所謂豫言也。緯爲對經之稱。孔子所據以立教之書稱經，其説則存於傳，本無
所謂緯也。西漢之末，古學既興，欲排擯今文舊傳，乃謂孔子作六經，別有所謂緯者，陰書
於策，與經相輔，於是刺取經説以造之，而即以所造之讖，間厠其中。其造讖也，實欲爲新
室作符命，故又取古帝王之行事，以相附會。其物雖妖妄不經，然其中實有經説及古史存
焉，棄之可惜。然其物既經造作者私意改竄，非復原文。又其原既開，其流難塞，繼此而造
者，遂不絶於世。其時代彌近，則其説亦逾遠於古矣。故其用之須極謹慎也。

　　自立條理，編纂古史者，當首推《世本》。此書久佚，觀諸家所稱
引：則有本紀，有世家，有傳，又有居篇，作篇，居篇記帝王都邑，作篇記占驗、
飲食、禮樂、兵農、車服、圖書、器用、藝術之原，即後世所謂典志。蓋《史記》八書所本。其
體例，實爲《大史公書》所沿襲。故洪飴孫撰《史表》，冠諸正史之首
也。《大史公書》：《漢志》著録之名如是。此爲此書之專名。史記二字猶今言歷史，
乃一類書之公名，非一書之私名也。以此書在史記中爲首出，遂冒全類之總名耳。本紀，
世家，世表，年表，蓋合《春秋》繫世而成，間亦採及《尚書》。如《五帝本
紀》述堯、舜事，皆據《尚書》；其述黃帝、顓頊、帝嚳之事，則據《大戴記·五帝
德》。《五帝
德》亦《尚書》之類也。其列傳則純出於語，①故在他篇中提及，仍稱爲語
也。如《秦本紀》述商君説孝公，曰"其事在《商君語》中"。《禮書》述鼂錯事，曰"事在《爰
盎語》中"皆是。稍後於大史公而述古史者，亦不乏人。如周長生有《洞歷》，見
《論衡·超奇篇》。韋昭有《洞紀》，見《三國志》本傳。其通行最廣，諸家稱引最多，
雖已亡佚，仍時可見其遺文者，以皇甫謐《帝王世紀》爲最，譙周《古史
考》次之。《帝王世紀》，搜輯頗博。《古史考》則因不滿於《大史公書》
而作。然《大史公書》，謹守古人"信以傳信，疑以傳疑"之法。見《穀梁》
桓公五年。存録古書，不加竄易，多足見古事之真。看似疏漏，實可信
據。譙氏、皇甫氏意存考證，而其考證之法實未精。其説未必可據，

---

　　①　史籍：大史公傳出於語，餘採《春秋》繫世間及《書》。

而古説之爲其所亂者轉多矣。

晚出無徵，而頗爲後人所信者，有兩書焉：一曰《竹書紀年》，此書傳出汲冢。世所通行之本，爲明人所造，已無可疑。然所謂古本，經後人輯出者，實亦僞物。蓋汲冢書實無傳於後也。參看第四章。《穆天子傳》，本名《周王游行》，見王隱所撰《晉書》。書中所述穆王經行之路，皆在蔥嶺以西，必西域既通後僞作，更了無疑義也。參看第八章第八節。

後世學者，專精古史者，亦非無人。趙宋之世尤甚。其書之傳於後者，亦尚有數家，而以羅泌之《路史》爲最有用。劉恕《通鑒外紀》次之。蓋古史本多荒誕，惟此乃足見古史之真，而後世之纂輯者，多以爲不足信而刪之，則買櫝還珠矣。惟泌之書，廣行搜採。故其體例雖或可議，其材料實極有用。且此書論斷，亦多有識，非空疏迂腐者比也。清馬驌之《繹史》，網羅頗備，體例亦精，最爲後人所稱道，然刪怪説亦嫌太多。又引書不著篇卷，引佚書不著所出，亦美猶有憾者也。馬書用紀事本末體，專存録元文。又有李鍇《尚史》，用正史體，以己意撰爲紀傳，則又不如馬書之善。

古代史料，傳於後者，當分官私二種。官家之書，又可分爲四：《禮記·玉藻》曰："動則左史書之，言則右史書之。"鄭《注》曰："其書，《春秋》、《尚書》其存者。"《漢書·藝文志》亦云。《漢志》云："左史記言，右史記事"，誤。見《玉藻疏》。其説當有所本。《周官》小史，奠繫世，今《大戴記》之《帝繫姓》蓋其物。《吕覽》云："夏之亡也，大史終古抱其圖法以奔商；商之亡也，大史向摯抱其圖法以奔周。"[1]《先識覽》。荀子亦云："三代雖亡，治法猶存官人百吏之所以取禄秩。"《榮辱》。此古之所謂禮，即後世之所謂典志也。其私家著述，則概稱爲語。有述遠古之事，雜以荒唐之言者，如大史公謂百家言黄帝，其文不雅馴，《五帝本紀》。而百家之書，通稱爲百家語是也。有記國家大事者，如孔子告賓牟賈，述商、周之際，謂之《牧野之語》是也。《禮記·樂記》。案《管子》之《大中小

---

[1] 史籍：古官分左、右，小史，圖法，私曰語。

匡篇》,亦當屬此類。有記名人言行者,則《國語》、《論語》是。國者對野之
辭。論同倫,類也,猶言孔子若孔門弟子之言行,以類纂輯者耳。《尚
書》所錄,皆當時大事。《春秋》所記尤詳。小史所奠,雖若爲一姓作
譜牒,然當時之强族,因茲而略可考見;即其年代,亦因其傳世之遠近
而略有可推焉。至於典禮一門,則上關國故朝章,下及民生日用,其
所涉尤廣矣。然繫世既多殘脱。舜禪於禹,其年輩當在禹之前。然舜爲黄帝八
世孫,禹爲黄帝之孫,則無此理。孔廣森《大戴禮記補注》,謂古書所謂某某生某某者,率非
父子,蓋其世系實多闕奪也。典禮所存亦僅。又古者禮不下庶人,所述皆士
以上制,民間情形,可考者甚少。《春秋》體例,蓋沿自古初,故其辭既
簡略,又多雜日食災變等無關政俗之事。《尚書》亦當時官話耳。據
此而欲知其時社會之真,蓋亦難矣。

　　民間傳說,自非史官載筆,拘於成例者比。然傳述信否,亦視其
人之知識程度以爲衡。咸丘蒙謂“舜南面而立,堯帥諸侯北面而朝
之,瞽叟亦北面而朝之,舜見瞽叟,其容有蹙”,孟子斥爲齊東野人言。
《萬章上》。然顔率謂齊王“周伐殷得九鼎,一鼎而九萬人輓之,九九八
十一萬人”,《戰國·東周策》。此固當時所謂君子之言也,與齊東野人亦
何以異? 此等離奇之説,今世亦非無之,苟與野老縱談,便可知其情
況。惟在今日,則真爲齊東野人之言,在古代,則所謂君子之言者,實
亦如是耳。其知識程度如此,其所傳尚可信乎? 夷考古人治史,用意
不越兩端:一如《詩》所謂殷鑒不遠,在夏后之世者。《大雅蕩》推而廣
之,則《漢志》論道家,所謂“歷記古今成敗存亡禍福之道,然後知秉要
執本”者也。一如《易》所謂“多識前言往行,以畜其德”者,《大畜·象
辭》。孟子所以欲尚論古人也。《告子下》此可謂之政治學,謂之哲學耳,
皆不可謂之史學也。職是故,古人於史事信否,絶不重視。遂流爲
“輕事重言”之弊。見《史通·疑古篇》。此義於讀古史最要,必須常目在之。不但
時地人名,絶不審諦,甚或雜以寓言。如《莊子·盜跖篇》是。又其傳授皆
資口耳,既無形迹可憑,遂致淆譌無定。興會所寄,任情增飾;闕誤之
處,以意彌縫。其傳愈久,其譌愈甚。信有如今人所言,由層累造成

者。然觀其反面,則亦知其事迹之真者之逐漸剝落也。① 此讀古書單辭
隻義之所以要。因有等事,傳之未久業已不能舉其詳,然猶能言其概也。"信以傳信,
疑以傳疑",誠不失爲矜慎。然史事之傳譌者實因此不能訂正。間有
加以考辨,如《孟子·萬章上篇》所論,《呂覽·察傳篇》之所言,亦皆
以意言之耳,不知注意事實也。而其不加考辨,甚或以意飾説者,更
無論矣。古代之史材如此,治之之法,又安可不講哉?

　　古人既無記事之作,則凡讀古書,皆當因其議論,以億度其所據
之事勢。至其所述之事,則當通考古書增減譌變之例,以求其本來。
此非一言可盡,亦非倉卒可明。要在讀古書多,從事於考索者久,乃
能善用之而寡過也。辨古書真偽,古事信否之法,梁任公《中國史學
研究法·史料搜集》一章,言之頗詳,可資參考。惟其書爲求初學瞭
解起見,言之過於確鑿。一似有定法可循,執此若干條,便可駕馭一
切者,則不免俗所謂"説殺"之弊耳。大抵所謂辨偽者,偽字之界説,
先須確定,而今人多不能然。其所謂偽者,忽而指其書非古物,忽而
泥於用作標題之人,謂其語非其人之所能出,遂概斷爲偽物。如胡適
《中國哲學史大綱》上卷,摘《管子·小稱篇》記管仲之死,又言及毛嬙、西施,而指爲偽作之
類。其實由前之説,古書之偽者並不多。以偽書仍各有其用也。如前所述,《鬼
谷子》全爲偽書,無用。《列子》、《孔子家語》,則仍各有其用。由後之説,則古本有
一家之學,而無一人之言,凡書皆薈萃衆説而成,而取一著名之人以
爲標題耳;而輾轉流傳,又不免有異家之書羼入。此古書之所以多錯
亂。然編次之錯亂是一事,書之真偽又是一事,二者固不容相混也。

　　據實物爲史料,今人必謂其較書籍爲可信。其實亦不盡然。蓋
在財產私有之世,事無不爲稻粱之謀。而輕脱自憙,有意作偽,以爲
游戲者,亦非無之。今之所謂古物,偽者恐亦不啻居半也。即如殷墟
甲骨,出土不過數十年,然其真偽已屢騰人口。② 迨民國十七年,中

① 史學:言層累造成當兼知逐漸剝落。
② 古物:甲骨文之偽(又見第107～108頁)。

央研究院派員訪察，則作僞者確有主名；而市肆所流行，真者且幾於絕迹。見《安陽發掘報告書》第一期《民國十七年十月試掘安陽小屯報告書》，《田野考古報告》第一期《安陽侯家莊出土之甲骨文字》。晚近眾目昭彰之事如此，況於年久而事闇昧者乎？古物真僞，若能據科學辨析，自最可信。然其事殊不易，如殷墟甲骨，其刻文雖僞，而其所用甲骨則真。無已，惟有取其發見流傳，確實有據者。次則物鉅功艱，爲牟利者所不肯爲，游戲者所不願爲者。又次則古物不直錢之地，較之直錢之地爲可信；不直錢之世，與直錢之世較亦然。過此以往，則惟有各抒所見，以俟公評而已。[1]　至今世所謂發掘，自無作僞之弊，然其事甫在萌芽，所獲大少。亦且發掘之物，陳列以供眾覽者少，報告率出一二人，亦又未可專恃。藉資參證則可，奉爲定論，則見彈而求鴞炙，見卵而求時夜矣。

---

[1]　古物：辨別真僞之法。

第三章　民族原始

中國民族緣起，昔時無言及者。此不足怪也。民族緣起，必在有史之前。十口相傳，厥惟神話。此本非信史。亦且久而亡佚。世界民族，有能自言其緣起者，率由鄰族爲之記述，吾國開化最早，則又無之。亦且昔時之人，闇於域外地理。既即以國爲天下，復安知族自何來？其以爲振古如斯，亦其勢耳。自瀛海大通，國人始知世界之大，吾國不過居其若干分之一；而近世諸民族，其初所依止者，亦多非今所棲息之鄉；而目光乃一變矣。

凡一大民族，必合諸小民族而成。後來所同化者雖多，而其初則必以一族爲之主。同化之後，血統實已淆雜，而此一族之名，與其文化之骨幹，則巍然獨存。此不易之理也。爲吾國民族之主者誰乎？必曰漢族。

漢族之名，起於劉邦稱帝之後。昔時民族國家，混而爲一，人因以一朝之號，爲我全族之名。自玆以還，雖朝號屢更，而族名無改。如唐有"漢、蕃"之稱，近世亦有漢、滿、蒙、回、藏五族共和之說是也。近之論者，或謂漢爲朝號，不宜用爲民族之稱。吾族正名，當云華夏。然夏爲朝號，與漢無殊。華族二字，舊無此辭；[①]日人用之，義同貴冑。中國今日稱名，往往借資東土，設使用此二字，兩義並行，亦有混淆之虞。又似合中華全國之民，而稱爲一族者，則對滿、蒙、回、藏諸族，又將無以爲稱。夫稱名

---

① 民族：漢族之名，無不合理。

不能屢更,涵義則隨時而變。通行之語,靡不皆然。若執一辭之初詁
訾今義爲不安,則矢口陳辭,悉將觸禁,固哉之誚,在所難辭矣。

　　研究吾族緣起者,始於歐洲之教士,而東西各國之學者繼之。其
説,略見蔣智由《中國人種考》、刊清末之《新民叢報》中,後上海亦有單行本。何
炳松《中華民族起源新神話》中。見《東方雜誌》二十六卷二期。多無確據,
且有離奇不可思議者。國人罕讀外籍,初亦不之省也。清末,譯事漸
起。時則有日人白河次郎、國府種德者,著《支那文明史》。東新譯社
譯行之。易名《中國文明發達史》。説主法人拉克伯里。(Terrien de
Lacouperie)謂中國民族,來自巴比侖。以兩族古代文化,曲相附會,
絶不足信。國人以其新奇可喜也,頗有稱述之者。又或以其説爲藍
本,而自創新説,其引據雜亂,雖少愈於外人,實亦一丘之貉耳。[1] 如丁
謙《穆天子傳地理考證》,以西王母爲華夏宗國,謂在小亞西亞。章炳麟《檢論·序種姓》,
謂西史之巴克特利亞,(Bactria)《史記》稱爲大夏,而《呂覽·古樂》,謂黃帝命伶倫作律,伶
倫取竹於大夏之西,其地實爲漢族故國等是。甚有以《列子·黃帝》華胥之國相附會者。
予昔亦主漢族西來之説。所舉證據:爲《周官》春官大宗伯典瑞鄭《注》,謂地祇有神州之
神,與昆侖之神之別。入神州後仍祀昆侖,可見昆侖實爲漢族故國。昆侖所在,則初信《史
記·大宛列傳》"天子案古圖書,河源出於昆侖"之説,謂漢代去古未遠,武帝所案,必非無
據,昆侖必今于闐河源之山。既又疑重源之説,於古無徵,謂《禹貢》黑水,即今長江上源,
故此水古名瀘水,黑水西河惟雍州者,雍州西南界,抵今青海木魯烏蘇。華陽黑水惟梁州
者,梁州西界,抵今西康金沙江也。然則古之昆侖,必即今黃河上源之山矣。自謂所據,皆
爲雅言。由今思之,河出昆侖墟,蓋古代謬悠之説。實與閬風、縣圃等,同爲想像之辭,未
容鑿求所在。即黑水亦然。作《禹貢》者,於西南地理,初不審諦,根據傳説,率爾書之耳。
鄭《注》據《疏》本於《括地象》。緯候之作,僞起哀、平,則正西域既通後之所造也。夫民
族緣起,必遠在有史之前,而諸説皆以故書爲據,且多不可信據之書,
其無足采,不俟言矣。今故不更廣徵,以免繁冗。

　　民國以來,發掘之業稍盛。乃有據考古之學,以言吾族緣起者。
發掘所得,以河北房山縣周口店之遺迹爲最古。其事實始於民國紀
元前九年。先是有德醫家哈白勒(Dr. K. A. Haberer)者,嘗在北平買

---

　　① 民族:予誤信西來説。

得龍骨,以寄其國明星大學教授舒羅塞。(Prof. Max Schlosser)是年,舒氏於其中得一臼齒,謂爲人類或類人猿之遺。因謂人類元始,或可於中國求之。以其物得自藥肆,來歷不明,人不之重也。入民國來,農商部地質調查所兼考古生物。十二、十三年間,師丹師基(Dr. O. Zdansky)在周口店得化石。以寄瑞典阿不薩拉大學教授韋滿。(Prof. C. Wiman)十五年,又得前臼齒、臼齒各一。研究之後,斷其出於人類。是年,瑞典太子來遊北平,世界考古學會會長也。北平學術團體,開會歡迎。安特生(Dr. J. G. Andersson)即席宣布其事,名之爲北京齒,(Peking tooth)而名生是齒者爲北京人。(Peking man)十六年,步林(Dr. B. B. Bohlin)又得下臼齒一。步達生(Dr. Davidson Black)協和醫學院解剖學教授。亦斷爲人齒,而名生是齒者曰北京種中國猿人。(Sinanthropus pekinensis)案葉爲耽名之曰震旦人。見所著《震旦人與周口店文化》。商務印書館本。後又續得牙牀、頭骨等。事遂明白無疑,爲科學家所共信矣。案人類遺骨之最古者,當推爪哇猿人。(Pithecanthropus erectus)西元千八百九十一二年間,發見於爪哇之突林尼。(Trinil)次則皮爾當之曙人。(Eoanthropus Dawsoni)北京人之形體,據科學家説,當在猿人之後,曙人之前,距今約四十萬年,自不能謂與中國人有關係。然真人(Homo sapiens)之出現,約在距今二萬五千年前。其時有所謂克羅麥曩人(Cro Magnon race)者似係白種之祖。格林馬底人(Grimaldi race)者,似係黑種之祖。而黃種之祖,則無所見。林惠祥云:有史時代,黃種率在亞洲之東。自新疆以西,即爲白人。然則有史之先,非有極大遷徙,黃種即當生於東方。人類學家有所謂“文化區域”(cultural area)者,謂文化傳播,苟不受阻閡,向四方之發展必均;而其緣起之地,則在其中點。文化與種族相連,亦可借以論種族。新疆爲黃種西界,而美洲土人,亦爲黃種,則其東界實在美洲。黃種發祥,當在二者之中,即亞洲東境。見所撰《中國民族史》第三章。此説頗有見地。北京人之發見,雖與中國民族無涉,仍可資以討論黃種之緣起矣。然人種緣起是一事,民族緣起又是一事,要與中國民族無關也。

　　美國人類學家，或謂：一百萬年前，北極一帶，氣候甚暖，哺乳動物，皆原於是。其後氣候稍變，動物南遷。時則中亞地尚低平，爲半熱帶林木所覆蔽。猿類仍依榛莽，人類漸入平地。人、猿之分，實由於此。夫動物既由北而南，則原人亦或初居於北。此說陸懋德主之，見所撰《文化史》，載《學衡雜志》第四十一期。因之，邇來美國探險隊，屢遊蒙古，探索甚殷。得大動物遺骸甚多。亦有各時代及極古器物。然人類遺骸，卒無所得，則證據究尚不足。抑即有所得，亦爲荒古之事，以論人類緣起則可，以論中國民族原起，仍渺不相涉也。

　　近歲發掘之業，使中國民族原起，更生新説者，莫如民國十年遼寧錦西沙鍋屯，河南澠池仰韶村；十二、十三年甘肅臨夏、舊導河縣。寧定、民勤，舊鎮番縣。青海貴德，及青海沿岸之役。皆地質調查所所掘。此諸地方，皆得有采色陶器。與俄屬土耳其斯單及歐俄、意、希、東歐諸國相似。與安諾、（Anau）在俄屬土耳其斯單阿思嘉巴（Askabad）附近。蘇薩（Susa）波斯舊都。在西南境，近海。兩處尤酷似。安特生因謂中國民族，實自中亞經南北兩山間而抵皋蘭。見所著《甘肅考古記》，及《地質叢報》中《中華遠古之文化》。曾友松《中國原始社會探究》主之。謂邃古中亞，溫暖宜人。後直冰期，爲所掩抑，民乃遷移。西南行者，經小亞細亞入非洲。東北行者，入外蒙古、西伯利亞、美洲，南行者入印度、南洋羣島。東南行者入中國以及日本。冰期既逝，氣候稍復。遠出者或復歸，或遂散播。時當舊石器之高期。久之，還歸者復四出。或適北歐，或由裹海至兩河間，阿母、錫爾。或至非洲，或走蒙古、西伯利亞。其居巴勒哈什湖、伊犂河畔者，則中國民族也。其時西北山嶺，草木暢茂，禽獸繁殖，人以田獵爲業。迨入塔里木河流域而知漁。時當新石器初期。及其中期，則入甘、青、寧夏。至末期，乃向綏遠、陝西，東至山西、河南，西南至西康。此時漸事農牧，其文化中心在甘肅。及石銅兼用之世，則進入湖北、安徽、山東，而其文化中心在河南。故甘、青遺址，爲新石器、紫銅器兩期，仰韶村、沙鍋屯略同，而河南安陽小屯村之殷墟，則在青銅器之世也。《甘肅考古記》，綜諸遺址，分爲六期，見下章。是説也，論者稱爲新西來説。見林惠祥《中國民族史》。繆鳳林、金兆梓駁之。謂安特生以仰韶采陶與歐洲及土耳其相似，而疑其同出一原，嘗以其説質施米特，(H. Schmidt)德國考古學家，嘗在安諾研究者。施米特不以爲然。斯坦因(Sir Aurel Stein)考古新疆，得漢、唐遺物甚多，先秦物則一無所有。采陶之術，起於巴比倫，事在西元前三千五百年。其傳至小亞西亞，在西元前二千五百年至二千年。傳至希臘，則在二千年至一千年間。閲時皆在千年以上。河南、甘肅，初期皆無銅器，度其時必早於西元前二千五百年，何以傳播反速？且安諾、蘇薩，皆有銅器，范金之術，何不與製陶之技並傳乎？夫文化果自西來，則必愈東而愈薄。甘肅陶器，安特生固謂其采色、圖案，皆勝河南，然又謂陶質之薄而堅，及其設色琢磨，皆在河南之下，因此不敢堅執二者之相同，則謂其來自西方，似無確據。吳金鼎《高井台子三種陶器概論》，謂甘、青陶器，實與河南、山西不同，載《田野考古報告》第一册。又中國文化，苟與西方關係甚深，則種族之間，亦必有關係，何以仰韶村、沙鍋屯人骨，步達生又謂與今華北人相同乎？繆氏文曰《中國民族由來論》，見《史學雜誌》二卷二、三、四期。金氏文曰《中國人種及文化由來》，見《東方雜誌》二十六卷二期。步達生之説，見所著《奉天沙鍋屯河南仰韶村古代人骨與近代華北人骨之比較》。然則新西來説，似亦未足據也。

近數年來，又有主張中國民族，起自東南者。其原，由於江、浙、山東古物之發見。民國十九年，南京古物保存所在棲霞山西北甘夏鎮，發掘六朝陵墓。衛聚賢主其事。得新石器時代石器數事。是年，山東古迹研究會發掘歷城城子崖；二十二年，又與中央研究院合掘滕縣安上村；皆得有黑色陶器。其甲骨則類殷墟。二十四、五兩年，江蘇武進之奄城，金山之戚家墩，吳縣之磨盤山、黃壁山，浙江杭縣之古蕩、良渚，吳興之錢山漾，嘉興之雙橋，平湖之乍浦，海鹽之澉浦，屢得新石器時代之石器及陶器。杭縣有黑陶，與山東所得絶相類。於是東南與西北之文化，得一溝通之迹。南京、江、浙陶器，文理皆爲幾何形，山東鄒縣及二十六年福建武平所發現者亦然，與河域陶器，爲條文、席文者，迥不相同，而與香港北平地質調查所所陳列。及遼寧金縣貔子

窩民國十六年，日本濱田耕作所發掘。所得，轉若相類。臺灣番族陶器文理，
雖與此殊科，服飾猶極相似。西南苗族，製器之技殊拙，其製幾何形
圖案則工。濱田耕作云：山東、遼寧，皆有有孔石斧。陝西亦有之。朝
鮮、日本及太平洋沿岸，則有有孔石厨刀。大洋洲木器所刻動物形，
或與中國銅器相類。北美阿拉斯加土器，亦有似中國者。見所著《東亞
文化之黎明》。汪馥泉譯，黎明書局出版。松本廣信謂印度支那及日本遠州、
武圓，皆有有肩石斧，古代銅鼓，或繪其形。見《人類學雜志》。又太平洋
沿岸及南洋羣島，皆有有溝石斧，而二十年林惠祥在厦門，二十六年
梁惠溥在武平拾得石錛，背亦有溝。見陳志良《福建武平石器》。則古代文
化，與東南洋之關係，殊爲深切。中央研究院自十七年以後，迭在河
南發掘。濬縣之辛村，鞏縣之塌坡，皆獲有黑陶。安陽侯家莊，濬縣
大賚店，則黑陶采陶並有。而其時代，黑陶在後，采陶在先，可見東西
兩文化交會之迹。衛聚賢云：河域陶器，皆爲條文、席文，惟殷墟兼
有幾何文。江、浙石器時代，有戈、矛，有鉞，南洋土人亦有鉞。河域皆無
之，殷墟獨有。見所著《殷人自江浙徙河南》。予案《詩·商頌·長發》云：“武王載旆，
有虔秉鉞。”即《史記·殷本紀》“湯自把鉞，以伐昆吾”所本也。可見殷人用鉞甚舊。又
云：今世所謂采陶者，以紅色爲地，飾以黑文，即《韓非子·十過篇》
所謂“禹之祭器，朱染其內，黑畫其外”者。甘肅所出，地爲淺紅色。
間有深紅，則類於紫。所畫黑色既淺，筆畫亦麤。仰韶村及山西夏縣
西陰村十五年清華大學研究院所發掘。所出，則紅色分深淺兩種，較甘肅爲
鮮明。所畫黑色較深，筆畫亦細。又有畫白色者，爲甘肅所無。《史
記·五帝本紀》言舜陶河濱，《左氏》襄公二十五年，謂虞閼父爲周陶
正，則虞人善陶。虞即吳，殷人起於東南，蓋亦善陶。河南、山西陶
器，蓋參以殷人之技，故其製益精。見所著《中國古文化自東南傳播於黃河流
域》及《浙江石器年代討論》，皆載《吳越文化論叢》中。羅香林云：日本畿內、北
陸、山陰、山陽、四國、九州，皆有銅鐸，安藝則與銅劍並出。此物中國
古代亦有之，《淮南子·繆稱》謂“吳鐸以聲自破”，《鹽鐵論·利議》謂
“吳鐸以舌自破”是也。晉愍帝建興四年，晉陵今武進嘗得之。見所著《古

代越族文化》。予案此物傳入河域，蓋即木鐸之祖。[1] 河域少金，乃改用木。東南用青銅器，早於河域，見下章。衛聚賢云：河域無錫，江蘇之無錫縣，舊説謂周、秦間産錫，古語云：有錫争，無錫平，漢乃以無錫名縣。古南方所用錫，蓋在於是。見所著《殷人自江浙徙河南》。亦見《吳越文化論叢》。予案衛説是也。無蓋語辭，謂無錫平有錫争，則後人附會之語。良渚陶器之形，或爲商、周銅器之祖。金祖同謂古器之回文，實自水浪而漸變，見所著《金山訪古記》。秀州學會景印本。水浪文固當起於緣海之地。今河南發掘，既多貝類，有以爲飾者。有以爲幣者。其大者或以爲飲食器。又有水牛遺骸；又甲骨文中，已有米麥字；見《安陽發掘報告》第四期。皆足徵其原起東南。濱田耕作云：甘、青、仰韶村、沙鍋屯采陶，所繪皆動物形；所用顔色，同於中西亞。貔子窩亦有采陶，所繪皆幾何形，顔色較劣，易剥落。此采陶亦石器時代物，可上推至西元前數千年。陳志良在南京，曾得一采色陶球。衛聚賢在鎮江大谷山，亦曾得采色陶片。詢諸土人，謂類此者尚多。見衛聚賢《江蘇古文化時期新估定》。附刊《杭州古蕩新石器時代遺址試探報告》後。吳越史地研究會本。則東南亦有采陶，不待西方之傳播，安特生之論，自未可偏據也。

　　謂西方文化，曾傳播於東方，亦非無徵不信之論。然其時代，則有可商榷者。當西元前數世紀至後一世紀之間，有所謂斯西亞文化者。其原出於斯西亞民族。（Sytuirn）地在黑海北之草原，東暨葉尼塞河上流。亦或稱斯西亞西伯利亞文化。屬於青銅器時期。今綏遠一帶，有其遺迹。故又或稱爲斯西亞蒙古文化焉。其前乎此者，則爲新石器時代，甘、青采陶，與之相似者也。商、周銅器，文理或原於動物形，如螭龍饕餮之類。或謂實本於斯西亞。然此等文化，盛行於西伯利亞，其年代尚後於周，而我國銅器之飾，殷時業已盛行矣。況斯西亞所繪皆大動物，其形生動猛鷙，我國古銅器，則殊不然乎？李濟《殷商陶器初論》。朔垂文化，現經中外人士，累加勘察，大體已可概見。自長城

---

　　[1]　民族：南金鐸傳入北方爲木鐸。用金南傳於北（又見第38頁）。

以北,可分打製石器、細石器、磨製石器三種。打製石器,西至新疆,
東至東三省,遺迹環繞沙漠。細石器限於興安嶺以西。其時代遺物,
或類西伯利亞及北歐,亦有類西南亞及中歐者。此兩種石器,皆獵牧
民族所爲。惟磨製石器,出於河域之農耕民族。多與有孔石斧及類
鬲之土器並存,與山東龍口所得者極相似,可以知其所由來。打製石
器,多在西遼河、松花江以北。遼河下流及老哈河流域,則打製、磨
製,二者並存。磨製石器,北抵黑龍江之昂昂溪,東至朝鮮北境。可
見此三種文化之分野。西南亞之文化,嘗西至甘、青,東至綏遠,自係
事實,然其時代,必不能早於東南方,亦非中國文化之骨幹也。民國十
七年,洛陽東北金村,因大水發見古墓,其鐘之文理,近於安徽壽縣之銅器。銅器則錯以
金銀,並嵌以水銀像。其像顴骨甚高,日本原田淑人、梅原末治,皆斷爲胡人。此亦一東
西文化交會之迹也。其墓,論者謂屬戰國時,未知信否。即如所言,自考古學言之,爲時
亦已晚矣。濱田耕作云:鬲爲中國所獨有,蓋鼎之所自出。遼東甚多,仰韶亦有,甘、青
前三期無之,第四期乃有,至第五期則多矣。此可見東方文化,傳播於西方之迹,並可略
考其時代也。

中國文化,原於東南溼熱之區,江海之會,書史所載,可爲證據者
本甚多。如食之主於魚與植物也;衣之用麻絲,且其製寬博也;人所
聚處曰州;其宮室則以上棟下宇,革陶復陶穴之風也;幣之多用貝也;
宗教之敬畏龍蛇也皆是。西洋文化,始於埃及,繼以巴比侖,更繼以
波斯,又繼以叙利亞,希臘,迦太基,蓋事同一律矣。然泛言東南,則
將與馬來人混,是亦不可無辨也。馬來即古越人,亦爲吾族分支之
一,然與漢族自有區別。有史以來,北族辮髪,南族斷髪,中原冠帶,
其俗執之甚固,度非一朝一夕之故,一也。黥額文身,本係一事。五
刑之黥,蓋起於以異族爲奴隸,其後則本族之有罪者,亦以爲奴隸,而
儕諸異族,乃亦黥其額以爲識。以此爲異族之識,則吾族本無此俗可
知,二也。馬來之俗,最重銅鼓,吾族則無此物,三也。殷墟有柱礎
人,文身,見《安陽發掘報告》第二期。此可謂殷人起自東南,效越人瑑刻之
技以爲飾耳,不可謂殷人有文身之俗也。梁任公謂今福建人骨骼膚
色,皆與諸夏異;見所撰《歷史上中國民族之研究》。林惠祥謂閩人體質,頗

類馬來；見《中國民族史》第六章。則後世自不能無混合，此且恐不止閩人。然在古代自各異，清野謙次謂貔子窩人骨，類今華北人，與仰韶村、沙鍋屯亦極相似。可見漢族自爲一支，東西兩種文化，並爲其所吸受也。

《爾雅·釋言》曰："齊，中也。"《釋地》曰："自齊州以南戴日爲丹穴，北戴斗極爲空同，東至日所出爲大平，西至日所入爲大蒙。"可見吾國古代，自稱其地爲齊州。濟水蓋亦以此得名。《漢書·郊祀志》曰："三代之居，皆在河、洛之間，故嵩高爲中嶽，而四岳各如其方。"以嵩高爲中，乃吾族西遷後事，其初實以泰岱爲中。故《釋地》又云："中有岱嶽。"《禮運》謂"因名山以升中於天"，此古封禪告成功者之所以必於是也。齊州即後世齊國之地，於《禹貢》爲青州。在九州中偏於東北。然《堯典》又有"肇十有二州"之説，則北有幽，西北有并，東北有營；古代西南封，必不如《禹貢》之恢廓，其地固略居封域之中矣。李濟謂城子崖之黑陶，實起自緣海。《城子崖發掘報告序》何天行謂城子崖及杭縣黑陶，皆不及日照所出。見所著《杭縣良渚鎮石器與黑陶》，《吳越史地研究會叢書》本。施昕更亦謂杭縣黑陶傳自山東，時代較後。見所著《杭縣第二區遺址文化試掘簡錄》，在《吳越文化論叢》中。可見漢族緣起，必在震方也。

第四章　古史年代

歷史之有年代，猶地理之有經緯線也。必有經緯線，然後知其地在何處，必有年月日，然後知其事在何時。舉一事而不知其時，即全不能知其事之關係矣。然歷史年代，有難言者。今設地球之有人類，爲五十萬年，而列國史實，早者不越五千年，有確實年代者，又不及其半，是則事之有時可記者，不及二百分之一也。況於開化晚者，所記年代，尚不及此；又況蒙昧民族，有迄今不知紀年之法者邪？①

吾國史籍，紀年始於共和，在民國紀元前二千七百五十二年。早於西人通用之紀元八百四十一年，不可謂不早。紀年雖可逆計，究以順計爲便。國史確實年代，既早於西元近千年，苟無公用更善之法，自以率舊爲是。以孔子生年紀元，後於共和二百九十年。若以黃帝紀元，則其年代絕不確實矣。乃近人震於歐、美一時之盛强，欲棄其所固有者而從之，稱彼所用者爲世界公曆。夫東西文化，各占世界之半，彼之所記者，亦一隅之事耳，何公之有？近數百年來，西洋文化，固較東洋爲發皇，然此乃一時之事，安知數十百年後，我之文化，不更優於彼？況於中西曆法不同，舍舊謀新，舊籍月日，無一不須換算，其煩重爲何如？又況舊史有祇記年月而不記日者，並有祇記年而不記月日者，又將何從換算邪？

《韓非·說難》云：“《記》曰：周宣王以來，亡國數十，其臣弒君而

---

① 年代：古史年代（第30～36頁，又見第46、130頁）。

取國者衆矣。"宣王元年,後於共和紀元十有四年。《史記·三代世表》曰:"孔子因史文,次《春秋》,紀元年,正時日月蓋其詳哉。至於序《尚書》,則略,無年月;或頗有,然多闕,不可具。故疑則傳疑,蓋其慎也。"《春秋》託始魯隱公元年,實周平王四十九年,後於共和元年百十有九年。足徵古史紀年,起於西周末造,史公之作,自有所本也。

古史年代,見於《尚書》者:堯在位七十載而咨四岳,四岳舉舜,後二十八載而殂落。舜生三十徵庸,二十在位,五十載,陟方乃死。《堯典》今本《舜典》。殷中宗之享國,七十有五年。高宗五十有九年。祖甲今文以爲大甲。三十有三年。其後嗣王,或十年,或七、八年,或五、六年,或三、四年。文王受命惟中身,厥享國五十年。《無逸》。惟周公誕保,文、武受命,惟七年。《洛誥》。穆王享國百年。《呂刑》。蓋所謂"或頗有"者也。案古人言數,多不審諦。《大戴禮記·五帝德》:"宰我問於孔子曰:昔者予聞諸榮伊曰:黃帝三百年,請問黃帝者,人邪? 抑非人邪? 何以至於三百年乎? 孔子曰:生而民得其利百年,死而民畏其神百年,亡而民用其教百年,故曰三百年。"榮伊之言,固已荒誕,孔子之言,雖稍近理,亦豈得實? 又《小戴禮記·文王世子》云:"文王謂武王:女何夢矣? 武王曰:夢帝與我九齡。文王曰:女以爲何也? 武王曰:西方有九國焉,君王其終撫諸? 文王曰:非也。古者謂年齡,齒亦齡也。我百,爾九十,吾與爾三焉。文王九十七而終,武王九十三而終。"果如其言,文王死時,武王年已八十七;周公爲武王同母弟,極小亦當七十;而猶能誅紂,伐奄,有是理乎? 蓋古人好舉成數。此在今人,亦有此習。特今人所舉成數,至十而止,古人則並及於百耳。明乎此,則知《尚書》所舉堯、舜之年,皆適得百歲,亦舉成數之習則然,非事實也。《詩·生民》疏引《中候握河紀》云:"堯即政七十年受河圖。"《注》云:"或云七十二年。"案堯立七十年得舜,辟位凡二十八年,則堯年九十八。若言七十實七十二,則適百歲矣。《史記·五帝本紀》云:"舜年二十以孝聞。年三十,堯舉之。年五十,攝行天子事。年五十八,堯崩。年六十一,代堯踐帝位。踐帝位三十九年,南巡狩,崩於蒼梧之野。"此即《堯典》三十徵庸,二十在位,五十載陟方乃死之説。古者三十而有室,四十曰強仕,過三十即可言四十,故舜以三十登庸。相堯亦歷一世,中苫居喪二年,則踐位必六十一。自其翼年起計，至百歲，在位適三十九年也。舜相堯歷一世，則堯之舉舜，不得不在年七十時矣。然則《尚書》之言堯舜，蓋先億定其年爲百歲，然後以其事分隸之耳。《文王世子》之言，亦以文王爲本百歲。蓋凡運祚非短促者，皆以百歲言之也。昔人言君主年歲，於其在位之年，及其年壽，似亦不甚分別。《周書·度邑》載武王之言曰："惟天不享於殷，自發未生，於今六十年。"此言似自文王時起計，以文王受命稱王也。然則享國五十，乃以年壽言之。文王之生武王，假在既冠之後，則文王死時，武王年三十餘，周公當不滿三十。《無逸》歷舉殷、周賢王，享國長久者，以歆動成王，而不及厥考，明武王年壽不長。《中庸》言武王未受命，蓋以其克殷後未久而殂，非謂其受命在耄耋時也。高宗享國，《漢石經殘碑》作百年，《史記·魯世家》作五十五年。蓋當以《石經》爲是。《呂刑》言穆王享國百年，而《史記·周本紀》謂"穆王即位，春秋已五十矣"；又云：穆王立五十五年崩；事同一律。今之《尚書》，必後人所億改也。周公誕保，文、武受命，年數巧合，當無謬謬。劉歆以爲文王受命九年而崩，賈逵、馬融、王肅、韋昭、皇甫謐皆從之。見《詩·文王》疏。蓋以《周書·文傳》，有文王受命九年，在鄗，召大子發之文，九年猶在，明其七年未崩。案《史記》謂文王受命七年而崩，九年，武王上祭於畢，東觀兵至於孟津，年代與劉歆異，而謂再期在大祥而東伐同。《伯夷列傳》曰："西伯卒，武王載木主，號爲文王，東伐紂。伯夷、叔齊扣馬諫曰：父死不葬，爰及干戈，可謂孝乎？"豈有再期而猶未葬者？《楚辭·天問》曰："武發殺殷何所悒？載尸集戰何所急？"《淮南·齊俗》曰："武王伐紂，載尸而行，海內未一，故不爲三年之喪始。"然則武王當日，蓋祕喪以伐紂；後周人自諱其事，謂在再期大祥之後；然文王死即東兵，猶爲後人所能憶，其事終不可諱；作《周書》者，遂誤將文王之死，移後二年也。此等零星材料亦非無有。然前後不相銜接，無從整齊排比，孔子之所以弗論次也。

然共和以前，年代雖不可具知，其大略，儒家固猶能言之。《孟子·公孫丑下篇》曰："五百年必有王者興。""由周而來，七百有餘歲矣。"《盡心下篇》曰："由堯、舜至於湯，五百有餘歲。""由湯至於文王，五百有餘歲。""由文王至於孔子，五百有餘歲。""由孔子而來，至於今，百有餘歲。"《韓非子·顯學篇》言："殷、周七百餘歲，虞、夏二千餘歲。"樂毅《報燕惠王書》，稱昭王之功曰："收八百歲之畜積。"其說皆略相符會，蓋必有所受之。劉歆作《世經》，推校前世年歲，唐七十，虞五十，夏四百三十二，殷六百二十九，周八百六十七，後人雖多議其疏，後漢安帝時，尚書令忠，嘗欲橫斷年數，損夏益周，考之《表記》，差繆數百。杜預、何承天亦皆譏之。見《續漢書·律曆志》及注。然其大體，相去固不甚遠。由其略以古人之言爲據也。若張壽王、李信治黃帝調曆，言黃帝至元鳳三年漢昭帝年號。六千餘歲；寶長安、單安國、梧育治終始，言黃帝以來三千六百二十九歲；皆見《漢書·律曆志》。則大相逕庭矣。《漢志》言壽王移帝王年錄，舜、禹年歲，不合人年，蓋所謂言不雅馴者，固不當驚異而疑習見之説也。

共和以前年歲，亦間有可考者。如《史記·晉世家》云"靖侯以來，年紀可推"；《漢書·律曆志》言"春秋殷曆，皆以殷，魯自周昭王以下無年數，故據周公、伯禽爲紀"；又《史記·周本紀》，載厲王立三十年而用榮夷公，三十四年，告召公能弭謗，三年而國相與叛襲王是也。然此等必斷續不完具；亦且諸説相校，必有齟齬而不可通者；如《秦本紀》、《秦始皇本紀》紀秦諸君在位年數，即有異同。一國如是，衆國可知矣。此史公所以不爲之表也。

言上古年代者，至緯候而始侈，蓋漢人據曆法所造也。《廣雅·釋天》云："天地闢設，至魯哀公十有四年，積二百七十六萬歲。分爲十紀：曰九頭，五龍，攝提，合雒，連通，序命，循蜚，因提，禪通，流訖。"王念孫校改爲疏訖。《書序疏》引《廣雅》作流訖。《校勘記》云："流訖，王本改疏訖。"司馬貞《補三皇本紀》云："春秋緯稱自開闢至於獲麟，凡三百二十七萬六千歲分爲十紀，凡世七萬六百年當作紀卅二萬七千六百年。一曰九頭紀，二曰五龍紀，三曰攝提紀，四曰合雒紀，五曰連通紀，六曰序命紀，七曰脩飛紀，八曰回提紀，九曰禪通紀，十曰流訖紀。"二説十紀之名相同,循畫脩飛,因提回提,流記流訖之不同,當係字誤,惟無由知孰正孰誤耳。而年數互異。案《續漢書・曆志》,載靈帝熹平四年蔡邕議曆法,謂《元命苞》、《乾鑿度》,皆以爲開闢至獲麟,二百七十六萬歲;《詩・文王》疏引《乾鑿度》,謂入天元二百七十五萬九千二百八十歲,《文王》以西伯受命;則《廣雅》實據《元命苞》、《乾鑿度》以立言。《路史餘論》引《命曆序》,謂自開闢至獲麟,三百二十七萬六千歲,則《三皇本紀》所本也。《漢書・王莽傳》:"莽改元地皇,從三萬六千歲曆號也。"三統曆以十九年爲章,四章七十六年爲蔀,二十蔀千五百二十年爲紀,三紀四千五百六十年爲元。二百七十五萬九千二百八十者,一元與六百十三相因之數;三百二十七萬六千年者,三萬六千與九十一相因之數也。蓋其所本者如此。

漢人言古帝王世數,亦有甚侈者。《禮記・祭法》正義云:"《春秋命曆序》:炎帝號曰大庭氏,傳八世,合五百二十歲。黃帝,一曰帝軒轅,傳十世,二千五百二十歲。《校勘記》云:"監、毛本同。閩本二千作一千。惠棟校宋本同。"次曰帝宣,曰少昊,一曰金天氏,則窮桑氏,傳八世,五百歲。次曰顓頊,則高陽氏,傳二十世,三百五十歲 。案《詩・生民》疏引《命曆序》云"顓頊傳九世",未知孰是。次是帝嚳,傳十世,四百歲。"又標題下《疏》引《易緯・通卦驗》云:"遂皇始出握機矩。"《注》云:"遂人在伏羲前,始王天下也。"又引《六藝論》云:"遂王之後,歷六紀九十一代至伏羲。"方叔璣《注》云:"六紀者:九頭紀,五龍紀,攝提紀,合雒紀,連通紀,序命紀。九十一代者:九頭一,五龍五,攝提七十二,合雒三,連通六,序命四。"《疏》云:"譙周《古史考》,燧人次有三姓至伏羲,其文不同。"《曲禮疏》引譙周云:"伏羲以次有三姓至女媧,女媧之後五十姓至神農,神農至炎帝一百三十三姓。"亦緯候既興後之説也。

《書疏》引《雒師謀注》云:"數文王受命,至魯公惠公末年,三百六十五歲。"又云:"本惟云三百六十耳,學者多聞周天三百六十五度,因誤而加。徧校諸本,則無五字也。"案《乾鑿度》謂入天元二百七十五萬九千二百八十歲而文王受命,今益三百六十歲,更益春秋二百四十二年，凡二百七十五萬九千八百八十二年，較二百七十六萬年，尚少十八，則《乾鑿度》與《雒師謀》不同。依《乾鑿度》，文王受命，當在春秋前四百七十有八歲。若依《世經》，則文王受命九年而崩；武王即位十一年；周公攝政七年；其明年，爲成王元年，命伯禽俾侯於魯；伯禽至春秋，三百八十六年；文王受命，在春秋前四百十三年也。

　　《史記·十二諸侯年表》集解引徐廣曰：“自共和元年，歲在庚申，訖敬王四十三年，凡三百六十五年。”又《周本紀集解》引徐廣曰：“自周乙巳至元鼎四年戊辰，一百四十四年，漢之九十四年也。漢武帝元鼎四年封周後也。”案《六國表》：起周元王，訖秦二世，凡二百七十年。元王元年，至赧王五十九年乙巳，凡二百二十一年。依《史記》年表，共和至赧王，凡五百八十六年；至漢武帝天漢四年，則七百四十五年也。《正義·論史例》云：“大史公作《史記》，起黃帝；高陽，高辛，唐堯，虞舜，夏，殷，周，秦，訖於漢武帝天漢四年，合二千四百一十三年。”張氏此言，自共和以後，當以《史記》本書爲據。共和以前，除舜三十九年，見於本書外，《集解》引皇甫謐：黃帝百，顓頊七十八，嚳七十，《御覽·皇王部》引作七十五。摯九，堯九十八；《世紀》古帝王年數，伏犧百，神農百二十，少昊百，亦皆成數。惟顓頊、帝嚳不然，未知何故。然《御覽》又引陶弘景，謂帝嚳在位六十三年，《路史》同。六十三加七十八，加九，凡百五十，則亦成數矣。此等亦必有其由，惜無可考也。又引《竹書紀年》，謂夏有王與無王，用歲四百七十一年；自湯滅夏以至於受，用歲四百九十六年；《正義》引《竹書》曰：“自盤庚徙殷，至紂之滅，七百七十三年。”七百之七，當係誤字。周自武王滅殷，以至幽王，凡二百五十七年；《正義》皆無異説，亦未嘗別有徵引，似當同之。依此計算，自黃帝至周幽王，合一千六百十八年。東周以下，依《史記》本書計，至天漢四年，合六百七十四年。兩數合計，凡二千二百九十二年。較二千四百一十三，尚少百二十一。未知張氏何所依據也。又《水經·瓠子河注》，謂成陽堯妃祠，有漢建寧五年成陽令管遵所立碑，記堯即位至永嘉三年，二千七百二十有一載。《北史·張彝傳》，言彝上《列帝圖》，起元庖犧，終於晉末，凡十六代，一百二十八帝，歷三千二百七十一年。亦未知其何據。

　　《路史》引《易緯稽覽圖》云“夏年四百三十一，殷年四百九十六”，此造《竹書》者所據也。造《竹書》者，蓋以爲羿、浞之亂，歷四十年，故益四百三十一爲四百七十一。此書真本，蓋亦未嘗有傳於後，唐人所據，其僞亦與明人所造等耳。夫魏史必出於晉，晉史於靖侯以上，已不能具其年數，安能詳夏、殷以前？況晉又何所受之歟？受之周歟？周何爲祕之？雖魯號秉周禮者，亦不得聞，而獨畀之唐叔？且韓亦三晉之一，何以韓非言唐、虞以來年數，其不審諦，亦與孟子同？即魏人亦未有能詳言古代年數者，豈又閟之生人，而獨藏諸王之冢中歟？於情於理，無一可通。[1] 故《竹書》而有共和以前之紀年，即知其不足信，更不必問其所紀者如何也。

　　以曆法推古年代，本最可信，然昔人從事於此者，其術多未甚精；古曆法亦多疏舛；史籍記載，又有譌誤；故其所推，卒不盡可據也。劉歆而後，宋邵雍又有《皇極經世書》，推堯元年爲甲辰，在民國紀元前四千二百六十八年，西元前二千三百五十七年，亦未知其何據。金履祥作《通鑑綱目前編》用之，元、明以降，《綱目》盛行，流俗言古史者遂多沿焉。

　　先史之世，無年可紀，史家乃以時代代紀年。年代愈古，則材料愈乏，而其所分時代愈長。看似麤略，然愈古則演進愈遲，變異亦愈少，據其器物，固亦可想見其大略也。分畫先史時期，大別爲舊石器、（palæolithic age）新石器、（neolithic age）青銅器、（bronze age）鐵器（iron age）四期。舊石器中，又分前後。前期三：曰芝良期，（Chellean）其所用器，只有石斧，略別於未經製造者而已。曰曷朱良期，（Acheulean）則兼有石刀。芝良期及曷朱良期，皆僅能以石擊石，去其碎片，用其中心而已。其時代，約距今七萬年至四十五萬年。曰墨斯梯靈期，（Mousterian）始能用石片，故其鋒較銳。初有骨器，而

---

[1]　經籍：竹書之僞（又見第 72、106 頁）。

爲數甚少。其時代，約距今二萬五千年至七萬年。後期亦三：曰阿
里諾新期，（Aurignacian）骨器稍多。始知雕塑，其藝頗爲後人所稱
道。曰蘇魯脱靈期，（Solutrean）石器兩面有鋒。骨器益多，製亦益
善。曰馬特蘭寧期，（Magdalenian）此期之用石器，非復以石擊石，而
有似鑽之物，介於其間，故其大小可以自如。此三期，約距今二萬五
千年至五萬年。六期之後，別有所謂阿奇林期者，（Azilian）骨器既
衰，石器亦小，_{考古者名之曰小石器。}（microlith）考古者億想其時，或爲用土
器之萌芽焉。然陶器之迹無存，故稱之曰尾舊石器時期。
（opipalæolithie）新舊石器之别，非僅以其精麤，亦視其有無弓矢等物
以爲斷，而陶器之有無，尤爲考古家所重。有陶器，則視爲新石器之
始；無陶器，則視爲舊石器之終。舊石器時代，大抵恃搜集爲生。新
石器時代，始知漁獵，多能用火。其末期，且有進於農牧，知用銅者。
然紫銅之器，不堅而易壞，故仍列石器期中，至能合銅錫爲青銅，乃别
爲銅器時代也。銅器時代，人以農牧爲生。有氏族，_{新石器時代行圖騰}
_{制。}宗教亦有統系，_{前此行雜亂之拜物教。}人羣之規制稍備矣。文字之
興，實在新石器時代之後。故石器時代，適爲先史時代，銅器鐵器時
代，適爲有史時代也。以上所論，皆據歐洲考古學家之説，吾國發掘
之業，方在權輿，自不能不借助他山，以資推論。然人羣進化，異地同
符，銖銖而較之，一若不勝其異。苟略其細而觀其大，自有一致百慮，
同歸殊塗者。觀其會通，與曲説附會，相似而實不同，固不可以不
辨也。

　　吾國發掘所獲遺迹，當列舊石器時代者有五：曰周口店，略視墨
斯靈梯期。曰河套，_{民國十二年，德日進、（Père Teilhard de Chardin）桑志華（Père E.}
_{Licent）所發掘。一爲無定河。一爲寧夏南之水洞溝。案此外甘肅東境，山西、陝西北境，}
_{亦有零星舊石器。}曰周口店之上洞，皆在舊石器後期。河套遺迹較古，蓋
在後期之始。上洞骨器製作頗精，飾物技藝亦優，當在後期之終，於
黑龍江呼倫之達賴湖爲近。_{亦德日進、桑志華所掘。}達賴湖及廣西桂林武
鳴遺迹_{民國二十四年，楊鍾健、裴文中與德日進同掘。}皆在尾舊石器時期。然

武鳴有一石器步日耶(H. Breuil)以爲係屬重製,則其前,尚當有更古之舊石器時期也。新石器時代,甘、青及河南遺迹,安特生分爲六期:曰齊家期,約在西元前三千五百年至三千二百年。曰仰韶期,自三千二百年至二千九百年。曰馬廠期,自二千九百年至二千六百年。爲新石器及石銅過渡時期。曰新店期,自二千六百年至二千三百年。曰寺窪期,自二千三百年至一千年。曰沙井期,自二千年至一千七百年,則入銅器時期矣。銅器時期,南方似較北方爲早。良渚錢山漾,皆有黸製石器。錢山漾尤多。而古蕩有孔石斧,似用鐵器旋轉而入。又多石英器,其質甚堅,非金屬不能穿鑿,則已在石銅兼用之期。可見南方文化,歷時甚長。惜乎發掘不多,時代尚難推斷。然北方之知用銅,係由南方傳授,則似無可疑者。殷人起於東南,已如上章所述。殷墟銅器,據地質調查所所化驗,含錫逾百分之五;中央研究院所化驗,含錫逾百分之十;其爲青銅器無疑。日本道野松鶴,分析其若干種,以其中不含錫,指爲純銅器時期。(copper age)梅原末治則云:其中雖不含錫,而含鉛、鐵、砒素頗多,兵器則仍含錫。然則他器之不含錫,蓋由中原錫少而然。抑銅錫器之始,必用爲兵,久之乃以爲他器。殷墟之兵,文理悉類鼎彝,蓋非以資實用,則其進於銅器時代久矣。見所著《中國青銅器時代考》。胡厚宣譯,商務印書館本。予案《越絕書》載風胡子之言,謂軒轅、神農、赫胥之時,以石爲兵。黃帝之時,以玉爲兵。禹穴之時,以銅爲兵。當此之時作鐵兵。又載薛燭之言,稱赤堇之山,破而出錫;若耶之溪,涸而出銅。見《外傳·寶劍篇》。則石銅二器之遞嬗,昔人早已知之。① 南方所用者,確係鎔合銅錫,亦無疑義。《史記·李斯列傳》,斯上書諫逐客,云"江南金錫不爲用",亦可見南方製器,兼用銅錫。古書皆言蚩尤制兵,雖不審諦,要非絕無根據。然則南方之知用銅,尚在黃帝之先。夏以後,其技乃稍傳於北,故有鑄鼎象物之說。《左氏》宣公三年。黃帝與禹,年代皆略有可考,則南方之知用銅,其年代亦可微窺

---

① 工業:昔人知石銅遞嬗,亦知兼用銅錫。

也。今安陽之小屯村，十七年後，中央研究院陸續發掘。地質凡分三層：下
層爲石器，中層爲石銅過渡之期，上層爲銅器。歷城之城子崖，地質
亦分二層：下層爲新石器，上層爲銅器。小屯殷墟，城子崖爲譚國故
址，則銅器之傳布於河域，年代又略可推矣。

第五章　開闢傳説[①]

　　傳説中最早之帝王，莫如盤古。其説見於《三五曆記》者曰："天地混沌如雞子。盤古生其中。萬八千歲，天地開闢。陽清爲天，陰濁爲地。盤古在其中，一日九變。神於天，聖於地。天日高一丈，地日厚一丈，盤古日長一丈。如此萬八千歲，天數極高，地數極深，盤古極長。"《五運曆年記》曰："元氣鴻濛，萌芽兹始。遂分天地，肇立乾坤。啓陰感陽，分布元氣。乃孕中和，是爲人也。首生盤古。垂死化身：氣成風雲，聲爲雷霆，左眼爲日，右眼爲月，四肢五體爲四極五嶽，血液爲江河，筋脈爲地里，肌肉爲田土，髮髭爲星辰，皮毛爲草木，齒骨爲金石，精髓爲珠玉，汗流爲雨澤，身之諸蟲，因風所感，化爲黎甿。"皆據《繹史》卷一引。《述異記》則曰："昔盤古氏之死也：頭爲四嶽，目爲日月，脂膏爲江海，毛髮爲草木。秦漢間俗説：盤古氏頭爲東嶽，腹爲中嶽，左臂爲南嶽，右臂爲北嶽，足爲西嶽，先儒説：盤古氏泣爲江河，氣爲風，聲爲雷，目瞳爲電。古説：盤古氏喜爲晴，怒爲陰。吳、楚間説：盤古氏夫妻，陰陽之始也。今南海有盤古氏墓，亘三百餘里。俗云：後人追葬盤古之魂也。桂林有盤古氏廟，今人祝祀。"又云："南海中有盤古國。今人皆以盤古爲姓。"案此諸説，顯有不同。《述異記》首兩説，與《五運曆年記》之説，原本是一。此説與《三五曆記》之説，並已竊印度傳説，加以附會。《述異記》所謂先儒説者，與此

―――――――――――

　　① 史事：盤古（第 40～43 頁）。

似同實異,而與其所謂古説者,所本相同,蓋中國之舊説也。至所謂吳、楚間説者,則又頗含史實,非盡神話。何以言之?

案印度古籍,有所謂《厄泰梨雅優婆尼沙曇》(Aitareya Upanishad)者。其説云:太古有阿德摩(Atman)先造世界。世界既成,後造人。此人有口,始有言,有言乃有火。此人有鼻,始有息,有息乃有風。此人有目,始有視,有視乃有日。此人有耳,始有聽,有聽乃有空。此人有膚,始有毛髮,有毛髮,乃有植物。此人有心,始有念,有念乃有月。此人有臍,始有出氣,有出氣,乃有死。此人有陰陽,始有精,有精,乃有水。又《外道小乘涅槃論》云:"本無日月星辰,虛空及地,惟有大水。時大安荼生,形如雞子。周匝金色。時熟,破爲二段,一段在上作天,一段在下作地。"《摩登伽經》云:"自在以頭爲天,足爲地,目爲日月,腹爲虛空,髮爲草木,流淚爲河,衆骨爲山,大小便利爲海。"《三五曆記·五運曆年記》及《述異記》第一二説,其爲竊此等説,加以文飾而成,形迹顯然,無待辭費。至其所謂先儒説者,雖若與此是一,然以盤古氏爲生存,而不謂其已死,則顯與其所謂古説者,同出一原,而與其第一二説,迥不相侔也。《路史·初三皇記》,謂荆湖南北,今以十月十六日爲盤古氏生日,以候月之陰晴,此即《述異記》所謂古説,尚存於宋時者。《山海經·海外北經》云:"鍾山之神,名曰燭陰。視爲晝,瞑爲夜,吹爲冬,呼爲夏。不飲,不食,不息,息爲風。身長千里。在無唘之東。其爲物,人面蛇身,赤色,居鍾山下。"《大荒北經》云:"西北海之外,赤水之北,有章尾山。有神,人面蛇身而赤。直目正乘。其瞑乃晦,其視乃明,不食,不寢,不息。風雨是謁。是燭九陰,是謂燭龍。"此即一事而兩傳,與《述異記》所謂先儒説及古説相似,足見其爲中國舊説。吳、楚間説,明言盤古氏有夫妻二人,且南海有其墓;南海中有其國,其人猶以盤古爲姓;則人而非神矣。古氏族酋長,往往見尊爲神,然不害於實有其人。故所謂吳、楚間説者,與所謂先儒説、古説,並不相悖。所謂先儒説古説者,雖涉荒怪,亦不能以此而疑吳、楚間説之鑿空,不含史實也。然則所謂盤古氏者，必南方民族所共尊之古帝；南海中之盤古國，後雖僻處遐方，在古代，或實爲南方民族之大宗矣。

《後漢書·南蠻傳》，有所謂槃瓠者，以爲高辛氏之畜狗，長沙武陵蠻之祖，此與盤古本渺不相涉，夏曾佑始謂與盤古是一，謂吾族誤襲苗族神話爲己有。見所著《古代史》。予昔亦信其説，今乃知其非是而不可以不辯也。夫夏氏之疑，乃謂吾族古帝，蹤迹多在北方，獨盤古則祠在桂林，墓在南海耳。吾族開化，實始於南，不始於北，已如第三章所述。然則古代神話，留遺嶺表，又何怪焉？抑《後漢書》槃瓠之説，實僅指武陵一隅，尤顯而易見者也。其説曰："昔高辛氏有犬戎之寇，而征伐不克，乃訪募天下：有能得犬戎之將吳將軍頭者，購黃金萬鎰，邑萬家，又妻以少女。時帝有畜狗，其毛五采，名曰槃瓠。下令之後，槃瓠遂銜人頭造闕下。羣臣怪而診之，乃吳將軍首也。帝大喜。而計槃瓠不可妻之以女，又無封爵之道，議欲有報而未知所宜。女聞之，以爲帝王下令，不可違信，因請行。帝不得已，乃以女配槃瓠。槃瓠得女，負而走，入南山，止石室中。所處險絶，人迹不至。於是女解去衣裳，爲僕鑒之結，著獨力之衣。帝悲思之，遣使尋求，輒遇風雨震晦，使者不得進。經三年，生子一十二人，六男六女。槃瓠死後，因自相夫妻。織績木皮，染以草實。好五色衣服，製裁皆有尾形。其母後歸，以狀白帝。於是使迎致諸子。衣裳斑斕言語侏離。好入山壑，不樂平曠。帝順其意，賜以名山廣澤。其後滋蔓，號曰蠻夷。外癡內黠，安土重舊。以先父有功，母帝之女，田作賈販，無關梁符傳、租税之賦；有邑君長，皆賜印綬，冠用獺皮。其渠帥曰精夫，相呼爲姎徒。今長沙武陵蠻是也。"此説依據蠻人地理、風俗、言語、服飾、居處及中國待之之寬典，其爲秦、漢間人所文飾，顯然不疑。《注》云："今辰州盧溪縣西有武山。黃閔《武陵記》曰：山高可萬仞，山半有槃瓠石室，可容數萬人。中有石牀，槃瓠行迹。今案石窟前有石羊、石獸，古迹奇異尤多。望石窟，大如三間屋。遙見一石，仍似狗形，俗相傳，云是槃瓠像也。"《路史·發揮》云："有自辰、沅來者，云盧溪縣之西百八十里，有武山焉。其崇千仞。遥望山半，石洞罅啓。一石貌狗，人立乎其旁，是所謂槃瓠者。今縣之西南三十里有槃瓠祠，棟宇宏壯。信天下之有奇迹也。"《注》云："《辰州圖經》云：石窟如三間屋。一石狗形，蠻俗云槃瓠之像，今其中種有四：一曰七村歸明户，起居飲食類省民，但左衽。二曰施溪武源歸明蠻人。三曰山猺。四曰仡僚。雖自爲區別，而衣服趨向，大略相似。土俗以歲七月二十五日，種類四集，扶老攜幼，宿於廟下，五日，祠以牛羦酒鮭，椎鼓踏歌，謂之樣。樣，蠻語祭也。"盧溪，今湖南瀘溪縣。自唐至宋，遺迹猶存，種落可指，可見《後漢書》所云，乃一種落之故事，今乃以此推諸凡南蠻，並謂吾族稱説，謂他人父，可謂重誣矣。干寶《晉紀》，范成大《桂海虞衡志》，皆謂蠻族雜糅魚肉，叩槽而號，以祭槃瓠。見《文獻通考·四裔考》。《路史》謂會昌有盤古山，今江西會昌縣。湘鄉有盤古堡，今湖南湘鄉縣。雩都有盤古祠。今江西雩都縣。成都、今四川成都縣。淮安、今江蘇淮安縣。京兆今陝西長安縣。皆有廟祀。又引《元豐九域志》，謂廣陵今江蘇江都縣。有盤古冢廟。固與槃瓠絕不相干。今廣西巖峒中，亦有盤古廟。兼祀天皇、地皇、人皇。此蓋又受吾族傳説改變。俗以舊曆六月二日爲盤古生日，遠近聚集致祭，與《路史》所述荆湖南北，及《辰州圖經》所述辰州土俗相類。而閩、浙畬民，亦有奉槃瓠爲祖者，其畫像仍作狗形。他種落傳説，亦有自稱狗種者。二者猶絕不相蒙，安得據音讀相近，牽合爲一哉？

第六章　三皇事迹

第一節　緯書三皇之說[①]

　　盤古之後爲三皇、五帝，亦爲言古史者所習知。三皇、五帝之名，昉見《周官》外史，未知其意果何指。《風俗通義》引《禮緯含文嘉》云："遂人以火紀，火大陽，陽尊，故託遂皇於天。伏羲以人事紀，故託羲皇於人。神農悉地力，種穀疏，故託農皇於地。"此蓋今文舊說。《白虎通》、《甄燿度》、譙周《古史考》並同。見《禮記·曲禮》疏。《史記·秦始皇本紀》，載博士議帝號，謂"古有天皇，有地皇，有泰皇，泰皇最貴"。泰與大同音，大字亦象人形，見《說文》。疑泰爲大之音借，大爲人之形譌，二說實一說也。《白虎通》別列一說，以伏羲、神農、祝融爲三皇。《運斗樞》、鄭注《中候勅省圖》引之，見《曲禮疏》。《元命苞》《文選·東都賦》注引。則以伏羲、女媧、神農爲三皇。案司馬貞《補三皇本紀》述女媧氏，謂"當其末年，諸侯有共工氏。與祝融戰，不勝，而怒，乃頭觸不周之山。天柱折，地維缺。女媧乃煉五色石以補天，斷鼇足以立四極"云云。上云祝融，下云女媧，則祝融、女媧一人，此說殊未諦，然小司馬自有所本，則《白虎通》與《運斗樞》、《元命苞》，實一說也。五帝之名，見於

《大戴禮記‧五帝德》者，曰黃帝、顓頊、帝嚳、堯、舜，《史記‧五帝本紀》依之，譙周、應劭、宋均皆同。見《正義》。鄭玄注《中候勅省圖》，乃於黃帝顓頊之間，增一少昊，謂德合五帝座星者爲帝，故實六人而爲五。見《曲禮疏》。案《後漢書‧賈逵傳》，載逵奏《左氏》大義長於二傳者曰："五經皆言顓頊代黃帝，而堯不得爲火德。左氏以爲少昊代黃帝，即圖讖所謂帝宣也。如令堯不得爲火，則漢不得爲赤。"案漢人言五德終始有二說：一以爲從所不勝，周爲火德，秦以水德勝之。漢承秦，故爲土德。此說承自嬴秦，一主相生，劉向父子衍之。漢以火德，承周之木，而以秦爲閏位。漢自以爲堯後。黃帝號爲黃，其爲土德，無可移易。黃帝以後，顓頊以金德承之，則嚳爲水德，堯爲木德矣。故必於黃帝後增一少昊爲金德，而顓頊以水德，嚳以木德承之，堯乃得爲火德也。此爲古學家於黃帝、顓頊之間增一少昊之由。然實六人而爲五，於理終有未安。造《僞古文尚書》者出，乃去遂人而以伏羲、神農、黃帝爲三皇，少昊、顓頊、帝嚳、堯、舜爲五帝。《僞孔安國傳序》。如是，則少昊雖增，五帝仍爲五人矣。此實其說之彌縫而更工者也。案《周官》都宗人，"掌都宗祀之禮。凡都祭祀，致福於國"。《注》云："都或有因國無主、九皇、六十四民之祀。"《禮記‧王制》云"天子諸侯，祭因國之在其地而無主後者"；而《春秋繁露》，有九皇、六十四民；《三代改制質文篇》。此鄭《注》之所本也。九皇、六十四民者，存二王之後以大國，與己並稱三王。其前爲五帝，封以小國。又其前爲九皇，其後爲附庸。又其前六十四代，則無爵土，故稱民。三王，五帝，九皇，六十四民，合八十一代。古以九爲數之究，八十一則數之究之究者也。《史記‧封禪書》載管子說：今《管子》之《封禪篇》，乃取《史記》此書所補。謂古封泰山，禪梁父者七十二家。七十二益三皇、五帝，更益以本朝，亦八十一。竊疑三皇、五帝，使外史氏掌其書；自此以往，則方策不存，徒於因國無主及登封之時祭之；實前代之舊制。孔子作《春秋》，存二王以通三統，《白虎通義‧三正篇》曰："王者存二王之後者，何也？所以尊先王，通天下之三統也。明天下非一家之有，敬謹謙讓之至也。故封之百里，使得服其正色，行其禮樂。"案服其正色者，夏以孟春月爲正，色尚黑。殷以季冬月爲正，色尚白。周以仲冬月爲正，色尚赤。王者受命，有可得與民變革者，有不可得變革者。正朔爲可得變革之一端，舉此以概一朝所獨有之制度也。《三教篇》謂夏之教忠,忠之失野,救野之失莫如敬。殷之教敬,敬之失鬼,救鬼之失莫如文。周之教文,文之失薄,救薄之失莫如忠。三者如順連環,周而復始,窮則反本。蓋儒家謂治天下,當三種制度迭行,故二王之成法,不可不保守也。立五帝以昭五端,《公羊》隱公元年《解詁》:"政莫大於正始,故《春秋》以元之氣,正天之端。以天之端,正王之政。以王之政,正諸侯之即位。以諸侯之即位,正竟内之治。諸侯不上奉王之政,則不得即位,故先言正月而後言即位。政不由王出,則不得爲政,故先言王而後言正月也。王者不承天以制號令則無法,故先言春而後言王。天不深正其元,則不能成其化,故先言元而後言春。五者同日並見,相須成體,乃天人之大本,萬物之所繫,不可不察也。"而於《書》,則仍存前代之三皇、五帝,以明三才、五常之義,《古今注》:"程稚問於董生曰:古何以稱三皇、五帝? 對曰:三皇者,三才也。五帝,五常也。"三才爲天、地、人,與《含文嘉》説合。五常可以配五行,則儒家言五帝者之公言也。實六經之大義也。儒家三皇、五帝之説,其源流如此,與流俗所謂三皇者,實不相合也。

　　流俗三皇之説,出於讖緯。司馬貞《補三皇本紀》云:"天地初立,有天皇氏。十二頭。澹泊無所施爲,而俗自化。兄弟十二人,立各一萬八千歲。地皇十一頭。火德王。姓十一人。姓上當有奪字。興於熊耳、龍門等山。亦各萬八千歲。人皇九頭,乘雲車,駕六羽,出谷口。兄弟九人,分長九州,各立城邑。凡一百五十世,合四萬五千六百年。"《注》云:"出《河圖》、《三五曆》。"新莽下三萬六千歲曆,三統曆以四千五百六十年爲元,已見第四章。兩"萬八千"合爲三萬六千,四萬五千六百年,則一元十倍之數也。《太平御覽·皇王部》引《始學篇》,謂天皇、地皇各十二頭,萬八千歲。人皇九頭,人各百歲。《洞紀》:天皇、地皇,亦各十二頭。《帝系譜》:天皇、地皇,亦各萬八千歲。於人皇皆無説。《路史》引《真源賦》,則天皇十三人,地皇十一人,各萬八千餘歲。人皇九人,四萬五千六百年。案《御覽》又引《春秋緯》,謂天皇、地皇、人皇兄弟九人,分爲九州,長天下;《河圖括地象》,謂天皇九翼;則緯書舊説,天皇、地皇、人皇皆九人,其年亦僅百歲。《始學篇》所采。自三萬六千歲之曆出,乃改天皇、地皇之年,各爲萬八千,而又增其人數爲十二也。《補三皇本紀》之説,自謂出《河圖》、《三五曆》,而《御覽》引《河圖》:天皇九翼,與《補三皇本紀》之説異,則《三皇本紀》天皇、地皇之説出《三五曆》,人皇之説出

《河圖》也。天皇十三人之説，未知所本，地皇十一人之説，則決爲天皇十三人之説既出後，乃減一人以就之者。要皆以意造作而已矣。《御覽》又引《遁甲開山圖》榮氏《注》，謂天皇兄弟十二人，地皇兄弟十人，人皇兄弟九人。十人蓋十二人之奪。《御覽》又引《遁甲開山圖》曰："天皇被迹在柱州昆侖山下。地皇興於熊耳、龍門山。人皇起於形馬。"《水經·渭水注》："故虢縣今陝西寶雞縣東。有杜陽山。山北有杜陽谷。地穴北入，不知所極。在天柱山南。"趙一清云："《寰宇記》：鳳翔府岐山縣下云：岐山，亦名天柱山。《河圖括地象》曰：岐山在昆侖山東南，爲地乳。上多白金。周之興也，鷟鷟鳴於山上。時人亦謂此山爲鳳皇堆。《注》：《水經》云：天柱山有鳳皇祠。或云：其峯高峻，迥出諸山，狀若柱，因以爲名。《御覽》及程克齋《春秋分記》並引之，今缺失矣。"岐山，今陝西岐山縣。熊耳，在今河南盧氏縣南。龍門，在今山西河津、陝西韓城縣之間。《水經·渭水注》：伯陽谷水、苗谷水並出刑馬山。孫星衍校本云：當在今清水縣界。然則《遁甲開山圖》謂三皇興於陝、甘、晉、豫之境也。案《御覽》引《春秋命曆序》，謂"人皇氏九頭，駕六羽，乘雲車，出谷口，分九州"。《路史》引云："出暘谷，分九河。"九河不可分，必九州之誤。谷口之谷，係指暘谷則無疑。《三國·蜀志·秦宓傳》：宓對夏侯纂，謂三皇乘祇車出谷口，即斜谷，在今陝西郿縣西南。乃誇張本州之言，不足信也。《遁甲開山圖》，專將帝王都邑，自東移西，尤不足據。《路史注》引《遁甲開山圖》：人皇出於刑馬山提地之國。又引《雒書》云：人皇出於提地之國。以《御覽》之文校之，上提地之國四字當衍，此語當出《雒書》也。《説文·示部》："祇，地祇，提出萬物者也。"提地二字，似因此附會，未必有地可實指也。

《禮記》標題下《正義》云：《易緯通卦驗》云："天皇之先與乾曜合元，君有五期，輔有三名。"《注》云："君之用事，五行代王，代字從今本通卦驗增。亦有五期。輔有三名，公、卿、大夫也。"又云："遂皇始出握機矩。"注云："遂人在伏羲前，始王天下也。"則鄭以天皇爲上帝，五期之

君爲五帝,繼天立治,實始人皇;而其所謂人皇者,則爲遂人,此猶是
《含文嘉》之説。《廣雅》十紀,始自人皇,紀名九頭,見上章。亦相符合。
足見天皇、地皇之説爲後起也。

第二節　巢燧羲農事迹

　　服虔云:"自少皞以上,天子之號以其德,百官之號以其徵。自顓
頊以來,天子之號以其地,百官之號以其事。"《禮記·月令》疏引。案古地
名與氏族之名,不甚分別。以地爲號者,可略知其地與族,以德爲號,
斯不然矣。然十口相傳,必其時之大事,社會開化之迹,卻因之而可
徵也。

　　吾國開化之迹,可徵者始於巢、燧、羲、農。《韓非子·五蠹篇》
曰:"上古之世,人民少而禽獸衆。人民不勝鳥獸龍蛇。有聖人作,搆
木爲巢,以避羣害,而民説之,使王天下,號曰有巢氏。民食果蓏蚌
蛤,腥臊惡臭,而傷害腸胃,民多疾病。有聖人作,鑽燧取火,以化腥
臊,而民説之,使王天下,號曰燧人氏。"《莊子·盜跖篇》曰:"古者禽
獸多而人民少,於是民皆巢居以避之。晝食橡栗,暮棲木上。故命之
曰有巢氏之民。古者民不知衣服,夏多積薪,冬則煬之。故命之曰知
生之民。"①所述實爲同物。知皙相通,煬亦用火,其指發明用火之族
言之可知也。發明用火,實爲人類一大事。韓子主熟食言之,莊子主
取煖言之,其用皆極切。《古史考》曰:"古之初,人吮露精,食草木實。
穴居野處。山居則食鳥獸,衣其羽皮,飲血茹毛。近水則食魚鱉螺
蛤。未有火化,腥臊多害腸胃。於是有聖人,以火德王。鑽燧出火,
教人熟食,鑄金作刃。民人大説,號曰燧人。"《太平御覽·皇王部》引。其

---

　　①　史事:《五蠹》言有巢、遂人,遂人主熟食,《莊子》言有巢知生,知生主取暖,《古史
考》又兼言范金。

辭蓋隱栝古籍而成。鑄金亦爲火之一大用。故《禮記·禮運》論脩火之利，以范金合土並言。合土指爲陶器。然神農尚斲木爲耜，揉木爲耒；黄帝亦弦木爲弧，剡木爲矢；見《易·繫辭傳》。則前乎炎、黄之燧人，似未必能知鑄金。譙氏蓋綜合古籍而失之者也。

《易·繫辭傳》云："古者包犧氏之王天下也：仰則觀象於天，俯則觀法於地；觀鳥獸之文，與地之宜；近取諸身，遠取諸物；於是始作八卦，以通神明之德，以類萬物之情。作結繩而爲網罟，以田以漁，蓋取諸《離》。"《經典釋文》云："包，本又作庖。鄭云：取也。孟、京作伏。犧，鄭云：鳥獸全具曰犧。孟、京作戲，云服也。化也。"《白虎通義·號篇》云："下伏而化之，故謂之伏羲。"《風俗通義》引《含文嘉》云："伏者，別也，變也。戲者，獻也，法也。伏戲始別八卦，以變化天下；天下法則，咸伏貢獻；故曰伏戲。"蓋今文舊説，孟、京所用。鄭説則本於劉歆。《漢書·律曆志》載《世經》曰："作网罟以田漁取犧牲，故天下號曰炮犧氏"可證。《易》但言佃漁，歆妄益"取犧牲"三字，實非也。《禮記·月令》疏引《帝王世紀》曰："取犧牲以共庖厨，食天下，故號曰庖犧氏。"則又以庖字之義，附會庖厨，失之彌遠矣。今人或以伏羲爲游牧時代之酋長，觀此自知其非。① 《尸子》云："燧人之世，天下多水，故教民以漁。虙犧氏之世，天下多獸，故教民以獵。"亦謂其以田漁爲業也。

神農亦德號。《禮記·月令》：季夏之月，"水潦盛昌，神農將持功"；又曰："毋發令而待，以妨神農之事"；此神農必不能釋爲人名也。《易·繫辭傳》曰："包犧氏没，神農氏作。斲木爲耜，揉木爲耒。耒耨之利，以教天下。"又曰："日中爲市，致天下之民，聚天下之貨，交易而退，各得其所。"案《禮運》云："夫禮之初，始諸飲食。其燔黍而捭豚，汙尊而抔飲，蕢桴而土鼓，猶若可以致其敬於鬼神。"《明堂位》曰："土鼓，蕢桴，葦籥，伊耆氏之樂也。"《郊特牲》曰："伊耆氏始爲蜡。"蜡爲田祭，故熊安生謂伊耆氏即神農。見《禮記》標題下《疏》。綜觀三文其説是也。《郊特牲》又云："四方年不順成，八蜡不通，以謹民財也。順成之方，其蜡乃通，以移民也。"蓋因蜡祭之時，行交易之事，與《易傳》之文，亦相符會也。

《御覽》引《遁甲開山圖》云：[①]"石樓山，在琅邪。漢郡，治東武，今山東諸城縣。後漢爲國，徙治開陽，今山東臨沂縣。昔有巢氏治此山南。"《開山圖》言帝王都邑皆在西，此獨在東。《御覽》又引云："女媧氏没，大庭氏王。次有柏皇氏、中央氏、栗陸氏、驪連氏、赫胥氏、尊盧氏、祝融氏、混沌氏、昊英氏、有巢氏、葛天氏、陰康氏、朱襄氏，凡十五代，襲包犧之號。此説係據《帝王世紀》，見《易・繫辭傳》疏。惟《世紀》朱襄氏在葛天氏之前。案《莊子・胠篋篇》："昔者容成氏、大庭氏、伯皇氏、中央氏、栗陸氏、驪畜氏、軒轅氏、赫胥氏、尊盧氏、祝融氏、伏羲氏、神農氏，當是時也，民結繩而用之"云云。《世紀》及《開山圖》本之，而又小有改易也。自無懷氏已上，經史不載，莫知都之所在。"則其言又自相矛盾。竊疑治石樓山南之説，不出《開山圖》，而《御覽》誤引也。韓子謂，民食果蓏蜯蛤，不勝禽獸蟲蛇；莊子謂"晝食橡栗，暮棲木上"，又謂"民不知衣"；則巢、燧二氏，必居榛莽溼熱之區，從可知爾。

《御覽》又引《詩緯含神霧》曰："大迹出雷澤，華胥履之生伏羲。"《易・繫辭傳》疏引《帝王世紀》曰："有大人迹，出於雷澤，華胥履之而生包犧。"按《淮南子・地形訓》曰："雷澤有神，龍身人頭，鼓其腹而熙。"《山海經・海内東經》曰："雷澤，中有雷神，龍身而人頭，鼓其腹。《史記・五帝本紀》正義引作："鼓其腹則雷。"在吳西。"《魯靈光殿賦》曰："伏羲鱗身，女媧蛇軀。"李善《注》引《列子》曰："伏羲、女媧，蛇身而人面。"又引《玄中記》曰："伏羲龍身，女媧蛇軀。"古者工用高曾之規矩，殿壁畫象，亦必有所受之。然則伏羲在沼澤之區，又不疑也。《管子・輕重戊》曰："伏羲作九九之數，以合天道。"八卦益以中宮，是爲九宮。明堂九室，取象於是。明堂之制，四面環水，蓋湖居之遺制。伏羲之社會，從可推想

---

① 史事：《御覽》引《開山圖》有巢氏治石樓山，疑誤。

矣。雷澤,蓋即《五帝本紀》舜之所漁。《山海經》謂在吳西,吳即虞,二説亦相符合。《漢志》謂在城陽,地在今山東濮縣。《左氏》大皡之後,有任、今山東濟寧縣。宿、今山東東平縣東。須句、今東平縣東南。顓臾,今山東費縣。見僖公二十一年。雖不中,當不遠。《帝王世紀》謂伏羲氏都陳,見下。蓋以《左氏》昭公十七年,梓慎言“陳大皡之虛”云然。① 然梓慎此言,與宋大辰之虛,鄭祝融之虛,衛顓頊之虛並舉,大辰必不能釋爲國名,則梓慎所言,蓋天帝,非人帝。《御覽》又引《開山圖》曰:“仇夷山,四絶孤立,大昊之治,伏羲生處。”仇夷山蓋即仇池山。在今甘肅成縣。榮氏《注》,因謂伏羲生成紀,今甘肅秦安縣。徙治陳倉,今陝西寶雞縣。見《水經·渭水注》。《易·繫辭傳》疏引《帝王世紀》亦云:包犧長於成紀。則去之彌遠矣。

《禮記·祭法》云:“厲山氏之有天下也,其子曰農,能殖百穀。”《國語·魯語》作烈山氏。鄭《注》曰:“厲山氏,炎帝也。起於厲山。或曰有烈山氏。”韋《注》曰:“烈山氏,炎帝之號也。起於烈山。《禮·祭法》以烈山爲厲山也。”鄭氏猶爲兩可之辭,韋氏則斷以烈爲山名矣。烈山之地,即後世之賴國,地在今湖北隨縣。蓋徒據音讀附會。其實烈山即孟子“益烈山澤而焚之”《滕文公上》。之烈山,乃農耕之民,開拓時之所有事。《左氏》昭公十八年,梓慎登大庭氏之庫。《注》云:“大庭氏,古國名,在魯城内,魯於其處作庫。”《疏》云:“先儒舊説,皆云炎帝號神農氏,一曰大庭氏。”《詩譜序》及《禮記》標題下《疏》,均謂鄭玄以大庭是神農之別號。《月令疏》引《春秋説》云“炎帝號大庭氏,下爲地皇,作耒耜,播百穀,曰神農”,蓋諸儒之説所本。《史記·周本紀》正義云:“《帝王世紀》曰:炎帝自陳營都於魯曲阜。黃帝自窮桑登帝位,後徙曲阜。少昊邑於窮桑,以登帝位,都曲阜。顓頊始都窮桑,徙商丘窮桑在魯北。或云:窮桑即曲阜也。又爲大庭氏之故國又是商奄之地。皇甫謐云:黃帝生於壽丘,在魯城東門之北。居軒

① 史事:謂伏羲都陳、成紀之非。

轅之丘,於《山海經》云：此地窮桑之北,西射之南是也。"炎帝居陳,
蓋以其繼大昊言之,與云顓頊徙商丘,均不足據,説已見前。《左氏》
定公四年,祝鮀言伯禽封於少皞之虚;昭公二十九年,蔡墨謂少皞氏
有四叔,世不失職,遂濟窮桑;則窮桑地確近魯。《封禪書》載管子之
言謂："古封泰山禪梁父者七十二家,而夷吾所記者,十有二焉:昔
無懷氏封泰山,禪云云。慮羲封泰山,禪云云。神農氏封泰山,禪
云云。炎帝封泰山,禪云云。黄帝封泰山,禪亭亭。顓頊封泰山,
禪云云。帝嚳封泰山,禪云云。堯封泰山,禪云云。舜封泰山,禪
云云。禹封泰山,禪會稽。湯封泰山,禪云云。成王封泰山,禪社
首。"《正義》引《韓詩外傳》曰:"孔子升泰山,觀易姓而王,可得而數
者七十餘人,不得而數者萬數也。"今本無,然《書序疏》亦引之,司馬貞《補三
皇本紀》,亦有此語,乃今本佚奪,非《正義》誤引也。萬數固侈言之,然古封泰山
者甚多,則必非虚語。封禪後世爲告成功之祭,古或每帝常行。千
里升封,必非小國寡民所克舉,則古泰山之下,名國之多可知。謂
自炎帝至顓頊,都邑皆近於魯,則可信也。《國語·晉語》,謂炎帝
以姜水成。[1]《水經·渭水注》云:"岐水東逕姜氏城南,姜氏城,在今陝
西岐山縣東。爲姜水。《帝王世紀》曰:炎帝母女登游華陽,感神而生
炎帝於姜水,是其地。"《帝王世紀》又謂神農崩葬長沙。《御覽·皇王
部》引。《路史》引作葬茶陵。長沙、茶陵皆湖南今縣。此蓋姜氏之族,後世西遷
雍州;后稷生於姜嫄。大王妃曰大姜。武王妃曰邑姜。齊大公姜姓。雖或云避紂東
海,或云隱屠朝歌,然《禮記·檀弓》曰:"大公封於營丘,比及五世,皆反葬於周。君子
曰:樂樂其所自生,禮不忘其本。古之人有言曰:狐死正丘首,仁也。"則大公之先,實居
西方。云在東方,乃因其後來受封於東而附會也。又楚爲祝融之後蹤迹在南;
故傳説隨之而散佈,非其朔也。

　　《祭法》疏引《春秋命曆序》云:"炎帝傳八世,合五百二十歲。"緯
候之言,本不足據。《易·繫辭傳》疏引《帝王世紀》云:"神農氏在位

---

　　① 史事:姜水必不在東。黃,姬水;炎,姜水(第54頁)。

一百二十年而崩。[①] 納奔水氏女曰聽談。《校勘記》：錢本、宋本、閩本同。監、毛本作詙。生帝臨魁。次帝承，次帝明，次帝直，次帝釐，次帝哀，次帝榆罔。凡八代，及軒轅氏。"則其説彌妄矣。古繫世之傳，蓋始於黄帝之族，《大戴記・帝繫》即如此，謐安所得神農氏之世系邪？《吕覽・慎勢》云："神農氏十七世有天下"，或當得其實也。《御覽》引《尸子》作七十世，蓋十七字倒誤。

---

① 史事：神農氏傳十七世。

第七章　五帝事迹

第一節　炎黃之争

　　《莊子·胠篋篇》云："昔者容成氏、大庭氏、伯皇氏、中央氏、栗陸氏、驪畜氏、軒轅氏、赫胥氏、尊盧氏、祝融氏、伏羲氏、神農氏，當是時也，民結繩而用之。甘其食，美其服，樂其業，安其居。鄰國相望，雞狗之音相聞，民至老死而不相往來。若此之時，則至治已。"《盜跖篇》曰："神農之世，臥則居居，起則于于。民知其母，不知其父。與麋鹿共處，耕而食，織而衣，無有相害之心。此至德之隆也。然而黃帝不能致德，與蚩尤戰於涿鹿之野，流血百里。"《商君書·畫策篇》曰："神農之世，男耕而食，婦織而衣，刑政不用而治，甲兵不起而王。神農既殁，以强勝弱，以衆暴寡，故黃帝內行刀鋸，外用甲兵。"《戰國·趙策》曰："宓羲、神農，教而不誅，黃帝、堯、舜，誅而不怒。"《春秋繁露·堯舜不擅移湯武不擅殺篇》曰："今足下以湯、武爲不義，然則足下所謂義者，何世之君也？則答之以神農。"若是乎，自古相傳，咸以炎、黃之際，爲世運之一大變也。案《戰國·秦策》：蘇秦言神農伐補遂，《吕覽·用民》，謂夙沙之民，自攻其君而歸神農。《説苑·政理篇》同。則神農之時，亦已有征誅之事。蓋神農氏傳世甚久，故其初年與末年，事勢迥不相同也。然此等争戰，尚不甚劇，至炎、黄之際，而其變益亟。①

　　炎、黄二帝，實爲同族。《國語·晉語》曰：“昔少典娶於有蟜氏，生黄帝、炎帝。黄帝以姬水成，炎帝以姜水成。成而異德，故黄帝爲姬，炎帝爲姜，二帝用師，以相濟也。”《賈子·益壤》曰：“黄帝者，炎帝之兄。”《制不定》曰：“炎帝者，黄帝之同父母弟。”説雖不同，必有所本。《史記·五帝紀》曰：“黄帝者，少典之子也。軒轅之時，神農氏世衰，諸侯相侵伐，暴虐百姓，而神農氏弗能征，於是軒轅乃習用干戈，以征不享。諸侯咸來賓從。而蚩尤最爲暴，莫能伐，炎帝欲侵陵諸侯，諸侯咸歸軒轅，軒轅乃修德振兵。治五氣，藝五種。撫萬民，度四方。教熊羆貔貅貙虎，以與炎帝戰於阪泉之野，三戰然後得其志。蚩尤作亂，不用帝命。於是黄帝乃徵師諸侯，與蚩尤戰於涿鹿之野，遂禽殺蚩尤。而諸侯咸尊軒轅爲天子，代神農氏。”既云神農氏世衰，諸侯相侵伐，暴虐百姓弗能征矣，又云炎帝欲侵陵諸侯，其事弗類。《史記》此文，略同《大戴禮記·五帝德》。而《五帝德》祇有與炎帝戰於阪泉之文，更無與蚩尤戰於涿鹿之事。《賈子·益壤》云：“炎帝無道，黄帝伐之涿鹿之野。”《制不定》曰：“黄帝行道，而炎帝不聽，故戰涿鹿之野。”然則蚩尤、炎帝，殆即一人；涿鹿、阪泉，亦即一役；②《史記》自“炎帝欲侵陵諸侯”，至“三戰然後得其志”，凡五十六字，殆別采一説，而奪一曰二字；抑或後人記識，與元文相混也。《周書·嘗麥篇》曰：“昔天之初，誕作二后，乃設建典，命赤帝分正二卿，命蚩尤宇於少昊，以臨四方。四疑當作西。蚩尤乃逐帝，爭於涿鹿之阿，九隅無遺。赤帝大懾，乃説於黄帝，執蚩尤，殺之於中冀，命之曰絶轡之野。”《史記篇》曰：“昔阪泉氏用兵無已，誅戰不休，並兼無親，文無所立，智士寒心。徙居至於獨鹿，諸侯叛之，阪泉以亡。”《鹽鐵論·結和篇》曰：“軒轅戰涿鹿，殺兩曎、蚩尤而爲帝。”褚先生《補史記建元以來侯者年表》，載

---

① 史事：炎黄之間爲世運之一大變。
② 史事：阪泉涿鹿一役。

田千秋上書曰:"父子之怒,自古有之。蚩尤叛父,黄帝涉江。"然則
《周書》之赤帝,即《史記》之神農氏,爲炎、黄二帝之共主。炎帝蓋即
蚩尤,初居阪泉,故號阪泉氏。後與赤帝争於涿鹿之阿,亦即獨鹿,蓋
逐赤帝而攘其地。其後又爲黄帝所滅。蚩尤初爲少昊,爲兩曎之一,
兩曎者,《禮記·月令》疏曰:"東方生養,元氣盛大;西方收斂,元氣便
小;故東方之帝,謂之大皥;西方之帝,謂之少皥。"其説當有所本。兩
曎又一,當爲大曎。赤帝時不知誰爲之,蚩尤既代赤帝,當别以人爲
兩曎,涿鹿之戰,與之俱死,《鹽鐵論》所云者是也。① 據田千秋之説,
蚩尤似即赤帝之子,然則赤帝豈即少典乎? 書缺有間,難以質言,然
炎、黄之必爲同族,則似無可疑也。

　　予昔嘗謂神農爲河南農耕之族,黄帝爲河北游牧之族,阪泉、涿
鹿之戰,乃河北游牧之族,侵略河南農耕之族。由今思之,殊不其然。
昔所以持是説者,乃因信阪泉、涿鹿在涿郡;又《史記》言黄帝教熊羆
貔貅貙虎,遷徙往來無常處,以師兵爲營衛,類於游牧之族故也。其
實遷徙往來無常處,好戰之主類然,初不必其爲游牧之族。若齊桓
公,其征伐所至之地,即甚廣矣,又可謂齊爲行國乎? 教熊羆貔貅貙
虎,乃形容之辭,非實有其事,《史記》固亦云黄帝藝五種,時播百穀草
木矣,亦可據其文而斷黄帝爲耕農之族也。《易·繫辭傳》疏,《史記·五帝本
紀》正義引《帝王世紀》,謂神農人身牛首。《述異記》云:"秦、漢間説:蚩尤氏耳鬢如劍戟,
頭有角。與軒轅鬥,以角觝人,人不能向,今冀州有樂名蚩尤戲,其民兩兩三三,頭戴牛角
而相觝。漢造角觝戲,蓋其遺制也。"《淮南子·原道》、《天文》,皆云共工氏觸不周之山,天
柱折,地維缺,《山海經·海外北經》云:"共工之臣相柳氏,九首,以食於九山。相柳之所
牴,厥爲津谿。"蚩尤、共工與神農俱姜姓。予昔因此,謂神農之族農耕,故重牛;黄帝之族
游牧,游牧之民,必兼事田獵,故有教熊羆貔貅貙虎之説。然古無牛耕;農耕之族,亦並不
鬥牛;此説亦殊牽强也。阪泉,《集解》引皇甫謐云:在上谷。又引張晏云:
涿鹿在上谷。此自因漢世縣名附會。漢涿鹿縣屬上谷,即今察哈爾涿鹿縣。
服虔謂阪泉地名,在涿郡,今河北涿縣。自較謂在上谷者爲近情。然以

① 史事:亦即少昊赤帝少典?

古代征戰之迹言之，仍嫌太遠。《御覽·州郡部》引《帝王世紀》曰
"《世本》云：涿鹿在彭城南"，今江蘇銅山縣。實最爲近之。《戰國·魏
策》云"黃帝戰於涿鹿之野，而西戎之兵不起；禹攻三苗，而東夷之兵
不至"；此爲涿鹿在東方之明證。《集解》又引《皇覽》，謂蚩尤冢在壽
張，後漢縣，今山東東平縣。其肩髀冢在鉅野，漢縣，今山東鉅野縣。亦距彭城
不遠也。

　　《史記》云："天下有不順者，黃帝從而征之，平者去之，披山通道，
未嘗寧居。東至於海，登丸山及岱宗。西至於空同，登雞頭。南至於
江，登熊、湘。北逐葷粥，合符釜山，而邑於涿鹿之阿。"丸山，《集解》
引徐廣曰："一作凡。"《漢書·地理志》作凡，在琅邪朱虛縣。今山東臨朐
縣。岱宗即泰山。空桐：《集解》引應劭曰："山名"，韋昭曰：在"隴
右。"雞頭：《索隱》曰："山名也。後漢王孟塞雞頭道，在隴西。一曰：
崆峒山之別名。"《正義》引《括地志》曰："笄頭山，一名崆峒山，在原州
平高縣西百里。"今甘肅固原縣。又曰："空桐山，在肅州福禄縣東南六十
里。"今甘肅高臺縣。熊、湘：《集解》引《封禪書》曰："南伐至於召陵，登
熊山。"召陵，今河南郾城縣。《地理志》曰："湘山，在長沙益陽縣。"今湖南益
陽縣。《正義》引《括地志》，謂"熊耳山，在商州上洛縣西十里。今陝西商
縣。齊桓公登之，以望江、漢。湘山，在岳州巴陵縣南十八里"。今湖南
岳陽縣。釜山，《括地志》謂在懷戎縣北三里。今察哈爾懷來縣。泰山本古
代登封之處。琅邪自非黃帝所不能至。隴右、巴陵，則相距大遠矣。
《路史》云："空同山，在汝之梁縣西南四十里。今河南臨汝縣。有廣成澤
及廟。近南陽雉衡山。在今河南南召縣東。"故馬融《廣成贊》云："南據
衡陰。"其說是也。《殷本紀》，殷後有空桐氏。古所謂江，不必指今長江。
熊、湘雖不能指爲何地，要不能西抵上洛，南至巴陵。釜山之在懷
戎，則又因涿鹿在上谷而附會。其所在亦不可考。然三代封略，北
不盡恒山，則其地必在恒山之南也。邑涿鹿之阿，則仍蚩尤之舊居
耳。此可見黃帝經略所及，不過今河南、山東；其本據，則仍在兗、
徐之間也。

《史記》又云："自黃帝至舜、禹，皆同姓而異其國號。故黃帝曰有熊。"《白虎通義·號篇》亦曰："黃帝號有熊。"《集解》引皇甫謐曰："有熊，今河南新鄭是也。"今河南鄭縣。案鄭爲陸終之後，邙、鄶人之所居。陸終之先曰吳回，爲高辛氏火正，命之曰祝融。其後裔孫曰鬻熊。鬻熊之後熊麗、熊狂等，咸以熊爲氏。鬻熊蓋仍祝融異文。單呼則曰熊。黃帝之稱有熊，似不應以此附會也。《史記》又云："黃帝崩，葬橋山。"陝西亦非黃帝所能至。《封禪書》載公孫卿之言曰："黃帝郊雍上帝，雍，漢縣，今陝西鳳翔縣。宿三月。鬼臾區號大鴻，死葬雍，今鴻冢是也。其後黃帝接萬靈明廷，明廷者，甘泉也。漢甘泉宮，在今陝西淳化縣西北。所謂寒門者，谷口也。在今陝西涇陽縣西北。黃帝采首山銅，今河南襄城縣南。鑄鼎於荆山下。今河南閿鄉縣南。鼎既成，有龍垂胡髯下迎黃帝。黃帝上騎，羣臣後宮從上者七十餘人。龍乃上去。餘小臣不得上，乃悉持龍髯。龍髯拔，墮，墮黃帝之弓。百姓仰望。黃帝既上天，乃抱其弓與胡髯號，故後世因名其處曰鼎湖，其弓曰烏號。"明明極不經之語，偏能引地理以實之，真俗所謂信口開河者也。《遁甲開山圖》等，將帝王都邑，任意遷移，皆此等技倆。《史記》之文，不知果爲史公元文與否。然《漢書·地理志》：上郡陽周，今陝西安定縣。橋山在南，有黃帝冢。王莽自謂黃帝後，使治園位於橋山，謂之橋畤。見《漢書·王莽傳》。悠悠之説，遂成故實矣。史事之不實，可勝慨乎？

《易·繫辭傳》曰："神農氏没，黃帝、堯、舜氏作，通其變，使民不倦。神而化之，使民宜之。""黃帝、堯、舜垂衣裳而天下治，蓋取諸《乾》、《坤》？ 刳木爲舟，剡木爲楫，舟楫之利，以濟不通，蓋取諸《涣》？ 服牛乘馬，引重致遠，以利天下，蓋取諸《隨》？ 重門擊柝，以待暴客，蓋取諸《豫》？ 斷木爲杵，掘地爲臼，臼杵之利，萬民以濟，蓋取諸《小過》？ 弦木爲弧，剡木爲矢，弧矢之利，以威天下，蓋取諸《暌》？ 上古穴居而野處，後世聖人易之以宮室，上棟下宇，以待風雨，蓋取諸《大壯》？ 古之葬者，厚衣之以薪，葬之中野，不封不樹，喪期無數，後世聖人易之以棺椁，蓋取諸《大過》？上古結繩而治，後世聖人易之以書契，百官以治，萬民以察，蓋取諸《夬》?”《疏》言此九事者，皆黃帝制其初，堯、舜成其末，此難遽信。《疏》云：“《帝王世紀》載此九事，皆爲黃帝之功。”《書序疏》則云：“垂衣裳而天下治，是黃帝、堯、舜之事。舟楫，服牛，重門，臼杵，弧矢，時無所繫，在黃帝、堯、舜時以否皆可通。至於宮室、葬與書契，皆先言上古、古者，乃言後世聖人易之，則別起事之端，不指黃帝、堯、舜。”《書疏》此説，乃爲強伸《僞序》文籍起於伏羲時，雖不足論，然就《繫辭傳》文義論之，自爲平允也。然黃帝以降，文物日臻美備，則可知矣。此史事之傳者，所以至黃帝而較詳也。

《呂覽·蕩兵》曰：“人曰蚩尤作兵，蚩尤非始作兵也，利其械矣。未有蚩尤之時，民固剥林木以戰矣。”①弦木爲弧，剡木爲矢，亦剥林木以戰之一端。《越絕書》言“軒轅、神農、赫胥之時，以石爲兵；黃帝之時，以玉爲兵”，《外傳記寶劍》。玉亦石。蓋未知用銅之時，兼用木石爲兵，肅慎氏楛矢石砮其徵也。《管子·地數》曰：“黃帝問於伯高曰：吾欲陶天下而以爲一家，爲之有道乎？伯高對曰：山之見其榮者，君謹封而祭之。修教十年，而葛盧之山，發而出水，金從之。蚩尤受而制之，以爲劍鎧矛戟，是歲相兼者諸侯九。雍狐之山，發而出水，金從之。蚩尤受而制之，以爲雍狐之戟，芮戈。是歲相兼者諸侯十二。”《五行篇》言黃帝得六相，蚩尤爲其一。蓋蚩尤之後，有服屬於黃帝者也。南方之知用銅，早於北方，已見第三章。蚩尤之技，蓋亦受之於南，觀五刑始於蚩尤可知。北方銅與錫皆少於南方，②故穆王及管子，皆有贖刑之制。《尚書·吕刑》《管子·中小匡》。管子言美金以鑄戈劍矛戟，惡金以鑄斤斧鉏夷鋸欘，蓋以銅爲兵器，以鐵爲農器也。《左氏》僖公八年，“鄭伯朝於楚，楚子賜之金。既而悔之，與之盟，曰：無以鑄兵。”《吳越春秋》《越絕書》，皆盛稱南方兵甲之利，可見北方之用銅，至東周時，尚遠在南方之後。然《管子》已有鹽鐵之篇，則北方之農器，已甚精利矣。此河域生業之所由日盛與？

① 兵：用石時亦剥林木以戰。
② 工業：北用銅不如南用鐵勝之。

第二節　黃帝之族與共工之爭

　　黃帝之後，依今文家舊説，繼位者爲顓頊，依古文家言，則其間多一少昊，已見第六章第一節。古本無後世所謂共主。古書所謂某帝崩、某帝立者，皆後人追述之辭，不徒不必身相接，並不必其在當時，有王天下之實也。故黃帝、顓頊間，果有少昊與否，實無甚關係，而少昊、顓頊等事迹如何，乃爲言古史者所必究焉。《史記・五帝本紀》，略本《大戴禮記・五帝德》，於顓頊、帝嚳兩代，皆僅虛辭稱美，無甚實迹可指。綜各種古書觀之，則其時與共工之爭極烈，至堯、舜、禹之世而猶未已。又黃帝滅蚩尤後，不久，二族似仍通昏媾。故顓頊、帝嚳，皆與姜姓之族有關，此則其時之事，頗有關係者也。

　　少昊事迹，見於《左氏》。昭公十七年，郯子來朝。公與晏。昭子問焉，曰：少皡氏鳥名官，何故也？郯子曰："吾祖也，我知之矣。昔者黃帝氏以雲紀，故爲雲師而雲名。炎帝氏以火紀，故爲火師而火名。共工氏以水紀，故爲水師而水名。大皡氏以龍紀，故爲龍師而龍名。我高祖少皡、摯之立也，鳳鳥適至，故紀於鳥，爲鳥師而鳥名。自顓頊以來，不能紀遠，乃紀於近，爲民師而命以民事。"二十九年，蔡墨言："少皡氏有四叔：曰重，曰該，曰脩，曰熙；實能金木及水。使重爲句芒，該爲蓐收，脩及熙爲玄冥。世不失職，遂濟窮桑。"窮桑近魯，已見第六章第二節。郯爲今山東郯城縣。郯子言少昊、摯之立，爽鳩氏爲司寇，而昭公二十年，晏子對齊景公，謂昔爽鳩氏始居此地，季蒯因之，有逢伯陵因之，薄姑氏因之，而後大公因之，則古代，今山東省，確有一少昊其人，謂爲子虛烏有者，武斷之論也。然古學家牽合黃帝之子青陽，則非是。

　　《史記・五帝本紀》曰："黃帝居軒轅之丘，而娶於西陵之女，是爲嫘祖。嫘祖爲黄帝正妃。生二子，其後皆有天下。其一曰玄囂，是爲青陽。青陽降居江水。其二曰昌意，降居若水，昌意娶蜀山氏女，曰昌僕。生高陽。高陽有聖德焉。黄帝崩，其孫昌意之子高陽立，是爲帝顓頊。帝顓頊生子曰窮蟬。顓頊崩，而玄囂之孫高辛立，是爲帝嚳。帝嚳高辛者，黄帝之曾孫也。高辛父曰蟜極，蟜極父曰玄囂，玄囂父曰黄帝。自玄囂與蟜極，皆不得在位，至高辛即帝位。"《史記》此文，與《大戴禮記・帝繫篇》合，乃古繫世之遺。古未必有後世之共主，然君位相襲，在一部落間，仍是分明。如忽都剌殺，蒙兀無共主，然也速該仍爲尼倫全部之主是也。夏太康失國，少康中興亦如此。自太康至相，不過不爲天下王，其爲夏之君自若也。參看第八章第一節自明。少昊與大昊相對，乃東西二卿之名，已見第一節。《漢書・律曆志》，引劉歆所撰《世經》，據郯子之言，謂炮犧、共工、炎帝、黄帝、少昊相繼，由周人遷其行序，故《易》不載。又曰："《考德》曰：少昊曰清。清，黄帝之子青陽也，名摯。"顏師古《注》曰："《考德》，考五帝之德也。"蓋即歆等所造。《後漢書・張衡傳》：衡條上司馬遷、班固所叙，與典籍不合者十餘事。《注》舉其一事曰："《帝系》：黄帝産青陽、昌意。《周書》曰：乃命少皞清。清即青陽也。今宜實定之。"案《周書》此語，見於《嘗麥解》。其文曰："乃命少昊清司馬鳥師，以正五帝之官，故名曰質。天用大成。至於今不亂。"此文疑有奪誤。指清爲少昊之名，實屬附會。而質摯同音，蓋又古學之家，據此而定少昊之名爲摯者。郯子於黄、炎、共工、大皞，皆不言其名，獨於少皞稱其名曰摯，疑摯字乃治左氏者所旁注，而後誤入正文也。要之少昊確有其人，居東方之地，亦爲當時名國，然謂其曾繼黄帝而爲其部落之長，且爲一時共主，則羌無故實也。[①]

自顓頊以至於禹，皆與共工劇争。《淮南子・天文訓》曰："昔者共工與顓頊争爲帝，怒而觸不周之山，天柱折，地維絶。"《兵略

———————————

①　史事：少昊氏、爽鳩氏爲司寇居齊，非繼黄帝酋長。

訓》曰:"顓頊嘗與共工爭爲帝矣。"《史記·律書》曰:"顓頊有共工
之陳,以平水害。"《淮南子·原道訓》曰:"昔共工之力,觸不周之
山,使地東南傾。與高辛爭爲帝,遂潛於淵,宗族殘滅,繼嗣絶祀。"
《周書·史記》曰:"昔者共工自賢,自以無臣。久空大官,下官交
亂,民無所附。唐氏伐之,共工以亡。"《書·堯典》言舜"流共工於
幽州"。《淮南子·本經訓》曰:"舜之時共工振滔洪水,以薄空桑。
舜乃使禹疏三江、五湖,闢伊闕,導瀍、澗。"《荀子·議兵篇》曰:"禹
伐共工。"《戰國·秦策》載蘇秦之言同。《成相篇》曰:"禹勞心力抑下鴻,
辟除民害逐共工。"可見其爭鬭之烈。《管子·揆度篇》言:"共工之
王,水處十之七,陸處十之三,乘天勢以隘制天下。"《禮記·祭法
篇》言:"共工氏之霸九州也,其子曰后土,能平九州,故祀以爲社。"
王霸爲後人分別之辭,在當時實無以異,然則共工後雖敗亡,其初
固爲一強族也。

　　共工究何族乎? 曰:共工者,炎帝之支派也。《山海經·海内
經》曰:"炎帝之妻,赤水之子聽訞,《補三皇本紀》曰:"神農納奔水氏之女曰聽詙
爲妃。"《注》曰:"見《帝王世紀》及《古史考》。"郝懿行《山海經箋疏》曰:"二書蓋亦本此經爲
說,其名字不同,今無可考矣。"生炎居。炎居生節並。節並生戲器。戲器生
祝融。祝融降處於江水,生共工。共工生術器。術器首方顚,是復土
壤,以處江水。共工生后土。后土生噎鳴。噎鳴生歲十有二。洪水
滔天。鯀竊帝之息壤,以湮洪水。不待帝命。帝令祝融殺鯀於羽郊。
鯀復生禹。帝乃令禹卒佈土以定九州。"《山海經》誠荒怪,然世系爲
古人所重,雖與神話相雜,不得全虛。云炎帝生祝融,祝融生共工,可
見其實爲炎帝之族。而云鯀爲祝融所殺,其後禹又攻共工,亦隱見二
族相鬮之迹也。《大荒北經》有禹攻共工國山。又云:"禹殺共工之臣相繇。"《海内北
經》云:"禹殺共工之臣相柳。"此係一事兩傳。又《大荒北經》言:"大荒之中,有山名曰成都
載天。有人珥兩黄蛇,把兩黄蛇,名曰夸父。后土生信,信生夸父。夸父不量力,欲追日
景,逮之於禹谷。將飲河而不足也,將走大澤,死於此。應龍已殺蚩尤,又殺夸父,乃去南
方處之,故南方多雨。"此一事兩說並載。后土,據《海内經》生於共工,應龍則《大荒北經》
謂黄帝使攻蚩尤於冀州之野者也。亦隱見二族相争之迹。

　　古有所謂女媧者，蓋創造萬物之女神？①《楚辭‧天問》曰："女
媧有體，孰制匠之？"《注》曰："傳言女媧人頭蛇身，一日七十化。"《説
文‧女部》："媧，古之神聖女，化萬物者也。"《天問》之意，蓋謂萬物皆
女媧所造，女媧誰所造邪？猶今詰基督教者，言天主造物，天主又誰
所造也？《御覽‧皇王部》引《風俗通》俗説天地開闢，未有人民。女媧搏黃土作人。劇
務，力不暇供，乃引繩於泥中，舉以爲人。故富貴者黃土人也，貧賤凡庸者絙人也。亦此一
類神話。既可以造萬物，遂可以補天地，而其説，遂與共工、顓頊之爭
相牽合焉。《淮南子‧天文訓》言："共工觸不周之山，天柱折，地維
絶。天傾西北，故日月星辰移焉。地不滿東南，故水潦塵埃歸焉。"
言共工而不及女媧。《覽冥訓》曰："往古之時，四極廢，九州裂。天
不兼覆，地不周載。火濫炎而不滅，水浩洋而不息。猛獸食顓民，
鷙鳥攫老弱。於是女媧鍊五色石以補蒼天，斷鼇足以立四極，殺黑
龍以濟冀州，積蘆灰以止淫水。蒼天補，四極正。淫水涸，冀州平。
狡蟲死，顓民生。"言女媧而不及共工，可見其各爲一説。《論衡‧
談天》、《順鼓》二篇，始將二事牽合爲一，然猶云共工與顓頊爭。司
馬貞《補三皇本紀》乃謂，女媧氏末年，"諸侯有共工氏。任智刑以
強，霸而不王，與祝融戰，不勝，而怒。乃頭觸不周山崩，天柱折，地
維缺。女媧乃鍊五色石以補天，斷鼇足以立四極"云云。云與祝融
戰者？古書言三皇，一説以爲伏羲、神農、祝融，撰集古記者或以爲
女媧即祝融，乃改共工與顓頊爭爲與祝融戰，而司馬氏雜采之也。
《注》云"按其事出《淮南子》"，乃溯其本原之辭，非謂其文全據《淮南》。古神人本不
分，人固可以附會爲神，神亦可以降列於人，於是諸書遂列女媧於
古帝王，附會爲伏羲之妹，《風俗通義》。甚或謂其陵在任城，又或謂其
治平利之中皇山矣。見《路史》引《太平寰宇記》、《元豐九域志》。案任城，今山東
濟寧縣，地近雷澤。平利，今陝西平利縣。《遁甲開山圖注》謂伏羲生於成紀，徙治陳倉，
地與平利相近，蓋因此而附會也。《路史》又引《長安志》，謂驪山有女媧治處，案《漢書‧
律曆志》，載張壽王之言，謂驪山女爲天子，在殷、周間，《長安志》之説，蓋又因此附會。

――――――――――

　　①　史事：女媧乃造萬物女神。

驪山，在今陝西臨潼縣東南。

　　《帝王世紀》謂顓頊始都窮桑，後徙商丘，乃因《左氏》衛顓頊之虛而云然，説不足信。見第六章第二節。《吕覽・古樂》曰："帝顓頊生自若水，實處空桑，乃登爲帝。"此言顓頊都邑最可信據者。《山海經・海内經》曰："南海之内，黑水青水之間，有木，名曰若木，若水出焉。"《楚辭・離騷》曰："飲余馬於咸池兮，總余轡乎扶桑。折若木以拂日兮，聊逍遥以相羊。"《説文・桑部》："𣗸，日初出東方湯谷所登榑桑。𣗸，木也。"王筠曰："《石鼓文》有𣕳字。蓋𣗸本作𣕳。若字蓋亦作𣕳，即𣕳之重文。加凵者，如㔽字之象根形。《説文》之𣗸木，他書作若木，蓋漢人猶多作𣕳，是以八分書桑字作桼。《集韻・類篇》云：桑古作桼。《説文》收若字於草部，從草，右聲，似誤。"此説甚精。若水實當作桑水。《東山經》曰："東次二經之首曰空桑之山，北臨食水。"又曰："《東山經》之首曰樕螽之山。北臨乾昧，食水出焉，而東北流注於海。"空桑即窮桑，其地當近東海。《史記・殷本紀》載《湯誥》曰："東爲江，北爲濟，西爲河，南爲淮，四瀆已修，萬民乃有居"，則古謂江在東方。青陽降居江水，昌意降居若水，其地皆當在東。後人誤蜀山氏之蜀爲巴蜀之蜀，《水經》乃謂若水出旄牛徼外，至朱提爲瀘江矣。[①] 旄牛、朱提，皆漢縣。旄牛，在今四川漢源縣南。朱提，在今四川宜賓縣西南。《周書》謂阪泉氏徙居至於獨鹿，獨從蜀聲，獨蜀一字，蜀山實獨鹿之山，亦即涿鹿之山。黄帝破蚩尤後，至顓頊時，二族蓋復通婚媾，故《大荒西經》謂顓頊生老童，老童生祝融，祝融固炎帝之族；《大荒北經》謂顓頊生驪頭，驪頭生苗民，苗民黎姓；《潛夫論・五德志》，謂顓頊身號高陽，世號共工，苗民即蚩尤之後，共工亦姜姓也。《吕覽》言顓頊實處空桑，而《淮南》言共工振滔洪水，以薄空桑，則共工、顓頊之爭，仍在東方，必不能在河北也。

_____

　　① 史事：昌意處若水，青陽處江水，皆在東。蜀山即獨鹿。昌意取蜀山女，故生顓頊，爲姜姓（又見第 80 頁）。

第三節　禹　治　水

帝嚳之後，繼之者爲帝堯。《史記·五帝本紀》曰："帝嚳娶陳鋒氏女，生放勳，娶娵訾氏女，生摯。帝嚳崩，而摯代立，帝摯立，不善。崩，而弟放勳立，是爲帝堯。""不善"，《索隱》曰："古本作不著，猶不著明，不善謂微弱，"又引衛宏曰："摯立九年，而唐侯德盛，因禪位焉。"《正義》引《帝王世紀》曰："帝摯之母，於四人中班最在下，而摯於兄弟最長，得登帝位，封異母弟放勳爲唐侯。摯在位九年，政微弱，而唐侯德盛，諸侯歸之。摯服其義，乃率羣臣造唐而致禪。唐侯自知有天命，乃受帝禪。乃封帝於高辛。"《御覽·皇王部》引略同。末云："事不經見，漢故議郎東海衛宏之傳爾。"經傳所無之説，衛宏何由知之？其妄不待言矣。

孔子删《書》，斷自唐、虞，故自堯以後，史事傳者較詳。然《堯典》等實亦後人追述，非當時實録也。綜觀古書，此時代之大事，一爲禹之治水，一爲堯、舜、禹之禪讓，今先述治水之事如下。

洪水之患，蓋遠起於炎、黃之際，《管子》言共工之王，水處十之七，陸處十之三；《禮記》言共工氏之子后土，能平九州；《山海經》亦言共工生術器，是復土壤，以處江水。[①] 已見第二節。而《國語·周語》，載大子晉之言，謂"古之長民者，不墮山，不崇藪，不防川，不竇澤。昔共工氏棄此道也，虞於湛樂，淫失其身。欲壅防百川，墮高埋卑，以害天下。皇天弗福，庶民弗助，禍亂並興，共工用滅。其在有虞，有崇伯鯀，播其淫心，稱遂共工之過。堯用殛之於羽山。其後伯禹念前之非度，釐改制量。共之從孫四嶽佐之。高高下下，疏川導滯。鍾水豐物。封崇九山，決汨九川，陂障九澤，豐殖九藪，汨越九原，宅居九隩，

---

① 水利：古治水主填塞（又見第 69~70 頁）。

合通四海。克厭帝心。皇天嘉之,祚以天下"云云。知自共工至禹,
水患一線相承。共工與顓頊争,其距黄帝,當不甚遠。而《管子·揆
度》言"黄帝之王,破增藪,焚沛澤,逐禽獸";又《輕重戊》言"黄帝之
王,童山竭澤";此即"益烈山澤而焚之"之事,知當黄帝時,業以水爲
患矣,《禹貢》述禹所治水,徧及江、河兩流域;諸子書言禹事者亦皆極
意敷張;其實皆非真相。孔子言禹卑宫室而盡力乎溝洫。①《論語·泰
伯》。《尚書·皋陶謨》今本分爲《益稷》。載禹自道之言曰:"予決九川距
四海,濬畎澮距川。"九川特言其多,四海者,中國之外;中國無定境,
則四海亦無定在。《國語》"封崇九山,決汨九川"云云,與《禹貢》篇
末,所謂"九州攸同,四隩既宅,九山刊旅,九川滌原,九澤既陂,四海
會同"者,同爲泛言無實之辭。知禹之治水,亦僅限於一隅;上文道山
道水及九州情形,皆後人所附益也。《説文·川部》"州,水中可居者。
昔堯遭洪水,民居水中高土故曰九州",此爲州字本義。古無島字,洲
即島也。州洲二字,異文同語,尤爲易見,蓋吾族古本澤居,故以水中
可居之地,爲人所聚處之稱。古以三爲多數,蓋亦以三爲單位。三三
而九,故井田以方里之地,畫爲九區;明堂亦有九室。九州,初蓋小聚
落中度地居民之法,後乃移以區畫其時所知之天下耳。《孟子》述水
患情形曰:"草木暢茂,禽獸繁殖。五穀不登。禽獸偪人。獸蹄鳥迹
之道,交於中國。"《滕文公上》。又曰:"龍蛇居之,民無所定。下者爲巢,
上者爲營窟。"《滕文公下》。正《説文》所謂居水中高土者。兗州本吾族
興起之地,《禹貢》於此獨有"降丘宅土"之文。《禹貢》固後人所文飾,
然其中單辭隻義,亦未必無古代史實之存也。堯時所謂洪水者,斷可
識矣。

　　《吕覽·愛類》云:"上古龍門未開,吕梁未鑿,河出孟門,無有丘
陵、沃衍、平原、高阜,盡皆滅之,名曰鴻水。"《淮南·本經訓》亦云:
"龍門未開,吕梁未鑿,江、淮流通,四海溟涬。"《人間訓》則云:"禹鑿

---

　　①　史事:禹治水真相(又見第 69~70 頁)。

龍門,辟伊闕。"龍門,已見前。第六章第一節。呂梁,在今江蘇銅山縣東南,見《水經·泗水注》。後人或以陝西韓城縣之梁山說之。孟門近大行。《左氏》襄公廿二年,齊侯伐晉,取朝歌,入孟門,登大行。伊闕在今河南洛陽縣。地皆在河南、山、陝之間。夏都本在河、洛;後人又謂唐、虞、夏之都,皆在河東;因謂禹所施功,黃河爲大,而河工之艱鉅者,實在龍門、砥柱在今山西平陸縣東。之間。此惑於傳說,而不察其實者也。言堯、舜、禹都邑最古者,莫如《左氏》。《左氏》載子產之言曰:高辛氏有二子。實沈遷於大夏,唐人是因,至成王,滅唐而封大叔焉。昭公元年。又云:堯殛鯀於羽山,其神化爲黃熊,以入於羽淵,實爲夏郊,三代祀之。晉爲盟主,其或者未之祀也乎?昭公七年。又祝鮀謂唐叔,命以唐誥,封於夏虛,啓以夏政,定公四年。則堯、禹舊都,必在晉境。顧其所在,異說紛如。《漢書·地理志》:大原郡晉陽,今山西太原縣。故《詩》唐國,《左氏》杜注因之,謂大夏、夏虛皆晉陽,服虔則云:大夏在汾、澮之間,《詩·唐風鄭譜》疏。鄭氏《詩譜》,謂堯都晉陽,唐叔所封。南有晉水。子燮,改稱晉侯。堯後遷都平陽,今山西臨汾縣。近晉之曲沃。今山西聞喜縣。又云:魏者,虞舜、夏禹所都之地。魏都安邑,今山西夏縣。皇甫謐謂堯初封唐,在中山唐縣。今河北唐縣。後徙晉陽。及爲天子,居平陽。舜所營都,或云蒲阪。今山西永濟縣。禹受禪,都平陽,或於安邑,或於晉陽。《詩·唐風鄭譜》疏。臣瓚則謂堯都永安,《漢書·地理志》注。今山西霍縣。異說雖多,要不外河、汾下流及霍山以北兩地。顧炎武《日知錄》謂:霍山以北,悼公以後,始開縣邑。《史記》屢言禹鑿龍門,通大夏。齊桓公伐晉,僅及高梁,今臨汾東北。而《史記·封禪書》述桓公之言,以爲西伐大夏。則大夏必在河、汾下流。近人錢穆申其說。謂《封禪書》述桓公之言曰:西伐大夏,涉流沙,束馬縣車,上卑耳之山。《管子·小匡篇》則曰:踰大行與卑耳之溪,拘泰夏。今本譌作秦夏,此係據戴望《校正》改。西服流沙、西虞。卑耳,《索隱》云山名,在河東大陽。今山西平陸縣。《水經·河水注》:河水東過大陽縣南,又東,沙澗水注之,水北出虞山,有虞城。虞山,蓋即卑耳之山。沙澗水,本或作流沙水，即齊桓所涉。《史記·吳泰伯世家》：虞仲封於周之北，故夏虛，即西虞，亦即大夏。《漢志》臨晉縣，今陝西大荔縣。應劭謂以臨晉水得名。《史記·魏世家》：秦拔我晉陽。《括地志》謂在虞鄉縣西，今山西虞鄉縣。《水經》涑水所逕，有晉興澤，亦在虞鄉。則涑水古名晉水。《注》又謂涑亦稱洮，則子產謂金天氏之裔臺駘，宣汾、洮以處大原，帝用嘉之，封諸汾川，沈、姒、蓐、黃，實守其祀，今晉主汾而滅之者，亦見昭公元年。所宣亦即涑水。《漢志》謂晉武公自晉陽遷曲沃，以大原晉陽説之，雖誤，其語自有所本。武公舊邑，實即虞鄉之晉陽也。又云：《尚書》言禹娶塗山，《皋陶謨》，今本《益稷》。《左氏》言禹會諸侯於塗山，哀公七年。世皆謂在今壽縣。考《水經·伊水注》：伊水出陸渾縣今河南嵩縣。西南，王母澗之北。山上有王母祠。即古三塗山。《方輿紀要》：三塗山，在嵩縣南十里。即古所謂塗山者，王母即塗山氏女也。《山海經》：南望禪渚，禹父之所化。《水經注》：禪渚在陸渾縣東。則塗山、羽淵，地甚相近。鯀稱崇伯，崇即嵩也。又古書言禹葬會稽，世皆謂在今紹興。其實會稽爲《呂覽·有始覽》九山之一，八山皆在北，大山、王屋、首山、大華、岐山、大行、羊腸、孟門。大山，即霍大山。不得會稽獨在南。《吳越春秋》、《越絕書》皆謂禹上茅山，大會計，更名茅山曰會稽之山。《水經注》：會稽之山，古稱防山，亦曰茅山。防即舜封丹朱於房之房，亦即陟方乃死之方。以茅津、茅城推之，《左氏》文公三年，秦伯伐晉，自茅津濟，《水經·河水注》：河水東過陝縣北，河北有茅城，故茅亭，爲茅戎邑。陝縣今屬河南。地望正在大陽。然則禹之治水，當在蒲、今永濟縣，舊蒲州。解之間。其地三面俱高，惟南最下。河水環帶，自蒲、潼達於陝津、砥柱，上有激湍，下有闕流；又涑水驟悍，無可容游；唐、虞故都，正在於此，此其所以爲大患也。錢説見所著《西周地理考》。予謂錢氏之説辯矣。然謂古有所謂唐、夏者，在河、汾下流，不在永安、晉陽之地，則可。謂堯、禹故都，即在河、汾下流則不可。《太平御覽·州郡部》引《帝王世紀》，謂"堯之都後遷涿鹿，《世本》謂在彭城"；而《孟子》謂"舜生於諸馮，遷於負夏，卒於鳴條，東夷之人也"。《離婁下》。《世本》、《孟子》皆古書,可信,諸馮、負夏,諸家皆無確説,姑勿論。鳴條則實有古據。其地,當在山東。見第八章第三節。涿鹿爲黃帝舊都,唐堯是因,虞舜稍遷而北,殊近事理。孟子、史公,言堯、舜、禹事,同本《書》説,以《書傳》對勘可知。《史記》謂舜耕歷山,漁雷澤,陶河濱,作什器於壽丘,就時於負夏。《五帝本紀》。《管》、《版法解》。《墨》、《尚賢中下》。《尸子》、《御覽·皇王部》引。《吕覽》、《慎人》。《淮南王書》皆同,必非無據。諸家説此諸地,亦皆謂在兗、豫之域。歷山,《淮南》高注謂在濟陰城陽,即《漢志》堯冢所在,今山東濮縣也。雷澤,鄭玄謂即《禹貢》兗州雷夏澤。陶河濱,皇甫謐謂濟陰定陶有陶丘亭。定陶,山東今縣。壽丘在魯東門北,見第六章第二節。負夏,鄭玄云:衞地。皆見《史記·五帝本紀》集解。《史記》謂舜殛鯀於羽山,以變東夷亦本《大戴記·五帝德》。《漢志》謂在東海祝其,今江蘇贛榆縣。雖不中,固當不遠。然則自舜以前,都邑固皆在東方也。《周書·度邑解》云"自洛汭延於伊汭,居易無固,其有夏之居",蓋堯遭洪水,使禹治之,用力雖勤,而沈災實未能澹。自禹以後,我族乃漸次西遷。自伊、洛渡河,即爲汾、澮之域。唐、虞、夏支庶,蓋有分徙於是者。《周書·史記》解有唐氏、有虞氏、西夏則其國。《史記·晉世家》,謂唐叔封於河、汾之東。《集解》引《世本》,謂叔虞居鄂即大夏,《括地志》:鄂在慈州昌寧縣。唐昌寧,今山西鄉寧縣。蓋即《周書》所謂西夏,見滅於唐氏者。故其地既稱唐,又稱夏。《管子》所謂西虞,則《周書》之有虞氏也。虞夏皆別稱西,明其國故在東。然則謂禹治水徧及江、河兩域者,固非,即謂僅在蒲、解之間者,亦尚非其實矣。

《禹貢》云:"禹敷土";《詩·商頌·長發》亦云:"禹敷下土方";此即《山海經》所謂術器復土壤;復即《詩》"陶復陶穴"之復也。鯀竊帝之息壤,以堙洪水者。見第二節。《淮南·地形訓》,謂禹以息土填洪水,以爲名山。《時則訓》亦謂禹以息壤堙洪水之州。莊逵吉曰:"《御覽》引此,下有注曰:禹以息土填洪水,以爲中國九州。州,水中可居者。"此語非後人所能造,必沿之自古。然則古人視禹之治水,亦與術器、鯀等耳。治水誠賤堙防,貴疏洩,然此乃後世事。於古則堙防本最易知之法；亦且疆域狹小，無從知水之源流；安有"疏九河，瀹濟、漯而注之海，決汝、漢，排淮、泗而注之江"等見解。其所習知者，溝洫疏治之法耳。即《皋陶謨》所謂"濬畎澮距川"者也。其或決溢，非防則湮。湮則《禹貢》所謂。敷土，《國語》所謂"湮卑崇藪"也。防則《史記》所謂"鯀作九仞之城以障水"也。《五帝本紀》。後世疆域漸廣，治水之法亦漸精，乃以其所善者附諸禹，所惡者附諸鯀與共工。其實《書》稱禹之功曰："暨益奏庶鮮食"，"暨稷播奏庶鮮食，艱食"，《皋陶謨》。今本《益稷》。亦正猶《禮記》、《祭法》。《國語》，《魯語》。以句龍、后土並稱耳。《禹貢》九州，蓋後人就所知地理，爲之敷衍。鑿龍門，闢伊闕等説，則西遷後所見奇迹，以天工爲人事，附之於禹也。禹治水之功，非後人侈陳失實，則沈災久而自澹。抑東方本文化之區，而逮乎商、周之間，轉落西方之後，水患未除，農功不進，似爲其大原因。然則謂水災實未嘗除，特因西遷之後，紀載闕如，後人遂興微禹其魚之歎，似尤近於實矣。

第四節　堯舜禪讓[①]

　　世所傳堯、舜禪讓之説，出於儒家。儒家此義，蓋孔門《書》説，而孟子、史公同祖之。今之《尚書》，既非漢初經師所傳，亦非後來之古文本，實東晉之僞古文本也。今文所有諸篇雖真，其字句，則亦未必盡可信矣。《史記・五帝本紀》、《夏本紀》，多襲《尚書》，而字句時有異同。句之異同，由古人經文與經説不分。見第二章。字之異同，大率《尚書》古而《史記》則爲漢時通用之語。論者多謂史公以今易古，以求易曉，其實直録古書，不加删改，乃古人行文通例。[②] 今古之異，不徒訓詁，亦在語法。史公果求易曉，何不並《書》語而改之，而惟易其

───────────

　　① 史事：禪讓真相（第70～77頁，又見第104～105頁）。

　　② 經學：古人例不改字，則《史記》不應改《尚書》之字，與今《尚書》異，或正今書改今爲古。

字也？然則今《尚書》與《史記》之異正未必《尚書》是而《史記》非矣。故今於儒家所傳堯、舜禪讓之事，即引《史記》之文如下。

《五帝本紀》曰："堯曰：嗟四嶽，朕在位七十載，汝能庸命，踐朕位？嶽應曰：鄙德，忝帝位。堯曰：悉舉貴戚及疏遠隱匿者。眾皆言於堯曰：有矜在民間曰虞舜。堯曰：然，朕聞之。其何如？嶽曰：盲者子。父頑，母嚚，弟傲。能和以孝，烝烝治，不至姦。堯曰：吾其試哉。於是堯妻之二女，觀其德於二女。舜飭下二女於媯汭，如婦禮。堯善之。乃使舜慎和五典，五典能從。乃徧入百官，百官時序。賓於四門，四門穆穆，諸侯遠方賓客皆敬。堯使舜入山林川澤，暴風雷雨，舜行不迷。堯以爲聖。召舜曰：女謀事至而言可績，三年矣，女登帝位。舜讓：於德不懌。正月上日，舜受終於文祖。文祖者，堯大祖也。於是帝堯老，命舜攝行天子之政，以觀天命。"又曰："堯立七十年得舜，二十年而老，令舜攝行天子之政，薦之於天。堯辟位凡二十八年而崩。堯知子丹朱之不肖，不足授天下，於是乃權授舜。授舜則天下得其利而丹朱病，授丹朱則天下病而丹朱得其利。堯曰：終不以天下之病而利一人，而卒授舜以天下。堯崩，三年之喪畢。舜讓，辟丹朱於南河之南，諸侯朝覲者，不之丹朱而之舜；獄訟者，不之丹朱而之舜；謳歌者，不謳歌丹朱而謳歌舜。舜曰：天也。夫而後之中國，踐天子位焉。"又曰："舜子商均亦不肖。舜乃豫薦禹於天。十七年而崩。三年喪畢，禹乃亦讓舜子，如舜讓堯子，諸侯歸之，然後禹踐天子之位。堯子丹朱，舜子商均，皆有疆土，以奉先祀。服其服，禮樂如之。以客見天子，天子弗臣。示不敢專也。"《夏本紀》曰："帝禹立，而舉皋陶，薦之，且授政焉。而皋陶卒。封皋陶之後於英、六。《集解》："徐廣曰：《史記》皆作英字，而以英布是此苗裔。"《索隱》："《地理志》：六安國六縣，咎繇後偃姓所封國。英地闕，不知所在。"《正義》："英蓋蓼也。《括地志》云：光州固始縣，本春秋時蓼國，偃姓，皋陶之後也。《太康地志》云：蓼國先在南陽故縣，今豫州郾縣界故胡城是。後徙於此。"六，今安徽六安縣。固始，今河南固始縣。郾，今河南郾城縣。或在許，今河南許昌縣。而后舉益，任之政。十年，帝禹東巡狩，至於會稽而崩。以天下授益。三年之喪畢，益讓帝禹之子啓，而辟居箕山之陽。《集解》："《孟子》陽字作陰。"《正義》："按陰即陽城也。《括地志》云：陽城縣，在箕山北十三里。"案唐陽城縣，在今河南登封縣東南。禹子啓賢，天下屬意焉。及崩，雖授益，益之佐禹日淺，天下未洽，故諸侯皆去益而朝啓，曰：吾君帝禹之子也。於是啓遂即天子之位。"此儒家所傳堯、舜、禹禪繼之大略也。

禪讓之事，自昔即有疑之者。《三國・魏志・文帝紀》注引《魏氏春秋》曰："帝升壇禮畢，顧謂羣臣曰：舜、禹之事，吾知之矣。"《史記・五帝本紀》正義曰："《括地志》云：故堯城，在濮州鄄城縣東北十五里。鄄城，在今山東濮縣東。《竹書》云：昔堯德衰，爲舜所囚也。又有偃朱故城，在縣西北十五里。《竹書》云：舜囚堯，復偃塞丹朱，使不與父相見也。"①《晉書・束皙傳》曰："太康二年，汲郡人不準，盜發魏襄王墓。或言安釐王冢。得竹書數十車。其《紀年》十二篇，紀夏以來，至周幽王爲犬戎所滅，以事接之。三家分，仍述魏事。至安釐王之二十年。蓋魏國之史書。大略與《春秋》皆多相應。其中經傳大異，則云：夏年多殷，益干啓位，啓殺之。大甲殺伊尹，文丁殺季歷。自周受命至穆王百年，非穆王壽百歲也。幽王既亡，有共伯和者，攝行天子事，非二相共和也。"杜預《春秋經傳集解後序》謂："《紀年》稱仲壬崩，伊尹放大甲於桐，乃自立。七年，大甲潛出自桐，殺伊尹。立其子伊陟、伊奮，命復其父之田宅而中分之。"汲冢得書，當實有其事，然其書實無傳於後。《晉書》所云，乃誤據後人僞造之語，《杜序》則爲僞物。蓋魏、晉之際，篡竊頻仍；又其時之人，疾兩漢儒者之拘虛，好爲非堯、舜，薄湯、武之論。造此等説者，其見解蓋正與魏文帝同，適有汲冢得書之事，遂附託之以見意也。唐劉知幾據之，《史通・疑古篇》引汲冢書云：舜放堯於平陽，益爲啓所誅，大甲殺伊尹，文丁殺季歷。又引《汲冢瑣語》云：舜放堯於平陽。案《瑣語》，《束皙傳》云"諸國卜夢妖怪相書也"，安得有舜放堯事？唐人所謂汲冢書者，其不足信，概可見矣。又刺取古書中言堯、舜、禹、湯、文、武、周公事可疑者，以作《疑古》之篇。其説誠爲卓絶。然《竹書》非可信之書；而知幾所疑，亦有未盡。予昔嘗作《廣疑古》之篇自謂足以羽

---

① 史事：囚堯偃朱之説。

翼古人，由今思之，其説亦殊未允也。今先述舊説，更以今所見者，辯之如下。

其（一）《書·皋陶謨》今本《益稷》。曰：“無若丹朱傲，惟慢遊是好，傲虐是作，罔晝夜頟頟。罔水行舟。朋淫於家，用殄厥世。”《釋文》曰：“傲字又作奡。”《説文·夰部》奡下引《虞書》曰：“若丹朱奡。”又引《論語》“奡盪舟。”俞正燮《癸巳類稿·奡證》，謂《莊子·盜跖篇》曰：“堯殺長子。”《韓非子·説疑篇》曰：“記云：堯誅丹朱。”《書》稱“胤子朱”，史稱“嗣子丹朱”，案謂《堯典》及《史記·五帝本紀》。則堯未誅丹朱。然《吕氏春秋·去私篇》云：“堯有子十人”；《求人篇》云：“妻以二女，臣以十子”；而《孟子》止言九男；《萬章上篇》：“帝使其子九男事之，二女女焉。”《淮南·泰族訓》亦云：“堯屬舜以九子”；《書》云“殄厥世”；是堯十子必失其一，而又必非丹朱。《管子·宙合篇》云：“若覺卧，若晦明，若敖之在堯也。”即若丹朱敖之敖。與朱各爲一人。罔水行舟，則《論語》云“奡盪舟。”朋淫於家，則《漢書·鄒陽傳》曰：“不合則骨肉爲仇敵，朱、象、管、蔡是已。”乃朱與奡以傲虐朋淫相惡。殄厥世，則《論語》云“不得其死也”。予昔據此，疑奡實爲舜所殺，然罔水行舟非盪舟，朋淫非骨肉爲仇敵，殄厥世亦非不得其死。敖乃嶅之借。《説文·山部》：嶅，山多小石也。《爾雅》釋山作礝。堯，高也。敖在堯，猶言小石在高山。以之牽合人名，更無當矣。《韓子》之文曰：“堯有丹朱，舜有商均，啓有五觀，商《楚語》作湯。有大甲，武王《楚語》作文王。有管、蔡，此五王之所誅者，皆父子兄弟之親也。”《楚語》曰：“此五王者，皆元德也，而有姦子。”鄒陽之説本之，而易商均爲象。朱、均與象，古書皆未傳其有争奪相殺之事，如五觀、管、蔡者；大甲更終陟帝位；然則謂五王誅父子兄弟之親，所謂誅者，亦責問之意而已。以此疑堯之子爲舜所殺，則見卵而求時夜矣。

其（二）《史記·伯夷列傳》曰：“夫學者載籍極博，猶考信於六藝。《詩》、《書》雖缺，然虞、夏之文可知也。堯將遜位，讓於虞舜；舜、禹之間，岳牧咸薦；乃試之於位，典職數十年，功用既興，然後授政。示天下重器，王者大統，傳天下若斯之難也。而説者曰：堯讓天下於許由，許由不受，恥之逃隱；及夏之時，有卞隨、務光者，此何以稱焉？大史公曰：余登箕山，其上蓋有許由冢云。孔子序列古之仁聖賢人，如吳大伯、伯夷之倫，詳矣。余以所聞，由、光義至高，其文辭不少概見，何哉？"宋翔鳳《尚書略説》曰："《周禮疏序》引鄭《尚書注》云：四岳，四時之官，主四岳之事。始羲、和之時，主四岳者，謂之四伯。至其死，分岳事置八伯，皆王官，其八伯，惟驩兜、共工、放齊、鯀四人而已。其餘四人，無文可知矣。"案上文羲、和四子，分掌四時，即是四嶽，故云四時之官也。云八伯者？《尚書大傳》稱陽伯、儀伯、夏伯、羲伯、秋伯、和伯、冬伯，其一闕焉。鄭《注》以陽伯，伯夷掌之，夏伯，棄掌之，秋伯，咎繇掌之，冬伯，垂掌之，餘則羲、和、仲、叔之後，《堯典》注言驩兜四人者？鄭以《大傳》所言，在舜即真之年，此在堯時，當別自有人，而經無所見，故舉四人例之。案唐、虞四嶽有三：其始羲、和四子，爲四伯。其後共、驩等爲八伯。其後伯夷諸人爲之。《白虎通・王者不臣篇》：先王老臣不名。親與先王戮力共治國，同功於天下，故尊而不名也。《尚書》曰：咨爾伯，不言名也。案班氏説《尚書》，知伯夷逮事堯，故在八伯之首而稱大嶽。《左氏》隱十一年，夫許，大嶽之胤也。申、呂、齊、許同祖，故呂侯訓刑，稱伯夷、禹、稷爲三后。知大嶽定是伯夷也。《墨子・所染篇》、《呂氏春秋・當染篇》並云舜染於許由、伯陽，由與夷，夷與陽，並聲之轉。《大傳》之陽伯，《墨》、《呂》之許由、伯陽，與《書》之伯夷，正是一人。伯夷封許，故曰許由。《史記》堯讓天下於許由，元注本《莊子》。正傳會咨四嶽遜朕位之語，百家之言，自有所出。《周語》，大子晉稱共之從孫四嶽佐禹。又云："胙四嶽國，命曰侯伯，賜姓曰姜，氏曰有呂。《史記・齊大公世家》云：呂尚，其先祖嘗爲四嶽，佐禹平水土。虞、夏之際，封於呂，姓姜氏，此云四嶽，皆指伯夷。蓋伯夷稱大嶽，遂號爲四嶽，其實四嶽非指伯夷一人也。"案《書・堯典》言舜攝政："流共工於幽州，放驩兜於崇山，竄三苗於三危，殛鯀於羽山，四罪而天下咸服。"如宋氏説，則四嶽之三，即在四罪之中。且共工、三苗皆姜姓，既見流竄，而許由亦卒不得在位，則四凶之流放，又甚似姬、姜之爭矣。此亦余昔所據以疑堯、舜禪讓之事者也，然鄭以驩兜等四人爲四嶽，實億説無確據；而四罪中有鯀，亦黃帝子孫也。又安能指爲姬、姜之爭乎？

　　其（三）《史記》言舜崩於蒼梧之野，葬於江南九疑，各書皆同，惟《孟子》謂舜卒於鳴條。予謂孟子史公同用《書》説，《史記》此語，必遭後人竄改，此説是也。然昔時以鳴條近南巢，南巢即今安徽巢縣。霍山實古南嶽，後人移之衡山，乃并舜之葬地而移之零陵。湯居亳在陝西商縣，其放桀於南巢；周起豐鎬，王業之成，由成王之定淮徐；秦之併天下，楚亦遷於壽春，以爲自秦以前，有天下者，皆自西北向東南，如出一轍也。今知中國民族，實起東南，而鳴條亦在古兗域，則昔之所疑，全無根據矣。《禮記・檀弓》："舜葬於蒼梧之野"；《淮南・修務》："舜南征三苗，道死蒼梧"；均未言蒼梧所在。即《史記》亦未言蒼梧、九疑究在何地。《續漢書・郡國志》，乃謂九疑在營道。其地爲今湖南寧遠縣。舜之葬處，乃移至湘邊。案《山海經・海内東經》云："湘水出舜葬東南隅，西環之，入洞庭下。"則所謂湘水者，不過環繞舜陵，決非如今日之源流千里。《海内經》云："南方蒼梧之丘，蒼梧之淵，其中有九嶷山，舜之所葬。"山在淵中，亦洲渚之類耳，決非今之九疑也。《史記・秦始皇本紀》二十八年，浮江至湘山祠。逢大風，幾不得渡。上問博士曰：湘君何神？對曰：堯女，舜之妻，而葬此。此爲今洞庭中山無疑。《檀弓》言舜葬蒼梧，三妃不從，三妃蓋二妃之誤。曰不從，正以其死在一地。若舜死營道，二女死今洞庭中，則相去千里，古本無輿柩從葬之法也。然則蒼梧、九疑、秦、漢間説，猶不謂在今洞庭中也。錢穆有《戰國時洞庭在江北辯》。謂《史記・蘇秦傳》，言秦之攻楚曰：漢中之甲，乘船下巴，乘夏水而下漢，四日而至五渚。《戰國・秦策》，張儀説秦王，言秦破荆襲郢，取洞庭、五都。《史記集解》引其辭，五都亦作五渚。《索隱》引劉伯莊，謂五渚在宛、鄧之間，臨漢水，則洞庭在江北明矣。此説甚辨。然則傳説之初，並在北方而不在今之洞庭也。然鳴條果在兗域，則荆、豫間之傳説，猶爲後起矣。

　　其（四）《史記・秦本紀》曰："秦之先，帝顓頊之苗裔，孫曰女脩。孫上疑有奪字。女脩織，玄鳥隕卵，女脩吞之，生子大業。大業娶少典之子，曰女華。女華生大費。與禹平水土，佐舜調馴鳥獸，鳥獸多馴服，是爲柏翳。"《正義》曰："《列女傳》云：陶子生五歲而佐禹。曹大家《注》云：陶子者，皋陶之子伯益也。按此即知大業是皋陶。"《索隱》

曰:"尋檢《史記》上下諸文,伯翳與伯益是一人不疑,而《陳杞世家》,即叙伯翳與伯益爲二,未知大史公疑而未決耶? 抑亦繆誤耳?"案《陳杞世家》叙唐虞之際有功德之臣十一人:曰舜,曰禹,曰契,曰后稷,曰皋陶,曰伯夷,曰伯翳,曰垂、益、夔、龍。《五帝本紀》則曰:禹、皋陶、契、后稷、伯夷、夔、龍、垂、益、彭祖,自堯時而皆舉用,未有分職;次記命十二牧,次載命禹、棄、契、皋陶、垂、益、伯夷、夔、龍之辭;而終之曰:"嗟女二十有二人";明二十二人,即指禹、皋陶、契、后稷、伯夷、夔、龍、垂、益、彭祖及十二牧。翳益即爲一人;《陳杞世家》,伯翳與益衍其一;而《五帝本紀》又佚命彭祖之辭;遂令後人滋疑耳。予昔據此,謂皋陶卒而禹舉益,既行禪讓,何以所禪者反父子相繼? 然此實更不足疑也。

其(五)《淮南子·齊俗訓》云:"有扈氏爲義而亡。"高《注》曰:"有扈,夏啟之庶兄也,以堯、舜舉賢,禹獨與子,故伐啟。啟亡之。"予昔據此,謂啟之繼世,亦有兵爭。然《周書·史記篇》曰:"弱小在强大之間,存亡將由之,則無天命矣。不知命者死,有夏之方興也,扈氏弱而不恭,身死國亡。"則有扈爲義,乃徐偃、宋襄之流,與禪繼之爭無涉,《高注》實億説也。

先秦諸子之文,言堯、舜禪讓,有類於後世爭奪相殺之事者甚多。然皆爲寓言。如《韓非子·説疑篇》曰:"舜偪堯,禹偪舜,湯放桀,武王伐紂,此四王者,人臣之弑其君者也。"《忠孝篇》曰:"堯爲人君而君其臣,舜爲人臣而臣其君,湯、武人臣而弑其主,刑其尸。"又曰:"瞽瞍爲舜父而舜放之,象爲舜弟而舜殺之。放父殺弟,不可爲仁。妻帝二女,而取天下,不可爲義。仁義無有,不可謂明。"其視堯、舜、禹、湯、文、武,直卓、懿之不若。然《五蠹篇》曰:"堯之王天下也,茅茨不翦,采椽不斲,糲粱之食,藜藿之羹,冬日麑裘,夏日葛衣,雖監門之服養,不虧於此矣。禹之王天下也,身執耒臿,以爲民先,股無胈,脛不生毛,雖臣虜之勞,不苦於此矣。以是言之,夫古之讓天子者,是去監門之養,而離臣虜之勞也。故古傳天下而不足多也。"則立説迥異矣,何也？一以著姦劫弑臣之戒，一以明爭讓原於羨不足之情，皆借以明義，非説史實也。儒家言堯、舜、禹之事者，莫備於《孟子・萬章上篇》。此篇又辯伊尹、百里奚、孔子之事，亦皆可作如是觀。夫以後世事擬古事者，必不如以古事擬古事之切。後世但有董卓、司馬懿之倫，而謂古獨有天下爲公之堯、舜，誠覺其不近於情。然秦、漢後之事勢，與古迥殊，謂據卓、懿之所爲，可以測堯、舜、禹、湯、文、武，則亦繆矣。古讓國者固多，如伯夷、叔齊、_{《史記・伯夷列傳》。}吳太伯、_{《史記・吳太伯世家》。}魯隱公、_{《春秋》隱公元年、十一年。}宋宣公、_{隱公三年。}曹公子喜時、_{成公十六年。}吳季札、_{襄公二十九年。}邾婁叔術、_{昭公三十一年。}楚公子啓_{哀公八年。}之倫皆是。固非若迂儒之所云，亦非如造《竹書》者之所測也。《論衡》聖人重疑之言，_{《奇怪篇》。}《史通》輕事重言之論，_{《疑古篇》。}可謂最得其實矣。

　　《五帝本紀》云："虞舜者，名曰重華。重華父曰瞽叟，瞽叟父曰橋牛，橋牛父曰句望，句望父曰敬康，敬康父曰窮蟬，窮蟬父曰帝顓頊，顓頊父曰昌意。以至舜七世矣。① 自從窮蟬以至帝舜皆微爲庶人。"《左氏》昭公九年。史趙云："自幕至於瞽瞍，無違命，舜重之以明德。實德於遂。遂世守之，及胡公不淫。故周賜之姓，使祀虞帝。"《國語・魯語》云："幕能帥顓頊者也，有虞氏報焉。杼能帥禹者也，夏后氏報焉。上甲微能帥契者也，商人報焉。高圉、大王能帥稷者也，周人報焉。"《鄭語》云："夫能成天地之大功者，其子孫未嘗不章，虞、夏、商、周是也。虞幕能聽協風，以成樂物生者也；夏禹能單平水土，以品處庶類者也；商契能和合五教，以保於百姓者也；周棄能播殖百穀，以衣食民人者也；其後皆爲王公侯伯。"言舜之先，名號不同，貴賤亦異。《三國・蜀志・秦宓傳》，謂"宓見《帝系》之文，五帝皆同一族，宓辨其不然之本"。説雖不可得聞，竊疑即本於此。傳言譙允南少時，數往咨訪，紀錄其言於《春秋然否論》。譙氏尊信古文，竊疑宓亦當信《左》、《國》也。《左氏》、《國

----

① 史事：舜之先世。

語》之文，幕必舜之先世，而賈逵、韋昭咸以幕爲虞思，蓋亦取與《帝系》相調和，賈說見《史記・陳杞世家》集解。《集解》又引鄭衆說，則以幕爲舜之先。然古人名號不同者甚多，古事傳者亦互異，古君民相去無幾，耕稼陶漁之事，本未必不可躬親。況舜又失愛於父，又安保其不舊勞於外，爰曁小人乎？此實與微爲庶人不同，然自後世言之，則以爲微爲庶人，且並窮蟬以下，亦皆曰微爲庶人矣。《夏本紀》云："禹之曾大父昌意及父鯀，皆不得在帝位，爲人臣。"爲人臣與微爲庶人不同，然古之傳者，未必知致謹於是。自窮蟬至帝舜，或皆爲人臣，而後乃誤爲庶人，亦事所可有者也。要之古事傳者，多非其真；古人措辭，又不甚審諦；觀其大體則可，斤斤較計於片言隻字之間，必無當也。似不必曲爲調停，更不應以此而疑《帝系》之不實也。《世本》舜姓姚。《左氏疏》引。《左氏》哀公元年，述夏少康事，亦云虞思妻之以二姚，而《史記・陳杞世家》言舜居嬀汭，其後因姓嬀氏。《左氏杜注》，謂武王乃賜胡公姓曰嬀。《疏》因詆馬遷爲妄。然古人多從母姓。黃帝二十五子，得姓者十有四人，《史記・五帝本紀》。即其一證。又安知舜後無姚、嬀二姓乎？舜、禹同事堯，而《夏本紀》曰："禹之父曰鯀，鯀之父曰帝顓頊。"一爲顓頊孫，一爲顓頊七世孫，相去未免大遠。《三代世表索隱》引《世本》、皇甫謐，並與《本紀》同。《墨子・尚賢中》云"昔者伯鯀，帝之元子"，似亦以爲顓頊子。《漢書・律曆志》、《淮南・原道訓》高注則以鯀爲顓頊五世孫。《離騷》王逸《注》引《帝繫》曰："顓頊五世而生鯀。"則《帝繫》本有異同也。遂，《春秋》莊公十三年，爲齊所滅。杜《注》云："遂國在濟北蛇丘縣東北。"蛇丘，在今山東肥城縣南。此亦舜居東方之一證。《左氏》昭公三年，晏子曰："箕伯、直柄、虞遂、伯戲，其相胡公、大姬，已在齊矣。"此以四人並舉，並未言其世次，亦未及其受封之事。昭公九年，杜《注》云"遂、舜後，蓋殷之興，存舜之後而封遂"，已近億度。《陳杞世家索隱》引宋忠云"虞思之後箕伯、直柄中衰，殷湯封遂於陳以爲舜後"，則彌爲穿鑿矣。遂封於陳，何時更徙蛇丘邪？

第五節　堯舜禹與三苗之爭

　　堯、舜、禹雖以禪讓聞，然其時各族之間，相爭頗烈。《史記・五帝本紀》述舜攝政後事曰："歲二月東巡守，至於岱宗。五月南巡守。

八月西巡守。十一月北巡守。歸至於祖禰廟，用特牛禮。"又曰："驩
兜進言共工。堯曰：不可。而試之工師。共工果淫辟。四嶽舉鯀治
鴻水，堯以爲不可。嶽强請試之，試之而無功，故百姓不便。三苗在
江、淮、荆州，數爲亂。於是舜歸而言於帝。請流共工於幽陵，以變北
狄；放驩兜於崇山，以變南蠻；遷三苗於三危，以變西戎；殛鯀於羽山，
以變東夷。四罪而天下咸服。"云歸言於帝，乃承上文巡守言之。可
知四族爲當時强國。共工與鯀，均已見前。驩兜古書言者較少，似其
勢較弱。其爲堯、舜、禹之勁敵者，則三苗也。

　　三苗之事，見於《書》之《吕刑》。《吕刑》曰："王曰：若古有訓：蚩
尤惟始作亂，延及于平民，罔不寇賊鴟義姦宄，奪攘矯虔。苗民弗用
靈，制以刑，惟作五虐之刑曰法。殺戮無辜。爰始淫爲劓、刵、椓、黥。
越兹麗刑並制，罔差有辭。民興胥漸，泯泯棼棼，罔中于信，以覆詛
盟。虐威庶戮，方告無辜于上。上帝監民，罔有馨香德，刑發聞惟腥。
皇帝哀矜庶戮之不辜，報虐以威，遏絶苗民，無世在下。乃命重、黎，
絶地天通，罔有降格。羣后之逮在下。明明棐常，鰥寡無蓋。皇帝清
問下民，鰥寡有辭于苗。德威惟畏，德明惟明。乃命三后，恤功于民。
伯夷降典，折民惟刑。禹平水土，主名山川。稷降播種，農殖嘉穀。
三后成功，惟殷于民。士制百姓于刑之中，以教祗德。穆穆在上，明
明在下。灼于四方，罔不惟德之勤。故乃明于刑之中，率乂于民棐
彝。"案《國語·楚語》："昭王問於觀射父曰：《周書》所謂重、黎實使
天地不通者，何也？若無然，民將能登天乎？對曰：非此之謂也。古
者民神不雜，及少皞之衰也，九黎亂德，民神雜糅。顓頊受之，乃命南
正重司天以屬神，命火正黎司地以屬民。使復舊常，無相侵瀆。是謂
絶地天通。其後三苗復九黎之德，堯復育重、黎之後不忘舊者，使復
典之。以至於夏、商。故重黎氏世叙天地，而別其分主者也。其在
周，程伯休父其後也。當宣王之時，失其官守，而爲司馬氏。寵神其
祖，以取威於民，曰：重實上天，黎實下地；遭世之亂，而莫之能禦也。
不然，夫天地成而不變，何比之有？"此言實與《尚書》合。然則鄭玄謂

“自皇帝哀矜庶戮之不辜，至罔有降格，皆説顓頊之事；皇帝清問以下，乃説堯事”；見《疏》。其説是也。《禮記·緇衣疏》引《甫刑》鄭注曰：“苗民，謂九黎之君也。九黎之君，於少昊氏衰，而棄善道，上效蚩尤重刑，必變九黎言苗民者？有苗九黎之後。顓頊代少昊，誅九黎，分流其子孫，爲居於西裔者三苗，者疑當作之，或爲字當在者字下。至高辛之衰，又復九黎之惡，堯興，又誅之。堯末，又在朝。舜時，又竄之。後王深惡此族三生凶惡，故著其氏而謂之民，民者，冥也，言未見仁道。”亦糅栝《尚書》、《國語》爲説。可見此族與顓頊、堯、舜，相争之烈也。

《山海經·大荒西經》曰：“大荒之中，有山名曰日月，山天樞也。吳姖天門，日所出入。有神，人面無臂，兩足反屬於頭。山名曰噓。顓頊生老童，老童生重及黎。帝令重獻上天，令黎卬下地。下地是生噎。處於西極，以行日月星辰之行次。”“令重獻上天，令黎卬下地”，即《楚語》所謂“重寔上天，黎寔下地”者，可見此語實自古相傳，非司馬氏之自神其祖也。《經》又云：“有人，名曰吳回，奇左，是無右臂。”又云：“大荒之山，日月所入。有人焉，三面，是顓頊之子，三面一臂。”案《史記·楚世家》，“謂顓頊生稱，稱生卷章，卷章生重黎，重黎爲帝嚳高辛火正，帝嚳命曰祝融。共工氏作亂，帝嚳使重黎誅之而不盡。帝乃以庚寅日誅重黎而以其弟吳回爲重黎後，復居火正爲祝融。”卷章疑老童形譌。《史記》之世系，實多稱一世。“下地是生噎”句當有譌。《海內經》炎帝之後有祝融，祝融生共工，共工生后土，后土生噎鳴。見第七章第二節。噎鳴似即噎。炎帝者，祝融之異名，非神農。《大荒北經》又謂顓頊生苗民，苗民黎姓，則三苗九黎，實顓頊之後矣。蓋古代或從母姓，昌意取蜀山氏女而生顓頊，蜀山即涿鹿之山，實蚩尤氏故國，蚩尤姜姓，故顓頊之後，亦爲姜姓也。

三苗之國，世皆以爲在南方。以《國策》、《史記》，並謂其在洞庭、彭蠡之間。近人錢穆，撰《古三苗疆域考》，曰：《魏策》云：三苗之居，左有彭蠡之波，右有洞庭之水，汶山在其南，衡山在其北。以殷紂之國，左孟門，右漳、釜例之，左當在西，右當在東。《史記》作左洞庭，右彭蠡,無汶山、衡山之文;《韓詩外傳》則作衡山在南,岐山在北;顯有改易之迹。《禹貢》:岷山之陽,至於衡山。衡山者,《漢志》南陽郡雉縣有衡山,雉縣,在今河南南召縣南。《水經》謂之雉衡山,在《禹貢》荊州之北,故曰荆及衡陽惟荆州。《吳越春秋·吳大伯傳》:大伯、仲雍,託采藥於衡山,遂之荆蠻,亦即此。汶山者,《齊語》:桓公伐楚,濟汝,踰方城,望汶山。《管子·小匡》、《霸形》同。《淮南子·地形訓》:汝水出猛山。猛或即汶之聲轉。錢氏謂《楚辭·天問》,"桀伐蒙山"之蒙山,亦即此。然則洞庭、彭蠡,殆非今之洞庭、鄱陽。彭蠡爲水湍回之稱,《呂覽·愛類》,謂禹爲彭蠡之障,乾東土是也。《淮南子·人間訓》云:修彭蠡之防。洞則通達之稱。《山海經·海内東經》云:湘水出舜葬東南陬,西環之,入洞庭下。《注》云:洞庭,地穴也。在長沙巴陵。今吳縣南大湖中有包山,下有洞庭。穴道潛行水底,云無所不通。號爲地脈。《水經·沔水注》云:大湖有苞山。《春秋》謂之夫椒山。有洞室,入地潛行,北通琅邪東武縣。今山東諸城縣。俗謂之洞庭。旁有青山,一名夏架山。山有洞穴,潛通洞庭。《爾雅》、《説文》皆云:榮,桐木。《説文》又云:桐,榮也。東冬與庚青通轉,桐即洞,榮即滎。《禹貢》:濟入於河,溢爲滎,潛行復出,與洞庭地穴意類。蓋古大河兩岸,水泉伏涌,隨地成澤,皆稱洞庭。故《淮南》謂堯使羿射修蛇於洞庭,《本經訓》。《莊子》亦謂黃帝張咸池之樂於洞庭之野也。《天運》。《書·牧誓》有髳,《春秋》河東有茅戎,蓋三苗之族。予案錢説甚辯。然《史記》先言三苗在江、淮、荆州,繼言遷三苗於三危,以變西戎,則其族似初在南,後乃徙於西。三苗姜姓,姜爲炎帝之族,其初固當在東南。後來姜姓之族,多在西方,錢穆《西周地理考》云:大史公曰:余登箕山,其上蓋有許由冢。箕山,《方輿紀要》在平陸縣東北,《左氏》僖公三十三年,狄伐晉,及箕。成公十三年呂相絶秦圍我箕郜是其地。其後許封河南,箕山之名,乃南遷潁陽。《水經·陰溝水注》引《世本》:許、州、向、申,姜姓也。炎帝後。《左氏》隱公十一年,王與鄭人蘇忿生之田,有向、州,杜《注》屬河内。《莊子·讓王》:堯以天下讓許由,又讓于州支父,即此州。《逍遥遊》:堯見四子藐姑射之山,汾水之陽,四子亦指四嶽。霍大山,亦曰大嶽。《崧高》之詩曰:惟嶽降神,生甫及申。甫即呂,其後呂尚封於東方,泰山因之亦得嶽稱。而晉仍有吕甥,其後有吕相。蓋亦因洪水而西遷,未必盡舜、禹之所竄逐也。

三危之名,見於《禹貢》。《禹貢》雍州曰:"三危既宅,三苗丕叙。"道川曰:"道黑水,至於三危,入於南海。"雍州之界,爲黑水、西河;梁州之界,爲華陽、黑水。説黑水者,自當以《山海經》爲最古,然不易求其所在。[①]《南山經》曰:"雞山,黑水出焉。而南流注於海。"《史記・夏本紀》集解:"鄭玄引《地説》云:三危山,黑水出其南。"又云:"鄭玄曰:《地理志》,益州滇池有黑水祠,而不記此山水所在。《禹貢疏》云:"鄭云:今中國無也。"《地記》云:三危山,在鳥鼠之西南。"《左氏》昭公九年,允姓之姦,居於瓜州。杜《注》云:"允姓,陰戎之祖,與三苗俱放三危者。瓜州,今敦煌。"今甘肅敦煌縣。此兩説,後人多祖述之。《水經》:"江水東過江陽縣,今四川瀘縣。洛水從三危山,東過廣魏洛縣南,今四川廣漢縣。東南注之。"《注》曰:"《山海經》曰:三危山在敦煌南,與岷山相接,南帶黑水。"《禹貢・山水澤地所在》云:"三危山,在敦煌縣南。《山海經》云:三危之山,三青鳥居之。是山也,廣圓百里,在鳥鼠山西。《尚書》所謂竄三苗於三危者也。"皆是也。然黑水所在,卒不可得。昔人或以金沙江當之,此江古稱瀘水,瀘即黑;又《漢志》所謂黑水祠,即在此江流域;其説自古。然無解於入於南海之文。又或以瀾滄江、怒江當之,以解入於南海則得矣,然此兩江,安能爲雍州西界?若謂怒江蕃名哈喇烏蘇,哈喇譯言黑,則此爲蒙古語,恐係明代蒙古入居青海後始有,不可以釋《禹貢》也。又有謂雍州黑水,梁州黑水,當分爲二者,則無解於《禹貢》本文,絶無可分爲二之迹。予昔亦主金沙江之説。釋入於南海之海,爲夷蠻戎狄謂之四海之海,謂雍州西南界,抵今青海之江北岸,梁州西界,抵今西康之江東岸,三危則爲江、河上源間之山,正在鳥鼠之西南,與岷山相接。揆之於理,似頗可通。然作《禹貢》者,所知必不能如是之遠,況欲以釋《堯典》邪?且《漢志》犍爲南廣今四川珙縣西南。自有黑水,至僰道今四川宜賓縣西南。入江。滇池黑水

①　地理:黑水(又見第 240 頁)。

祠,所祠恐即此水,未必爲今金沙江,如是,則徒據瀘水之名以相附
會,證佐亦未免大孤矣。《御覽》引《張掖記》云:"黑水出縣界雞山,亦
名玄圃。昔有娀氏女簡狄,浴於玄邱之水,即黑水也。"移《南山經》之
雞山於張掖,滅裂自不待言。然簡狄浴於玄邱,其説當有所本。《楚
辭・天問》曰:"黑水玄趾,三危安在?"則黑水、三危,亦神話中地名。
古言地理者,多雜以荒唐之辭,未易鑿求所在,讀《山經》、《吕覽》、《淮
南》等書可知。作《禹貢》者,於西南地理,蓋亦初不審諦,即據此等不
經之説,姑爲編次耳。《堯典》之三危,自係實有其地,今既未易鑿求,
則姑順遷於四裔之文,謂在堯、舜都邑之西可也。《後漢書・羌傳》云:"西
羌之本,出自三苗。其國近南嶽。及舜流四凶,徙之三危,河關之西南羌地是也。"亦億説
無據。漢河關縣,在今甘肅導河縣西南。

《史記・五帝本紀》云:"昔高陽氏有才子八人,世得其利,謂之八
愷。高辛氏有才子八人,世謂之八元。此十六族者,世濟其美,不隕
其名。至於堯,堯未能舉。舜舉八愷,使主后土,以揆百事,莫不時
序。舉八元,使佈五教於四方;父義,母慈,兄友,弟恭,子孝,内平,外
成。昔帝鴻氏有不才子,掩義隱賊,好行凶慝,天下謂之渾沌。少皞
氏有不才子,毁信惡忠,崇飾惡言,天下謂之窮奇。顓頊氏有不才子,
不可教訓,不知話言,天下謂之檮杌。此三族,世憂之,至於堯,堯未
能去。縉雲氏有不才子,貪於飲食,冒於貨賄,天下謂之饕餮,天下惡
之,比之三凶。舜賓於四門,乃流四凶族。遷於四裔,以御螭魅,於是
四門辟,言無凶人也。"《左氏》文公十八年略同。《史記》上文云:"堯
乃試舜五典,百官皆治。"下文云:"舜入於大麓,烈風雷雨不迷,堯乃
知舜之足授天下。"蓋《書》"慎徽五典,五典克從;納於百揆,百揆時
序;賓於四門,四門穆穆;納於大麓,烈風雷雨弗迷"之傳。《大戴記・
四代》,謂舜取相十有六人,蓋亦據《書》説也。古者官人以族,八愷必
禹之族,八元必契之族矣。四凶亦必即四罪。[1] 惟諸儒以渾沌當驩

---

[1] 史事:八愷舜族,八元禹族,四凶即四罪。

兜，窮奇當共工，檮杌當鯀，饕餮當三苗，《書疏》引鄭玄，《釋文》引馬融、王肅，《史記集解》引賈逵服虔及《左氏》杜預《注》皆同。殊無確據。《淮南子·修務訓》高注以渾敦、窮奇、饕餮爲三苗，則更必不然耳。

《僞古文尚書·大禹謨》曰："帝曰：咨禹，惟時有苗弗率，汝徂征。禹乃會羣后，誓于師曰：濟濟有衆，咸聽朕命。蠢茲有苗，昏迷不恭。侮慢自賢，反道敗德。君子在野，小人在位。民棄不保，天降之咎，肆予以爾衆士，奉辭伐罪。爾尚一乃心力，其克有勳。三旬，苗民逆命。益贊于禹曰：惟德動天，無遠弗屆。滿招損，謙受益，時乃天道。帝初于歷山，往于田，日號泣于旻天，于父母，負罪引慝。祇載見瞽瞍，夔夔齊栗。瞽瞍亦允若。至誠感神，矧茲有苗？禹拜昌言曰：俞。班師振旅，帝乃誕敷文德舞干羽於兩階。七旬，有苗格。"王鳴盛《尚書後案》曰："禹奉舜命征三苗，作誓，又偃兵修政。舞干羽，三苗自服，古書所載甚多。就予所見：在《戰國策》卷二十二《魏策》一篇，又卷二十三《魏策》二篇，《墨子》卷四《兼愛下篇》，又卷五《非攻下篇》，《韓非子》卷十九《五蠹篇》，《荀子》卷十《議兵篇》，又卷十八《成相篇》，《賈子新書》卷四《匈奴篇》，《淮南子》卷十《繆稱訓》，又卷十一《齊俗訓》，又卷十三《氾論訓》，桓寬《鹽鐵論》卷九《論功篇》，劉向《說苑》卷一《君道篇》，《古文苑》卷十五揚雄《博士箴》。此事散見羣書，晉人掇入《大禹謨》，以己意潤飾之。"案此事傳者之衆如此，可見當時爭競之烈也。

三苗之苗係國名，後世所謂苗族，則係蠻字之轉音，此本極易見之事。近世或混二者爲一，因謂苗族先入中國，後爲漢族所逐，此真不值一噱，然予昔者亦沿其誤。予説謂三苗係國名，九黎則民族之名，[①]故鄭注《甫刑》，謂苗民爲九黎之君；《淮南子》高注，亦別列一説云："放三苗國民於三危。"《修務訓》。郭注《山海經》亦曰："堯以天下讓舜，三苗之君非之。帝殺之，有苗之民，叛入南海，爲三苗國。"《海外南

經》。其實苗民二字，鄭解極確，高誘、郭璞，皆附會不通之説也。予又引《後漢書·南蠻傳》：建武十二年，"九真徼外蠻里張游，率其種人，慕化内屬，封爲歸漢里君。"《注》曰："里，蠻之別號，今呼爲俚人。"謂里、俚皆即黎。其實九真與古三苗，相去數千里也。黎蓋即重黎之黎。《左氏》昭公二十九年："顓頊氏有子曰犂，爲祝融。"異文同語。其族蓋分九派，故曰九黎。《堯典》之"黎民於變時雍"亦即此。援秦人黔首之義以釋之，已非其實，況更牽合後世之黎族邪？

第八章　夏殷西周事迹

第一節　夏后氏事迹

　　夏后氏事迹，略見《史記·夏本紀》。《夏本紀》曰："夏后帝啓，禹之子。其母，塗山氏之女也。有扈氏不服，啓伐之。大戰於甘，遂滅有扈氏。天下咸朝。夏后帝啓崩，子帝大康立。帝大康失國，昆弟五人，須於洛汭，作《五子之歌》。大康崩，弟中康立，是爲帝中康。帝中康時，羲、和湎淫，廢時亂日，胤往征之，作《胤征》。中康崩，子帝相立。帝相崩，子帝少康立。帝少康崩，子帝予立。《索隱》曰："《系本》云：季佇作甲者也。《左傳》曰，杼滅豷於戈。《國語》云：杼能師禹者也。"案見《魯語》。帝予崩，子帝槐立。《索隱》曰："《系本》作帝芬。"帝槐崩，子帝芒立。帝芒崩，子帝泄立。帝泄崩，子帝不降立。《索隱》曰："《系本》作帝降。"帝不降崩，弟帝扃立。帝扃崩，子帝厪立。帝厪崩，立帝不降之子孔甲，是爲帝孔甲。帝孔甲立，好方鬼神事，淫亂。夏后氏德衰，諸侯畔之。孔甲崩，子帝皋立。帝皋崩，子帝發立。帝發崩，子帝履癸立。是爲桀。《索隱》："《系本》：帝皋生發及桀。此以發生桀，皇甫謐同也。"帝桀之時，自孔甲以來，而諸侯多畔夏，桀不務德而武，傷百姓。百姓弗堪。乃召湯而囚之夏臺。已而釋之。湯修德，諸侯皆歸湯。湯遂率兵以伐夏桀。桀走鳴條。遂放而死。湯乃踐天子位，代夏朝天下。"《史記》此文，蓋據《尚書》及

《帝繫》，其中"帝大康失國，昆弟五人，須於洛汭，作《五子之歌》，帝中康時，羲、和湎淫，廢時亂日，胤往征之，作《胤征》"諸語，崔適《史記探原》，謂後人據《書序》竄入，其説是也。五觀、羿、浞之亂，《尚書》無文，《繫世》但記人君生卒統緒，故《史記》於此，亦不之及。《大戴禮記‧少閒篇》："禹崩，十有七世，乃有末孫桀即位"；《國語‧周語》："孔甲亂夏，四世而隕"；世數皆與《史記》合。

有扈之事，①已見第七章第四節引《周書》及《淮南子》。又《楚辭‧天問》曰："該秉季德，厥父是臧。胡終弊於有扈，牧夫牛羊？"王逸《注》曰："該，苞也。秉，持也。父，謂契也。季，末也。臧，善也。言湯能苞持先人之末德，修其祖父之善業，故天祐之，以爲民主也。有扈，澆國名也。澆滅夏后相，相之遺腹子少康，後爲有仍牧正，典主牛羊，遂攻殺澆，滅有扈。"又曰："有扈牧豎，云何而逢？擊牀先出，其命何從？恒秉季德，焉得夫朴牛？"《注》曰："言有扈氏本牧豎之人耳，因何逢遇，而得爲諸侯乎？啓攻有扈之時，親於其牀上擊而殺之，其先人失國之原，何所從出乎？恒，常也。季，末也。朴，大也。言湯常能秉持契之末德，修而弘之，天嘉其志，出田獵得大牛之瑞也。"其説恐非。該與恒當俱是人名。該爲有扈所斃，爲牧牛羊，其後曰恒，轉大，逢大也。得朴牛之瑞也。《史記‧秦本紀》：襄公二十七年，"伐南山大梓，豐大特。"《集解》引徐廣曰："今武都故道今甘肅成縣。有怒特祠，圖大牛。上生樹木，有牛從木中出。後見於豐水之中。"《正義》引《括地志》曰："大梓樹，在岐州陳倉縣南十里倉山上。"陳倉，今陝西寶雞縣。又引《録異傳》曰："秦文公時，雍南山有大梓樹。文公伐之，輒有大風雨，樹生合不斷。時有一人病，夜往山中，聞有鬼語樹神曰：秦若使人被髮，以朱絲繞樹伐汝，汝得不困邪？樹神無言。明日，病人語聞。公如其言伐。樹斷，中有一青牛出，走入豐水中。其後牛出豐水中，使騎擊之。不勝。有騎墮地復上，髮解，牛畏之，不出。故置髦

---

① 史事：夏滅有扈。

頭,漢、魏、晉因之。武都立怒特祠,是大梓牛神也。"案《後漢書·羌傳》,言其"被髮覆面"。則《錄異傳》之説,當出羌中。《漢書·地理志》:"右扶風,鄠縣古國。有扈谷亭。扈,夏啓所伐。酆水出東南。"鄠,即今陝西鄠縣。禹之都,鄭玄以爲在魏,皇甫謐謂或在平陽,皆不足據。已見第七章第三節。《漢書·地理志》:"潁川郡,陽翟,夏禹國。"今河南禹縣。應劭曰:"夏禹都也。"臣瓚曰:"《世本》禹都陽城,今河南登封縣。《汲郡古文》亦云居之,《禮記·緇衣疏》,謂《世本》及《汲郡古文》皆云禹都咸陽,咸陽乃陽城字誤。不居陽翟也。"《世本》古書,較可信據。[1]《汲郡古文》,則依《世本》僞造。禹都當在河、洛之間,鄠縣非其兵力所及。《夏本紀》:"大史公曰:禹爲姒姓。其後分封,用國爲姓,故有夏后氏有扈氏、有男氏、斟尋氏、彤城氏、褒氏、費氏、杞氏、繒氏、辛氏、冥氏、斟氏、戈氏。"斟尋氏,《集解》引徐廣曰:"一作斟氏、尋氏。"《索隱》曰:"《系本》男作南,尋作鄩,費作弗,而不云彤城及褒。斟戈氏《左傳》、《系本》皆云斟灌氏。"鄩,蓋即《左氏》昭公二十三年"郊鄩潰"之鄩,杜《注》云:河南鞏縣西南有地名鄩中,《水經·洛水注》:洛水北逕偃師城東北歷鄩中者也。羌即姜,本東方之族。竊疑是時,姜姓、姒姓,皆因水患,西遷河、洛之間,後乃更西向而入陝西。甘,當即《左氏》王子帶邑,見僖公二十四年。在今洛陽東南。《甘誓·僞孔傳》云:"有扈與夏同姓。"《疏》云:"孔與鄭,王與皇甫謐等,皆言有扈與夏同姓,並依《世本》之文。"皆無爲啓庶兄之説。高誘之云,未知何據。《甘誓》之文,《墨子·明鬼》引之作《禹誓》。《莊子·人間世》云:"禹攻有扈。"《吕覽·召類》亦云:"禹攻曹、魏、屈、驁、有扈,以行其教。"《先己》則云:"夏后柏啓與有扈戰於甘。"竊疑禹先滅有扈,以封其同姓,至啓時復叛也。自伊、洛之域,渡河而北,則入河東;更渡河而西,即達雍、梁之境;此皆地理自然之勢。禹之遺迹,在西方者甚多,蓋皆褒、扈等西遷時,傳説隨之而散佈者也。褒,今陝西褒城縣。《史記·六國表》云:"禹興於西羌。"《夏本紀》正義引

---

[1]　史事:夏都所在。

揚雄《蜀王本紀》云："禹本汶山郡廣柔縣人也,生於石紐。"又引《括地志》,謂其地在茂州汶川縣。此説亦見《水經・沫水注》。廣柔,漢縣,唐時爲汶川,故城在今四川汶川縣西北。《河水注》云："洮水東逕臨洮縣故城北,禹治洪水,西至洮水之上。見長人,受黑玉書於斯水上。"又云："大夏川水,東北逕大夏故城。王莽之順夏。《晉書・地道記》,縣有禹廟,禹所出也。"《江水注》云："江州縣,江之北岸,有塗山,有夏禹廟、塗君祠,廟銘存焉。常璩、庾仲雍,並言禹娶於此。"臨洮,今甘肅岷縣。大夏,今甘肅臨夏縣。江州,今四川江北縣。

　　五觀之亂,與羿代夏政相因,然非一事也。《楚語》曰:"啓有五觀。"韋《注》曰:"啓子大康昆弟也。"《漢書・古今人表》:"大康,啓子,昆弟五人,號五觀。"《潛夫論・五德志》亦曰:"啓子大康、仲康更立,兄弟五人,皆有昏德,不堪帝事,降在洛汭,是爲五觀。"《僞古文尚書・五子之歌》曰"太康尸位以逸豫,滅厥德,黎民咸貳。乃盤遊無度,畋於有洛之表,十旬弗反。有窮后羿,因民弗忍,距於河。厥弟五人,御其母以從,徯於洛之汭。五子咸怨,述大禹之戒以作歌",則併大康而六矣。《墨子・非樂》曰:"於《武觀》曰:啓乃淫溢康樂,野於飲食。將將銘莧磬以力。湛濁於酒,渝食於野。萬舞翼翼。章聞於天,天用弗式。"《楚辭・離騷》曰:"啓《九辯》與《九歌》兮,夏康娛以自縱。不顧難以圖後兮,五子用失乎家巷。"《天問》曰:"啓棘賓商,九辯九歌。"又曰:"何勤子屠母,而死分竟地?"揚雄《宗正箴》曰:"昔在夏時,大康不共。有仍二女,五子家降。"綜觀諸文,則失德自啓,而亂成於大康。蓋始荒於飲食歌舞,又有嬖妾蠱惑,諸子爭立之事。終至潛蹤家巷,夷於岷庶。與荒於游田,了無干涉也。《左氏》昭公元年,"夏有觀扈"。《杜注》云:"觀國,今頓丘衛縣。"衛本漢東郡觀縣。觀與畔係兩縣。《漢書》刻本,誤以畔觀二字連書,中未空格,後人遂誤畔觀爲一縣,非也。後漢光武更名。晉屬頓丘。後魏曰衛國縣。今山東觀城縣。《漢志注》引應劭曰:"夏有觀、扈。"《水經・河水注》"浮水故瀆,東南經衛國邑城北。又東,經衛國縣故城南",亦引應説。又《淇水注》:"逕頓丘北,又屈逕頓丘故城西,頓丘,漢縣。晉爲郡。故城在今河北清豐縣西南。《古文尚書》以爲觀地矣。"應劭、杜預,蓋並用古文書説也。此説似即因漢世縣名附會,無確據。《周書・嘗麥》曰:"其在殷之五子,忘伯禹之命,假國無正，用胥興作亂。遂凶厥國。皇天哀禹，賜以彭壽，思正夏略。”殷，朱右曾《集訓校釋》改爲啓，云形近而譌，其實啓殷形並不近；且下文明言忘伯禹之命，譌爲夏則可矣，何由譌爲殷乎？殷，蓋即後來之亳殷，五觀據之以作亂。[①]《左氏》哀公六年引《夏書》曰：“惟彼陶唐，帥彼天常，有此冀方。今失其行，亂其紀綱，乃滅而亡。”賈、服、孫、杜，皆以爲指夏桀。惟王肅云大康時。見《疏》。《僞書》與肅説多同，蓋亦謂夏都河東，故云大康畋於洛表，羿距於河。蓋謂大康渡河而南，而羿據河拒之，阻其北返，非其實也。

　　羿代夏政之事，見於《左氏》。[②]《左氏》襄公四年，載魏絳之言曰：“昔有夏之方衰也，后羿自鉏遷於窮石。因夏民以代夏政，恃其射也，不修民事，而淫於原獸，棄武羅、伯因、熊髡、庬圉而用寒浞。寒浞，伯明氏之讒子弟也。伯明后寒棄之，夷羿收之。信而使之，以爲己相。浞行媚於内，而施賂於外。愚弄其民，而虞羿於田，樹之詐慝，以取其國家。羿猶不悛。將歸自田，家衆殺而烹之。以食其子。其子不忍食諸，死於窮門。靡奔有鬲氏。浞因羿室，生澆及豷。恃其讒慝詐僞，而不德於民。使澆用師，滅斟灌及斟尋氏。處澆於過，處豷於戈。靡自有鬲氏，收二國之燼，以滅浞而立少康，少康滅澆於過，后杼滅豷於戈。有窮由是遂亡。失人故也。昔周辛甲之爲大史也，命百官，官箴王闕。於虞人之箴曰：芒芒禹迹，畫爲九州，經啓九道，民有寢廟，獸有茂草，各有攸處，德用不擾。在帝夷羿，冒於原獸。忘其國恤，而思其麀牡，武不可重，用不恢於夏家。獸臣司原，敢告僕夫。《虞箴》如是，可不懲乎？”哀公元年，載伍員之言曰：“昔有過澆，殺斟灌以伐斟鄩，滅夏后相。后緡方娠，逃出自竇歸於有仍，生少康焉。爲仍牧正。惎澆能，戒之。澆使椒求之，逃奔有虞，爲之庖正，以除其害，虞思於是妻之以二姚而邑諸綸。有田一成，有衆一旅。能佈其

---

①　史事：五觀在殷。
②　史事：羿浞之亂（又見第 93 頁）。

德，而兆其謀。以收夏衆，撫其官職。使女艾諜澆，使季杼誘豷。遂滅過、戈，復禹之績。祀夏配天，不失舊物。"《史記·吳世家》載伍員之言略同。《楚辭·離騷》曰："羿淫遊以佚田兮，又好射夫封狐。固亂流其鮮終兮，浞又貪夫厥家。澆身被服强圉兮，縱欲而不忍。日康娛以自忘兮，厥首用夫顛隕。"《天問》曰："帝降夷羿，革孽夏民。胡射夫河伯，而妻彼雒嬪。馮珧利決，封豨是射。何獻蒸肉之膏，而后帝不若？浞娶純狐，眩妻爰謀，何羿之射革，而交摤吞之？惟澆在户，何求於嫂？《注》："言澆無義，淫佚其嫂，往至其户，佯有所求，因與行淫亂也。"何少康逐犬，而顛隕厥首？《注》："言夏少康因田獵放犬逐獸，遂襲殺澆而斷其頭。"女岐縫裳，而館同爰止。《注》："女岐，澆嫂也。言女岐與澆淫佚，爲之縫裳，於是共舍而宿止也。"何顛易厥首，而親以逢殆？"《注》："言少康夜襲，得女岐頭，以爲澆，因斷之。"案此注恐誤。伍員、屈原皆楚人，故所言頗相會，女岐蓋即女艾也。

《左氏》杜《注》曰："羿代相，號曰有窮。鉏，羿本國名。寒國，北海平壽縣東有寒亭。今山東濰縣。有鬲，國名，今平原鬲縣。今山東德縣。樂安壽光縣有灌亭。今山東壽光縣。北海平壽縣南有斟亭。今山東濰縣。東萊掖縣北有過鄉。今山東掖縣。戈在宋、鄭之間。案據《左氏》哀公十二年宋、鄭之間有隙地曰戈爲説。梁國有虞縣。"今河南虞城縣。《疏》曰"杜地名言有者，皆是疑辭"，則杜亦本不自信。然後之言地理者多因之。遂若羿、浞之亂，緜延青、兗，喋血千里矣。此決非其實。《左氏》謂羿因夏民，又謂其不恢於夏家；即《楚辭》亦謂其射河伯，妻雒嬪；則羿都必在河、洛之域。《漢志》：北海郡平壽，應劭曰："故斟尋。禹後，今斟城是也。"臣瓚曰："斟尋在河南，不在此也。《汲郡古文》云：大康居斟尋，羿亦居之，桀亦居之。《尚書序》云：大康失邦，昆弟五人，須於洛汭，此即大康所居爲近洛也。又吳起對武侯曰：昔夏桀之居，左河、濟，右大華，伊闕在其南，羊腸在其北，河南城爲近之。又《周書·度邑篇》曰：吾將因有夏之居，南望過於三塗，北瞻望於有河。有夏之居，即河南是也。"《書序》及《汲郡古文》，雖不足信，《周書》、《國策》，自可據依。斟鄩説已見前。斟戈，《索隱》云"《左氏》、《世本》皆作斟

灌",則戈灌一地。竊疑戈即斟灌,過即斟鄩,寒浞滅二國後,以分處
其二子,地亦在河、洛之域也。《夏本紀》正義引《括地志》,謂自禹至
大康,與唐、虞皆不易都城。案《御覽·州郡部》引《世紀》云:"少康中興,復還舊
都,故《春秋傳》曰:復禹之績,不失舊物是也。"故禹城,在洛州密縣界。今河南密
縣。故鉏城,在滑州衛南縣東。今河南滑縣。故鄩城,在洛州鞏縣西南。
今河南鞏縣。又引《晉地記》云:"河南有窮谷,蓋本有窮氏所遷。"固亦以
爲在河、洛之域。《路史·國名紀》亦以鉏在衛南,謂即《左氏》襄公十
一年城祖之祖又謂安豐有窮谷、窮水,今安徽霍丘縣境。即《左氏》昭公二
十七年,楚師救潛,與吳師遇處,實羿之故國。其説殊較杜《注》爲勝。
《水經·河水注》:"大河故瀆,西流經平原鬲縣故城西,《地理志》曰:
鬲津,故有窮后羿國也。應劭曰:鬲,偃姓,皋陶後。"《路史·國名紀》云
"羿,偃姓。《世紀》云不聞其姓,失之",蓋本諸此。謂窮在平原不足據,云偃姓,
當有所受之。鬲蓋羿同姓國,故羿亡而靡奔之,藉其力爲羿報仇。其
立少康,則以羿身死世殄,無可扶翼之故。靡蓋有窮之忠臣,非夏后
氏之遺老也。《史記》謂禹初授政皋陶,皋陶卒,復以授其子益。《楚
辭·天問》曰:"啓代益作后,卒然離孽。何啓惟憂,而能拘是達?"《注》
曰:"離,遭也。孽,憂也。言天下皆去益而歸啓,益卒不得立,故曰遭憂也。"《漢書·律
曆志》:張壽王言伯益爲天子,代禹,則禹、益二族,權力實相頡頏。
窮、潛地近英、六,蓋偃姓聚居之所。以此爲羿之故國,揆以事理,殊
爲近之。河南之窮,衛南之鉏,或其代夏時之遺迹也。《説文·羽
部》:"羿,羽之羿風,亦古諸侯也。一曰射師。"《弓部》:"𢏮,帝嚳射
官,夏少康滅之。《論語》曰:𢏮善射。"二字實即一字。《淮南·本經》
謂:"堯之時,十日並出,焦禾稼,殺草木。猰貐,鑿齒,九嬰,大風,封豨,
修蛇,並爲民害。堯乃使羿殺鑿齒於疇華之野,殺九嬰於凶水之上,繳
大風於青丘之澤,上射十日,而下殺猰貐,斷修蛇於洞庭,禽封豨於桑
林。"則羿之族特長於射,自嚳至堯皆當征討之任,宜其強不可禦。五觀
之亂,彭壽是戡。彭壽,疑即舜時之彭祖,因其壽考,乃以是稱之。彭城
實堯、禹之舊都,然則夏室西遷之初,東方諸侯,聲勢固猶甚盛也。

羿、浞之事，《夏本紀》一語不及，而后相見滅，少康流離中興，
《紀》亦但云“帝相崩，子帝少康立”，一似其安常處順者，《正義》以此
議其疏，其實非也。古人著書，信以傳信，疑以傳疑。所據不同，初不
以之相訂補，亦不使之相羼雜。①《夏本紀》之所據，蓋《繫世》之倫，
《吳世家》之所據，則《國語》之類，其文本各不相涉也。或謂《繫世》雖
但記統緒，然於君身禍變，亦不能略。如《秦始皇本紀》後，重録秦君
生、卒、葬處，然於厲、躁、簡公、出子之不寧，亦無所諱飾是也。后相
見滅，安得云崩，豈如孔子修《春秋》，内大惡諱與？殊不知口説流傳，
多非實在。《左氏》之女艾，即《楚辭》之女岐。《天問》又曰：“女岐無
合，夫焉取九子？”《注》曰“女岐，神女，無夫而生九子”，以此推之，則
《左氏》之二姚，亦即《離騷》所云“及少康之未家兮，留有虞之二姚”
者，固皆神話中人物也。不寧惟是。后緡逃出自竇，亦顯見其爲齊東
野人之言矣。夏史之傳，蓋本皆神話傳説。魏絳、伍員，隴栝而爲之
辭，雖似雅馴，仍不掩其荒陋之迹。然則其所言者，又安能盡據爲信
史乎？君位與王位不同，魏絳言羿代夏政，王符謂大康不堪帝事，所
失者王位而已，其爲夏邑之君，固自若也。②《三國·魏志·四裔傳》
注引《魏略》，謂氏雖都統郡國，然亦自有王侯，在其墟落間。則外臣
於人，固無妨内君其衆。少康雖爲牧正於仍，爲庖正於虞，自夏人言
之，固可云君位迄未嘗曠。又曷怪繫世之書，謂其繼父而立也？況夫
伍員之言，亦未必盡信邪？

第二節　殷先世事迹

《史記·殷本紀》曰：“殷契母曰簡狄，有娀氏之女，爲帝嚳次妃。

---

① 經籍：古各傳所傳不攪，《夏本紀》蓋據《繫世》，故不以羿浞之亂攪之，羿浞見《左》
襄四哀元，《史記·吳世家》略同。
② 政體：太康失王位，非失君位。

三人行浴。見玄鳥墮其卵。簡狄取吞之。因孕,生契。契長而佐禹治水,有功帝舜乃命契曰:百姓不親,五品不訓,汝爲司徒,而敬敷五教。五教在寬。封於商。賜姓子氏。契興於唐、虞、大禹之際,功業著於百姓。百姓以平。契卒,子昭明立。昭明卒,子相土立。相土卒,子昌若立。昌若卒,子曹圉立。曹圉卒,子冥立。冥卒,子振立。振卒,子微立。微卒,子報丁立。報丁卒,子報乙立。報乙卒,子報丙立。報丙卒,子主壬立。主壬卒,子主癸立。主癸卒,子天乙立。是爲成湯。"曹圉,《索隱》曰:"《系本》作糧圉。"《祭法》疏引《世本》作遭圉。且云:"遭圉生根圉,根圉生冥。"則較《本紀》多一世。案《國語·周語》云:"玄王勤商,十四世而興。"《荀子·成相》云:"契玄王,生昭明,居於砥石,遷於商。十有四世,乃生天乙是成湯。"與《國語》合,則《世本》似誤也。《魯語》曰:"上甲微能帥契者也,商人報焉。"又言:"冥勤其官而水死。"《禮記·祭法》同。此外事迹無考。

　　《殷本紀》又曰:"自契至湯八遷。湯始居亳,從先王居。作《帝誥》。"《書序》同。"作《帝誥》"三字,蓋後人所竄造,《書序》者即據《史記》以爲資也。《僞孔傳》曰:"契父帝嚳都亳,湯自商丘遷焉,故曰從先王居。"《疏》曰:"《商頌》云:帝立子生商,是契居商也。《世本》云:昭明居砥石。《左傳》稱相土居商丘。及今湯居亳。事見經傳者,有此四遷。其餘四遷,未詳聞也。鄭玄云:契本封商,國在大華之陽。皇甫謐云:今上洛商是也。今陝西商縣。襄九年《左傳》云:陶唐氏之火正閼伯居商丘,相土因之。杜預云:今梁國睢陽,宋都是也。其砥石,先儒無言,不知所在。"又曰:"鄭玄云:亳,今河南偃師縣有湯亭,今河南偃師縣。《漢書音義》臣瓚者云:湯居亳,今濟陰亳縣是也。今亳有湯冢,巳氏有伊尹冢。亳,今安徽亳縣。巳氏,在今山東曹縣東南。杜預云:梁國蒙縣北有亳城。城中有成湯冢。其西又有伊尹塚。蒙在今河南商丘縣東北。皇甫謐云:孟子稱湯居亳,與葛爲鄰。葛伯不祀,湯使亳衆爲之耕。葛即梁國寧陵之葛鄉也。寧陵今河南寧陵縣。若湯居偃師,去寧陵八百餘里,豈當使民爲之耕乎?亳今梁國穀熟縣是也。穀熟,在今河南商丘縣。諸説不同,未知孰是。"案經傳之文,皆出後人追叙。其稱謂略有一定。古書從無稱五帝爲王,三王爲帝者。帝嚳亦五帝之一安得忽稱先王? 僞傳之非,不言可喻。《水經·穀水注》:"陽渠水又東逕亳殷南,昔盤庚所遷。改商曰殷,始此也。班固曰:尸鄉,故殷湯所都者也,故亦曰湯亭。薛瓚《漢書注》,皇甫謐《帝王世紀》並以爲非,以爲帝嚳都矣。"案《御覽·州郡部》引《帝王世紀》曰:"帝嚳氏都亳,今河南偃師是也。或言在梁,非也。又云:《世本》言夏后在陽城,本在大梁之南,於戰國,大梁魏都,今陳留浚儀是也。"以大梁爲古都,於逐漸西遷之迹頗相合。至鄭玄之説,則本於《漢志》。王鳴盛《尚書後案》申之曰:薄縣,漢本屬山陽郡。後漢分其地置蒙、穀熟二縣,與薄並改屬梁國。晉又改薄爲亳,且改屬濟陰,故臣瓚所謂湯都在濟陰亳縣者,即其所謂在山陽薄縣者也。案《漢書·地理志》:山陽郡薄縣下《注》引臣瓚曰:"湯所都。"其"湯居亳,今濟陰亳縣是也"之説:見河南郡偃師縣下。亦即司馬彪所謂在梁國薄縣,《續漢書·郡國志》。杜預所謂在蒙縣北亳城者也;而亦即皇甫謐所分屬於蒙、穀熟者也。本一説也,孔穎達《書詩疏》,案指《詩·商頌》疏。皆訓爲異説,其誤已甚。又《書·立政》:"三亳阪尹。"《疏》云:"鄭玄以三亳阪尹,共爲一事。云湯舊都之民,服文王者,分爲三邑。其長居險,故言阪尹。蓋東成皋,漢縣,今河南氾水縣。南轘轅,山名,在今河南偃師縣東南。西降谷也。"王鳴盛云:降谷,即《續漢書·地理志》:穀城縣之函谷。案穀城,在今河南洛陽縣西北。皇甫謐以爲三亳,三處之地,皆名爲亳。蒙爲北亳,穀熟爲南亳,偃師爲西亳。王氏亦力斥之,謂其巧於立説,其説是矣。然於偃師去寧陵八百里,豈當使民爲之耕之難,不能解也。又《詩·商頌譜》疏,謂鄭以湯取契之所封,以爲代號。服虔、王肅則不然。襄九年《左傳》曰:"閼伯居商丘,相土因之。"服虔曰:"湯以爲號。"又《書序》王肅《注》云:"契孫相土居商丘,故湯因以爲國號。"《左氏》襄公九年《疏》引《釋例》曰:"宋、商、商丘,三名一地。"僞孔、杜預,多同王肅,然則《湯誓僞傳》,謂"契始封商,湯遂以爲天下號"者,意亦不謂其在大華之陽,乃《疏》强分商與商丘爲兩地,轉謂《僞傳》、杜預之説,同於鄭玄。又閼伯居商丘之語,亦見於《史記·鄭世家》集解引賈逵曰:"在漳南。"《水經·瓠子河注》:"河水舊東決,逕濮陽城東北,故衛也,今河北濮陽縣。帝顓項之虛。昔顓項自窮桑徙此，號曰商丘，或謂之帝丘，本陶唐氏火正閼伯之所居，亦夏伯昆吾之邦，相土因之。"蓋依賈說，則杜以商丘、帝丘爲二，賈自以商丘、帝丘爲一也。《義疏》於此，亦無所疏通證明，支離滅裂甚矣。

欲明成湯先世事迹，必先明其所謂八遷者，《義疏》僅數其四，既爲不具。① 且數契居商爲一遷。夫契本封商不可云遷也。今案揚雄《兖州牧箴》云："成湯五徙，卒都於亳。"然則湯身凡五遷，自此以前，共得三耳。三者？《水經·渭水注》引《世本》曰："契居蕃"，蓋自商丘而遷，一也。《荀子·成相篇》曰："契玄王，生昭明，居於砥石，遷於商。"云居於砥石，與《書疏》引《世本》合，二也。居於商，蓋即相土事，《成相》皆三七言句，爲言數所限，故言之不具，三也。成湯五徙者？湯始居亳，蓋自商丘而遷，一也。《吕覽·慎大覽》曰："湯立爲天子，夏民大說，親郼如夏。"《具備篇》曰："湯嘗約於郼薄矣。"郼即韋。《詩·商頌·長發》曰："韋、顧既伐，昆吾、夏桀。"蓋湯伐韋之後，嘗徙居其地，二也。《周書·殷祝》曰："湯將放桀，於中野。《尚書大傳》作居中野，案居字是也。士民聞湯在野，皆委貨，扶老攜幼奔，國中虛。桀請湯曰：國所以爲國者以有家，家所以爲家者以有人也。今國無家，無人矣。無人矣上，當奪家字。君有人，請致國，君之有也。君之有也上，亦當奪國字。湯曰：否。昔大帝作道，明教士民。今君王滅道殘政，士民惑矣，吾爲王明之。士民復致於桀，曰：以薄之君，濟民之殘，何必君更？桀與其屬五百人南徙千里，止於不齊。不齊士民，往奔湯於中野。桀復請湯：言君之有也。湯曰：否。我爲君明之。士民復重請之。桀與其屬五百人徙於魯。魯士民復奔湯。桀又曰：國，君之有也。吾則外人有言，彼以吾道是邪？我將爲之。湯曰：此君王之士也，君王之民也。委之何？湯不能止桀。湯曰：欲從者從之。桀與其屬五百人去居南巢。"此以湯之放桀，文致爲禪讓之事，言湯三讓然後取桀之

---

① 史事：商八遷。其後之遷徙（見第 105～106 頁）。

國也。文致爲禪讓非，云取桀之國則實矣。是三遷也。《春秋繁露・三代改制質文篇》曰："湯受命而王，作官邑於下洛之陽。"此蓋滅桀後所作新邑。既作之，必嘗居之，是四遷也。《風俗通・三王篇》曰："湯者，攘也，言其攘除不軌改亳爲商，成就王道，天下熾昌。"改亳爲商，即揚雄所謂卒都於亳，乃湯最後定居之事也。是五遷也。

　　八遷之可考者如此，而商先世之地，亦有可得而言者。契之本封，鄭玄、皇甫謐之言，蓋因後世地名而誤。湯之所居，《管子・地數》、《輕重甲》、《荀子・議兵》、《呂覽・具備》、《墨子・非攻下篇》皆作薄。惟《非命上篇》及《孟子》書作亳。《説文》亳字下不言湯所都，然《史記・六國表》，以"湯起於亳"，與"禹興於西羌，周以豐鎬伐殷，秦用雍州興，漢之興自蜀漢"並言，則漢人久混薄、亳爲一。故緯候有"天乙在亳，東觀於洛"之文。《詩・商頌・玄鳥》疏引《中候雒予命》。以吾族原起東南言之，自以謂在東方爲是。商丘、帝丘，賈逵合爲一，杜預析爲二。案《左氏》僖公三十一年，衛遷於帝丘。衛成公夢康叔曰：相奪予享。此即昭公十七年所云衛顓頊之虛者。而《太平御覽》引《世本》曰："相徙商丘，顓頊之虛"，則亦以商丘、帝丘爲一。《世本》古書，較可信據，賈説自優於杜也。蕃，《水經注》以鄭西之巒都城當之，此鄭謂西鄭，今陝西華縣。恐非。王國維謂爲魯國之蕃縣，見《觀堂集林・説自契至於成湯八遷》。蕃，今山東滕縣。其地近亳，當是。王氏又謂《左氏》莊公十一年"公子御説奔亳"之亳，即漢之薄縣。案古書傳於今者，多出春秋、戰國人手，必以其時之地名述古事。《史記・貨殖列傳》言："堯作遊成陽，舜漁於雷澤，湯止於亳。"其説頗古，其地固與蕃縣密邇也。惟砥石不可考，近人丁山云：漢常山郡薄吾縣，今河北平山縣。戰國時謂之番吾，即蕃。《史記・五帝本紀》：青陽降居江水，《大戴記・帝繫》作泜水。《山海經・北山經》：敦與之山，泜水出於其陰，而東流注於彭水。郭《注》云：今泜水出中丘縣西窮泉谷，東注於堂陽縣，入漳。《漢志》：常山郡元氏縣，泜水首受中邱窮泉谷，東至堂陽入橫河。又常山郡房子縣贊皇山，石濟水所出，東至廮陶入泜。中邱，今河北内邱縣。堂陽,今河北新河縣。元氏,今河北元氏縣。房子,今河北高邑縣。廮陶,今河北寧晉縣。以互攝通稱之例言之,頗疑泜與石濟下游,古有泜石之名,即昭明所居。見所著由《三代都邑論其民族文化》,載《歷史語言研究所集刊》。案此説稍嫌鑿空。且紂都朝歌,今河南淇縣。臺在沙丘,今河北平鄉縣。而《孟子》言紂之罪曰:“壞宮室以爲汙池,棄田以爲園囿;園囿汙池,沛澤多而禽獸至。”則紂之世,朝歌以往,尚爲曠廢之區,昭明安得建國其地?竊疑砥石亦當去商不遠也。

　　王國維《説亳》曰:“昆吾之墟,地在衛國。案見下節。《左傳》、《世本》,説當可據。韋國,鄭《箋》以爲豕韋。《續志》:東郡白馬,今河南滑縣。有韋鄉白馬之津,在滑縣北。《史記・曹相國世家》謂之圍澤。是韋與昆吾,實爲鄰國。”案此所舉證亦頗古,湯所居郼,蓋即其地。桀都別見下節,作官邑於下洛之陽,蓋即偃師之地,其卒歸於亳,則疑即漢之薄縣,故應劭云改亳爲商也。

第三節　夏　殷　興　亡[①]

　　殷湯代夏之事,《史記・殷本紀》述之曰:“湯征諸侯。葛伯不祀,湯始伐之。當是時,夏桀爲虐政,淫荒,而諸侯昆吾氏爲亂;湯乃興師。率諸侯。伊尹從湯。湯自把鉞,以伐昆吾,遂伐桀。於是湯曰:吾甚武,號曰武王。桀敗於有娀之墟,桀奔於鳴條。夏師敗績。湯遂伐三㚇,俘厥寶玉。於是諸侯畢服。湯乃踐天子位。平定海内。湯歸至於泰卷陶,還亳。”《孟子・滕文公下篇》曰:“湯始征,自葛載。十一征而無敵於天下。”《注》曰:“載始也。一説言當作再字。再十一征,言湯再征十一國,凡征二十二國也。”案《梁惠王下篇》引《書》曰“湯一征,自葛始”,則一説非也。十一征不可考。《詩・商頌・長發》

─────────

① 史事:夏殷興亡。

曰：“武王載旆，有虔秉鉞。如火烈烈，則莫我敢遏。韋、顧既伐，昆吾、夏桀。”湯用兵之事可考者，如此而已。

　　葛爲漢寧陵縣葛鄉，韋爲漢白馬縣韋鄉，已見上節。顧地無考。王國維《說亳》曰：“顧，《漢書·古今人表》作鼓。與昆吾《鄭語》均以爲己姓之國。帝丘有戎州己氏，而梁國蒙薄之北，漢亦置己氏縣。疑當在昆吾之南，蒙薄之北。”其說亦頗近之。昆吾有二：一《左氏》昭公十二年，楚靈王曰：“昔我皇祖伯父昆吾，舊許是宅。”爲今河南許昌縣。一哀公十七年，衛侯夢於北宮，見人登昆吾之觀。杜《注》曰：“衛有觀，在古昆吾之墟，今濮陽城中。”則今河北濮陽縣也。《國語·鄭語》韋《注》曰：“昆吾，衛是也。其後夏衰，昆吾爲夏伯，遷於舊許。”故說者多以此時之昆吾在今許昌。然觀上節引《呂覽》之言，則湯居韋頗久，濮陽地與韋近，韋說恐未必然也。桀之居：吳起對魏武侯曰：“左河、濟，右大華，伊闕在其南，羊腸在其北。”見《戰國·魏策》、《史記·吳起列傳》。伊闕，見第七章第三節。羊腸阪，在今山西晉城縣南。又幽王三年，西周三川地震。伯陽父曰：“周將亡矣。昔伊、洛竭而夏亡，河竭而商亡。”見《國語·周語》、《史記·周本紀》。則仍在河、洛之境。《續漢書·郡國志》：上黨郡高都，今晉城縣。《注》曰：“《前志》曰：有天井關。《戰國策》曰：桀居天井，即天門也。”案《禮記·緇衣》引尹吉曰“尹躬天見於西邑夏”，似即指伊尹五就湯五就桀之事言之。見《孟子·告子下篇》。《殷本紀》亦曰：“伊尹去湯，適夏，既醜有夏，復歸於亳。”鄭《注》釋爲尹之先祖見夏先君臣，殊迂曲。《呂覽·慎大覽》曰：末喜言天子夢西方有日，東方有日，兩日相與鬥，西方日勝，東方日不勝，故令師從東方出於國西以進。《墨子·非攻下篇》，言天命融隆，火於夏之城間西北隅。皆湯都在桀東，用兵顧出桀西之證。湯居於韋，可渡河繞出桀西，若桀居天井，則當時大行以北，尚爲未開闢之地，湯無從更出其西矣。故桀都必當在河、洛也。《商頌》鄭《箋》曰：“湯先伐韋、顧，克之。昆吾、夏桀則同時誅。”案《禮記·檀弓下篇》曰：“子卯不樂。”鄭《注》曰：“紂以甲子死，桀以乙卯亡。”《釋文》引賈逵說同。蓋舊有此說。《左氏》昭公十八年：“春，王二月，乙卯，周毛得殺毛伯過而代之。萇弘曰：毛得必亡，是昆吾稔之日也。”鄭《箋》蓋本於此。然殊億説無據也。又《左氏》昭公四年，椒舉曰：“夏桀爲仍之會；有緡叛之。”《韓非子・十過篇》，亦有是語。仍作娀。蓋聲之轉。伍員言后緡方娠，逃出自竇，歸於有仍。杜《注》云：“后緡，有仍氏女。”蓋仍其國名，緡其君姓。上云有仍，下云有緡，名雖異，仍是一國。古人文法，往往如此。仍故夏昏姻之國，然是時叛之，或亦桀致敗之由也。梁履繩《左通補釋》云：“《春秋》桓公五年，天王使仍叔之子來聘。《穀梁經傳》，並作任叔。仍任聲相近，或是一地。”《續書・地理志》：東平國任城縣，故任國，漢任城，今山東濟寧縣。案仍任即是一國，自夏至周，亦未必無遷徙。娀即戎，《春秋》魯西固多戎。《呂覽・簡選篇》曰：“殷湯良車七十乘，必死六千人，戰於郕，登自鳴條，乃入巢門。”戰於郕，登自鳴條，似與《史記》之“桀敗於有娀之虛，桀奔於鳴條”相當。郕或即有娀所在也。郕，見《春秋》隱公五年。《公羊》作成。今山東寧陽縣。鳴條爲舜卒處，已見第七章第四節。《書序》曰：“伊尹相湯伐桀，升自陑，遂與桀戰於鳴條之野。”《書序》雖偽物，亦當有所本。陑蓋鳴條近旁高地，故《呂覽》亦云登也。《偽孔傳》曰：“桀都安邑，湯升道從陑，出其不意。陑在河曲之南。”又：“鳴條地在安邑之西，桀逆拒湯。”《疏》引皇甫謐曰：“今安邑見有鳴條陌昆吾亭。《左氏》以爲昆吾與桀，同以乙卯日亡，明昆吾亦來安邑，欲以衛桀，故同日亡，而安邑有其亭也。”可謂善於鑿空矣。《淮南子・修務訓》曰：“湯整兵鳴條，困夏南巢，譙以其過，放之歷山。”《荀子・解蔽篇》曰：“桀死於亭山。”巢門者，南巢之門。亭、歷聲之轉。後人以春秋時地名釋之，乃謂南巢爲今巢縣，歷山在今和縣。竊疑歷山即舜耕處，仍在今山東境内也。[1]　三䥫，《書序偽孔傳》曰：“今定陶。”今山東定陶縣。泰卷陶，《書序》作大坰。《史記集解》引徐廣曰：“一無此陶字。”《索隱》曰：“鄒誕生卷作餉又作坰，則卷當爲坰，與《尚書》同，非衍字也，其下陶字是衍耳。解《尚書》者，以大坰今定陶，舊本或

---

[1]　史事：升自陑即戰於郕，以而即仍也。歷山疑即舜耕處。

旁記其地名,後人傳寫,遂衍斯字也。"案《書序疏》曰"云今定陶者,相
傳爲然",則亦無確據。然定陶確當自鳴條歸亳之途,則舊説或當不
誤也。桀都實在亳西,然其敗亡反向東走,殊不可解。《史記‧殷本紀》載
《湯誥》曰:"維三月王自至於東郊",亦湯用兵在東之證。《左氏》昭公十一年曰"桀
克有緡以喪其國",豈力征經營於東,湯顧自西襲其後歟?《周書》謂
桀之敗,南徙千里,至於不齊,又南徙至於魯。不齊儻即齊,則湯與桀
之戰,乃在齊之北千里,深入今河北境矣。豈二國嘗劇戰於此,桀乃
敗逋東南走歟? 書闕有間,難以質言矣。

第四節　殷代事迹

　　《史記‧殷本紀》曰:"湯崩,大子大丁,未立而卒,於是乃立大丁
之弟外丙,是爲帝外丙。帝外丙即位二年崩,立外丙之弟中壬,是爲
帝中壬。帝中壬即位四年崩,伊尹乃立大丁之子大甲。大甲,成湯適
長孫也。是爲帝大甲。帝大甲既立三年,不明,暴虐。不遵湯法,亂
德。於是伊尹放之於桐宮,三年。伊尹攝行政當國,以朝諸侯。帝大
甲居桐宮三年,悔過,自責,反善。於是伊尹乃迎帝大甲而授之政。
帝大甲修德,諸侯咸歸殷,百姓以寧。帝大甲稱大宗。大宗崩,子沃
丁立。沃丁崩,弟大庚立,是爲帝大庚。帝大庚崩,子帝小甲立。《漢
書‧古今人表》同。《三代世表》大庚弟。帝小甲崩,弟雍己立,是爲帝雍己。
殷道衰,諸侯或不至。帝雍己崩,弟大戊立。《三代世表》大戊,小甲弟。伊
陟爲相,巫咸治王家有成,殷復興,諸侯歸之,故稱中宗。中宗崩,子
帝中丁立。《三代世表》同。《古今人表》大戊弟。帝中丁遷於隞,河亶甲居相,
祖乙遷於邢。帝中丁崩,弟外壬立,是爲帝外壬。帝外壬崩,弟河亶
甲立,是爲帝河亶甲。河亶甲時,殷復衰。河亶甲崩,子帝祖乙立。
《三代世表》同。《古今人表》河亶甲弟。帝祖乙立,殷復興。巫賢任職。祖乙
崩,子帝祖辛立。帝祖辛崩,弟沃甲立,是爲帝沃甲。《索隱》曰:"《系本》

作開甲。”帝沃甲崩，立沃甲兄祖辛之子祖丁，是爲帝祖丁。帝祖丁崩，
立帝沃甲之子南庚，是爲帝南庚。帝南庚崩，立帝祖丁之子陽甲，是
爲帝陽甲。帝陽甲之時，殷衰。自中丁以來，廢適而更立諸弟子，弟
子或爭相代立，比九世亂，於是諸侯莫朝。帝陽甲崩，弟盤庚立，是爲
帝盤庚。帝盤庚之時，殷已都河北，盤庚渡河南，復居成湯之故居。
乃五遷無定處，殷民咨胥皆怨，不欲徙。盤庚乃告諭諸大臣曰：昔高
后成湯，與爾之先祖，俱定天下，法則可修。舍而弗勉，何以成德？乃
遂涉河南，治亳，行湯之政。然後百姓由寧，殷道復興，諸侯來朝，以
其遵成湯之德也。帝盤庚崩，弟小辛立，《三代世表》同。《古今人表》盤庚子。
是爲帝小辛。帝小辛立，殷道復衰。帝小辛崩，弟小乙立，是爲帝小
乙。帝小乙崩，子帝武丁立。帝武丁即位，思復興殷，而未得其佐，三
年不言，政事決定於冢宰，以觀國風。武丁夜夢得聖人，名曰説。以
夢所見視羣臣百吏，皆非也。於是乃使百工營求之野，得説於傅險
中。《集解》：“徐廣曰：尸子云：傅巖在北海之洲。”《索隱》：“舊本作險，亦作巖也。”案巖
險同字。古都邑恒築於山險之地。下文云：“故遂以傅險姓之，號曰傅説”，則其地名傅也。
是時説爲胥靡，築於傅險。見於武丁，武丁曰：是也。得而與之語，
果聖人，舉以爲相，殷國大治。故遂以傅險姓之，號曰傅説。帝武丁
祭成湯，明日，有飛雉登鼎耳而呴。武丁懼。祖己曰：王勿憂，先修
政事。武丁修政行德，天下咸驩，殷道復興。帝武丁崩，子帝祖庚立。
祖己嘉武丁之以祥雉爲德，立其廟，爲高宗。帝祖庚崩，弟祖甲立，是
爲帝甲。帝甲淫亂，殷復衰。帝甲崩，子帝廩辛立。《索隱》曰：“《漢書·古
今人表》及《帝王代紀》皆作馮辛。”案《代紀》即《世紀》，唐人避諱改。帝廩辛崩，弟庚
丁立，是爲帝庚丁。帝庚丁崩，子帝武乙立。殷復去亳，徙河北。帝
武乙無道，爲偶人，謂之天神，與之博，令人爲行。天神不勝，乃僇辱
之。爲革囊盛血，仰而射之，命曰射天。武乙獵於河、渭之間，暴雷，
武乙震死。子帝大丁立。帝大丁崩，子帝乙立。帝乙立，殷益衰。帝
乙長子曰微子啓，啓母賤，不得嗣。少子辛，辛母正后，辛爲嗣。帝乙
崩，子辛立，是爲帝辛，天下謂之紂。”以上自湯至紂，凡三十王。《大

戴記·少間篇》言："成湯卒崩，二十二世，乃有武丁即位；武丁卒崩，
九世，乃有末孫紂即位"；《國語·周語》言："帝甲亂之，七世而亡"；世
數皆相合。惟《晉語》謂"商之享國三十一王"，多一世。《大戴記·保傅》
亦謂"殷爲天子，三十餘世，而周受之"。蓋並武庚數之。① 武庚繼紂而立，固
猶可云未失位也。《孟子》言"由湯至於武丁，賢聖之君六七作"，《公孫
丑上》。《史記》大甲、大戊、祖乙盤庚皆賢君，並湯與武丁而六，説亦相
合。《書·無逸》："周公曰：烏乎！我聞曰：昔在殷王中宗，嚴恭，寅
畏天命，自度，治民祗懼，不敢荒寧。肆中宗之享國，七十有五年。其
在高宗，時舊勞於外，爰暨小人，作其即位，乃或諒陰，三年不言，其惟
不言，言乃雍。不敢荒寧，嘉靖殷邦。至於小大，無時或怨。肆高宗
之享國，五十有九年。其在祖甲，不義惟王，舊爲小人，作其即位，爰
知小人之依，能保惠於庶民，不敢侮鰥寡。肆祖甲之享國，三十有三
年。自時厥後立王，生則逸。生則逸，不知稼穡之艱難，不聞小人之
依，惟耽樂之從。自時厥後，亦罔或克壽。或十年，或七八年，或五六
年，或四三年。"高宗享國，《漢石經殘碑》作百年，《史記·魯世家》作
五十五年。已見第四章。祖甲，《僞孔傳》謂即大甲，王肅同。疏引鄭玄
云"祖甲，武丁子帝甲也。有兄祖庚，武丁欲廢兄立弟，祖甲以此爲
不義，逃於人間，故云舊爲小人"。案不義惟王，舊爲小人，實與大
甲事合；而祖甲，《史記》、《國語》，皆以爲亂君，安能保惠庶民？
《疏》引此以駁鄭是也。大甲不應次中宗、高宗後，鄭玄蓋因此而以
祖庚弟釋之。②《僞傳》云"以德優劣，立年多少爲先後"，亦屬牽强。
皮錫瑞云："《無逸石經》，肆高宗之饗國百年，下接自時厥後，則其
在祖甲，今文作昔在殷王大宗，以爲大甲，在周公曰烏乎下。後乃
曰其在中宗其在高宗。《古文尚書》前失大宗，後增祖甲也。"《書經
通論》。

---

① 史事：《晉語》言商多一世，蓋並武庚數之。
② 經學、史事：《無逸》祖甲即太甲。

　　殷代事迹最異者，爲其君位承襲之法。自五帝以前君位承襲之
法，實不可知。史所傳五帝之序，蓋後人就當時强部，能號令諸侯者
言之，猶齊桓、宋襄、晉文之繼霸，非一國之内，君位相承之序也。自
夏以來，君位承襲，乃有可考；周家特重適長，明白無疑。夏后氏：據
《史記本紀》所載，惟太康、仲康兄弟相及。又扃以弟繼不降，扃卒，子
廑立，廑卒，還立不降子孔甲，亦頗類有殷。然此乃承襲之法，偶失其
常，不能謂夏弟兄相及也。殷三十王，弟兄相及者十四。外丙、仲壬、大庚、
雍己、大戊、外壬、河亶甲、沃甲、南庚、盤庚、小辛、小乙、祖甲、庚丁。若兼據《三代世表》及
《古今人表》，則小甲、中丁、祖乙，亦皆兄弟相及，凡十七。春秋時吳諸樊、餘祭、餘
昧相及。季弟札讓不肯立，立餘昧之子僚。諸樊子光，以爲不傳季
子，光當立，卒弑僚而代之。可見弟兄相及者，季弟死，當還立長兄之
子。殷代亦然。大甲之繼仲壬祖丁之繼沃甲，皆如此。其不然者，蓋
弟兄相及，年代孔長長兄之子或先季弟死，又或在位者用私；諸弟子
爭立；不能盡如法也。《春秋繁露・三代改制質文篇》曰："主天者法
商而王，立嗣予子，篤母弟；《公羊》隱公七年何《注》曰：母弟，同母弟；母兄，同母
兄。分別同母者，《春秋》變周之文，從殷之質，質家親親，明當親厚，異於羣公子也。主地
者法夏而王，立嗣予孫，篤世子。"必非虛語矣。母系之族，兄弟爲一
家，父子則否，故多行相及之法。兄弟盡，還立長兄之子，亦諸族類
然。①《史記》言"自中丁以來，廢適而更立諸弟子"，所謂適者，實兼
弟言之，如大丁死後之外丙，仲壬死後之大甲；所謂諸弟子，則大丁死
時之仲壬、大甲也。後世行此法者惟吳，而魯自桓公以前，亦一生一
及，見《公羊》莊公三十二年，《史記・魯世家》作一繼一及。蓋東南之俗故如此，此
可考見殷人之所起矣。

　　《論語・憲問篇》："子張問曰：《書》云：高宗諒陰，三年不言，何
謂也？子曰何必高宗？古之人皆然。君薨，百官總己，以聽於冢宰，

_____

　　①　政體：立弟殷魯吳。

三年。"蓋居喪之時，不自爲政，實殷代之成法也。①《史記》曰："帝大甲既立，三年，不明，暴虐，不遵湯法，亂德，於是伊尹放之於桐宮三年。"兩云三年，明先後凡六年。《僞古文尚書·大甲篇》曰："王徂桐宮居憂。"又曰："惟三祀，十有二月朔，伊尹以冕服奉嗣王歸於亳。"《僞孔傳》曰："湯以元年十一月崩，至此二十六月服闋。"②又釋《書序》之"大甲元年"爲"湯歿而大甲立，稱元年"。釋《僞伊訓》之"惟元祀，十有二月，乙丑，伊尹祠於先王"，曰："湯崩踰月，大甲即位，奠殯而告。"於是中失外丙、仲壬兩君；而大甲居喪，伊尹攝政，先後凡六年者，亦只得三年矣。觀《大戴禮記》、《國語》言殷代世數，皆與《史記》合，即知其作僞之不讐矣。《帝王世紀》亦仍有二君，見《伊訓肆命徂后序疏》。《大甲下篇》引《紀年》云："殷仲壬即位，居亳，其卿士伊尹。仲壬崩，伊尹乃放大甲於桐而自立也。伊尹即位於大甲七年，大甲潛出自桐，殺伊尹，乃立其子伊陟、伊奮，命復其父田宅而中分之。"杜預《春秋後序》説同，已見第七章第四節。又《御覽》引《璅語》云："仲壬崩，伊尹放大甲，乃自立四年。"此等僞書，皆一鼻孔出氣，然皆以爲大甲之見放，在諒陰之後也。又《沃丁序疏》引皇甫謐云："沃丁八年，伊尹卒，卒年百有餘歲。大霧三日。沃丁葬之以天子禮。葬，祀以大牢，親臨喪，以報大德。"案此説出漢張霸之《百兩篇》，見《論衡·感類篇》。然諒陰總己之制，後似不能常行。觀《禮記·喪服四制》言高宗之時，禮廢而復起可知。此亦可見君權之日擴也。

　　《史記》仲丁遷於隞，《書序》作嚻。河亶甲居相，《書序》同。祖乙遷於邢，《書序》作圮於耿。《書·盤庚篇》云："不常厥邑，於今五邦。"《釋文》引馬云："五邦，謂商丘、亳、嚻、相、耿也。"《疏》引鄭亦云："湯自商徙亳，數商、亳、嚻、相、耿爲五。"案《經》言於今，則當並盤庚所居言之。五遷蓋當數亳、嚻、相、耿，暨盤庚所治之亳也。《書序》曰："盤庚五遷，將治亳殷。"《僞孔傳》曰："自湯至盤庚，凡五遷都。"《疏》曰："上文言自契至於成湯八遷，並數湯爲八，此言盤庚五遷，又並數湯爲五，故班固云：殷人屢遷，前八後五，其實正十二也。此序云盤庚將

————————

① 政體：亮陰之制，後似不能常行。
② 政體：伊尹廢大甲在三年非，僞孔傳並入其中。

治亳殷，下《傳》云：殷，亳之別名，則亳殷即是一都。《汲冢古文》云：盤庚自奄遷於殷。殷在鄴南三十里。束皙云：《尚書序》盤庚五遷，將治亳殷，舊說以爲在亳。亳殷在河南。《孔子壁中尚書》云：將始宅殷，是與古文不同。《漢書·項羽傳》云：洹水南殷虛上。今安陽西有殷。束皙以殷在河北，與亳異也。孔子壁內之書，安國先得其本，亳字磨滅，容或爲宅，治皆作亂，與治不類，無緣誤作始字，知束皙不見壁內之書，妄爲説也。"案《竹書》傳於後者盡是僞物，此《疏》所引，亦未必真出束皙，然作僞者之用心，則可見矣。《太平御覽·皇王部》引《竹書》："仲丁自亳遷於囂。河亶甲自囂遷於相。祖乙居庇。南庚自庇遷於奄。盤庚自奄遷於北蒙，曰殷。"蓋不滿五遷之並數湯，故益一南庚；又欲以殷墟爲殷，故謂盤庚所遷爲北蒙也。河、洛之地，實名爲殷，已見第一節。《盤庚上篇》："盤庚遷於殷。"《疏》引鄭玄曰"商家自徙而號曰殷"，謂"鄭以此前未有殷名"，鄭説當有所本。仲丁遷於囂，《書疏》曰："李顒云：囂在陳留浚儀縣。今河南開封縣北。皇甫謐云：仲丁自亳徙囂，在河北也。或曰：今河南敖倉。今河南滎陽縣北。二説未知孰是也。"以殷代都邑，多在河北言之，皇甫謐囂在河北之説，似較得當。《太平御覽·州郡部》引《帝王世紀》轉引《世本》曰："大甲遷上司馬，在鄴之南。"《世紀》果有此語，不得又謂仲丁自亳徙囂。《吕覽·音初篇》曰："殷整甲徙宅西河，猶思故土，實始作爲西音。"近人錢穆《子夏居西河辯》引此；又引《史記·孔子世家》"衛靈公問孔子：蒲可伐乎？對曰：可。其男子有死之志，婦人有保西河之志，吾所伐者，不過四五人。"《索隱》曰：此西河在衛地，非魏之西河也。《藝文類聚》卷六十四，《文選》左大冲《招隱詩》注引《尚書大傳》："子夏對夫子云：退而窮居河、濟之間。"以證子夏居西河，不在龍門汾州。汾州今山西汾陽縣。其説甚確。然則《世本》之大甲，乃整甲或河亶甲之誤，相正後世之相州也。今河南安陽縣。《韓詩外傳》曰："武王伐紂到邢丘，更名邢丘曰懷。"此即春秋時之邢國。今河北邢臺縣。《史記·殷本紀》言紂廣沙丘苑臺，又言其最樂戲於沙丘，沙丘固邢分，

《書序》作"坯於耿"，皇甫謐以河東皮氏縣耿鄉當之，皮氏今山西河津縣。誤矣。《偽傳釋書序》曰"坯於相，遷於耿"，此大不辭。《疏》引鄭玄曰："祖乙去相居耿，而國爲水所毀，於是修德禦之，不復徙也。録此篇者，善其國坯毀，改政而不徙"，亦近億説。《書序》即雜採古書爲之，非有異聞，竊疑本亦作遷於耿，遷既譌爲坯，鄭玄、偽孔等，乃從而爲之辭也。揚雄《兖州牧箴》曰"盤庚北遷，牧野是宅"，蓋指其未涉河以前。造《竹書》者，蓋因此億盤庚徙居河北，乃億改牧野之名爲北蒙以當之。《國語·楚語》曰"昔殷武丁，能聳其德，至於神明，以入於河，自河徂亳"，蓋謂其自外藩入居大位，即《書》所謂舊勞於外。足徵武丁猶在亳殷，《史記》武乙去亳徙河北之説甚確。《御覽·州郡部》引《帝王世紀》云："武丁徙朝歌，於周爲衛，今河内縣也。"《水經·淇水注》引《晉書·地道記》曰："朝歌本沫邑也，殷王武丁始遷居之。"蓋皆誤解《楚語》。造竹書者，既謂盤庚已居河北，不得再有武乙之徙，乃謂"自盤庚徙殷，至紂之滅，更不徙都"，《史記·殷本紀》正義。其不讎又甚矣。洹水之南殷墟，近歲發掘，雖有所得，爲古都邑無疑，然安能決殷王室之必居於是耶？

殷墟甲骨，出於清末，未幾即有以其太多而疑之者。至中央研究院派人查勘，則偽物充塞市肆，作偽者且確有主名。見第二章。案甲骨文之出土，事在光緒戊戌、己亥間。賈人攜至北平，爲福山王懿榮所得。庚子秋，懿榮殉難。所藏皆歸丹徒劉鐵雲鶚。小屯土人，農隙掘地，歲有所得，亦歸焉。光、宣間所出，大半歸上虞羅叔言振玉。王氏所藏，凡千餘片。劉氏所藏，三千餘片。羅氏所藏，二三萬片。其餘散在諸家者，亦當以萬計。駐安陽之某國牧師，所藏亦近萬片。見近人自署亢父者所撰《二十年間中國舊學之進步》，載《東方雜志》。又有自署老圃者，於十四年四月九日《時報》論其事曰："光緒間，安陽掘得龜甲獸骨。或刻有篆文。而無文者尤累累。好事者購之百文輒得一大裹。然皆碎塊塊不過數字，不能詳其文義。其可辨者，以干支字爲多。間有大片，字亦寥寥。其後購求者踵至，而續出者亦愈多。價亦飛騰，或一片索一金矣。無文之骨，亦不知何往，蓋一變而爲有文矣。藏者以多字爲貴。遂有連篇累牘者，誇示於衆，而真偽益不可究詰矣。"董作賓《試掘安陽小屯報告書》，言嘗晤鐘樓巷遵古齋肆主王姓，告以偽造甲骨者，以藍葆光爲最工。其人本善刻玉彫骨。號稱小屯出土之物，是人所造爲多。又有王姓者，亦能放製，而遠不如藍。遵古齋壁間累累者，皆新出土無字之甲骨也。其《安陽侯家莊出土之甲骨文字篇》，謂十七年以後，真字骨幾絶迹，大都藍王二人所造。又吳縣國學會所出《國學論衡》，載章炳麟之言，謂僞造甲骨文者，即收藏最有名之士夫，則有不忍言者矣。故此物最近發掘，衆目昭彰者，自可據爲研究之資。其前此所有者，則爲矜慎起見，不如弗用之爲愈也。乃近人多好據之以言古史。其魁桀當推王國維。所撰《殷卜辭中所見先王先公考》，據甲骨文，以王亥爲殷之先王；謂天乙爲大乙之譌；中宗實爲祖乙；疑《史記》報丁、報乙、報丙之次爲誤。其所得先公之次，適與十干之次同，明係作僞者不閑殷代掌故，亦曲説爲諸公生卒之日，湯定祀典時已不可知，即用十日之次追名之。又作《殷周制度論》，謂周人言殷禮，已多失實；甚至謂殷人祭無定制，或九世，或廿世，或八世，或三世，或二世，或五世，或四世，而不顧其事理之不可通也。章炳麟《理惑篇》謂言古物者，首貴其人之貞信。見《國故論衡》。民國以來，有矢忠清室者，大抵愚闇無識之人。王氏蚤歲，治叔本華之學，議論精闢無倫，斷非愚闇無識者，而晚歲亦以清室遺老自居，立言是否由衷？令人不能無惑。此編於近世據殷墟甲骨以言殷事者，皆不之取，蓋其慎也。

第五節　周先世事迹

《史記・周本紀》曰：“周后稷，名棄，其母，有邰氏女，曰姜原。姜原爲帝嚳元妃。姜原出野，見鉅人迹，心忻然説，欲踐之。踐之而身動如孕者。居期而生子。以爲不祥，棄之隘巷。馬牛過者，皆辟不踐。徙置之林中，適會山林多人，遷之而棄渠中冰上，飛鳥以其翼覆薦之。姜原以爲神，遂收養長之。初欲棄之，因名曰棄。棄爲兒時，屹如鉅人之志，其遊戲好種樹麻菽，麻菽美，及爲成人，遂好耕農。相地之宜，宜穀者稼穡焉。民皆法則之。帝堯聞之，舉棄爲農師。天下得其利，有功。帝舜曰：棄，黎民始飢，爾后稷，播時百穀。封棄於邰，號曰后稷，別姓姬氏。后稷之興，在陶唐、虞、夏之際，皆有令德。

后稷卒，子不窋立。不窋末年，夏后氏政衰，去稷不務，不窋以失其官，而奔戎狄之間。不窋卒，子鞠立。鞠卒，子公劉立。公劉雖在戎狄之間，復修后稷之業。務耕種，行地宜，自漆、沮度渭取材用。行者有資，居者有畜積。民賴其慶。百姓懷之，多徙而保歸焉。周道之興自此始。故詩人歌樂思其德。公劉卒，子慶節立，國於豳。慶節卒，子皇僕立。皇僕卒，子差弗立。差弗卒，子毀隃立。《集解》：“《世本》作榆。”《索隱》：“《世本》作偽榆。”毀隃卒，子公非立。《索隱》：“《世本》作公非辟方，皇甫謐云：公非，字辟方也。”公非卒，子高圉立。《索隱》：“《世本》云：高圉侯侔。”高圉卒，子亞圉立。《集解》：“《系本》云：亞圉雲都。皇甫謐云：雲都，亞圉字。”《索隱》：“《漢書·古今表》曰：雲都，亞圉弟按如此說，則辟方、侯侔，亦皆二人之名，實未能詳。”亞圉卒，子公叔祖類立。《索隱》：“《世本》云：大公組紺諸盩。”《三代世表》稱叔類，凡四名。皇甫謐云：“公祖一名組紺諸盩，字叔類，號曰大公也。”公叔祖類卒，子古公亶父立。古公亶父復修后稷、公劉之業，積德行義，國人皆戴之。薰育戎狄攻之，欲得財物，予之。已復攻，欲得地與民。民皆怒，欲戰。古公曰：有民立君，將以利之。今戎狄所爲攻戰，以吾地與民，民之在吾，與其在彼，何異？民欲以我故戰，殺人父子而君之，予不忍爲。乃與私屬遂去豳，①度漆、沮，踰梁山，止於岐下。豳人舉國扶老攜弱，盡復歸古公於岐下。及他旁國，聞古公仁，亦多歸之。於是古公乃貶戎狄之俗，而營築城郭室屋，而邑別居之，作五官有司，民皆歌樂之，頌其德。古公有長子曰大伯，次曰虞仲。大姜生少子季歷。季歷娶大任，皆賢婦人。生昌，有聖瑞。古公曰：我世當有興者，其在昌乎？長子大伯、虞仲知古公欲立季歷以傳昌，乃二人亡如荊蠻，文身斷髮，以讓季歷。古公卒，季歷立，是爲公季。公季修古公遺道，篤於行義，諸侯順之。公季卒，子昌立，是爲西伯，西伯曰文王。”案《史記》述殷周先世，皆據《詩》、《書》之說。② 周先代事迹，見於《詩》者較多，

---

① 階級：古公與私屬去豳。
② 史事：周先世世系（又見第110頁）。

故其傳亦較詳。然周世系不如殷之完具。“自封棄於邰”至“不窋立”
三十四字之間，后稷二字，凡有三解。號曰后稷之后稷指棄；后稷之
興之后稷，茍棄以後不窋以前居稷官者；后稷卒之后稷，則不窋之父
也。《國語·周語》：大子晉謂“自后稷之始基靖民，十五王而文始平
之”；衛彪傒謂“后稷勤周，十有五世而興”，世數皆與《史記》合。《漢
書·古今人表》，以辟方爲公非子，高圉爲辟方子，侯侔、亞圉皆高圉
弟，雲都爲亞圉弟，則多辟方、侯侔、雲都三代。故杜氏《釋例》，以高
圉爲不窋九世孫。《路史發揮》引。然《酒誥疏》引《世本》世數悉與《史
記》合；惟鞠作鞠陶，差弗作羌弗，公非作公飛，公叔祖類作組紺。《吳越春秋》亦
云：公劉卒，子慶節立，後八世而得古公亶父；《吳大伯傳》。此八世係除
本計，亦與《史記》、《世本》同，《漢書》殆非也。

　　《史記·劉敬傳》：敬言公劉避桀居豳，《吳越春秋·吳大伯傳》
同，《史記·匈奴列傳》曰：夏道衰，而公劉失其稷官，變於西戎，邑於
豳，雖不言何時，然下文云“其後三百有餘歲，戎狄攻大王亶父”，則亦
以爲在夏末也。韋注《國語》，謂不窋當大康時；鄭氏《詩譜》，以公劉
當大康時；繆矣。① 此蓋由誤解后稷卒之后稷爲棄之故。《索隱》引
《帝王世紀》云：后稷納姞氏，生不窋，亦同此誤。姞爲后稷元妃，見《左氏》
宣公三年，《史記·鄭世家》同。譙周謂“《國語》云：世后稷以服事虞、夏，言
世稷官，是失其代數”，亦見《索隱》。其說是矣。商自湯至紂三十王，不
窋在夏末，至文王十五世，由商兄弟相及，而周父子相繼也。其年代
實略相當，可見繫世之傳不盡誣也。

　　周之興，蓋自公劉始，《詩·公劉》毛《傳》曰：“公劉居於邰而遭夏
人亂，迫逐公劉，公劉乃避中國之難，遂平西戎，而遷其民，邑於豳。
蓋諸侯之從者十有八國焉。”案《史記》言慶節立，國於豳，則公劉尚未
居豳，《劉敬》及《匈奴列傳》皆言公劉居豳者，乃約略之辭，毛《傳》蓋
亦如此。諸侯從者十八國《疏》云：“不知出何書”，疑即《史記》所謂

――――――――――

　　① 史事：公劉當桀，以爲當大康誤。

“百姓懷之，多徙而保歸焉”者，諸侯，謂邑落君長也。郇舊説謂今陝西武功縣，豳爲今豳縣，岐爲今岐山縣，錢穆《西周地理考》謂郇即臺駘之地。《左氏》昭公九年，言金天氏有裔子曰昧，生臺駘，“宣汾、洮，障大澤，以處大原。帝用嘉之，封諸汾川”。《水經・涑水注》：涑水兼稱洮水。是臺駘居汾、涑之域也。《左氏》昭公九年，王使詹桓伯辭於晉，曰：“我自夏以后稷，魏、駘、芮、岐、畢，吾西土也。”《御覽》引《隋圖經》：“稷山，在絳郡，今山西稷山縣。后稷播百穀於此。”《水經注》：山西去介山五十里。介山，在今山西萬泉縣東。漢武帝嘗用事介山。見本紀。《封禪書》：汾陰巫錦，爲民祠魏脽后土營旁。後漢立后土祠於汾陰脽上。汾陰，漢縣，在今山西榮河縣北。《周書・度邑》：武王升汾之阜，以望商邑。汾即郇，亦即豳。然則公劉舊邑，實在山西；大王踰梁山，當在今韓城；岐山亦當距梁山不遠。予案虞、夏之間，吾族以避水患，西遷河、洛，更渡河而入河東，説已見前。山西之地，三面皆山，惟自蒲津渡河入渭域爲平坦，錢氏之言，衡以地理情勢，固無不合矣。慶節而後，賢君當推高圉、亞圉，故《魯語》謂高圉、大王能帥稷而《左氏》昭公十七年載王命衛侯之辭，亦曰“余敢忘高圉、亞圉”也。古公貶戎狄之俗，營築城郭宮室，事蓋與公劉同。以農耕之族，介居戎狄之間，而迄未爲其所同化，亦可謂難矣。

第六節 殷周興亡上

《史記・周本紀》曰：“西伯曰文王。遵后稷、公劉之業，則古公、公季之法，篤仁，敬老，慈少，禮下賢者，日中不暇食，以待士。士以此多歸之。伯夷、叔齊在孤竹，聞西伯善養老，盍往歸之。大顛、閎夭、散宜生、鬻子、辛甲大夫之徒，皆往歸之。崇侯虎譖西伯於殷紂，曰：西伯積善累德，諸侯皆嚮之，將不利於帝。帝紂乃囚西伯於羑里。閎夭之徒患之，乃求有莘氏美女，《正義》：“《括地志》云：古莘國城，在同州河西縣南二十里。《世本》云：莘國姒姓，夏禹之後。"案《詩·大雅·大明》曰："纘女維莘，長子維行。"《箋》曰"莘國之長女大姒，則配文王"，乃周昏姻之國也。唐河西，今陝西朝邑縣。驪戎之文馬，《正義》："《括地志》云：驪戎故城，在雍州新豐縣東南十六里。"案今陝西臨潼縣新豐鎮。有熊九駟，《正義》："《括地志》云：鄭州新鄭縣，本有熊氏之墟也。"案今河南鄭縣。此釋恐未確。他奇怪物，因殷嬖臣費仲而獻之紂，紂悅曰：此一物足以釋西伯，況其多乎？乃赦西伯，賜之弓矢斧鉞，使西伯得征伐，曰：譖西伯者，崇侯虎也。西伯乃獻洛西之地，以請紂去炮烙之刑。紂許之。西伯陰行善，諸侯皆來決平。於是虞、芮之人，《集解》："《地理志》：虞在河東大陽縣。芮在馮翊臨晉縣。"案大陽，今山西平陸縣。臨晉，今陝西大荔縣。有獄不能決，乃如周。入界，耕者皆讓畔，民俗皆讓長。虞、芮之人，未見西伯，皆慚，相謂曰：吾所爭，周人所恥，何往？爲祇取辱耳。遂還。俱讓而去。諸侯聞曰：西伯蓋受命之君。明年，伐犬戎。明年，伐密須。《集解》："應劭曰：密須氏，姞姓之國。瓚曰：安定陰密縣是。"案今甘肅靈臺縣。錢穆《西周地理考》曰：《國語》：共王遊於涇上，密康公從，其地當在涇水下流。明年，敗耆國。《集解》："徐廣曰：一作阢。"案《殷本紀》作飢，《集解》引徐廣曰："飢一作阢，又作耆"，《宋微子世家》作阢。《集解》引徐廣："阢音耆。今《尚書》作黎。《括地志》：故黎城，黎侯國也。在潞州黎城縣東北十八里。《尚書》云：西伯既戡黎是也。"案唐黎城，今山西黎城縣。殷之祖伊聞之，懼。以告帝紂。紂曰：不有天命乎？是何能爲？明年，伐邘。《集解》："徐廣曰：邘城，在野王縣西北。"案今河南沁陽縣。明年，伐崇侯虎。《正義》："皇甫謐云：夏鯀封。虞、夏、商、周皆有崇國。崇國，蓋在豐、鎬之間，《詩》云：既伐於崇，作邑於豐，是國之地也。"而作豐邑，《集解》："徐廣曰：豐在京兆鄠縣東，有靈臺。鎬在上林昆明北，有鎬池。去豐二十五里。皆在長安南數十里。"自岐下而徙都豐。明年，西伯崩，大子發立，是爲武王。西伯蓋即位五十年。其囚羑里，蓋益《易》之八卦爲六十四卦？詩人道西伯，蓋受命之年，稱王而斷虞、芮之訟？後七年而崩？改法度，制正朔矣，追尊古公爲大王，公季爲王季。蓋王瑞自大王興？"案《孟子》言："文王生於岐周，卒於畢郢。"《離婁下篇》。《周書·大匡解》曰："維周王宅程三年，遭天之大荒。"《大開武解》曰："天降癉於程。"程即郢，是文王又嘗居於郢也。《詩·大雅·皇矣》之篇曰："密人不恭，敢距大邦，侵阮、徂、共。① 王赫斯怒，爰整其旅，以按徂旅，以篤於周祜，以對於天下。
依其在京，侵自阮疆。陟我高岡，無矢我陵，我陵我阿；無飲我泉，我
泉我池，度其鮮原，居岐之陽。在渭之將，萬邦之方，下民之王。"毛
《傳》以侵阮徂共爲"密須氏侵阮，遂往侵共"，文義似順。然釋"以按
徂旅"之旅爲地名。《疏》曰："蓋自共復往侵旅。"又以侵自阮疆爲密
人侵周，則殊爲不辭。鄭《箋》以阮、徂、共爲三國名，釋以按徂旅爲卻
止徂國之兵衆，侵自阮疆爲往侵阮國之疆，實於義爲協。《疏》謂《魯
詩》之説如此。蓋鄭君初治《韓詩》，《韓》、《魯》説同。漢初經師，皆自
有傳授，不專恃簡策，未可以阮、徂、共爲三國不見古書而疑之也。
《疏》引皇甫謐，亦有侵阮、徂、共而伐密須之説。謐雖好附會，然此言不能憑空造作；況謐
非佞鄭者，其學術多同王肅，而肅則申毛難鄭者也。故知謐此言必有所據。其所據，或即
三家遺説也。錢穆《西周地理考》云：《左氏》文公四年，晉侯伐秦，圍邧新城，《史記·魏世
家》：文侯十六年，伐秦，築臨晉、元里。元里即邧，亦即阮，地當近臨晉。共，即齊王建入秦
所處也。《箋》云："文王但發其依居京地之衆，以往侵阮國之疆。登其
山脊，而望阮之兵。兵無敢當其陵及阿者。又無敢飲食於其泉及池
水者。文王見侵阮而兵不見敵，知己德盛而威行，可以遷居定天下之
心，乃始謀居善原廣平之地。亦在岐山之南，居渭水之側，爲萬國之
所鄉，作下民之君。後竟徙都於豐。"《疏》曰："大王初遷，已在岐山，
故言亦在岐山之陽。《周書》稱文王在程，作《程寤》、《程典》；皇甫謐
云：文王徙宅於程，蓋謂此也。"案《疏》以文王所居之岐陽，非即大王
之所遷是也。至謂其地即程則非。伐密須爲文王受命後事，而《程
典》云："文王合六州之侯，奉勤於商，商王用宗讒，震怒無疆，諸侯不
娛逆諸文王。"蓋即《論語》所謂"三分天下有其二，以服事殷"；《泰伯
篇》。《左氏》所謂"紂囚文王七年，諸侯皆從之囚者"，襄公三十一年。七
年五伐，《詩·大雅·文王序》疏引《書傳》，謂一年斷虞、芮之訟，二年
伐邘，三年伐密須，四年伐犬夷，五年伐耆，六年伐崇，七年而崩，與
《史記》異，蓋當以《史記》爲是。犬戎、密須皆近患，故先伐之。耆在

① 經學：侵阮、徂、共。

上黨，邘在野王，則所以圖崇。崇蓋紂黨最大者，故最後伐之。用兵
先後，次序井然，不得如《書傳》所云。《殷、周本紀》，多據《書傳》，此
事亦不得有異同，蓋《書傳》本同《史記》，後乃倒亂失次也。羑里之
囚，鄭注《書序》，以爲在三伐之後，伐耆之前。《疏》據《殷傳》，"西伯
得四友獻寶，免於虎口而克耆"，《大傳》"得三子獻寶，紂釋文王而出
伐黎"之文，曲爲之説。殊不知《書傳》此文，乃以獻寶伐耆，爲文王大
事而偏舉之，非謂其事必相銜接。以情理論之，文王既三伐皆勝，安
能復爲紂所囚？ 故不如襄三十一年《左疏》之説，以被囚在虞、芮質獄
之前爲當也。《韓非·難二》："昔者文王侵盂，克莒，舉酆，三舉事而紂惡之。文王乃
懼，請入洛西之地，赤壤之國方千里，以解炮烙之刑。"似亦謂文王被囚，在三伐之後，然此
乃約略之辭，且誤謂克酆在前，更不足據矣。而鄭注緯候，以文王稱王在受命六
年後，見《文王序疏》。更無當矣。夫知被囚在受命之前，則知《程典》必
不能作於伐密須之歲。《周書·史記》曰："昔有畢程氏，損禄增爵，羣
臣貌匱，比而戾民，畢程氏以亡。"畢程蓋古國，文王滅之而居其地，其
事尚在作《大匡》之前。至於《皇矣》之詩，所謂居岐之陽者，則即《史
記》所謂"自岐下而徙居豐"之岐下；其地亦名鮮原，《周書·和寤解》
所謂"王乃出圖商，至於鮮原"者也。文王雖作豐邑，而卒於鄷，葬於
畢；武王圖商，仍在鮮原；蓋豐爲新都，營建初就，尚未定居故耳。《吕
覽·具備》："武王嘗窮於畢程矣。"則武王亦嘗居鄷。《括地志》：周文王墓，在雍州萬年縣
西南二十八里畢原上。唐萬年，今陝西長安縣。鄭箋《皇矣》，初不據《史記》，而
其説密合如此，則以其原本《魯詩》，而《史記》亦據詩人之言故也。亦
可見漢初經師之學，自有真傳矣。

《殷本紀》曰："帝紂資辯捷疾，聞見甚敏。材力過人，手格猛獸。
知足以距諫，言足以飾非。矜人臣以能，高天下以聲，以爲皆出己之
下。好酒淫樂，嬖於婦人。愛妲己。妲己之言是從。於是使師涓作
新淫聲，北里之舞，靡靡之樂。厚賦税以實鹿臺之錢，而盈鉅橋之粟。
益收狗馬奇物，充仞宮室。益廣沙丘苑臺，多取野獸蜚鳥置其中。慢
於鬼神。大最樂戲於沙丘。以酒爲池，縣肉爲林，使男女倮相逐其

間，爲長夜之飲。百姓怨望，而諸侯有畔者。於是紂乃重辟刑，有炮烙之法。以西伯昌、九侯、《集解》："徐廣曰：一作鬼侯。鄴縣有九侯城。"《索隱》："九亦依字讀，鄒誕生音仇也。"案鄴，今河南臨潼縣。鄂侯《集解》："徐廣曰：一作邘，音於。野王縣有邘城。"案此恐以紂都河北，謂鄂地在今湖北，疑其太遠而改之。古書述紂醢九侯，脯鄂侯，因西伯事者甚多，無作邘者。爲三公。九侯有好女，入之紂。九侯女不憙淫。紂怒，殺之，而醢九侯。《春秋繁露・王道篇》："紂刑九侯之女而取其環。"鄂侯爭之彊，辨之疾，並脯鄂侯。西伯昌聞之，竊歎。崇侯虎知之，以告紂。紂囚西伯羑里。《集解》："《地理志》曰：河内湯陰有羑里城。"案《北堂書鈔》引《白虎通》曰："夏曰夏臺，殷曰羑里，周曰囹圄。"《意林》引《風俗通》同則但以爲獄名耳，不必求其地以實之。湯陰，今河南湯陰縣。西伯之臣，閎夭之徒，求美女奇物善馬以獻紂。紂乃赦西伯。西伯出而獻洛西之地，《正義》："洛水，一名漆沮水。在同州。洛西之地，謂洛西及丹、坊等州也。"案唐同州，今陝西大協縣。丹州，今陝西宜川縣。坊州，今陝西中部縣。以請除炮烙之刑。紂乃許之。賜弓矢斧鉞，使得征伐，爲西伯，而用費仲爲政。費仲善諛，好利，殷人弗親，紂又用惡來。惡來善毀，讒諸侯，以此益疏。以此益疏上，疑當重諸侯字。西伯歸，乃陰修德行善。諸侯多叛紂而往歸西伯，西伯滋大，紂由是稍失權重。王子比干諫，弗聽。商容賢者，百姓愛之，紂廢之。及西伯伐飢國，滅之。紂之臣祖伊，聞之而咎周，恐奔告紂。紂曰：我生不有命在天乎？祖伊反曰：紂不可諫矣。西伯既卒，周武王之東伐，至盟津，今河南孟津南。諸侯叛殷會周者八百諸侯。皆曰：紂可伐矣。武王曰：爾未知天命。乃復歸。紂愈淫亂不止。微子數諫，不聽，乃與大師、少師謀，遂去。比干曰：爲人臣者，不得不以死爭。乃强諫紂。紂怒曰：吾聞聖人心有七竅，剖比干觀其心。箕子懼，乃詳狂爲奴。紂又囚之，殷之大師、少師，乃持其祭樂器奔周。周武王於是遂率諸侯伐紂。紂亦發兵距之牧野。《集解》："鄭玄曰：牧野紂南郊地名也。"案見《詩・大雅・大明》箋。甲子日，紂兵敗，紂走入，登鹿臺，衣其寶玉衣，赴火而死。周武王遂斬紂頭，縣之白旗，殺妲己，釋箕子之囚，封比干之墓，表商容之閭，封紂子武庚祿父，以續殷祀，令修行盤庚之政。殷民大説。"

　　《周本紀》曰:"武王即位,大公望爲師,周公旦爲輔,召公、畢公之徒,左右王師,修文王緒業。九年,武王上祭於畢。東觀兵,至於孟津。爲文王木主,載以車,中軍。武王自稱大子發,言奉文王以伐,不敢自專。是時諸侯不期而會盟津者八百諸侯。諸侯皆曰:紂可伐矣。武王曰:女未知天命,未可也。乃還師歸。居二年,聞紂昏亂,暴虐滋甚。殺王子比干,囚箕子。大師疵、少師彊抱其樂器而奔周。於是武王徧告諸侯曰:殷有重罪,不可以不畢伐。乃遵文王。遂率戎車三百乘,虎賁三千人,甲士四萬五千人,以東伐紂。十一年十二月戊午,師畢渡萌津。諸侯咸會,曰:孳孳無怠。武王乃作《大誓》,告於衆庶。二月甲子,昧爽,武王乃朝至於商郊牧野乃誓。誓已,諸侯兵會者車四千乘。陳師牧野。帝紂聞武王來亦發兵七十萬人距武王。武王使師尚父與百夫致師。以大卒馳帝紂師。紂師雖衆,皆無戰之心,心欲武王亟入。紂師皆倒兵以戰,以開武王。武王馳之。紂兵皆崩,畔紂。紂走。反入,登於鹿臺之上。蒙衣其珠玉,自燔於火而死。武王持大白旗以麾諸侯。諸侯畢拜武王。武王乃揖諸侯。諸侯畢從。武王至商國,商國百姓,咸待於郊。於是武王使羣臣告語商百姓曰:上天降休。商人皆再拜稽首。武王亦答拜。遂入。至紂死所。武王自射之,三發。而后下車,以輕劍擊之。以黄鉞斬紂頭,縣大白之旗。已而至紂之嬖妾二女。二女皆經自殺。武王又射三發,擊以劍,斬以玄鉞,縣其頭小白之旗。武王已,乃出,復軍。其明日,除道修社及商紂宫。及期,百夫荷罕旗以先驅。武王弟叔振鐸奉陳常車。周公旦把大鉞,畢公把小鉞,以夾武王。散宜生、大顛、閎夭皆執劍以衛武王。既入,立於社南。大卒之左右畢從。毛叔鄭奉明水,衛康叔奉布兹,召公奭贊采,師尚父牽牲。尹佚筴祝曰:殷之末孫季紂,殄廢先王明德,侮蔑神祇不祀,昏暴商邑百姓,其章顯聞於天皇上帝。於是武王再拜稽首曰:膺更大命,革殷,受天明命。武王又再拜稽首。乃出。封商紂子禄父殷之餘民。武王爲殷初定,未集,乃使其弟管叔鮮、蔡叔度相禄父治殷。《正義》:"《地理志》云:河内,殷之舊都,周既滅

殷，分其畿內爲三國，《詩》邶、鄘、衛是。邶以封紂子武庚，鄘，管叔尹之，衛，蔡叔尹之，以
監殷民，謂之三監。《帝王世紀》云：自殷都以東爲衛，管叔監之；殷都以西爲鄘，蔡叔監之；
殷都以北爲邶，霍叔監之；是爲三監，二説各異，未詳也。"案《書·大誥序僞孔傳》云：三監，
管、蔡、商，説同《漢志》。《詩·邶鄘衛譜》云："邶、鄘、衛者，商紂畿內之地。周武王伐紂，
以其京師，封紂之子武庚爲殷後。乃三分其地，置三監。使管叔、蔡叔、霍叔尹而教之。自
紂城而北謂之邶，南謂之鄘，東謂之衛。"《疏》謂："王肅、服虔，以爲鄘在紂都之西。"是謐言
三監本鄭，言鄘所在，則依服、王也。三監爲古監察之制，不可併所監之人計入；况《尚書大
傳》明言"禄父及三監叛"，禄父在三監之外明矣。然《書傳》亦但云："武王使管叔、蔡叔監
禄父。"《衛康叔世家》云："武王令管叔、蔡叔傅相武庚禄父。"《管蔡世家》云："武王封叔鮮
於管，封叔度於蔡，二人相紂之子武庚禄父，治殷遺民。"亦皆不及霍叔。《左氏》僖公二十
四年，載富辰之言，亦但曰二叔不咸而已，是何哉？案《周書·作雒》云："武王克殷，乃立王
子禄父，俾守商祀，建管叔於東，建蔡叔、霍叔於殷，俾監殷臣。"又曰"俾禄父守於殷，俾仲
旄父宇於東"，則霍叔實從蔡叔，故古人多不之及。《管蔡世家》言："周公分殷餘民爲二：其
一封微子啓於宋，以續殷祀，其一封康叔爲衛君。"疑康叔所受武庚地，微子所受，則管叔、
中旄父之所宇也。三監但爲監察之制之名，其人不必定三，①三人之權力，尤必有高下，不
容相侔，故古多以管、蔡並稱。亦有但舉管叔者，如《孟子·公孫丑下》，陳賈謂"周公使管
叔監殷，管叔以殷畔"是也。明乎此，則知必盡三監之地爲三，已爲無據，而鄘之在南在西，
更不必論矣。《漢志》謂周公誅三監，盡以其地封康叔。服虔及孔、賈、馬相同，見《詩譜》及
《左氏》襄公二十九年疏，惟鄭謂衛後世始兼邶、鄘，亦皆以意言之耳。已而命召公釋
箕子之囚。命畢公釋百姓之囚。表商容之閭。命南宮括散鹿臺之
財，發鉅橋之粟，以振貧弱萌隸。命南宮括、史佚展九鼎、保玉。《集
解》："徐廣曰：保一作寶。"命閎夭封比干之墓。命宗祝享祀於軍。乃罷兵
西歸。行狩。武王追思先聖王，乃褒封神農之後於焦，《集解》："《地理
志》：弘農陝縣有焦城，故焦國也。"案陝，今河南陝縣。黃帝之後於祝，《正義》："《左
傳》云：祝其實夾谷。杜預云：夾谷即祝其也。服虔云：東海郡祝其縣也。"案今江蘇贛榆
縣。帝堯之後於薊，②《集解》："《地理志》：燕國有薊縣。"案今河北薊縣。帝舜之後
於陳，今河南淮陽縣大禹之後於杞。今河南杞縣。於是封功臣謀士，而師尚
父爲首封。封尚父於營丘，曰齊。今山東昌樂縣。封弟周公旦於曲阜，

---

①　史事：三監不必三人並立，霍從蔡地分爲二。
②　史事：封堯後於薊，或不近燕。

曰魯。今山東曲阜縣。封召公奭於燕。《正義》：“封帝堯之後於薊，封召公奭於燕，觀其文，稍似重也。《水經注》云：薊城內西北隅有薊丘，因取名焉。《括地志》云：燕山，在幽州漁陽縣東南六十里。宗國《都城記》云：周武王封召公奭於燕，地在燕山之野，故國取名焉。按周封以五等之爵，薊、燕二國，俱武王立，因燕山薊丘爲名，其地足自立國薊微燕盛，乃併薊居之。薊名遂絕焉。今幽州薊縣，古燕國也。”案唐漁陽郡，治薊。封叔鮮於管。今河南鄭縣。弟叔度於蔡。今河南上蔡縣。餘各以次受封。武王徵九牧之君，登豳之阜，以望商邑。武王至於周，自夜不寐。周公旦即王所曰：曷爲不寐？王曰：我未定天保，何暇寐？王曰：定天保，依天室。自洛汭延於伊汭，居易毋固，其有夏之居。我南望三塗，北望獄鄙，顧詹有河，粤詹雒、伊，毋遠天室。營周居於雒邑而後去。縱馬於華山之陽，放牛於桃林之虛，今潼關函谷間之地。偃干戈，振兵，釋旅，示天下不復用也。”

　　《史記》武王勝殷之事，略同《周書·克殷解》。足見《周書》雖非孔子所傳，實與《尚書》同類，爲古之遺書，頗可信據也。《周書·世俘解》，亦述武王伐殷之事。又有命大公望禦方來，吕他命伐越、戲方，侯來命伐靡，集於陳，百弇以虎賁誓命伐衛，陳本命伐磨，百韋命伐宣方，新荒命伐蜀，百韋命伐厲，則《史記》皆未之及。《世俘解》又曰：“武王狩禽，虎二十有二，貓二，麋五千二百三十五，犀十有二，氂七百二十有一，熊百五十有一，羆百一十有八，豕三百五十有二，貉十有八，塵十有六，麝五十，麋朱右曾《集訓校釋》改麇。三十，鹿三千五百有八。武王遂征四方，凡憝國九十有九國。馘磿或作磨，或作魔。億有十萬七千七百七十有九。俘人三億萬有二百三十。凡服國六百五十有二。”其言似誕，然即《史記》所謂“行狩”，亦即《孟子》所謂“滅國者五十驅虎豹犀象而遠之”也。《滕文公下篇》。《孟子》又言紂之罪曰：“壞宮室以爲汙池，民無所安息，棄田以爲園囿，使民不得衣食。園囿汙池，沛澤多而禽獸至。”今按《漢書·地理志》，以朝歌爲紂所都。又曰：紂所作沙丘臺，在鉅鹿東北七十里。漢鉅鹿，今河北平鄉縣。則紂之苑囿縣地甚廣。當時沙丘附近，蓋皆荒薉之區，故多禽獸沛澤也。然而周之先，雖云世后稷，公劉、古公，仍世以農業興；“文王卑服，即康功田功”;《書·無逸》。而其不脱野人好獵之習,亦可見矣。不特此也。《史記·殷、周本紀》皆言紂衣寶玉赴火死,紂何所衣以死,則何足記？然而斤斤記之者？《周書·世俘》又曰:"商王紂取天智玉琰璡身厚以自焚,凡厥有庶,告焚玉四千。五日,武王乃俾千人求之。四千庶則銷。天智玉五在火中不銷。凡天智玉,武王則寶與同。凡武王俘商舊玉,億有百萬。"《史記》曰:"命南宫括、史佚展九鼎、保玉。"《克殷解》曰:"命南宫百達、史佚遷九鼎三巫。"孔《注》:"三巫,地名。"此即《左氏》桓公二年,臧哀伯所謂"武王克商,遷九鼎於洛邑,義士猶或非之"者。周之所求可見,而親戮敵國帝后之尸,則又暴秦之所不爲,①更無論齊桓、晉文也。周之爲德,亦可見矣。

夏曾佑《古代史》曰:"中國言暴君,必數桀紂,猶之言聖君,必數堯、舜、湯、武也。今案各書引桀、紂事多同,可知其必多附會。蓋既亡之後,興者必極言前王之惡,而後己之伐暴爲有名,天下之戴己爲甚當,不如此不得也。今比而觀之:桀寵妹嬉,元注:《晉語》。紂寵妲己,元注:《晉語》。一也。桀爲酒池,可以運舟,一鼓而牛飲者三千人。元注:劉向《新序》。紂以酒爲池,縣肉爲林,使男女倮相逐其間,爲長夜之飲。元注:《史記·殷本紀》。二也。桀爲瓊臺瑤室,以臨雲雨。元注:劉向《列女傳》。紂造傾宫瑶臺,七年乃成,其大三里,其高千仞。元注:《大平御覽》八十四引《帝王世紀》。三也。桀殺關龍逢,元注:《大平御覽》八十二引《尚書·帝命驗》。紂殺比干,元注:《史記·殷本紀》。四也。桀囚湯於夏臺,元注:《史記·殷本紀》。湯行略,桀釋之。元注:大公《金匱》。紂囚文王於羑里,西伯之徒,獻美女、奇物、善馬,紂乃赦西伯,元注:《史記·殷本紀》。五也。桀曰:時日曷喪。元注:"《孟子》。時日,言生之時日,即命也。與紂稱有命在天同意。前人以天上之日不喪解之,又謁爲桀失日,恐非。"案時日與命異。失日見《韓非子》,亦與此無關。夏説恐非。紂曰:我生不有命在天。元注:《尚書》。六也。故一爲内寵,二爲沈湎,三爲土木,四爲拒諫,五爲賄賂,六爲信命,而桀、紂

---

① 史事:武王戮紂尸,暴秦所不爲。

之符合若此,天下有爲善而相師者矣,未有爲惡而相師者也,故知必有附會也。"案謂言桀、紂之惡者多附會,是也。然謂附會之由,由於興者極言前王之惡,則誤以後世事度古人。古本無信史,古人又不知求實,凡事皆以意言之,正如希臘荷馬之《史詩》,宋、元以來之平話耳。或侈陳而過其實,或億説而失其眞,皆意中事。然附會之辭,雖或失實,亦必有由,不能全無根據也。就桀、紂言之,則紂之世近,而事之傳者較詳,桀之世遠,而事之傳者較略,故以紂之惡附諸桀者必多,以桀之惡附諸紂者必少。《史記·周本紀》載《大誓》之辭曰:"今殷王紂,乃用其婦人之言,自絕於天。毀壞其三正。離逷其王父母弟。乃斷棄其先祖之樂。乃爲淫聲,用變亂正聲,怡説婦人。"又載《牧誓》之辭曰:"古人有言:牝雞無晨。牝雞之晨,惟家之索。今殷王紂,維婦人之言是用。自棄其先祖肆祀不答。昏棄其家國,遺其王父母弟不用。乃維四方之多罪逋逃,是崇是長,是信是使。俾暴虐於百姓,以姦軌於商國。"二誓所言實同。數其罪:則用婦言一,棄祠祀二,作淫樂三,疏親族四也。《左氏》昭公七年,陳無宇謂武王數紂之罪曰"紂爲天下逋逃主,萃淵藪",此與《牧誓》所謂"遺其王父母弟"者,祇是一事,所謂棄親用羈也。《酒誥》曰:"在今後嗣王酗身。"《無逸》曰:"無若殷王受之迷亂,酗於酒德哉。"《詩·大雅·蕩》曰:"文王曰咨,咨女殷商。天不湎爾以酒,不義從式,既愆爾止,靡明靡晦,式號式呼,俾晝作夜。"觀《酒誥》所言,沫邦沈湎之習,蓋久而未改,則紂之迷亂,決非虛語也。《荀子·成相》曰:"飛廉知政任惡來。卑其志意,大其圜圍高其臺。"此即《孟子》所謂"棄田以爲園囿"者。傾宮瓊臺,固非其時所能有,臺與園囿,則非其所不能爲矣。褚先生《補龜策列傳》曰:"紂有諛臣,名爲左彊。誇而目巧,教爲象廊。將至於天。又有玉牀。犀玉之器,象箸而羹。"又曰:"桀爲瓦室,紂爲象廊。"《魯頌》言元龜象齒,則魯之南有象,誇張之辭,非盡無據。《補龜策列傳》又言:"桀有諛臣,名曰趙梁。教爲無道,勸以貪狼。繫湯夏臺,殺關龍逢。左右恐死,偸諛於旁。國危於累卵,皆曰無傷。稱樂萬歲,或

曰未央。蔽其耳目，與之詐狂。湯卒伐桀，身死國亡。聽其諛臣，
身獨受殃。《春秋》著之，至今不忘。”云《春秋》著之，則趙梁、左疆
之名決非億造。《史記解》曰：“好貨財珍怪，則邪人進。邪人進，則
賢良日蔽而遠。賞罰無位，隨財以行。夏后氏以亡。”又曰：“嚴兵
而不仁者其臣懾。其臣懾而不敢忠。不敢忠則民不親其吏。刑始
於親，遠者寒心。殷商以亡。”《史記》乃取遂事爲要戒，必無故毀前
人之理。則謂桀、紂拒諫好賄，亦非虛語也。要之古代傳述之辭，
多不審諦，亦無絕無根據者。要在細心讀之，不可一筆抹殺，尤不
可妄以後世之情形度古事也。《史記解》又曰：“昔者有洛氏，宫室無常，池囿廣
大，工功日進，以後更前。民不得休，農失其時。饑饉無日。成商伐之，有洛以亡。”此有
洛氏亦即桀，與夏后氏分言者，意主列舉遂事，以爲要戒，故隨其惡而列舉之。變夏后氏
爲有洛氏者，行文避複，亦古人文例也。

　　《史記》文王受命七年而崩，九年，武王東觀兵，十一年伐紂，十二
年克之。《周書》則文王受命九年，猶在鎬召大子發。劉歆因以爲文
王受命九年而崩。再期在大祥而伐紂，還歸二年，乃遂伐紂，克殷，自
文王受命至此十二年。[1]　致誤之由實由周人自諱文王死時，武王祕
喪伐紂，而事爲衆所習知，諱之卒不能盡之故，已見第四章。文王受
命惟中身，似當解爲年五十歲。《補龜策列傳》言：紂“殺周大子歷，
囚文王昌”，則季歷實未即位，其見殺尚在大王時，更無論文王也。紂
囚文王七年，文王受命後亦七年而崩，則其受命之歲，適當在位年數
之中，故曰受命惟中身。《周書·酆保》“惟二十三祀，九州之侯，咸格
於周”，似爲文王即位之歲。《小開》作於三十五祀，意在謀開後嗣。
下繼以《文儆》、《文傳》，則文王將殁時事。若其事在作《小開》之明
年，則自二十三祀至三十六祀，固適得十四年也。《史記》言王瑞自大
王興。《大匡》言三州之侯咸率。《程典》合六州之侯。《酆保》則九州
咸格。古言九州，猶云天下。三州咸率，謂三分天下有其一，合六州
有其二，九州格則天下服矣。然猶王季見殺，文王被囚，武王且傳有

王門之辱。《呂覽·首時》：“王季歷困而死。文王苦之。有不忘羑里之醜。時未可也。武王事之，夙夜不懈。亦不忘王門之辱。立十二年而成甲子之事。”《韓非·喻老》：“文王見詈於王門，顏色不變，而武王禽紂於牧野。”《難四》：“武身受詈。”《戰國·趙策》：“昔者文王拘於牖里，而武王羈於玉門。”則紂在當日，兵力猶強。楚莊稱紂之百克，非無由也。《左氏》宣公十二年。又十五年，伯宗曰：“夫恃才與衆，亡之道也。殷紂由之，故滅。”九侯，舊說在鄴，似因其近紂都而附會。宋翔鳳謂即《文王世子》“西方有九國焉”之九國，亦即《詩》“我征自西，至於艽野”之艽野。見《過庭錄·艽野即鬼方條》。其說頗長。九鬼同聲，《書傳》之二年伐邘，《禮記·文王世子》疏引作伐鬼方，九侯之在西方，隱約可見。《易》言高宗伐鬼方，《既濟》。則武丁似嘗用兵於西。武乙去亳徙河北，而暴雷震死於河、渭之間，不知其果震死歟？抑亦如周昭王之南征，名隕於江，實覆於敵也。然武乙蹤跡，曾至河西，則可見矣。鄂似即《左氏》隱公六年，“翼九宗五正頃父之子嘉父逆晉侯於隨，納諸鄂”之鄂。其地當在河、汾下流。然則見脯、見殺、見囚者，固皆西方之諸侯也。《秦本紀》言：蜚廉爲紂石北方，爲壇霍大山而報，遂葬於霍大山，則紂時聲教又嘗遠暨河東。《禮記·樂記》言武之樂曰：“始而北出，再成而滅商，三成而南，四成而南國是疆，五成而分周公左，召公右，六成復綴以崇。”洛西之地，《正義》以丹、坊等州當之，其地距殷大遠，恐非紂所能有，洛雒二字，相淆已久。河、洛固有夏之居，成湯作官邑焉，盤庚又徙居之；竊疑周之初圖，實在於此，迨爲紂所迫而獻洛西，乃改途而戕者，出上黨以臨河內，所謂始而北出也。紂雖曰不有天命乎，然於是時，亦當稍嚴河內之防，武王乃復出其不意，濟孟津而臨牧野，所謂再成而滅商也。滅商之後，亟營洛邑，自此聲威浸及於南，則所謂三成而南，四成而南國是疆者。其後周、召分陝，而周南之地，實在南陽、南郡之間，《水經·江水注》引韓嬰叙《詩》。則周之重南，固過於其重北。以東北之地，自沙丘以往，多爲禽獸沛澤之區，而河洛則自夏以來之都邑也。椒舉謂“商紂爲黎之搜，東夷叛之”。《左氏》昭公四年。叔向謂“紂克東夷而隕其身"。昭公十一年。所謂東夷，蓋即沙丘以往之地。紂之爲此，蓋徒以肆其苑囿田獵之樂，不圖力竭於東而斃於西，周人遂乘其後也。淫樂而重之以武，固罔不喪其邦歟？

第七節　殷周興亡下

武王之克殷，奄尚未滅，然《史記》述周封諸侯，已有封周公於魯之文。又帝堯之後，與召公奭封地相同，《正義》雖曲爲之説，究屬牽强。《左氏》昭公九年，王使詹桓伯辭於晉曰："自武王克商以來，肅慎、燕、亳，吾北土也。"肅慎所在不可知，然必近於燕。此燕爲南燕，在今河南延津縣。亳蓋殷人舊都，觀春秋時宋之社猶稱亳社可知。哀公四年，《公羊》作蒲社，案《禮記·郊特牲》亦作亳社。則亦隞、相、邢、朝歌等處耳。此時周之兵力，實未踰殷之舊境。《史記》述周初封國，蓋雜後來之事言之，非當時實録也。《周書·大匡》曰："惟十有三祀，王在管。管叔自作殷之監。東隅之侯，咸受賜於王。"《文政》曰："惟十有三祀，王在管。管、蔡開宗循。"蓋管爲東方重鎮，周初兵力所極。紂地既未能有，仍以封其子武庚；淮夷、徐戎等，又爲力所未及；則武王時，周之王業，所成者亦僅矣。故殷、周之興亡，實至武庚敗亡而後定。《國語》言商代列王，並武庚數之，非偶然也。

《史記·周本紀》曰："武王病，天下未集。羣公懼穆卜。周公乃祓齋自爲質，欲代武王。武王有瘳，後而崩。大子誦代立，是爲成王。成王少，周初定天下周公恐諸侯畔，周公乃攝行政，當國。管叔、蔡叔羣弟疑周公與武庚作亂，畔周。周公奉成王命伐，誅武庚、管叔，放蔡叔。以微子開代殷後，國於宋。今河南商邱縣。頗收殷餘民，以封武王少弟封，爲衛康叔。周公行政七年，成王長，周公反政成王，北面就羣臣之位。成王在豐，使召公復營洛邑，如武王之意。周公復卜申視，卒營築，居九鼎焉。曰：此天下之中，四方入貢道里均。興正禮樂。

度制於是改，而民和睦，頌聲興。"《魯周公世家》曰："周公不就封留佐武王。武王克殷二年，天下未集。武王有疾，不豫。羣臣懼。大公、召公乃繆卜。周公曰：未可以戚我先王？周公於是乃自以爲質。令史策告大王、王季、文王，欲代武王發。藏其策金縢匱中。誡守者勿敢言。明日，武王有瘳。其後武王既崩，成王少，在强葆之中。周公恐天下聞武王崩而畔。周公乃踐阼代成王，攝行政，當國。管叔及其羣弟流言於國曰：周公將不利於成王。周公乃告大公望、召公奭曰：我之所以弗辟而攝行政者，恐天下畔周，無以告我先王大王、王季、文王。三王之憂勞天下久矣，於今而後成；武王早終，成王少；將以成周，我所以爲之若此。於是卒相成王，而使其子伯禽代就封於魯。管、蔡、武庚等果率淮夷而反。周公乃奉成王命，興師東伐。遂誅管叔，殺武庚，放蔡叔，收殷餘民，以封康叔於衞。封微子於宋，以奉殷祀。寧淮夷東土。二年而畢定。諸侯咸服宗周。東土以集。周公歸報成王。乃爲詩詒王，命之曰《鴟鴞》。王亦未敢訓周公。成王七年，二月，乙未，王朝步自周，至豐。使大保召公先之雒相土。其三月，周公往營成周雒邑，卜居焉。曰：吉，遂國之。成王長，能聽政。於是周公乃還政於成王。成王臨朝。周公之代成王治，南面倍依，以朝諸侯。《書·大誥》："王若曰。"《疏》云："鄭玄云：王周公也。周公居攝，命大事則權稱王。"案《周書·度邑》：武王謂周公曰："乃今我兄弟相後。"則武王曾欲傳位於周公。此其所以爲管、蔡所疑也。及七年後，還政成王，北面就臣位，匔匔如畏然。初，成王少時病，乃自揃其蚤，沈之河，以祝於神，曰：王少，未有識，奸神命者乃旦也。亦藏其策於府。成王病有瘳。及成王用事，人或譖周公，周公奔楚。成王發府，見周公禱書，乃泣，反周公。周公在豐，病，將沒，曰：必葬我成周，以明吾不敢離成王。周公既卒。成王亦讓，葬周公於畢，從文王，以明予小子不敢臣周公也。周公卒後，秋，未穫，暴風雷雨。禾盡偃，大木盡拔。周國大恐。成王與大夫朝服，以開金縢書。王乃得周公所自以爲功代武王之説。二公及王，乃問史百執事。史百執事曰：信有。昔周公命我勿敢言。成王執書以泣曰：自今後其無繆卜乎？昔周公勤勞王家，惟予幼人弗及知。今天動威，以彰周公之德，惟朕小子其迎。我國家禮亦宜之。王出郊，天乃雨，反風，禾盡起，二公命國人，凡大木所偃，盡起而築之，歲則大熟。於是成王乃命魯得郊，祭文王，魯有天子禮樂，以襃周公之德也。"史公此文，所用者亦係《書》説。《周書·作雒解》曰："武王克殷，乃立王子祿父，俾守商祀。建管叔於東。建蔡叔、霍叔於殷，俾監殷臣。武王既歸，乃歲十二月，崩鎬，肂於岐周。周公立，相天子。三叔及殷、東、徐、奄及熊、盈以略。略，或作畔。周公、召公，内弭父兄，外撫諸侯，元年，夏，六月，葬武王於畢。二年，又作師旅，臨衛政殷。殷大震潰。降辟三叔。王子祿父北奔。管叔經而卒。乃囚蔡叔於郭凌。《左氏》定公四年，祝佗曰："王於是殺管叔而蔡蔡叔，以車七乘，徒七十人。"《詩·豳風·破斧》疏云："據《書傳》，祿父、管叔皆見殺。蔡叔以車七乘，徒七十人，止言徒之多少，不言放之何處。"疏家蓋未考《周書》。凡所征熊、盈族十有七國，俘維九邑。俘殷獻民，遷於九、畢。案此九，疑即九侯之國。俾康叔宇於殷，俾中旄父宇於東。周公敬念於後曰：予畏同室克追，《初學記》引作周室不延。俾中天下。及將致政，乃作大邑成周於土中，以爲天下之大湊。"其説亦與《史記》合。《禮記·明堂位》曰："武王崩，成王幼弱，周公踐天子之位，以治天下。六年，朝諸侯於明堂，制禮作樂，頒度量，而天下大服。七年，致政於成王。成王以周公爲有勳勞於天下，是以封周公於曲阜，地方七百里，革車千乘；命魯公世世祀周公以天子之禮樂。"説亦與《史記》合。書家、禮家，無異説也。《疏》曰：周公制禮攝政，孔、鄭不同。孔以武王崩，成王年十三。至明年攝政，管叔等流言，故《金縢》云：武王既喪，管叔及其羣弟流言於國，曰：公將不利於孺子。時成王年十四，即位，攝政之元年。周公東征管、蔡。後二年，克之。故《金縢》云：周公居東二年，則罪人斯得。除往年，時成王年十六，攝政之三年也。故《詩序》云：周公東征，三年而歸。攝政七年，營洛邑，封康叔而致政，時成王年二十，故孔注《洛誥》，以時成王年二十是也。鄭則以爲武王崩，成王年十歲。《周書》以武王十二月崩至成王年十二，十二月，喪畢，成王將即位，稱己小，求攝，周公將代之，管、蔡等流言，周公懼之，辟居東都。故《金縢》云：武王既喪，管叔等流言，周公乃告二公曰：我之不辟，無以告我先王。既喪，謂喪服除，辟謂辟居東都。時成王年十三。明年，成王盡執拘周公屬黨。故《金縢》云：周公居東二年，則罪人斯得；罪人，謂周公屬黨也。時成王年十四。至明年，秋，大熟，有雷風之異。故鄭注《金縢》云：秋，大熟，謂二年之後明年秋。迎周公而反，反則居攝之元年。時成王年十五。《書傳》所謂一年救亂。明年，誅武庚、管、蔡等，《書傳》所謂二年克殷。明年，自奄而還，《書傳》所謂三年踐奄。四年封康叔，《書傳》所謂四年建侯衛，時成王年十八也。故《康誥》云孟侯。《書傳》云：天子大子十八稱孟侯。明年，營洛邑，故《書傳》云：五年營成周。六年，制禮作樂。七年，致政於成王。年二十一。明年，乃即政，時年二十二也。《時·豳譜》疏引鄭《金縢注》云："文王十五生武王，九十七而終，終時，武王八十三矣，於文王受命爲七年。後六年伐紂，後二年有疾。疾瘳後二年崩。崩時年九十三矣。周公以武王崩後三年出。五年秋反而居攝。四年作康誥。五年作《召誥》。七年作《洛誥》。伐紂至此十六年也。作《康誥》時成王年十八。《洛誥》時年二十一也。即政時年二十二也。然則成王以文王終明年生也。"又引王肅《金縢注》云："文王十五而生武王，九十七而終，時受命九年，武王八十三矣。十三年伐紂。明年有疾，時年八十八矣。九十三而崩，以冬十二月。其明年稱元年。周公攝政，遭流言，作《大誥》而東征。二年克殷，殺管、蔡，三年而歸，制禮作樂，出入四年。至六年而成。七年營洛邑，作《康誥》、《召誥》、《洛誥》，致政成王。然則文王崩之年，成王已三歲，武王八十而後有成王，武王崩時，成王已十三。周公攝政七年，致政，成王年二十。"二家說雖不同，然《大戴禮記·文王世子》"文王十三生伯邑考，十五生武王"，《小戴禮記·文王世子》"文王九十七而終，武王九十三而終"，則其所同據也。① 此說殊不足信。若將《無逸》之厥享國五十年，解作年五十歲，則文王崩時，武王當三十左右，周公當更小也。《史記》言武王崩，成王少在襁褓之中，說本《書傳》，見《詩·斯干》疏、《賈子·修政語下》，謂成王年二十歲即位，亦以弱冠當親政言之耳，非能確知其年也。二說皆不與《書傳》合，而鄭說乖異尤甚。《書傳》云一年救亂者，即《周書》所謂"內弭父兄，外撫諸侯"也。其云二年克殷者，即《周書》所謂"二年又

---

① 　年代、史事：鄭王皆用文王九十七，武王九十三之說，不近事情。

作師旅,臨衛政殷"也。踐奄,建侯衛,營成周,《周書》不言其年,然其敘次與《書傳》悉合。制禮作樂,致政成王,具於《明堂解》。亦與《禮記》之《明堂位》合。蓋周公制禮攝政之事,古無異言如此。安得其前忽多出三年? 且謂成王居喪時能自爲政歟? 不應即位而反求攝。謂諒陰不言,不待攝,周公自然知政歟? 何孔子於子張之問,不曰殷、周皆然,乃曰古之人皆然也? 當武王既崩。成王初立,主少國疑之際,管、蔡、武庚,不以此時叛,顧待諸喪畢之後;而周公塊然,辟居東都,管、蔡、武庚,亦不以此時進攻,顧待其再奠鎬京,養成氣力;有是理乎? _{王肅以居東之東,爲洛邑,見《疏》。《史記·衛世家》云:管叔、蔡叔疑周公,乃與武庚禄父作亂,欲攻成周。}成王既疑周公,執其屬黨,安能聽其復入? 謂此乃史家飾辭,周公實挾兵力而入,又何能略無後顧之憂,而明年即出兵以誅武庚、管、蔡也? 鄭之所言,無一與情理合者,而其解"武王既喪","我之不解","罪人斯得",文義之牽强,更不俟論也。《左氏》昭公七年:"公將適楚,夢襄公祖,梓慎曰:'襄公之適楚也,夢周公祖而行。'子服惠伯曰:'先君未嘗適楚,故周公祖以道之,襄公適楚矣,而祖以道君。'"則周公適楚,確有其事,然俞正燮引此,謂奔楚即居東,_{《癸巳類稿·周公奔楚義》。}則非。《史記·蒙恬列傳》;恬曰:"昔周成王初立,未離襁褓,周公旦負王以朝,卒定天下。及成王有病,甚殆,公旦自揃其爪,以沈於河,曰:王未有識,是旦執事。有罪殃,旦受其不祥。乃書而藏之記府,可謂信矣。及王能治國,有賊臣,言周公旦欲爲亂久矣,王若不備,必有大事。王乃大怒。周公旦走而奔於楚。成王觀於記府,得周公旦沈書,乃流涕曰:孰謂周公旦欲爲亂乎? 殺言之者,而反周公旦。"與《魯世家》合。此事與周公欲代武王,相似大甚,恐即一事之傳謅。《書傳》以雷風之變,在周公死後,《白虎通·喪服篇》同。蓋鄭所謂辟居東都,實爲奔楚之誤。成王執拘周公屬黨,當在此時。其後不知何緣得反。後人求其故而不得,乃即以金縢之事説之,而又謅武王爲成王。於是一事而分爲兩。其實雷風之變,自在周公死後,成王因此改葬周公,賜魯以天子禮樂,初未因此迎周公而反。今《尚書・金縢》，不記周公奔楚及死事，鄭遂以其奔楚時事，誤繫之居攝之前也。① 從今文説則路路皆通，從鄭説則路路皆窒。亦足見口説之真，而説經者不當執貴傳記之偏見矣。《越絶書・吳内傳》云：“管叔、蔡叔，不知周公而讒之成王。周公乃辭位，出巡狩於邊。一年，天暴風雨，日夜不休。五穀不出。樹木盡偃。成王大恐。乃發金縢之匱，察周公之册。知周公乃有盛德。王乃夜迎周公，流涕而行。周公反國，天應之福。五穀皆生，樹木皆起。天下皆實。”此説與鄭同。蓋當時自有此傳譌之説也。

　　《周書》言武王殁後，叛者爲殷、東、徐、奄及熊、盈。殷即武庚，東蓋管叔及中旄父所宇，已見上節。徐、奄，《世本》云：皆嬴姓國。《左氏》昭公元年疏。孟子言周公“驅飛廉於海隅而戮之”，《滕文公下》。當即此時事。《史記・秦本紀》，謂飛廉葬於霍大山，則其族諱飾之辭也。或飛廉雖見戮而未死，後復歸於西方。熊即祝融，説見第七章第一節。熊、盈，蓋當日東方之族助殷者。殷、東、徐、奄爲大國，《多方》所謂四國，或即指此。其餘十有七國，則小國也。奄，《説文》作郁，云：在魯。《左氏》定公四年，祝佗謂周公分魯公以殷民六族，因商奄之民，而封於少皞之虚，《注》云：“商奄，國名也。”《疏》云：“杜《土地名》：奄、商奄共爲一國。《詩》稱四國流言，《毛傳》以四國爲管、蔡、商、奄，則商、奄各自爲國。”案《墨子・耕柱》云：“古者周公旦非關叔，辭三公，東處於商蓋。”《韓非子・説林上》云：“周公旦既勝殷，將攻商蓋，辛公甲曰：大難攻，小易服，不如服衆小以劫大。乃攻九夷，而商蓋服矣。”孫詒讓《墨子閒詁》引段玉裁云：《爾雅》：弇，蓋也。故商奄亦呼商蓋。又引王念孫曰：蓋字古與盇通，盇奄草書相似，故奄譌作盇，又譌作蓋，二説皆通。商奄自以説爲二國爲是。商蓋即《周書》所謂東。《左氏》但言因商奄之民，其地則曰少皞之墟，則以奄在魯似非是。然在魯非必即魯之都。杜預謂“奄闕不知所在”，鄭玄云“奄蓋淮夷之地”，《書・將蒲姑序》疏、《史記・周本紀》集解引鄭玄曰奄國在淮夷之北。要當距魯不遠也。《書・費誓》云：“徂兹淮夷、徐戎並興。”《史記・魯世家》云：“伯禽即位之後，有管蔡等反

也。淮夷、徐戎,亦並興反。"淮夷、徐戎,亦自是兩國。賈逵、杜預謂徐即淮
夷,恐亦非是。見《昭公元年注疏》。《疏》又引服虔云:"一曰魯公所伐徐戎也。"則其説
正亦同賈、杜。《史記·魯世家》:"頃公十九年,楚伐我,取徐州。"《集解》
引徐廣曰:"徐州在魯東,今薛縣。"今山東滕縣。《索隱》云:"《説文》郑,
邾之下邑,在魯東。又《郡國志》曰:魯國薛縣,六國時曰徐州。"或當
時之徐所在邪?《尚書大傳》曰:"奄君蒲姑謂禄父曰:武王既死矣,
今王尚幼矣,周公見疑矣,此世之將亂也。請舉事。然後禄父及三監
叛也。"《注》云:"玄或疑焉。薄姑齊地,非奄君也。"據陳壽祺《輯校本》引。
案人名與地名相同,古所時有,況古人地名多無正字,又安知奄君之
名,果與齊地名相同歟?《左氏》昭公二十年,晏子對齊景公,言"昔爽
鳩氏始居此地,季薊因之,有逢伯陵因之,蒲姑氏因之,而後大公因
之。"《書序》云:"成王東伐淮夷,遂踐奄,作《成王政》。成王既踐奄,
將遷其君于蒲姑,周公告召公,作《將蒲姑》。"蓋即據此造作。《史記·
周本紀》云"東伐淮夷,殘奄,遷其君薄姑",則又後人據《書序》竄入。其實踐奄,伐淮
夷,皆周公事,非成王所爲也。鄭《多方注》亦如此,見《豳譜疏》。要之:周初
兵力,僅及東北。武王殁後,東南諸族,並起抗周。自經周公戡定,殷
遺臣民,分隸魯、衛,祝佗又言周分衛以殷民七族。又遷九、畢,殷乃不能復
振,而周之王業大成矣。

第八節　西周事迹

《史記·周本紀》曰:"成王崩,太子釗立,是爲康王。成、康之際,
天下安寧,刑措四十餘年不用。康王卒,子昭王瑕立。昭王之時,王
道微缺。昭王南巡狩不返,卒於江上。其卒不赴告,諱之也。立昭王
子滿,是爲穆王。穆王即位,春秋已五十矣。王道衰微。穆王閔文、
武之道缺,乃命伯臩申誡大僕國之政,作《臩命》,復寧。穆王將征犬
戎。祭公謀父諫,王遂征之。得四白狼、四白鹿以歸。自是荒服者不

至。諸侯有不睦者,甫侯言於王,作修刑辟,命曰《甫刑》。穆王立五
十五年崩,子共王繄扈立。《索隱》:"《系本》作伊扈。"共王崩,子懿王囏立。
《索隱》:"《系本》作堅。"懿王之時,王室遂衰,詩人作刺。懿王崩,共王弟辟
方立,是爲孝王。孝王崩,諸侯復立懿王大子燮,是爲夷王。夷王崩,
子厲王胡立。厲王即位三十年,好利,近榮夷公。大夫芮良夫諫厲王
曰:王室其將卑乎?夫榮夷公好專利而不知大難。夫利,百物之所
生也,天地之所載也,而有專之,其害多矣。天地百物,皆將取焉,何
可專也?所怒甚多而不備大難,以是教王,王其能久乎?匹夫專利,
猶謂之盜,王而行之,其歸鮮矣,榮公若用,周必敗也。厲王不聽,卒
以榮公爲卿士,用事。王行暴虐侈傲,國人謗王。召公諫曰:民不堪
命矣。王怒,得衛巫,使監謗者,以告則殺之,其謗鮮矣,諸侯不朝。
三十四年,王益嚴,國人莫敢言,道路以目。厲王喜,告召公曰:吾能
弭謗矣,乃不敢言。召公曰:是鄣之也。防民之口,甚於防水,水壅
而潰,傷人必多,民亦如之。是故爲水者決之使導,爲民者宣之使言。
若雍其口,其與能幾何?王不聽,於是莫敢出言,三年,乃相與畔,襲
厲王。厲王出奔於彘。《集解》:"韋昭曰:彘,晉地。漢爲縣,屬河東,今曰永安。"案
今山西霍縣。厲王大子靜,匿召公之家。國人聞之。乃圍之。召公曰:
昔吾驟諫王,王不從,以及此難也;今殺王太子,王其以我爲讎而懟怒
乎?乃以其子代王大子,大子竟得脱,召公、周公二相行政,號曰共
和。共和十四年,厲王死於彘。大子靜長於召公家,二相共立爲王,
是爲宣王。宣王即位,二相輔之修政,法文、武、成、康之遺風,諸侯復
宗周。三十九年,戰於千畝,《索隱》:"地名也,在西河介休縣。"案今山西介休縣。
王師敗績於姜氏之戎。宣王既亡南國之師,乃料民於大原。仲山甫
諫曰:民不可料也。宣王不聽,卒料民。四十六年,宣王崩,子幽王
宫涅立。《集解》:"徐廣曰:一作生。"案《吕覽·當染》高注,幽王名官皇。《畢校》云:"梁
伯子云:當從劉恕《外紀》,子由《古史》作宫湦。《史記集解》徐廣曰:一作生。惟名涅,故
又作生也。"三年,幽王嬖愛褒姒,生子伯服。幽王欲廢大子。大子母,
申侯女,而爲合。後幽王得褒姒,愛之。欲廢申后,並去大子宜曰,以

褒姒爲后,以伯服爲大子。周大史伯陽讀史記曰:周亡矣。昔自夏后氏之衰也,有二神龍,止於夏帝庭,而言曰:余褒之二君。夏帝卜殺之與去之與止之,莫吉。卜請其漦而藏之,乃吉。於是布幣而策告之。龍亡而漦在。櫝而去之。夏亡,傳此器殷,殷亡,又傳此器周。比三代,莫敢發之。至厲王之末,發而觀之,漦流於庭,不可除。厲王使婦人裸而譟之,漦化爲玄黿,以入王後宮,後宮之童妾,既齔而遭之,既笄而孕,無夫而生子,懼而棄之。宣王之時,童女謠曰:檿弧箕服,實亡周國。於是宣王聞之。有夫婦賣是器者,宣王使執而戮之。逃,於道而見鄉者後宮童妾所棄妖子出於路者,聞其夜啼,哀而收之。夫婦遂亡,奔於褒,褒人有罪,請入童妾所棄女子者於王以贖罪。棄女子出於褒。是爲褒姒。當幽王三年,王之後宮,見而愛之,生子伯服,竟廢申后及大子。以褒姒爲后,伯服爲大子。大史伯陽曰:禍成矣,無可奈何。褒姒不好笑,幽王欲其笑,萬方,故不笑,幽王爲烽燧大鼓,有寇則舉烽火,諸侯悉至。至而無寇,褒姒乃大笑,幽王説之,爲數舉烽火。其後不信,諸侯益亦不至。幽王以虢石父爲卿,用事。國人皆怨。石父爲人佞巧,善諛,好利,王用之;又廢申后去大子也。申侯怒,與繒、西夷、犬戎攻幽王。幽王舉烽火徵兵,兵莫至。遂殺幽王驪山下。《索隱》:"在新豐縣南,故驪戎國也。"新豐,見第六節。虜褒姒。盡取周賂而去。於是諸侯乃即申侯而共立故幽王大子宜臼,是爲平王,以奉周祀。平王立,東遷於雒邑,避戎寇。"

周之衰,蓋自昭王始?[①] 南巡狩不返之事:《正義》引《帝王世紀》曰:"昭王德衰,南征,濟於漢,船人惡之,以膠船進王。王御船,至中流,膠液船解。王及祭公俱殁於水中而崩。其右辛游靡,長臂,且多力,游振得王。周人諱之。"《齊世家》:桓公伐楚,楚成王興師,問曰:"何故涉吾地?"管仲對曰:"昭王南征不復,是以來問。"《集解》引服

_____

① 史事:昭王不復,南略始衰,至穆王似復振。然昭亦雄主(第131~132頁,又見第134頁)。

虔曰："周昭王南巡狩，涉漢，未濟，船解而溺昭王。王室諱之不以赴，諸侯不知其故，故桓公以爲辭，責問楚也。"《索隱》引宋衷曰："昭王南伐楚，辛由靡爲右。涉漢，中流而隕，由靡逐王，遂卒不復，周乃侯其後於西翟。"此事在《春秋》僖公四年，《左氏》杜《注》亦曰："昭王南巡守涉漢，船壞而溺，周人諱而不赴。諸侯不知其故，故問之。"《疏》曰："《吕氏春秋·季夏紀》云：周昭王親將征荆蠻。辛餘靡長且多力，爲王右。還反，涉漢，梁敗，王及祭公隕於漢中。辛餘靡振王北濟，反振祭公。高誘《注》引此《傳》云：昭王之不復，君其問諸水濱。由此言之，昭王爲没於漢，辛餘靡焉得振王北濟也？振王爲虚，誠如高誘之注。又稱梁敗，復非船壞。舊説皆言漢濱之人，以膠膠船，故得水而壞，昭王溺焉，不知本出何書？"[1]案膠船之説，服虔與皇甫謐同之。杜預雖未明言，然稱船壞而溺，其意亦無以異。當有所本，特疏家不知耳。《吕覽》云征荆蠻，宋忠云伐楚，則是役蓋伐楚而敗。《左氏》記楚屈完之辭曰："昭王之不復，君其問諸水濱。"杜《注》曰："昭王時漢非楚境，故不受罪。"然據宋翔鳳説：楚初封丹陽，實在丹、淅之地。《過庭録·楚粥熊居丹陽武王徙郢考》。則是時漢正楚竟也。古天子造舟爲梁，梁敗船壞，實非二事。諸書皆言隕於漢，《史記》獨稱卒於江者？南方之水，通稱爲江，古人於此等處，本不審諦也。周起關中，關中之地，東出函谷即武王伐紂之路，東南出武關則走丹、淅。觀周公奔楚，鬻熊受封知周初業已服屬。此亦周之所以强。至昭王南征不復，而聲威始陵替矣。然至穆王，似即復振。

　　穆王之申誡大僕，蓋所以肅軍政？其作修刑辟，意在令疑罪入金以贖，亦所以足兵也。征犬戎之役，《史記》載祭公諫辭，謂自是荒服者不至，《國語·周語》同。意頗不滿於王。然自文王時即以犬戎爲患，至幽王卒亡於犬戎，實周之大敵，穆王能征之，固周之雄主也。而其尤難者，則爲征徐偃王一事。

---

① 經學：膠船之説，不知何本。

《史记・秦本纪》曰:"造父以善御幸於周穆王。得骥、温骊、《集解》:徐广曰:"温一作盗。"《索隐》:"邹诞生本作駣。"骅駵、騄耳之驷。西巡狩,乐而忘归。徐偃王作乱。造父爲繆王御,长驱归周,一日千里以救乱。"《赵世家》曰:"造父幸於周繆王。造父取骥之乘匹,與桃林盗骊、骅駵、绿耳,献之繆王。繆王使造父御西巡狩。见西王母。乐之忘归。而徐偃王反。繆王日驰千里马攻徐偃王,大破之。"二文所本者同。《赵世家》辞较完具,云骥之乘匹,犹言父母皆善種。桃林即武王放牛處,放牧有其地,孳育有其方,辞虽稍荒,非子虚也。乃《正義》曰:"《古史考》云:徐偃王與楚文王同時,去周穆王遠矣。且王者行有周衞,岂得救乱而独长驱日行千里乎? 並言此事非實。按《年表》,穆王元年,去楚文王元年三百一十八年矣。"夫日行千里,自是形容之语,岂可拘牽文義? 若谓伐徐者楚文王必實,周穆王必虚,则文王伐徐,又见何雅记乎?《後汉书・東夷傳》曰:"徐夷僭號,乃率九夷以伐宗周。西至河上,穆王畏其方熾,乃分東方诸侯,命徐偃王主之。偃王處潢池東,地方五百里,行仁義。陆地而朝者三十有六國。穆王後得骥騄之乘,乃使造父御以告楚,令伐徐。一日而至。於是楚文王大举兵而灭之,偃王仁而无權,不忍鬥其人,故致於败。乃北走彭城武原縣東山下。百姓随之者以萬数,因名其山爲徐山。"《後汉书》此文,未知所本。然係隐括旧文而成。《禮记・檀弓下篇》载徐容居之言曰"昔我先君驹王,①西討濟於河",即《後书》所谓伐宗周西至河上也。《後汉书》注引《博物志》,谓偃王"沟通陈、蔡之間",其事與吴之沟通江、淮颇相類。斯言而確,则楚、汉分界之鸿沟,或即肇端於此,又在邗沟前数百年矣。《大雅》有《江汉》、《常武》二诗,並言周征淮夷之事。《江汉》之诗曰:"江汉之浒,王命召虎。式辟四方,徹我疆土。"《常武》之诗曰:"王命卿士,南仲大祖,大師皇父。整我六師,以修我戎。既敬既戒,惠此南國。"並其有涉於楚之證。窃疑《小序》以此二

---

①　史事:徐偃王即驹王。

詩屬宣王實誤。宣王雖號中興而兵敗於姜戎，師喪於南國，安能遠略至於江、淮？《詩》所詠者，實穆王命楚伐徐之事也。世所以稱宣王盛强者，以《詩》有《車攻》之篇，說者謂宣王"復會諸侯於東都"也。此說亦不足信。《墨子·明鬼下篇》云："周宣王合諸侯而田於圃，田車數百乘。"田車之田，《國語注》、《文選注》、《史記索隱》引俱無，顏師古注《漢書》有。俞樾云："圃田，地名，《詩·車攻篇》：東有甫草，駕言行狩。鄭《箋》以鄭有甫草說之。《爾雅》釋地作鄭有圃田，即其地。畢讀圃字絕句，非是。"孫詒讓《閒詁》曰："案《周語》云：杜伯射王於鄗。韋《注》云鄗，鄗京也。以周地理言之，鄗在西都，圃田在東都，相去殊遠。又韋引《周春秋》：宣王會諸侯田於圃，《明道本》圃作囿。《史記·封禪書》索隱、《周本紀》正義所引，並與韋同。《論衡·死僞篇》云：宣王將田於圃。則漢、唐舊讀，並於圃字斷句，皆不以圃爲圃田也。《荀子·王霸篇》楊注引《隨巢子》云：杜伯射宣王於畝田。畝與牧聲轉字通，疑即鄗京遠郊之牧田。亦與圃田異。但《隨巢子》以圃田爲畝田，似可爲俞讀左證。近胡承珙亦謂此即圃田，而謂《國語》鄗即敖鄗，斥韋以爲鄗京之誤，說亦可通。"按楊倞注《荀子》，不甚可據，自以於圃字斷句爲是。宣王復會諸侯於東都，實子虛烏有之談也。昭王南巡狩不返，楚人之桀鷔可知，而是時竟能命以伐徐，則周之威行江、漢，又可知矣。穆王誠雄主矣哉！《管子·小匡》曰："昔我先君周昭王、穆王，世法文、武之遠迹，以成其名。"以昭王、穆王並舉，則昭王雖喪敗，亦雄主，視後之僅能自守者，猶不可同日語也。《左氏》昭公四年，椒舉言於楚子曰："夏啓有鈞臺之享，商湯有景亳之命，周武有孟津之誓，成有岐陽之蒐，康有酆宮之朝，穆有塗山之會，齊桓有召陵之師，晉文有踐土之盟。"以穆王與三代盛王及桓、文並舉，亦足見其盛强。塗山，杜《注》云：在壽春東北。壽春，今安徽壽縣也。以此釋禹會諸侯，誠爲未當，謂穆王會諸侯於此，則無可疑矣。竊疑禹會諸侯於塗山，正因穆王之事而附會也。[1]潢池，《後書注》引《水經注》曰："潢水一名汪水，與泡水合，至沛入泗。自山陽以東，海陵以北，其地當之也。"案山陽，今江蘇淮安縣。海陵，今江蘇泰縣。武原，《後漢書注》曰："武原縣故城，在今泗州下邳縣北。徐山在其東。"案下邳，今江蘇邳縣也。《秦本紀正義》引《括地志》曰："大徐城，在泗州徐城縣北三十里，古徐國也。"今安徽盱眙縣。又曰："徐城在越州鄮縣東南，入海二百里。《夏侯志》云：翁州上有徐偃王城。《傳》云：昔周穆王巡狩，諸侯共尊偃王。穆王聞之，令造父御，乘騕褭之馬，日行千里，自還討之。或云：命楚王帥師伐之。偃王乃於此處，立城以終。"鄮縣爲今浙江之鄞縣。徐人立國東南，當善舟楫，敗逋入海，理所可有。溝通陳、蔡之間，又不足爲怪矣。

　　《左氏》昭公十二年，子革對楚靈王曰："昔穆王欲肆其心，周行天

___

[1]　史事：禹會諸侯於塗山，恐因穆王附會。

下,將皆必有車轍馬迹焉。祭公謀父作《祈招之詩》,以止王心,王是以獲没於祇宫。"祭公謀父,即《國語》、《史記》載其諫征犬戎者,隱見子革所言,實爲一事。① 靈王固勤征伐之君,非樂般游之主也。《史記・秦本紀》與《趙世家》,述穆王事,所本者同,極爲易見,而《秦本紀》無見西王母之語,則此四字爲《史記》元文,抑後人增竄,尚屬可疑。即謂係《史記》之文,而西王母爲《爾雅》四荒之一,不過西方遠國,乃國名非人名,初無荒怪之迹也。《山海經》雖有西王母梯几載勝,三青鳥爲之取食之語,見《海内北經》郭注:"梯,馮也。"然此乃古之神話,確有可徵之人物、部落,傅會爲神者多矣。若舉以爲信史,將炎、黄、堯、舜,悉成天上之神;河、雒、江、淮,非復人間之土,史事尚何一可信乎? 乃晉張湛僞造《列子》,既有《周穆王》之篇,以漢後西域之事,妄加附會。其後又有所謂《周王遊行》者,即今之《穆天子傳》也。杜預《春秋經傳集解後序疏》引王隱《晉書・束晳傳》云:"《汲冢竹書》,大凡七十五卷。其六十八卷,皆有名題,其七卷,折簡碎雜,不可名題。有《周易上下經》二卷。紀年十二卷。瑣語十一卷。《周王遊行》五卷,説周穆王遊行天下之事,今謂之《穆天子傳》。此四部差爲整頓。汲郡初得此書,表藏祕府。詔荀勗、和嶠以隸字寫之。勗等於時,即已不能盡識其書。今復闕落。又轉寫益誤。《穆天子傳》,世間偏多。"讀此,即可知世間流行汲冢諸書,均係贋鼎矣。雜取古書及漢以後所知西域地理,妄造穆王遊行之事,支離滅裂,全不可通而世猶有視爲信史者,豈不異哉? 此書述穆王行迹,起蠲山,絕漳,至鈃山,循漳沱。北歷犬戎,絕隃,西至河宗。濟河至積石,登昆侖,觀黄帝之宫。北征,舍於珠澤。升舂山。東還至羣玉之山。又西,至於西王母之邦。遂驅,升於弇山。北敗於曠原,自此東歸。絕沙衍,經黑水,三苗氏之地,再歷鈃山,踰大行,入宗周。鈃山蓋即井陘,鈃陘同聲也。隃即先俞,與河宗並見《史記・趙世家》,地在雁門之北。昆侖,蓋指于闐河源之山,其地固産玉,而珠亦爲西域名産,故有羣玉之山及珠澤焉。舂山蓋即葱嶺。《漢書・西域傳》,謂安息長老,傳聞條支有弱水。西王母,《後書》則謂在大秦之西,當時流俗,蓋習指極西之地,爲西王母所在,造此書者,亦同此見,故西王母之西有弇山,附會古崦嵫之山,爲日入處也。今古雜糅,首尾衡決,真不直一噱。

---

① 史事:《左》昭十二子革言祭公謀父作《祈招之詩》,即《國語》諫征犬戎者,隱見所言實爲一事。然則盤遊虚曾耀兵力於西,實矣。

　　《索隱》引宋忠曰："懿王自鎬徙都犬丘,一曰廢丘,今槐里是
也。"①此語本於《漢志》。《漢志》:"右扶風槐里,周曰犬丘。懿王都之。秦更名廢
丘。高祖三年更名。"案今陝西興平縣。《漢書‧匈奴列傳》曰:"懿王時,王室
遂衰,戎狄交侵,暴虐中國。中國被其苦。詩人始作,疾而歌之曰:
靡室靡家,獫允之故,豈不日戒,獫允孔棘。至懿王曾孫宣王,興師命
將,以征伐之。詩人美大其功,曰:薄伐獫允,至於大原。出車彭彭,
城彼朔方。"案此所引者,爲《小雅‧采薇‧六月之詩》,《小序》曰:
"《采薇》,遣戍役也。文王之時,西有昆夷之患,北有獫允之難。以天
子之命,命將率,遣戍役,以守衛中國。故歌《采薇》以遣之。《出車》
以勞還,《杕杜》以勤歸也。"於《六月》之詩,則説爲"宣王北伐"。今案
《出車》之詩曰:"王命南仲,往城於方。"《六月》之詩曰:"獫允匪茹,整
居焦穫。侵鎬及方,至於涇陽。"則二詩所詠,實一時事。鎬、方,《鄭
箋》但云"北方地名"。竊疑方即豐之轉音。懿王時,豐鎬實曾淪陷,
故暫居犬丘也。《秦本紀》言:非子居犬丘,孝王欲以爲大駱適嗣,而
申侯之女,爲大駱妻,生子成爲適。申侯乃言孝王曰:昔我先驪山
女,爲戎胥軒妻。生中潏。以親故,歸周保西垂。西垂以其故和睦。
今我復與大駱妻,生適子成。申、駱重婚,西戎皆服,所以爲王。王其
圖之。孝王乃分土爲附庸,邑非子於秦,而亦不廢申侯之女子爲駱適
者,以和西戎。其後周厲王無道,西戎反王室,滅犬丘大駱之族。宣
王使非子後秦仲誅西戎。西戎殺秦仲。宣王復召其子莊公昆弟,與
兵七千人,使伐西戎破之。於是復予秦仲後及其先大駱地犬丘並有
之,爲西垂大夫。觀此,知犬丘實西方重鎮,懿王所以移居於此;而申
與犬戎,世爲昏姻,則又驪山之禍所由肇也。《漢志》:京兆鄭縣,周
宣王弟鄭桓公邑。臣瓚曰:"周自穆王以下,都於西鄭,不得以封桓公
也。初,桓公爲周司徒,王室將亂,故謀於史伯,而寄帑與賄於虢、鄶

---

　　①　史事:懿王都犬丘,疑豐曾淪陷,即鎬方之方。豐大特之豐,疑亦此(第136~137
頁,又見第147~148頁)。

之間。幽王既敗，二年而滅鄶，四年而滅虢，居於鄭父之丘，是以爲鄭桓公，無封京兆之文也。"案《水經·洧水注》引《紀年》云："晉文侯二年，周惠王子多父伐鄭，克之。乃居鄭父之丘，名之曰鄭，是爲桓公。"蓋臣瓚之所本。然此説與《國語》、《史記》、《世本》皆不合，酈氏《渭水注》已自駁之矣。《穆天子傳》有"天子入於南鄭"之文，郭《注》引《紀年》，謂"穆王元年，築祇宮於南鄭"，蓋又因《左氏》而僞造者。《穆天子傳》，未必出於郭氏以前，其注亦不足信也。

厲王召禍，蓋由好利?[①]《周書·芮良夫解》，記芮良夫戒王及羣臣之辭曰："下民胥怨，財殫竭。"古所謂財者，多指山澤之利言之。山澤之利，本皆公有，後乃稍加障管。疑厲王當日，實有此等事也。古國人與野人，本分兩級。國人服戎役，野人則否。故野人被虐，止於逃亡，國人則不然矣。參看後論等級、兵制處自明。[②]

共和行政。[③]《索隱》曰："共音如字，若《汲冢紀年》則云：共伯和干王位，共音恭。共國，伯爵，和其名。干，篡也。言共伯攝王政，故云干王位也。"《正義》曰："共音巨用反。韋昭云：厲之亂，公卿相與和而修政事，號曰共和也。《魯連子》云：衛州共城縣，本周共伯之國也。共伯名和，好行仁義，諸侯賢之。周厲王無道，國人作難，王奔於彘，諸侯奉和以行天子事，號曰共和元年。十四年，厲王死於彘，共伯使諸侯奉王子靖爲宣王，而共伯復歸國於衛也。《世家》云：釐侯十三年，周厲王出奔於彘。共和行政焉。二十八年，周宣王立。四十二年，釐侯卒。大子共伯餘立爲君。共伯弟和，襲攻共伯於墓上。共伯入釐侯羨自殺。衛人因葬釐侯旁，謚曰共伯，而立和爲衛侯，是爲武公。按此文，共伯不得立，而和立爲武公，武公之立，在共伯卒後，年歲又不相當，《年表》亦同，明《紀年》及《魯連子》非也。"案《左氏》昭公二十六年，王子朝使告諸侯曰："至于厲王，王心戾虐。萬民不忍，居

---

① 史事：厲王亡由好利。
② 史事：西周之亡真相之推測（又見第137～139頁）。
③ 史事：共和。

王於彘。諸侯釋位，以間王政，宣王有志，而後效官。"間干同聲，《紀年》蓋因此偽造？《呂覽·慎人篇》云："古之得道者，窮亦樂，達亦樂，所樂非窮達也。道得於此，則窮達一也，爲寒暑風雨之序矣。故許由虞乎潁陽，而共伯得乎共首。"《注》："共，國，伯，爵也。棄其國，隱於共首山，而得其志也。不知出何書也。"《開春論》曰："共伯和修其行，好賢仁，而海內皆以來爲稽矣。"《注》："共國，伯爵，夏時諸侯也。"《莊子·讓王篇》"故許由娛於潁陽。而共伯得乎共首"，文與《呂覽·慎人》同，皆不云共伯和；而《開春論》之《注》亦但云共國伯爵；則正文中之和字，或係後人竄入，亦未可知，乃《莊子釋文》云："司馬云：共伯名和，修其行，好賢人，諸侯皆以爲賢。周屬王之難，天子曠絕。諸侯皆請以爲天子。共伯不聽，即干王位。十四年，大旱，屋焚，卜於大陽，兆曰：屬王爲祟，召公乃立宣王，共伯復歸於宗。逍遙得意共山之首。《太平御覽》引《史記》曰："共和十四年，大旱，火焚其屋。伯和篡位立。秋又大旱，其年，周屬王死，宣王立。"王國維《古本竹書紀年輯校》引云：《史記》無此文，當出《紀年》。"案史記爲古史籍通名，猶今言歷史，《周官》都宗人《疏》曰："史記，伏羲以前，九皇六十四民，並是上古無名號之君。"此史記二字，亦猶言史籍，非指《大史公書》也。共丘山，今在河南共縣西。今河南輝縣。案《水經·清水注》曰："共縣故城，即共和之故國也。共伯既歸帝政，逍遙於共山之上，山在國北，所謂共北山也。"《魯連子》云：共伯後歸於國，得意共山之首。《紀年》云：共伯和即干王位。孟康注《漢書·古今人表》，以爲入爲三公。本或作丘首。"共伯和，《人表》在中上等，今本佚孟康《注》，惟載師古曰："共，國名也；伯，爵也；和，共伯之名也；共音恭，而遷史以爲周、召二公行政，號曰共和，無所據也。"意亦以《紀年》、《魯連子》之說爲然。然古代君出而大臣持國者甚多，如衛獻公、魯昭公皆是。喪君有君，轉爲敵國挾以爲質時之變局。君暫出而位未替，而必求一人以尸之，則初未聞其事也。造《紀年》、《魯連子》等書者，不悟《左氏》之諸侯釋位，即指周、召等言之，而別求一共伯和以充其選，適見其論古之無識耳。

　　《史記》幽王之事，全係神話、傳說，不足爲據。以情事揆之：申

爲南陽之國,《漢書·地理志》：南陽郡,宛,"故申伯國"。今河南南陽縣。逼近武
關。繒,《正義》引《括地志》云："繒縣在沂州承縣,古侯國,禹後。"此
蓋誤以春秋時之鄫説之。承縣今山東嶧縣,安得與申、犬戎攻周？繒
當亦荆、雍間國也。《國語·晉語》：史蘇曰："申人、鄫人召西戎以伐周,周於是乎
亡。"《鄭語》：史伯曰："申、繒西戎方彊,王室方騷,若伐申而繒與西戎會以伐周,周不守矣。
繒與西戎,方將德申,申、呂方彊,其隩愛大子,亦必可知也。"韋《注》但云鄫姒姓,而不言其
地。王子朝告諸侯之辭曰："至於幽王,天不弔周,王昏不若。用愆厥
位。攜王奸命。諸侯替之,而建王嗣,用遷郟鄏。"杜《注》曰："攜王,
幽王少子伯服也。"《疏》曰："劉炫云：如《國語·史記》之文,幽王止
立伯服爲大子耳。既虜襃姒,必廢其子,未立爲王,而得呼爲攜王者？
或幽王死後,襃姒之黨,立之爲王也。《汲冢書紀年》云：平王奔西
申,而立伯盤以爲大子,與幽王俱死於戲。《疏》上文曰："《魯語》云：幽王滅於
戲。戲,驪山之北水名也。皇甫謐云：今京兆新豐東二十里戲亭是也。"先是申侯、魯
侯及許文公立平王於申,以本太子,故稱天王。幽王既死,而虢公翰
又立王子余臣於攜。周二王並立。二十一年,攜王爲晉文公所殺。
以本非適,故稱攜王。[①] 束皙云：案《左傳》攜王奸命,舊説攜王爲伯
服。伯服,古文作伯盤,非攜王。伯服立爲王積年,諸侯始廢之,而立
平王。其事或當然。"劉炫説億度無據。《紀年》、束皙,則僞造史實而
已矣。申侯苟與繒犬戎共殺幽王,則爲叛逆之國,諸侯安得即之而立
平王？疑幽王之死,實非盡由於申,而與所謂攜王者,大有關係焉。
至《史記》所傳,乃屬襃姒故事,既專述襃姒,乃亦億度殺幽王者必爲
申后母家,而於攜王遂不之及。此據《左氏》本文,似可如此推測,惟
不應妄説攜王爲何人耳。《左氏》昭公四年,椒舉曰："周幽爲大室之盟,諸侯叛之。"
大室,即嵩山,是幽王并嘗經略東方矣。

---

① 史事：攜王。

第九章　春秋戰國事迹

第一節　東周列國形勢

　　《管子·霸言》曰："强國衆，合强攻弱以圖霸；强國少，合小攻大以圖王。"此言實能道出東周以後，與西周以前形勢之異。蓋强國少，則服一强，即可號令當時之所謂天下，此爲古人之所謂王。强國多，則地醜德齊，莫能相尚，即稱雄一時者，亦僅能使彼不與我争，而不能使之臣服於我，此爲古人之所謂霸。春秋之世，所謂五霸迭興者，祇是就中原之局言之。當時强國所争，亦即在此。至於各霸一方，如秦長西垂，楚雄南服，則雖當他國稱霸之時，情勢亦迄未嘗變，即由是也。觀此，知王降爲霸，實乃事勢使然，初非由於德力之優劣。而事勢之轉變，則社會之演進實爲之。蓋文化之發舒，恒自小而漸擴於大。其初祇中心之地，有一强國者，其後則各區域中，各自有其强國，遂成此地醜德齊之局也。西周以前，史事幾惟所謂天子之國爲可知，東周以後，則諸大國所傳皆詳，天子之國，或反不逮，即由於此。
　　《史記·三代世表》曰："自殷以前，諸侯不可得而譜，周以來乃頗可著。"蓋殷以前，列國存滅，已無可考矣。然周代列國，史公所表，亦止十二諸侯，後人考證，率據《春秋》及《左氏春秋》國數，僅五十餘，見《公羊疏》。若並《左氏》所載記之，則舊説云：百七十國。其中百三十九

國,知其所居,三十一國,盡亡其處。《晉書·地理志序》。蘇軾《春秋列國
圖説》云百二十四。二説皆云夷蠻戎狄,不在其内;然孰爲夷蠻戎狄,
極難定,顧棟高《春秋大事表》,並古國列之,凡二百有九。《列國爵姓及
存滅表》。四裔别爲表。亦未見其裔夏分别之得當也。又國與邑亦難
辨。古所謂國者,義亦與今異。其存亡,以有采地以奉祭祀與否爲
斷,而不以土地主權之得喪爲衡。忽滅忽復,史既不具,僻陋之國,不
見載籍者又多。據故籍所載,而云某時國有若干,其去實在情形,必
甚遠矣。惟國數必降而愈少,而不見經傳之國,其與大局,關係亦必
較淺,是則可斷言者耳。

　　《國語·鄭語》載史伯之言曰:"姜、嬴、荆芈,實與諸姬代相干
也。"此言亦頗能道出有史以來部族興替形勢,是四姓,蓋古部族中較
大,而文明程度較高者也。今試本此語,以觀東周列國之形勢。

　　周初,諸部族中,自以姬姓爲最得勢。此當與封建有關。蓋封建
行,則其族之散佈各地者多,既易因形便而振興,亦且不易覆滅也。
《左氏》昭公二十八年,載成鱄之言曰:"武王克商,光有天下,其兄弟
之國者十有五人,姬姓之國者四十人。"《荀子·儒效》則曰:"周公兼
制天下,立七十一國,姬姓獨居五十三人。"二者數略相合,必非無稽,
《荀子》説少二人,疑去管、蔡。可見周封同姓之盛。左氏僖公二十四年載富
辰之言曰:"昔周公弔二叔之不咸,故封建親戚,以藩屏周。管、今河南
鄭縣。後其地屬鄶。鄶滅,屬於鄭。蔡、今河南上蔡縣。平侯遷新蔡,今河南新蔡縣。昭
侯遷州來,今安徽壽縣。郕、今山東汶上縣。霍、今山西霍縣。魯、今山東曲阜縣。
衛、今河南淇縣。戴公廬於曹,文公居楚丘,皆在今河南滑縣。成公遷帝丘,今河北濮陽
縣。毛、未詳。或曰:在今河南宜陽縣境。聃、今湖北荆門縣。郜、今山東城武縣。
雍、今河南修武縣。曹、今山東定陶縣。滕、今山東滕縣。畢、今陝西咸陽縣。原、
今河南濟源縣。酆、今陝西鄠縣。郇,今山西臨晉縣。文之昭也。邢、今河南懷慶
縣。晉、見第二節。應、《杜注》:在襄陽城父縣。案城父當作父城,轉寫之誤。父城,在
今河南寶豐縣。韓,今陝西韓城縣。武之穆也。凡、今河南輝縣。蔣、今河南固始
縣。邢、今河北邢臺縣。後遷於夷儀,今山東聊城縣。春秋僖公二十五年,滅於衛。茅、

今山東金鄉縣。胙、今河南汲縣。祭，今河南鄭縣。周公之胤也。"此諸國中，入春秋後，晉稱霸；魯、衛、曹、蔡，皆可稱二等國；而滕以小國僅存。此外可考者：虞封於北方，旋亡，而其在南方者轉大。見第六節。燕春秋時無所表見，入戰國則列爲七雄之一焉。見第八節。鄭初封在今陝西華縣。後遷河南新鄭縣。與虢，《左氏》僖公五年，宮之奇曰："虢仲、虢叔，王季之穆也。"杜氏以河南陝縣東南之虢城，爲仲所封，是爲上陽。山西平陸之下陽，爲其別都。河南汜水，即隱公元年，鄭莊公所謂制巖邑者，爲虢叔所封。賈逵云：制爲東虢，仲所封。叔封西虢，即春秋所謂虢公。馬融云：仲封上陽，叔封下陽。要無明證，各以意說而已。竊疑虢仲、虢叔，乃一國之二君，弟兄相及。鄭莊公所謂死於制者，與宮之奇所云虢叔，各是一人。《漢書·地理志》：右扶風虢縣，爲虢之舊封，地在今陝西寶雞縣。河南之上陽，爲其東遷後之新都。而《史記·秦本紀》，武公滅小虢，則其支庶之留居西方者也。初封西方，後東遷。虢旋滅而鄭久存。在西方者，又有魏、今山西芮城縣。耿、今山西河津縣。芮，今陝西大荔縣。在南方者，有息、今河南息縣。春秋莊公二十四年，滅於楚。頓、今河南商水縣。春秋定公十四年滅於楚。沈，今河南汝南縣。皆無足稱述。而"漢東之國隨爲大"，語見《左氏》桓公六年。今湖北隨縣。"漢陽諸姬，楚實盡之"，語見《左氏》僖公二十八年。又定公四年，吳人謂隨人曰："周之子孫，在漢川者，楚實盡之。"則並其名而無可考矣。要之自文、武以來，姬姓以今陝西爲根據，廣佈其同族於河南北、山東西及湖北，而江蘇則其展擴之極也。

姜姓爲神農之後，其根據地本在山東。及唐、虞之際，著績者爲四嶽，則其地移於河南。《史記·齊大公世家》曰："其先祖嘗爲四嶽，佐禹平水土，有功，虞、夏之際，封於呂，或封於申，姓姜氏。"周初大公封於營丘，其勢力乃又東漸焉。申、在今河南南陽縣北。呂、在南陽縣。齊、見第二節。許今河南許昌縣。靈公遷葉，今河南葉縣。悼公遷夷，實城父，今安徽亳縣。後遷葉，又遷於析，實白羽，今河南內鄉縣。許男斯遷容城，或曰：在葉縣西。同爲西周名國，申、呂皆亡於楚。許見迫於鄭，而依楚以自存。惟齊表東海，稱大風焉。又有紀、今山東壽光縣。春秋莊公四年滅於齊。與向、今安徽懷遠縣。州、國於淳于，今山東安邱縣東北。後入杞，爲杞都。萊夷，今山東黃縣。皆微末不足道。

嬴姓爲皋陶之後，其根據地本在安徽，英、六爲其初封，已見第七章第四節。在其附近者，又有江、今河南正陽縣。黃今河南潢川縣。及蓼，今安徽霍邱縣。亦微末不足稱。羣舒居吳、楚間，舒蓼、舒庸、舒鳩、宗，在今安徽舒城、廬江二縣間。所係較重，而徐尤強。今安徽泗縣。春秋昭公十三年滅於吳。在西方者，梁爲小國，今陝西韓城縣。趙至戰國始列爲諸侯，見第八節。惟秦襲周之舊，最大。見第二節。

　　史伯論祝融曰：其後八姓，佐制物於前代者，昆吾爲夏伯矣。見第八章第四節。大彭、見第八章第一節。豕韋見第八章第二節。爲商伯矣。當周未有。已姓昆吾、蘇、顧、温、董；董姓鬷夷、豢龍；則夏滅之矣。《左氏》：蘇子國於温，在今河南温縣。顧見第八章第三節。《左氏》昭公二十九年，蔡墨言昔有飂叔安，有裔子曰董父，乃擾畜龍，以服事帝舜。舜賜之姓曰董，氏曰豢龍，封諸鬷川。鬷夷氏其後也。飂，《漢書・古今人表》作廖，當即蓼。鬷川，梁履繩《左通補釋》云：當即三朡，《潛夫論・志氏姓》鬷川鬷夷並作朡，其證。案三朡，見第八章第三節。彭姓彭祖、豕韋、諸稽，則商滅之矣。秃姓舟人，則周滅之矣。妘姓鄔、當即《左氏》隱公十一年"王取鄔、劉、蒍、邘之田於鄭"之鄔，在今河南偃師縣。鄶、今河南密縣。路、偪陽，今山東嶧縣。曹姓鄒、即邾。《公羊》、《禮記・檀弓》皆作邾婁，今山東鄒縣。文公遷於繹，在鄒縣南。又有小邾，國於郳，在今山東滕縣。莒，都介根，今山東膠縣。春秋初徙莒，今山東莒縣。鄒、莒皆戰國時滅於楚。皆爲采衛。或在王室，或在夷狄，莫之數也，而又無令聞，必不興矣。斟姓無後。融之興者，其在芈姓乎？芈姓夔越，韋《注》曰：夔越，芈姓別國，楚熊繹六世孫熊摯。案參看第二章第六節。不足命也。蠻芈蠻矣。史伯曰："荆子熊嚴，生子四人，叔熊逃難於濮而蠻。"韋《注》謂即指此。參看第二節。惟荆實有昭德，若周衰，其必興矣。蓋祝融之後，本居今河南、山東、江蘇三省間，其後皆滋異族，而湖北西境，南郡、南陽之間，古所謂周南之地者，乃轉爲其發榮滋長之區也。

　　春秋列國可考見者，又有任、今山東濟寧縣。宿、今山東東平縣。須句、今東平縣東南。顓臾，今山東費縣。爲大昊後。郯爲少昊後。今山東郯城縣。薛今山東滕縣南。與南燕今河南汲縣。爲黃帝後。唐爲堯後。今湖北隨縣西北。春秋定公五年滅於楚。陳今河南淮陽縣。與遂今山東寧陽縣。爲舜後。杞、今河南杞縣。成公遷緣陵，今山東昌樂縣。文公遷淳于，即州，地見前。戰國時滅於楚。鄫今山東嶧縣東。春秋襄公六年滅於邾。及越見第六節。爲禹後。宋今河南商丘縣。與譚、今山東歷城縣。蕭今江蘇蕭縣。爲殷後。越爲南方大國，宋、陳二等國，餘皆小國也。以上釋地，略本《春秋大事表》。

　　春秋大國，時曰晉、楚、齊、秦，其後起者爲吳、越，至戰國而河北
之燕亦强，皆當日緣邊之地也。泰岱以西，華嶽以東，大行以南，淮水
以北，爲古所謂中原之地，魯、衛、宋、鄭、陳、蔡、曹、許，錯處其間，皆
不過二等國。餘則自鄶無譏矣。是何哉？梁任公謂諸大國皆偪異
族，以競爭淬厲而强，見所著《中國之武士道序》。可謂得其一端。居邊垂，
拓土易廣，當爲其又一端。而文化新舊，適劑其中，尤爲原因之大者。
蓋社會之所以昌盛，一由其役物之力之强，一亦由於人與人相處之得
其道。野蠻之族，人與人之相處，實較文明之族爲優，然役物之力太
弱，往往不勝天災人禍而亡。文明之族，役物之力優矣，而人與人之
相處，或失其宜，則又不能享役物之福，而轉受其禍。惟能模放上國
之文明，而又居僻陋之地，社會組織，病態未深者，爲能合二者之長，
而寖昌寖熾焉。此晉、楚、齊、秦諸國所由大乎？此義也，他日尚當詳
言之。今先於此發其凡。

第二節　齊晉秦楚之强

　　《史記‧周本紀》云：“平王之時、周室衰微，諸侯强併弱，齊、楚、
秦、晉始大，政由方伯。”《十二諸侯年表》云：“齊、晉、秦、楚，其在成
周，微甚。封或百里，或五十里。晉阻三河，齊負東海，楚介江、淮，秦
因雍州之固，四國迭興，更爲霸王，文、武所褒大封，皆威而服焉。”是
東周之世，實以此四國爲最强也。春秋之末，吳、越暫盛而旋亡。戰
國時，燕亦稱七雄之一，然“北迫蠻貉，內措齊、晉，崎嶇强國之間，最
爲弱小”，《史記‧燕世家》語。則攸關大局者，仍是齊、秦、楚及晉所分之
趙、韓、魏耳。今述四國興起之事如下。

　　《史記‧齊世家》曰：“大公望呂尚者，東海上人。其先祖嘗爲四
嶽，佐禹平水土，甚有功。虞、夏之際，封於呂，或封於申，姓姜氏。

夏、商之時，申、呂或封枝庶，或爲庶人，尚其後苗裔也。本姓姜氏，從其封姓，故曰呂尚。"案齊大公，古書或言其居東海之濱，《孟子·離婁下》、《呂覽·首時》。或言其屠牛朝歌，賣食棘津，見《戰國策》《尉繚子》《韓詩外傳》、《說苑》等書。《史記索隱》引譙周亦曰："呂望嘗屠牛於朝歌，賣飯於孟津。"棘津，徐廣謂在廣川，服虔謂即孟津，見《水經·河水注》。譙周逕作孟津，則其意亦同服虔也。廣川，今河北棗強縣。蓋皆後來附會之說。《禮記·檀弓》曰："大公封於營丘，比及五世，皆反葬於周。君子曰：樂，樂其所自生，禮不忘其本，古之人有言曰：狐死正丘首，仁也。"則大公確爲西方人，謂其本出於呂，當不誣也。大公封營丘，六世胡公徙薄姑，七世獻公徙臨淄。《正義》："營邱，在青州臨淄北百步外城中。"又引《括地志》云："薄姑城，在青州博昌縣東北六十里。"案唐臨淄，即今山東臨淄縣。博昌，今山東博興縣也。《漢書·地理志》：齊郡臨淄縣，師尚父所封。應劭曰：獻公自營丘徙此臣瓚謂臨淄即營邱。《詩·齊譜》疏引孫炎說同。《烝民毛傳》，亦謂齊去薄姑徙臨淄，則應劭說非也。《左氏》昭公二十年，晏子云："昔爽鳩氏始居此地，季則因之，有逢伯陵因之，而後大公因之。"又以營邱與薄姑爲一，蓋城邑雖殊，區域是一，故古人渾言之也。《齊世家》曰："大公至國，修政，因其俗，簡其禮。通商工之業，便魚鹽之利，而人民多歸齊。齊爲大國。"又曰："周成王少時，管、蔡作亂，淮夷畔周乃使召康公命大公曰：東至海，西至河，南至穆陵，北至無棣，《集解》："服虔曰：是皆大公始受封土地，疆境所至也。"《索隱》："舊說穆陵在會稽，非也。案今淮南有故穆陵門，是楚之境。無棣在遼西孤竹。服虔以爲大公受封境界所至，不然也。蓋言其征伐所至之域也。"案此文見《左氏》僖公四年。杜《注》曰："穆陵、無棣，皆齊境也，"則亦不以爲征伐之所至。《注》但言齊竟，《疏》亦無說，其地蓋難質言。後世說者，多謂穆陵即山東臨朐縣南之穆陵關，或又以湖北麻城縣西北之穆陵關當之。無棣，或從在孤竹之說，謂在今河北盧龍縣。或又據《水經注》："清河又東北，無棣溝出焉，乃東逕南皮縣故城"之文，謂近今河北南皮縣，皆無確據也。五侯九伯，實得征之，齊由此得征伐，爲大國。"《貨殖列傳》曰："大公望封於營邱，地潟鹵，人民寡。於是大公勸其女功，極技巧，通魚鹽，則人物歸之襁至而輻湊。故齊冠帶衣履天下。海、岱之間，斂袂而往朝焉。"說亦與《世家》合。蓋齊工商之業既盛，海利復饒，富强之基久立，故得管仲以用之，而桓公遂爲五霸之首也。

晉唐叔虞者，周武王之子，成王弟。武王崩，成王立，唐有亂，周公誅滅唐,封叔虞於唐。唐在河、汾之東,方百里,説見第七章第三節。故曰唐叔虞。唐叔子爕,是爲晉侯。《詩譜》曰:"南有晉水,至子爕,改爲晉侯。"九世穆侯,娶齊女姜氏爲夫人。生大子仇、少子成師。穆侯卒,弟殤叔自立。仇出奔。四年,率其徒襲殤叔而自立,是爲文侯。文侯卒,子昭侯伯立。元年,周東遷後二十六年也。封文侯弟成師於曲沃。《漢書·地理志》:河東郡,聞喜,故曲沃。今山西聞喜縣。曲沃邑大於翼。翼,晉君都邑也。《續漢書·郡國志》:河東郡絳邑有翼城。今山西翼城縣。成師封曲沃,號爲桓叔。好德,晉國之衆皆附焉。昭侯後六世,遂爲桓叔孫曲沃武公所併,更號曰晉武公。猶言改稱晉君。時周釐王三年,入春秋後四十四年也。釐王五年,入春秋後四十六年。武公卒,子獻公詭諸立。惠王八年,入春秋後五十四年。士蒍説公曰:故晉之羣公子多,不誅,亂且起,乃使盡殺諸公子,而城聚都之,命曰絳。始都絳。案《史記》武公始都晉國。謂遷都於翼也。又謂城聚而都之,命曰絳,則聚即絳可知。《左氏》莊公二十五年:"晉士蒍使羣公子盡殺游氏之族,乃城聚而處之。冬,晉侯圍聚,盡殺羣公子。二十六年,春,晉士蒍爲大司空,夏,士蒍城絳以深其宫。"説亦同,《漢志》河東郡絳縣。《注》云:晉武公自曲沃徙此,誤矣。《詩譜》謂穆侯始都絳,《疏》遂曲説爲昭侯以下徙翼,至武公又徙絳。問其何以知穆侯徙? 則曰相傳爲然而已,可謂遁辭知其所窮矣。晉後更徙新田,亦稱爲絳,而稱此絳爲故絳。新故絳,《左氏》杜《注》皆云在絳邑縣。絳邑縣,即絳縣,後漢改名者也。今山西曲沃縣。晉羣公子亡奔虢,虢以其故再伐晉,弗克。十六年,入春秋後六十二年。獻公作二軍,公將上軍,大子申生將下軍,伐滅霍、魏、耿。十九年,入春秋後六十五年。使荀息以屈産之乘假道於虞。虞假道,遂伐虢,取其下陽,以歸。二十二年,入春秋後六十八年。復假道於虞以伐虢。其冬,滅虢。還襲滅虞。《史記》稱:"當此時,晉彊,西有河西,與秦接竟,北邊翟,東至河内。"蓋河、汾本沃土,晉始封於是,亦已植富强之基,特以翼與曲沃相争,未能向外開拓。武公時,内争既定,獻公雄主,繼其後而用之,而形勢遂一變矣。《韓非·難三》言晉獻公併國十七,服國三十八,戰十二勝。

　　秦之先大費,即柏翳,亦即伯益,已見第七章第四節。舜賜大費姓嬴氏。大費生子二人:一曰大廉,實鳥俗氏。二曰若木,實費氏。

其玄孫曰費昌。子孫或在中國，或在夷狄。費昌當夏桀之時，去夏歸商，爲湯御，以敗桀於鳴條。大廉玄孫曰孟戲、中衍，鳥身人言。帝大戊聞而卜之。使御，吉。遂致使御而妻之。自大戊以下，中衍之後，遂世有功，以佐殷國。故嬴姓多顯，遂爲諸侯。其玄孫曰中潏，在西戎，保西垂。生蜚廉。蜚廉生惡來。惡來有力，蜚廉善走，父子俱以材力事殷紂。周武王之伐紂，並殺惡來。是時蜚廉爲紂石北方，還無所報，爲壇霍大山，而報得石棺。銘曰："帝令處父，不與殷亂，賜爾石棺，以華氏死。"遂葬於霍大山。蜚廉復有子曰季勝。季勝生孟增。孟增幸於周成王，是爲宅皋狼。《正義》："《地理志》云：西河郡皋狼縣也。按孟增居皋狼而生衡父。"按皋狼，今山西離石縣。皋狼生衡父。衡父生造父。造父以善御幸於周繆王，繆王以趙城封造父。今山西趙城縣。造父族由此爲趙氏。自蜚廉生季勝以下五世至造父，別居趙，趙衰其後也。惡來革者，蜚廉子也，早死，有子曰女防。女防生旁皋。旁皋生大几。大几生大駱。大駱生非子。以造父之寵，皆蒙趙城姓趙氏。非子居犬丘。孝王召使主馬於汧渭之間。馬大蕃息。孝王欲以爲大駱適嗣，而申侯之女爲大駱妻，生子成爲適。申侯言孝王，孝王乃分土爲附庸，邑之秦，今甘肅清水縣。使復續嬴氏祀，號曰秦嬴。亦不廢申侯之女子爲駱適者，以和西戎。秦嬴生秦侯。秦侯生公伯。公伯生秦仲，秦仲立三年，西戎滅犬丘大駱之族。周宣王即位，以秦仲爲大夫，誅西戎，西戎殺秦仲。秦仲立二十三年死於戎。有子五人，其長者曰莊公。周宣王乃召莊公昆弟五人，與兵七千人，使伐西戎，破之，於是復予秦仲後，及其先大駱地犬丘並有之，爲西垂大夫。參看第八章第八節。莊公居其故西犬丘。生子三人。其長男世父。世父曰：戎殺我大父，我非殺戎王，則不敢入邑。遂將擊戎，讓其弟襄公。① 襄公爲太子。莊公立四十四年卒。周幽王四年。大子襄公代立。元年，周幽王五年。以女弟繆嬴爲豐王妻。疑西戎居豐邑者。二年，周幽王六年。戎圍犬丘世父。世

————————

① 政體：世父欲報戎，讓太子於弟。

父擊之,爲戎人所虜。歲餘復歸世父。《正義》引《括地志》謂莊公爲西垂大夫,在秦州上邽縣西南九十里,漢西縣是也。又云:"故汧城,在隴州汧源縣東南三里。《帝王世紀》云:秦襄公二年徙都汧,即此城。"案《史記》云:莊公居其故西犬丘。又云:戎圍犬丘世父。似是時犬丘有二。世父所居者,即非子所居之犬丘,而莊公所居者,則秦之舊封此時亦名爲犬丘而以西別之也。漢西縣,在今天水縣西南。唐汧縣,今甘肅隴縣。七年,周幽王十一年。犬戎與申侯伐周,殺幽王,秦襄公將兵救周,戰甚力,有功。周避犬戎難,東徙雒邑,襄公以兵送周平王。平王封襄公爲諸侯,賜之岐以西之地,曰:"戎無道,侵奪我岐、豐之地,秦能攻逐戎,即有其地。"與誓,封爵之。襄公由是始國,與諸侯通使聘享之禮。十二年,周平王五年。伐戎而至岐,卒。生文公。文公元年,周平王六年。居西垂宮。《正義》:"即上西縣是也。"三年,周平王八年。文公以兵七百人東獵,四年,周平王九年。至汧、渭之會,曰:昔周邑我先秦嬴於此。後卒獲爲諸侯。乃卜居之,占曰:吉,即營邑之。《正義》:"《括地志》云:郿縣故城,在岐州郿縣東北五十里。秦文公營邑即此城。"案今陝西郿縣。十六年,周平王二十一年。文公以兵伐戎,戎敗走。於是文公遂收周餘民有之,地至岐。岐以東獻之周。二十七年,周平王三十二年。伐南山大梓,豐大特。《集解》引徐廣,《正義》引《括地志》,已見第八章第一節。此豐疑仍係豐邑,秦此時尚未能復其地也。四十八年,周桓王二年,入春秋後五年。文公大子卒,賜謚爲竫公。竫公之長子,爲大子。五十年,周桓王四年,入春秋後七年。文公卒,竫公子立,是爲寧公。《秦始皇本紀》作憲公。二年,周桓王六年,入春秋後九年。徙居平陽。《集解》:徐廣曰:"郿之平陽亭。"《正義》:"岐山縣有陽平鄉,鄉內有平陽聚。《括地志》云:平陽故城,在岐州岐山縣西四十六里。"案今陝西岐山縣。遣兵伐蕩社,《集解》:徐廣曰:"蕩音湯。社一作杜。"《索隱》:"西戎之君,號曰亳王,蓋成湯之胤。其邑曰蕩社。徐廣云:一作湯杜。言湯邑在杜縣之界,故曰湯杜也。"《正義》:"《括地志》云:雍州三原縣有湯陵。又有湯臺,在始平縣西北八里,按其國,蓋在三原始平之界矣。"案三原,今陝西三原縣。始平,今陝西興平縣。三年,周桓王七年,入春秋後十年。與亳戰,亳王奔戎。遂滅蕩社。《集解》:"皇甫謐曰:亳王號湯,西夷之國也。"案《封禪書》:"於社亳,有三社主之祠。"《索隱》:"徐廣云:京兆杜縣有亳亭,則社字誤,合作杜亳。且據文,列於下皆是地邑,則杜是縣。案秦寧公與亳王戰,亳王奔戎,遂滅湯社。皇甫謐亦云:周桓王時,自有亳王號

湯，非殷也。案謂杜、亳二邑有三社主之祠也。"統觀兩注，徐廣雖以湯音蕩，初未謂即成湯
之湯，皇甫謐云非殷，則亦不以亳王號湯爲與成湯有關係。《索隱》云蓋成湯之胤，似誤。①
《史記》下文云"雍菅廟亦有杜主，"亦者，亦上社亳，則不特社亳之社當作杜，即三社主亦當
作三杜主也。湯都薄非亳，漢人混薄、亳爲一，已見第八章第二節。十二年，周桓王十六
年，入春秋後十九年。伐蕩氏，取之。寧公立十二年卒，生子三人。長男
武公爲大子。武公弟德公同母，魯姬子生出子。《正義》："德公母號魯姬
子。"案似當於同母絶句。武公與德公同母，魯姬子生出子。寧公卒，大庶長弗忌、
威壘、三父廢大子，而立出子爲君。出子六年，周桓王二十二年，入春秋後二
十五年。三父等復共令人賊殺出子。出子生五歲立，立六年卒。《秦始皇
本紀》："出子居西陵。"《索隱》云："一云居西陂。"三父等復立故大子武公。武公
元年，周桓王二十三年，入春秋後二十六年。伐彭戲氏。《正義》："蓋同州彭衙故城是
也。"案今陝西白水縣。至於華山下。《正義》："即華嶽之下也。"案秦兵力時似未能至
此。居平陽封宮。三年，周莊王二年，入春秋後二十八年。誅三父等，夷三
族。十年，周莊王九年，入春秋後三十五年。伐邽冀戎，初縣之。《集解》："《地理
志》：隴西有上邽縣。應劭曰：即邽戎邑也。冀縣，屬天水郡。"案上邽，今甘肅天水縣。
冀，今甘肅甘谷縣。十一年，周莊王十年，入春秋後三十六年。初縣杜、鄭。《集
解》："《地理志》京兆有鄭縣、杜縣也。"案鄭，今陝西華縣。杜，今陝西長安縣。滅小虢。
二十年，周釐王四年，入春秋後四十五年。武公卒。有子一人，名曰白。白不
立，封平陽。立其弟德公。德公元年，周釐王五年，入春秋後四十六年。初居
雍。《集解》："徐廣曰：今縣，在扶風。"案今陝西鳳翔縣。梁伯、芮伯來朝。德公
立二年卒。周惠王元年，入春秋後四十七年。生子三人。長子宣公，中子成
公，少子繆公。宣公立，四年，周惠王五年，入春秋後五十一年。與晉戰河陽，
勝之。十二年，卒。周惠王十三年，入春秋後五十九年。《秦始皇本紀》："宣公居陽
宮，成公居雍之宮。"《集解》："徐廣曰：之，一作走。"立其弟成公。成公元年，周惠
王十四年，入春秋後六十年。梁伯、芮伯來朝。四年，卒。周惠王十七年，入春秋
後六十三年。立其弟繆公。繆公任好元年，周幽王十八年，入春秋後六十四年。
《索隱》云："秦自宣公已上，史失其名。今按《世本》、《古史考》，得穆公名任好。"據此，則

① 史事：蕩社非湯後。

《史記》之"繆公任好元年"句,任好二字,似係後人所加。《春秋》則以罃爲穆公。文公十八年,秦伯罃卒,《解詁》曰:秦穆公也。自將伐茅津,《正義》:"劉伯莊云:戎號也。《括地志》云:茅津及茅城,在陝州河北縣西二十里。"案河北縣後改爲平陸,今山西平陸縣。勝之。四年,周惠王二十一年,入春秋後六十七年。迎婦於晉。晉大子申生姊也。五年,周惠王二十二年,入春秋後六十八年。晉獻公滅虞,虜百里傒,以爲繆公夫人勝。百里傒亡秦,走宛。今河南南陽縣。繆公以五羖羊皮贖之,授之國政。百里傒讓曰:臣不及臣友蹇叔。穆公使迎蹇叔,以爲上大夫。是時之秦,可謂已襲周之舊業矣。

《楚世家》曰:"楚之先祖,出自帝顓頊。高陽生稱。稱生卷章。卷章生重黎。重黎爲帝嚳高辛居火正。甚有功,能光熊天下。帝嚳命曰祝融。共工氏作亂,帝嚳使重黎誅之而不盡。帝乃以庚寅日誅重黎,而以其弟吳囘爲重黎後,復居火正,爲祝融。吳囘生陸終。陸終生子六人,坼剖而產焉。其長:一曰昆吾。二曰參胡。三曰彭祖。四曰會人。五曰曹姓。六曰季連,羋姓,楚其後也。昆吾氏,夏之時嘗爲侯伯。桀之時,湯滅之。彭祖氏,殷之時嘗爲侯伯。殷之末世,滅彭祖氏。季連生附沮。附沮生穴熊。其後中微,或在中國,或在蠻夷,弗能紀其世。"《集解》引徐廣曰:"《世本》云:老童生重黎及吳囘。"又引譙周曰:"老童即卷章。"《大戴禮記·帝繫篇》亦曰:"顓頊娶於滕氏。滕氏奔之子,謂之女禄氏。產老童。老童娶於竭水氏。竭水氏之子,謂之高緺氏。產重黎及吳囘。"古繫世之書,年代遠者,往往不能詳其世次。竊疑《世本》、《大戴》,皆奪稱一代,《史記》獨完具也。《大戴記》又曰:"吳囘氏產陸終。陸終氏娶於鬼方氏之妹,謂之女隤氏,產六子,孕而不粥。三年,啓其左脅,六人出焉。其一曰樊,是爲昆吾。其二曰惠連,是爲參胡。其三曰篯,《索隱》引《世本》作籛鏗。是爲彭祖。其四曰萊言,《索隱》引《世本》作求言。是爲云鄶人。《索隱》引《世本》無云字。其五曰安,是爲曹姓。其六曰季連,是爲羋姓。昆吾者,衛氏也。《集解》、《索隱》引《世本》氏作是,下同。參胡者,韓氏也。彭祖者,彭氏也。《集解》、《索隱》引皆作彭城。云鄶人者,《集解》、《索隱》引皆無云字。鄭氏也。

鄭，或云當作鄶。曹姓者，邾氏也。季連者，楚氏也。"《集解》、《索隱》引
《世本》略同，則較《史記》爲完具。《國語・鄭語》，史伯論祝融之後八
姓，已見上節。韋昭云：董姓、己姓之別，秃姓、彭祖之別，斟姓、曹姓
之別；《史記索隱》引宋忠則云：參胡斟姓，無後；未知孰是也。《楚世
家》又曰："周文王之時，季連之苗裔曰鬻熊。鬻熊子事文王。早卒。
其子曰熊麗。熊麗生熊狂。熊狂生熊繹。熊繹當周成王之時，舉文、
武勤勞之後嗣，而封熊繹於楚蠻。封以子男之田，姓芈氏，居丹陽。
《左氏》桓公二年《疏》引《世本》，鬻熊居丹陽。熊繹生熊文，熊文生熊黚。熊黚
生熊勝。熊勝以弟熊楊爲後。熊楊生熊渠。熊渠生子三人。當周夷
王之時，王室微，諸侯或不朝，相伐，熊渠甚得江、漢間民和。乃興兵
伐庸、楊粤，至於鄂。熊渠曰：我蠻夷也，不與中國之號謚。乃立其
長子康爲句亶王，《索隱》："《系本》康作庸，亶作祖。"中子紅爲鄂王，《索隱》："有
本作藝經二字，音摯紅，從下文熊摯紅讀也。《古史考》及鄒氏、劉氏等音無藝經，恐非也。"
少子執疵爲越章王，《索隱》："《系本》無執字，越作就。"皆在江上楚蠻之地。
案漢丹陽，在今安徽當塗縣境，距楚後來之地大遠，故世多從杜預枝
江故城之説，謂在今之秭歸。然秭歸在當時，實非周之封略所及。宋
翔鳳謂在丹、淅二水入漢處，《過庭録・楚鬻熊居丹陽武王徙郢考》。元文略曰：
"《史記・秦本紀》：惠文王十三年，庶長章，擊楚於丹陽。《楚世家》亦言與秦戰丹陽。《屈
原傳》作大破楚師於丹、淅。《索隱》曰：丹淅二水名。《漢志》：弘農縣，丹水出上雒冢領
山。東至析入鈞。《水經注》：析水至於丹水，會均，有析口之稱。是戰國之丹陽，在商州之
東，南陽之西，當丹水、析水入漢之處。鬻子所封，正在其地。"案商州，今陝西商縣。與
《左氏》昭公九年，王使詹桓伯辭於晉，以楚、鄧今河南鄧縣。並舉者相
合，其説是也。《左氏》昭公十二年，楚子革言"我先王熊繹，辟在荆
山"。荆山，杜《注》云在新城沶鄉縣南。沶鄉爲今湖北保康縣境。則
當受封之始，業已向南開拓。至熊渠而抵長江。句亶，《集解》引張瑩
曰："今江陵。"今湖北江陵縣。鄂，《正義》引劉伯莊云："地名，在楚之西。
後徙楚今東鄂州是也。"今湖北武昌縣。《正義》又引《括地志》云："鄧州向城縣南二
十里。西鄂故城，是楚西鄂。"向城，今河南南召縣。越章，《索隱》引《世本》越作
就。《大戴禮記・帝繫》曰："季連產付祖氏。付祖氏產内熊。九世至

於渠鰷,出自熊渠。有子三人。其孟之名爲無康,爲句亶王。其中之名爲紅,爲鄂王。其季之名爲疵爲戚章王。"戚章,即就章,亦即《史記》所謂越章也。據宋翔鳳説,其地當在由淮上溯,舍舟遵陸之處,今安徽、湖北界上。同上。《左氏》定公二年桐叛楚。吳子使舒鳩氏誘楚人曰:以師臨我,我伐桐。秋,楚囊瓦伐吳。師於豫章。吳人見舟於豫章,而潛師於巢。桐今桐城,舒今舒城,巢今巢縣,其地並在江北,與漢豫章郡在江南者,相去六七百里。定公四年,吳伐楚,舍舟淮汭,自豫章與楚夾漢。則豫章實當由淮上溯,舍舟遵陸之處也。其後南移,乃爲漢之豫章郡也。今江西南昌縣。《楚世家》又曰:"及周厲王之時,暴虐,熊渠畏其伐楚,亦去其王。後爲熊毋康。《集解》:"徐廣曰:即渠之長子。"案即《大戴記》之無康。毋康早死。熊渠卒,子熊摯紅立。《索隱》:"如此,史意即上鄂王紅也。譙周以爲熊渠卒,子熊翔立。卒,長子摯有疾。少子熊延立。此云摯紅卒,其弟弑而自立,曰熊延。欲會此代系,則翔亦毋康之弟,元嗣熊渠者。毋康既早亡,摯紅立而被延殺,故史考言摯有疾,而此言弑也。"摯紅卒,其弟弑而代立,曰熊延。《正義》:"宋均注《樂緯》云:熊渠嫡嗣曰熊摯。有惡疾,不得爲後。別居於夔,爲楚附庸。後王命曰夔子也。"熊延生熊勇。熊勇六年,厲王出奔彘。十年,卒。共和四年。弟熊嚴爲後。熊嚴十年卒。共和十四年。有子四人。長子伯霜,中子仲雪,次子叔堪,少子季徇。熊嚴卒,伯霜代立,是爲熊霜。六年卒。周宣王六年。三弟爭立。仲雪死。叔堪亡,避難於濮。《集解》:"杜預曰:建寧郡南有濮夷。"建寧,今湖北石首縣。季徇立,是爲熊徇。二十二年,周宣王二十八年。卒。子熊咢立。九年周宣王三十七年。卒,子熊儀立,是爲若敖。二十七年,周平王七年。卒。子熊坎立,是爲霄敖。六年,周平王十二年。卒。子熊眴立,是爲蚡冒。十七年,周平王三十年。卒。弟熊通弑蚡冒子而代立,是爲楚武王。三十五年,周桓王十四年,入春秋後十七年。楚伐隨,隨曰:我無罪。楚曰:我蠻夷也。今諸侯皆爲叛,相侵,或相殺,我有敝甲,欲以觀中國之政。請王室尊吾號。隨人爲之周請尊楚。王室不聽。三十七年,周桓王十六年,入春秋後十九年。熊通自立爲武王。與隨人盟而去。於是始開濮地而有之。五十一年,周莊王七年,入春秋後三十三年。周召隨侯,數以立楚爲王。楚怒,以隨背己,伐隨。武王卒師中而兵罷。子文王熊貲立。始都郢。今湖北江陵縣。文王二年,周莊王九年,入春秋後三十五年。伐申,過鄧。六年,周莊王十三年,入春秋後三十九年。伐蔡。楚强,陵江、漢間小國,小國皆畏之。十一年,周釐王三年,入春秋後四十四年。齊桓公始霸,楚亦始大。十二年,周釐王四年,入春秋後四十五年。伐鄧,滅之。十三年,周釐王五年,入春秋後四十六年。卒,子熊囏立,是爲莊敖。《十二諸侯年表》作堵敖。莊敖五年,周惠王五年,入春秋後五十一年。欲殺其弟熊惲。惲奔隨,與隨襲弒莊敖,代立。是爲成王。元年,周惠王六年,入春秋後五十二年。初即位,布德施惠,結舊好於諸侯。使人獻天子。天子賜胙,曰:鎮爾南方,夷越之亂,無侵中國。於是楚地千里。"案《左氏》昭公二十三年,沈尹戌謂"若敖、蚡冒至於武、文,土不過同"。則楚當東西周間,地尚未甚大。然宣公十二年,欒武子謂楚莊王無日不討國人而訓之,"訓之以若敖、蚡冒,篳路藍縷,以啓山林"。哀公十七年,楚子穀曰:"觀丁父,鄀俘也,武王以爲軍率,是以克州、蓼,服隨、唐,大啓羣蠻。彭仲爽,申俘也,文王以爲令尹,實縣申、息,朝陳、蔡,封畛於汝。"則此四代之盡力開拓者至矣。《國語》:史伯言:"熊嚴生子四人:伯霜、仲雪、叔熊、季紃。叔熊逃難於濮而蠻,季紃是立。"叔熊即《史記》之叔堪,季紃即《史記》之季徇。楚開濮地,未必不由叔熊。史伯又曰:"羋姓夔、越不足命。"案《左氏》僖公二十六年:"夔子不祀祝融與鬻熊,楚人讓之。對曰:我先王熊摯有疾,鬼神弗赦,而自竄於夔。吾是以失楚,又何祀焉? 秋,成得臣、鬬宜申帥師滅夔,以夔子歸。"此即《索隱》引譙周,以之當熊摯紅者也。則楚枝庶所開拓之地,亦不少矣。其雄於南服,宜哉!

第三節　五霸事迹上

　　《史記·齊世家》云:哀公時,紀侯譖之周,周烹哀公。《詩譜序》云:"懿王始受譖,烹齊哀公。"按《史記》云:"周烹哀公而立其弟靜,是爲胡公。胡公當周夷王時。"《詩譜》此語,似即據此推測,別無確據。《楚世家》云:周厲王時,熊渠畏其

伐楚，去其王號。見上節。《魯世家》：懿公爲其兄子伯御所弑，周宣王
伐殺伯御，而立其弟孝公。則當西周之末，王室之威令，似尚頗行於
諸侯。然至東周之世而大不然者？則遭犬戎破敗之餘，又西畿淪陷，
疆域促小故也。周平王在位五十一年崩。入春秋後三年。大子洩父早
死，立其子林，是爲桓王。《左氏》載周桓公之言曰："我周之東遷，晉、
鄭焉依。"隱公六年。《史記》以爲富辰語。《周本紀》。未知孰是。要之周
當東遷之初，鄰近之國，以此二國爲較強，則不誣也。然是時之王室，
似與虢尤親。《左氏》云：鄭武公、莊公爲平王卿士。王貳於虢。鄭
伯怨王。王曰：無之。故周、鄭交質。王崩，周人將畀虢公政。鄭祭
足帥師取溫之麥。見第一節。又取成周之禾。《公羊》云："成周者何？東周也。
王城者何？西周也。"見宣公十六、昭公二十二、二十六年。今河南洛陽縣。其後周人
終用虢公，據《左氏》，事在隱公八年，即周桓王五年，入春秋後八年。而奪鄭伯政。
鄭伯不朝。十三年，入春秋後十六年。王率陳、蔡、虢、衛伐鄭，爲鄭所敗。
然是後，晉與曲沃相爭，王尚時命虢伐曲沃。見《史記·晉世家》。王室之
威靈，尚未盡替也。[1]　桓王二十三年崩，入春秋後二十六年。子莊王佗
立。十五年崩。入春秋後四十一年。子釐王胡齊立。釐王三年，入春秋後四
十四年。曲沃武公滅翼。王命爲晉侯。此爲王室自失其威柄。釐王五
年崩。入春秋後四十六年。子惠王閬立。《索隱》："《系本》名無涼。"二年，入春秋
後四十八年。大夫邊伯等作亂。王奔溫。已居鄭之櫟。今河南陽翟縣。邊
伯等立莊王寵子穨。四年，入春秋後五十年。鄭與虢伐子穨，復入惠王。
惠王二十二年，入春秋後六十八年。晉滅虢。是爲東周盛衰一大關鍵。[2]
蓋周合東西畿之地，優足當春秋時一大國。秦文公之伐戎至岐，事在
周平王二十一年，岐以東仍獻之周。周桓王十二年，入春秋後十五年。王
師嘗與秦圍魏；其十七年，入春秋後五十年。虢仲又與芮伯、梁伯伐曲沃；
則河西與周，尚未全絕，有雄主出，豐、鎬之地可復也。至虢滅而桃林

---

①　史事：西周末王室威令似尚頗行。
②　史事：虢亡而東西畿絕，周一大衰。

之塞舊函谷關至潼關間之隘地。爲晉所扼，西畿不可復，局促東畿數百里間，雖欲不夷於魯、衛而不可得矣。王室既不能復振，而中原之地，會盟征伐，不可無主，於是所謂霸主者出焉。

五霸，①《白虎通義》凡列三説：曰昆吾、大彭、豕韋、齊桓、晉文，應劭《風俗通義》、《吕覽・先己》高《注》、《左氏》成公二年杜《注》及《詩譜序疏》引服虔説從之。曰齊桓、晉文、秦繆、楚莊、吳闔廬，無從之者。曰齊桓、晉文、秦繆、宋襄、楚莊，《孟子・告子》趙《注》、《吕覽・當務》高《注》從之。《荀子・王霸篇》，則以齊桓、晉文、楚莊、吳闔閭、越句踐爲霸。《議兵篇》亦以此五人並舉，又《成相篇》謂秦繆强配五霸，則亦以爲在五霸之外也。案皇、帝、王、霸之説，蓋取明世運之變遷。故五帝不興於三皇之時，三王不興於五帝之世。安得五霸之三，錯出於湯、武之間？蓋《左氏》、《國語》，皆許晉悼公爲復霸；見《左氏》成公十八年、《國語・晉語》。《國語》又明有昆吾爲夏伯，大彭、豕韋爲商伯之文，見上節。古文家乃立昆吾、大彭、豕韋、齊桓、晉文爲五霸之説。《白虎通義》大體偏今文，然間有異説羼入。且其書頗有爲後人竄亂處。其實《孟子》言五霸桓公爲盛，乃與晉文以下諸君比較言之。若夏、殷則文獻無徵，何由知昆吾、大彭、豕韋之不逮桓公乎？《大史公自序》云“幽、厲之後，周室衰微，諸侯力政，五伯更盛衰，”明舊説謂五霸皆在東周之世。以一匡天下之義言之。《白虎通》第二、三説，及《荀子》之説，皆可從也。此自以霸限於五云然。若論曾長諸侯，則晉悼、楚靈、齊景、吳夫差，亦未嘗不可爲霸。下逮戰國之世，楚悼、魏惠、齊威、宣、湣王，亦可謂其時之霸主也。今仍循通行之説，以齊桓、晉文、宋襄、秦繆、楚莊爲五霸。

春秋時霸主之首出者爲齊桓公，事在周釐王三年。入春秋後四十四年。先是齊襄公誅殺數不當，淫於婦人，數欺大臣。其次弟糾，母魯女也，奔魯。次弟小白奔莒。莊王十三年，入春秋後三十七年。襄公爲同母弟公孫無知所弒。無知又爲雍林人所殺。此依《史記》。《左氏》作雍廩。齊

---

① 史事：五霸。

邑名。魯發兵送公子糾。齊二卿高氏、國氏陰召小白。小白先入立，是爲桓公。發兵距敗魯。脅魯殺公子糾，而用其傅管仲，修國政，齊國遂强。釐王元年，入春秋後四十二年。齊伐魯。魯師敗績，魯莊公請獻遂邑以和。今山東肥城縣。桓公許與魯會柯而盟。今山東長清縣。魯將曹沫，以匕首劫桓公於壇上，曰：反魯侵地。桓公許之。後悔，欲無與魯地，而殺曹沫。管仲曰：不可。遂與沫三敗所亡地於魯。魯莊公死，子般弒，閔公死。比三君死，曠年無君。齊使高子將南陽之甲，立僖公而城魯。周惠王十七年，入春秋後六十三年。《孟子·告子下》："一戰勝齊遂有南陽，然且不可。"《注》："山南曰陽。岱山之南，謂之南陽也。"狄滅邢、衛。桓公遷邢於夷儀，周惠王十八年，入春秋後六十四年。封衛於楚丘。周惠王十九年，入春秋後六十五年。邢遷如歸，衛國忘亡。山戎伐燕，桓公爲燕伐山戎。周惠王十三年，入春秋後五十九年。周惠王立，二十五年崩。入春秋後七十一年。子襄王鄭立。襄王母早死。後母曰惠后。生叔帶。有寵於惠王。襄王三年，入春秋後七十四年。叔帶與戎翟謀伐襄王。襄王欲誅叔帶。叔帶奔齊。齊使管仲平戎於周，使隰朋平戎於晉。八年，入春秋後七十九年。戎伐周。周告急於齊。齊會諸侯，各發卒戍周。孔子曰："桓公九合諸侯，不以兵車。"《論語·憲問》。《管子·大匡》曰："兵車之會六，乘車之會三。"《穀梁》莊公二十七年曰："衣裳之會十有一，未嘗有歃血之盟也，信厚也。兵車之會四，未嘗有大戰也，愛民也。"又曰："晉文公譎而不正，齊桓公正而不譎。"同上。《孟子》曰："五霸桓公爲盛。葵丘之會諸侯，束牲載書而不歃血。初命曰：誅不孝。無易樹子。無以妾爲妻。再命曰：尊賢育才，以彰有德。三命曰：敬老、慈幼。無忘賓旅。四命曰：士無世官。官事無攝。取士必得。無專殺大夫。五命曰：無曲防。無遏糴。無有封而不告。曰：凡我同盟之人，既盟之後，言歸於好。今之諸侯，皆犯此五禁。"《告子下》。蓋齊桓之長諸侯，猶頗能遵舊典，守信義，非後來霸者所及也。《荀子·仲尼》，謂桓公許襲邾、莒，併國三十五，事無考。

　　春秋時，中原諸國所夷狄視之，而能與上國爭衡者莫如楚。《春秋》桓公二年，蔡侯鄭伯會於鄧。《左氏》云："始懼楚也。"時爲周桓王

之十年，入春秋後之十三年也。其後三十三年而齊稱霸。齊稱霸之
明年，楚伐鄭。惠王十一年、入春秋後五十七年。十九年、入春秋後六十五年。
二十年入春秋後六十六年。又屢伐鄭。是秋，齊會諸侯於陽穀。今山東陽穀
縣。明年，以諸侯之師侵蔡，蔡潰。遂伐楚，次於陘。楚子使屈完如
師。師退，次於召陵。陘、召陵，皆在今河南郾城縣。屈完及諸侯盟。案後
來晉與楚爭，文公、厲公雖再敗其師，然卒不能合諸侯而履其境，致其
盟，而桓公獨能之，此孟子所以稱五霸桓公爲盛歟？既伐鄭，陳轅濤
塗謂桓公曰：君能服南夷矣，何不還師濱海而東，服東夷且歸。桓公
曰：諾。於是還師濱海而東，大陷於沛澤之中，顧而執濤塗。《公羊》僖
公四年。是役蓋略東夷而敗。其所以欲略東夷，則以東夷爲楚之與，未
必盡由濤塗之教也。明年，齊會諸侯於首止。今河南睢縣。鄭伯逃歸，
《左氏》云："王使周公召鄭伯曰：吾撫汝以從楚，輔之以晉，可以少
安。鄭伯喜於王命，而懼其朝於齊也，故逃歸不盟。"是時，周未必
有慊於齊，蓋仍脅於楚也。是年，楚人滅弦。今河南潢川縣。《左氏》曰：
"於是江、黃、道、今河南確山縣。柏今河南西平縣。方睦於齊，皆弦姻也。
弦子恃之，而不事楚，又不設備，故亡。"蓋亦齊、楚之爭。惠王二十三
年，入春秋後六十九年。齊以諸侯伐鄭。楚子圍許以救鄭。諸侯救許，乃
還。明年齊復伐鄭。又合諸侯於寧母今山東魚臺縣。以謀之。鄭伯乃
使請盟於齊。二十五年，入春秋後七十一年。諸侯盟於洮。今山東濮縣。鄭
伯乞盟。襄王元年，入春秋後七十二年。盟於葵丘。今河南考城縣。是爲齊
霸之極盛。《公羊》云："桓公震而矜之，叛者九國。"《左氏》云："宰孔
先歸，遇晉侯，曰：可無會也。齊侯不務德而勤遠略，故北伐山戎，南
伐楚，西爲此會也。東略之不知，西則否矣。晉侯乃還。"然未幾，獻
公卒，國亂，桓公仍以諸侯之師伐之，見下。則其威棱，亦未遽替也。
襄王四年，入春秋後七十五年。楚人滅黃。齊不能救。五年，入春秋後七十
六年。齊會諸侯於鹹。今河北濮陽縣。《左氏》云："淮夷病杞故。"六年，入
春秋後七十七年。諸侯城緣陵而遷杞焉。七年，入春秋後七十八年。楚人伐
徐。《左氏》云："徐即諸夏故也。"齊會諸侯救徐。齊師、曹師伐厲。今

湖北隨縣。《左氏》云"以救徐也，"楚敗徐於婁林。今安徽泗縣。《左氏》
云："徐恃救也。"八年，入春秋後七十九年。齊會諸侯於淮。今安徽盱眙縣。
《左氏》云："謀鄫，且東略也。城鄫，役人病，有夜登丘而呼曰：齊有
亂。不果城而還。"九年，入春秋後八十年。齊人、徐人伐英氏。當即皋陶後
封於英、六之英，見第七章第四節。《左氏》云："以報婁林之役也。"齊是時，蓋
仍專於東略。《詩·魯頌》盛誇僖公經略淮夷之功，蓋亦齊所命也。
是年，桓公卒。諸子爭立。國亂，而齊霸遽訖矣。

　　齊桓公之夫人三：曰王姬、徐姬、蔡姬，此從《史記》。《左氏》作王姬、徐
嬴、蔡姬。皆無子。桓公好內，多內寵，如夫人者六人：長衛姬生無詭。
《左氏》作無虧。少衛姬生惠公元。鄭姬生孝公昭。葛嬴生昭公潘。密
姬生懿公商人。宋華子生公子雍。桓公與管仲，屬孝公於宋襄公，以
為大子。雍巫有寵於衛共姬，因宦者豎刁以厚獻於桓公，亦有寵。桓
公許之立無詭。周惠王七年，入春秋後七十八年。管仲、隰朋皆卒。易
牙、開方、豎刁專權。桓公卒；易牙入，與豎刁因內寵殺羣吏，而立無
詭。大子昭奔宋。明年三月宋襄公率諸侯兵送大子昭伐齊，齊人恐
殺無詭。齊人將立大子昭。四公子之徒攻大子。大子走宋。宋遂與
齊人四公子戰，敗其師。而立大子昭，是為齊孝公。

　　齊桓既歿，晉文未興，北方無復一等國；楚雖盛，中原諸國尚未
甘服；宋襄乃乘機圖霸。宋襄之起，似始與齊爭，後與楚爭。[1] 齊桓
公及管仲，屬孝公於宋襄公，其事羌無證據；即誠有之，亦非正法；
蓋乘亂伐齊之口實耳。是時諸侯，似有黨宋，亦有黨齊者。故宋之
伐齊，曹、衛、邾婁與偕，魯與狄皆救之，而邢人狄人伐衛。明年，宋
人執滕子嬰齊。宋人、曹人、邾人盟於曹南。鄫子會盟於邾，邾人
執鄫子用之。滕與鄫，蓋皆不服宋者。宋人圍曹，蓋以其叛故。魯
會陳人、蔡人、楚人、鄭人盟於齊，距宋者始與楚合。又明年，齊人、
狄人盟於邢。其明年，周襄王十三年，入春秋後八十四年也。狄侵

---

① 史事：宋襄似始與齊爭，後與楚爭。

衞,宋人、齊人、楚人盟於鹿上。今安徽太和縣。《左氏》云:"以求諸侯於楚。"蓋齊爲舊盟主,而楚則是時與宋争者。使是盟而成,則宋可以霸。而楚伏兵車,執宋公以伐宋。宋公謂公子目夷:歸守國。楚人知雖殺宋公,猶不得宋國於是會於薄,此即漢之薄縣,見第八章第二節。釋宋公。是冬,魯伐邾。明年,再伐邾。蓋所以伐宋之與。宋、衞、滕、許伐鄭。楚伐許以救鄭。宋公及楚人戰於泓,水名,在今河南柘城縣。宋師敗績。公傷股。明年,竟以是卒。鹿上之盟,《公羊》謂公子目夷請以兵車往,宋公不可。泓之戰,《公羊》與《左》、《穀》皆謂襄公不肯乘楚師未畢濟、未畢陳而擊之,是以致敗。蓋是時欲圖霸者,猶必假仁義以服諸侯,宋襄亦有爲爲之,而惜乎其力之不足也。襄公卒之歲,齊侯宋人,圍緡。今山東金鄉縣。襄王十七年,入春秋後八十八年。衞滅邢。時魯、衞忽復合,盟於洮。今山東泗水縣。十八年,入春秋後八十九年。復盟於向,今山東莒縣。而齊師再伐魯。衞人伐齊。魯如楚乞師,伐齊,取穀。今山東東阿縣。置桓公子雍焉。桓公七子皆奔楚。楚以爲大夫。楚又伐宋。明年,遂圍之。於是齊、宋皆與晉合,而城濮之戰起矣。

周惠王五年,入春秋後五十一年。晉伐驪戎,得驪姬、驪姬弟,俱愛幸之。十二年,入春秋後五十八年。驪姬生奚齊,獻公有意廢大子。使大子申生居曲沃,公子重耳居蒲,今山西隰縣。公子夷吾居屈。今山西吉縣。大子申生,其母,齊桓公女也,曰齊姜。早死。申生同母女弟,爲秦穆夫人。重耳母,翟之狐氏女也。夷吾母,重耳母女弟也。此據《史記‧晉世家》。《左氏》云:"晉獻公取於賈,無子。烝於夷姜,生秦穆夫人及大子申生。又取二女於戎。大戎狐姬生重耳,小戎子生夷吾。"《注》云:"夷姜,武公妾。"二十一年,入春秋後六十七年。驪姬謂大子曰:君夢見齊姜,大子速祭曲沃,歸釐於君。大子上其祭胙。驪姬使人置毒藥胙中。大子聞之,奔新城。《集解》:"韋昭曰:曲沃也。新爲大子城。"自殺。驪姬因譖二公子。重耳走蒲,夷吾走屈。二十二年,入春秋後六十八年。獻公使兵伐蒲。重耳奔翟。伐屈。屈城守,不可下。二十二年,入春秋後六十九年。發賈華等伐屈。屈潰。夷吾將奔翟。冀芮曰：不可。重耳已在矣。今往晉必移兵伐翟。翟畏晉，禍且及。不如走梁。梁近於秦。秦强，吾君百歲後，可以求入焉。遂奔梁。周襄王元年，入春秋後七十二年。晉獻公病，屬夷齊於荀息。獻公卒。里克、邳鄭以三公子之徒作亂。殺夷齊於喪次。荀息立悼子驪姬弟所生。《公羊》、《左氏》作卓子。《秦本紀》亦作卓子。徐廣曰：一作倬。而葬獻公。里克弑悼子於朝。荀息死之。使迎重耳於翟。重耳謝。還報，迎夷吾於梁。夷吾欲往。呂省、《左氏》作瑕呂飴甥。杜《注》曰：“姓瑕呂，名飴甥，字子金。”郤芮曰：“內猶有公子可立者，而外求，難信。計非之秦，輔強國之威以入，恐危。”乃使郤芮厚賂秦。約曰：“即得入，請以晉河西之地與秦。”及遺里克書曰：“誠得立，請遂封子於汾陽之邑。”秦穆公乃發兵送夷吾。齊桓公聞晉亂，亦率諸侯如晉。使隰朋會秦，俱入夷吾，是爲惠公。明年，使邳鄭謝秦。亦不與里克汾陽邑，而奪之權。惠公以重耳在外，畏里克爲變，賜里克死。邳鄭聞里克誅，乃説秦穆公曰：“呂省、郤稱、冀芮實爲不從。若重賂與謀，出晉君，入重耳，事必就。”《秦本紀》曰：“願君以利急召呂、郤。呂、郤至，則更入重耳。”秦穆公許之。使人與歸報晉，厚賂三子。《秦本紀》曰：使人與邳鄭歸召呂、郤。三子曰：“幣重言甘，必邳鄭賣我於秦。”遂殺邳鄭及里克、邳鄭之黨七輿大夫。邳鄭子豹奔秦。言伐晉。繆公弗聽，而陰用豹。五年，入春秋後七十六年。晉饑，乞糴於秦。邳豹説繆公弗與，因其饑而伐之。繆公用百里傒、公孫支言，卒與之粟。以船漕車轉，自雍相望至絳。明年，秦饑，請糴於晉。惠公用虢射謀，不與。而發兵，且伐秦。又明年，秦繆公伐晉。《秦本紀》：“使邳豹將，自往擊之。”合戰韓原。今陝西韓城縣。虜晉君以歸。將以祠上帝。周天子聞之曰“晉我同姓”爲請。晉君姊，爲穆公夫人，衰絰跣曰：“妾兄弟不能相救，以辱君命。”繆公乃歸晉侯。晉侯至國，謀曰：“重耳在外，諸侯多利內之。”欲使人殺重耳於翟。重耳聞之，如齊。九年，入春秋後八十年。使大子圉質於秦。《秦本紀》曰：“夷吾獻其河西地。使大子圉爲質於秦。秦妻子圉以宗女。是時秦地東至河。”十一年，入春秋後八十二年。秦滅梁。《秦本紀》曰：“秦滅梁、芮。”事在明年。十四年，入春秋後八十五年。晉惠公內有數子。大子圉曰：“吾母家在梁，梁，今秦滅之。我外輕於秦，而內無援。君即不起，大夫輕更立他公子。”遂亡歸。明年，惠公卒，大子圉立，是爲懷公。子圉之亡，秦怨之，乃求公子重耳欲納之。乃令國中：“諸從重耳亡者與期。期盡不到者，盡滅其家。”秦繆公乃發兵內重耳，使人告欒、郤之黨爲內應。重耳，自少好士。年十七，有賢士五人，曰趙衰、狐偃，即咎犯，文公舅。賈佗、先軫、魏武子。奔翟時，年四十三歲，從此五士。其餘不名者數十人。惠公欲殺重耳。重耳聞之，乃謀趙衰等曰：始吾奔翟，非以爲可用興，以近易通，故且休足。休足久矣，固願徙之大國。夫齊桓公好善，志在霸王，收恤諸侯。今聞管仲、隰朋死，此亦欲得賢佐。盍往乎？於是遂行。過衛，衛文公不禮。去。過五鹿，今河北濮陽縣。飢，從野人乞食。野人盛土器中進之。《左氏》云：“野人與之塊。”重耳怒。趙衰曰：土者，有土也。君其拜受之。至齊，齊桓公厚禮，以宗女妻之。有馬二十乘。重耳安之。二歲，桓公卒。豎刁等爲亂。孝公之立，諸侯兵數至齊。留齊凡五歲。重耳愛齊女，無去心。趙衰、咎犯謀行。齊女勸重耳趣行。重耳曰：“人生安樂，孰知其他？必死於此。”不能去。齊女乃與趙衰等謀，醉重耳，載以行。行遠而覺，引戈欲殺咎犯。過曹，曹共公不禮。大夫釐負羈諫，不從。負羈乃私遺重耳食，置璧其下。去，過宋。宋襄公新困於楚，傷於泓，聞重耳賢，乃以國禮禮於重耳。宋司馬公孫固善於咎犯，曰：“宋小國，新困，不足以求入。更之大國。”乃去，過鄭。鄭文公弗禮，鄭叔瞻諫。鄭君曰：“諸侯亡公子過此者衆，安可盡禮？”叔瞻曰：“君不禮，不如殺之，且後爲國患。”鄭君不聽。重耳去之楚。楚成王以適諸侯禮待之。居楚數月，秦召之，成王厚送重耳。重耳至秦，繆公以宗女五人妻重耳，故子圉妻與往。重耳不欲受，司空季子《集解》：“服虔曰：胥臣白季也。”曰：其國且伐，況其故妻乎？且受以結秦親而求入。遂受。子圉立，晉國大夫欒、郤等聞重耳在秦皆陰求勸重耳、趙衰等返國，爲內應甚衆。秦穆公乃發兵與重耳歸晉。晉聞秦兵來，亦發兵拒之。然皆陰知公子重耳入也。惟惠公故貴臣呂、郤之屬不欲立重耳。十六年,入春秋後八十七年。秦送重耳至河。咎犯與秦、晉大夫盟。重耳入於晉師。入曲沃。是爲文公。出亡凡十九歲,時年六十二矣。羣臣皆往,懷公奔高梁。在今山西洪洞縣之南。使人殺懷公。吕省、郤芮謀燒公宫,殺文公。文公乃爲微行,會秦繆公於王城。今陝西朝邑縣。吕、郤等燒公宫,不得文公,欲奔秦。繆公誘殺之河上。文公歸,迎夫人於秦。秦所與文公妻者,卒爲夫人。秦送三千人爲衛,以備晉亂。

文公修政,施惠百姓。賞從亡者及功臣,大者封邑,小者尊爵。未盡行賞。周襄王以弟帶難,出居鄭地,來告急。初,叔帶以襄王十四年復歸於周。入春秋後八十五年,此據《十二諸侯年表》。《左氏》同。《周本紀》在十二年。先二年,鄭入滑。今河南偃師縣南。滑聽命。已而反與衛。鄭伐滑。王使伯犕如鄭請滑。此據《鄭世家》。《周本紀》作游孫伯服,《左氏》作伯服、游孫伯。鄭文公怨惠王亡在櫟,文公父厲公入之,惠王不賜厲公爵禄;又怨襄王之與衛滑;故不聽襄王請,而囚伯犕。十五年,入春秋後八十六年。王降翟師以伐鄭。王德翟人,以其女爲后。十六年,入春秋後八十七年。王絀翟后。翟人來誅。惠后以黨開翟人。翟人遂入。王出奔鄭。鄭文公居王於氾。今河南襄城縣。子帶立爲王。取襄王所絀翟后與居温。十七年,襄王告急於晉。秦軍河上,將入王。趙衰曰:"求霸莫如入王,尊周,周、晉同姓。晉不先入王,後秦入之,無以令於天下。方今尊王,晉之資也。"此據《晉世家》。《十二諸侯年表》:咎犯曰:"求霸莫如内王。"《左氏》亦以爲咎犯之謀。晉乃發兵至陽樊,今河南濟源縣。圍温,入襄王於周。殺王弟帶。襄王賜晉河内、陽樊之地。《左氏》曰:"與之陽樊、温、原、欑茅之田,晉於是始啓南陽。"杜《注》曰:"在晉山南河北,故曰南陽。"原亦在今濟源縣。欑茅,在今河南修武縣。十九年,入春秋後九十年。楚成王及諸侯圍宋,宋如晉告急。先軫曰:報施定霸,於今在矣。狐偃曰:楚新得曹,而初昏於衛。若伐曹、衛,楚必救之,則宋免矣。於是晉作三軍。二十年,入春秋後九十一年。晉文公欲伐曹,假道於衛。衛人弗許。還自河南渡,侵曹。伐衛,取五鹿。晉侯、齊侯盟於斂盂。今河北濮陽縣南。衛侯請盟,晉人不許。衛侯欲與楚，國人不欲，故出其君以説晉。楚救衛，不勝。晉侯入曹。令軍毋入釐負羈宗家以報德。楚圍宋，宋復告急晉。文公欲救則攻楚，爲楚嘗有德，不欲伐也；欲釋宋，宋又嘗有德於晉；患之。先軫曰："執曹伯，分曹、衛地以與宋，楚急曹、衛，其勢宜釋宋。"《左氏》："公曰：宋人告急，舍之則絶。告楚不許。我欲戰矣，齊、秦未可，若之何？先軫曰：使宋舍我而賂齊、秦，藉之告楚，我執曹君，而分曹、衛之田，以賜宋人。楚愛曹、衛，必不許也。喜賂怒頑，能無戰乎？"文公從之。楚成王乃引兵歸，將軍子玉固請戰。楚王怒，少與之兵。子玉使宛春告晉："請復衛侯而封曹，臣亦釋宋。"咎犯曰："子玉無禮矣，君取一，臣取二，勿許。"先軫曰："定人之謂禮。楚一言而定三國，子一言而亡之，我則無禮。不許，是棄宋也。不如私許曹、衛以誘之，執宛春以怒楚。既戰而後圖之。"晉侯乃囚宛春於衛。且私許復曹、衛。曹、衛告絶於楚。得臣即子玉。怒，擊晉師。宋公、齊將、秦將與晉侯次城濮。今河南陳留縣。與楚兵合戰。楚兵敗。得臣收餘兵去。晉師還。至衡雍，今河南原武縣。作王宮於踐土。今河南滎澤縣。初，鄭助楚，楚敗，懼，使人請盟晉侯。晉侯與鄭伯盟。天子使王子虎命晉侯爲伯晉人復入衛侯。《衛世家》："晉欲假道於衛救宋，成公不許。晉更從南河度，救宋。徵師於衛。衛大夫欲許。成公不肯，大夫元咺攻成公。成公出奔。晉文公伐衛，分其地予宋，討前過無禮，及不救宋患也。衛成公遂出奔陳。二歲，如周求入，與晉文公會。晉使人鴆衛成公。成公私於周主鴆者，令薄，得不死。已而周爲請晉文公，卒入之衛，而誅元咺。衛君瑕出奔。"晉侯會諸侯於温，欲率之朝周。力未能，恐其有畔者。乃使人言周襄王，狩於河陽。遂率諸侯朝於踐土。諸侯圍許。曹伯臣或説晉侯曰："齊桓公合諸侯而國異姓，今君爲位而滅同姓。曹叔振鐸之後，晉唐叔之後，合諸侯而滅兄弟，非禮。"晉侯説，復曹伯。二十二年，入春秋後九十三年。晉文公、秦繆公共圍鄭。以其無禮於文公亡過時，及城濮時鄭助楚也。欲得叔詹爲僇。鄭文公恐，不敢謂叔詹言。詹聞，自殺，鄭人以詹尸與晉。晉文公曰："必欲一見鄭君，辱之而去。"鄭人患之。乃閒令使謂秦繆公曰："亡鄭厚晉，於晉得矣，而秦未爲利，君何不解鄭，得爲東道交？"秦伯説，罷兵。二十四年，入春秋後九十五年。晉文公卒,子襄公歡立。

晉文之伯,與齊桓大異。齊桓之存邢、衛,救燕,伐楚,雖曰霸者假之,究猶有一匡天下之志也。晉之破楚,全以陰謀致勝,而其待曹、衛諸邦尤酷,"譎而不正"之評,非虛語矣。然其時之事勢,亦有迫之不得不然者。當時列國之間,純以捭闔取利,而國內亦多不寧。試觀秦繆公及晉諸臣之所爲可知。無怪惠公非倚秦援不敢入,既入而又背之,且殺里克,又欲殺文公也。文公之獲成,惠公之卒敗,蓋亦由一先入而異黨孔多,一後入而反側者多已夷滅;又一倚秦援,一與秦搆怨之故;非必其才之果有高下也。文公之霸業,始於勤王,成於破楚,其勤王,蓋欲以抑秦;破楚則成於徼幸,何以言之? 曰:韓原之敗,河東入秦,《左氏》曰:"秦始征晉河東,置官司焉。"《韓非·難二》謂惠公時,秦侵去絳十七里。晉之勢蓋甚岌岌。晉文之去狄,不過欲求仕於齊。雖齊內爭亂,諸侯之兵數至,猶溺於晏安而不去,其非有雄圖可知。謂其以六十之年,崎嶇返國,而遽欲取威定霸,無是理也。其與秦爭納王,蓋特欲少抑其東出之勢。至其侵曹,伐衛,救宋,圍鄭,則全以亡過時恩怨之私。當時風氣,視此等事蓋甚重。觀齊桓之滅譚,亦以是故可知。見《左氏》莊公十年,《史記·齊世家》同。既救宋,勢不得不敵楚。適直楚成暮氣不振,又與子玉不和,遂成城濮之功。此乃事勢相激使然,固非其始願所及。然文公及諸臣之才,固有可取,而晉之國勢,亦有使之成功者。《左氏》記惠公之見獲於秦也,使郤乞告瑕呂飴甥,且召之。子金教之言曰:"朝國人,而以君命賞,且告之曰:孤雖歸,辱社稷矣,其卜貳圉也。"衆皆哭。晉於是乎作爰田。呂甥曰:君亡之不恤,而羣臣是憂,惠之至也。將若君何? 衆曰:何爲而可? 對曰:征繕以輔孺子。諸侯聞之,喪君有君,羣臣輯睦,甲兵益多,好我者勸,惡我者懼,庶有豸乎? 衆説。晉於是乎作州兵。《左氏》僖公十五年。文公始入而作三軍。城濮戰後,又作三行。《左氏》曰:"晉侯始入而教其民。二年,欲用之。子犯曰:民未知義,未安其生。於是乎出定襄王,入務利民,民懷生矣。將用之。子犯曰:民未知信,未宣其用。於是乎伐原以示之信。見《左氏》十八年。民易資者，不求豐焉。明徵其辭。公曰：可矣。子犯曰：民未知禮，未安其居。於是乎大蒐以示之禮，作執秩以正其官。民聽不惑，而後用之。出穀戍，釋宋圍，一戰而霸，文之教也。"僖公二十七年。蓋晉甲兵素多，而文公又有以用之，故因緣事勢，遂成霸業於數年之間也。不然，列國相爭，機會之儻來者何限？而何以有等國終不能乘，且隨之輾轉播蕩，而終至於覆亡哉？

第四節　五霸事迹下

晉文公之卒也，鄭人有賣鄭於秦，此據《秦本紀》。《鄭世家》云：鄭司城繒賀，以鄭情賣之秦。《左氏》謂秦聽鄭之説，使杞子、逢孫、楊孫戍之。杞子自鄭使告於秦曰：鄭人使我掌其北門之管。若潛師以來，國可得也。似乎不近情理。曰："我主其城門，鄭可襲也。"繆公問蹇叔、百里傒。對曰："徑數國千里而襲人，希有得利者。且人賣鄭，庸知我國人不有以我情告鄭者乎？不可。"繆公曰："子不知也。吾已決矣。"遂發兵，使百里傒子孟明視，蹇叔子西乞術及白乙丙將。周襄王二十五年，入春秋後九十六年。兵至滑，鄭販賣賈人弦高持十二牛將賣之周。見秦兵。恐死虜，因獻其牛，曰："聞大國將誅鄭。鄭君謹修守禦備，使臣以牛十二勞軍士。"秦三將軍相謂曰："將襲鄭，鄭今已覺之，往無及已。"滅滑。滑，晉之邊邑也。時晉文公喪尚未葬。先軫曰："秦伯不用蹇叔，反其衆心，此可擊。"欒枝曰："未報先君施，擊之，不可。"先軫曰："秦侮吾孤，伐吾同姓，何德之報？"此據《晉世家》。《秦本紀》：大子襄公怒曰：秦侮我孤，因喪破我滑。遂墨衰絰。發兵，遮秦兵於殽。《正義》："《括地志》云：三殽山，在洛州永寧縣西北二十里，即古之殽道也。"永寧，今河南永寧縣。擊之。大破秦軍。無一人得脱者。虜秦三將以歸。文公夫人，秦女也，爲請。晉君許之。歸秦三將。三將至，繆公素服郊迎，復三人官秩如故，厚待之，二十七年，入春秋後六十八年。

使孟明視等將兵伐晉。戰於彭衙，今陝西白水縣。秦不利，引兵歸。此據《十二諸侯年表》。《秦本紀》在其前一年，蓋漏書年代。又《晉世家》云："秦使孟明視伐晉，報殽之敗，取晉汪以歸。"①《索隱》云："按《左傳》：文二年，秦孟明視伐晉，報殽之役，無取晉汪之事。又其年冬，晉先且居等伐秦，取汪、彭衙而還。則汪是秦邑，止可晉伐秦取之，豈得秦伐晉而取汪也？或者晉先取之，秦今伐晉而收汪，是汪從晉來，故云取晉汪而歸也。汪不知所在。"案《十二諸侯年表》：秦繆公三十五年，伐晉，報殽，敗我於汪。《鄭世家》：鄭發兵從晉伐秦，敗秦兵於汪。則《史記》亦與《左氏》合。疑《晉世家》之取晉汪，乃晉取汪之倒，而其間又有奪文也。戎王使由余於秦。由余其先晉人也，亡入戎，能晉言。秦繆公示以宮室積聚。由余曰："使鬼爲之則勞神矣；使人爲之，亦苦民矣。"繆公怪之。問曰："中國以詩書禮樂法度爲政，然尚時亂。今戎夷無此，何以爲治？不亦難乎？"由余笑曰："此乃中國所以亂也夫！自上聖黃帝，作爲禮樂法度，身以先之，僅以小治。及其後世，日以驕淫。阻法度之威，以責督於下。下罷極，則以仁義怨望於上。上下交爭，怨而相簒弒，至於滅宗，皆以此類也。夫戎狄不然。上含淳德以遇其下，下懷忠信以事其上。一國之政，猶一身之治，不知所以治，此真聖人之治也。"於是穆公令內史廖以女樂二八遺戎王。戎王受而說之。秦乃歸由余。由余數諫，不聽。繆公又數使人間要由余。由余遂去降秦。繆公以客禮禮之。問伐戎之形。二十九年，入春秋後百年。穆公復益厚孟明等，使將兵伐晉。渡河，焚船。大敗晉人。取王官及鄗。《集解》："徐廣曰：《左傳》作郊。"《正義》："《括地志》云：王官故城，在同州澄城縣西北九十里。又云：南郊故城，在縣北十七里。又有北郊故城，又有西郊故城。《左傳》云：文公三年，秦伯伐晉，濟河，焚舟，取王官及郊也。《括地志》云蒲州猗氏縣南二里，又有王官故城，亦秦伯取者。"案澄城，今爲縣，屬陝西。猗氏，今爲縣，屬山西。以報殽之役。晉人皆城守不敢出。於是穆公乃自茅津渡河，封殽中尸，爲發喪，哭之三日。乃誓於軍曰："嗟士卒聽無譁。余誓告汝。古之人謀黃髮番番，則無所過。"以申思不用蹇叔、百里傒之謀，故作此誓，令後世以記余過。明年，秦用由余謀，伐戎王，益國十二，開地千里，遂霸

---

①　史事：取晉汪。

西戎。天子使召公過賀繆公以金鼓。三十二年，入春秋後百有三年。繆公卒。秦之開化，遠後東方。戰國時，論者猶謂秦雜戎狄之俗，況在春秋之世？越國鄙遠，古代固非絕無，俞正燮《癸巳類稿》，有《越國鄙遠義》，謂越國鄙遠，爲古恒有之事。然必往來便易，中無強國阻隔者。秦之不能有鄭，形勢顯然，繆公豈不之知？其潛師侵襲，蓋徒利其虜獲，[1]觀其得晉惠公欲以祠上帝，與三良飲酒樂，則爲死共此哀之約，《秦本紀》："繆公卒，葬雍，從死者百七十七人。秦之良臣子輿氏三人，名曰奄息、仲行、鍼虎，亦在從死之中，秦人哀之，爲作《黃鳥》之詩。"《正義》："應劭云：秦穆公與羣臣飲酒，酣。公曰：生共此樂，死共此哀。於是奄息、仲行、鍼虎許諾。及公薨皆從死。《黃鳥》詩所爲作也。"蓋三家詩説。其雜戎狄之俗可知，慕效中國之不暇，安知禮樂法度之弊？由余之對，其爲後人依託，不待言也。繆公之成霸業，一由能廣用異國之材，一由其能悔過，不尚血氣之勇。其大功，則不在於勝晉，而實在於伐戎，以伐晉不過報怨，伐戎實有闢土之益也。然非殽戰喪敗，或亦不克致此，禍福倚伏，事之利害，誠有難言者矣。

周襄王三十年，入春秋後百有一年。晉趙成子、衰。欒貞子、枝。咎季子、犯。霍伯先且居。皆卒，趙盾代趙衰執政。明年，襄公卒。大子夷皋少。晉人以難故，欲立長君。趙盾曰："立襄公弟雍。好善而長，先君愛之，且近於秦，《秦本紀》曰："秦出也。"秦故好也。"賈季曰："不如其弟樂。"趙盾使士會如秦逆雍，賈季亦使召樂於陳。《左氏》云："趙孟使殺諸郫。"趙盾廢賈季。賈季奔狄。是歲，秦穆公亦卒。明年四月，秦康公曰："昔文公之入也無衛，故有呂、郤之患。"乃多與公子雍衛。大子母繆嬴，日夜抱大子以號泣於朝，曰："先君何罪？其嗣亦何罪？舍適嗣而外求君，將安置此？"出朝，則抱以適趙盾所。頓首曰："先君奉此子而屬之子，曰：此子材，吾受其賜；不材，吾怨子；今君卒，言猶在耳，而棄之若何？"趙盾與諸大夫皆患繆嬴，且畏誅，乃背所迎而立大子，是爲靈公。發兵以距秦送公子雍者，趙盾爲將，往擊秦，敗之令狐。今

----

[1]　史事：晉文公人而勤王救宋，可見時人之好戰。繆公襲鄭，純爲剽掠，如單于奕齊邑耳，故滅滑，晉之遠邑，其於晉蓋甚利通之，故入惠公，文公又欲入，公子雍。吳入楚，蓋亦然。

山西猗氏縣。先蔑、隨會亡奔秦。晉是時内外麤安，安用廢適立庶？且穆嬴秦女，公子樂母辰嬴，亦稱懷嬴。即始歸子圉，繼歸文公者，亦秦女也。欲結秦援，安用立公子雍？盾之以私廢立，亦可見矣。晉自是與秦連兵。周襄王三十三年，入春秋後百有二年，秦伐晉取武城，以報令狐之役。頃王二年，入春秋後百有六年，晉伐秦，取少梁。秦亦取晉之郊。四年，入春秋後百有八年，春，康公伐晉，取羈馬。晉侯怒，使趙盾、趙穿、郤缺擊秦。大戰河曲。明年，晉六卿患隨會在秦，常爲晉亂。乃佯令魏壽餘，反晉降秦。秦使隨會之魏，因執會以歸。以上皆據《晉世家》。武城，《正義》引《括地志》云：在華州鄭縣東北。鄭，今陝西華縣。少梁，杜《注》云：馮翊夏陽縣。夏陽，在今陝西韓城縣南。郊，《集解》引徐廣曰：“《年表》云，北徵也。”《索隱》曰：“徐云《年表》曰徵，然按《左傳》，文十年，晉人伐秦，取少梁，夏，秦伯伐晉，取北徵，北徵即《年表》之徵，今云郊者，字誤也。徵音懲，亦馮翊之縣名。”案如《索隱》言，則《年表》及《集解》引徐廣皆當僅云徵，然今皆作北徵，恐後人據《左氏》改之。《年表索隱》“徵音澄”，云：“蓋今之澄城也。”案澄城，今爲縣，屬陝西。羈馬，《秦本紀集解》引服虔云：“晉邑也。”蓋未能知其所在。靈公長，又與趙盾不協。周匡王六年，入春秋後四十六年。公飲趙盾酒，伏甲將攻盾。盾得脱，出奔。未出竟，盾昆弟將軍趙穿弒靈公，迎盾。盾復位。使穿迎襄公弟黑臀於周而立之，是爲成公。晉内相乖離，遂不克與楚争矣。

　　楚自城濮敗後，襄王二十五年，入春秋後九十六年。始出兵。侵陳、蔡。陳、蔡成。遂伐鄭。晉陽處父侵蔡，楚子上救之。與晉師夾泜而軍。泜今灃水。已而各罷歸。二十六年，入春秋後九十七年。楚成王欲廢大子商臣而立其弟職。商臣弒王代立，是爲穆王。二十八年，入春秋後九十九年。晉伐沈，沈潰。楚人圍江。晉伐楚以救江。明年，江卒爲楚所滅。三十年，入春秋後百有一年。又滅六、蓼。頃王元年，入春秋後百有五年。范山言於楚子曰：“晉君少，不在諸侯，北方可圖也。”楚子師於狼淵今河南許昌縣。以伐鄭。晉人救之，不及。又侵陳。陳及楚平。二年，入春秋後百有六年。陳侯、鄭伯會楚子於息。遂及蔡侯，次於厥貉。地名，杜《注》闕。將以伐宋。宋逆楚子，勞且聽命。五年，入春秋後百有九年。楚穆王卒，子莊王旅立。《公羊》、《左氏》作旅。《穀梁》、《史記》作侣。六年，入春秋後百十一年。晉會陳、鄭、許於新城。今河南商邱縣西南。蔡人不與。匡王元年，入春秋後百十一年。晉師入蔡。二年，入春秋後百十二年。楚大饑。戎伐其西南，又伐其東南。庸人率羣蠻以叛楚。麇人率百濮聚於選，將伐楚。於是申息之北門不啓。楚人謀徙於阪高。杜《注》：楚險地。蒍賈曰："不可。我能往，寇亦能往。不如伐庸。夫麇與百濮，謂我饑不能師，故伐我也。若我出師，必懼而歸。百濮離居，將各走其邑，誰暇謀人？"乃出師。旬有五日，百濮乃罷。楚子乘驛會師，分爲二隊，以伐庸。秦人、巴人從楚師，遂滅庸。以上爲莊王即位後三年中事，蓋因内憂，未遑外務，故史有莊王即位，三年不出號令之説也。見《史記·楚世家》。案古書言此事者甚多。五年，入春秋後百十五年。陳受盟於晉。楚、鄭侵陳。遂侵宋。晉趙盾救陳。又會諸侯伐鄭。六年，入春秋後百十六年。鄭公子歸生受命於楚伐宋。戰於大棘，今河南寧陵縣。宋師敗績。獲宋華元。趙盾及宋、衛侵鄭。楚鬬椒救之。趙盾還。是歲，晉靈公見弑。定王元年，入春秋後百十七年。楚子伐陸渾之戎。遂至於雒，觀兵於周疆。晉侯伐鄭。鄭及晉平。楚人侵鄭。二年、入春秋後百十八年。三年入春秋後百十九年。又伐之。是歲，三年。陳及楚平。晉荀林父救鄭伐陳。四年，入春秋後百二十年。晉趙盾侵陳。楚人伐鄭。取成而去。五年，入春秋後百二十一年。鄭及晉平。六年，入春秋後百二十二年。陳及晉平。楚師伐陳，亦取成焉。七年，入春秋後百二十三年。晉荀林父伐陳。是歲，晉成公卒，子景公據立。楚子伐鄭。晉郤缺救鄭。八年，入春秋後百二十四年。鄭及楚平。晉人伐鄭，亦取成而還。楚子伐鄭。晉士會救鄭，逐楚師於潁北。諸侯之師戍鄭。是歲，陳徵舒殺其君。明年，楚莊王帥諸侯伐陳，誅徵舒。因縣陳而有之。申叔時諫。乃復陳。是歲，鄭與楚盟辰陵，杜《注》："潁川長平縣東南有辰陵。"今河南淮陽縣。《史記》云"鄭與晉盟鄢陵"，今河南鄢陵縣。又徼事於晉。十年，入春秋後百二十六年。春，楚子圍鄭。三月，克之。鄭伯肉袒牽羊以逆。莊王退三十里，與之平。六月，晉師救鄭。其來也，持兩端，故遲。語見《史記·鄭世家》。至河，楚兵已去。中軍將荀林父欲還。佐先縠不可。師遂濟。莊王還擊晉。鄭反助楚。大敗晉軍河上。此據《史記》。春秋作戰於邲，地在今河南鄭縣。是歲,楚子滅蕭。明年,伐宋,以其救蕭也。十二年,入春秋後百二十八年。
晉侯伐鄭。楚子使申舟聘於齊,曰:無假道於宋。亦使公子馮聘於
晉,不假道於鄭。申舟曰:"鄭昭宋聾,晉使不害,我則必死。"王曰:
"殺汝,我伐之。"見犀而行。犀,申舟子。及宋,宋人殺之。楚子聞之,投
袂而起,履及於窒皇,寢門閾。劍及於寢門之外,車及於蒲胥之市。秋,
九月,楚子圍宋。宋人使告急於晉。晉侯欲救之。伯宗曰:不可。
乃使解揚紿爲救宋。明年五月,宋及楚平。是時楚勢可謂極盛。十
六年,入春秋後百三十二年。莊王卒,子共王審立。幼,而形勢復一變。共
王臨歿時,自言生十年而喪先君,見《左氏》襄公十三年。

　　春秋五霸,齊桓而外,當以楚莊之兵力爲最強,其爲人亦最正。惟
兵力強,故不藉詭道以取勝也。邲之戰,《左氏》載士會之言,謂其"荆尸
而舉,商、農、工、賈,不敗其業"。又曰:"其君之舉也,内姓選於親,外姓
選於舊,舉不失德,賞不失勞。老有加惠,旅有施舍。君子小人,物有服
章。貴有常尊,賤有等威。"欒書曰:"楚自克庸以來,其君無日不討國人
而訓之,於民生之不易,禍至之無日,戒懼之不可以怠。在軍,無日不討
軍實而申儆之,於勝之不可保,紂之百克而卒無後。訓之以若敖、蚡冒,
蓽路藍縷,以啓山林。箴之曰:民生在勤,勤則不匱。"可見其政事軍備
之整飭。是戰也,據《左氏》,似始以和誤晉,終乃乘其不備而襲之,此乃
臨敵決勝,不得不然,其不肯避強陵弱,則《公羊》、《史記》二説符會,決
非虛語。《公羊》謂其既勝之後,還師而佚晉寇。《左氏》又載其不肯收
晉尸爲京觀。伐宋之役,宋人易子而食,析骸以爨,可謂危急已極。然
華元以情告,亦遽釋之。見《公羊》、《左氏》宣公十二、十三年。皆可謂堂堂之
陳,正正之旗,視晉文之譎,秦穆之暴,不可同年而語矣。

第五節　齊頃靈莊晉厲悼楚共靈之爭

　　春秋大國,本稱晉、楚、齊、秦,五霸尤以桓公爲盛,然桓公一死,

霸業遽荒，則齊之内亂爲之也。齊孝公以周襄王十九年卒。入春秋後九十年。弟潘，因衛公子開方殺孝公子而立，是爲昭公。頃王六年卒。入春秋後百年，此據《十二諸侯年表》，與《春秋》合。《世家》早一歲。子舍立。舍之母無寵，國人莫畏。昭公弟商人，以桓公死爭立不得，陰交賢士。附愛百姓，百姓說。與衆即墓上弒舍自立，是爲懿公。匡王四年，入春秋後百十四年。爲其下所弒。懿公之立，驕，民不附。齊人廢其子，而迎公子元於衛立之，是爲惠公。桓公十有餘子，要其後立者五人，皆以爭。時正宋襄圖霸，至楚莊初立時也。定王元年，入春秋後百十七年。爲楚莊王觀兵周郊之歲，惠公卒，子頃公無野立，頗有意於振作，然晉勢已成，頃公又有勇無謀，遂致轉遭挫折矣。

定王十五年，入春秋後百三十一年，此從《表》及《晉世家》，與《左氏》合。《齊世家》先一年。晉使郤克於齊。齊使夫人帷中而觀之。郤克上，夫人笑之。此從《齊世家》。《晉世家》云："齊頃公母從樓上觀而笑之。所以然者，郤克僂而魯使蹇，衛使眇，故齊亦令如之以導客。"與《公》、《穀》略同。齊頃公有意挑釁，庸或不顧一切。當時最重使命，尤重人之儀表，晉、魯、衛豈有使僂者、蹇者、眇者出使之理？① 古代貴族，有惡疾不得繼嗣，郤克果僂，魯使果蹇，衛使果眇，又豈得爲卿大夫乎？且當時亦未必有樓也。此皆所謂東野人之言也。度當日郤克偶失儀，而爲婦人所笑，則有之爾。《左氏》亦但云郤子登，婦人笑於房。杜《注》反據《公》、《穀》，謂其跛而登階，實非也。郤克曰："不是報，不復涉河。"《晉世家》："歸至河上，曰：不報齊者，河伯視之。"歸，請伐齊。晉侯弗許。齊使至晉，郤克執四人河内，殺之。明年，晉伐齊。齊以公子彊質晉。晉兵去。十八年，入春秋後百三十四年。齊伐魯、衛。魯、衛大夫如晉請師，皆因郤克。晉使郤克以車八百乘爲中軍，以救魯、衛，伐齊。與頃公戰於鞌，《集解》：服虔曰："齊地名。"齊師敗走。晉軍追齊，至馬陵。《集解》："徐廣曰：一作陘。駰案賈逵曰：馬陘，齊地。"案《晉世家》作"追北至齊"，蓋近齊都。齊侯請以寶器謝。不聽。必得笑克者蕭桐叔子，《晉世家》作蕭桐姪子。令齊東畝。對曰："叔子，齊君母，亦猶晉君母，子安置之？且子以義伐，而以暴爲後，其可乎？"於是乃許。令反魯、衛之侵

地。明年,齊頃公朝晉,欲尊王晉景公,景公不敢受。乃歸,歸而頃公弛苑囿薄賦斂,振孤問疾,虛積聚以救民,民亦大說。厚禮諸侯。竟頃公卒,百姓附,諸侯不犯。_{頃公卒在周簡王四年,入春秋後百四十一年。}觀頃公欲尊王晉景,可知鞌戰受創之深 。雖以恤民獲安,然終不能復與晉競矣。

　　鞌之戰,在楚共王及魯成公二年。《左氏》云:"宣公使求好於楚。莊王卒,宣公薨,不克作好。公即位,受盟於晉,會晉伐齊。衛人不行使於楚,而亦受盟於晉,從於伐齊。故楚令尹子重_{公子嬰齊}爲陽橋之役以救齊。"蓋莊王在時,威棱遠憺,魯、衛皆有折而入之之勢。齊頃公之齮晉,未必不與之聲勢相倚;而莊王之死,適丁其時,此實晉、楚强弱一轉捩也。陽橋之役,子重曰:"君弱,羣臣不如先大夫,師衆而後可。"乃大戶,已責,逮鰥,救乏,赦罪,悉師。王卒盡行。侵衛。遂侵魯。及陽橋。魯請盟。與秦、宋、陳、衛、鄭、齊、曹、邾、薛、鄫人盟於蜀。是行也,晉辟楚,畏其衆也。然魯、衛既睦,齊師新挫,吳亦漸强,楚不能無後顧之憂,而晉遂有復振之勢。鞌戰之明年,晉與魯、衛、曹、宋伐鄭,以討邲之役。時許恃楚而不事鄭。定王十九、_{入春秋後百三十五年。}二十年,_{入春秋後百三十六年。}鄭再伐之。二十一年,_{入春秋後百三十七年。}鄭悼公使弟睔與許訟於楚。_{此據《鄭世家》,《楚世家》云"鄭悼公來訟",與《左氏》同。}不直。楚囚睔。鄭與晉平。睔私於楚子反。_{公子側。}子反言之,乃歸睔。簡王元年,_{入春秋後百三十八年。}悼公卒,睔立,是爲成公。是歲,楚伐鄭。明年,又伐鄭,皆不克。四年,_{入春秋後百四十一年。}楚共王曰:"鄭成公孤有德焉。"使人於鄭。鄭與之盟,_{此據《鄭世家》。}《左氏》云:"楚人以重賂求鄭。"成公如晉。晉人執之。又使欒書伐鄭。五年,_{入春秋後百四十二年。}鄭立成公庶兄繻。晉乃歸成公。是歲,晉景公卒,子州蒲立。_{《史記》作壽曼。}是爲厲公。《左氏》云邲之役,荀首爲下軍大夫。其子罃,爲楚所囚。首以其族反之。射楚連尹襄老,獲之,遂載其尸;射公子穀臣,囚之;以二者還。定王十九年,_{入春秋後百三十五年。}晉歸穀臣及襄老之尸,以求罃於楚。楚人許之。簡王二年,_{入春秋}

後百三十九年。楚伐鄭。鄭囚楚郎公鍾儀，獻之晉。四年，入春秋後百四十一年。晉使鍾儀歸求成。楚公子辰報使。五年，入春秋後百四十二年。晉欒茷如楚報使。六年，入春秋後百四十三年。宋華元善於楚令尹子重又善於晉欒武子。書。聞楚許欒茷成，如晉，遂如楚。七年，入春秋後百四十四年。克合晉、楚之成。夏五月，晉士燮會楚公子罷、許偃盟於宋西門之外。晉郤至如楚。楚公子罷如晉莅盟。此事《史記·晉楚世家》、《十二諸侯年表》皆不載。惟《宋世家》云“共公元年，華元善楚將子重，又善晉將欒書，兩盟晉、楚”，其事似相符會。然宋共公元年，爲周定王十九年，入春秋後百三十五年。前後相差九年。崔適謂《左氏》涉弭兵之盟而誤，見所著《春秋復始》。其説蓋是。《宋世家》之文，乃謂宋既與晉盟，又與楚盟，非謂其合晉、楚之成也。十年，入春秋後百四十七年。楚伐鄭，不克。宋魚石出奔楚。公子目夷之曾孫。十一年，入春秋後百四十八年。楚以汝陰之田求成於鄭。鄭叛晉，與楚盟。欒書曰：“不可以當吾世而失諸侯。”乃發兵，厲公自將。楚兵來救。與戰，射共王中目，楚兵敗於鄢陵。見第三節。然鄭仍不服。初，厲公多外嬖。自鄢陵歸，欲盡去羣大夫，而立諸姬兄弟。寵姬兄曰胥童，嘗與郤至有怨。欒書又怨郤至不用其計，而遂敗楚。《集解》：“《左傳》曰：欒書欲待楚師退而擊之，郤至云：楚有六間，不可失也。”乃使人間謝楚。楚來詐厲公曰：鄢陵之戰，實至召楚，欲作亂，内子周立之。會與國不具，是以事不成。厲公告欒書。欒書曰：其殆有矣。願公試使人之周微考之。果使郤至於周。欒書又使公子周見郤至。厲公驗之，信然。遂怨郤至，欲殺之。十三年，入春秋後百五十年。公令胥童以兵八百人襲攻，殺三郤。《集解》：“賈逵曰：三郤，郤錡、郤犨、郤至也。”胥童因劫欒書、中行偃於朝，曰：“不殺二子，患必及公。”公弗聽。公使胥童爲卿。公游匠驪氏。欒書、中行偃因之。殺胥童。使迎公子周於周。十四年，入春秋後百五十一年。弑厲公。《公羊》成公十六年《解詁》云：“晉厲公見餓殺。”《疏》引《春秋説》云：“厲公猥殺四大夫，臣下人人恐見及，正月幽之，二月而死。”周至絳，立之，是爲悼公。其大父捷，晉襄公少子也。號桓叔。生惠伯談。談生悼公。年十四矣。逐不臣者七人。修舊功，施惠德,收文公入時功臣後。前一年,楚納魚石於彭城。及是,晉以諸侯圍之。彭城降。明年,爲周靈王元年,入春秋後百五十二年。鄭成公卒,子惲立,是爲僖公。成公之疾也,子駟公子騑。請息肩於晉。公曰:"楚君以鄭故,親集矢於其目,非異人任,寡人也。若背之,是棄力與言,其誰暱我?免寡人,惟二三子。"是冬,諸侯城鄭虎牢。今河南氾水縣。鄭人乃成。明年,盟於雞澤。今河北永年縣。楚子辛公子任夫。爲令尹,侵欲小國,陳人亦來乞盟。楚比歲侵陳。六年,入春秋後百五十七年。遂圍之。諸侯弗能救。陳復入楚。鄭相子駟弒僖公,立其子嘉,年五歲。子駟當國。七年,入春秋後百五十八年。諸公子欲誅子駟。子駟覺之,盡誅諸公子。八年,入春秋後百五十九年。諸侯伐鄭,鄭行成。楚來伐,鄭又從之。時子駟畏誅,故兩親晉、楚也。九年,入春秋後百六十年。子駟欲自立。子孔公子嘉。殺而代之。諸侯之師戍鄭虎牢。鄭及晉平。楚子囊救鄭。鄭又竊與之盟。十年,入春秋後百六十一年。諸侯伐鄭,鄭成。楚來伐,鄭又逆之。與之伐宋。諸侯悉師以復伐鄭。楚師不能復出。鄭乃與諸侯盟。明年,會於蕭魚。戰國時之修魚,今河南許昌縣。悼公於是稱復霸焉。十二年,入春秋後百六十三年。楚共王卒,子康王昭立。十四年,入春秋後百六十五年。晉悼公亦卒,子平公彪立。明年,許男請遷於晉。諸大夫不可。晉會諸侯伐許。晉師遂侵楚,敗其師於湛阪。今河南葉縣。侵方城之外而還。方城,山名,在今河南方城縣。十七年,入春秋後百六十八年。鄭子孔欲去諸大夫,叛晉而起楚師。楚公子午伐鄭。子展、公孫舍之。子西公孫夏。知子孔之謀,完守入保。子孔不敢會楚師。明年,二子伐殺子孔。子展當國。子西聽政。立子產公孫僑。爲卿。十九年,入春秋後百七十年。公孫舍之入陳。公孫夏又伐之。陳及鄭平。明年,許靈公如楚,請伐鄭,曰:"師不興,孤不歸矣。"卒於楚。楚子曰:"不伐鄭,何以求諸侯?"與陳、蔡伐鄭,而後葬許靈公。然亦不能得志也。

自趙盾背秦立靈公後,秦、晉遂失好。周匡王四年,入春秋後百十四年。秦康公卒,子共公立。定王三年,入春秋後百十九年。卒,子桓公立。

簡王六年，入春秋後百四十三年。秦、晉夾河而盟。歸而秦背盟，與翟合謀伐晉。八年，入春秋後百四十五年。晉與諸侯伐秦，秦軍敗，追至涇而還。明年，秦桓公卒，子景公立。《秦始皇本紀》作哀公。靈王八年，入春秋後百五十九年。秦乞師於楚。楚子師於武城，今河南南陽縣。以爲秦援。秦侵晉。明年，晉伐秦。又明年，楚乞旅於秦。秦右夫詹從楚子伐鄭。晉既爲蕭魚之會，秦救鄭，敗晉師於櫟。事在《左氏》襄公十一年。《左氏》云："秦庶長鮑、庶長武師師伐晉以救鄭。鮑先入晉地，士魴禦之。少秦師而弗設備。壬午，武濟自輔氏，與鮑交伐晉師。己丑，秦、晉戰於櫟，晉師敗績。"輔氏，又見宣公十五年，爲秦桓公伐晉所次，地當瀕河。櫟當距輔氏不遠。《史記·秦本紀》正義引《括地志》洛州陽翟縣古櫟邑以釋之，非也。陽翟，今河南禹縣。十一年，入春秋後百六十二年。秦、楚又伐宋，以報晉之取鄭。蓋成秦、楚合以謀晉之局矣。十三年，入春秋後百六十四年。晉荀偃會諸侯伐秦。濟涇，師於棫林，以心力不齊而還。晉人謂之遷延之役。二十二年，入春秋後百七十三年。景公如晉，與平公盟，已而背之。此據《秦本紀》，爲景公二十七年，即魯襄公二十三年。《十二諸侯年表》，在景公二十九年。云："公如晉盟，不結。"左氏則在襄公二十四年，云："晉韓起如秦涖盟，秦伯車如晉涖盟，成而不結。"至二十六年，乃云："秦伯之弟鍼如晉修成。"鍼即伯車。景王八年，入春秋後百八十六年。景公卒，子哀公立。《秦始皇本紀》作畢公。《秦本紀》云："晉公室卑而六卿強，欲内相攻，是以秦、晉久不相攻。"二國之干戈始戢矣。

　　齊頃公以周簡王四年卒，入春秋後百四十一年。子靈公環立。十四年，入春秋後百五十一年。齊不會救鄭。晉伐齊。齊令公子光爲質。靈王十七年，入春秋後百六十八年。齊與邾數攻魯，晉合諸侯圍齊。是年爲魯襄公十八年，齊靈公二十七年，晉平公三年。《史記·十二諸侯年表》，於齊云："晉圍臨淄，晏嬰大破之。"於晉云："率魯、宋、衛、鄭圍齊，大破之。"《公羊》襄公十九年："公至自伐齊。此同圍齊也，何以致伐？未圍齊也。"則此役晉蓋未大得志。《左氏》之言，乃偏據晉史，不足信也。《齊世家》謂"臨菑城守不敢出，晉焚郭中而去"，與《左氏》合。《晉世家》誤是役於平公元年。齊侯娶於魯，曰顏懿姬。無子。其姪鬷聲姬，生光，以爲大子。諸子仲子、戎子。《史記》作仲姬、戎姬。戎子嬖。仲子生牙，屬諸戎子。戎子請以爲大子。公許之。遂東大子光。使高厚傅牙爲大子。

十八年，入春秋後百六十九年。靈公疾。崔杼迎立光。是爲莊公。殺戎
姬及牙。崔杼殺高厚。晉聞齊亂，伐齊，至高唐。今山東禹城縣。聞齊
侯卒，乃還。齊與晉平。十九年，入春秋後百七十年。盟於澶淵。二十
年，入春秋後百七十一年。晉欒盈出奔楚。書之孫。《晉世家》作欒逞。明年，自
楚適齊。莊公厚客待之。二十二年，入春秋後百七十三年。晉將嫁女於
吳。齊侯使勝之。以藩載欒盈及其士，納諸曲沃。盈帥曲沃之甲，因
魏獻子舒。以入絳。絳不戒。平公欲自殺。范獻子鞅。止之。時晉
卿趙氏、中行氏皆怨欒氏。韓、趙方睦。知氏聽於中行氏。惟魏氏與
七輿大夫睦於欒氏。范獻子劫魏獻子，賂之以曲沃。欒盈敗，奔曲
沃，晉人圍之，盡滅其宗。齊既納欒盈，隨以兵。上大行，入孟門。聞
盈敗，乃取朝歌而還。遂以晏子之謀通楚。據《十二諸侯年表》。二十三
年，入春秋後百七十四年。晉會諸侯於夷儀，見第三節。將以伐齊。水，不
克。楚伐鄭以救齊。諸侯還救鄭。明年，莊公爲崔杼所弑，晉復會諸
侯於夷儀，伐齊。齊人以莊公説，乃平。

　　齊頃公、靈公、莊公，三世皆與晉競，然迄無成。秦本不問中原之
事。平公立後，晉公室日卑，楚亦不能遽振，於是弭兵之盟起矣。時
宋向戌善於晉趙文子，武。又善於楚令尹子木，屈建。欲弭諸侯之兵以
爲名。乃先如晉告趙孟。晉許之。如楚，楚亦許之。次告齊、秦及諸
小國。靈王二十六年，入春秋後百七十七年。盟於宋。晉趙武、楚屈建及
魯、衛、陳、蔡、鄭、許皆與焉。子木謂向戌："請晉、楚之從交相見。"向
戌復於趙孟。趙孟曰："晉、楚、齊、秦，匹也。晉之不能於齊，猶楚之
不能於秦也。楚君若能使秦君辱於敝邑，寡君敢不固請於齊？"左師
向戌。復言於子木。子木使馹謁諸王。王曰："釋齊、秦，他國請相見
也。"故齊、秦不會。將盟，晉、楚爭先。楚人衷甲。卒先楚。明年，
宋、魯之君，皆如楚。是歲，楚康王卒，子員立。此從《史記》，《左氏》作麇。
是爲郟敖。景王四年，入春秋後百八十二年。晉、楚復會於虢，以尋宋之
盟。齊亦與焉。楚共王寵弟四人：曰公子圍、子比、子皙、公子黑肱。棄
疾。圍爲令尹，主兵事。使鄭，道聞王疾而還。入問王疾，絞而殺之。

遂殺其子莫及平。子比奔晉。子皙奔鄭。圍立，是爲靈王。七年，入
_{春秋後百八十五年。}使椒舉如晉求諸侯。晉人許之。乃會諸侯於申。
晉、宋、魯、衛、曹、邾不與。十年，入_{春秋後百八十八年。}楚子成章華之
臺，願與諸侯落之。魯昭公如楚。先是蔡景侯爲其大子般《表》作班。
所弒。景王二年，入_{春秋後百八十年。}十一年，入_{春秋後百八十九年。}陳哀公弟
招作亂，哀公自殺。從《表》，與《春秋》合，《世家》先一年。楚公子棄疾滅陳。
十四年，入_{春秋後百九十二年。}楚子誘蔡侯般，殺之。使棄疾滅蔡。遂大
城陳、蔡、葉、不羹，欲以威晉，而致北方之諸侯。《左氏》昭公十二年，靈王謂
子革曰："今我大城陳、蔡、不羹，賦皆千乘，子與有勞焉，諸侯其畏我乎？"對曰："畏君王哉！
是四國者，專足畏也，又加之以楚，敢不畏君王哉？"杜《注》云："四國，陳、蔡、二不羹。"《春
秋地名》云：襄城東南有不羹城。定陵西北有不羹亭。《國語·楚語》作三國。《韋解》亦
云："定陵有不羹城。襄城有不羹亭。"《賈子·大都篇》，則作陳、蔡、葉、不羹。案《左氏》昭
公十三年，亦云：棄疾等帥陳、蔡、不羹、許、葉之師以入楚。《左氏》蓋奪葉字。《國語》疑後
人億改。襄城，今河南襄城縣。定陵，今河南舞陽縣。案弭兵之盟，楚既先晉，北
方諸侯，鄉之事晉者，又皆奔走於楚；楚在是時，實可謂稱霸中原。然
靈王侈而虐用其民，國內又多覬覦，遂至身弒師熸。平王立，不復能
事諸侯，而吳、越盛矣。

第六節　吳越之强

古代開化，實始東南，觀第三章所述，已可概見。然至後世，其文
化轉落北方之後者，則地理實爲之。蓋東南之地，火耕水耨，魚鼈饒
給，故其民多呰窳偷生。《漢書·地理志》，論楚地語，此江域皆然，不獨楚也。西
北則天然之利較薄。非勤治溝洫，無以冀收成；而能殫力耕耘，亦不
慮無豐登之報。水功勤則人事修，刈獲豐則資生厚；而其地平坦，便
往來，利馳突，又使諸部族之交通盛而競争亦烈焉。此則其富厚文
明，所以轉非故國所及也。古帝傳説，在南方者甚多。如烏程有顓頊
陵，見《路史》。烏程，今浙江吳興縣。舜、禹舊迹，或在浙中是。《史記·五帝本

紀》正義引《會稽舊記》曰:"舜上虞人,去虞三十里有姚丘,即舜所生也。"《水經·河水注》引周處《風土記》曰:"舊說舜葬上虞。又記云:耕於歷山,而始寧、剡二縣界上,舜所耕田,於山下多柞樹,吳、越之間,名柞爲櫪,故曰歷山。"又《漸水注》:"江水東逕上虞縣南,王莽之會稽也。地名虞賓。《晉太康地記》曰:舜避丹朱於此,故以名縣,百官從之,故縣北有百官橋。亦云:禹與諸侯會,事訖,因相虞樂,故曰上虞。二說不同,未知孰是。"案上虞,今浙江縣。始寧在其東南。剡,今浙江嵊縣。此恐正因吳、越之南遷而起。《國語·魯語》:"商人禘舜。"《禮記·祭法》云:禘嚳。韋《解》云:"舜當爲嚳。"然初無確據也。《越絕書》謂巫咸出於虞山。《外傳記·吳地傳》。《史記·殷本紀》正義曰:"巫咸及子賢冢,皆在蘇州常熟縣西海虞山上,蓋家本吳人也。"案常熟,今江蘇省。今觀殷事,絕無在江東之迹,則亦出後來附會。北方部族之南遷,疑始商、周之際。《越絕書·吳地傳》云:"毗陵縣南城,古淹君地也。東南大冢,淹君子女冢。去縣十八里,吳所葬。"奄城爲今江蘇武進縣地,近年曾獲有古迹。已見第三章。奄城之東,又有留城。《公羊》桓公十一年,曰:"古者鄭國處於留。先鄭君有善於鄶公者,通乎夫人,以取其國,而遷鄭焉,而野留。"則留亦北方國。《越絕書》又有蒲姑大冢,在餘杭縣。今浙江餘杭縣。蒲姑、奄君,見第八章第七節。《尚書大傳》云:"周公以成王之命殺祿父,遂踐奄。踐之云者,謂殺其身,執其家,潴其宮。"據陳壽祺《輯校》本。案《禮記·檀弓》云:"邾婁定公之時,有弑其父者。公曰:寡人嘗學斷斯獄矣。臣弑君,凡在官者殺無赦。子弑父,凡在宮者殺無赦。殺其人,壞其室,汙其宮而潴焉。"蓋本東夷治叛逆之刑,周公特循其法。魯一生一及,自莊公以前皆然;吳壽夢四子,亦兄弟相及;其俗絕類有殷。《魯頌》言"元龜象齒",而古稱紂爲象箸,《史記·宋微子世家》。又謂紂爲象廊。《龜策列傳補》。《呂覽·古樂》曰:"商人服象,爲虐於東夷。周公遂以師逐之,至於江南。乃爲三象,以嘉其德。"可見商、奄之族,與東南實有淵源。謂北遷部族,以其文化,返哺東南,實始於是,當非虛誣。然此時文身翦髮之邦,尚未能躋於上國冠裳之列。及春秋末葉,吳、越相繼强盛,而榛狉之習乃一變焉。

《吳大伯世家》曰:"吳大伯、大伯弟仲雍,皆周大王之子,而王季歷之兄也。季歷賢而有聖子昌。大王欲立季歷以及昌。大伯、仲雍

乃奔荆蠻。文身斷髮示不可用，以避季歷。大伯之奔荆蠻，自號句
吳。荆蠻義之，從而歸之千餘家。立爲吳大伯。大伯卒，無子，弟仲
雍立。是爲吳仲雍。仲雍卒，子季簡立。季簡卒，子叔達立。叔達
卒，子周章立。是時周武王克殷，求大伯、仲雍之後，得周章。周章已
君吳。因而封之。乃封周章弟虞仲於周之北故夏虛。見第三章第三節。
是爲虞仲。列爲諸侯。周章卒，子熊遂立。《吳越春秋》：章子熊，熊子遂，遂
子柯相。熊遂卒，子柯相立。柯相卒，子彊鳩夷立。彊鳩夷卒，子餘橋
疑吾立。餘橋疑吾卒，子柯盧立。柯盧卒，子周繇立。周繇卒，子屈
羽立。屈羽卒，子夷吾立。夷吾卒，子禽處立。禽處卒，子轉立。《索
隱》：“譙周《古史考》云柯轉。”轉卒，子頗高立。《索隱》：《古史考》作頗夢。頗高
卒，子句卑立。《索隱》：《古史考》云：畢軫。是時晉獻公滅周北虞公，以開
晉伐虢也。句卑卒，子去齊立。去齊卒，子壽夢立。壽夢立而吳始益
大，稱王。自大伯作吳，五世而武王克殷，封其後爲二：其一虞在中
國，其一吳在蠻夷。十二世而晉滅中國之虞。中國之虞滅二世，而蠻
夷之吳興。大凡從大伯至壽夢十九世。王壽夢二年，楚之亡大夫申
公巫臣怨楚將子反而奔晉，自晉使吳。教吳用兵乘車，令其子爲吳行
人。吳於是始通於中國。”案《史記》之虞、吳，當本同字，故以中國夷
蠻別之。① 若如今本，字形本相別異，即不須如此措辭矣。《集解》引
宋忠曰：“句吳，大伯始所居地名。”《索隱》曰：“此言自號句吳，吳名起
於大伯，明以前未有吳號。宋忠以爲地名者，《系本·居篇》：孰哉居
藩籬，孰姑徙句吳。宋氏見《史記》有大伯自號句吳之文，遂彌縫解
彼，云是大伯始所居地名。② 裴氏引之，恐非其義。藩籬既有其地，
句吳何總不知真實？吳人不聞別有城邑，曾名句吳，則《系本》之文，
或難依信。”下文又引《世本》云：“吳孰姑徙句吳。”宋忠曰：“孰姑，壽
夢也，代謂祝夢乘諸也。壽孰音相近，姑之言諸也，《毛詩傳》讀姑爲

① 史事：《史記》中國之虞當作吳。
② 史事：吳興起之推測（又見第182～183頁）。

諸。知孰姑壽夢是一人，又名乘也。"《集解》又引《世本》云："諸樊徙吳。"案古國名、氏族名、部落名恒相混；而國都屢徙；亦多沿襲舊名。句爲發聲，《索隱》已言之，則吳即句吳。乘與壽夢一人，事甚明白。《左氏》襄公十年，杜《注》云："壽夢吳子乘。"《疏》云："服虔云：壽夢，發聲。吳蠻夷，言多發聲，數語共成一言也。經言乘，傳言壽夢，欲使學者知之。然壽夢與乘，聲不相涉，服以經傳之異，即欲使同之，然則辭蔡戴吳，豈復同聲也。當是名字之異，故未言之。"按乘果爲壽夢合音與否，姑措勿論，其爲一人則無疑也。孰姑壽夢一人，説儻不誤，則諸樊壽夢所居，皆與泰伯同號，惟孰哉所遷爲異。然邑名雖同，初不得斷爲一地。《韓詩外傳》云："大王將死，謂季歷曰：我死，女往讓兩兄。彼即不來，女有義而安。大王薨。季之吳告伯、仲。伯、仲從季而歸。"《吳越春秋·吳王大伯傳》曰："古公病將卒，命季歷讓國於大伯。而三讓不受。故云大伯三以天下讓。"雖未必實然，然觀虞仲封於夏虛，則泰伯、仲雍所逃，去周必不甚遠。豈嘗依有虞舊部，亦如函普入生女真，以完顔爲氏，故號爲句吳乎？《正義》："大伯居梅里，在常州無錫縣東南六十里。至十九世孫壽夢居之，號句吳。壽夢卒，諸樊南徙吳。至二十一代孫光，使子胥築闔閭城都之。今蘇州也。"《索隱》引《吳地記》曰："泰伯居梅里，在闔閭城北五十里許。"又曰："仲雍冢，在吳鄉常熟縣西海虞山上，與言偃冢並列。"《集解》引《皇覽》曰："大伯冢，在吳縣梅里聚，去城十里。"案無錫，今爲縣，屬江蘇。蘇州，今江蘇吳縣。此等皆南遷後附會之辭耳。《索隱》又引《世本》曰："吳孰哉居藩離。"宋忠曰："孰哉，仲雍字。藩離，今吳之餘暨也。解者云：雍是孰食，故曰雍，字孰哉也。"解仲雍字殊穿鑿。餘暨，今浙江蕭山縣，亦非仲雍所能至。《越絶外傳·記地傳》云："自無餘初封於越以來，傳聞越王子孫在丹陽皋鄉，更姓梅，梅里是也。"則又以梅里爲越地矣。傳説固難盡信也。丹陽，漢郡，治今安徽宣城縣。梅里，今爲鎮，屬無錫。吳人之南徙江東，已無可考。疑或楚拓地時，被迫東南徙。巫臣竊夏姬之事，詳見《左氏》，説甚詼詭，疑非實録。見《左氏》成公二年、七年，又見襄公二十六年聲子説子木之辭。案不經之説，往往以一婦人爲之經緯，如《蒙古源流考》之洪郭幹拜濟是。《左氏》所採間有類《戰國策》者，①如昭公七年，蓮啓疆爲楚説昭公復得大屈，其最顯者也。聲子説子木之辭，亦此類，非信史也。史稱吳至壽夢益大，《吳越春秋》云："吳益彊稱王。"明其大非始壽夢。乘車射御，豈待巫臣教而後能？

---

①　經學：《左氏》類《國策》處。

特其通晉，或當以巫臣爲介耳。

　　越事所傳，更不如吳之備，觀其世系之奪佚可知。①《史記·越世家》曰："越王勾踐，其先，禹之苗裔，而夏后帝少康之庶子也。封於會稽，以奉守禹之祀。文身斷髮，披草萊而邑焉。後二十餘世，至於允常。"《正義》引《興地志》曰："越侯傳國三十餘世歷殷至周敬王時，有越侯夫譚。子曰允常，拓地始大，稱王。"自夏中葉至春秋，僅歷二三十世，殊不可信。《漢書·地理志》曰："粵地，牽牛婺女之分野也。今之蒼梧、鬱林、合浦、交阯、九真、南海、日南，皆粵分也。其君禹後，夏少康之庶子云。封於會稽。"臣瓚曰："自交阯至會稽，七八千里。百粵雜處，各有種姓。不得盡云少康之後也。按《世本》越爲芈姓，與楚同祖，故《國語》曰芈姓夔、越。然則越非禹後明矣。又芈姓之越，亦勾踐之後，不謂南越也。"案《漢志》所謂其君禹後者，自指封於會稽之越言之，不該百越。臣瓚實誤駁。至謂越爲芈姓，則《左氏》宣公十二年《正義》，亦據《外傳》而疑越非夏後。《國語·吳語》韋解亦云："勾踐，祝融之後，允常之子，芈姓也。"引《鄭語》及《世本》爲證。《墨子·非攻下篇》："越王緊虧，盧校改爲翳虧。畢、孫二氏並從之。出自有遽，始邦於越。"孫詒讓《閒詁》疑有遽即熊渠，其證似古。然《吳越春秋》謂勾踐寢疾，謂大子曰："吾自禹之後，承元常之德。"允常，《吳越春秋》作元常。《史記·陳杞世家》謂楚惠王滅杞，其後越王勾踐興，則自古皆以越爲禹後。古或從母姓，疑越實禹後，而與楚通昏姻者。吳通晉而越常助楚，固由遠交近攻之策使然，或亦以同姓之親也。《吳越春秋》云："禹命羣臣曰：吾百世之後，可葬我會稽之山。禹崩之後，衆瑞並去。天美禹德，而勞其功。使百鳥還爲民田。大小有差，進退有行。一盛一衰，往來有常。啓使使以歲時春秋而祭禹於越。立宗廟於南山之上。禹以下六世而得帝少康。少康恐禹祭之絕祀，乃封其庶子於越，號曰無余。無余始受封，人民山居。雖有鳥田之利，租貢纔給

_____
① 史事：越興起之推測。

宗廟祭祀之費。乃復隨陵陸而耕種，或逐禽鹿而給食。無余質樸，不設宮室之飾，從民所居。春秋祠墓於會稽，無余傳世十餘，末君微劣，不能自立，轉從衆庶，爲編戶之民。禹祀斷絕，十有餘歲。有人生而言語，指天向墓曰：我是無余君之苗末，我方修前君祭祀，復我禹墓之祀，爲民請福於天，以通鬼神之道。衆民説喜，皆助奉禹祭，四時致貢。因共封立，以承越君之後。復夏王之祭，安集鳥田之瑞，以爲百姓請命。自後稍有君臣之義，號曰無壬。壬生無斁。斁專心守國，不失上天之命。無斁卒，或爲夫譚。夫譚生元常。常立，當吳王壽夢、諸樊、闔廬之時。越之興霸，自元常矣。"《越王無余外傳》。古有或二字通。或爲夫譚，猶言有名夫譚者，即《輿地志》有越侯夫譚之語所本。明無斁、夫譚之間，世系又有闕佚。然名號亡佚，而世數大略可知，亦古繫世之常。《史記》所謂二十餘世，《輿地志》所謂三十餘世者，疑自無壬計之。又疑《輿地志》實本《史記》，譌二爲三；又或《史記》本作三而譌爲二也。《越絕書》言自余始封，至餘善，越國空滅，凡一千九百三十二年，則未必可據。越世系奪佚如此，安有年歲可稽耶？

禹封會稽，非今之會稽。已見第七章第三節。其如何播遷而入浙江，亦不可考，《越絕書外傳·記地傳》云："無餘初封大越，都秦餘望南千有餘歲，而至勾踐，勾踐徙治山北。"《水經·漸江水注》："浙江逕會稽山陰縣。今浙江紹興縣。又逕越王允常冢北。又東北，得長湖口，秦望山在城西南，山南有樵峴，峴裏有大城，越王夫餘之舊都也。故《吳越春秋》云：勾踐語范蠡曰：先君無餘，國在南山之陽，社稷宗廟在湖之南。"此亦與以禹墓在會稽者同一無稽耳。

第七節　楚吳越之争

楚居南服，與東夷關係頗深，蓋江、淮之開化，實先於荆楚，其與大局，亦頗有關係也。楚與齊桓之争，已見第三節。穆王之將圖北方也，先之以滅六、滅蓼。周襄王三十年，入春秋後百有一年。羣舒叛楚，楚又執舒子與宗子，遂圍巢，頃王四年，入春秋後百有八年。至莊王而滅舒蓼，《世家》但作舒，表作舒蓼，與《春秋》同。《左氏》云：“楚疆之，及滑汭，杜《注》：滑水名。盟吳、越而還。”定王六年，入春秋後百二十二年。蓋前此惟淮夷、徐戎爲雄張，此時則江東之吳、越，亦稍稍見頭角已。巫臣之入吳，《左氏》記其事於成公七年，周簡王二年，入春秋後三十九年。實吳壽夢之二年。是年也，吳伐郯，又入州來。今安徽壽縣。豈有甫學射御戰陳，即能馳驅千里之外者？吳之强，不由巫臣之教，彌可見也。簡王三年，入春秋後百四十年。晉會齊、魯、邾伐郯。《左氏》曰：“以其事吳故。”四年，入春秋後百四十一年。晉合諸侯於蒲，杜《注》：“衛地，在長垣縣西南。”案長垣，今爲縣，屬河北。《左氏》云：“將始會吳，吳人不至。”楚公子嬰齊伐莒，《左氏》記巫臣通吳過莒，則此役似亦與吳爭也。十年，入春秋後百四十七年。晉、齊、魯、宋、衛、鄭、邾會吳於鍾離，杜《注》：“淮南縣。”今安徽鳳陽縣。《左氏》云：“始通吳也。”明年，舒庸道吳人圍巢，伐駕，圍釐、虺，杜《注》：“楚四邑。”遂恃吳而不設備，楚人襲滅之。十三年，入春秋後百五十年。楚納魚石於彭城。《左氏》載宋西鉏吳之言曰：“今將崇諸侯之姦，而披其地，以塞夷庚，毒諸侯而懼吳、晉。”《注》曰：“夷庚，吳、晉之要道。”則吳、晉之相結彌深，吳、楚之相爭益烈矣。靈王二年，入春秋後百五十三年。楚子重公子嬰齊伐吳。克鳩茲，杜《注》：“在丹陽蕪湖縣。”案今安徽蕪湖縣。至於衡山。杜《注》：“在吳興烏程縣南。”案今浙江吳興縣。使鄧廖帥組甲三百，被練三千以侵吳，吳人要而擊之，獲鄧廖。子重歸，既飲至，三日，吳人伐楚，取駕。駕，良邑也；鄧廖，亦楚之良也；君子謂是役也，所獲不如所亡。楚人皆咎子重。子重病之，遂遇心疾而卒。是歲，諸侯會吳於雞澤。晉侯使逆吳子於淮上。吳子不至。明年，使如晉，辭不會之故。且請聽諸侯之好。晉使魯、衛先會吳於善道。杜《注》：地闕。然後爲合諸侯於戚。杜《注》：“衛邑，在今頓丘衛縣。”案今河北濮陽縣。九年，入春秋後百六十年。諸侯又會吳於柤。杜《注》：楚地。遂滅偪陽。偪陽，妘姓、與楚同出祝融，蓋亦晉、楚之争也。十一年，入春秋後百六十二年。壽夢卒。壽夢有子四人：

長曰諸樊，此據《史記·吳世家》。《公羊》作謁，《左氏》作遏。次曰餘祭，次曰餘
昧，《公羊》作夷末，《左氏》作戴吳。次曰季札。季札賢，壽夢欲立之，季札讓
不可。乃立長子諸樊，攝行事當國。十三年，入春秋後百六十四年。諸樊
已除喪，讓位季札。季札謝，吳人固立，棄其家而耕。乃舍之。此從《十
二諸侯年表》。《世家》先一年。先一歲，楚共王卒。吳乘喪伐楚，敗於庸浦。
杜《注》：楚地。吳告敗於晉。是歲，會於向。杜《注》：鄭地。范宣子句。數
吳之不德也，以退吳人。蓋晉當是時，既無意於諸侯，亦不能勤吳矣。
二十三年，入春秋後百七十四年。楚子康王。爲舟師以伐吳，無功而還。吳
召舒鳩。舒鳩叛楚。明年，楚滅舒鳩。吳救之，大敗。又明年，諸樊
伐楚。迫巢門，傷射而薨。此從《十二諸侯年表》，與《公羊》、《左》、《穀》皆合，《吳
世家》但云王諸樊卒。諸樊命授弟餘祭，傳以次，必致國於季子而止。二
十六年，入春秋後百七十七年。楚人、秦人侵吳，及雩婁。杜《注》："今屬安豐
郡。"案今安徽霍丘縣。聞吳有備而還。二十七年，入春秋後百七十八年。齊慶
封有罪，奔吳。吳與之朱方之縣。《集解》："《吳地記》曰：朱方，秦改爲丹徒。"今
江蘇鎮江縣。景王七年，入春秋後百八十五年。楚靈王合諸侯於申。執徐
子，以其吳出，以爲貳於吳也。遂以諸侯伐吳。執慶封，殺之，滅其
族。吳伐楚，入棘、櫟、麻。杜《注》："皆楚東鄙邑。譙國鄲縣東北有棘亭。汝陰新
蔡縣東北有櫟亭。"按鄲，今河南永城縣。新蔡，今河南新蔡縣。明年，楚以諸侯伐
吳。以吳早設備，無功而還。又明年，楚伐徐。吳人救之。楚令尹子
蕩伐吳。吳人敗諸房鍾。杜《注》：吳地。十五年，入春秋後百九十三年。楚
子遣兵圍徐，次於乾谿，杜《注》：在譙國城父縣南，今安徽亳縣。以爲之援。亂
作後，五帥皆爲吳所獲。時國人苦役，而申之會，靈王僇越大夫常壽過，殺
蔡大夫觀起起之子從，亡在吳，勸吳伐楚，爲間常壽過而作亂。矯公
子棄疾命，召公子比於晉，欲與吳、越兵襲蔡。公子比見棄疾，與盟於
鄧。遂入，殺靈王太子祿，立子比爲王，子晳爲令尹，棄疾爲司馬。觀
從從師於乾谿，令楚衆曰："國有王矣。先歸復爵邑、田宅，後者遷
之。"楚衆皆潰，去靈王而歸。王乘舟將入鄢。芉尹申無宇之子申亥
求王。奉以歸。王死申亥家。楚國雖已立比，畏靈王復來；又不聞靈

王死，國人每夜驚曰：靈王入矣。棄疾使船人從江上走呼曰：靈王至矣。國人愈驚。初王及子晳遂自殺。棄疾即位。改名熊居。案名居，熊其姓。是爲平王。施惠百姓。復陳、蔡。《左氏》云：“楚之滅蔡也，靈王遷許、胡、沈、道、房、申於荊焉。平王即位，既封陳、蔡，而皆復之。”歸鄭侵地。存恤國中。脩政教。楚獲暫安。然益不能制吳矣。

　　楚靈王見弒之歲，晉爲平丘之會，杜《注》：“平丘，在陳留長垣縣西南。”按長垣，今爲縣，屬河北。告於吳。晉侯昭公。會吳子於良。杜《注》：“下邳有良城縣。”案下邳，今江蘇邳縣。水道不可，吳子辭，乃還。是歲，吳滅州來。楚令尹子旗請伐吳。王不許。先是吳王餘祭，以周景王元年，入春秋後百七十九年。爲閽人所弒，弟餘眛立。十八年，入春秋後百九十六年。餘眛卒，欲授弟季札。季札讓，逃去。於是吳人曰：“先王有命，兄卒弟代立，必致季子。季子今逃位，則餘眛後立。今卒，其子當代。”乃立王餘眛之子僚爲王。《索隱》：“此文以爲餘眛子，《公羊傳》以爲壽夢庶子。”案《公羊》云：“僚者長庶也。”非謂爲壽夢庶子。二十年，入春秋後百九十八年。楚人及吳人戰於長岸，杜《注》楚地。大敗吳師。獲其乘舟餘皇。吳復敗楚，取餘皇去。二十二年，入春秋後二百年。楚人城州來。二十三年，入春秋後二百有一年。初，平王使費無忌《左氏》作費無極。如秦，爲大子建取婦。婦好，無忌說王自取。王聽之。生熊珍。伍奢爲大子大傅，無忌爲少傅。無忌無寵於大子，常讒惡之。是年，使居城父守邊。無忌又日夜讒大子。王遂囚伍奢，而召其二子，而告以免父死。大子建奔宋。伍尚歸。伍員出奔吳。楚遂殺奢及尚。員之奔吳也，公子光客之。公子光者，王諸樊子也。《索隱》曰：《系本》以爲夷眛子。常以爲季子不受國，光父先立，光當立。敬王元年，入春秋後二百有四年。光伐楚，敗楚師。迎故大子建母於居巢，以歸。此據《吳世家》。《楚世家》同。《左氏》云：“楚大子建之母在郹，召吳人而啓之。吳大子諸樊入郹，取楚夫人與其寶器以歸。”杜《注》云：“郹陽也，蔡邑。”遂北伐，敗陳、蔡之師。明年，光伐楚，取居巢、鍾離。伍子胥之初奔吳，說王僚以伐楚。公子光曰：“胥之父兄爲僇於楚，欲自報其仇耳，未見其利。”伍員知光有他志，乃求勇士專諸，《左氏》作鱄設諸。見之光。光喜，乃客伍子胥。子胥退而耕於野。四年，入春秋後二百有七年。楚平王卒，子珍立，是爲昭王。五年，入春秋後二百有八年。吳欲因楚喪而伐之，使公子蓋餘、《左氏》作掩餘。燭庸《集解》："賈逵曰王僚弟。"以兵圍楚之六、潛。使季札於晉，以觀諸侯之變。楚發兵絕吳兵後。吳兵不得還。公子光使專諸弒王僚，代立，是爲闔閭。此從《十二諸侯年表》，與《春秋》合。《世家》與楚平王之卒，皆誤後一年。掩餘奔徐。燭庸奔鍾吾。《漢書·地理志》：東海郡司吾，應劭曰：即鍾吾。今江蘇宿遷縣。昭王之立也，費無忌又讒郤宛於令尹子常。囊瓦。其宗姓伯氏子嚭奔吳。此據《左氏》。《史記·吳世家》云："楚誅伯州犂，其孫伯嚭亡奔吳。"闔閭以爲大夫，舉伍子胥爲行人。八年，入春秋後二百十一年。吳子使徐人執掩餘，鍾吾人執燭庸。二公子奔楚。楚子大封而定其徙，使居養。此從《左氏》。《吳世家》云："燭庸、蓋餘降楚，楚封之於舒。吳拔舒，殺亡將二。"吳子執鍾吾子，遂滅徐。徐子章禹奔楚。楚城夷，杜《注》：夷，城父也。使處之。吳子問伐楚之策於伍員。伍員曰："楚執政衆而乖，莫適任患。若爲三師以肆焉，一師至，彼必皆出。彼出則歸，彼歸則出。亟肆以罷之，多方以誤之，既罷而後以三軍繼之，必大克之。"闔閭從之。楚於是乎始病。九年，入春秋後二百十二年。吳伐楚，取六與潛。據《吳世家》。十二年，入春秋後百十五年。楚囊瓦伐吳，師於豫章。見第二節。吳人敗之。遂圍巢，克之。據《春秋》，《吳世家》誤前一年。初，蔡昭侯爲兩佩與兩裘以如楚，獻一佩一裘於昭王。昭王服之，以享蔡侯。蔡侯亦服其一。子常欲之。弗與。三年止之。唐成公如楚，有兩肅爽馬，子常欲之，弗與，亦三年止之。唐人竊馬而獻之子常。子常歸唐侯。蔡人聞之，固請而獻佩於子常。蔡侯歸，如晉，請伐楚。十四年，入春秋後二百十七年。晉爲之合諸侯於召陵荀寅求貨於蔡侯，弗得，乃辭蔡侯。沈人不會於召陵，晉人使蔡伐之。蔡滅沈。楚人圍蔡。蔡侯因伍員、伯嚭請兵於吳。吳悉興師，與唐、蔡伐楚。舍舟淮汭，自豫章與楚夾漢。左司馬戌沈尹戌，沈諸梁之父。謂子常曰："子沿漢而與之上下，我悉方城外以毀其舟，還塞大隧、直轅、冥阨。杜《注》："三者漢東之隘道。"子濟漢而伐之，我自後擊之，必大克之。"既謀而行。史皇謂子常曰："楚人惡子而好司馬。若司馬毀吳舟於淮,塞城口而入,是獨克吳也。子必速戰,不然,不免。"乃濟漢,陳於柏舉。《水經注》："江北岸烽火洲,即舉洲也。北對舉口。《春秋》定公四年,吳、楚陳於柏舉。京相璠曰:漢東地矣。《元和郡縣志》:"龜頭山,在黃州麻城縣東南八十里,舉水所出。《春秋》吳、楚戰於柏舉,即此地。"案麻城,今爲縣,屬湖北。闔廬之弟夫概王,以其屬三千,先擊子常之卒。子常之卒奔。楚師亂。吳師大敗之。子常奔鄭。五戰及郢。昭王奔隨。吳遂入郢。然不能定楚國。楚使申包胥請救於秦,秦以車五百乘救楚。楚亦收餘散兵,與秦擊吳。十五年,入春秋後二百十八年。吳王弟夫概見吳王兵傷敗,亡歸,自立。闔閭聞之,引兵去楚。夫概敗,奔楚,楚封之堂谿。楚昭王滅唐。歸入郢。十六年,入春秋後二百十九年。吳王使大子夫差伐楚,取番。楚恐,徙郢。《左氏》云:"吳大子終纍敗楚舟師。"杜《注》曰:"夫差兄。"郢,杜《注》曰:"本在商密,後遷南郡鄀縣。"今湖北宜城縣。周敬王十年,入春秋後二百二十三年。吳伐越。《左氏》曰:"始用兵於越也。"十五年,入春秋後二百十八年。吳兵猶在楚,越入吳。允常卒,子句踐立。二十四年,入春秋後二百二十七年。吳聞允常死,興師伐越。越王句踐迎擊之於檇李,敗之姑蘇。《集解》:"杜預曰:吳郡嘉興縣南,有檇李城。《索隱》:"姑蘇,臺名,在吳縣西三十里。"嘉興,今爲縣,屬浙江。吳,今爲縣,屬江蘇。案《國語·越語》,謂句踐之地,南至於句無,北至於禦兒,東至於鄞,西至於姑蔑,廣運百里。韋《注》云:"諸暨有句無亭,嘉興有禦兒鄉,鄞爲鄞縣,姑蔑爲大湖。"《越絕外傳·記地傳》云:"語兒鄉,故越界,名曰就李,即檇李也。"然《論衡·書虛篇》,以錢唐江爲吳、越之界,餘暨以南屬越,餘暨今蕭山,則越界不得至嘉興。《吳越春秋·句踐伐吳外傳》:明日,徙軍於郊。明日,徙軍於境。後三日,徙軍於檇李。後三日,旋軍於江南。則檇李在江北越境外,度其道里,尚不得至嘉興也。北至蕭山,南至諸暨,東至鄞,略與廣運百里相合惟以姑蔑爲大湖;《左氏》哀公十三年杜《注》,又以爲東陽大末縣;其地爲今浙江之龍游,恐皆失之大遠也。闔閭傷指,遂病傷而死。《越世家》:"射傷吳王闔閭。"闔閭使立大子夫差。謂曰:"爾忘句踐殺汝父乎?"對曰:"不敢。"《左氏》:"夫差使人立於庭,苟出入,必謂己曰:夫差,而忘越人之殺而父乎?則對曰:唯,不敢忘。三年乃報越。"二十六年,入春秋後二百二十九年。句踐聞夫差日夜勒兵,且以報越,欲先吳未發往伐之。范蠡諫,不聽。吳王聞之,悉精兵以伐越。敗之夫椒。杜《注》云:"吳郡吳縣西南大湖中椒山。"案此釋恐亦未確。《越絕書·記地傳》云:"句踐與吳戰於浙江之上,越師潰,棲於會稽之山。"其地當濱江,近會稽也。越王以餘兵五千人保於會稽。《集解》:"賈逵曰:山名。"使大夫種因吳大宰嚭以行成。吳王將許之。伍子胥諫,不聽。盟而去。句踐返國,乃苦心焦思。置膽於坐,坐臥即仰膽;飲食亦嘗膽也,曰:"女忘會稽之恥邪!"身自耕作。夫人自織。食不加肉,衣不重綵。折節下賢人。厚遇賓客。振貧弔死,與百姓同其勞,舉國政屬大夫種,而使范蠡與大夫柘稽《索隱》:"《國語》作諸暨郢。"行成爲質於吳。二歲而吳歸蠡。

吳敗越之歲,楚圍蔡,蔡請遷於吳。初,吳之入楚也,使召陳懷公,懷公以疾謝。景王十八年,入春秋後二百二十一年。吳復召懷公。懷公恐,如吳。吳怒其前不往,留之。因卒吳,吳立其子越,是爲湣公。及夫差克越,乃侵陳,脩先君之怨。此事在陳湣公八年,表不誤。《陳杞世家》在六年,則誤在闔閭傷死之歲矣。二十七年,入春秋後二百三十年。蔡遷於州來。吳復伐陳。楚昭王救之,軍於城父。卜戰,不吉。卜退,不吉。王曰:"然則死也。再敗楚師,不如死,棄盟逃讎,亦不如死。死一也,其死讎乎?"命公子申子西。爲王,不可。則命公子結,子期。亦不可。則命公子啓,子閭。五辭而後許。將戰,王有疾。卒於城父。子閭與子西、子期謀,潛師閉塗,逆越女之子章立之而後還,是爲惠王。是時越既敗,楚亦未能遽振,吳之兵鋒,遂轉向北方矣。

自晉霸之衰,齊景公頗有代興之志。景公名杵臼,爲莊公異母弟。莊公弒,崔杼立之。杼爲左相,慶封爲右相。慶封與崔杼有郤,乘其內亂,盡滅其家,崔杼自殺。慶封益驕。嗜酒好獵,又爲田、鮑、欒、高氏所謀,奔魯。復奔吳。後爲楚靈王所殺。自崔、慶之亡,齊國贏定,然終不能有爲者,則以景公好治宮室,聚狗馬,厚賦重刑也。初,周自襄王後,襄王在位三十三年崩,爲入春秋後之百有四年。傳頃王、襄王子,名壬臣。在位六年,自入春秋後百有五年至百十年。匡王、頃王子,名班。在位六年,自入春秋後百十一年至百十六年。定王、匡王弟,名瑜。在位二十一年,自入春秋後百十七年至百三十七年。簡王、定王子,名夷。在位十四年,自入春秋後百三十八年至百五十一年。靈王簡王子，名泄心。在位二十七年，自入春秋後百五十一年至百七十八年。至景王。靈王子，名貴。在位二十五年，自入春秋後百七十九年至二百有三年。景王大子晉早卒。愛子朝，欲立之。及崩，子丐之黨與之爭立。國人立長子猛，是爲悼王。子朝攻殺之。晉人攻子朝而立丐，《左氏》杜《注》云：王子猛母弟。《疏》云：“《本紀》不言敬王是猛之母弟，先儒相傳説耳。”是爲敬王。子朝奔楚。敬王十六年，入春秋後二百十九年。子朝之徒復作亂。王奔晉。晉定公入之。是亂也，《左氏》謂子朝之徒，實因鄭人，而鄭伐周之馮、滑、胥靡、負黍、狐人、闕外。周六邑。滑見第三節。杜《注》云：“陽城縣西南有負黍亭。”今河南登封縣境。魯爲晉討，侵鄭，不假道於衛。明年，齊侯、鄭伯盟於鹹。杜《注》：“衛地。”徵會於衛。衛侯靈公。欲叛晉。諸大夫不可。乃使北宮結如齊，而私於齊侯曰：“執結以侵我。”齊從之。乃盟於沙。杜《注》：“陽平元城縣東北有沙亭。”案元城，今爲縣屬河北。又明年，齊伐魯。晉趙鞅救之，侵鄭。遂侵衛，將盟衛侯於鄟澤。杜《注》：“衛地。”簡子鞅。曰：“誰敢盟衛君？”涉佗、成何曰：“我能盟之。”①衛人請執牛耳。成何曰：“衛吾溫、原也，焉得視諸侯？”將歃，涉佗捘衛侯之手及捥。衛侯怒，遂叛晉，與鄭盟於曲濮。杜《注》：衛地。十九年，入春秋後二百二十二年。與齊伐晉夷儀。二十年，入春秋後二百二十三年。魯與齊平。趙鞅圍衛。反役，又執涉佗以求成於衛。衛人不許。晉人遂殺涉佗，成何奔燕。二十一年，入春秋後二百二十四年。魯及鄭平。《左氏》云：“始叛晉也。”蓋齊、鄭久貳於晉，適因王室之亂，以挑起釁端，中原遂至多事也。二十三年，入春秋後二百二十六年。齊侯、衛侯次於垂葭，《左氏》云：“實郹氏。”杜《注》：“高平鉅野縣西南有郹亭。”鉅野，今山東縣。以伐晉之河內。時趙猛殺其邯鄲大夫午。今河北邯鄲縣。午，荀寅之甥也。荀寅，范吉射之姻也，而相與睦，於是范、中行氏伐趙氏。趙鞅奔晉陽。晉人圍之。而韓簡子不信。與中行文子，荀寅。魏襄子曼多。與范昭子范吉射。相惡，知文子荀躒。亦欲以其嬖梁嬰父爲帥，三家奉

---

①　風俗：劫盟主，如曹沫、毛遂，乃涉佗、成何之倫。荆軻亦其類。

公以伐范、中行氏。范、中行氏伐公，不克。入於朝歌以叛。趙鞅顧以韓魏之請見赦。齊合魯、衛、宋、鄭、鮮虞以救范、中行氏。二十七年，入春秋後二百三十年。衛靈公卒。靈公大子蒯聵，與靈公夫人南子有怨，欲殺南子，不克，出奔。衛立蒯聵子輒，是爲出公。趙鞅納蒯聵於戚。今河北濮陽縣。二十八年，入春秋後二百三十一年。荀寅、范吉射奔邯鄲。明年，邯鄲叛，奔鮮虞。齊會鮮虞納諸柏人。今河北唐山縣。三十年，入春秋後二百三十三年。柏人陷。荀寅、范吉射奔齊。是歲，齊景公卒。四十一年，入戰國後二年。此據《左氏》、《史記世家》與《表》皆先二年。蒯聵自戚入於衛，是爲莊公。出公輒奔魯。明年，莊公與趙鞅有違言。鞅圍衛，齊人救之。鞅還，晉復伐衛。衛人出莊公，與晉平。晉立襄公之孫般師而還。襄公，靈公父。般師，《史記》作班師。莊公入，般師復出。莊公旋爲其下所弒。衛人復般師。齊人伐衛，執般師以歸，立公子起。起復爲其下所逐。出公復歸。蓋齊、晉之力，皆不足以定北方，而吳、越遂稱霸中原矣。

　　吳、越起東南，中原之國，與之相近者莫如魯；而與魯密邇，世相齮齕者莫如齊；故魯之內憂，及其與齊之爭衡，遂爲吳、越問鼎中原之先道。魯君位承襲之法，本一生一及。自莊公以前皆然。見《史記·魯世家》。莊公有三弟：長曰慶父，次曰叔牙，次曰季友。莊公娶齊女曰哀姜。無子。其弟叔姜，生子開。莊公築臺臨黨氏。《集解》："賈逵曰：魯大夫任姓。"見孟女。《左氏》作孟任。説之，許立爲夫人，生子斑。《左氏》作般。莊公病，叔牙欲立慶父，季友使鴆殺叔牙。莊公卒，立子斑爲君。慶父使殺之。季友奔陳。立子開，是爲閔公。慶父又殺之。季友與閔公弟申如邾，請魯求納之。魯人欲誅慶父。慶父奔莒。季友奉申入立，是爲僖公。以賂求慶父於莒。慶父自殺。季友之後爲季孫氏，世爲魯正卿，而慶父、叔牙之後，亦並立爲孟孫、叔孫氏。是爲三桓。僖公卒，子文公興立。文公卒，襄仲莊公子遂，居東門爲東門氏。殺子惡及視，而立宣公倭。魯由此公室卑，三桓強。宣公欲去三桓，與晉謀伐之。會卒。傳成公黑肱、襄公午至昭公稠，敬王三年，入春秋後二百有六年。

昭公伐季氏。叔孫氏救之，三家遂共伐公。公奔齊，後又如晉求入，皆不克。十年，入春秋後二百十三年。昭公卒於乾侯。杜《注》：“在魏郡斥丘縣，晉境内邑。”案斥丘，今河北成安縣。魯人立其弟宋，是爲定公。定公時，孔子秉政，使仲由毁三桓城，收其甲兵。孟氏不肯。伐之，不克。齊人歸女樂，季桓子斯。受之。孔子遂行。二十五年，入春秋後二百二十八年。定公卒，子哀公蔣立。三十二年，入春秋後二百三十五年。公會吳於鄫。吳因留，略地於魯之南。魯伐邾，入之，俘邾子益。明年，吳伐魯，盟而還。初，齊景公適子死，有寵妾曰芮子，生子荼，欲立之，而年少，其母賤，無行，憚發之。及病，乃命其相國惠子、夏。高昭子張。立荼爲大子，逐羣公子，遷之萊。景公卒，荼立，是爲晏孺子。羣公子畏誅，皆出亡。景公他子陽生，與田乞攻殺高昭子。國惠子奔莒。立陽生，是爲悼公。敬王三十一年，入春秋後二百三十四年。悼公之奔魯，季康子肥。以其妹妻之。即位而逆之。季魴侯通焉。康子叔父。女言其情，弗敢與也。齊侯怒，使鮑牧伐魯。且使如吳請師。魯乃歸邾子而及齊平。齊侯使辭師於吳。吳子曰：“昔歲寡人聞命，今又革之，不知所從，將進受命於君。”於是吳城邗，溝通江、淮。三十五年，入春秋後二百三十八年。魯哀公會吳伐齊。齊人弑悼公，赴於師。徐承帥舟師將自海入齊，齊人敗之，吳師乃還。明年，齊國書伐魯。魯復會吳伐齊。戰於艾陵，杜《注》：“齊地。”《史記·孟嘗君列傳》正義：“艾陵，在兗州博縣。”博縣，今山東泰安縣。齊師敗績。獲齊國書。三十七年，入春秋後二百四十年。魯會吳於橐皋。杜《注》：“在淮南浚道縣東南。”浚道，今安徽合肥縣。吳徵會於衛，衛侯會吳於鄖。杜《注》：衛地。其來緩，吳人藩其舍。子貢往説，乃舍衛侯。三十八年，入春秋後二百四十一年。吳、晉會於黃池。杜《注》：“陳留封丘縣南有黃亭。”封丘，今河南封邱縣。句踐發習流二千人，教士四萬人，君子六千人，諸御千人以伐吳。戰，虜大子友，遂入吳。吳人告敗於夫差。夫差惡其聞也，或泄其語，吳王怒，斬七人於幕下。《左氏》曰：“王惡其聞也，自剄七人於幕下。”《注》曰：“以絶口。”及盟，爭長。《左氏》云長晉，《公羊》、《國語》云長吳，《史記·晉世家》、《趙世家》云長吳，《吳世家》云長晉，疑當以長吳之説爲確。晉自弭兵之盟，即已不競於楚，是時吳方强橫，安能與爭？且史材傳自北方者多，必無飾長晉爲長吳者。《左氏》多採晉史，昔人久有定論，其言必不免諱飾也。吳王已盟，與晉別。欲伐宋。大宰嚭曰：“可勝而不能居也。”乃引兵歸。國亡大子，王居外久，内空，士皆罷敝，乃使厚幣以與越平。越亦自度未能滅吳，乃與吳平。四十二年，入戰國第三年。越益彊。句踐伐吳，敗吳師於笠澤。《左氏》云：“夾水而陳。”《國語‧吳語》云：“吳王軍於江北，越王軍於江南。”則以爲太湖者非。韋昭云：“江，松江，去吳五十里。”元王元年，入戰國後六年。十一月，越圍吳。四年，入戰國後八年。十一月，吳師敗。吳王棲於姑蘇之山。使公孫雄請成。句踐欲許之。范蠡諫，乃棲吳王於甬東。杜《注》云：“會稽句章縣東海中洲。”即今浙江定海縣。《越絕外傳‧記吳地傳》：“秦餘杭山者，越王棲吳夫差山也。去縣五十里。山有湖水，近太湖。”案《越絕》之説似是。予百家居之。吳王自剄死。《韓詩外傳》曰：“大伯反吳，吳以爲君，二十八世至夫差而滅。”然據《史記》，則大伯至夫差，祇二十五世。

《左氏》：哀公二十一年，夏，五月，越人始來。哀公二十一年，爲周元王三年，乃入戰國後七年，蓋越人至是始通於上國也。然使譯甫通，而征伐之端旋起。初，魯之歸邾子益也，邾子又無道。吳子使討之，囚諸樓臺，湆之以棘。使大夫奉大子革以爲政。敬王三十五年，入春秋後二百三十八年。邾隱公奔魯。齊甥也，故遂奔齊。元王四年，入戰國後八年。自齊奔越。曰：“吳爲無道，執父立子。”越人歸之。大子革奔越。六年，入戰國後十年。邾子又無道。越人執之以歸，而立公子何。是歲，魯哀公如越。得大子適郢，將妻公而多與之地。季孫懼，因大宰嚭而納賂焉，乃止。《注》：“嚭故吳臣也。”七年，入戰國後十一年。衛侯輒奔宋，使如越請師。魯叔孫舒會越皋如、后庸、宋樂茷納衛侯，不克。九年，入戰國後十三年。越子使后庸聘魯。盟於平陽。杜《注》：“西平陽。”《疏》：“高平南有平陽縣。”案在今鄒縣西南。哀公欲以越伐魯而去三桓。三桓攻公。公奔衛。去如鄒。邾。遂如越。然其後越卒不克納公。以上皆據《左氏》。《史記‧越世家》云：“句踐既滅吳，乃以兵北渡淮，與齊、晉諸侯會於徐州。致貢於周。周元王使人賜句踐胙，命爲伯。句踐已去，渡

淮南。以淮上地與楚。歸吳所侵宋地於宋。與魯泗東方百里。當是
時,越兵橫行於江、淮。東諸侯畢賀,號稱霸王。"《吳越春秋·句踐伐吳外
傳》略同。句踐已去渡淮南,作"句踐已受命號,去還江南"。《吳越春秋·句踐滅吳
外傳》云:"二十五年,從琅琊起觀臺,周七里,以望東海。使人如木客
山在會稽山陰縣,見《水經·漸江水注》。取元常之喪,欲徙葬琅琊。三穿元常
之墓,中生燻風,飛沙石射人,人莫能入。句踐曰:吾前君其不徙乎?
遂置而去。句踐乃使使號令齊、楚、秦、晉,皆輔周室,血盟而去。秦
桓公不如命,句踐乃選吳、越將士西渡河,以攻秦。軍士苦之。會秦
怖懼,遂自引咎,越乃還軍。軍人說樂。二十六年,元王六年,入戰國後十
年。越王以邾子無道而執以歸,立其子何。冬,魯哀公以三桓之逼來
奔。越王欲爲伐三桓,以諸侯大夫不用命,故不果耳。二十七年,元王
七年,入戰國後十一年。冬,句踐卒。"案越欲伐三桓,諸侯大夫尚不用命,
安能選將士西攻秦? 又安能令齊、楚、秦、晉? 可知號稱霸王之語,不
免侈大。惟越既徙都琅琊,去山東之國,較吳彌近,其聲威一時或更
震盪,亦未可知。而既徙都琅琊,則雖干與鄒、魯之事,亦不如吳之勞
師於遠,此其所以克久存與?

　自闔廬傷死以來,吳、越構兵,不復以西侵爲事,楚本可乘機自
強,然又遭白公之難。初,太子建之在鄭也,與晉謀襲鄭。鄭人殺之,
其子勝奔吳。《鄭世家》在周景王二十五年,爲入春秋後二百有三年。《表》後一年。
周景王三十三年,入春秋後二百三十六年。子西召之,以爲巢大夫,號曰白
公。白公好兵而下士。怨鄭,欲伐之。子西許之,而未爲發兵。三十
九年,入春秋後二百四十二年。晉伐鄭,鄭告急楚。子西救鄭受賂而去。
白公怒。四十一年,入戰國後二年。與死士石乞等襲殺子西、子期,因劫
惠王。葉公沈諸梁。來救。惠王之徒,與共攻白公,殺之。惠王乃得復
位。艾陵之役,吳召陳懷公。懷公恐,如吳。楚伐陳。四十二年,入戰
國後三年。滅之。定王二十二年,入戰國後三十四年。滅蔡。二十四年,入
戰國後三十六年。又滅杞。是時越已滅吳,而不能正淮北。楚東侵,廣地
至泗上,遂爲滅越之基。

第八節 戰 國 形 勢

春秋以後，又二百六十年，而天下始歸於統一。周敬王四十年，至秦始皇帝二十六年。當是時也，海內分爲戰國七。曩所謂二等國者，日益陵夷，不復足爲諸大國間之緩衝。諸大國則爭戰益烈，終至由爭霸之局，易爲併吞之局焉。此蓋事勢之自然，非人力所能爲也。列國形勢之變遷，以晉之分，關係爲最大。蓋齊、秦地皆較偏，力亦較弱，春秋時，持南北分霸之局者，實以晉、楚爲較久。晉分而弱，不足禦秦，則中原之勢，折而入秦，齊、楚皆爲之弱，而燕無論矣。晉之分，亦出事勢之自然。蓋統一必以漸臻。春秋時之大國，地兼數圻，本非開拓之力所及，遂有尾大不掉之勢。其分也，非分也，前此本非真合也。分裂以後，各君其國，各子其民，治理既專，開發彌易，則其四竟之內，風同道一，或反有過曩時矣。田氏篡齊，事與三家分晉一律，惟齊之疆域，視晉爲狹，故爲田氏一家控馭之力所及，而晉則不然耳。燕之强，亦與晉、楚、齊、秦及吳、越之强同道，特爲時較遲而已。

晉大夫之漸强，蓋自厲公之見弑。說本《史記·趙世家》。至平公以後而益甚。其時韓、趙、魏、范、中行及知氏，並稱六卿。范、中行氏先亡，知氏又以過剛而折，而業遂集於三家焉。今略述三家緣起，及其分晉之事如下。

趙之先曰造父，已見第九章第二節。自造父以下六世至奄父，曰公仲。周宣王時伐戎爲御。千畝之戰，奄父脫宣王。奄父生叔帶。叔帶時，周幽王無道，去周如晉，事晉文侯，始建趙氏於晉國。自叔帶以下，趙宗益興。五世而生趙夙。晉獻公伐霍、魏、耿，趙夙爲將。獻公賜趙夙耿。夙生共孟。共孟生趙衰，事重耳。重耳奔翟，趙衰從。翟伐廧咎如，得二女，以其少女妻重耳，長女妻趙衰。生盾。初，重耳在晉時，衰妻亦生同、括、嬰齊。反國，趙衰爲原大夫。晉之妻固要迎

翟妻,而以其子盾爲適嗣。晉襄公之六年,_{周襄王三十年,入春秋後百有一}
年。衰卒,諡爲成季。盾任國政。靈公立,益專,靈公欲殺盾,盾亡。
未出境,趙穿弑靈公,立成公。盾復反,任國政。景公時,盾卒,諡爲
宣孟。子朔嗣。朔娶晉成公姊爲夫人。晉景公三年,_{周定王十年,入春秋}
_{後百二十六年。}大夫屠岸賈者,始有寵於靈公,至景公爲司寇,乃治靈公
之賊。與諸將攻趙氏,殺朔、同、括、嬰齊,皆滅其族。朔妻有遺腹,走
公宮匿,生男。屠岸賈聞之,索於宮中,朔客公孫杵臼及程嬰謀,取他
人嬰兒負之,衣以文葆,匿山中。程嬰出繆謂諸將軍曰:"嬰不肖,不
能立趙孤,誰能與我千金,吾告趙氏孤處。"諸將軍皆喜,許之。發師
隨嬰攻杵臼。遂殺杵臼與孤兒。然趙氏真孤乃反在。居十五年,_{晉景}
_{公十七年,周簡王三年,入春秋後百四十年。}晉景公疾卜之,大業之後不遂者爲
祟。景公問韓厥。厥知趙孤在,乃曰:"大業之後,在晉絕祀者,其趙
氏乎?"於是景公因韓厥之衆,以脅諸將而見趙孤。趙孤名曰武,遂反
與程嬰、趙武攻屠岸賈,滅其族,復與趙武田邑如故。_{以上據《史記》。《左}
_{氏》:趙嬰通於趙朔妻莊姬。同、括放之,莊姬譖同、括曰:將爲亂。晉殺同、括。武從莊姬}
_{育於公宮。以韓厥言復立。無屠岸賈事。嬰亦前死,非與同、括同謀。見成公五年、八年。}
_{嬰,盾弟。莊姬,杜預以爲成公女,賈、服同,見《疏》。}武續趙宗二十七年,晉平公
立。_{周靈王十五年,入春秋後百六十六年。}平公十二年,_{周靈王二十六年,入春秋後}
_{百七十七年。}武死。諡爲文子。文子生景叔。_{《索隱》:"《系本》云:名成。"}景
叔生鞅,是爲簡子。

　魏之先,畢公高之後也。畢公高與周同姓。_{《索隱》:"《左傳》富辰說文}
_{王之子十六國,有畢、原、豐、郇,言畢公是文王之子。此云與周同姓,似不用《左氏》之說。"}
武王之伐紂,而高封於畢,於是爲畢姓。其後絕封,爲庶人。或在中
國,或在夷狄。其苗裔曰畢萬,事晉獻公。獻公之十六年,_{周惠王十六}
_{年,入春秋後六十二年。}以魏封畢萬爲大夫。生武子。以魏諸子事晉公子
重耳。重耳立爲晉文公,而令魏武子襲魏氏之後。列爲大夫,治於
魏。生悼子。徙治霍。生魏絳。事晉悼公。徙治安邑。_{今山西夏縣。}
諡爲昭子。生魏嬴。嬴生魏獻子。獻子事晉昭公。生侈。_{《索隱》:"《系}
_{本》:獻子生簡子取,取生襄子侈,而《左傳》云魏曼多是也,則侈是襄子中間少簡子一代。"}

魏佟之孫曰魏桓子。《索隱》:"《系本》云:襄子生桓子駒。"

　　韓之先,與周同姓,姓姬氏,其後苗裔事晉,得封於韓原,曰韓武子。《索隱》:"按《左氏傳》云:邘、晉、應、韓,武之穆,則韓是武王之子。然《詩》稱韓侯出祖,則是有韓而先滅。今據此文云其後裔事晉,封於原,曰韓武子,則武子本是韓侯之後,晉又封之於韓原。然按《系本》及《左傳》舊説,皆謂韓萬是曲沃桓叔之子,即是晉之支庶。又《國語》:叔向謂韓宣子能修武子之德,起再拜謝曰:自桓叔以下,嘉吾子之賜,亦言桓叔是韓之祖也。今以韓侯之後,別有桓叔,非關曲沃之桓叔,如此,則與大史公意,亦有違耳。"武子後三世有韓厥。《索隱》:"《系本》云:萬生賕伯,賕伯生定伯簡,簡生輿,輿生獻子厥。《左氏》宣公十二年《正義》云:'《韓世家》云:韓之先事晉,得封韓原,曰韓武子。後三世有韓厥。《世本》云:桓叔生子萬。萬生求伯,求伯生子輿,子輿生獻子厥。《史記》所云武子,蓋韓萬也。如彼二文,厥是萬之曾孫,而服虔、杜預,皆言厥韓萬玄孫,不知何所據也。'"案如《索隱》所引,厥實爲萬之玄孫,不知《義疏》引《世本》何以少一代。晉作六卿,韓厥在一卿之位,號爲獻子。卒,子宣子代。宣子徙居州。《索隱》:"宣子名起。州今在河内是也。"《正義》:"《括地志》云:'懷州武德縣,本周司寇蘇忿生之州邑也。'"周武德,今河南沁陽縣。卒,子貞子代。貞子徙居平陽。《索隱》:"《系本》作平子,名頃,宣子子也。又云:景子居平陽。"卒,子簡子代。卒,子莊子代。《集解》:"徐廣曰:《史記》多無簡子、莊子,而云貞子生康子。班氏亦同。"《索隱》:"按《系本》有簡子,名不信,莊子名庚,《趙系家》亦有簡子,名不佞也。"卒,子康子代。《索隱》:"康子名虎。"

　　晉平公以周景王十三年卒。入春秋後百九十一年。子昭公夷立。十九年,入春秋後百九十七年。卒,子頃公去疾立。敬王六年,入春秋後二百有九年。晉之宗室祁氏、羊舌氏相惡。六卿誅之,盡取其邑爲十縣。六卿各令其子弟爲之大夫。八年,入春秋後二百十一年。頃公卒,子定公午立。二十三年,入春秋後二百二十六年。趙氏與范、中行氏相攻,至三十年,入春秋後二百三十三年。而范、中行氏敗奔齊,已見前。元王二年,入戰國後六年。定公卒,子出公鑿立。《表》作錯。《索隱》:"《系本》作鑿。"定王五年,入戰國後十七年。知伯伐鄭。趙簡子疾,使大子毋卹將而圍鄭。知伯醉,以酒灌擊毋卹,毋卹慍知伯。知伯歸,因謂簡子,使廢毋卹。簡子不聽,毋卹由此怨知伯。十一年,入戰國後二十三年。知伯與趙、韓、魏共分范、中行地以爲邑。出公怒,告齊、魯,欲以伐四卿。四卿恐,遂反,攻出公。出公奔齊,道死。知伯立昭公曾孫驕,是爲哀公。《索隱》:"按《趙系家》云:驕是爲懿公。又《年表》云:出公十八年。次哀公忌,二年次懿公驕,十七年。"《集解》:"徐廣曰:《年表》云:出公立十八年。或云二十年。"哀公大父雍,晉昭公少子也,號爲戴子。《集解》:"徐廣曰:《世本》作相子雍。《注》云:戴子。"戴子生忌。忌善知伯,蚤死,故知伯欲盡併晉,未敢,乃立忌子驕爲君。《索隱》:"《系本》:昭公生桓子雍,雍生忌,忌生懿公驕。"當是時,晉國政皆決知伯,晉哀公不得有所制。知伯遂有范、中行地,最強。知伯請地韓、魏,韓、魏與之。請地趙,趙不與。知伯怒,遂率韓、魏攻趙。趙襄子奔保晉陽。三國攻晉陽,歲餘,引汾水灌其城,城不没者三版。襄子懼,乃夜使相張孟同同,《戰國策》作談。私於韓、魏,韓、魏與合謀。三國反滅知氏,分其地。時周定王十六年,入戰國後二十八年也。考王二年,入戰國後四十二年。哀公卒,子幽公柳立。幽公之時,晉畏,反朝韓、趙、魏之君。獨有絳、曲沃,餘皆入三晉。威烈王五年,入戰國後六十年。幽公淫婦人,夜竊出邑中,盜殺幽公。[1]　魏文侯以兵誅晉亂,立幽公子止,是爲烈公。《索隱》:"《系本》云:幽公生烈公止。又《年表》云:魏誅幽公而立其弟止。"二十三年,入戰國後七十八年。周威烈王賜趙、韓、魏皆命爲諸侯。三晉之侯。《史記·六國表》在是年。《周本紀》、《魏》、《趙》、《韓》、《燕世家》同。惟《楚世家》在簡王八年,爲周烈王二年。安王七年,入戰國後八十六年。烈公卒,子孝公頎立。《索隱》:"《系本》云:孝公傾。"二十四年,入戰國後百有三年。孝公卒,子静公俱酒立。《索隱》:"《系本》云静公俱。"二十六年,入戰國後百有五年。魏武侯、韓哀侯、趙敬侯滅晉後,而三分其地。静公遷爲家人。晉絶不祀。《索隱》:"《趙系家》:烈侯十六年,與韓、魏分晉,封晉君以端氏。肅侯元年,奪晉君端氏,徙處屯留。"案烈侯十六年,爲周顯王十年,入戰國後百二十二年。肅侯元年,爲顯王二十年,入戰國後百三十二年也。端氏,今山西沁水縣。屯留,今山西屯留縣。

　　陳完者,陳厲公佗之子也。厲公,文公少子,其母蔡女。文公卒,厲公兄鮑立,是爲桓公。桓公與佗異母。桓公病,蔡人殺桓公及大子免而立佗,是爲厲公。《左氏》。佗立未踰年,無謚。厲公既立,取蔡女。蔡

---

[1]　婚姻:晉幽公淫,夜出見殺。案古貴族鮮外淫。案古較繁盛惟市。

女淫於蔡人，數歸。厲公亦數如蔡。桓公少子林，怨厲公殺其父與兄，令蔡人誘厲公殺之。自立，是爲莊公。以上據《田敬仲完世家》。《陳杞世家》云：桓公大子免三弟：長曰躍，中曰林，少曰杵臼。共令蔡人誘厲公以好女，與蔡人共殺厲公而立躍，是爲利公。五月卒，立中弟林，是爲莊公。《左氏》厲公名躍。莊公卒，立少弟杵臼，是爲宣公。宣公十一年，周惠王五年，入春秋後五十一年也。宣公殺其大子禦寇。禦寇素與完相愛，完恐禍及己，奔齊，桓公使爲工正。完卒，謚爲敬仲。仲生稺孟夷。《索隱》：“《系本》作夷孟思。蓋稺是名，孟夷字也。”敬仲之如齊，以陳氏爲田氏。《集解》：“徐廣曰：應劭云：始食采地，由是改姓田氏。”《索隱》：“據史此文，敬仲奔齊，以陳田二字聲相近，遂爲田氏。”《正義》：“按敬仲既奔齊，不欲稱本故國號，故改陳字爲田氏。”案古陳田一字。田稺孟夷生湣孟莊。《集解》：“徐廣曰：一作芷。”《索隱》：“《系本》作閔孟克。”田湣孟莊生文子須無。文子生桓子無宇。有力，事齊莊公，甚有寵。生武子開及釐子乞。乞事齊景公爲大夫。其收賦稅以小斗，其粟與民以大斗，行陰德於民，而景公弗禁。由此田氏得齊衆心，宗族益彊。周景王十三年，入春秋後百九十一年。陳、鮑氏伐欒、高氏，齊同姓。分其室。穆姬景公母。爲之請高唐，今山東禹城縣。陳氏始大。景公卒，田乞、鮑牧與大夫攻高國，立悼公，已見前。悼公立，乞爲相，專國政。卒，子常代立，是爲田成子。鮑牧殺悼公。齊人立其子壬，是爲簡公。初，簡公與父俱在魯，監止有寵焉。《左氏》作闞止。《集解》：“賈逵曰：闞止，子我也。”《仲尼弟子列傳》：“宰予，字子我，宰我爲臨菑大夫，與田常作亂，以夷其族。孔子恥之。”案宰我蓋欲爲齊强公室，誅權臣，無所謂與田常作亂也。《列傳》之文，蓋傳言之誤。及即位，使爲政。此據《齊世家》。《田敬仲世家》云：成子與監止爲左右相。田常復修釐子之政。以大斗出貸，小斗收。田常殺監止。簡公出奔。田氏之徒追執之徐州。遂弑之，而立簡公弟驁，是爲平公。時周敬王三十九年，獲麟之歲也。平公即位，田常爲相，專齊政。懼諸侯共誅己，乃盡歸魯、衛侵地，西約晉、韓、魏、趙氏，南通吳、越之使；修功行賞，親於百姓；以故齊復定。田常於是盡誅鮑、晏、監止及公族之强者，而割齊自安平今河北安平縣。以東至琅邪，自爲封邑。封邑大於平公之所有。田常卒，子襄子盤代立。《集解》：“徐廣曰：盤一作暨。”《索隱》：“《系本》作班。”使兄弟宗人，盡爲齊都邑大夫。與三晉通使。卒，子莊子白立。《索隱》：“《系本》名伯。”莊子卒，子大公和立。齊平公卒於周貞定王十三年，入戰國後二十五年。子宣公積立。威烈王二十一年，卒，入戰國後七十六年。子康公貸立，淫於酒、婦人，不聽政。安王十年，入戰國後八十九年。大公遷康公於海上，食一城，以奉其先祀。十三年，入戰國後九十二年。大公與魏文侯會濁澤，見第九節。求爲諸侯。魏文侯乃使使言周天子及諸侯。周天子許之。十六年，入戰國後九十五年。田和立爲齊侯，遷康公海濱。二十三年，入戰國後百有二年。康公卒，呂氏遂絶不祀。

《燕召公世家》曰：“召公奭，與周同姓，姓姬氏。”《詩·甘棠》箋云：“召伯姬姓。”《釋文》云：“《燕世家》云：與周同姓。孔安國及鄭皆云爾。皇甫謐云：文王之庶子。案《左傳》富辰言文之昭十六國，無燕也。”案《論衡·氣壽篇》云“周公兄”，説與謐合。《穀梁》莊公三十二年，“燕，周之分子也。”周武王之滅紂，封召公於北燕。① 其在成王時，召公爲三公。自陝以西，召公主之。自陝以東，周公主之。陝，今河南陝縣。案北燕封地，與《周本紀》帝堯之後封地同，已見第八章第七節。《史記》於燕事甚略。自召公九世至惠侯，世次不具。惠侯以下，亦僅具世次而已。第十六世桓侯，《集解》引《世本》云：“桓侯徙臨易。”宋忠曰：“今河間易縣是也。”今河北雄縣。子莊公，與宋、衛共伐周惠王。鄭執燕仲父，而納惠王於周。山戎來侵。齊桓公救燕，遂北伐山戎而還。《集解》引譙周曰：“按《春秋傳》，與子穨逐周惠王者，乃南燕姞姓也。《世家》以爲北燕，失之。”《索隱》駁之，以爲伐周與爲山戎所侵者，是北燕不疑，訾杜預以仲父是南燕伯爲妄説。然北燕與宋、衛，勢不相及。故《左氏》隱公五年，“衛人以燕師伐鄭”，杜《注》亦説爲南燕。衡以事勢，説自不誤。侵燕而齊桓伐之者，亦不得在薊、易。竊疑二燕初本相去不遠，北燕後乃逐漸北徙，至易、至薊也。二十五世惠公，多寵姬。欲去諸大夫，而立寵姬宋。大夫共誅姬宋。《索隱》：“宋其名也。或作宗。劉氏云：其父兄爲執政，故諸大夫共滅之。”惠公懼，奔齊，

_____

① 史事：北燕初封。

齊高偃如晉，請共伐燕，入其君。晉平公許之。與齊伐燕，入惠公。惠公至燕而死。周景王十八年，入春秋後百八十八年。三十世獻公。獻公十二年，爲魯西狩獲麟之歲，出《春秋》。三十六世文公，始與六國合從擯秦，見後。

春秋時，楚本獨雄南服。及其末葉，吳、越相繼起，而楚始衰。然吳之亡既忽焉，越稱霸未幾，亦稍即陵夷，而楚仍獨雄南服，則吳、越演進皆淺，其根柢不如楚之深厚也。考王九年，入戰國後四十九年。楚惠王卒，子簡王中立。明年，滅莒。威烈王十八年，入戰國後七十三年。簡王卒，子聲王當立。二十四年，入戰國後七十九年。盜殺聲王，子悼王熊疑立。安王二十一年卒，入戰國後百年。子肅王臧立。六年卒，入戰國後百十一年。無子，立其弟熊良夫，是爲宣王。顯王二十九年，入戰國後百四十一年。卒，子威王熊商立。威王七年，齊孟嘗君父田嬰欺楚。楚威王伐齊，敗之徐州。《表》亦云圍齊於徐州。《集解》云：“徐廣曰：時已滅越而伐齊也。齊說越令攻楚，故云齊欺楚。”案楚威王七年，爲周顯王三十六年。入戰國後百四十八年。《越世家》云：“句踐卒，子王鼫與立。王鼫與卒，子王不壽立。王不壽卒，子王翁立。王翁卒，子王翳立。王翳卒，子王之侯立。王之侯卒，子王無彊立。王無彊時，越興師北伐齊，西伐楚，與中國爭强。當楚威王之時，越北伐齊，齊威王使人說越王，越遂釋齊而伐楚。楚威王興兵而伐之。大破越，殺王無彊。盡取吳故地，至浙江。北破齊於徐州。而越以此散。諸族子爭立，或爲王，或爲君，濱於江南海上，服朝於楚。”《集解》引徐廣，又謂其事在周顯王四十六年。入戰國後百五十八年。周顯王四十六年，爲楚懷王槐六年，威王以顯王四十年卒，入戰國後百五十二年。魏間楚喪以伐楚，取陘山。《正義》：“《括地志》云：陘山，在鄭州新鄭縣西南三十里。”唐新鄭，今河南新鄭縣。是年，楚使柱國昭陽攻破之於襄陵，今山西襄陵縣。得八邑。又移兵攻齊，以陳軫說引兵去。《表》亦記是年敗魏襄陵，而不云攻齊，則伐齊之役蓋未果。《越世家集解》所引徐廣說，四十六疑三十六之誤也。《吳越春秋·句踐伐吳外傳》：“句踐二十七年卒，大子興夷即位。一年卒，子

翁。翁卒,子不揚。不揚卒,子無彊。無彊卒,子玉。玉卒,子尊。尊
卒,子親。自句踐至於親。其立八主,皆稱霸。積年二百二十四年。
親衆皆失,而去琅邪,徙於吳矣。"《越絕書外傳‧記地傳》曰:"越王夫
鐔以上至夫餘,世久遠,不可紀也。夫鐔子允常。允常子句踐,大霸,
稱王,①徙琅邪。句踐子與夷時霸。與夷子子翁時霸。子翁子不揚
時霸。不揚子無彊時霸。伐楚。威王滅無彊。無彊子之侯竊自立爲
君長。之侯子尊時君長。尊子親失衆,楚伐之,走南山。親以上至句
踐,凡八君,都琅邪,二百二十四歲。無彊以上霸,稱王。之侯以下微
弱,稱君長。"與《史記》互有異同。要之自句踐歿後,越與大局,已無
甚關係矣。

第九節　楚悼魏惠齊威宣秦獻孝之强

論戰國事,自當以秦爲主。然秦自獻、孝以後,乃"稍以蠶食六
國"。《史記‧六國表》語。獻公元年,爲周元王十八年,入戰國已九十七
年;孝公元年,爲周顯王九年,則入戰國百二十年矣。自此以前,秦固
爲西方僻陋之國。自此以後,魏惠王、齊威、宣、湣王,稱霸東方者,尚
垂百年,秦亦未能獨雄也。秦之變蠶食爲鯨吞,實在戰國末數十年
中,此乃事勢際會使然,謂一入戰國,而秦即舉足爲大局重輕,則
誤矣。

入戰國後,首起稱霸者爲楚悼王。悼王之立,在周威烈王二十四
年,入戰國後七十九年也。安王二年,入戰國後八十一年。三晉來伐,至
乘丘。今山東滋陽縣。四年,入戰國後八十三年。楚伐周,敗鄭師,圍鄭。九
年,入戰國後八十八年。伐韓,取負黍。今河南登封縣西南。十一年,入戰國後九
十年。三晉伐楚,敗楚大梁、今河南開封縣。榆關。《索隱》:"此榆關當在大梁之

---

① 政體:大霸稱王,霸君長。

西。”楚厚賂秦，與之平。案《史記·吳起列傳》，言起見疑於魏而奔楚，“楚悼王素聞其賢，至則以爲相。起乃明法審令。捐不急之官。廢公族疏遠者，以撫養戰士。要在彊兵破馳説之言縱横者。於是南平百越，北併陳、蔡，卻三晉，西伐秦。諸侯皆患楚之强”。觀其侵韓，圍鄭，可見其兵鋒所至甚遠。雖大梁、榆關，一見挫折，固猶遠在敵境也。然楚貴戚盡欲害起。二十年，入戰國後百年。悼王卒，宗室大臣作亂，攻起殺之。於是楚勢衰，而魏繼起矣。

三晉形勢，本以趙爲最强。《史記·趙世家》，襄子“北有代，南併知氏，强於韓、魏”。案襄子滅代，在周定王十二年，入戰國後二十四年也。然敬侯頗荒淫；見《韓非子·説疑》。而當繼嗣之間，又屢有爭亂；襄子兄伯魯不立。襄子欲傳位於伯魯子代成君周，而代成君先死。乃立代成君子浣爲大子。威烈王元年，入戰國後五十六年也。襄子卒，浣立，是爲獻侯。獻侯少即位，治中牟。襄子弟桓子，逐獻侯，自立於代。明年，卒，國人曰：桓子立非襄子意。乃共殺其子，復迎立獻侯。十七年，入戰國後七十二年，卒，子烈侯籍立。安王二年，入戰國後八十一年，卒弟武公立。十五年，入戰國後九十四年，卒，趙復立烈侯大子章，是爲敬侯。明年，趙始都邯鄲。公子朔爲亂，不勝，奔魏。與魏襲邯鄲，敗而去。烈王元年，入戰國後百有六年，卒，子成侯種立。顯王十九年，入戰國後百三十一年，卒，公子緤與大子肅侯爭立。緤敗，奔韓。案桓子，《索隱》云：“《系本》云：襄子子。”武公之立，《索隱》云：“譙周云：《系本》及説《趙語》者，並無其事，蓋別有所據。”肅侯，《索隱》云：“名語。”中牟，《集解》云：“《地理志》云：河南中牟縣，趙獻侯自耿徙此。瓚曰：中牟在春秋時，是鄭之疆内，及三卿分晉，則在魏邦。界界自漳水以北，不及此。《春秋傳》曰：衞侯如晉，過中牟，中牟非衞適晉之次也。”《正義》云：“相州湯陰縣西五十八里有牟山，蓋中牟邑在此山南。”中牟、湯陰，今皆爲縣，屬河南。所引《春秋傳》，見《左氏》定公九年。故入戰國後百年，勢頗弱。韓世與鄭爭。至周烈王元年，入戰國後百有六年。滅之。蓋乘楚之衰。然亦僅足自守而已。韓康子卒，子武子立。其元年，魏文侯元年也。伐鄭，殺其君幽公。威烈王十七年，入戰國後七十二年。卒，子景侯立。《索隱》云：“《世本》作景子，名虔。”十八年，入戰國後七十三年，伐鄭，取雍丘。明年，鄭敗我負黍。安王二年，入戰國後八十一年，鄭圍我陽翟。是歲，景侯卒，子列侯取立。《索隱》云：“《世本》作武侯。”十五年，入戰國後九十四年，卒，子文侯立。十七年，入戰國後九十六年，卒，子哀侯立。滅鄭，因徙都鄭。雍丘，今河南杞縣。陽翟，今河南禹縣。惟魏文侯、武侯兩世皆賢君，魏文侯，《史記》云：名都，桓子孫。《集解》引：“徐廣曰：《世本》名斯。”《索隱》曰：“《世本》桓子生文侯斯。其《傳》云：孺子痍，是魏駒之子。”立於威烈王二年,即入戰國後五十七年。至安王十五年,即入戰國後九十五年乃卒。子武侯擊立。烈王五年,即入戰國後百十年卒。子罃立,是爲惠王。席履頗厚,故魏惠王繼楚悼王之後,而欲圖霸焉。按《孟子書》稱梁惠王曰:"晉國天下莫强焉。"《梁惠王上》。而《史記》等書,亦屢稱魏爲晉,蓋魏都安邑,與絳密邇,實襲晉之舊業。惟然,故秦與魏最相逼近,武侯用吳起守西河,侵秦頗亟。吳起去,秦獻公起,魏已頗受挫折,而惠王仍務於東而忽於西,遂使秦如虎兕之出柙,此實戰國事勢之一轉捩,而秦雄張之始也。

初,秦哀公以周敬王十九年卒,入春秋後二百二十二年。大子夷公早死。立其子,是爲惠公。二十九年卒。入春秋後二百三十二年。子悼公立,四十三年卒。入戰國後四年。在位十四年,《秦始皇本紀》云十五年。子厲共公立,《秦始皇本紀》作刺龔公。《正義》云:"刺一作利。"二十六年卒。入戰國後三十八年。子躁公立。考王十二年,卒。入戰國後五十二年。立其弟懷公。威烈王元年,入戰國後五十六年。庶長鼂與大臣圍懷公。懷公自殺。懷公大子曰昭子,早死。大臣立昭子之子,是爲靈公。《秦始皇本紀》作肅靈公。《索隱》云:《系本》無肅字。七年,入戰國後六十二年。魏城少梁,今陝西韓城縣。秦擊之。此據《秦本紀》。《表》與魏戰少梁在明年。十一年,入戰國後六十六年。補龐。城籍姑。此從表。《本紀》城籍姑在十四年,不云補龐。《索隱》云:"龐及籍姑,皆城邑之名。補者,脩也。謂脩龐而城籍姑也。"《正義》云:"《括地志》云:籍姑故城,在韓城縣北三十五里。"是歲,靈公卒。在位十一年。此從《表》。《秦始皇本紀》同。《秦本紀》在位十三年。子獻公不得立。立靈公季父悼子,《表》同。是爲簡公。簡公昭子之弟,而懷公子也。《始皇本紀》云:"靈公生簡公。"十三年,入戰國後六十八年。與晉戰,敗鄭下。今陝西華縣。十四年,入戰國後六十九年。魏文侯使子擊圍繁、龐,出其民。十七年,入戰國後七十二年。魏伐秦,築臨晉、今陝西大荔縣。元里。今陝西澄城縣。秦塹洛,城重泉。今陝西蒲城縣。十八年,入戰國後七十三年。魏伐秦,至鄭。築雒陰、在大荔縣西。合陽。今陝西郃陽縣。安王元年,入戰國後八十年。秦伐魏,至陽狐。二年,入戰國後八十一年。卒,從《表》。《秦始皇本紀》同。《秦本紀》多一年。子惠公立。十一年,入戰國後九十年。伐韓宜陽,今河南宜陽縣。取六邑。十二年,入戰國後九十一年。

與晉戰武城。今陝西華縣。縣陝。今河南陝縣。十三年，入戰國後九十二年。侵魏陰晉。今陝西華陰縣。十五年，入戰國後九十四年。魏伐秦，敗於武下。是歲，秦惠公卒，子出子立。十七年，入戰國後九十六年。庶長改迎獻公於河西而立之。《索隱》：“名師隰。《世本》作元獻公。”殺出子及其母，沈之淵旁。《史記》云：“秦以往者數易君，君臣乖亂，故晉復彊，奪秦河西地。”案孝公令言河西見奪，由於厲、躁、簡公、出子之不寧。自厲共公至此幾百年，則秦爲晉弱舊矣。獻公立，秦事始有轉機。十八年，入戰國後九十八年。城櫟陽。《集解》：“徐廣曰：徙都之。今萬年縣也。”案萬年，今陝西長安縣。徙都係據孝公令爲説，然未必在是年也。烈王二年，入戰國後百有七年。縣之。顯王三年，入戰國後百十五年。敗韓、魏雒陰。五年，入戰國後百十七年。與晉戰於石門。今陝西涇陽縣。斬首六萬。天子賀以黼黻。七年，入戰國後百十九年。與魏戰少梁。此依《表》，《本紀》作魏晉。蓋本作晉，後人側注魏字，混入本字也。虜其將公孫痤。明年，卒。依《表》，在位二十四年。《秦本紀》、《秦始皇本紀》皆二十三年。《索隱》云：《系本》二十二年。子孝公立。孝公元年，河山以東彊國六，淮、泗之間小國十餘。楚、魏與秦接界。魏築長城，自鄭濱洛以北，有上郡。秦上郡，治今陝西綏德縣。楚自漢中秦漢中郡，治今陝西南鄭縣。南有巴、秦巴郡，治今四川江北縣。黔中。秦黔中郡，治今湖南沅陵縣。秦僻在雍州，不與中國諸侯之會盟，夷翟遇之。孝公於是布惠，振孤寡，招戰士，明功賞。下令國中曰：“昔我繆公，自岐、雍之間，修德行武。東平晉亂，以河爲界。西霸戎翟，廣地千里。天子致伯，諸侯畢賀。爲後世開業甚光美。會往者厲、躁、簡公、出子之不寧，國家內憂，未遑外事，三晉攻奪我先君河西地，諸侯卑秦，醜莫大焉。獻公即位，鎮撫邊竟，徙治櫟陽。且欲東伐，復繆公之故地，修繆公之政令。寡人思念先君之意，常痛於心。賓客羣臣，有能出奇計彊秦者，吾且尊官，與之分土。”衛鞅聞是令下，西入秦。十年，入戰國後百二十二年。衛鞅説孝公變法脩刑，内務耕稼，外勸戰死之賞罰。孝公善之。甘龍、杜摯等弗然，相與爭之。卒用鞅法。秦勢益張，祇在待時而動矣。而魏又授之以隙。

魏武侯之卒，惠王與公中緩爭立。韓懿侯與趙成侯伐之。戰於濁澤，此據《魏世家》。《趙世家》、《六國表》皆作涿澤。《集解》：“徐廣曰：長社有濁澤。”案長社，今河南長葛縣。魏氏大敗。魏君圍。趙謂韓曰：“除魏君，立公中緩，割地而退。”韓曰：“不如兩分之。魏分爲兩，不彊於宋、衞，則我終無魏患矣。”趙不聽。韓不説以其少卒夜去。惠王乃得身不死，國不分。然魏是時本富强，惠王蓋亦有爲之主，故無幾即復振。顯王十三年，入戰國後百二十五年。魯、衞、宋、鄭之君，皆朝於魏。可見魏在東方形勢甚張。十五年，入戰國後百二十七年。魏遂舉兵以圍邯鄲。明年，拔之。邯鄲之圍也，趙求救於齊。齊威王大公田和，以周安王十八年，即入戰國後九十七年卒。子桓公午立。二十三年，即入戰國後百有二年卒，子威王因齊立。用段干朋策，使田忌南攻襄陵。今河南睢縣。邯鄲拔，齊因起兵擊魏，大敗之桂陵。今山東菏澤縣。魏圍邯鄲之歲，秦與魏戰元里，斬首七千，取少梁。十七年，入戰國後百二十九年。衞鞅圍魏安邑，降之。諸侯亦圍魏襄陵。十八年，入戰國後百三十年。魏乃歸趙邯鄲，與盟漳水上。十九年，入戰國後百三十一年。秦作咸陽，今陝西長安縣東。築冀闕，徙都之。併諸小鄉聚集爲大縣，縣一令。四十一縣。此從《本紀》。《表》及《商君列傳》皆作三十一。爲田開阡陌。東地渡洛。二十一年，入戰國後百三十三年。初爲賦。二十六年，入戰國後百三十八年。天子致霸。是歲，齊威王卒，子宣王辟彊立。明年，秦使公子少官率師會諸侯於逢澤，《集解》：“徐廣曰：開封東北有逢澤。”《正義》：“《括地志》云：在汴州浚儀縣東南四十里。”唐浚儀，在今河南開封縣西北。朝天子。案《戰國·秦策》言魏伐邯鄲，退爲逢澤之遇，乘夏車，稱夏王，朝天子，天下皆從；《齊策》言魏拔邯鄲，又從十二諸侯朝天子；則逢澤之會，猶是魏爲主而秦從之。然秦在是時，已非擯不得與於中國會盟者矣。二十八年，入戰國後百四十年。魏復伐趙。趙與韓親，共擊魏，不利。韓請救於齊。齊宣王用孫臏計，陰告韓使者而遣之。韓因恃齊，五戰不勝，而東委國於齊。齊起兵救韓、趙。魏遂大興師，使龐涓將，大子申爲大將軍。蓋傾國以求一決。然大敗於馬陵，《集解》引徐廣云：“在元城。”《正義》引虞喜《志林》云：“在鄄城。”案元城，今河北大名縣。鄄城，今山東濮縣。龐涓死，大子申虜。明年，秦、趙、齊共伐魏。衛鞅虜魏公子卬，東地至河。齊、趙亦數破梁。梁以安邑去秦近，徙都大梁。此文據《魏世家》。若據《秦本紀》，則衛鞅先已降魏安邑，惠王不得至是始徙都。然《秦本紀》昭襄王二十一年，又云"魏獻安邑"。《六國表》同。昭襄王二十一年，爲周赧王二十九年，入戰國已百九十五年矣。疆場之役，一彼一此，史亦不能盡紀也。三十一年，入戰國後百四十三年。秦破魏雁門，《索隱》："《紀年》云：與魏戰岸門，此云雁門，恐聲譌也。下云敗韓岸門，蓋一地也。尋秦與韓、魏戰，不當遠至雁門也。"《正義》："《括地志》云：岸門，在許州長社縣西北二十八里。"案長社爲今河南許昌縣地。當時秦、魏之戰，似亦未必在此也。虜其將魏錯。魏遂不能復振"三十三年，入戰國後百四十五年。與齊會平阿南。今安徽懷遠縣。明年，復會於甄。今山東濮縣。是歲惠王卒，子襄王立。明年，齊、魏會於徐州。《秦策》言魏爲逢澤之遇，齊大公聞之，舉兵伐魏。梁王身抱質執璧，請爲陳侯臣。《史記·孟嘗君列傳》言："田嬰使於韓、魏，韓、魏服於齊。"乃有東阿之盟。蓋自馬陵之戰以來，齊已執東方牛耳矣。徐州之會，《世家》及《表》皆云相王。《魏世家》又云：追尊父惠王爲王。而《田敬仲世家》，於桂陵戰後，又云："於是齊最強於諸侯，自稱爲王，以令天下。"則雖交有稱王之名，梁實非齊敵也。三十七年，入戰國後百四十九年。齊與魏伐趙，趙決河水灌齊、魏兵，兵乃罷。蓋是時趙反不服齊，然亦未足爲齊之勁敵也。

第十節　齊湣王之強

魏惠王圖霸之時，兵鋒專向於趙，遂至力盡而俱敝。時韓昭侯在位，用申不害爲相。史稱其"修術行道，國內以治，諸侯不來侵伐。"韓哀侯以周烈王五年，即入戰國後百十年，爲其下所弒。子懿侯立。《表》作莊侯。顯王十二年，即入戰國後百二十四年，卒。子昭侯立。十八年，即入戰國後百三十年，以申不害爲相。申不害至顯王三十二年，即入戰國後百四十四年乃卒，見《六國表》。然亦僅足自保而已。東方之地，乃成爲齊、楚爭霸之局。齊、魏會於徐州之歲，楚威王伐齊，已見第八節。是役也，《楚世家》云由田嬰欺楚。徐廣云：齊説越攻楚，故云欺楚。然《孟嘗君傳》謂楚聞徐州之會而怒，則實非由越起也。周顯王四十年，_{入戰國後百五十二年。}楚威王卒，子懷王槐立。四十五年，_{入戰國後百五十七年。}齊宣王卒，子湣王地立。《索隱》云："《系本》名遂。"明年，楚破魏襄陵。欲移兵攻齊，以陳軫説而止。_{亦見第八節。}然懷王之爲人，似無能爲，遂爲齊、秦所挫折。

秦孝公以周顯王三十一年卒，_{入戰國後百四十三年。}子惠文君立。誅商鞅。然秦富强之基已立，故國勢初不因是而損。三十五年，_{入戰國後百四十七年。}蘇秦始説六國合從以擯秦。案秦之説始於燕，而其後身歸於趙，蓋是時，與秦逼近者莫若三晉，而趙、魏皆當累戰之餘，國尤疲敝。秦之策，蓋欲合三晉以自完，云合六國者侈辭也。《秦傳》云："秦既約六國從親，歸趙，趙肅侯封爲武安君。乃投從約書於秦。秦兵不敢闚函谷關者十五年。"①案《燕世家》，蘇秦之説燕文公，在其二十八年。明年，文公卒，子易王立。凡十二年而子王噲立。《秦傳》叙齊大夫使人刺秦，事在燕噲立後。若在燕噲元年，則自秦説文公至此，適十五年也。秦兵不敢闚函谷關者十五年，乃策士誇張蘇秦之語，本非實錄。後更習爲口頭禪。《范雎蔡澤列傳》，雎説秦昭王曰："夫以秦卒之勇，車騎之衆，以治諸侯，譬若馳韓盧而搏蹇兔也，霸王之業可致也，而羣臣莫當其位。至今閉關十五年，不敢窺兵於山東。"雎之説，在秦昭王四十一年，即周赧王四十九年，入戰國二百五十年，蘇秦之死，已五十餘年矣。古書之辭不審諦，不可輕信如此。然其策殊無驗。三十七年，_{入戰國後百四十九年。}魏即納陰晉於秦。明年，秦公子卬與魏戰，虜其將龍賈，斬首八萬。三十九年，_{入戰國後百五十一年。}魏納河西地。四十年，_{入戰國後百五十二年。}秦渡河，取汾陰、_{今山西榮河縣。}皮氏。_{今山西河津縣。}圍焦，_{今河南陝縣南。}降之。四十一年，_{入戰國後百五十三年。}張儀説魏。魏人上郡、少梁於秦。秦以儀爲相。是歲，秦又降蒲陽。_{即蒲阪。}敗趙，取藺、離石。_{皆今山西離石縣地。}四十二年，_{入戰國後百五十四年。}歸魏焦、曲沃。四十四年，_{入戰國後百五十六年。}張儀伐取陝，出其人與魏。四十六年，_{入戰國後百五十八年。}張儀相魏，欲令魏先事秦，而諸侯效之，魏王不聽。明年，秦伐魏，取曲沃、平周。_{今山西介休縣。}慎靚王二年，_{入戰國後百六十}

---

① 史事：秦兵不敢出函谷關者十五年。

二年。魏襄王卒，子哀王立。張儀復説哀王。哀王不聽。秦伐魏，敗之鄢。《表》云取鄢。三年，入戰國後百六十三年。爲秦惠王後元七年，楚懷王十一年。《秦本紀》云："韓、趙、魏、燕、齊帥匈奴共攻秦。"《楚世家》云："蘇秦約從山東六國共攻秦，楚懷王爲從長。至函谷關，秦出兵，六國兵皆引而歸，齊獨後。"《六國表》於秦云："五國兵擊秦，不勝而還。"於魏、韓、趙、楚、燕，皆云"擊秦不勝"。於齊獨無文。疑是役齊實持兩端，《秦本紀》之齊字，乃楚字之誤也。明年，趙、韓、魏攻秦。秦庶長疾與韓戰修魚，春秋時蕭魚，見第五節。虜其將申差。敗趙公子渴、韓太子奐，斬首八萬二千。而齊亦以是時敗魏於觀津，一似與秦聲勢相倚者。於是魏哀王不復能支，聽張儀説，請成於秦。秦兵乃轉向韓、趙。五年，入戰國後百六十五年。伐取趙中都、今山西平遥縣。西陽。今離石縣西。六年，入戰國後百六十六年。伐取韓石章。《正義》："韓地名也。"伐敗趙將泥。《表》作將軍英。報王元年，入戰國後百六十七年。魏復倍秦爲從。秦攻魏，取曲沃。樗里疾攻魏焦，降之。敗韓岸門，斬首萬。二年，入戰國後百六十八年。庶長疾攻趙，虜趙將莊。《趙世家》作趙莊。魏復事秦。四年，入戰國後百七十年。惠王卒，在位十四年。《秦始皇本紀》云：惠文君享國二十七年。子武王立。逐張儀。以樗里疾、甘茂爲左右相。七年，入戰國後百七十三年。使甘茂伐宜陽。明年，拔之。斬首六萬。涉河，城武遂。今山西臨汾縣西南。武王有力，好戲。與力士孟説舉鼎，絶臏死。武王取魏女爲后，無子。立異母弟，是爲昭襄王。九年，入戰國後百七十五年。復與韓武遂。十二年，入戰國後百七十八年。復取之。遂攻魏，拔蒲陰、今山西永濟縣北。陽晉、今山西虞鄉縣西。封陵。永濟南。明年，魏與秦會臨晉。秦復與魏蒲阪。時齊湣王尚東與楚競，未暇合三晉西擯秦也。

六國之攻秦，楚爲從長，可見是時楚勢之强。故齊湣王首欲挫之。《楚世家》云：秦欲伐齊，而楚與齊從親。惠王患之，乃使張儀南見楚王，説以絶齊，予故秦所分楚商於之地，方六百里。懷王説。陳軫諫，弗聽。使一將軍西受封。張儀至秦，陽醉，墜車，稱病不出。三月，地不可得。楚王曰：儀以吾絶齊爲尚薄乎？乃使勇士宋遺北辱

齊王。齊王大怒，折楚符而合於秦。秦、齊之交合，張儀乃起朝，謂楚
將軍曰：子何不受地？從某至某，廣袤六里。楚將軍歸報，懷王大
怒。興師將伐秦，陳軫又曰：伐秦非計也，不如因賂之一名都，與之
伐齊。王不聽。發兵西攻秦。時周赧王二年也。入戰國後百六十八年。
明年，秦庶長章擊楚於丹陽，見第八章第八節。虜其將屈匄，斬首八萬。
《韓世家》：與秦共攻楚，敗楚將屈匄，斬首八萬於丹陽。又攻楚漢中，取地六百里。
置漢中郡。懷王大怒，悉國兵復襲秦。戰於藍田，今陝西藍田縣。大敗。
韓、魏聞楚之困，乃南襲楚，至於鄧。楚聞之，乃引兵歸。四年，入戰國
後百七十年。秦伐楚，取召陵。使使約復與楚親，分漢中之半以和楚，楚
王曰：願得張儀，不願得地。儀使楚，私於左右靳尚。靳尚爲請，又
因夫人鄭袖，言張儀而出之，儀因説楚王以叛從約而與秦合親，約昏
姻。是歲，惠王卒，武王立。韓、魏、齊、楚、越《集解》徐廣曰：一作趙。案作
趙是也。皆賓從。八年，入戰國後百七十四年。武王卒，昭襄王立。時齊湣
王欲爲從長，惡楚之與秦合，使使遺楚王書。懷王許之。十年，入戰國
後百七十六年。復倍齊而合秦。秦厚賂，迎婦於楚。楚亦迎婦於秦。十
一年，入戰國後百七十七年。懷王與秦昭王會於黃棘。今河南新野縣。秦復
與楚上庸。春秋時庸國地，今湖北竹山縣。十二年，入戰國後百七十八年。齊、
韓、魏伐楚，楚使大子質秦，秦遣客卿通將兵救楚，三國引兵去。十三
年，入戰國後百七十九年。秦大夫有私與楚大子鬥，楚大子殺之而亡歸。
十四年，入戰國後百八十年。秦乃與齊、韓、魏共攻楚方城，殺其將唐昧。
十五年，入戰國後百八十一年。秦復攻楚。大破楚軍，殺其將景缺。懷王
恐，使大子爲質於齊以求平。十六年，入戰國後百八十二年。秦遺楚王
書：願會武關，今陝西商縣東。面相約結盟。詐令一將軍伏兵武關，號
爲秦王。楚王至，則閉武關。遂與西至咸陽，要以割巫、今四川巫山縣。
黔中之郡。楚王不許。秦因留之。楚詐赴於齊。齊歸楚大子。大子
橫至，立爲王，是爲頃襄王。乃告於秦曰：賴社稷神靈，國有王矣。
十七年，入戰國後百八十三年。秦昭王怒。發兵出武關攻楚，大敗楚軍，
取析十五城而去。《表》作十六城。析，今河南內鄉縣。是歲，齊、韓、魏共擊

秦。敗其軍函谷。十八年，入戰國後百八十四年。楚懷王亡，逃歸。秦覺之，遮楚道。懷王恐，乃從間道走趙。趙主父居代，其子惠王初立，行王事，不敢入楚王。楚王欲走魏。秦追至，遂與秦使復至秦。懷王遂發病。十九年，入戰國後百八十五年。卒於秦。是歲，齊、韓、魏、趙、宋、中山五國共攻秦。至鹽氏，今山西安邑縣。秦與韓、魏河北及封陵以和。《表》云：“與魏封陵，與韓武遂。”魏哀王卒，子昭王立。二十年，入戰國後百八十六年。秦拔魏襄城。今河南襄城縣。二十一年，入戰國後百八十七年。向壽伐韓，取武始。今河北邯鄲縣。左更白起攻新城。今河南洛陽縣南。二十二年，入戰國後百八十八年。周與韓、魏攻秦。左更白起攻韓、魏於伊闕，洛陽縣南。斬首二十四萬。秦乃遺楚王書曰：楚倍秦，秦且率諸侯伐楚。頃襄王患之。二十三年，入戰國後百八十九年。楚迎婦於秦。秦、楚復平。史所傳楚懷王事，本於《戰國策》。《戰國策》乃縱橫家之書，誕妄幾類平話，絶不足信。蓋其時三晉皆衰，惟楚承威王之後，聲勢與齊、秦埒，故齊、秦皆欲破壞之，適會楚懷王之愚闇，遂至爲所播弄。其時楚受秦欺，不可謂不深，然卒仍合於秦，則齊湣王之不可親，殆有甚於秦者，特其事無可考耳。齊再合諸侯以攻秦，使之割地，其聲勢不可謂不盛。然既不能終助韓、魏，又敗楚以開秦南出之路，而又敝其力於燕、宋，卒至身死國亡，諸侯遂更無足與秦抗者，此則事勢之遷流，有以爲秦驅除難者也。

　　燕文王以周顯王三十六年卒。入戰國後百四十八年。子易王立。四十六年，入戰國後百五十八年。始稱王。四十八年入戰國後百六十年。卒，子噲立。屬國於相子之。三年，國大亂。將軍市被與大子平謀，將攻子之。齊王令人謂大子平：“惟大子所以令之。”大子因要黨聚衆。將軍市被圍公宫，攻子之，不克，反攻大子平。搆難數月，死者數萬。齊王因令章子將五都之兵，因北地之衆以伐燕。燕士卒不戰，城門不閉。燕君噲死，子之亡。時周赧王元年也。入戰國後百六十七年。三年，入戰國後百六十九年。燕人乃共立大子平，是爲昭王。《燕世家》言攻子之者爲大子平，《六國表》則云：“君噲及大子、相子之皆死，燕人共立公子平.”疑平實非大子也。又《趙世家》：武靈王十一年，即慎靚王六年，入戰國後百六十六年，召公子職於韓，立以爲燕王，使樂池送之。則燕之爭立者不止一人，諸侯干涉燕事者，亦不止一國，特齊兵力較盛，故能有成耳。

　　宋王偃，以慎靚王六年，自立爲王。入戰國後百六十三年。東敗齊，取五城。南敗楚，取地三百里。西敗魏軍。與齊、魏爲敵國。赧王二十九年，入戰國後百九十五年。案宋王偃元年，爲顯王四十一年，即入戰國後百五十三年，《宋世家》云：立四十七年乃亡，則爲赧王三十三年，乃入戰國後百九十九年，爲齊襄王法章二年矣，誤。乃爲齊、楚、魏所滅。案《淮南子·人間訓》，言"燕子噲行仁而亡"。《韓非子·說疑》，謂"燕君子噲，地方千里，持戟數十萬，不安子女之樂，不聽鐘石之聲；內不堙汙池臺榭，外不畢弋田獵；又親操耒耨，以修畎畝"，則子噲實賢君，齊潛亡之，可謂除東方之偪。宋自稱王至亡，凡三十三年，其非偶然，尤爲易見。錢穆《宋元王兒說考》云："《吕覽·君守》：魯鄙人遺宋元王閉，《莊子·外物》，有宋元君得神龜事。《史記·龜策傳》作元王。考《趙策》：李兌謂齊王曰：宋置大子以爲王，下親其上而守堅。今大子走，諸善大子者皆有死心。若復立之，其國必亂，而大子在外，此亦舉宋之時也。王偃置大子爲王，疑即元君。齊先已攻宋而無利，其後大子去國，乃乘隙殘之耳。"《宋世家》謂齊、魏、楚滅宋而三分其地。《田敬仲世家》謂宋亡後，"齊南割楚之淮北，西侵三晉，欲以并周室，爲天子"。案近人錢穆，謂《韓世家》：文侯二年，周安王十七年，入戰國後九十六年。伐宋，到彭城，執其君，則戰國時宋實都彭城。《宋策》謂康王滅滕，伐薛，取淮北之地，《史記·宋世家索隱》云："《戰國策》《吕氏春秋》皆以偃諡康王。"可見其疆域之恢張，而於楚尤偪。楚之助齊，所求蓋正在淮北。樂毅《報燕惠王書》曰："且又淮北宋地，楚、魏之所欲也。"《六國表》：燕破齊之歲，楚、趙取齊淮北。而其地仍爲齊有，楚安得而不讎齊？先滅宋二年，齊稱東帝，秦稱西帝，雖旋去之，然實有陵駕諸侯之意，則謂其滅宋之後，西侵三晉，欲并周室，稱天子，亦在情理之中。滅宋之明年，秦蒙武伐齊，拔列城九。齊是時聲威方盛，韓、魏方睦，秦安能越之而東侵。疑宋亡之後，齊與三晉之間，釁端已啓，三晉乃開秦以伐齊也。燕兵之起於是時，蓋有由矣。

　　燕昭王之立，卑禮厚幣，以招賢者。弔死問孤，與百姓同甘苦。

燕國殷富。士卒樂軼輕戰。乃使樂毅約趙。別使連楚、魏。令趙㗖秦以伐齊之利。周赧王三十一年，入戰國後百九十七年。燕悉起兵，以樂毅爲上將軍，并護趙、楚、韓、魏之兵以伐齊。齊兵敗。湣王出亡於外。燕兵獨追北。入至臨菑。湣王走莒。楚使淖齒將兵救齊，因相齊湣王。淖齒遂殺湣王，而與燕共分齊之侵地鹵掠。淖齒已去莒。莒中人及齊亡臣求湣王子法章立之，是爲襄王。齊城之不下者，獨聊、莒、即墨。此據《燕世家》。《索隱》云：“餘篇及《戰國策》並無聊字。”案聊，今山東聊城縣。即墨，今山東平度縣。餘皆屬燕。三十六年，入戰國後二百有二年。燕昭王卒，子惠王立。惠王爲大子時，與樂毅有隙。及即位，使騎劫代將，樂毅亡走趙。齊田單以即墨擊敗燕軍，騎劫死。燕兵引歸，齊悉復得其故城。自威王敗魏桂陵，至湣王之見破於燕，凡七十年。

是時三晉之君最有雄略者，爲趙武靈王。《索隱》云：名雍。武靈王者，肅侯子，以周顯王四十三年立。入戰國後百五十五年。趙之遺策，爲取胡地中山。中山者，春秋時之鮮虞。《史記·趙世家》：獻侯十年，周威王十二年，入戰國後六十七年。中山武公初立。《集解》引徐廣曰：“西周桓公之子。”《索隱》曰：“中山，古鮮虞國，姬姓也。《系本》云：中山武公居顧，桓公徙靈壽，今河北靈壽縣。爲武靈王所滅，不言誰之子孫。徐廣云：西周桓公之子，亦無所據。蓋未得其實。”案中山武公爲周桓公子，見《漢書·古今人表》。是時西周桓公，何以忽封其子於中山？事殊可疑。《魏世家》：文侯十七年，周威烈王十八年，入戰國後七十三年。伐中山，使子擊守之。《六國表》亦云：魏是年擊中山。事在中山武公立後六年。然《世家》、《年表》，年代均多舛誤，不足爲據。竊疑中山武公、桓公實魏後。沈欽韓謂《漢書·人表》文有譌奪，徐廣誤據之之說是也。見所著《漢書疏證》。周安王二十五年，入戰國後百有四年。趙敬侯與中山戰於房子，今河北高邑縣。明年，伐中山，又戰於中人。今河北定縣。烈王七年，入戰國後百十二年。中山築長城，可見中山是時形勢頗強，然實與魏聲勢相倚，故《魏策》謂“中山恃魏以輕趙，齊、魏伐楚而趙亡中山”焉。周赧王八年，入戰國後百七十四年。趙武靈王北略中山之地，至於房子,遂之代,北至無窮,西至河,登黄華之上。《正義》:"蓋西河側之山名。"遂胡服招騎射。初,武靈王取韓女爲夫人。後吳廣内其女娃嬴,孟姚也。甚有寵於王。是爲惠后。赧王十四年,入戰國後百八十年。惠后卒。王使周袑胡服傅王子何,惠后吳娃子也。十六年,入戰國後百八十二年。傳位何。肥義爲相國,並傅王。是爲惠文王。武靈王自號爲主父。主父欲令子主治國,而身胡服將士大夫西北略胡地,從雲中、九原直南襲秦。於是詐自爲使者,入秦略地形,觀秦王之爲人。秦昭王不知。已而怪其狀甚偉,非人臣之度。使人逐之。而主父馳,已脱關矣。審問之,乃主父也。秦人大驚。十九年,入戰國後百八十五年。滅中山。封長子章爲代安陽君。明年,朝羣臣。安陽君亦來朝。主父令王聽朝,而自從旁觀窺。見其長子章,傫然也,反北面而爲臣,詘於其弟。心憐之,欲分趙而王章於代,計未決而輟。主父及王游沙丘異宮。章以其徒作亂。公子成與李兑自國至。乃起四邑之兵入距難。章敗,往走主父。主父開之。成、兑因圍主父宫。章死。成、兑謀曰:"以章故圍主父,即解兵,吾屬夷矣。"乃遂圍主父。主父餓死。案秦之險在東方,直北而入,則平夷無阻,又出不意,此或足以破秦。然亦徒能一破壞之而已,謂以是弱秦則不足。何者?主父欲攻秦,所用者不過胡貉之衆。漢時之匈奴,遠强於是時之胡貉,亦未能大破關中也。武靈王雖有開拓之勛,實違舉國之心,公子成者趙宗室尊屬,胡服時不肯聽命,王自往請,然後勉從者也。其遂圍主父之宫,必非徒以曾圍主父,苟求免禍明矣。齊既亡,趙又内相乖離如此,遂無足牽掣秦者,而秦併六國之勢以成。

第十一節　秦滅六國

秦之滅六國,蓋始基於魏冉,而後成於吕不韋、李斯。魏冉者,秦昭襄王母宣大后異父弟也。周赧王二十年,入戰國後百八十六年。爲相。

舉白起,有伊闕之捷,因脅楚與秦平。已見上節。二十四年。入戰國後百
九十年。韓與秦武遂地二百里。明年,魏入河東地四百里。又明年,客
卿錯擊魏,至軹,在今河南濟源縣東南。取城大小六十一。二十七年,入戰
國後百九十三年。攻魏,拔垣。今山西垣曲縣。二十九年,入戰國後百九十五年。
錯攻魏河內。魏獻安邑。秦出其人。募徙河東賜爵,赦罪人遷之。
是時韓、魏方睦於齊,而其爲秦弱如此,齊霸之漸成弩末可見矣。三
十一年,入戰國後百九十七年。尉斯離與三晉、燕伐破齊,秦遂獨强於天
下。明年,伐魏,拔安城。在今河南原武縣東南。兵到大梁。燕、趙救之,
乃去。三十三年,入戰國後百九十九年。拔趙五城。明年,楚頃襄王遣使
於諸侯復爲從,欲以伐秦。又明年,錯攻楚。楚軍敗,割上庸、春秋時庸
國地。漢北予秦。白起攻趙,取代光狼城。《正義》:“《括地志》云：光狼故城,
在澤州高平縣西二十里。”高平,今山西高平縣。三十六年,入戰國後二百有二年。白
起攻楚,取鄢、鄧、西陵。今湖北宜昌縣西北。明年,起復攻楚。取郢,燒
先王墓夷陵。今宜昌。襄王兵散,遂不復戰,東北保於陳。秦以郢爲南
郡。三十八年,入戰國後二百有四年。蜀守若伐楚,取巫郡及江南,爲黔
中郡。明年,楚襄王收東地兵,得十餘萬。復西取秦所拔江旁十五邑
爲郡以距秦。是歲,白起伐魏,取兩城。四十年,入戰國二百有六年。穰
侯攻魏,至大梁。韓使暴鳶救魏,爲秦所敗。魏入三縣請和。明年,
客卿胡陽攻魏卷、今河南原武縣。蔡陽、今河南汝南縣。長社,今河南長葛縣。
取之。趙、魏攻華陽,白起擊破之,斬首十五萬。魏入南陽以和,秦與
趙觀津,今山東觀城縣。欲以伐齊。齊襄王懼,使蘇代遺穰侯書。穰侯
乃引兵歸。四十三年,入戰國後二百有九年。置南陽郡。令白起與韓、魏
伐楚,未行,而楚使黃歇至,上書説昭王。昭王許之。楚入大子爲質。
黃歇侍。四十四年,入戰國後二百十年。客卿竈攻齊,取剛壽。今山東東平
縣。予穰侯。是時韓、魏、楚皆服,乃出兵攻齊,正合用兵之次第。《史
記》謂秦所以東益地,弱諸侯,天下皆西鄉者,乃穰侯之功,實爲平情
之論。而是歲范雎見秦王,秦王用其言,免穰侯相,令涇陽君之屬皆
出關之封邑。宣大后同父弟曰芈戎,爲華陽君。同母弟高陵君名顯,涇陽君名悝。史

傳雎主遠交近攻,訾穰侯越韓、魏而攻齊爲非計,乃策士相傾之言,非其實也。《韓非子‧定法》亦言之。蓋當時策士,自有此等議論。四十六年,入戰國後二百十二年。中更胡陽攻趙閼與,在今山西和順縣西北。趙奢擊破之。明年,攻魏,拔懷。今河南武陟縣。此從《魏世家》。《秦本紀》與取邢丘同年。《范雎傳》言秦拜雎爲客卿,聽其謀,使五大夫綰伐魏,拔懷。後二歲,拔邢邱,則《魏世家》是也。四十九年,入戰國後二百十五年。攻魏,取邢丘。今河南溫縣。《魏世家》作郪丘。徐廣曰:"一作廩丘,又作邢丘。"趙惠文王卒,大子丹立,是爲孝成王。秦攻之。趙求救於齊。齊師出,秦乃罷。是歲,宣大后薨。穰侯出之陶,秦拜范雎爲相。封以應,號爲應侯。五十一年,入戰國後二百十七年。白起攻韓,拔陘城今山西曲沃縣西北,汾旁。因城河上廣武。在河南河陰縣北。明年,攻韓南陽,取之。從《表》。《紀》作南郡。《白起傳》:攻南陽大行道,絶之。楚頃襄王病。黃歇説應侯歸大子。應侯以聞。秦王曰:"令楚大子之傅先往問楚王病,反而後圖之。"歇爲楚大子計,變服亡歸。歇爲守舍,度大子已遠,乃自言。應侯言秦,因遣歇。頃襄王卒,大子完立,是爲考烈王。以歇爲相。封以吳,號爲春申君。五十三年,入戰國後二百十九年。五大夫賁攻韓,取十城。五十五年,入戰國後二百二十一年。白起伐韓野王。今河南沁陽縣。野王降。王齕攻上黨。上黨降趙。秦因攻趙。趙使廉頗軍長平。今山西高平縣。頗堅壁拒秦。秦行間。趙以趙括代將。括至,則出兵擊秦。秦軍佯敗走,張奇兵絶其後。趙軍分而爲二,糧道絶。秦王聞,自之河內,賜民爵各一級,發年十五以上悉詣長平,遮絶趙救及糧食。趙括出鋭卒自搏戰。秦軍射殺括。括軍敗,卒四十萬人降。武安君盡阬殺之。遺其小者二百四十人歸趙。前後斬虜四十五萬人,趙人大震。五十六年,入戰國後二百二十二年。秦軍分爲二:王齕將伐趙武安,今河南武安縣。皮牢,今山西翼城縣。拔之。司馬梗北定大原。兵罷,復守上黨。十月,五大夫王陵攻邯鄲。時武安君病不任行。五十七年,入戰國後二百二十三年。陵攻邯鄲,少利。秦益發兵佐陵。陵兵亡五校。武安君病愈,秦王欲使武安君代陵將,武安君言曰:"邯鄲實未易攻也。且諸侯救日至,秦卒死者過半,國內空,遠絶河山而争人國都,趙應其內,諸侯攻其外,破秦軍必矣,不可。"秦王自命不行,乃使應侯請之,武安君終辭不肯行,遂稱病。秦王使王齕代將,攻邯鄲,不能拔,秦軍多失亡。武安君言曰:"秦不聽臣計,今如何矣?"秦王聞之,怒,彊起武安君。武安君遂稱病篤。應侯請之,不起,於是免武安君爲士伍,遷之陰密。今甘肅靈臺縣。武安君病,未能行。居三月,諸侯攻秦軍急。秦軍數卻,使者日至。秦王乃使人遣白起,不得留咸陽中。武安君既行,出咸陽西門十里,至杜郵,使使者賜之劍自裁。魏公子無忌姊爲趙惠文王弟平原君夫人,數遺魏王及公子書,請救於魏。魏王使將軍晉鄙將十萬衆救趙。秦王使使者告魏王曰:"吾攻趙,且暮且下,諸侯敢救趙,必移兵先擊之。"魏王恐,使人止晉鄙,留軍壁鄴。今河南臨漳縣。初,王所幸如姬,父爲人所殺,公子使客斬其仇頭,敬進如姬,乃因如姬盜晉鄙兵符,與屠朱亥俱,袖四十斤鐵椎,椎殺晉鄙。① 將其軍救趙。王齕還奔汾城旁軍。圍遂解。秦是時力實未足取邯鄲,而秦王及應侯,違武安君之言,喪師於外。《范雎傳》言雎與武安君有隙,言而殺之;任鄭安平,使將擊趙,而安平以兵二萬人降趙;其非穰侯之倫審矣。後二年,入戰國後二百二十六年。應侯遂謝病。蔡澤相。數月,亦免。秦併諸侯之畫一挫。而周顧以是時亡於秦。

　　周敬王立四十三年崩。據《表》:是年爲魯哀公十六年。《本紀》作四十二年。《左氏》:哀公十九年,冬,"叔青如京師,敬王崩故也"。《釋文》云:"按《傳》敬王崩在此年,《世本》亦爾也。《世族譜》云:敬王四十二年崩。敬王子元王十年,《春秋》之傳終矣。據此,則敬王崩當在哀公十七年。《史記·周本紀》及《十二諸侯年表》,敬王四十二年崩,子元王仁立,則敬王是魯哀十八年崩也。《六國年表》,起自元王,及《本紀》皆云元王八年崩,子定王介立。定王元年,是魯哀公二十七年,與杜預《世族譜》爲異。又《世本》云:魯哀公二十年,是定王介崩,子元王赤立,則定王之崩年,是魯哀公二十七年也。衆說不同,未詳其正也。"子元王仁立。《集解》:徐廣曰:"《世本》云:貞王介也。"元王八年崩。入戰國後十二年。子定王介立。《集解》:"《世本》云:元王赤也。皇甫謐曰:元王二十八

---

　　①　史事:朱亥以四十斤鐵椎,椎殺晉鄙,張良亦以鐵椎椎秦皇,蓋多銅不易得。

年崩,三子爭立,立應爲貞定王。"《索隱》:"《世本》云元王赤,皇甫謐云貞定王,考據二文,則是元有兩名,一名仁,一名赤。如《史記》,則元王爲定王父,定王即貞王也。依《世本》,則元王是貞王子,必有一乖誤。然此定當爲貞,字誤耳。豈周家有兩貞王,代數,又非遠乎? 皇甫謐見此,疑而不決,遂彌縫《史記》、《世本》之錯繆,因謂爲貞定王,未爲得也。"定王二十八年崩,入戰國後四十年。長子去疾立,是爲哀王。哀王立三月,弟叔襲殺哀王而自立,是爲思王。思王立五月,少弟嵬攻殺思王而自立,是爲考王。考王十五年崩,入戰國後五十五年。子威烈王午立。考王封其弟於河南,是爲桓公,以續周公之官職。桓公卒,子威公代立。威公卒,子惠公代立。乃封其少子於鞏以奉王,號東周惠公。《索隱》:"《世本》,西周桓公名揭,居河南。東周惠公名班,居洛陽。"案《趙世家》:成侯七年,與韓攻周,八年,與韓分周以爲兩。《六國表》:成侯八年,爲周顯王二年。威烈王二十四年崩,入戰國後七十九年。子安王驕立。安王二十六年崩,入戰國後百有五年。子烈王喜立。烈王七年崩,入戰國後百十二年。此依《表》。《本紀》作十年。弟顯王扁立。顯王四十八年崩,入戰國後百六十年。子慎靚王定立。慎靚王六年崩,入戰國後百六十六年。子赧王延立。王赧時,東、西周分治,王赧徙都西周。東西周見第三節。五十九年,入戰國後二百二十五年也,秦將軍樛攻韓,取陽城、負黍,今河南登封縣西南。斬首四萬。攻趙,取二十餘縣,首虜九萬。西周恐,背秦,與諸侯約從。將天下銳師出伊闕攻秦。令秦毋得通陽城。秦昭王怒,使將軍樛攻西周。西周君奔秦,頓首受罪,盡獻其邑三十六,口三萬。秦受其獻,歸其君於周。周君王赧卒。周民遂東亡。秦取九鼎寶器,而遷西周君於惲狐。今河南臨汝縣西。後七歲,入戰國後二百三十二年。秦莊襄王取東、西周。東、西周皆入於秦,周既不祀。[①]據《周本紀》。《秦本紀》云:"東周君與諸侯謀秦。秦使相國呂不韋誅之。盡入其國秦,不斷其祀,以陽人地賜周君,奉其祭祀。"陽人聚,在臨汝縣西。

　　周赧王亡後五年,入戰國後二百三十年。秦昭襄王薨,子孝文王立。明年卒。初,昭王大子死,次子安國君爲大子,即孝文王也。安國君有子二十餘人。有所甚愛姬,立以爲夫人,號曰華陽夫人。無子。安

---

　　① 政體:秦滅西周,不絕其祀。

國君中男名子楚。子楚母曰夏姬，無愛。子楚爲秦質子於趙。呂不韋者，陽翟大賈也，家累千金。賈邯鄲，見之，曰：此奇貨可居，乃以五百金與子楚，爲進用，結賓客。以五百金置奇物玩好自奉，而西游秦。皆以獻華陽夫人。使夫人姊説夫人，言於安國君，立子楚爲嗣子。安國君許之。呂不韋取邯鄲諸姬絶好善舞者與居。知其有身，獻之子楚。至大期中，生子政。子楚遂立姬爲夫人。王齕圍邯鄲急，趙欲殺子楚。子楚與不韋謀，以金六百斤與守吏，得脱。亡赴秦軍。遂以得歸。趙欲殺子楚妻子。子楚夫人，趙豪家女也，得匿。以故母子竟得活。孝文王立，華陽夫人爲王后，子楚爲大子。趙亦奉子楚夫人及子政歸秦。孝文王卒，子楚代立，是爲莊襄王。莊襄王元年，入戰國後二百三十二年。以呂不韋爲相國。封文信侯。大赦罪人，修先王功臣，施德厚骨肉，而布惠於民。使蒙驁伐韓。韓獻成皋、鞏，《表》云取成皋、滎陽。界至大梁，初置三川郡。二年，入戰國後二百三十三年。使蒙驁攻趙，定大原。三年，入戰國後二百三十四年。蒙驁攻魏高都、今山西晉城縣東北。汲，今河南汲縣。拔之。攻趙榆次、今山西榆次縣。新城、《正義》引《括地志》云："一名小平城，在朔州善陽縣西南四十七里。"地在今朔縣境。按此殊可疑。狼孟，《正義》引《括地志》云："在并州陽曲縣東北二十六里。"取三十七城。四年，入戰國後二百三十五年。王齕攻上黨。初置大原郡。初，魏公子無忌既卻邯鄲之圍，使將將其軍歸而留趙。及是，復歸魏。率五國兵，《正義》云：燕、趙、韓、楚、魏。敗蒙驁於河外。秦東封之勢復小挫。是歲，莊襄王卒，子政立，是爲秦始皇帝。年十三。當是之時，秦地已併巴、蜀、漢中，越宛有郢，置南郡矣。北收上郡以東，有河東、大原、上黨郡，東至滎陽，滅二周，置三川郡。呂不韋爲相國，招致賓客、遊士，欲以併天下。李斯爲舍人。蒙驁、王齮、《集解》：徐廣曰一作齕。麃公等爲將軍。王年少，初即位，委國事大臣。晉陽反。元年，入戰國後二百三十五年。將軍蒙驁擊定之。二年，入戰國後二百三十六年。麃公將卒攻卷，斬首三萬。是歲，趙孝成王卒，子偃立，是爲悼襄王。三年，入戰國後二百三十七年。蒙驁攻韓，取十三城。王齮死。將軍蒙驁攻魏畼、有詭。四年，入戰國後二百三十八年。拔之。是歲，信陵君無忌卒。五年，入戰國後二百三十九年。將軍蒙驁攻魏，取二十城，初置東郡。六年，韓、魏、趙、衛、楚共擊秦，取壽陵。《正義》："徐廣云：在常山。按本趙邑也。"秦出兵，五國兵罷。《趙世家》云：龐煖將趙、楚、魏、燕之銳師攻秦蕞，不拔。《春申君列傳》云：諸侯患秦攻伐無已時，乃相與合從而伐秦，而楚王爲從長。春申君用事。至函谷關，秦出兵攻諸侯兵，皆敗走。秦攻魏，拔朝歌。楚去陳，徙壽春，命曰郢。七年，入戰國後二百四十一年。拔魏汲。八年，入戰國後二百四十二年。嫪毐封爲長信侯。予之山陽地，今河南修武縣北。令毐居之。宮室、車馬、衣服、苑囿、馳獵恣毐。事無小大，皆決於毐。又以河西大原郡更爲毐國。九年，王冠。長信侯毐作亂，而覺，矯王御璽及大后璽，以發縣卒及衛卒、宮騎、戎翟君公、舍人將，欲攻蘄年宮在雍。爲亂。王知之。令相國昌平君、昌文君《索隱》："昌平君，楚之公子，立以爲相。後徙於郢。項燕立爲荆王。史失其名。昌文君名亦不知也。"發卒攻毐。戰咸陽。毐等敗走。即令國中：有生得毐，賜錢百萬，殺之五十萬。盡得毐等。衛尉竭、内史肆、佐弋竭、中大夫令齊等二十人，皆梟首，車裂以徇，滅其宗。及其舍人，輕者爲鬼薪及奪爵遷蜀，四千餘家，家房陵。今湖北房縣。楚考烈王無子，趙人李園事春申君爲舍人，進其女弟，知其有身；園乃與其女弟謀，園女弟承間説春申君，進己楚王，生子男，立爲大子，以李園女弟爲王后。楚王貴李園，園用事。恐春申君語泄，陰養死士。考烈王卒，園先入，伏死士刺春申君，斬其頭，盡滅春申君之宗。園女弟所生子立，是爲楚幽王。十年，入戰國後二百四十四年。秦相國吕不韋坐嫪毐免。齊人茅焦説秦王。秦王乃迎大后於雍，而入咸陽宮，復居甘泉宮。大索逐客。李斯上書説，乃止逐客令。而李斯用事。十一年，入戰國後二百四十五年。王翦、桓齮、楊端攻鄴，取九城，拔閼與。趙悼襄王卒，子幽繆王遷立。其母，倡也，嬖於趙襄王。襄王廢適子嘉而立遷。十二年，入戰國後二百四十六年。文信侯不韋死，竊葬。其舍人臨者：晉人也，逐出之；秦人，六百石以上奪爵遷，五百石以下不臨，遷，勿奪爵。自今以來，操國事不道如嫪毐、不韋者，籍其門，視此。秋，復嫪毐舍人遷蜀者。《不韋傳》云：莊襄王薨，大子政立爲王。尊呂不韋爲相國，號稱仲父。秦王年少，大后時時竊私通呂不韋。不韋家僮萬人。始皇帝益壯，大后淫不止。呂不韋恐覺禍及己，乃私求大陰人嫪毐，詐腐爲宦者，侍大后。大后私與通，絕愛之，有身。大后恐人知之，詐當避時徙宮居雍。嫪毐常從。賞賜甚厚。事皆決於嫪毐。嫪毐家僮數千人，諸客求宦爲嫪毐舍人千餘人。始皇九年，有告嫪毐實非宦者，嘗與大后私亂，生子二人，皆匿之。與大后謀曰：王即薨，以子爲後。於是秦王下吏治，具得情實，事連相國呂不韋。九月，夷毐三族，殺大后所生兩子，而遂遷大后於雍。諸嫪毐舍人皆没其家而遷焉。王欲誅相國，爲其奉先王功大，及賓客辨士爲遊說者衆，王不忍致法，十年十月，免相國呂不韋。及齊人茅焦說秦王，秦王乃迎大后於雍，歸復咸陽，而出文信侯就國河南。歲餘，諸侯賓客使者相望於道，請文信侯。秦王恐其爲變，乃賜文信侯書，與家屬徙處蜀。呂不韋自度稍侵，恐誅，乃飲酖而死。秦王所加怒呂不韋、嫪毐皆已死，乃皆復歸嫪毐舍人遷蜀者。案史所傳不韋之事，與春申君相類大甚，而楚幽王有庶兄負芻及昌平君，則考烈王實非無子，傳言之不必信久矣。嫪毐事果與不韋有連，而猶遲至期年，始免其相，聽其從容就國；而諸侯賓客使者，仍相望於道；文信侯既不爲遁逃苟免之計，亦不爲養晦自全之謀，豈理也哉？錢穆云："《戰國·秦策》，無不韋納姬之事。《魏策》：或謂魏王曰：秦自四境之內，執法以下，至於長輓者，故畢曰：與嫪氏乎？與呂氏乎？雖至於門閭之下，廊廟之上，猶之如是也。今王割地以賂秦，以爲嫪毐功。卑體以尊秦，因以嫪毐。王以國贊嫪毐，大后之德王也，深於骨髓，王之交最爲天下上矣。由嫪氏善秦而交爲天下上，天下孰不棄呂氏而德嫪氏則王之怨報矣。據此，則呂之與嫪，邪正判然，未見嫪之必爲不韋所進也。"見所著《先秦諸子繫年考辨》、《呂不韋著書考》、《春申君見殺考》。其說韙矣。不韋相秦，實非碌碌，孝文王立而施德布惠，莊襄王誅周而不絕其祀，此即所謂興滅國繼絕世者，參看第十四章第一節。皆不韋之所爲。觀其招致賓客著書，儼有興起大平之意。史稱其欲以併天下，說蓋不誣。李斯固不韋舍人，不韋廢而斯用事，所奉行者，亦未必非不韋之遺策也。富强之基，樹於商君；蠶食之形，成於穰侯；囊括之謀，肇於不韋；三人者，實秦併天下之首功矣。

　　不韋雖廢，秦之事併吞如故。是時，楚已益弱；韓、魏皆自顧不暇；燕、齊少寬，然二國仍歲相攻，又與趙相攻；齊襄王復國後，趙數與秦攻之。《趙世家》言蘇厲爲齊遺趙惠文王書，趙乃輟謝秦不擊齊，時在周赧王三十二年，入戰國後百九十八年也。然是歲王仍與燕王遇，使廉頗將而攻齊，則特不與秦而已。此後十餘年間，趙數使趙奢、廉頗、燕周、藺相如等攻齊。至惠文王卒，孝成王立，秦急攻之，以齊救而罷。事已見前。是歲，田單乃以趙師攻燕。蓋齊、趙之交，至此而合，而燕、趙之釁啓。赧王亡後五年，燕王喜命相栗腹約歡趙。還報曰："趙氏壯者皆死長平，其孤未壯，可伐也。"乃起二軍。栗腹將而攻鄗，卿秦攻代。自將偏軍隨之。趙使廉頗將，殺栗腹，虜卿秦，逐之五百餘里。明年，圍其國。燕人請和。其明年，趙假相大將武襄君攻燕，圍之。又明年，又使延陵君率師從相國信平君廉頗助魏攻燕。秦始皇帝四年，趙使李牧攻燕。燕使劇辛將擊趙。趙使龐煖擊之。明年，取燕軍二萬，殺劇辛。齊襄王卒，周赧王亡之明年。入戰國後二百二十六年。子建立，君王后用事，襄王后。僅圖自保；《齊世家》稱其事秦謹，與諸侯信。王建立，四十餘年不受兵。秦遂得擇肥而噬。始皇十三年，入戰國後二百四十七年。桓齮攻趙平陽，今河南臨漳縣西。殺趙將扈輒。《李牧傳》云：破殺扈輒於武遂。明年，取宜安。今河北藁城縣西南。李牧與戰肥下，春秋時肥子國，今藁城縣。卻之，封牧爲武安君。十五年，入戰國後二百四十九年。秦大興兵。一軍至鄴。一軍至大原，取狼孟。秦攻番吾，李牧卻之。十六年，入戰國後二百五十年。發卒受韓南陽。十七年，入戰國後二百五十一年。内史騰攻韓。得韓王安，盡納其地，以爲潁川郡。韓自昭侯後，傳宣惠王、襄王倉、釐王咎、桓惠王四世。十八年，入戰國後二百五十二年。大興兵攻趙。王翦將上地下井陘。端和將河内、羌瘣伐趙。端和圍邯鄲城，趙使李牧、司馬尚禦之。秦多與趙王寵臣郭開金，爲反間。趙王使趙蔥及齊將顏聚代李牧。牧不受命。趙使人微執得李牧，斬之。廢司馬尚。後三月，王翦因急擊，大破，殺趙蔥。明年，王翦、羌瘣盡定趙地。虜王遷及其將顏聚，引兵欲攻燕屯。趙公子嘉率其宗數百之代，自立爲代王。東與燕合兵，軍上谷。楚幽王卒。同母弟猶代立,是爲哀王。庶兄負芻之徒,襲殺哀王,而立負芻。二十年,入戰國後二百五十四年。燕太子丹使荆軻刺秦王。秦王覺之,體解軻以徇。而使王翦、辛勝攻燕。燕、代發兵擊秦軍。秦軍破燕易水之西。二十一年,入戰國後二百五十五年。王賁攻薊。乃益發卒詣王翦軍。遂破燕大子軍,取燕薊城。得燕大子丹首。燕王東收遼東而王之。二十二年,入戰國後二百五十六年。王賁攻魏。引河溝灌大梁。大梁城壞。其王假請降。盡取其地。魏自哀王後,傳昭王、安釐王、景湣王增、王假四世。《世本》云:昭王名遫,安釐王名圉,景湣王名午。見《索隱》。始皇問李信:吾欲攻取荆,於將軍,度用幾何人而足? 李信曰:不過用二十萬人。問王翦;王翦曰:非六十萬人不可。始皇曰:王將軍老矣,何怯也? 李將軍果勢壯勇。遂使李信及蒙恬將二十萬南伐荆,荆人大破李信軍。始皇復召王翦,强起之,使將擊荆,取陳以南至平輿。今河南汝南縣東南。二十四年,入戰國後二百五十八年。虜其王負芻。《秦本紀》誤前一年。荆將項燕立昌平君爲荆王,反秦於淮南。《集解》:徐廣曰"一作江。"二十五年,入戰國後二百五十九年。大興兵,使王賁攻燕遼東,得燕王喜。燕自惠王後傳武成王、孝王、王喜三世。還攻代,虜代王嘉。王翦、蒙武攻荆,破荆軍。昌平君死,項燕遂自殺,翦遂定荆江南地。降越君。置會稽郡。二十六年,入戰國後二百六十年。齊王建與其相后勝發兵守其西界,不通秦。秦使將軍王賁從燕南攻齊,得齊王建。六國皆亡。餘國較大者,陳、蔡、鄭、宋之亡,已見前。魯以秦莊襄王元年,入戰國後二百三十二年。亡於楚。惟衛僅存,至秦二世時乃廢絶。然微不足數,天下遂統一。

　　秦之克併六國,其原因蓋有數端。地勢形便,攻人易而人之攻之也難,一也。關中形勢,西北平夷無大險,故易受侵略。南經漢中至蜀,出入皆難。惟東憑函谷、武關,則誠有一夫當關之勢也。春秋大國,時曰晉、楚、齊、秦,其後起者則吳、越。吳、越文明程度大低,未足蹈涉中原,抗衡上國。其兵,則實甚强悍,故項氏卒用之以破秦。四國風氣,秦、晉本較齊、楚爲强,兵亦然,讀《漢書·地理志》、《荀子·議兵篇》可知。二也。三晉地狹人稠,生事至慼。楚受天惠厚,民又呰窳偷生。齊工商之業特盛,殷富

殆冠海內。然工商盛者,農民未有不受剝削而益貧者也。惟秦地廣
而腴,且有山林之利。開闢較晚,侈靡之風未甚。觀李斯諫逐客,歷數侈靡
之事,秦無一焉可知。其上又有重農之政。齊民生計之舒,蓋莫秦若矣。
三也。參看第十一章第三節。此皆秦之憑藉,優於六國者也。以人事論,
則能用法家之説,實爲其一大端。蓋惟用法家,乃能一民於農戰,其
兵強而且多。參看第十四章第五節。亦惟用法家,故能進法術之士,而汰
淫靡驕悍之貴族,政事乃克修舉也。《荀子·彊國》曰:"應侯問孫卿
子曰,入秦何見? 孫卿子曰:其固塞險,形勢便,山川林谷美,天材之
利多,是形勝也。入竟,觀其風俗。其百姓樸。其聲樂不流汙。其服
不佻。甚畏有司而順。古之民也。及都邑官府,其百吏肅然,莫不恭
儉、敦敬、忠信而不楛。古之吏也。入其國,觀其士大夫。出於其門,
入於公門;出於公門,歸於其家;無有私事也。不比周,不朋黨,偶然
莫不明通而公也。古之士大夫也。觀其朝廷。其間聽決,百事不留,
恬然如無治者。古之朝也。故四世有勝,非幸也,數也。"可謂盡之
矣。秦取天下多暴,《史記·六國表》語。固也。然世豈有專行無道,而可
以取天下者哉?

第十章　民族疆域

第一節　先秦時諸民族

中國以第一大民族，稱於世界，然非振古如茲也。在數千年前，我族亦東方一部族耳。其克保世滋大，蓋實由其同化力之強。今試略述先秦之世，與我錯處諸族，如左：

漢族，起自東南。諸民族中與我密邇者莫如越。[①] 越亦作粵，今所謂馬來人也，此族特異之俗有二：一曰斷髮文身，一曰食人。徵諸後世史乘，地理學家所謂亞洲大陸之真緣邊者，無不皆然。而在古代，我國緣海之地亦如是。《禮記·王制》："東方曰夷，被髮文身，有不火食者矣。南方曰蠻，雕題交趾，有不火食者矣。"文身雕題，異名同實，無待辭費。被髮則髽髮之借也。髮可保溫，故北族居苦寒之地編髮，中國居溫和之地冠笄，南族居炎熱之地斷髮也。東夷與南蠻，方位不同，而同不火食，可知其始必同居熱地矣。《墨子》言："楚之南，有啖人之國者，其長子生，則解而食之，謂之宜弟。"《魯問·節葬下》，作越東有輆沐之國。而《韓非子》言：齊桓公好味，易牙蒸其首子而進之。《十過》。《二柄》、《難一》二篇同，而作子首，誤也。《淮南·主術》、《精神》兩篇高《注》，亦

[①]　民族：越。

皆作首子。《左氏》言宋襄公使邾文公用鄫子於次睢之社，欲以屬東夷。僖公十九年。杜《注》謂睢水次有妖神，東夷皆社祠之。《續漢書・郡國志》注引唐蒙《博物記》，謂在臨沂縣。可見漢、晉之世，俗猶未泯。臨沂，今山東臨沂縣。魯伐莒，取鄆，獻俘，亦用人於亳社。昭公十年。可見自楚之南，至於齊、魯，風俗皆同也。此族在江以北者，古皆稱夷，[①]《禹貢》冀州、揚州之鳥夷萊夷，徐州之淮夷是也。在江以南者則稱越，今紹興之於越，永嘉之甌越，福建之閩越，兩廣、越南之南越是也。又有深入長江中游者，《楚世家》言熊渠伐揚粵至鄂是也。見第九章第二節。鳥夷，今《尚書》作島夷，《正義》謂偽孔讀爲島，則其經文亦作鳥，今本乃字誤也。古無島字，洲即今島字。洲鳥雖亦同音，然古稱中國人所居爲州，不稱異族所居爲洲，則偽孔說實誤。鄭釋冀州之鳥夷曰搏食鳥獸者，《書正義》。顏師古釋揚州之鳥夷曰善捕鳥者，《漢書・地理志》注。顏說當有所本。差爲近之。蓋漁獵之族，程度極低者，作《禹貢》時猶有其部落，後遂爲漢族所同化，其事無可考矣。嵎夷，當即《堯典》"宅嵎夷曰暘谷"之嵎夷。《史記・夏本紀》索隱，謂《今文尚書》及《帝命驗》並作嵎銕，在遼西。案《說文・土部》云："堣夷，在冀州陽谷，立春日日直之而出。"《山部》云："嵎山在遼西，一曰嵎鐵、崵谷也。"既別以一曰，明爲兩說，則《今文尚書》實不謂嵎鐵在遼西。[②]冀州爲中國通稱，《尚書大傳》曰："元祀岱泰山，中祀大交霍山，秋祀柳穀華山，幽都弘山祀。"注曰："弘山，恒山也。"然則羲和四子之所宅，即四時巡守之所至。[③]泰岱爲漢族所居，故稱其地爲冀州矣。嵎夷，《史記・五帝本紀》作郁夷，而《毛詩》之周道倭遲，《韓詩》作郁夷，故有謂倭即嵎夷者。[④]自山東至遼東，遼東經朝鮮至日本；往來本最便，而亦甚早。謂古之嵎夷，渡海而

---

①　民族：夷蠻戎狄，以方位言，實夷與蠻，戎與狄是一。南北方之強，中國又於南爲近。

②　地理：今文不以嵎鐵在遼西。

③　地理：四子所宅即四岳（又見第 423 頁）。

④　四夷：嵎夷即倭之說。

至日本,或日本之民,與古嵎夷同族,皆無不可通也。萊夷,據《漢
書·地理志》,地在今山東黃縣。入春秋後百五十六年,周靈王五年,春秋
襄公六年。爲齊所滅。淮夷最稱强悍。《後漢書·東夷傳》謂秦有天
下,淮、泗夷乃悉散爲人户,其説當有所本也,於越事已見前。閩越、
南越及甌越,則至秦、漢之世,始列爲郡縣焉。越人居熱地,故開化較
早。其能用金,實先於漢族,古代兵器及刑法,皆取資焉。然亦以居
熱地故,生事饒而四體不勤,故其文明旋落漢人之後。《論衡》言:“夏
禹俒入吴國。大伯採藥,斷髮文身。唐、虞國界,吴爲荒服。越在九
夷,闕衣關頭。即貫頭,後世南方民族,猶多衣貫頭衣,見諸史四裔傳。今皆夏服,
褒衣履舄。”《恢國》。可知秦、漢之世,全與漢族同化矣。

　　洞庭以南,沅、湘、澧、資之域,爲今所謂苗族之故居。苗,前史皆
作蠻,元以後乃多作苗,蓋音轉而字異。或以牽合古三苗之國,則大
繆矣。見第七章第五節。蠻與越異。古書多稱荆蠻、揚越,無曰荆越、揚
蠻者,[1]知蠻自在長江中游,越自在東南緣海也。《淮南子·齊俗訓》
曰“三苗髽首”,“越人髭髮”,可知其飾首之習各别。古民族視處置其
髮之法頗重,如中國每以冠帶之國自誇,子路至於結纓而死是也。《左
氏》哀公十五年。蠻與越,所以處置其髮者既不同,其必爲兩族無疑矣。
此族神話,已見第五章。其地之開闢,蓋始於楚。《史記·吴起列傳》
所謂“南平百越”是也。《後書》云:田作賈販,無關梁符傳租税之賦;
有邑君長,皆賜印綬;蓋楚人撫綏之法。

　　濮,《周書·王會篇》作卜,《説文》作僰,南北朝、隋、唐之兩爨蠻,
今之猓玀也。猓玀地在雲南、四川,古之濮族,則遠在其北。楚武王
始啓濮,已見第九章第二節。抑猶不止此。《書·牧誓》:“及庸、蜀、
羌、髳、微、盧、彭、濮人。”微、盧、彭、濮,注家罕能言其所在,其實按之
故記,皆有迹象可求也。《左氏》:桓公十二年,楚師伐絞,分涉於彭,
羅人欲伐之。十三年,楚屈瑕伐羅,羅與盧戎兩軍之,大敗之。彭水,

杜《注》云：在新城昌魏縣，今湖北之房縣也。盧，據《釋文》本作廬。
文公十六年，庸人帥羣蠻以叛楚。麇人帥百濮聚於選，將伐楚。自廬
以往，振廩同食。使廬戢黎侵庸。杜《注》：廬，今襄陽中廬縣，今湖
北之南漳縣也。先五年，楚潘崇伐麇，至於錫穴。《釋文》云：錫或作
鍚。《御覽‧州郡部》引《十道志》云：鄖鄉，本漢錫縣，古麇國今湖北
之鄖鄉縣也。麇麋形近易譌，《左氏》哀公十四年，"逢澤有介麋焉"，
《釋文》謂麋又作麇其證。莊公二十八年築麋，《穀梁》作築微，則潘崇
所伐，實當作麋，即《牧誓》之微也。地與庸皆密邇。又其北即爲楚、
鄧。故昭公九年，王使詹桓伯辭於晉，謂巴、濮、楚、鄧吾南土；而庸與
麋之叛，申、息之北門不啓也，此等當春秋時，悉已服屬於楚。更西
南，則沿黔江、金沙江、大度河兩側，直抵今雲、貴四川《史記‧西南夷
列傳》，所謂"西南夷君長以什數，夜郎最大；今貴州桐梓縣。其西靡莫之
屬以什數，滇最大；今雲南昆明縣。自滇以北，君長以什數，邛都最大"今
四川西昌縣。者也。"皆魋結，耕田，有邑聚。"與《左氏》所謂"百濮離居，
將各走其邑"者合，文公十六年。可見其爲同族矣。《史記》云："楚威王
時，使將軍莊蹻循江，略巴、蜀、黔中以西。蹻至滇池，地方三百里，旁
平地肥饒數千里，以兵威定屬楚。欲歸報，而秦擊奪楚巴、黔中郡，道
塞不通。因還，以其衆王滇，變服，從其俗以長之。"《後漢書‧西南夷
傳》言："楚頃襄王時，遣將莊豪，從沅水伐夜郎。軍至且蘭，西南夷國名，
漢置故且蘭縣。晉改曰且蘭，今貴州平越縣。椓船於岸而步戰。既滅夜郎，因
留王滇池。以且蘭有椓船牂柯處，乃改其名爲牂柯。"可見今雲、貴之
地，當戰國時，悉已開闢矣。莊豪即莊蹻。秦取楚黔中郡事在頃襄王
二十二年，則《史記》作威王誤。時爲周赧王三十八年，入戰國後二百
有四年也。

　　庸與微、盧、彭、濮，①既皆在今楚、豫間，則牧野所誓之蜀，及克
商後列於南土之巴，亦必不得在今四川境。巴蜀古事，因有《華陽國

―――――――――

　　① 四夷：古濮在北，微、盧也可考。

志》一書，頗可考見崖略。然此書所載，未必即西周時之巴、蜀也。志稱巴、蜀肇自人皇，特以古籍言人皇肇分九州，億測梁州始建於是。云蜀爲黃帝之後，則沿昌意取蜀山氏女爲後世巴、蜀之蜀之誤，已見第七章第二節。又云：武王封宗姬於巴，爵之以子，亦無以明其即戰國時秦所滅之巴也。又云：周失紀綱，蜀侯蠶叢始稱王，次王曰柏灌，次王曰魚鳧。魚鳧田於湔山，得仙。次有王曰杜宇。移治郫邑。_{今四川郫縣}。或治瞿上。_{今四川雙流縣}。號曰望帝。其相開明，決玉壘山，_{在今四川理番縣東南}。遂禪位焉。開明號曰叢帝。生盧帝。盧帝攻秦，至雍。生保子帝。攻青衣。_{今四川雅安縣}。雄張獠、僰。又九世，徙治成都。有褒、漢之地。時當周顯王之世。因獵，與秦惠王遇。惠王作石牛五頭，寫金其後，曰牛便金。蜀使使請。惠王許之。乃遣五丁力士迎石牛。既不便金，怒而還之。惠王知蜀王好色，許嫁以五女。蜀又遣五丁迎之。還到梓潼。_{今四川梓潼縣}。見一大虵入穴。一人攬其尾掣之，不禁。至五人相助，大呼批蛇。山崩，壓殺五人及五女。蜀王封弟葭萌於漢中，號苴侯，命其邑曰葭萌。_{前漢葭明縣。後漢曰葭萌。今四川昭化縣}。苴侯與巴王爲好，巴與蜀讎，故蜀伐苴。苴侯奔巴。求救於秦。周慎王五年，_{秦惠文王後九年，入戰國後百六十五年。案常璩言蜀事，雖據傳說，然年代地理等，必多兼採古書，非二者暗合也}。秦使大夫張儀、司馬錯從石牛道伐滅蜀。因取巴，執巴王以歸。案巴之衆爲氏，漢世數從征伐。其後北出，爲五胡之一，而留居渝水之獠大昌。蜀，漢世亦稱叟。魏、晉、南北朝皆叟蜀並稱，亦曰賨，近人謂暹羅本族稱氐（Tai），其分族則曰暹（Sham），曰獠（Lao）。暹與蜀及賨叟同音，獠即漢之駱，後漢之哀牢，南北朝、隋、唐之獠，今之犵狫。^① 暹羅之族，本自北而南；《明史》謂其本分暹與羅斛二國。後羅斛強，併暹地，稱暹羅斛，亦即蜀與獠也。《華陽國志》謂巴治江州，_{今四川江北縣}。後徙閬中。_{今四川閬中縣}。案《左氏》：桓公九年，巴子使韓服告於楚，請與鄧爲好。楚使道

---

① 四夷：暹同蜀賨叟。獠、駱、哀牢、犵狫。

朔將巴客以聘於鄧。鄧南鄙鄾人，攻而奪之幣。莊公九年，楚與巴共
伐申。文公十六年，巴人從楚滅庸。哀公十八年，巴人伐楚，敗於鄾。
蓋其國在楚、鄧間，①去武關甚近。故《史記・商君列傳》趙良稱五羖
大夫"發教封内，而巴人致貢"也。此豈劍外之國？《史記・三代世
表》：褚先生言："蜀，黃帝後世也。至今在漢西南五千里。常來朝
降，輸獻於漢。"《索隱》云："《系本》蜀無姓。相承云：黃帝後世子孫
也。"此蓋西南邊徼叟人部族，中國妄稱爲黃帝後，爲是説者之意，蓋
亦以昌意娶蜀山氏女，爲戰國時巴、蜀之蜀，可以測揚雄、常璩等致誤
之由。《索隱》又引《蜀王本紀》：謂朱提今四川宜賓縣。有男子杜宇，從
天而下。《水經・江水注》引來敏《本蜀論》，則謂荊人鼈令死，其屍隨
水上，至汶山下，復生，起見望帝，望帝立以爲相。望帝者，杜宇也，從
天下。女子朱利，自江源出，爲宇妻。時巫山峽，蜀水不流。望帝使
令鑿巫峽通水，蜀得陸處。望帝遂以國禪。號曰開明。《華陽國志》
則言朱提有梁氏女利，游江源，宇納爲妃。移治郫邑。或治瞿上。
則望帝實起岷江下流，溯江而上；開明本楚人，入篡其國，與庸及
微、盧、彭、濮等何涉？而安得從武王以伐紂耶？《史記・秦本紀》
及《六國表》：厲公二年，周元王二年，入戰國後六年。蜀人來賂。二十六
年，周定王十八年，入戰國後三十年。左庶長城南鄭。躁公二年，周定王二十
八年，入戰國後四十年。南鄭反。惠公十三年，周安王十五年，入戰國後九十四
年。伐蜀，取南鄭。惠文王元年，周顯王三十二年，入戰國百四十四年。蜀人
來朝。其間南鄭屬蜀者，五十餘年，《華陽國志》所謂盧帝攻秦至雍
者，當在是時。蜀之雄張，蓋至斯而極。然往來稔而秦覬覦之志，
亦於是而啓。石牛之遺，蓋亦猶智伯欲伐仇猶而遺之鐘；至五丁力
士，因迎五女而亡，則又微見蜀之末君，重色而輕士也。蔡澤説范
雎曰："今君相秦，棧道千里，通於蜀、漢。"據《史記》本傳，雎相秦在
昭王四十一年至五十二年，周赧王四十九年至其亡之明年，入戰國後二百十五

_____

①　四夷：巴初在楚鄧間。秦所滅之蜀，非從武王伐紂之蜀（又見第 250 頁）。

年至二百二十六年。乃蜀亡後之五十年也。秦與蜀之交通，蓋至斯而大闢。然蜀之自南而北，非自北而南，則皎然矣。故曰：秦所滅之蜀，非從武王伐紂之蜀也。

《後漢書‧南蠻傳》云："巴郡南郡蠻，本有五姓：巴氏、樊氏、曋氏、相氏、鄭氏，皆出於武落鍾離山。在今湖北長楊縣。其山有赤黑二穴。巴氏之子，生於赤穴，四姓之子，皆生黑穴。未有君長，俱事鬼神。乃共擲劍於石穴，約能中者奉以爲君。巴氏子務相，乃獨中之。衆皆歎。又令各乘土船，約能浮者當以爲君。餘姓悉沈，惟務相獨浮。因共立之，是爲廩君。乃乘土船，從夷水至鹽陽。夷水，今清江。鹽水有神女，謂廩君曰：此地廣大，魚鹽所生，願留共居。廩君不許。鹽神暮輒來取宿，旦即化爲蟲，與諸蟲羣飛，掩蔽日光，天地晦冥。積十餘日，廩君伺其便，因射殺之，天乃開明。廩君於是君乎夷城。四姓皆臣之。廩君死，魂魄世爲白虎。巴人以虎飲人血，遂以人祠焉。及秦惠王併巴中，以巴氏爲蠻夷君長，世尚秦女。其民爵比不更，有罪得以爵除。其君長，歲出賦二千一十六錢；三歲一出義賦千八百錢。其民，戶出幏布八丈二尺，雞羽三十鍭。"又云："板楯蠻夷者：秦昭襄王時，有一白虎，常從羣虎，數遊秦、蜀、巴、漢之境，傷害千餘人。昭王乃重募國中：有能殺虎者，賞邑萬家，金百鎰。時有巴郡閬中夷人，能作白竹之弩，乃登樓射殺白虎。昭王嘉之，而以其夷人，不欲加封，乃刻石盟要：復夷人頃田不租，十妻不算。傷人者論，殺人者得以倓錢贖死。盟曰：秦犯夷，輸黃龍一雙；夷犯秦，輸清酒一鍾。夷人安之。"又云："閬中有渝水。其人多居水左右。天性勁勇。初爲漢前鋒，數陷陳。俗喜歌舞。高祖觀之，曰：此武王伐紂之歌也。乃命樂人習之，所謂巴渝舞也。"《華陽國志》説略同，而作武帝。[①]史事非高祖所知，作武帝是也。《禮記‧祭統》曰："舞莫重於《武宿夜》。"《疏》引皇氏云："師説。《書傳》云：武王伐紂，至於商郊，停止宿夜，士卒

---

①　四夷：高帝觀巴言武王伐紂歌，當依《華陽國志》作武帝。

皆相樂，歌舞以待旦，因名焉。"此説而信，則巴氏之先，亦有從於牧野之師者矣。

《詩·商頌》曰："昔有成湯，自彼氐、羌，莫敢不來享，莫敢不來王，曰商是常。"則氐、羌非徒從牧野之師，殷初即與於王會矣。《左氏》：僖公二十一年，秦、晉遷陸渾之戎於伊川。三十二年，殽之役，晉興姜戎。襄公二十四年，范宣子數戎子駒支曰："來，姜戎氏。昔秦人迫逐乃祖吾離於瓜州。乃祖吾離，被苫蓋，披荆棘，以來歸我先君。我先君惠公有不腆之田，與女剖分而食之。"駒支對曰：惠公"謂我諸戎，是四嶽之胄裔也，毋是翦棄。"昭公九年，晉梁丙、張趯帥陰戎伐潁。王使詹桓伯辭於晉，謂"允姓之姦，居於瓜州，伯父惠公歸自秦，而誘以來。"二十二年，晉籍談、荀躒帥九州之戎，以納王於王城。王城人敗陸渾於社。然則陸渾之戎、姜戎、陰戎、九州之戎是一，[①]允姓，居於瓜州，而爲四嶽之胄裔也。《史記》之九侯，《明堂位》作鬼侯，則《詩》稱殷商"覃及鬼方"，正指紂脯九侯之事。《易》言高宗伐鬼方，《大戴記》言陸終取於鬼方氏，皆氐、羌部落矣。《漢書·地理志》：敦煌郡，今甘肅敦煌縣。杜林以爲古瓜州，地生美瓜，附會可發一噱。宋翔鳳《過庭録》謂《詩》"我征自西，至於艽野"之艽野即鬼方，亦即《禮記·文王世子》"西方有九國焉"之九國，《列子》稱相馬者九方皋，乃以國爲氏，艽野即鬼方。其説卻殊精審也。

歷代爲中國患者莫如狄。古代之北狄，《史記》悉入之《匈奴傳》中，後人遂皆視爲匈奴之倫，其實非也。匈奴乃《管子》書所謂騎寇，見《小匡篇》。古代之北狄，則類南北朝之山胡。[②] 騎寇皆居原野，能合大羣；其戰也多騎，疾捷利侵略，常爲農工商國之大害。居山地者，則不能合大羣；其戰也多步；以文明程度之低，戎器亦常窳劣；患止乘間鈔暴而已。我國自春秋以前，實未嘗與騎寇遇，即戰國時，所遇者亦

---

① 四夷：陸渾、姜戎、陰戎、九州之戎是一，即九侯、鬼侯、鬼方、艽野。
② 四夷：騎寇、山戎之別。

小部落；先秦之世，未嘗以北族爲患，由此也。北狄與我交涉最早者，據書傳所載，當爲獯粥，《史記‧五帝本紀》稱黃帝"北逐獯粥"是也。[1] 以後來之事觀之，獯粥皆在今陝西，黃帝都在彭城，勢不相及，則《史記》此文，殆不足據。周代事迹，傳者較詳，戎狄之事，可考者亦較多。《孟子》言大王事獯粥，文王事昆夷，《梁惠王下》。獯粥即獫狁；昆夷即犬夷，亦即串夷；蓋當時西方兩大部落，其事已見第八章第五、第八兩節。《史記‧匈奴列傳》索隱："應劭《風俗通》曰：殷時曰獯粥，改曰匈奴。晉灼曰：堯時曰葷粥，周曰獫狁，秦曰匈奴。韋昭曰：漢曰匈奴，葷粥其別名。"《詩‧采薇毛傳》："獫狁，北狄也。"《箋》曰："北狄匈奴也。"《孟子‧梁惠王下》趙《注》："熏粥，北狄强者，今匈奴也。"《呂覽‧審爲》高《注》："狄人獫狁，今之匈奴。"則以獫狁、獯粥、匈奴爲一，漢人殆無異說。[2]《詩‧皇矣》："串夷載路。"《箋》云："串夷即混夷。"《疏》云："《書傳》作畎夷，蓋犬混聲相近，後世而作字異耳。或作犬夷，犬曰畎，字之省也。"予昔以昆夷即胡字音轉，謂與匈奴是一。由今思之，殊無碻據，惟獫狁當西周時極强大，其後遂無聞焉，則或隨中國之開拓而北走，[3]爲戰國時之匈奴，未可知耳。周室東遷之後，其患遂詒諸秦。《史記》所謂自隴以西，[4]有緜諸、漢緜諸道，在今甘肅天水縣東。緄戎、《正義》："顏師古云：混夷也。韋昭云：《春秋》以爲犬戎。"翟獂之戎；漢獂道縣，在今甘肅隴西縣東北。岐、梁山涇、漆之北，有義渠、秦北地郡，治義渠，今甘肅寧縣西北。大荔、《索隱》："《秦本紀》：厲共公伐大荔，取其王城。後更名臨晉，故《地理志》云：臨晉，故大荔國也。"今陝西朝邑縣。烏氏、漢烏氏縣，在今甘肅平涼縣西北。朐衍之戎《索隱》："《地理志》：朐衍，縣名，在北地。"《正義》："《括地志》云：鹽州，古戎狄居之，即朐衍戎之地。秦北地郡也。"唐鹽州，今寧夏鹽池縣。者也，其中以義渠爲最强，至昭王時，乃爲秦所滅。見《史記‧匈奴列傳》。其餘興亡之事，不可悉考，然漢世皆列爲縣、道，必沿自秦代者也。在東方者，河南有揚拒、泉皋、伊洛之戎，見《左氏》僖公十一年。杜《注》："揚拒、泉皋，皆戎邑。及諸雜戎居伊水、洛水之間

---

① 四夷：《史記》言黃帝北逐熏粥之非。
② 四夷：以獫狁、熏粥、匈奴爲一，漢人殆無說。
③ 四夷：獫狁或隨中國開拓北走。
④ 四夷：昆夷、犬夷、串夷是一。《史記》自隴以西，歧、梁山涇、漆之北諸戎，蓋其遺落。

者。今伊闕北有泉亭。"案伊洛之戎,《春秋》作雒戎,見文公八年。《釋文》云:"本或作伊洛之戎,此後人妄取傳文加之耳。"又有蠻氏,杜《注》:"河南新城縣東南有蠻城。"在今河南臨汝縣。本居茅津,亦稱茅戎。《公羊》作貿戎。與陸渾密邇。蠻氏地入於晉。揚拒、泉皋伊洛之戎,地入於周。在河北者爲赤狄、白狄。① 赤狄種落,見於《春秋》者:有潞氏、今山西潞城縣。宣公十五年。甲氏、今河北雞澤縣。留吁。今山西屯留縣。宣公十六年。《左氏》多鐸辰今山西長治縣。宣公十六年。及廧咎如。成公三年。《公羊》作將咎如。今山西樂平縣。《左氏》云:"晉郤克、衛孫良夫伐廧咎如,討赤狄之餘焉",劉炫謂廧咎如即赤狄之餘。杜預謂晉滅潞氏,餘民散入廧咎如,故討之。又有東山皋落氏,《水經・河水注》:"清水流經皋落城北。服虔曰:赤翟之都。世謂之倚亳城。"地在今山西垣曲縣西北。見《左氏》閔公二年,亦不云爲赤狄,杜《注》謂赤狄,別種,未知何據。赤狄在今山西、河北,地皆入於晉。白狄,《左氏》成公十三年,晉侯使呂相絕秦曰:"白狄及君同州。"蓋即《史記・匈奴列傳》所謂居圁、洛之間者,而杜氏以鮮虞、今河北定縣。肥、今河北藁城縣。昭公十二年。鼓,今河北晉縣。昭公二十二年。皆爲白狄,亦未知其何據也。肥、鼓地亦入晉,鮮虞至戰國時曰中山,滅於趙。與晉密邇者,又有無終。襄公四年,嘗請成於晉。晉侯欲弗許,魏絳勸晉侯許之。昭公元年,晉又敗其衆於大原。杜預謂山戎、北戎、無終三者是一。案北戎之見於《左氏》者,隱公九年,侵鄭,桓公六年,侵齊;其見於《春秋》者,僖公十年,齊侯、許男伐北戎;山戎,羣籍皆云其病燕;則其縣地甚廣,杜氏蓋謂無終亦其種落之一也。《管子》言山戎,多與孤竹、令支並舉。見《大匡》、《輕重甲》等篇。令支亦作離支,或云即《禹貢》之析支,與昆侖、渠搜并列者。《漢志》:朔方郡有渠搜縣。今綏遠鄂爾多斯右翼後旗故朔方城東。右北平無終,故無終子國。今河北薊縣。遼西郡令支有孤竹城。今河北遷安縣。又《小匡篇》言桓公破屠何。孫詒讓謂"即《周書・王會篇》之不屠何。《墨子・非攻》云:且、不一著何,亡於燕、代、胡、貉之間。且當作柤。不一著何,則不屠何

_____

① 四夷:赤白不必狄之兩大派,此兩派外當多。

之衍誤。後爲漢遼西之徒河縣。"今遼寧錦縣。孫氏説見《墨子閒詁》。蓋當中國開拓時，此諸部落，奔迸塞外，後亦列爲編户矣。屠何，《管子》以爲騎寇，[①]蓋其地已偏北。至燕、趙拓土，所遇之騎寇乃益多。在代北者，以林胡、《括地志》云在朔州。今山西朔縣。樓煩漢樓煩縣。屬雁門。在今雁門關北。爲大後皆服於趙。匈奴又在其北，但爲李牧所攘斥，見《史記·廉頗藺相如列傳》。而未能列爲編户，至秦、漢時，遂收率北方種落，爲中國之大患焉。在燕北者爲東胡。《史記》云："燕有賢將秦開，爲質於胡，胡甚信之，歸而襲破走東胡，東胡卻千餘里。燕築長城，自造陽在上谷。至襄平，今遼寧遼陽縣。置上谷、漁陽、右北平、遼西、遼東郡以拒胡。"案東胡在漢初居匈奴東，冒頓襲破之。其後匈奴單于庭直代、雲中，而左方王將居東方，直上谷，似即東胡舊地。然則五郡未開時，東胡當居上谷；[②]其漁陽、右北平、遼西、遼東，則濊貊、朝鮮、肅慎之地也。

貊：有以爲在北方者，《孟子·告子》趙《注》、《周官·職方》鄭《注》、《説文·豸部》貊下説解是也。有以爲在東北者，《周官·貊隸》鄭《注》、《鄭志·答趙商問》、《詩·韓奕》及《周官》疏引。《説文·羊部》羌下説解是也。然只與夷蠻連文，《荀子·勸學》："于越、夷、貊之子，生而同聲，長而異俗。"《詩·魯頌》："淮夷蠻、貊。"《論語·衛靈公》："雖蠻、貊之邦，行矣。"不與戎狄並舉，即可知其本在東南。[③]《三國志·夫餘傳》："其耆老自説古之亡人，其印文言濊王之印、國有故城名濊城。"句麗、百濟，皆出夫餘。沃沮耆老，自謂與句麗同種諸國法俗，絶類有殷，如在國衣尚白，祭天以殷正月是也。《博物志》記徐偃王卵生，與《魏書》句麗始祖朱蒙之生絶相類。[④]《博物志》曰："徐君宮人，娠而生卵，以爲不祥，棄之水濱。獨孤母有犬，名

---

① 四夷：屠何，《管子》以爲騎寇。

② 四夷：東胡舊地，似在上谷，其東則濊貊、朝鮮、肅慎地。

③ 四夷：貊祇與夷蠻連文，不與戎狄並舉，則本在東南。

④ 四夷、述朱蒙、徐偃之生相類，則本江淮間。與朝鮮隨燕開拓東北徙（又見第235頁）。

鵠倉,獵於水濱,得所棄卵,銜以東歸。獨孤母以爲異,覆煖之,遂蚸成兒。生時正偃,故以爲名。徐君宮中聞之,乃更録取。長而仁智,襲徐君國。後鵠倉臨死,生角而九尾,實黄龍也,偃王令葬之,徐界中今見狗壟。"《魏書·高句驪傳》曰:"高句驪者,出自夫餘。自言先祖朱蒙。朱蒙母,河伯女,爲夫餘王閉於室中。爲日所照。引身避之,日景又逐。既而有孕。生一卵,大如五升。夫餘王棄之。與犬,犬不食。棄之於路,牛馬避之。後棄之野,衆鳥以毛茹之。夫餘王割剖之,不能破。遂還其母。以物裹之,置於煖處。有一男,破殻而出。及其長也,字之曰朱蒙。其俗言朱蒙者,善射也。"案《後漢書·夫餘傳》,言其始祖東明事,與此亦頗相類。疑貉實江、淮間族,漸徙而北者。《韓奕》之詩曰:"溥彼韓城,燕師所完,王錫韓侯,其追其貊。"王肅、孫毓,皆以此燕爲北燕,以涿郡方城縣之寒號城爲韓侯城。見《釋文》及《水經·聖水注》。方城,今河北固安縣。其實《詩》明言韓姞,則此燕實爲南燕。貉多與濊連稱,亦或單稱濊。《續漢書·郡國志》:行唐今河北行唐縣。有石臼河。《寰宇記》:平山縣,"隋《圖經》:房山,濊水出焉。亦謂之石臼河。又謂之行唐水。出行唐,東入博陵,今河北安平縣。謂之木刀溝。一謂之袈裟水。南流入滹沱。"今在平山縣西,仍謂之木刀溝。又《水經·濁漳水注》:"清漳逕章武縣故城西,故濊邑也,枝瀆出焉,謂之濊水。"章武故城,在今河北滄縣東北。地固皆與燕相近也。東北名國,莫如朝鮮。箕子初封,安得在遼東之表?謂在沙丘以北,則近之矣。《史記·趙世家》:山陽侯朱書曰:"予將賜女林胡之地。至於後世,且有亢王,奄有河宗,至於休溷諸貉。"《燕世家》謂"燕北迫蠻貉"。《漢書·高帝紀》:四年,"北貉燕人,來致梟騎助漢"。《史記·貨殖列傳》言:"燕東綰濊貉、朝鮮、真番之利。"則濊貉、朝鮮,亦隨燕之開拓而東北徙無疑矣。貉族文明程度最高。南化三韓,東漸日本。緬彼震方,實資啓發。而弱水舊墟,轉爲鮮卑所薦食。謂晉初夫餘爲慕容氏所破。弱水,今松花江也。近世論者,謂其關係之大,不在中央亞細亞自印度日耳曼人之手,轉入土耳其人之手之下焉。見傅斯年《東北史綱》第四章下。肅慎者,金源、滿清之先,當周武王時,曾以楛矢石砮爲貢,事見《國語》、《魯語》。《史記》、《孔子世家》。《説苑》。《辨物》。後世居松花江濱。其所貢之物如故,故知其民族必同。詹桓伯之辭晉,以之與燕、亳並列，爲武王克商後之北土。南北二燕，相距本不甚遠。見第九章第八節。亳即商都，多在河北。已見第八章第二、第四節。其初亦內地民族也。①

古又有所謂長狄者，說頗詭異，然細按之，實無甚不可解也。②長狄事見《春秋》文公十一年。《經》文但云狄而已，三傳則皆以爲長狄。《公羊》云記異，而不言其所以異。《穀梁》謂其"弟兄三人，佚宕中國，瓦石不能害。叔孫得臣，最善射者也。射其目。身橫九畝。斷其首而載之，眉見於軾"。則竟類《齊諧》志怪之談矣。然《左氏》記其兄弟五人獲於宋、魯、晉、齊、衛，而云"鄋瞞由是遂亡"，則亦當時一氏族。《國語·魯語》："吳伐越，墮會稽，得節專車。使問仲尼。仲尼曰：昔禹致羣神於會稽之山，防風氏後至，禹殺而戮之，其節專車。客曰：防風何守？仲尼曰：汪罔國之君也。守封禺之山。漆姓。在虞、夏、商爲汪罔氏。於周爲長翟氏。今謂之大人。客又曰：人長之極幾何？仲尼曰：僬僥氏三尺，短之至也。長者不過十之，數之極也。"《史記·孔子世家》。《説苑》、《家語·辨物篇》略同。《史記》、《説苑》皆作釐姓。《説苑》云："在虞、夏爲防風氏，商爲汪芒氏。"《説文》曰："在夏爲防風氏，殷爲汪芒氏。"黃丕烈《校刊明道本國語札記》曰："漆當爲淶之譌。釐淶聲相近，於古爲同字也。"然則人長三丈，乃出仲尼推論，身橫九畝等説，則王充所謂語增者耳。實無足怪也。僬僥氏，林惠祥謂即黑種之尼革利羅（Negrillo），《梁書》所載黝、歙短人是其族。見所著《中國民族史》第十八章。案此種人唐代猶有之。《唐書·卓行傳》：陽城爲道州刺史。"州産侏儒，歲貢諸朝，城哀其生離，無所進。帝使求之。城奏曰：州民盡短。若以貢，不知何者可供。自是罷。州人感之。"白居易《新樂府》曾詠其事。《道州民》。必非虛誣。體質特異之民，前世本非無有，以中國之大，而偶有一二錯居，實極尋常事也。

───────────────

① 四夷：肅慎初在內地。
② 四夷：長狄。

第二節　先秦疆域

　　漢族之發展，及漢族以外諸民族之情形，既已知其大略，則先秦之世之疆域，有可得而進言者。疆域有山川道里可稽，本最易曉，然古書多辭不審諦，傳述又有譌誤，加以虛擬之辭，附會之説，非理而董之，固無以見其真際也。

　　言古代地理，有數字可稽者，莫如服之里數及封建國數。然其不可信亦最甚。五服之説，見於《禹貢》，曰："五百里甸服，百里賦納總，二百里納銍，三百里納秸服，四百里粟，五百里米。五百里侯服，百里采，二百里男邦，三百里諸侯。五百里綏服，三百里揆文教，二百里奮武衛。五百里要服，三百里夷，二百里蔡。五百里荒服，三百里蠻，二百里流。"《周官·職方》，則有九服之説，曰："方千里曰王畿，其外方五百里曰侯服。又其外方五百里曰甸服。又其外方五百里曰男服。又其外方五百里曰采服。又其外方五百里曰衛服。又其外方五百里曰蠻服。又其外方五百里曰夷服。又其外方五百里曰鎮服。又其外方五百里曰藩服。"説《禹貢》者：今《尚書》歐陽、夏侯説，謂中國方五千里，《王制正義》引《五經異義》。史遷同。《詩·商頌》正義，按《史記·夏本紀》：令天子之國以外五百里甸服，甸服外五百里侯服，侯服外五百里綏服，綏服外五百里要服，要服外五百里荒服。《古尚書》説：五服旁五千里，相距萬里。《王制正義》引《五經異義》。賈逵、馬融謂甸服之外，每百里爲差，所納總、秸、粟、米者，是甸服之外，特爲此數。其侯服之外，每言三百二百里者，還就其服之内別爲名，非是服外更有其地。《詩·商頌》正義。是爲三千里。相距方六千里。《禹貢正義》。許慎按：以今漢地考之，自黑水至東海，衡山之陽至於朔方，經略萬里，從《古尚書》説。《王制正義》引《五經異義》。鄭玄則云：堯制五服，服各五百里。要服之内四千里曰九州，其外荒服曰四海。禹所弼五服之殘數，_{每言五百里一服者，是堯舊服。}每服之外，更言三百里、二百里者,是禹所弼之殘數。亦每服者合五百里,故有萬里之界焉。去王城五百里曰甸服。其弼當男服,去王城二千里。又其外五百里爲綏服,去王城二千五百里。其弼當衛服,去王城三千里。其外五百里爲要服,與周要服<small>當作蠻服</small>。相當,去王城三千五百里。四面相距爲七千里,是九州之内也。要服之弼,當其夷服,去王城四千里。又其外五百里曰荒服,當鎮服。其弼當蕃服,去王城五千里。四面相距,爲方萬里也。《詩·商頌》正義引鄭《皋陶謨》"弼成五服,至於五千"《注》。封建國數:《王制》云:"凡四海之内九州州方千里。州建百里之國三十,七十里之國六十,五十里之國百有二十,凡二百一十國。名山大澤不以封。其餘以爲附庸間田。八州,州二百一十國。天子之縣内,方百里之國九,七十里之國二十有一,五十里之國六十有三,凡九十三國。名山大澤不以朌。其餘以禄士,以爲間田。凡九州,千七百七十三國。天子之元士諸侯之附庸不與。"《周官·職方》云:"凡邦國千里,封公以方五百里則四公,方四百里則六侯,方三百里則七伯,<small>《注》:"方千里者,爲方百里者百,以方三百里之積,以九約之,得十一有奇。云七伯者,字之誤也。"</small>方二百里則二十五子,方百里則百男以周知天下。"《異義》:《公羊》説:殷三千諸侯,周千八百諸侯。《古春秋左氏》説:禹會諸侯於塗山,執玉帛者萬國。唐、虞之地萬里,容百里地萬國,其侯伯七十里,子男五十里。餘爲天子閒田。許慎按:《易》曰:萬國咸寧。《尚書》曰:協和萬邦,從《左氏》説。鄭駁云:諸侯多少,異世不同。萬國者,謂唐、虞之制也。武王伐紂,三分有二,八百諸侯,則殷末千二百也。至周公制禮之後,準《王制》千七百七十三國,而言周千八百者,舉其全數。《王制正義》引。其注《王制》云:"《春秋傳》云:禹會諸侯於塗山,執玉帛者萬國言執玉帛,則是惟謂中國耳。中國而言萬國,則是諸侯之地,有方百里,有方七十里,有方五十里者,禹承堯、舜而然矣。要服之内,地方七千里,乃能容之。夏末既衰,夷狄内侵,諸侯相併,土地減,國數少。殷湯承之,更制中國方三千里之界,亦分爲九州,而建此千七百七十三國焉。周公復唐、虞之舊域,分其五服爲九,其要服之内,亦方七千里,而因諸侯之數,廣其土,增其爵耳。"鄭氏之意,專欲以古今相牽合。其注《易・繫辭傳》陽一君而二民,陰二君而一民云:"一君二民,謂黃帝、堯舜,謂地方萬里,爲方千里者百,中國民居七千里,七七四十九,方千里者四十九,夷狄之民,居千里者五十一,是中國夷狄,二民共事一君。二君一民,謂三代之末,以地方五千里,一君有五千里之土,五五二十五,更足以一君二十五,始滿千里之方五十,乃當堯、舜一民之地,故云二君一民。實無此二君一民,假之以地爲優劣也。"《王制正義》。亦此意也。按服制及封建之制,皆古人虛擬之辭。古本無方五千里若方萬里之封,春秋、戰國之世乃有之,學者欲設立制度,以治此廣大之地,而郡縣之制,非其意想所及,乃各就封建之制,以意更張,有所假設。其發抒其說也,不曰己意如是,而以傅諸古人,則當時之人,立言大率如是。一時代自有一時代語言之法。如其法以求之,原亦不足爲怪,以爲實有其事則偵矣。《禹貢》時代較早,其時封域,蓋尚較狹,故設爲五千里之封。《周官》時代較晚,封域愈廣,故其經略遂至萬里也。許慎以《易》與《尚書》之文,而信古有萬國;以漢代經略所及,而謂五服相距萬里;已爲非是。鄭玄更設爲黃帝、堯、舜暨三代之末盛衰廣狹之説,一似古書所述,皆爲實事者,則疑誤後人矣。

九州之説,有山川以爲疆界,似乎較易徵實,然其爲虛擬亦同。《禹貢》九州,除冀州不言疆界外。濟、河惟兗州。海、岱惟青州。海、岱及淮惟徐州。淮、海惟揚州。荊及衡陽惟荊州。荊、河惟豫州。華陽、黑水惟梁州。黑水、西河惟雍州。約苞黃河、長江兩流域。《爾雅・釋地》云:兩河間曰冀州。河南曰豫州。河西曰雍州。漢南曰荊州。江南曰揚州。濟、河間曰兗州。濟東曰徐州。燕曰幽州。齊曰營州。營州即青州無疑。校《禹貢》,少梁州而多幽州。《呂覽・有始覽》曰:河、漢之間爲豫州,周也。兩河間曰冀州,晉也。河、濟間曰兗州,衛也。東方爲青州,齊也。泗上爲徐州,魯也。東南爲揚州,越也。南方爲荊州,楚也。西方爲雍州,秦也。北方爲幽州,燕也。説與《爾雅》同。《周官・職方》云:東南曰揚州。正南曰荊州。河南曰豫州。正東曰青州。河東曰兗州。正西曰雍州。東北曰幽州。河內曰冀州。正北曰并州。較《禹貢》更多并州而少徐州。竊疑幽州之增，在北燕盛强以後；并州之增，以趙拓境之廣；《周官》無徐州者，魯已併於楚也；《禹貢》而外，三說皆無梁州，則知《禹貢》之梁州，必不苞今四川境。何則？《禹貢》無幽、并，知其時燕尚未強，大原以北尚未啓，其時代實早於《爾雅》、《呂覽》、《周官》。《爾雅》、《呂覽》、《周官》尚未及巴、蜀，況《禹貢》乎？觀此，彌知爲雍、梁二州之界之黑水之不可以鑿求，而予謂作《禹貢》者，初亦不審黑水之所在之確也。《淮南•地形》云：“河水出昆侖東北陬，貫渤海，入禹所道積石山。赤水出其東南陬，西南注南海。弱水出窮石，至於合黎，餘波入於流沙。絕流沙，南至南海。洋水出其西北陬，入於南海。凡四水者，帝之神泉。以和百藥，以潤萬物。”此篇述八殯、八紘、八極，皆自東北而東，而東南，而南，而西南，而西，而西北，而北，《禹貢》除特首冀州外，餘八州之次亦然，足徵其同本舊說。《淮南》弱水，必出西南，今本乃後人據《禹貢》所改，上文云：“水有六品。”又云：“何謂六水？曰河水、赤水、遼水、黑水、江水、淮水。”水有六品者？下文云：“山爲積德，川爲積刑。”“丘陵爲牡，谿谷爲牝。”陽數九，陰數六，故山有九而水有六也。六水蓋於四水之外，益以江、淮，則遼水即弱水，[1]黑水即洋水也。帝之神泉，以和百藥，以潤萬物，乃方士荒怪之說，安得鑿求所在乎？參看第七章第五節。則知九州之說，亦春秋、戰國學者，以意區分耳。[2]《漢書•地理志》云：“堯遭洪水，天下分絕爲十二州。使禹治之。水土既平，更制九州。”馬融云：“禹平水土，置九州。舜以冀州之北廣大，分置并州；燕、齊遼遠，分燕置幽州，齊爲營州。”《史記•五帝本紀》集解。鄭玄云：“舜以青州越海，而分齊爲營州；冀州南北大遠，分衛爲并州，燕以北爲幽州。”《爾雅•釋文》。郭璞、《爾雅注》。李巡、《釋文》引。孫炎《詩•周南•召南譜》疏。以《爾雅》所說爲殷制。皆類乎夢囈也。

　　九州爲古小部中度地居民之法。已見第七章第三節。古人篤於宗教，故知識稍進，又以天文與地理相牽合。《周官》保章氏，以星土辨九州之地，所封之域，皆有分星，以觀妖祥，此即《呂覽》天有九野、地

有九州之説。《有始覽》。鄭《注》云："其書亡矣,今其存可言者,十二次之分也。"此即《史記·天官書》二十八舍主十二州之説,分州之必以九或十二者以此。疆域之廣狹,今古不侔,而九與十二之數不容變,則其所分必不能一致矣。《史記·孟荀列傳》云:鄒衍"以爲儒者所謂中國者,於天下,乃八十一分居其一耳。中國名曰赤縣神州,赤縣神州内,自有九州,禹之叙九州是也,不得爲州數。中國外如赤縣神州者九,乃所謂九州也,於是有裨海環之人民禽獸,莫能相通,如一區中者,乃爲一州。如此者九,乃有大瀛海環其外,天地之際焉"。《淮南·地形》曰:"何謂九州? 東南神州曰農土。正南次州曰沃土。西南戎州曰滔土。正西弇州曰并土。正中冀州曰中土。西北台州曰肥土。正北濟州曰成土。東北薄州曰隱土。正東陽州曰申土。"所謂農土,蓋即鄒衍所謂赤縣神州,其名亦本舊聞,非新創也。《王制》曰:"凡四海之内九州,州方千里。"《孟子》亦曰:"今海内之地,方千里者九。"《梁惠王上》。而《淮南》言:"九州之大,純方千里。"則其所謂九州者,僅當《王制》、《禹貢》之一州。[1] 鄒衍所謂禹所叙九州者,乃於《王制》、《禹貢》等書之一州中,復分爲九。今《禹貢》、《爾雅》、《吕覽》、《周官》所言之一州,已當赤縣神州者九矣。衍説之異於人者,時人謂天下之大,止於《禹貢》等書所言之九州,衍則謂有如是者九,非謂當有如是者八十一也。《淮南》又曰:"九州之外,乃有八殥,亦方千里。自東北方,曰大澤,曰無通。東方曰大渚,曰少海。東南方曰具區,曰元澤。南方曰大夢,曰浩澤。西南方曰渚資,曰丹澤。西方曰九區,曰泉澤。西北方曰大夏,[2]曰海澤。北方曰大冥,曰寒澤。八殥之外,而有八紘,亦方千里。自東北方,曰和丘,曰荒土。東方曰棘林,曰桑野。東南方曰大窮,曰衆女。南方曰都廣,曰反户。西南方曰焦僥,曰炎土。西方曰金丘,曰沃野。西北方曰一目,曰沙所。北方曰

---

① 地理:鄒衍之禹所九州,當《王制》、《禹貢》一州,九州同《禹貢》、《王制》,如此者九,乃全世界,説與《淮南》互通。

② 地理:大夏在《淮南書》爲澤。

積冰,曰委羽。八紘之外,乃有八極。自東北方,曰方土之山,曰蒼
門。東方曰東極之山,曰開明之門。東南方曰波母之山,曰陽門。南
方曰南極之山,曰暑門。西南方曰編駒之山,曰白門。西方曰西極之
山,曰閶闔之門。西北方曰不周之山,曰幽都之門。北方曰北極之
山,曰寒門。"八極即八紘之極邊,非別有其地。八殥在中國之外,爲
澤,八紘在八殥之外,又爲陸。蓋澤居之時,本族所居之洲以外爲水,
其外又爲他族之地。《淮南》之八殥,即鄒衍之裨海。以地理雖難徵
實,其緣起實可推求也。邃古中嶽,係指泰山,①已見第三章。所謂
四瀆,觀第七章第二節所引《湯誥》,實就所居之地言之。正如宋代
東、西、南、北四河之名,乃以汴梁爲中所錫。《淮南》九州,名義雖難
强求,然濟水下流,似在正北,則其所謂神州,正泰山四面之地。《淮
南》又曰"中央之美者,有岱嶽以生五穀,桑、麻、魚、鹽出焉",故稱其
地爲農土也。華夏邃初之疆域,可以微窺矣。《王制》曰:"自恒山至
於南河,千里而近。自南河至於江,千里而近。自江至於衡山,千里
而遙。自東河至於東海,千里而遙。自東河至於西河,千里而近。自
西河至於流沙,千里而遙。西不盡流沙,南不盡衡山,東不盡東海,北
不盡恒山。凡四海之内,斷長補短,方三千里。"則爲春秋、戰國時疆
域,如《禹貢》、《爾雅》、《吕覽》、《周官》之所云者。析方三千里之地爲
九,固適得方千里者九也。《爾雅·釋地》云:"東至於泰遠,西至於邠
國,南至於濮鉛,北至於祝栗,謂之四極。觚竹、北户、西王母、日下,
謂之四荒。九夷、八狄、七戎、六蠻,謂之四海。"《明堂位》云:九夷、八蠻、六
戎、五狄。鄭箋《詩·蓼蕭序》,與今《爾雅》同。注《周官·職方》、《布憲》,則同《明堂位》。
《蓼蕭序疏》云:數既不同,而俱云《爾雅》,則《爾雅》本有兩文。又引《鄭志》答趙商問云:
無國别之名,故不定。四海蓋當時夷狄之地,合之則成五千里之封,《周
官》所云,竊疑亦不過如此。② 謂四面相距,爲方萬里者,實誤也。
《爾雅》之四海,蓋同《淮南》之八殥;四荒即其八紘;四極即其八極。

---

① 地理:古四嶽泰山爲中,四瀆亦異後。
② 地理:古地理真相。

郭《注》云"四極,四方極遠之國","四荒次四極","四海次四荒",説固不誤。予昔信朱緒曾之説,《開有益齋經説》。謂邠即公劉之邑濮爲熊通所啓,見第九章第二節。祝栗即涿鹿聲轉,謂四極在四荒之内。由今思之,實未必然。《説文·水部》:氿,西極之水也,引《爾雅》西至於氿國,則今本邠乃誤字。濮族占地甚廣,《爾雅》之濮鉛,斷不能説爲熊通所啓。涿鹿即彭城,更非使譯所極矣。《漢書·西域傳》言:安息長老,傳聞條支有弱水、西王母,《後漢書·西域傳》,則又謂在大秦之西矣。蓋於其地本不審知,徒以爲西方極遠之國,遂以己所知極西之地當之也。《爾雅》言四荒、四極之名,亦正如此。必求其地之所在,轉致誤矣。《楚辭·招魂》曰:"魂兮歸來,東方不可以止些。長人千仞,惟魂是索些。十日代出,流金鑠石些。彼皆習之,魂往必釋些。魂兮歸來,南方不可以止些。雕題黑齒,得人肉以祀,以其骨爲醢些。蝮蛇蓁蓁,封狐千里些。雄虺九首,往來儵忽,吞人以益其心些。魂兮歸來,西方之害,流沙千里些。旋入雷淵,靡散而不可止些。幸而得脱,其外曠宇些。赤螘若象,玄蠭若壺些。五穀不生,藂菅是食些。其土爛人,求水無所得些。彷徉無所倚,廣大無所極些。魂兮歸來,北方不可以止些。增冰峨峨,飛雪千里些。"辭皆荒昧。而又非全無所因,殊足見古人所謂四海之外者爲如何也。

　　古人之言地理,又有係據天象推測而得者。如《爾雅》言:"距齊州以南戴日爲丹穴,北戴斗極爲空桐,東至日所出爲大平,西至日所入爲大蒙。"《周髀》言兩極之下,夏有不釋之冰,物有朝生暮穫是也。古蓋天家言,以地爲平面。北極居中央,四面皆爲南,故其南方無窮。《莊子·天下》,舉惠施之言曰:"南方無窮而有窮,"乃反乎恒情而言之也。《吕覽·有始覽》曰:"凡四海之内,東西二萬八千里,南北二萬六千里。《管子·地數》、《輕重乙》、《淮南·地形》、《五藏山經》篇末説皆同。出水八千里,受水者亦八千里。《五藏山經》篇末同。出水者作出水之山。凡四極之内,東西五億有九萬七千里,南北亦五億又九萬七千里。"《淮南·地形》:"禹乃使大章步自東極,至於西極二億三萬三千五百里七十五步。使竪亥步自北極,至於南極,二億三萬三千五百里七十五步。"《海外東經》："帝命豎亥步自東極，至於西極，五億十選九千八百步。一曰禹令豎亥。一曰五億十萬九千八百步。"郭《注》："選，萬也。"亦係如此。非真目驗所得，並非傳聞之辭也。與《禹貢》等書所言地理，根源各別，不可混淆。

第十一章　社會組織

第一節　昏　制

　　《易》曰："有天地,然後有萬物;有萬物,然後有男女;有男女,然後有夫婦;有夫婦,然後有父子;有父子,然後有君臣;有君臣,然後有上下;有上下,然後禮義有所錯。"《序卦》。若是乎,社會之組織,必以夫婦爲之基也。雖然,此非其朔也。社會學家言:動物羣居之方有二:一如人之有家,貓、虎、熊、狐則然。牝牡同居,僅以乘匹時爲限,子女長成,即與父母分離,此外更各不相涉矣。一如人之結社,犬、馬、猿猴則然。父母子女,永遠同居累代不渙,故其羣可以極大。同居時短者,勢不能有語言,而人類之首出庶物,實以語言爲根幹,故人必社羣動物,而非家庭動物。[1] 人類以男女之事爲恥,及其嫉妒之情,皆非本性。婦人之愛孩稚,亦非必己之所生。遂初男女之欲,亦男求女,女求男而已,非某男求某女,某女求某男也。又人類生活程度高,一夫婦能鞠育子女,至於成長者實無之,故無論何等家庭,必與社會相維繫。顧家庭之制,在人類極爲普徧者? 則因古人多以游獵爲生。游獵之民,率好劫略,而其時生計貧窘,可掠之物甚鮮,女子遂爲劫略者所垂涎。既以劫略得之,則視

---

　　①　婚姻:人爲社羣非家庭動物。

爲財産，必謹守護，弗許他人侵犯。然其守護之也，亦視爲財産而已，故苟有所取償，則租借、餽贈，無所不可也。《漢書·地理志》言燕地，"賓客相過，以婦侍宿。"《左氏》襄公二十八年，齊慶封與盧蒲嫳易内；昭公二十八年，晉祁勝與鄔臧通室；皆此俗之遺也。不特此也，男子之壓制女子，使之專屬於己，只施之羣以外，而不施之羣以内。此尤人爲社羣動物，而非家庭動物之鐵證也。

　　昏姻之法，非所以獎勵男女之交也，乃所以限制之，使其不得自由。何則？羣而有昏姻之法，即不啻曰：非依是法，不得媾合云爾。一切有爲之法，悉屬後起，故邃古之世，必有一男女媾合絶無限制之時，特已無可考而已。人之分其羣爲若干部，而各異其權利義務也，必始於年輩之不同。此乃事勢之自然。大率分爲老、壯、幼三級。《禮記·禮運》曰："使老有所終，壯有所用，幼有所長。"《論語·公冶長》曰："老者安之，朋友信之，少者懷之。"此古之遺言也。男女媾合之禁，亦當始於是，社會學家所謂輩行昏也。[1]《禮記大傳》曰："同姓從宗合族屬，異姓主名治際會，名著而男女有別。其夫屬乎父道者，妻皆母道也。其夫屬於子道者，妻皆婦道也。謂弟之妻爲婦者，是嫂亦可謂之母乎？名者，人治之大者也，可無慎乎？"此所言者，爲宗子合族之禮。異姓來嫁者，但主於母與婦之名，而不復別其爲誰某之妻，如是而男女即可云有別，此實輩行昏制，遺迹猶存者也。此外如夫兄弟、妻姊妹昏之盛行；象計謀殺舜，而云二嫂使治朕棲，見《孟子·萬章上》。叔術取邾婁顏之妻，見《公羊》昭公三十一年。孟卯妻嫂，見《淮南·氾論》。皆夫兄弟昏之遺迹。妻姊妹昏，則其事甚多，不待舉證，娣即其最顯之證也。姊妹俱嫁一夫者，與兄弟之妻稱謂之相同；《爾雅·釋親》："女子同出，謂先生爲姒，後生爲娣。"此謂俱嫁一夫者。又曰："長婦謂稚婦爲娣婦，稚婦謂長婦爲姒婦。"此謂兄弟之妻。以及叔嫂避忌之嚴；《禮記·曲禮》："嫂叔不通問。"《檀弓》："嫂叔之無服也，蓋推而遠之也。"凡避忌嚴者，其初必多瀆亂，夫兄弟昏，大抵叔可繼嫂，兄不得取弟之妻也。妻之姊妹，至後來猶頗親暱；如《碩人》之詩，言"譚公惟私。"又《左氏》莊公十年："蔡哀侯取於陳，息侯亦取焉。息嬀將歸，過蔡，蔡侯曰：吾姨也，止而享之。"亦

---

　　① 婚姻：輩行婚。

皆足爲左證。《白虎通義·號篇》，謂三皇之先，"民知其母，不知其父"，蓋指此時代言之矣。古父母非專稱，蓋凡上一輩人皆有撫育下一輩人之責。後世父兄子弟之稱猶如此。然當此時，一夫一婦之制，亦已萌蘖於其間，則內昏制稍變於外昏爲之也。[1] 同姓不昏之故，[2]昔人言之者曰"男女同姓，其生不蕃"；《左氏》僖公二十三年。《國語·鄭語》，史伯謂"和實生物，同則不繼"即此說。曰"美先盡矣，則相生疾"。《左氏》昭公元年。以今遺傳學及昔時事實按之，皆無根據，蓋非其實。如真謂親族相昏有害，則凡親族相昏皆當禁。然各民族，罕有兼嚴於父族母族者，如中國，舅之子、姑之子、從母之子相昏即極盛，且行之甚久矣，然絕未見其有害也。必求其實，則司空季子所謂"黷則生怨，怨亂毓災，災毓滅姓"者，《國語·晉語》。庶乎近之。《禮記·郊特牲》曰："取於異姓，所以附遠厚別。"厚別則所以防黷，附遠則後起兼致之利也。怨亂毓災，古蓋不乏其事，而男子得女子於異部族，私爲己有者，其事亦數見不尠。鑒於爭色之致鬥亂，稍獎彼而禁此，後遂以爲大戒矣。古淫與亂有別，見《詩·雄雉序》疏。淫不爲大惡，亂則曰鳥獸行，曰禽獸行，在誅絕之科也。外昏之初，始於劫掠，說已見前。其後鑒於爭奪之不可爲常，則稍變爲賣買。女權昌盛之地，女子不樂往嫁者，亦以服務昏代之。逮社會益演進，財權皆操於男子之手，乃復變爲賣買。而生計益裕，嫁女者不復計人力之損失而求償，而禮亦益文，則又變爲聘娶，古所謂六禮也。親迎之必以昏，凡行禮皆用昕。六禮除親迎外，亦皆用昕。昏禮之不用樂，《郊特牲》。皆劫掠之遺迹，《世本》言："大昊制以儷皮爲嫁娶之禮。"《禮記·月令》疏。《曲禮》謂："女子許嫁纓。"纓者，頸飾，其字從貝。纓爲王氏筠所謂累增字。初只作賏。增爲嬰，又增爲纓。貝與皮皆古代泉幣，是爲賣買之遺迹，贅壻即服務之遺迹也。六禮者：曰納采，亦曰下達，男氏求昏之使也。女氏既許昏矣，乃曰："敢問女爲誰氏。"謙，不必其爲主人之女也。時曰問名。納采問名共一使。既得許，歸卜之於廟，時曰納吉。卜而得吉，使告女氏，時曰納徵，亦曰納幣。納幣以玄纁束帛，

---

[1] 婚姻：內昏——外昏——夫婦——劫掠——服務、買賣——聘取。
[2] 婚姻：同姓不昏之故。

儷皮，兩麋鹿皮，見《公羊》莊公二十二年《解詁》。即今之訂昏也。訂昏之後，乃
諏吉日。吉日男氏定之，然必三請於女氏，女氏辭而後告之，示不
敢專也。時曰請期。及期，父親醮子而命之迎。女氏之主人，筵几
於廟，而拜迎於門外。壻執雁入，揖讓升堂，再拜奠雁。舅姑承子
以授壻。此語見《坊記》。降出，御婦車。御輪三周，先。壻下車，先行，御者
代之執轡。俟於門外。婦至，壻揖婦以入。共牢而食，合卺而酳。時
曰親迎。質明，贊婦見於舅姑。厥明，舅姑共饗婦。以一獻之禮。
奠酬。舅姑先降自西階，婦降自阼階，謂之授室，以著代也。此爲
適婦之禮，與適子之冠於阼同，庶婦則使人醮之。以上著於禮經，
《儀禮・士昏禮》。《禮記・昏義》，爲《儀禮》之傳。亦錯見《郊特牲》篇中。爲北方所
行之禮。南方則頗異於是。《公羊》言楚王妻媦，桓公二年，《注》：“媦，妹
也。”春秋時晉嫁女於吳，《左氏》襄公二十年。魯亦取於吳，哀公十二年。是
南方不禁同姓昏也。[1]《禮記大傳》曰：“六世親屬竭矣，其庶姓別於上，而戚單於
下，昏姻可以通乎？繫之以姓而弗別，綴之以族而弗殊，雖百世而昏姻不通者，周道然
也。”則殷以前，同姓昏之禁不甚嚴。《秦策》：姚賈曰：“大公望齊之逐夫。”
《説苑・尊賢》作出夫。《漢書・地理志》：齊襄公淫亂，姑姊妹不嫁，於
是令國中：民家長女不得嫁，名曰巫兒，爲家主祠；嫁者不利其家。
民至今以爲俗。以此等風俗爲由於政令，自係漢人淺見。其實襄
公之姑姊妹不嫁，或反係風俗使然。《齊策》有北宮嬰兒子，撤其環
瑱，至老不嫁，以養父母，蓋即巫兒。而淳于髡亦为齐赘婿。《史记》
本传。是东南多以女为户主也。盖农业本女子所发明。初发明时，
係女耕耘而男田牧。斯时田畝、屋庐，皆为女子所有，男子皆就昏
女子之家。逮农事益重，所需人力益多，乃更以男子为主。南方土
沃民窳，农业演进较晚，女系族制，行之较久，故其昏姻之法，亦與
北方不同也。

　　古有兩姓世爲昏姻者，如春秋時之齊、魯是也。古雖禁同姓昏，

---

　　[1]　婚姻：東南不禁同姓昏多服務昏。

而姑舅之子,相爲昏姻者反盛,以此。社會學家言,又有所謂半部族昏者(Moieries),①如以甲乙二姓,各再分爲兩部,甲爲一、二,乙爲三、四,一之昏也必於三,生子屬第二部,其昏也必於四,生子屬第一部,其昏也又必於三。如是,則祖孫爲一家人,父子非一家人矣,古昭穆之分似由此。"孫可以爲王父尸,子不可以爲父尸",《禮記‧曲禮》。殤與無後者,必從祖祔食而不從父,《曾子問》。實與"神不歆非類,民不祀非族"之理相通也。左氏僖公十年。

　　羣以內,慮其以爭色致鬥亂也,而外昏之制,一時不能徧行,不能人人在部族之外得婦。乃於部族之中,推行一夫一婦之制,使於妃匹之外,不得媾合焉,此爲羣行昏轉變爲對偶昏制之漸,古所謂合男女也。合男女之文,兩見於《管子‧幼官》。一在春時,一在秋時。《禮記‧禮運》曰:"合男女,頒爵位,必當年德。"《易》曰"枯楊生稊,老夫得其女妻";"枯楊生華,老婦得其士夫";《大過》爻辭。蓋即合男女而不當其年者。②譬諸枯楊復生,爲妖孽,此對偶昏制後於羣行昏制之徵也。《管子》九惠之政,五曰合獨,"取鰥寡而和合之,予田宅而家室之,三年然後事之"。入國。《周官》媒氏之職:"凡男女自成名以上,皆書年、月、日、名焉。令男三十而娶,女二十而嫁。凡取判妻入子者皆書之。中春之月,令會男女,於是時也,奔者不禁。若無故而不用令者罰之。司男女之無夫家者而會之。凡嫁子取妻,入幣純帛無過五兩。禁遷葬者與嫁殤者。凡男女之陰訟,聽之於勝國之社。其附於刑者歸之於士。"蓋對偶昏之制,初本以公意干涉而成,後遂設官以理其事也,惟昏姻爲公意所干涉,故昏年、昏時,亦皆有其定則焉。昏年之說:《禮記‧曲禮》、《內則》及《穀梁》、文公十二年。《周官》,媒氏。皆謂男年三十,女年二十。此說最爲通行,儒家皆祖述之。《尚書大傳》、《白虎通義‧嫁娶篇》、《詩‧摽有梅》疏引《五經異義‧禮大戴說》。然大戴別有一說,謂大古男

────────────

① 婚姻:古半部族昏遺迹。
② 婚姻:合男女昏年昏時。

三十而室，女二十而嫁，而三十取、二十嫁爲中古之制。《本命》。《左氏》謂國君十五而生子。《異義》引《古春秋左氏説》。按《左氏》本文，見襄公九年，《淮南·氾論》云："禮三十而取，文王十五而生武王，非法也。"《墨子·節用》，謂聖王之法，男年二十，女年十五。《韓非·外儲説右下》同。《越語》句踐之令，則男年二十，女年十七。《吳越春秋·句踐伐吳外傳》同。蓋古昏姻之法不嚴，男女之交，不必在嫁娶以後，嫁娶或爲血氣已衰後事，故爲時可以較遲；後世非夫婦不許同居，則爲時不得不早矣。羅維（Robert Heinrich Lowie）《初民社會》，言巴西之波洛洛人（Bororo），必年長然後結昏。未昏男子，率共居一處，掠少女爲淫佚。案男女同居，本爲互相輔助，此必血氣既衰，欲念已淡，然後可以有恒。少年時殊難責以專一。波洛洛人之法，實較合於人之本性也。呂叔湘譯。商務印書館本。男三十，女二十，自係爲之限極，使不可過。其可以嫁娶之年，則爲男十六，女十四。古以男八歲而齔，二八十六而精通；女七歲而齔，二七十四而精通；《大戴·本命》、《白虎通義·嫁娶》、《素問·上古天真論》：男子八八六十四而天癸絶，女子七七四十九而天癸絶。故男子六十閉房，妾雖老，年未滿五十，必與五日之御。至七十大衰，非人不煖，則復開房。《內則》所謂"夫婦之禮，惟及七十，同藏無間"也。又云："七年男女不同席，不共食。"蓋古習俗，限制男女交際，始於毀齒之年，迄於大衰之日。自茲以往，則任爲人父母。大平之世，不急急於蕃育，而聘娶鞠育，皆不能無待於資財，故限極較寬，俾得從容措辦。惟貴族席豐履厚，不以乏財爲慮者，其配合即在能施化之年。凶荒札喪之日，急於蕃育人民，則其限極較促，墨子、韓子所言是也。《國語》言十七者？《漢書·高帝紀》二年《注》引孟康説："古者二十而傅，三年耕有一年儲，故二十三而後役之。"越王之令，意蓋同此。令於始化之後，得稍事措辦也。昏時：《荀子·大略》曰："霜降逆女。冰泮殺止。"《繁露·循天之道》同。《詩》言"士如歸妻，迨冰未泮"，其説是也。古者農民冬則居邑，春則居野。見《公羊》宣公十五年《解詁》、《漢書·食貨志》同。田牧之世，分散尤甚。故嫁娶必始秋末，迄春初，雁來而以爲禮，燕來則祀高禖，皆可見嫁娶之時節。媒氏仲春奔者不禁，蓋以時過而猶不克昏，則必乏於財，故許其殺禮。《周書·糴匡》言荒政曰"嫁娶不以時"，意正同此。鄭玄以二月爲昏之正，非也。昏時、昏年，今古文及毛、鄭異說，詳見《詩·摽有梅》、《綢繆》、《東門之楊》三篇及《周官·媒氏》疏。

離昏之法，儒家有七棄、五不娶、三不去之說，①見於《公羊》莊公二十七年《解詁》，其說曰："嘗更三年喪不去，不忘恩也。賤取貴不去，不背德也。有所受無所歸不去，不窮窮也。喪婦長女不取，無教戒也。世有惡疾不取，棄於天也。世有刑人不取，棄於人也。亂家女不取，類不正也。逆家女不取，廢人倫也。無子棄，絕世也。淫佚棄，亂類也。不事舅姑棄，悖德也。口舌棄，離親也。盜竊棄，反義也。嫉妒棄，亂家也。惡疾棄，不可奉宗廟也。"《大戴記·本命》略同。《白虎通義·嫁娶篇》，僅有五不娶之說。皆男權盛張，家族特重時之法而已。妻之於夫，必義絕乃得去。所謂義絕者，悖逆人倫，殺妻父母，廢絕綱紀是也。《白虎通義·嫁娶篇》。其不平等可謂已甚。然古禁止離異，初不甚嚴。女子再嫁，尤視為恒事。《郊特牲》曰："一與之齊，終身不改，故夫死不嫁。"《注》："齊謂共牢而食，同尊卑也，齊或為醮。"案作醮與齊意大異，作齊，意謂不得以妻為妾，作醮則謂不得再嫁矣。古通行之語，往往並無確詁。如"君子有終身之憂，無一朝之患"《孟子》引以證橫逆之來三自反，《離婁下》。《檀弓》則引以證"喪三年以為極，忘則勿之忘"是也。一與之齊，終身不改，蓋本戒男子不得以妻為妾，後乃變為禁女子不得再嫁。意義既變，遂改齊為醮，並於其下增入"故夫死不嫁"五字矣。② 觀鄭《注》絕不及夫死不嫁義可知其所據本，猶無此五字，齊雖或改為醮，猶以不改者為正也。《儀禮·喪服》："繼父同居。"傳謂"夫死妻稺，子無大功之親"，則"與之適人"。此所言者，為士大夫之家，小民之不諱再嫁可知。貞婦二字，昉見《禮記·喪服四制》，觀《芣苢》、《柏舟》、《大車》之序於《詩》，皆見《列女傳》，劉向治魯詩。儒家亦未嘗不加以稱美，然此如忠臣義士，殺身成仁，謂責人人必以是

---

① 婚姻：離昏。
② 婚姻："故夫死不嫁"乃竄入。

爲庸行，儒家固無是説也。尤有進者：古婦人三月而後廟見。"未廟
見而死，歸葬於女氏之黨，示未成婦也。"《禮記·曾子問》。不親迎者亦婦
入三月然後壻見。《士昏禮》。《公羊》莊公二十四年《解詁》曰："禮：諸
侯既娶，三月，然後夫人見宗廟，見宗廟然後成婦禮。父母使大夫操
禮而致之。必三月者？取一時，足以别貞信也。"然則未三月而離異，
猶可謂之未成昏，並不足以言離昏矣。①《曾子問》曰："昏禮，既納
幣，有吉日，女之父母死，則如之何？ 孔子曰：壻使人弔。如壻之父
母死，則女之家亦使人弔。父喪稱父，母喪稱母，父母不在則稱伯父
世母。壻既葬，壻之伯父，致命女氏曰：某之子有父母之喪，不得嗣
爲兄弟，使某致命。女氏許諾而弗敢嫁，禮也。壻免喪，女之父母使
人請，壻弗取而后嫁之，禮也。女之父母死，壻亦如之。"一造相待三
年，一造反可隨意廢約，其事殊不近情，故後人多有疑之者。然一造
相待三年，一造猶可廢約，則當一造遭喪之際，一造之得廢約可知。
所謂免喪而猶使人請，僅彼造無意廢約時爲然耳。此文女氏許諾而
弗敢嫁之語，頗有語病，苟不以辭害意，其説實無足疑也。在行對偶
昏制之日，離昏總非公意所欲，故總必略有限制。《管子·大匡》謂
"士庶人毋專棄妻"，《小匡》謂"士三出妻，逐於境外；女三嫁，入於舂
穀"是也，然其限制，亦不過如是而已。

　　昏禮本意，"在於男不親求，女不親許"。《公羊》莊公十四年《解詁》。非
徒以防黷亂也，既爲昏姻，則其身若其子孫，權利義務，咸有關係，故
必有人焉居間以證明之。"男女非有行媒，不相知名；非受幣，不交不
親；故日月以告君，齊戒以告鬼神，爲酒食以召鄉黨僚友"，《曲禮》。其
意皆不外此而已。然此亦特儀文，配匹之際，固未嘗不顧本人之願
欲。②《左氏》昭公元年，鄭徐吾犯之妹美，公孫楚聘之矣，公孫黑又
使强委禽焉。犯請於二子，請使女擇焉，即其徵也。哀公十一年，晉

---

①　婚姻：未三月爲未成昏。
②　婚姻：古婚姻許用本人意。

悼公子慭亡在衛，使其女僕而田。大叔懿子止而飲之酒，遂聘之。則男女固未嘗無交際，亦未嘗禁其相愛悅，特不當不用媒妁，如魯季姬遂使鄫子來請己而已。《公羊》僖公十四年。昏禮不稱主人，又隱公二年。特禮之文而非其實。昏姻全不問本人之願欲與否，乃後世之流失，非古禮本然也。

人類羣居，亦有家族社羣二者，而家族實爲女子之敵，以其禁錮女子必甚也。[1]《內則》曰："禮始於謹夫婦，爲宮室，辨外內，男子居外，女子居內。深宮固門，閽寺守之。男不入，女不出。"其極，遂至夫人既嫁，非有大故不得歸矣。《公羊》莊公二十年。案《戰國·趙策》：觸讋謂趙大后曰："媼之送燕后也，持其踵，爲之泣，念悲其遠也，亦哀之矣。已行，非弗思也，祭祀必祝之。祝曰：必勿使反。"則此禮當時列國皆行之，非空談也。此固惟貴族之家爲然。然《管子·八觀》言："閭閈無闔，外內交通，則男女無別矣。"又曰："食谷水，巷鑿井，場圃接，樹木茂，宮牆毀壞，門戶不閉，外內交通，則男女之別無自正矣。"《漢書·地理志》，謂鄭"山居谷汲，男女亟聚會，故其俗淫。"則民間之防閑，亦未嘗不嚴也。所以然者，家必自私，自私者恐其種類之亂，又慮其財產之失，而二者皆非禁錮女子不可，故淫佚、盜竊，並列於七出之條也。《曾子問》曰："取婦之家，三日不舉樂，思嗣親也。"《郊特牲》曰："昏禮不賀，人之序也。"《昏義》曰："成婦禮，明婦順，又申之以著代，所以重責婦順焉也。婦順也者？順於舅姑，和於室人，而後當於夫，以成絲麻布帛之事。以審守委積蓋藏。是故婦順備而後內和理，內和理而後家可長久也。"家族自私之心，昭然若揭矣。夫如是，則女子自不得不以順爲正，《孟子·滕文公下》。以三從爲德。未嫁從父，既嫁從夫，夫死從子，見《儀禮·喪服傳》、《公羊》成公九年、《穀梁》隱公二年、成公九年。"子甚宜其妻，父母不說，出；子不宜其妻，父母曰：是善事我，子行夫婦之禮焉，沒身不衰。"《內則》。則既屈於其夫，又屈於其夫之家審矣。夫孰使女子屈

---

[1]　婚姻：禁錮女子。

伏於羈軛之下，而喪失其天賦之人權也？則以其不繫於羣而繫於家。孰使之不繫於羣而繫於家？則以其所作之事，皆非以爲羣，而特爲男子之輔助故也。故欲張女權，必自破除家族始，欲破除家族，必自人人爲其羣執事始。

妾之緣起有二：①一曰姪娣。此爲昏姻之特異者。常人本只可取一妻，男女之數，大略相等，此爲生物定律。既行對偶昏制，勢必使人人有妻，故無論何族，大多數人，皆行一夫一妻制。貴者則兼及其娣，又下漁及於其姪。更推廣之，則取一國二國往媵，媵又各以姪娣從，是爲諸侯之一聘九女。《公羊》莊公十九年。古之酋長，蓋皆止於此。其後説者以天子同於諸侯爲未安，乃又益之爲十二焉。見《春秋繁露・爵國篇》。《白虎通・嫁娶篇》，以此列爲或説。又《公羊》成公十年《解詁》，亦謂天子娶十二女。《疏》云：《保乾圖》文。大夫功成受封者，得備八妾，蓋同於諸侯。不則一妻二妾，有媵而不備姪娣。士一妻一妾。説見《白虎通義・嫁娶篇》。然《爵篇》云"庶人稱匹夫者？匹，偶也，與其妻爲偶"，而《禮器》言"匹士大牢而祭謂之攘"；又《内則》言"卜士之妻，大夫之妾，使食子"；《大匡》言"諸侯毋專立妾以爲妻，士庶人毋專棄妻"；則士本無妾。②《國語・周語》：密康公之母，言"王御不參一族"。韋《注》：一族，父子也，取異姓以備三。管氏有三歸，孔子譏其不儉，《論語・八佾》。《集解》：包曰：娶三姓女。則大夫不得取三姓。《士冠禮記》："無大夫冠禮而有其昏禮？古者五十而後爵，何大夫冠禮之有？"五十而後娶，其爲再娶可知。古者諸侯不再娶，《公羊》莊公十九年。以其一娶九女也，大夫若有妾，安得再娶？則其初亦無妾也。《鹽鐵論・散不足》曰："古者一男一女而成家室之道。其後士一妾，大夫二，諸侯有姪娣，九女而已。"則諸侯初亦無妾。此蓋隆古之世，與民並耕而食，饔飧而治之君，故其昏姻之禮，初無以異於常人也。一爲妾媵。此所謂媵者，與取一國二國往媵之媵異。彼當往媵

① 婚姻：妾之緣起。
② 婚姻：士、大夫本無妾。

之初,已有夫婦之義,此則女氏之送女者耳,猶男氏之御也。媵亦以男子爲之。因男權無限,家中女子,凡所欲者,皆可奸通,於是自妻家來者,則謂之媵,家中所固有者,則謂之妾。妻以外得相交之女子,總不越此二類,故古恒以妾媵並稱。後世送女之制已廢,則媵之名亦廢,而但稱爲妾也。《説文·辛部》:"妾,有罪女子給事之得接於君者也。"古臣妾即後世之奴婢,初蓋惟以俘虜、罪人爲之。其後貴賤之別漸夷,貧富之分益顯,則一變而爲奔,再變而爲賣矣。古有所謂游女者,實與游士無異,皆民之窮無所歸者也。① 游士之有才技者,或爲貴人食客,下者乃爲奴僕。女則無事可以自效,遂皆爲人婢。主人欲淫其婢,法俗皆不之禁,故古婢妾無別。然其初,固求執事以自食,非來求薦寝也。民已窮無所歸,而法俗尚未許賣買人口則爲奔;逮其公然行之,則奔亦變爲賣矣。《曲禮》曰:"買妾不知其姓則卜之。"《檀弓》曰:"子柳之母死,子碩請具。子柳曰:何以哉? 子碩曰:請粥庶弟之母。"《韓非子·内儲説下》:"衛人有夫妻禱者,而祝曰:使我無故,得百匹布。其夫曰:何少也? 對曰:益是,子將以買妾。"可見買妾之事,自貴族至庶人皆有之。《戰國·秦策》:"賣僕妾鬻乎閭巷者,良僕妾也,出婦嫁鄉曲者良婦也。"又曰:"去貴妻,賣愛妾。"妻妾一可賣,一不可賣,則等級之制爲之也。

　　古文經説之喪心害理者,莫如《禮記·昏義》末節。② 其説曰:"古者天子后立六宫、三夫人、九嬪、二十七世婦、八十一御妻,以聽天下之内治,以明章婦順,故天下内和而家理。天子立六官、三公、九卿、二十七大夫、八十一元士,以聽天下之外治,以明章天下之男教,故外和而國治。"夫六官乃古文經説,三公、九卿、二十七大夫、八十一元士,則今文經説,二者絶不相蒙,今乃糅合爲一。且三公、九卿、二十七大夫、八十一元士,自來無與内官相對照者,今則憑空造作。世婦、女御之名,取諸《周官》,然《周官》不言其數。《昏義》乃《士昏禮》之傳,此節所言,事既與經無涉,文亦不類傳體,謂非竄附可乎?《漢書·王莽傳》:莽備和、嬪、美、御。和人三,位視公。嬪人九,視卿。美人二十七,視大夫。御人八十一,視元士。竄附者爲何等人,又不待言而明矣。鄭玄《檀弓注》云："帝嚳而立四妃矣，象后妃四星，其一明者爲正妃，餘三小者爲次妃。帝堯因焉。至舜不告而取，不立正妃，但三妃而已，謂之三夫人。夏后氏增以三三而九，合十二人。《春秋説》云：天子取十二，即夏制也。以虞、夏及周制差之；則殷人增以三九二十七，合三十九人。周人上法帝嚳，立正妃，又三二十七爲八十一人以增之，合百二十一人。其位，后也，夫人也，嬪也，世婦也，女御也，五者相參，以定尊卑。"穿鑿附會，真可發一大噱。

　　既有妻妾之制，則適庶之别，不得不嚴，①蓋妾惟貴族之家有之，而貴族繼嗣之際，恒啓争奪之端，不得不防其漸也。《春秋繁露·三代改制質文篇》：謂主天者法商而王，立嗣予子，篤母弟，妾以子貴，妾爲夫人，特廟祭之，子死則廢，見《公羊》隱公五年《解詁》。主地者法夏而王，立嗣與孫，篤世子，妾不以子稱貴號。蓋古自有此兩法，而《春秋》之張三世，則所以調和之者也。古所稱三代異禮，實爲民族之殊俗，或不容偏廢，或可以相矯，故儒家並存之。《白虎通義·嫁娶篇》，謂適夫人死得再立，不以卑賤承宗廟；又列或説，謂適死不更立，明適無二，防篡殺；亦此二説之引伸而已。其《姓名篇》，謂適長稱伯，庶長稱孟。《左氏》襄公十二年，靈王求后於齊，齊侯問對於晏桓子，桓子述禮辭曰："夫婦所生若而人，妾婦之子若而人。"昭公三年，齊侯使晏嬰請繼室於晉，曰："猶有先君之適及遺姑姊妹若而人。"則古男女，適庶出者，似皆異長，與蒙古人同。蓋子女舊屬於母，故雖當男系盛行之時，隨其母爲貴賤之習，猶卒不易改也。

　　倡伎之制，②世皆謂始於齊之女閭，恐非也。女閭之説，見於《戰國·東周策》，謂"齊桓公宫中七市，女閭七百，國人非之，管仲故爲三歸之家，以掩桓公非，自傷於民"。案《周官》内宰，佐后立市。《左氏》昭公二十年，晏子亦謂齊"内寵之妾，肆奪於市"。《商君書·墾令》

━━━━━━━━

① 婚姻：適庶之别。
② 婚姻：倡伎。

曰:"令軍市無有女子,輕惰之民,不游軍市,則農民不淫。"則古女子
與市,關係頗深。《商君書》軍市女子,似即後世倡伎之倫,齊桓宮中
七市,則不得以此爲例。《史記·貨殖列傳》,謂中山之女子,鼓鳴瑟,
跕屣,游媚貴富,入後宮徧諸侯。古貴族外淫甚難。如陳佗、晉幽公皆見
殺,見第九章第八節。齊桓公説宮市之女,而召之入宮則可矣,若樂宮市
而過之,度亦不過如衛靈公之所爲,《史記·孔子世家》:"靈公與夫人同車,宦者
雍渠參乘出,使孔子爲次乘,招搖市過之。"此乃縱游觀之樂,非縱淫也。謂失人君之
體則有之,遽以宮市爲後世之倡伎則過矣。女閭,蓋即《漢志》所謂巫
兒。《東周策》之意,蓋亦如《漢志》之譏襄公,而言之未悉,擬諸後世
之倡伎,更非其倫也。《貨殖列傳》又言:"趙女鄭姬,設形容,揳鳴琴,
揄長袂,躡利屣,目挑心招,出不遠千里,不擇老少者,奔富厚也。"觀
不擇老少一語,則所接者非一人,此或與《商君書》軍市之女子,同爲
後世倡伎之倫耳。

第二節　族　　制

　　人類爲社羣動物,而非家庭動物,上章已言之。孔子言大道之行
也曰:"人不獨親其親,不獨子其子;使老有所終,壯有所用,幼有所
長,鰥寡孤獨廢疾者,皆有所養。"《禮記·禮運》。富辰亦曰:"大上以德
撫民,其次親親,以相及也。"《左氏》僖公二十四年。固知"各親其親,各子
其子",非人性之本然也。
　　然則人何以不合天下爲一家,而家云國云,有此疆彼界之分
也?曰:此由所處之境爲之限。推人類之本性,[①]其相人偶,本可
以至於無窮,然情意之相通,亦必有其所憑藉。古者山無徯隧,澤
無舟梁,既有以限制其往來;而語言之不同,風俗之各異,亦若爲其

---

　　①　人性大同。

合同之障;此其所以有國云家云之林立也。然人固無不鄉大同之途而行。非必聖哲,即恒人,其所行者,雖若日爭奪相殺,然其本心,未嘗不有一天下爲公之念,潛伏於其中。特道阻且長,非一日所能至;又其前進也,常取曲線,或不免倒行逆施耳。鳥飛準繩,固不容拘丈尺以論曲直,此識者所以深觀其微,而不爲一時之幻象所惑也。

人與人相親惡乎始?曰:始於母子。社會一切現象,皆爲後起,惟母之撫育其子不然。不如是,人固無由存也。人之所以異於禽獸者曰善推。知有母,則知有同母之人焉;又知有母之母焉;又知有與母同母之人焉。親族關係,自茲而昉。田牧之世,男子日奔馳於外,撫育子女,皆由其母任之;又女子多有定居;故子女恒屬於母。於文,女生爲姓,職是故也。斯時之匹合,男子恒入居女子之家。《喪服》爲舅緦,爲從母小功,後人曲爲之説,終屬未安。若知女系氏族,夫從婦居,則何足異?斯時之從母,正如今之世叔父;舅之於甥,則如姑之於姪耳。夫從婦居之制,人類初知農業時則然,以斯時土地屋廬,率爲女子所有也。及生事益進,農業之所繫益重,亦以男子爲之主,則財權漸入男子手中;又男子或爲酋長,或爲將帥,或爲巫祝,權力聲望,稍與人殊,不復樂以服務求昏,昏禮復變爲聘娶,而女子始隸屬於男子。至於田牧之族,本以劫掠、賣買爲昏者,更無論矣。有財産者,率欲傳之於子。職業地位,亦多父子相傳,與人交者,皆當求知其父,而不必求知其母,於是始以姓表見其爲某母之子者,今則以姓表見其爲某父之子焉,而母姓始易爲父姓。如黄帝二十五子,得姓者十四人,《史記·五帝本紀》。顯係各從其母,而禹之後爲姒姓,契之後爲子姓,稷之後爲姬姓,則皆從其父是也。此女系氏族所由易爲男系也。今所謂氏族,即古所謂姓。

古九族之制,見於《白虎通義》者:曰父屬四:父之姓爲一族,《五經異義》作五屬之内。父女昆弟適人有子爲一族。身女昆弟適人有子爲一族。身女子子適人有子爲一族。母族三:母之父母爲一族。母之

昆弟爲一族。《五經異義》作母之父姓爲一族。母之母姓爲一族。母之女昆弟與
其子爲一族。妻族二：妻之父爲一族。妻之母爲一族。此爲今《戴
禮》、《歐陽尚書》説，亦見《五經異義》。《詩·王風·葛藟》疏引。然《白虎
通義》又有一説，謂堯時父、母、妻之族俱三，①周乃貶妻族以附父族，
則此説猶非其朔也。《異義》述古文説，以上自高祖，下至玄孫爲九
族，則誤以九世當之矣。族類之無服者謂之黨，《禮記·奔喪》鄭《注》。
《白虎通義·嫁娶篇》，謂《春秋傳》譏娶母黨今三傳皆無其文，古經説傳固不
能盡載也。則古母姓之不通昏，②正如後世之父姓也。

　　《白虎通義》曰：“族者，湊也，聚也，謂恩愛相流湊也。生相親愛，
死相哀痛，有會聚之道，故謂之族。”蓋純論情誼者也。又曰：“宗者，
尊也。爲先祖主者，爲宗人之所尊。”則有督責之意矣。宗有大小之
分，説見《禮記大傳》。《大傳》曰：“別子爲祖，繼別爲宗，繼禰者爲小
宗。有百世不遷之宗，有五世則遷之宗。宗其繼別子者，百世不遷者
也。宗其繼高祖者，五世則遷者也。”《喪服小記》略同。《注》曰：別子爲
祖，“謂公子若始來在此國者，後世奉以爲祖”。繼別爲宗，“別子之世
適也。族人尊之，以爲大宗”。繼禰者爲小宗，“父之適也。兄弟尊
之，謂之小宗”。又曰：“小宗四，與大宗凡五。”蓋諸侯不敢祖天子，大
夫不敢祖諸侯，故諸侯之子，惟適長繼世爲君，適長而外，悉不敢禰先
君，其後世遂奉以爲祖，是爲別子。別子之世適，謂之大宗，百世不
遷。世適而外，是爲小宗。其子繼之，時曰繼禰小宗。其孫繼之，時
曰繼祖小宗。其曾孫繼之，時曰繼曾祖小宗。其玄孫繼之，時曰繼高
祖小宗。繼禰者親弟宗之，繼祖者從父昆弟宗之，繼曾祖者從祖昆弟
宗之，繼高祖者從曾祖昆弟宗之。更一世絶服，則不復來事、而自事
其五服內繼高祖已下者，所謂五世則遷也。然則一人之身，當宗與我
同高、曾、祖、父四代之正適，及大宗之宗子，故曰：小宗四，與大宗凡

---

　　① 宗族：堯時父母妻之族俱三。
　　② 婚姻：譏取母黨爲古之同姓不昏。

五也 。① 夫但論親族之遠近,則自六世而往,皆爲路人矣,惟共宗一別子之正適,則雖百世而其摶結不散,此宗法之摶結,所以大而且久也。此謂公子也,而始適他國者,後世奉以爲祖,其義實爲尤要。何則? 一族之人,終不能永遠聚居於一處,如人口過多,須移居他處;新得屬地須分封子弟治理。必有遷居他處者。遷居他處而無以治理之,不可也。雖有以治理之,而其與本族之關係遂絶,尤不可也。惟諸侯始受封,卿大夫初適異國者,皆爲其地之大宗,而於故國舊家,大小宗之關係仍不絶,如周公在魯爲大宗,在周爲小宗。三桓在其族爲大宗,在魯爲小宗。則二者皆無可慮矣。《篤公劉》之詩曰:“君之宗之。”毛《傳》曰:“爲之君者,爲之大宗也。”《板》之詩曰:“大宗維翰。”《傳》曰:“王者天下之大宗。”周時同姓之國,皆稱周爲宗周,此諸侯之宗天子也。公山不狃謂叔孫輒曰:“子以小惡而欲覆宗國,不亦難乎?”《左氏》哀公八年。此大夫之宗諸侯也。滕文公欲行三年之喪,父兄百官皆不欲,曰:“吾宗國魯先君莫之行。”《孟子·滕文公上》。則諸侯亦相宗也。孟子曰:“天下之本在國,國之本在家,家之本在身。”《離婁上》。以此。

　古無今所謂國家,摶結之道,惟在於族,故治理之權,亦操諸族。② 族人於小宗之子,僅以本服服之,於大宗宗子,則五世而外,悉爲之齊衰三月,於其母妻亦然,此庶人爲君之服也。古所以特重正適者以此。蓋但論親情,衆子相等,欲傳治理之權,則衆子中不得不擇其一矣。繼承之法,族各不同,周人則特重適長。正而不體,適孫。體而不正,庶子。正體不傳重,適子有廢疾。傳重非正體,庶孫爲後。皆不服三年之喪。正體傳重者,則父爲之斬衰三年,母爲之齊衰三年。天子諸侯,以尊絶旁親之服,大夫降一等,而於妻、長子之妻皆不降。皆於親情之外,兼重傳統也。《曲禮》曰:“支子不祭,祭必告於宗子。”《內則》曰:“適子庶子,只事宗子宗婦。雖貴富,不敢以貴富入宗子之家。

---

　① 宗族:宗法義所持久,且聯結異地。
　② 宗族:宗有君道。

雖衆車徒，舍於外，以寡約入。子弟猶歸器，衣服、裘衾、車馬，則必獻
其上，而後敢服用其次也。若非所獻，則不敢以入於宗子之門。不敢
以貴富加於父兄宗族。若富，則具二牲，獻其賢者於宗子，夫婦皆齊
而宗敬焉。終事，然後敢私祭。"可以見宗子之尊矣。

《喪服傳》曰："大宗者，尊之統也；大宗者，收族者也；不可以絕，
故族人以支子後大宗也。適子不得後大宗。"又曰："何如而可爲之
後？同宗則可爲之後；何如而可以爲人後？支子可也。"然則大宗無
後，族無庶子，己有一嫡子，當絕父祀，以後大宗否邪？《通典》引《石
渠禮議》：戴聖曰："大宗不可絕，言適子不爲後者，不得先庶耳。族
無庶子，則當絕父以後大宗。"聞人通漢曰："大宗有絕，子不絕父。"宣
帝制曰："聖議是也。"又引范寧云："《傳》云：嫡子不後大宗，乃小宗
不可絕之明文。"陳立曰："《傳》云大宗不可絕，不云小宗不可絕。大
宗所以收族，合族以食，序以昭穆，禘之大祖，殤與無後，莫不咸在，亦
不至如寧所云生不教養，死不敬享也。天子建國，則諸侯於國爲大
宗，對天子言則小宗，未聞天子之統可絕，而國統不可絕也。諸侯立
家，則卿於家爲大宗，對諸侯則小宗，未聞諸侯之統可絕，而卿之家統
不可絕也。卿置側室，大夫貳宗，士隸子弟，皆可據而著見也。"《白虎通
義疏證·論爲人後》。可謂明辨晰矣。夫如是，則宗法與封建並行之理，
可推見焉。何則？悼宗所以收族，收族則一族之人，所以自求口實
也。古人謂鬼猶求食，其重祭祀，亦與其求口實之意同。古宗子皆有土之君，故能
收恤其族人。族人實與宗子共恃封土以爲生，故必翼戴其宗子。衆
建親戚，以爲屏藩，一族之人，互相翼衛，以便把持也。講信修睦，戒
內訌也。興滅繼絕，同族不相蔑也。美其名曰親親者天下之達道，語
其實，則一族之人，肆於民上，朘民以自肥而已。[1] 曷怪孔子以"大人
世及以爲禮"，爲小康之治哉？《禮運》。

有宗法則必有支分派別，有支分派別，必有名焉以表之，是曰氏。

---

[1] 宗族：宗法與封建並行。實一族朘民。

大傳曰：“六世親屬竭矣，其庶姓別於上，而戚單於下，昏姻可以通乎？繫之以姓而弗別，綴之以族而弗殊，雖百世而昏姻不通者，周道然也。”《注》曰“姓，正姓也，始祖爲正姓，高祖爲庶姓。”《疏》曰：“正姓，若周姓姬，齊姓姜，宋姓子。庶姓，若魯之三桓，鄭之七穆。”三桓見第九章第七節。七穆謂鄭穆公七子，子良公子去疾之後爲良氏，子罕公子喜之後爲罕氏，子駟公子騑之後爲駟氏，子國公子發之後爲國氏，子游公子偃之後爲游氏，子豐之後爲豐氏，子印之後爲印氏，穆公之子，又有子孔公子嘉、子羽、子然、士子孔，子然二子孔皆亡，子羽不爲卿，故惟言七穆。《世族譜》云：子羽之後爲羽氏，見《左氏》襄公二十六年。《論衡·詰術篇》云：“古者有本姓，有氏姓。”本姓即正姓，氏姓即庶姓也。《大平御覽》引《風俗通義》言氏之類有九：“或氏於號，或氏於諡，或氏於爵，或氏於國，或氏於官，或氏於字，或氏於居，或氏於事，或氏於職。以號則唐、虞、夏、殷也，以諡則戴、武、宣、穆也，以爵王、公、侯、伯也，以國曹、魯、宋、衛也，以官司徒、司寇、司空、司城也，以字伯、仲、叔、季也，以居城、郭、園、池也，以事巫、卜、陶、匠也，以職三烏、五鹿、青牛、白馬也。”古命氏之道，蓋略具於此矣。[1] 姓百世而不變，氏數傳而可變。何也？姓以論昏姻，古所謂同姓不昏者，實以始祖之正姓爲準。氏以表支派，非切近其關係無由明。《後漢書》言烏桓氏姓無常，以大人健者名氏爲姓。羌無弋五世至研，豪健，羌中稱其後爲研種。十三世燒當，復豪健，其子孫更以燒當爲種號。民之於近己者，畏其威，懷其德，固視世遼遠不可知者爲切，氏之亟變，由此道也。顧亭林言：男子稱氏，女子稱姓，考之於《傳》，二百五十五年之間，無男子稱姓者。《原姓》。夫男子非不稱姓也，言氏而姓可知矣。女子稱姓者，女無外事，不待詳其爲何族之子，若論昏姻，則舉姓而已足也。

　　龔自珍云：“周之盛也，周公、康叔以宗封；其衰也，平王以宗徙；翼頃父、嘉父、戎蠻子皆以宗降；漢之實陵邑，以六國鉅宗徙。”《農宗》。此古有罪者之所以必族誅也。然謂農亦有宗則非是，[2]《喪服傳》曰：

---

　　① 宗族：氏數變之由。
　　② 宗族：謂農亦有宗之非。

"野人曰：父母何算焉？都邑之士，則知尊禰矣；大夫及學士，則知尊祖矣；諸侯及其大祖；天子及其始祖之所自出。"孟子曰："死、徙無出鄉，鄉田同井，出入相友，守望相助，疾病相扶持，則百姓親睦。"《滕文公上》。一有宗法，一無宗法，顯然可見。蓋古戰勝之民，移居於所征服之地，必也聚族而居，而不敢零星散處。女真移猛安謀克戶入中原，必以畸零之地，與民田相易，正爲此也。

右所述爲周制，蓋北方之俗。至東南之俗，則有頗異於是者。殷兄終弟及，魯、吳俗猶與相類，已見第九章第七節。《左氏》：文公元年，子上言："楚國之舉，恒在少者。"昭公十三年，叔向言："羋姓有亂，必季實立。"《公羊》文公十四年，晉郤缺納接菑於邾婁。邾婁人曰："子以其指，則接菑也四，貜且也六；子以大國壓之，則未知齊、晉孰有之也；貴則皆貴矣。"《解詁》曰："時邾婁再取，二子母尊同體敵。"此皆與周之重適長有異者也。男系氏族多相繼，女系氏族多相及，説已見前。產業之傳授，多於少子，治理之承襲，多於長子，以少子多與父母同居，而長子於治理爲便也。周人之俗，蓋好戰之族則然。儒者以爲天經地義，翩其反矣。

南北之俗雖異，而其自氏族進於家族則同。人類摶結之方，必隨其生計之情形而變。古者交易未盛，生活所資，率由一族之人，通力合作，人口愈多，生利之力愈大，故其人率能摶結。至交易之道開，則相待而生者，實爲林林總總，不知誰何之人。生活既不復相資，何必集親盡情疏之人以共處？且交易開，則人人皆有私財，而交易之際，己嗇則人豐，己益則人損，尤爲明白易見。如此切近之教育，日日受之，安有不情疏而渙者？氏族替而家族興，固勢所必至矣。今西人以夫婦及未成長之子女爲家，過此以往，則稱爲大家庭，中國則多上父母一代。[①] 一夫上父母，下妻子，率五口至八口。《孟子·滕文公上》集注引

[①] 宗族：西人以夫婦及未成長之子女爲家，中國多上父母一代實亦相去無幾。大功同財，名焉而已。

程子説。實亦相去無幾。《喪服》:"繼父同居。"《傳》謂"夫死子穉,子無大功之親",則"與之適人",故説者謂古卿大夫之家,大功以下皆同財。然《傳》又曰:"昆弟之義無分,然而有分者,則辟子之私也。子不私其父,則不成爲子。故有東宮,有西宮,有南宮,有北宮。異居而同財。有餘則歸之宗,不足則資之宗。"人各私其父,則所謂大功同財者,亦其名焉而已。其實,亦與一夫上父母、下妻子者,相去無幾矣。固知人所處之境同,所率之俗亦必同。

狐突曰:"神不歆非類,民不祀非族。"《左氏》僖公十年。史佚曰:"非我族類,其心必異。"成公五年。氏族之猜忌自私如此,宜乎"異姓亂族",《周書》以爲十敗之一;《酆保》。雖以外孫承嗣,《春秋》猶書"莒人滅鄫也"。《公羊》襄公五年、六年,《穀梁》義同。率是道而行之,勢必至於日尋干戈而後已。① 何則? 愛其國者,勢必不愛人之國;愛其家者,勢必不愛人之家,先爲此疆彼界之分,而望人行絜矩之道,曰"人人親其親、長其長而天下平",《孟子‧離婁上》。北轍南轅,直戲論耳。夫如是,則彊宗鉅族,必詒和親康樂之憂,且爲發號施令之梗,大一統之世,不得不以政治之力摧毁之,固其宜矣,此又氏族所以滅亡之一道也。

既重世系,則必有以記識之,時曰譜牒。② 《周官》小史,"掌邦國之志。奠繫世,辨昭穆。若有事,則詔王之忌諱。大祭祀,讀禮法。史以書叙昭穆之俎簋"。《注》引鄭司農云:"繫世,謂帝繫、世本之屬,先王死日爲忌,名爲諱。"又:瞽矇,"諷誦詩,世奠繫。"杜子春云:"世奠繫,謂帝繫,諸侯、卿大夫世本之屬也。小史主次序先王之世,昭穆之繫,述其德行。瞽矇主誦詩,並誦世繫,以戒勸人君也。故《語》曰:教之世,而爲之昭明德而廢幽昏焉,以休懼其動。"案古代史迹,率由十口相傳,久之乃著竹帛。瞽矇之職,蓋尚在小史之前。小史能知先世名諱忌日,其於世次之外,必能略記其生卒年月等。瞽矇所諷,可

---

① 宗族:族之猜忌排外,故無人人親親長長天下平之理。

② 宗族:譜牒。

以昭明德而廢幽昏，則並能略知其行事矣。此後世家譜、家傳之先河
也。譜牒之作，列國蓋多有之。故《史記・三代世表》，謂“自殷以前，
諸侯不可得而譜，周以來乃頗可著”也。《十二諸侯年表》云：“譜牒獨
記世謚。”《南史・王僧孺傳》，載劉杳引桓譚《新論》云：“大史公《三代
世表》，旁行斜上，並效《周譜》。”則其體例，尚有可微窺者矣。列國之
譜牒，蓋隨其社稷之傾覆而散亡，自秦以來，公侯子孫，遂至失其本
系。司馬遷、王符等，雖竭搜集考索之功，終不能盡得其故矣。

第三節　人　　口

　　養人者地也，而人有所施爲，亦必於地，故人與地之相配，貴得其
宜。① 《禮記・王制》曰：“凡居民，量地以制邑，度地以居民。地邑民
居，必參相得也。”《管子・霸言》曰：“地大而不爲，命曰土滿。人衆而
不理，命曰人滿。”《八觀》曰：“國城大而田野淺狹者，其野不足以養其
民。城域大而人民寡者，其民不足以守其城。宮營大而室屋寡者，其
室不足以實其宮。室屋衆而人徒寡者，其人不足以處其室。”即地邑
民居，必參相得之注腳也。古之重民數，其道蓋有二，一以圖事功，一
以計口實。② 《周官》司民，爲專掌民數之官，其職曰：“掌登萬民之
數。自生齒以上，皆書於版。《注》：男八月女七月而生齒。辨其國中都鄙及
郊野。異其男女。歲登下其死生。及三年大比，以萬民之數詔司寇。
司寇及孟冬祠司民之日，獻其數於王，王拜受之。登於天府。內史、
司會、冢宰貳之。以贊王治。”案此法頒於小司徒，自鄉大夫以下，咸
掌其事。遂亦如之。以起軍旅，作田役，比追胥，令貢賦。小司寇之
職云：“及大比，登民數。自生齒以上，登於天府，內史、司會、冢宰貳

---

① 宗族：度地居民之道。
② 戶口：古重民數一以應役，一計口實。

之,以制國用。孟冬祀司民,獻民數於王。王拜受之,以圖國用而進退之。"蓋司徒之意重於役,故所稽者爲夫家。小司徒之職云:"以稽國中及四郊都鄙之夫家。"鄉師云:"以時稽其夫家之衆寡。"鄉大夫云:"以歲時登其夫家之衆寡。"族師云:"校登其族之夫家衆寡。"縣師云:"辨其夫家人民田萊之數。"遂人云:"以歲時登其夫家之衆寡。"遂師同。遂大夫云:"以歲時稽其夫家之衆寡。"鄙長云:"以時校登其夫家,比其衆寡。"惟閭師云:"掌國中及四郊之人民六畜之數。"鄙師云:"以時數其衆庶。"皆無夫家之文。然此諸官,所職皆係一事,雖文有異同,而意無異同也。司寇之意重於食,故所書者爲生齒。《賈子・禮篇》云:"受計之禮,王所親拜者有二:聞生民之數則拜之。聞登穀之數則拜之。"以民數與穀數並言,可見其意在計民食。《大戴記・千乘》曰:"古者殷書,成男成女,名屬升於公門,此以氣食得節,作事得時,民勸有功,是故年穀順成,天之饑饉,道無殣者。在今之世,男女屬散,名不升於公門,此以氣食不節,作事不時,天之饑饉於時委,民不得以疾死。"合餼食與作事並言之,又可見其意兼在趨事赴功也。

歷代史籍所記户口之數,蓋無一得實者。如前後漢盛時,户數皆逾千萬,而三國時合計不及百二十萬,僅當後漢南陽、汝南二郡,則無此理。蓋民之不著籍者甚多。歷代户口之數,只可以考丁稅收數,不能以考户口登降也。能得實者,其在隆古之世乎? 古之爲治纖悉,君卿大夫,皆世守其地;賦役之登耗,與其禄食有關;民不易隱匿,君亦不肯聽其隱匿。田里皆受諸官,民亦自不欲隱匿。又交通阻,生事簡,民輕去其鄉者少,既無倏忽往來、不可稽覈之事,作奸犯科,蹤迹詭祕,不樂人知,而人亦無從知之者,尤可謂絕無。謂是時之民數,可以得實,必非虚言也。[①] 然此時代,去今久遠,民數已無可考,至於稍有可考之世,則其不實,亦與後世等矣。

《禮記・内則》述子生之禮曰:"夫告宰名,宰徧告諸男名,書曰某年某月某日某生而藏之。宰告閭史。閭史書爲二:其一藏諸閭府,其一獻諸州史。州史獻諸州伯。州伯命藏諸州府。"此所言者,自係卿大夫家之禮。然《周官》鄉士之職云:"各掌其鄉之民數。"遂士、縣

---

① 户口:古人數蓋得實。

士亦然。① 鄉士職云："掌國中。各掌其鄉之民數而糾戒之，聽其獄訟。"遂士職云："掌四郊。各掌其遂之民數，而糾其戒令，聽其獄訟。"縣士職云："掌野。各掌其縣之民數，而糾其戒令，聽其獄訟。"惟方士掌都家，僅云聽其獄訟之辭，不言掌其民數。《注》云："不純屬王。"則人民於其所居之地，固各有其名籍也。《國語‧周語》："宣王既喪南國之師，乃料民於大原。仲山甫諫曰：民不可料也，夫古者不料民而知其多少。司民協孤終，司商協民姓，司徒協旅，司寇協姦，牧協職，工協革，場協入，廩協出是則多少死生，出入往來，皆可知也。於是乎又審之以事：王治農於籍，搜於農隙，耨穫亦於籍，獮於既烝，搜於畢時，是皆習民數者也。又何料焉？"蓋凡政事，無不與人民有關，故圖其政，皆可以審其數也。媒氏之職，男女自成名以上，皆書年月日名焉，亦其一端矣。然則古審民數之方固多矣。

此等政令，使其皆能奉行，民又何待於料？則知宣王之時，政令已有闕而不舉者矣。不特此也，《史記‧秦始皇本紀》，謂獻公十年，爲戶籍相伍，見篇末《秦紀》。則秦自獻公以前，未有戶籍也。又始皇十六年，南陽假守騰，始令男子書年，則前此男子未嘗書年，至此女子猶不書年也。蓋僻陋之國，戶籍之法之不備如此。《國語‧晉語》："趙簡子使尹鐸爲晉陽，請曰：以爲繭絲乎？抑爲保障乎？簡子曰：保障哉！尹鐸損其戶數"，則竟可意爲出入矣。② 蓋聲明文物之邦，其戶籍之法之紊亂又如此。民數尚何由得實哉？故曰：至民數記載，稍有可考之時，即已不足信也。

古民數悉無傳於後，惟《周官》職方，載有男女比率：謂揚州之民，二男五女，荊州一男二女，豫州二男三女，青州二男二女，兗州二男三女，雍州三男二女，幽州一男三女，冀州五男三女，并州二男三女。男女比率，從未聞相差至此者，蓋陰陽術數之談，非史家之記載也。言古代民數者，有皇甫謐《帝王世紀》，見《續漢書‧郡國志注》，

---

① 戶口：掌民數者。
② 戶口：戶籍久不實。有戶籍晚。

皆憑億之談，絕不足據，今不復徵引。然古代民數，固有大略可推者。① 《商君書·徠民》云："地方百里者，山陵處什一，藪澤處什一，谿谷流水處什一，都邑蹊道處什一，惡田處什二，良田處什四。《算地篇》云："爲國任地者，山林居什一，藪澤居什一，谿谷流水居什一，都邑蹊道居什四。"蓋説與此同，而有奪文。以此食作夫五萬。其山陵藪澤谿谷，可以給其材；都邑蹊道，足以處其民。先王制土分民之律也。"此即《王制》所謂："山陵、林麓、川澤、溝瀆、城郭、宮室、塗巷，三分去一。"《司馬法》提封萬井，定出賦者六千四百井，亦以此也。此言郊野之民。《管子·乘馬》云："上地方八十里，萬室之國一，千室之都四。"中地方百里，下地方百二十里同。則城市之民也。古者封方百里，蓋非偶然。《漢書·百官公卿表》云："縣令長，皆秦官，萬户以上爲令，減萬户爲長。"又云："縣大率方百里，民稠則減，稀則曠，鄉亭亦如之。皆秦制。"秦制必沿自古，則古之制土分民，實以百里爲一區。後雖不得盡如法，然建國若立縣邑者，猶必略師其意。故其法留詒至秦。《戰國·趙策》，言韓、魏各致萬家之邑於知伯。又載知過諫知伯，欲以萬家之縣封趙葭、段規。知戰國時之制邑，固略以萬家爲率也。亦有特大者，如上黨之降，趙欲以三萬户之都封大守是。此蓋不多觀。至如蘇秦説齊王，謂臨菑七萬户。其説魏王，謂其廬田廐舍，曾無所芻牧牛馬之地。人民之衆，牛馬之多，日夜行不休已，無以異於三軍之衆。而曰：臣竊料大王之國，不下於楚。此等大都會，則其時海内不過三數。何則？臨菑、江陵，皆《史記·貨殖列傳》所謂都會。傳所舉都會，自此而外，曰薊，曰邯鄲，曰宛，曰吴，曰壽春，曰番禺，合臨菑、江陵，數不盈十。薊與番禺等，偏僻已甚，必不足與臨菑、江陵比。然則此等都會，雖云殷闐，而其數大少，計算全國人口，殆無甚關係也。② 户口稍多，如所謂三萬户之都會，自當不乏，然古固多次國、小國，其數亦足相消。秦、

---

① 户口：推測古户口之法。
② 户口：古土滿人滿之情形。然以人滿爲患者惟韓子。

漢之縣，固多滅古國爲之者，一史有可稽。一雖無可稽，而其名爲古國名，亦可推
見其爲滅國所建。其新建者，又當略師古制，則就秦世縣數，案商君、管子
所言，野以五萬家，都邑以萬四千家；更以孟子所言，家或五口，或八
口計之，固可略知戰國末之人數也。春秋以前，國邑之數，雖無可考，
然去戰國時新開拓之地計之，即可得春秋國邑大略矣。自此以上，皆
可以此法推之。雖云麤略，慰情究聊勝於無也。

　　《商君‧徠民》之篇又曰：“今秦，地方千里者五，而國土不能處
二，田數不滿百萬；其藪澤、谿谷、名山、大川之材物、貨寶，又不盡爲
用；此人不稱土也。秦之所與鄰者三晉也，所欲用兵者韓、魏也。彼
土狹而民眾，其宅參居并處，其寡萌賈息，孫詒讓云：“當作賓萌貸息，賓萌即
客民，對下民爲土著之民也。《呂覽‧高義》：墨子曰：翟度身而衣，量腹而食，比於賓萌。
貸息，謂以泉穀貸與貧民而取其息。言韓、魏國貧，有餘資貸息者皆客民，其土著則上無通
名，下無田宅，而恃姦務末作以處也。”朱師轍曰：“《左氏》寡我襄公。《注》：寡，弱也。小民
無地可耕，多事商賈，以求利息。孫校非。”案孫說實是。如朱說，則與下末作無別矣。《韓
非子》以“正户貧而寄寓富”爲《亡徵》，明客民富而土著貧者，當時自有之也。民上無通
名，[①]此即《大戴記》所謂名不升于公門。下無田宅，而恃姦務末作以處。人
之復陰陽澤水者過半。復即《詩》“陶復陶穴”之復。陰陽，山之南北也。此其土
之不足以生其民也，似有過秦民之不足以實其土也。”孟子言齊“雞鳴
狗吠相聞，而達乎四竟”，《公孫丑上》。而《漢書‧地理志》言楚火耕水
耨，吳起欲使貴人往實廣虛之地，卒以見殺，《呂覽‧貴因》。則楚之與齊
也，猶秦之與晉也。當時人口之不均，亦云甚矣。韓非子曰：“今人有
五子不爲多，子有五子，大父未死，而有二十五孫。是以人民眾而貨
財寡，事力勞而共養薄”，《五蠹》。亦汲汲以過庶爲患矣。然此篇而外，
古人之言，殆無不以土滿爲憂，未有以人滿爲患者。是何也？曰：一
如秦、楚等自有其廣虛之地；一如梁惠王“糜爛其民而戰之”，見《孟子‧
盡心下》。但求卒伍之多；民之上無通名，下無田宅，固非所計也。然則
制土分民之律之不講也久矣。

────────────────

　　①　户口：民上無通名。

第四節 等　　級

　　何謂等級? 等級者,分人爲若干等,權責不同,地位亦異,爲法律所許,不易改變者也。等級,西語爲客斯德(Caste),中國舊譯其音。客拉斯(Class)今人譯爲階級,罕有譯其音者。二語義實不同,而今人行文,多概用階級二字。或譏其無別,謂客斯德當稱等級,客拉斯當稱階級,然等級階級,華文義實無別,欲人不混用甚難。予意客拉斯可譯爲黨類,客斯德則等級、階級俱可譯。凡譯名,當審科學見行之義,至其語之本義,則勢有所不暇顧,而亦不必顧及也。等級之制惡乎起? 曰:起於地位財富之不同,而異族相爭,關係尤大。

　　中國最古之等級,時曰國人及野人,亦起於異部族之相争者也。何謂國人? 古所謂國者,城郭之謂,居於郭以内之人,時曰國人,居於郭以外之人,則曰野人而已矣。後世之城郭,必築於平夷之地,蓋所以利交通,古代之城郭,則築於山險之區,蓋所以便守禦。又古國人從戎事,野人則否。然則國人者,戰勝之部族,擇險峻之地,築邑以居;野人則戰敗之族,居平夷之地,從事耕耘者也。如是,國人野人,宜相疾視,而書傳絶無其事者? 則以爲時甚早,史弗能紀也。然其遺迹,猶有可考見者。《周官》鄉大夫之職,大詢於衆庶,則各帥其鄉之衆寡而致於朝,所謂大詢,即小司寇所謂詢國危、詢國遷、詢立君者,則有參政之權者,國人也。屬王監謗,國人莫敢言,三年乃流王於彘,則行革易之事者,又國人也。國人,蓋如遼世之契丹,金世之女真,與其國關係較密。若夫野人,則供租税,服徭役,上以仁政撫我,則姑與之相安,而不然者,則逝將去女,適彼樂土而已。《史記・周本紀》言:"薰育戎狄攻古公,欲得財物。予之。已復攻,欲得地與民。民皆怒,欲戰。古公曰:有民立君,將以利之,民之在我,與其在彼何異? 民欲以我故戰,殺人父子而君之,予不忍爲。乃與私屬遂去豳。"所謂私屬,蓋周之部族,民則異部族之服於周者也。其疏戚異,宜矣。

戰勝之族,與戰敗之族,仇恨所以漸消者?蓋有數端。[1] 古無史記,十口相傳,故事久而亡佚;不亦寖失其真;戰敗之辱,稍以淡忘,一也。國有限,野無限。國中人口漸繁,不得不移居於野;即野人亦有迻居於邑者。居地既近,昏姻遂通,二也。國人必朘野人以自肥,以故國人富而野人貧,國人華而野人樸。古者大都不得耦國,封域之內,富厚文明,蓋無足與國都比者,然至後來,即非復如此矣。三也。春秋以前,軍旅皆出於鄉,野鄙之民,止於保衛閭里,戰國以後,稍從征役,其強弱同,斯其地位等矣。四也。有此四者,故因異部族所成之等級漸夷,而因政權及生計之不平所造成之等級,繼之而起。

以分工合力之理言之,凡人之執一技者,莫不有益於其羣,本無所謂貴賤。然所司之事,權力不能無大小,居率將之地者,遂稍殊異於人矣。古多世業,父子相傳,兄弟相及,沿襲既久,變本加厲,視為固然,於是有君子小人之分焉。君子小人,蓋以士民為大界。[2] 士者,可以為君子,而尚未受爵為君子者也。《士冠禮記》曰:"天子之元子,士也,天下無生而貴者也。"《曲禮》曰:"四郊多壘,此卿大夫之辱也。地廣大,荒而不治,此亦士之辱也。"蓋卿大夫初為軍帥;士則戰士,平時肆力於耕耘,有事則執干戈以衛社稷者也。《管子》言制國以為二十一鄉,工商之鄉六,士鄉十五《小匡》。又言"士民貴武勇而賤得利,庶民好耕農而惡飲食";《五輔》。士與農工商之異可見矣。古者治理之權,皆操於戰鬥之士,故士又變為任事之稱,負治民之責也。士之位卑,其政權亦小,故初雖與庶人異,後轉無區別焉。

百姓、人、民、氓,後世義無區別,古則不然。[3]《堯典》曰:"以親九族,九族既睦。平章百姓,百姓昭明。協和萬邦,黎民於變時雍。"此百姓猶言百官,與民截然有別。《中庸》言:"子庶民則百姓勸",則二者同義矣。《孝經‧天子章》:"愛敬盡於事親,而德教加於百姓,刑於四海。"《疏》曰:

---

① 階級:國人野人,何以漸混。
② 階級:君子小人以士民為界。
③ 階級:百姓、人、民、氓等名之歧義。

“百姓，謂天下之人，皆有族姓，言百，舉其多也。《尚書》云平章百姓，則謂百官，爲下有黎民之文，所以百姓非兆庶也。此經德教加於百姓。則爲天下百姓，爲與刑於四海相對，四海既是四夷，則此百姓自然是天下兆庶也。”蓋先秦兩漢之世，此等字義，業已淆亂，執筆者各隨其意用之。民人二字，古亦通稱。然《皋陶謨》言：“知人則哲，能官人，安民則惠，黎民懷之。”《論語·憲問》：“子路問君子。子曰：修己以安人。曰：如斯而已乎？曰：修己以安百姓。”人亦指在位者言。蓋人有人偶之義，故以指切近之人也。《詩·假樂》：“宜民宜人。”《毛傳》：“宜安民，宜官人也。”《疏》云：“民人散雖義通，對宜有別，《皋陶謨》云：能安民，能官人，其文與此相類。”案《毛傳》即本《尚書》爲説也。《孝經·諸侯章》：“富貴不離其身，然後能保其社稷，而和其民人。”《疏》引皇侃云：“民是廣及無知，人是稍識仁義，即府史之徒。”案此只是複語，皇説誤。此乃民人同義者也。《詩》：“氓之蚩蚩。”毛《傳》曰：“氓，民也。”《疏》曰：“氓，民之一名。對文訓異，故《遂人注》云：變民言氓，異内外也，氓猶懵，懵無知貌，是其别也。其實通，故下《箋》云言民誘己，《論語》及《靈臺序》注，皆云民者冥也。”《韓非·難一》：“四封之内，執會而朝名曰臣，臣吏分職受事名曰萌。”則民與吏皆可稱萌。《孝經·庶人章》疏引皇侃云：“不言衆民者，兼苞府史之屬，通謂之庶人也。”又引嚴植之，謂“士有員位，庶人無限極，故士以下皆爲庶人”；似庶人不可稱民者，其説恐非。《孟子》曰：“在國曰市井之臣，在野曰草莽之臣，皆謂庶人。”《萬章下》。此明指農工商言之，即《孝經》謂“用天之道，分地之利，謹身節用，以養父母”，亦明指農夫言之也。

　　古貴戰鬥而賤生産。①“樊遲請學稼。子曰：吾不如老農。請學爲圃。曰：吾不如老圃。”《論語·子路》。《孟子》曰：“堯以不得舜爲己憂，舜以不得禹、皋陶爲己憂。夫以百畝之不易爲己憂者，農夫也。”《滕文公上》。是農所賤也。《王制》曰：“凡執技以事上者，祝、史、射、御、醫、卜及百工，出鄉不與士齒。”是工所賤也。《左氏》襄公十三年：“世之亂也，君子稱其功以加小人，小人伐其技以馮君子。”明以有功者爲君子，有技者爲小人。平原君以千金爲魯連壽，魯連笑曰：“所貴於天下之士者，爲人排患、釋難、

---

　　① 階級：賤農工商。

解紛亂而無所取也，即有取者，是商賈之士也，而連不忍爲也。"《史記》
本傳。聶政曰："臣所以降志辱身，居市井屠者，徒幸以養老母。"其姊
亦曰："政所以蒙汙辱，自棄於市販之間者，爲老母幸無恙，妾未嫁
也。"《史記·刺客列傳》。則商所賤也。《韓詩外傳》："吳人伐楚，昭王去國，有屠羊
說從行。昭王反國，賞從亡者。及說，說辭。君曰：不受則見之。說對曰：楚國之法，商人
欲見於君者，必有大獻重質。今臣智不能存國，節不能死君，勇不能待寇，然見之，非國法
也。遂不見。"古屠沽等統稱商人，交通王侯，力過吏勢者，其實與屠沽殊，其名則無以異
也。《管子》曰："士農工商，國之石民也，不可使雜處，雜處則其言哤，
其事亂。是故聖王之處士必於閒燕，處農必就田野，處工必就官府，
處商必就市井。"使之"羣萃而州處"，"不見異物而遷"，則"其父兄之
教，不肅而成；其子弟之學，不勞而能"。是故"士之子常爲士"，"農之
子常爲農"，"工之子常爲工"，"商之子常爲商"。《小匡》。案《周書》言：
"士大夫不雜於工商。士之子不知義，不可以長幼。工不族居，不足
以給官。族不鄉別。不可以入惠。"《程典》。又言："農居鄙，得以庶士；
士居國家，得以諸公大夫；凡工賈胥市臣僕州里，俾無交爲。"《作雒》。
即管子之言所本也。《淮南·齊俗》曰："人不兼官，官不兼事。士農工商，鄉別州異。
是故農與農言力，士與士言行，工與工言巧，商與商言數。是以士無遺行，農無廢功，工無
苦事，商無折貨。"說亦與《管子》同。《周官》大司徒十有二教，"十曰以世事教
能"，亦此義。業殊貴賤，而又守之以世，此等級之所由成也。[1] 士農工商，
爲古職業最通用之區別。成公元年《穀梁》曰："古者有四民：有士民，有商民，有農民，有工
民。"《公羊解詁》曰："古者有四民：一曰德能居位曰士，二曰闢土殖穀曰農，三曰巧心勞手，以
成器物曰工，四曰通財貨曰商。"《漢書·食貨志》："學以居位曰士，闢土殖穀曰農，作巧成
器曰工，通財鬻貨曰商。"即《解詁》之說。《說苑·政理》："《春秋》曰：四民均賦，王道興
而百姓寧。所爲四民者，士、農、工、商也。"何、班二家，蓋同用《春秋》說也。《呂覽·上農》
曰："凡民自七尺以上，屬諸三官。農攻粟，工攻器，賈攻貨。"此但言生產作業，故不及士。
《左氏》宣公十二年言商、農、工賈，則加賈字以足句耳。《史記·貨殖列傳》曰："故待農而
食之，虞而出之，工而成之，商而通之。"又引《周書》曰："農不出則乏其食，工不出則乏其
事，商不出則三寶絕，虞不出則財匱少。"以商賈所販，多山澤之材，故特舉一虞。《周官》大

宰："以九職任萬民：一曰三農，生九穀。二曰園圃，毓草木。三曰虞衡，作山澤之材。四曰藪牧，養蕃鳥獸。五曰百工，飭化八材。六曰商賈，阜通貨賄。七曰嬪婦，化治絲枲。八曰臣妾，聚斂疏材。九曰閒民，無常職，轉移執事。"《周官》爲六國時書，故分別最細。然園圃、虞衡、藪牧、嬪婦、臣妾之職，固皆可苞於農業之中；且較之士、農、工、商，所係皆較輕也。《墨子·非樂上》："王公大人，蚤朝晏退，聽獄治政，此其分事也。士君子竭其股肱之力，亶其思慮之智，內治官府，外收斂關市、山林、澤梁之利，以實倉廩、府庫，此其分事也。農夫早出暮入，耕稼樹藝，多聚叔粟，此其分事也。婦人夙興夜寐，紡績織紝，多治麻絲葛緒絤布縿，此其分事也。"以官民男女對舉，而不及工商，亦以其所係較農爲輕也。《考工記》：國有六職，百工與居一焉，則以士、農、工、商並舉，而上加王公，又舉婦功，以與男子相對。

　　《左氏》昭公五年，卜楚丘言日之數十，故有十時，亦當十位。自王已下，其二爲公，其三爲卿。七年，申無宇謂天有十日，人有十等。王臣公。公臣大夫。大夫臣士。士臣皂。皂臣輿。輿臣隸。隸臣僚。僚臣僕。僕臣臺。其說相合。此蓋言其執事之相次。俞正燮《癸巳類稿·僕臣臺義》曰："大夫臣士，如《周官》長率屬。皂者，《趙策》所云補黑衣之隊，衛士無爵而有員額者。士衛之長。輿則衆也，謂衛士無爵又無員額者。隸罪人，《周官》所謂入於罪隸。僚，勞也，入罪隸而任勞者。若今充當苦差。僕則三代奴戮，今罪人爲奴矣。臺罪人爲奴，又逃亡，復獲之。知者無宇云：逃而捨之，是無陪臺也。"或謂當時之人，分此十級，則誤矣。昭公三十二年，史墨言："物生有兩，有三，有五，有陪貳。故天有三辰，地有五行，體有左右，各有妃耦，王有公，諸侯有卿，皆有貳也。"則十等亦可云五耦。大夫即卿，是第一等與第二等爲耦，第二等又與第三等爲耦也。鱗次櫛比，正見其相須而成，即尊卑亦非縣絕矣。

　　由政權所生之等級，何自平乎？曰：其必自封建之陵夷始矣。人之所以特異於衆者，一以其才德，一以其地位。才德爲身所具，子弟不能得之於父兄；即或懷其遺惠，推愛及於後嗣，勢亦不能持久，無由成客斯德之制也。地位襲之於人，才能不過中庸，亦得據其位而不變，乃安固不可動搖矣。《禮記·祭義》曰："有虞氏貴德而尚齒，夏后氏貴爵而尚齒，殷人貴富而尚齒，《注》：臣能世祿曰富。周人貴親而尚齒。"可見等級之所由生。《王制》言外諸侯嗣，內諸侯祿，謂世祿而不世爵。諸侯之大夫，不世爵祿。徒設此義，實不能行。內而周、召，外而三桓、七穆靡不世據其位。遂致在上者驕淫矜夸,不能自振,在下者遏抑掩蔽,末由自達。其極,遂非舉顛覆之不可。顛覆之之道:一爲有土者相誅夷。有以諸侯滅諸侯者,凡滅國是也。有以諸侯滅大夫者,若楚之於若敖氏是也。有以大夫滅大夫者,若趙、韓、魏之於范、中行、知氏是也。有以大夫滅諸侯者,若三家之於晉,田氏之於齊是也。"諸侯不臣寓公,寓公不繼世",《禮記·郊特牲》。則亡國之後,得保其地位者,國君及其夫人二人而已。據鄭《注》。"三后之姓,於今爲庶";《左氏》昭公三十二年。"欒、郤、胥、原、狐、續、慶、伯降在皂隸";昭公三年。宜矣。一由選舉之法漸興。貴族既不能任國事,勢不得不擢用士民,孔譏世卿,墨明上賢,韓非貴法術之士,皆是道也,《孟子》曰:"舜發於畎畝之中,傅說舉於版築之間,膠鬲舉於魚鹽之中,管夷吾舉於士,孫叔敖舉於海,百里奚舉於市。"《告子下》。蓋其所由來者舊矣。而要以戰國之世爲最盛。至漢初,遂開布衣卿相之局。"命官以賢,詔爵以功,先王公卿之胄才則用,不才則棄",唐柳芳論氏族語,見《唐書·柳沖傳》。而因門閥而侈居人上者,以法律論,始全失其根據。雖魏、晉以後,反動之燄復然,然其根柢,則遠不如先秦之世之深厚矣。此古今之一大變也。

古代之等級,其原爲以力相君。封建政體敝,而以力相君之局替,以財相君之局,乃代之而興。《史記》所謂"編戶之民,富相什則卑下之,百則畏憚之,千則役,萬則僕";《漢書》所謂"編戶齊民,同列而以財力相君,雖爲僕隸猶無慍色"也。皆見《貨殖列傳》。此等貴賤之分,本非法律所許。然法律既有貴賤之別,有財力者,自能入據貴者之位,而擠貧民,使儕於賤者焉。則貴賤之等級其名,而貧富之等級其實矣。封建全盛之世,以貴致富,資本勃興之世,以富僭貴,其爲不平惟均,然爲人心所不習,故疾視之者甚多。孔子謂"惟名與器,不可以假人"。《左氏》成公二年。《易》譏"負且乘,致寇至",《解卦》爻辭。皆是義也。商君治秦,明尊卑、爵秩等級,各以差次名田宅臣妾。衣服以家次,有功者顯榮,無功,雖富無所芬華。《史記》本傳。蓋猶欲以政治之力障之。然其勢,終已不可止矣。

　　沈淪於社會之最下級者,時曰奴婢。奴婢之始,蓋以異族爲之。繼以罪人充之。終則因貧而鬻賣者亦入焉。《周官》五隷,罪隷爲罪人,蠻、閩、夷、貉,則皆異族也。《王制》言:“公家不蓄刑人,大夫勿養,士遇之途,弗與言也。屏之四方,不及以政,示弗故生也。”《穀梁》亦言:“君不使無恥,不近刑人,不狎敵,不邇怨。”襄公二十九年。蓋所誦説者爲古制,當異族被俘之始,怨毒之氣猶存也。《周官》言:“墨者使守門,劓者使守關,宮者使守内,刖者使守囿,髡者使守積。”《秋官·掌戮》。而四翟之隷,可以“服其邦之服,執其邦之兵,以守王宮與野舍之屬禁”,則積久而習爲故常矣。《孟子》言文王之治岐也,“罪人不孥”,《梁惠王下》。而《書·甘誓》曰:“予則孥戮女。”《費誓》曰:“女則有無餘刑。”《正義》引王肅曰:“父母、妻子,同産皆坐之,入於罪隷。”鄭玄曰:“盡奴其妻子,不遺其種類,在軍使給廝役,反則入於罪隷。”案《周官》司厲,掌盜賊之任器貨賄,“其奴,男子入於罪隷,女子入於舂藁”。五隷之數,各百有二十人。《注》云:“選以爲役員者,其餘謂之隷。”《疏》云“以爲隷民”,即司隷帥以搏盜賊者。身犯罪者,不當如是之衆,則古固有連坐之刑,今文家雖設不孥之義,猶非所語於軍刑也。[1] 古女子亦從軍,故亦可爲廝役。[2]《費誓》言“臣妾逋逃”,又云“無敢誘臣妾”,蓋指是。平時則舂藁而外,亦使之釀酒。《墨子》云“婦人以爲舂酋”是也。[3]《天志下》。《説文》:酋,繹酒也。《周官》酒人,女酒三十人,奚三百人。《注》曰:“女酒,女奴曉酒者”,惠士奇《禮説》曰:“酒人之奚,多至三百,則古之酒皆女子爲之。”《吕覽·精通》曰:“臣之父不幸而殺人,不得生,臣之母得生,而爲公家爲酒。”《周官》禁暴氏,“凡奚隷聚而出入者,則司牧之。戮其犯禁者”。《注》曰:“奚隷,女奴也。”《疏》曰:“天官酒人、漿人之等,皆名女奴爲奚。”蓋其數亦不少矣。韋昭曰:“善人以婢爲妻,生子曰獲,奴以善人爲妻,生子

---

① 刑法:今文家不孥之義,非所語於軍刑。

② 兵:女亦從軍爲廝役。

③ 階級:女爲酒。

曰臧。齊之北鄙，燕之北郊，凡人男而歸婢謂之臧，女而歸奴謂之
獲。"《文選·司馬子長報任安書》李《注》引。則奴婢之家屬，亦不得爲良人。
然脫奴籍初不甚難。《左氏》襄公三十二年："斐豹，隸也，著於丹書。
《疏》云："近《魏律》，緣坐配没爲工樂雜户者，皆用赤紙爲籍，其卷以鉛爲軸，此亦古人丹書
之遺法。"欒氏之力臣曰督戎，國人懼之。斐豹謂宣子曰：'苟焚丹書，我
殺督戎。'宣子喜曰：'而殺之，所不請於君焚丹書者，有如日。'"哀公
二年，趙簡子誓曰："克敵者人臣隸圉免。"則以君命行之而已。後世
人君，往往以詔旨釋放奴婢，蓋猶沿自古初也。

　　《周官》質人："掌成市之貨賄、人民、牛馬、兵器、珍異。"《注》曰：
"人民，奴婢也。"則六國時人民，已可公然賣買矣。惟可賣買也，故
亦可贖。①《吕覽·察微》言："魯國之法，魯人爲臣妾於諸侯，贖之者
取金於府。"亦見《淮南·齊俗》、《道應》。《新序·雜事》言："鍾子期夜聞擊
磬而悲，旦召而問之。對曰：臣之父殺人而不得，臣之母得而爲公家
隸，臣得而爲公家擊磬。臣不睹臣之母，三年於此矣。昨日爲舍市而
覷之，意欲贖之而無財，身又公家之有，是以悲也。"則雖官奴婢，亦可
以資取贖矣。

　　古奴婢皆使事生業，②所謂耕當問奴，織當問婢也。惟如是，故
奴婢愈多，主人愈富。《史記·貨殖列傳》謂有童手指千，則比千乘之
家，白圭、刁閒、蜀卓氏，皆以此起其業焉。其左右使令之事，則以子
弟爲之。③ 孔子使闕黨童子將命，《論語·憲問》。子游曰："子夏之門人
小子，灑掃應對進退則可矣。"《子張》。其事也。《管子·弟子職》一篇，
言之詳矣。親子弟之外，給使亦以童幼。《周官》内竪："掌内外之通
令，凡小事。"《左氏》所載，晉侯有竪頭須，僖公二十四年。士伯有竪侯
獳，二十八年。叔孫氏有竪牛。昭公四年。《禮記·曲禮》曰："長者賜，少
者賤者不敢辭。"《注》曰："賤者，僮僕之屬。"蓋亦備左右使令者。《周

――――――――――

① 階級：《周官》奴婢已可賣，亦可贖。
② 階級：古奴婢皆使事生業。
③ 階級：使令則子弟奴，奴亦以小者。

官》司厲:"凡有爵者,與七十者,與未齔者,皆不爲奴。"未齔者不爲
奴,蓋以其力未足以事生業,當即以之給使令也。

惟古以子弟給使令也,故家有待養者,則免其子弟之役。《王制》
曰"八十者一子不從政,九十者其家不從政,廢疾非人不養者,一人不
從政"是也。然亦有推及於家之外者。《商君書·竟內》曰:"有爵者
乞無爵者以爲庶子,①級乞一人。其無役事也,其庶子役其大夫,月
六日。其役事也,隨而養之。"蓋即《荀子》所謂"五甲首而隸五家"者,
《議兵》亦酷矣。

《左氏》昭公七年,楚子爲章華之宮,納亡人以實之,無宇之閽入
焉。無宇執之。有司執而謁諸王。無宇辭曰:"周文王之法曰:有亡
荒閱,所以得天下也。吾先君文王作《僕區》之法,曰:盜所隱器,與
盜同罪,所以封汝也。若從有司,是無所執逃臣也。""昔武王數紂之
罪,以告諸侯曰:紂爲天下逋逃主,萃淵藪,故夫致死焉。君王始求
諸侯而則紂,無乃不可乎? 若以二文之法取之,盜有所在矣。"案《費
誓》言臣妾逋逃,而《左氏》襄公十年,鄭尉止之亂,亦云"臣妾多逃",
則古奴婢之逃者甚多。② 觀無宇之事,則其主人之追捕亦甚嚴。《周
官》朝士:"凡得獲貨賄、人民、六畜者,委於朝,告於士,旬而舉之。大
者公之,小者庶民私之。"《注》曰:"人民,謂刑人奴隸逃亡者。鄭司農
云:若今時得遺物及放失六畜,持詣鄉亭縣廷。大者公之,大物沒入
公家也。小者私之,小物自畀也。玄謂人民小者,未齔,七歲以下。"
此可見古之視奴婢,與貨賄六畜無異。故陳無宇亦以納亡人與隱器
並論也。逋逃主之所以多,則亦利其力,同於財賄而已矣。

---

① 階級:秦以有爵者役無爵者。
② 階級:古奴婢逃者甚多。

第十二章　農工商業

第一節　農　業

　　農業惡乎始？曰：始於女子。[1] 社會學家言：邃古生事，大率男子田獵，女子蒐集。蒐集所得，本多植物。又女子多有定居，棄種於地，閱時復生，反復見之，稍悟種植之理，試之獲效，而農業遂以發明焉。《周官》內宰，上春，詔王后率六宮之人而生種稑之種。宗廟之禮，君親割，夫人親舂。《穀梁》文公十三年。房中之羞皆籩豆。《禮‧有司徹》。摯：卿羔，大夫雁，士雉，庶人之摯匹，婦人之摯，棋榛、脯修、棗栗，《禮記‧曲禮》，脯修以其烹調之功。皆農業始於女子之徵也。閱時既久，耕作益精，始舍鉏而用犂；又或能用牛馬；或伐木以闢地；則用力益多，農事乃以男子爲主。

　　田獵在邃初，最爲普徧。考古家所發掘，各地皆有野人所用兵器，及動物遺骸，一也。全世界人，殆無不食肉者，二也。人之性情，足徵其好田獵；其齒牙，足徵其兼食動植物；三也。昔時言生計進化者，多謂人自漁獵進於畜牧，畜牧進於耕農，其實亦不盡然。蓋有自漁獵進於耕農，亦有自耕農復返於畜牧者。要當視其所處之地，不得

---

① 實業：農業始於女子。

一概論也。我國古代,蓋自漁獵逐進於耕農,説見第六章第二節。《禮記·王制》言:東方之夷,被髮文身,南方之蠻,雕題交趾,皆不火食。西方之戎,被髮衣皮,北方之狄,衣羽毛穴居,皆不粒食。蓋東南地暖,多食植物,西北地寒,多食動物,中國介居其間,兼此二俗。故《禮運》言昔者先王未有火化,食草木之實,鳥獸之肉也。農業之始,難質言爲何時。《易·繫辭傳》言神農氏斲木爲耜,揉木爲耒,而《記·郊特牲》言伊耆氏始爲蜡,説者亦以爲神農,則神農時,農業已頗盛矣。《堯典》載堯命羲、和四子,曆象日、月、星辰,敬授民時。《堯典》固非堯時書,所言亦不必皆堯時事,然天文之學,發明本最早,曆象尤爲農業要圖,則此節所言,轉不能斷爲附會也。周之先世,后稷、公劉、大王,皆以農業興,則著於《詩》,散見於百家之書,其事彌信而有徵矣。

　　農業之演進,於何徵之? 曰:觀其所栽植之物可知也。[①] 古有恒言曰百穀,又曰九穀,又曰六穀,又曰五穀,所植之物遞減,足徵其遺麤而取精。九穀,鄭司農云:黍、稷、秫、稻、麻、大小豆、大小麥,康成謂無秫、大麥而有粱、苽,見《周官》大宰《注》。六穀,司農云:稌、黍、稷、粱、麥、苽,康成同,見《膳夫注》。五穀,《疾醫注》云:麻、黍、稷、麥、豆,蓋據《月令》。《史記·天官書》,趙岐《孟子注》、盧辯《大戴記注》、顏師古《漢書食貨志注》皆同。《管子·地員》,五土所生,曰黍、秫、菽、麥、稻。《素問》論五方之穀曰麥、黍、稷、稻、豆。鄭注《職方》同之。其《五常政大論》,又以麻爲木穀,火穀則麥、黍互用。所言雖有出入,要之用爲食物之主者,由多而少,則必不誣也。《爾雅·釋天》曰:"穀不熟爲飢,蔬不熟爲饉,果不熟爲荒。"則三者古嘗並重。然及後世,除場人有場圃,專事樹藝外,民家但種之宅旁疆畔而已。《周官》大宰九職,二曰園圃,毓草木。《注》:"樹果蓏曰圃,園其樊也。"場人,"掌國之場圃,而樹之果蓏珍異之物",此專以植果爲事者。《公羊》宣公十五年《解詁》云:"瓜果種疆畔。"《穀梁》云:"古者公田爲居,井竈葱韭盡取焉。"則民家之所藝也。大宰九職,八曰臣妾,聚斂疏材,即《月令》仲冬所謂"山林藪澤,有能取蔬食,田獵禽獸者,野虞教道之"者也。[②]《管子·八觀》,謂"萬家以下,則就山澤,萬家以上,則去山澤",

---

① 實業:穀稍重而數減,爲農業之演進。
② 實業:古山澤之利。

可見其養人亦衆。然九職之一曰三農,生九穀,鄭司農云:“三農,平地、山澤也。”則山澤亦藝穀物矣。皆與百穀之遞減而爲九、爲六、爲五同理也。《史記·循吏列傳》,孫叔敖爲楚相,“秋冬則勸民山采,春夏以水,各得其所便,民皆樂其生”。蓋楚地開闢晚故山澤猶有遺利。

《淮南·氾論》曰:“古者剡耜而耕,磨蜃而耨,木鉤而樵,抱甀而汲,民勞而利薄,後世爲之耒耜耰鉏,斧柯而樵,桔橰而汲,民逸而利多。”此農具之漸精也。《漢書·食貨志》言:趙過“能爲代田。一畮三甽,歲代處,故曰代田。古法也。后稷始甽田,以二耜爲耦,廣尺深尺曰甽,長終畮。一畮三甽。一夫三百甽,而播種於三甽中。苗生葉以上,稍耨隴草,因隤其土,以附苗根。故其詩曰:或芸或芋,黍稷儗儗。芸,除草也。芋,附根也。言苗稍壯,每耨輒附根,比盛暑,隴盡而根深,能風與旱。故儗儗而盛也。其耕耘下種田器,皆有便巧。率十二夫爲田一井一屋,故畮五頃。用耦犁,二牛三人。一歲之收,常過縵田畮一斛以上。善者倍之”。齊召南曰:“《周禮》里宰賈《疏》曰:周時未有牛耕,至漢時,趙過始教民牛耕,今鄭云合牛耦可知者,或周末兼有牛耕,至趙過乃絶人耦。葉少蘊曰:古耕而不犁,後世變爲犁法,耦用人,犁用牛,過特爲增損其數耳,非用牛自過始也。周必大曰:疑耕犁起於春秋之世。孔子有犁牛之言,冉耕字伯牛,《月令》出土牛示農耕早晚。按葉、周二説是。但謂古耕而不犁,耕犁起於春秋,亦恐未確。古藉田之禮曰三推,不用犁,安用推乎?”《漢書》殿本《考證》。按齊氏之説是也。古有爰田之法。《公羊》宣公十五年《解詁》曰:“司空謹別田之高下善惡,分爲三品:上田一歲一墾,中田二歲一墾,下田三歲一墾。肥饒不得獨樂,磽确不得獨苦。故三年一換主易居。”此爰田之一説也。《周官》司徒:“不易之地家百畮,一易之地家二百畮,再易之地家三百畮。”此爰田之又一説也。①《周官》之説,蓋施之田多足以給其人之地,《解詁》之説,則施之田少之鄉。三年一換

---

① 實業:爰田二説。

主易居,以均苦樂,則雖中田下田,亦不得不歲墾矣。代田之法,爲後世區田之祖,實自爰田變化而來。用此法者,田不必番休,而已獲番休之益,蓋以耕作之精,代土田之不足者也。井田之壞,由阡陌之開,而阡陌之開,實先由土田之不足。觀東周以後,井田之法漸壞,則其田不給授可知。代田之法固宜其繼爰田而興。① 託諸后稷誣,謂其起自先秦之世,則必不虛矣。

育蠶,《路史・疏仡紀》引《淮南王蠶經》,謂始黃帝之妃西陵氏,其說自不足信。然《易・繫辭傳》言:"黃帝、堯、舜垂衣裳而天下治。"《疏》云:"以前衣皮,其製短小,今衣絲麻布帛,所作衣裳,其製長大,② 故曰垂衣裳也。"黃帝、堯、舜時,聲明文物,雖不如後世所傳之盛,然已非天造草昧之時,則《禮運》所謂"後聖有作,治其麻絲,以爲布帛"者,或即指黃帝、堯、舜言之,未可知也。紡織在各民族,皆爲婦女之事,故神農之教,謂"一女不織,或受之寒";《周官》大宰九職,亦曰"七曰嬪婦,化治絲枲"也。後世蠶利盛於東南,古代則不然。《禹貢》兗州曰桑土既蠶,青州曰厥篚檿絲,揚州曰厥篚織貝,徐州曰厥篚玄纖縞,荊州曰厥篚玄纁璣組,豫州曰厥篚纖纊;《詩・豳風》曰蠶月條桑,《唐風》曰集于苞桑,《秦風》曰止於桑,桑者閑閑詠於魏,鳲鳩在桑詠於曹,說於桑田詠於衛;利實徧江、淮、河、濟之域也。孟子言"五畝之宅,樹之以桑,七十者可以衣帛",《梁惠王上》。足見其爲民間恒業矣。

田牧自農業興盛後,即不視爲要務。田獵之所以不廢,一藉以講武;二習俗相沿,以田獵所得之物爲敬;三則爲田除害也。《公羊》桓公四年《解詁》曰:"已有三犧,必田狩者? 孝子之意,以爲己之所養,不如天地自然之牲,逸豫肥美。禽獸多則傷五穀,因習兵事,又不空設,故因以捕禽獸。所以共承宗廟,示不忘武備,又因以爲田除害。"述田獵之意最備。《王制》曰:"天子諸侯無事,則歲三田:一爲乾豆,二爲賓客,三爲充君之庖。"桓公四年《公羊》、《穀梁》皆同。《曲禮》曰:"國君春田不

---

① 實業:代田之法,由爰田變化而來。
② 服飾:衣皮短小,絲麻布帛長大。

圍澤，大夫不掩羣，士不取麛卵。"《王制》曰："天子不合圍，諸侯不掩
羣。天子殺則下大綏，諸侯殺則下小綏，大夫殺則止佐車，佐車止則
百姓田獵。獺祭魚，然後虞人入澤梁；豺祭獸，然後田獵；鳩化爲鷹，
然後設罻羅；草木零落，然後入山林；昆蟲未蟄，不以火田。不麛，不
卵，不殺胎，不殀夭，不覆巢。""子釣而不綱，弋不射宿。"《論語·述而》。
《春秋》之法，不以夏田。《公羊》桓公四年："春曰苗，秋曰蒐，冬曰狩。"《解詁》曰：
"不以夏田者，《春秋》制也。以爲飛鳥未去於巢，走獸未離於穴，恐傷害於幼稚，故於苑囿
中取之。"案《穀梁》曰："春曰田，夏曰苗，秋曰蒐，冬曰狩。"《左氏》曰："春蒐，夏苗，秋獮，冬
狩。"《周官》、《爾雅》皆同。蓋農耕之世，田獵之地漸狹，故不得不爲是限
制也。《左氏》襄公三十年，"豐卷將祭，請田焉，勿許，曰：惟君用
鮮，衆給而已"，則祭祀亦不能皆用自然之牲矣。《月令》孟夏，驅獸
毋害五穀。《周官》有獸人，、掌罟田獸。射鳥氏，、掌射鳥。羅氏，、掌羅鳥鳥。
冥氏，、掌攻猛獸。穴氏，、掌攻蟄獸。萯蔟氏，、掌覆夭鳥之巢。庭氏掌攻國中之夭
鳥。諸官，蓋亦以爲田除害。其迹人、川衡、澤虞之官，則所以管理
漁獵者也。孟子言文王之囿，方七十里，民猶以爲小，齊宣王之囿，
方四十里，民則以爲大。固由文王之囿，芻蕘者往焉，雉兔者往焉，
與民同之，而宣王之囿，殺其麋鹿者，如殺人之罪。《梁惠王下》。然文
王所以能有七十里之囿，與民同之者，亦以其時曠土尚多，山澤之
利未盡也。春秋、戰國時，列國之君，猶皆有苑囿，如《左氏》僖公三
十三年言鄭有原圃，秦有具囿是也。觀《公羊》夏不田取諸苑囿之
說，則田獵限於苑囿，其初已爲美談，而後世更以弛苑囿與民爲德
政，可以覘生業之變遷矣。

動物之用有四：肉可食，一也。皮、革、齒、牙、骨、角、毛、羽，可
爲器物，二也。牛馬可助耕耘，又可引重致遠；鷹犬可助田獵；三也。
以共玩弄，四也。此畜牧之業所由起也。《周官》大宰九職，四曰藪
牧，養蕃鳥獸；載師以牧田任遠郊之地；皆官以畜牧爲事者。角人，掌
徵齒角、凡骨物於山澤之農；羽人，掌徵羽翮於山澤之農；則取之於
民，官不自爲畜養矣。牧人、掌牧六牲。六牲謂馬、牛、羊、豕、犬、雞。牛人、掌

養國之公牛。充人、掌繫祭祀之牲牷。雞人、掌共雞牲。羊人掌羊牲。皆以共祭
祀、賓客之用。羊人之職云："若牧人無牲，則受布於司馬，使其賈買
牲而共之"，則雖祭祀賓客之用，官亦不能盡具，可見牧業之微。① 官
家所最重者爲馬政。有校人以掌王馬之政，巫馬、牧師、廋人、圉師、
圉人屬焉。民間之牛馬，則由縣師簡閱。蓋以有關戎事，兼助交通故
也。民間畜養，牛馬而外，犬豕與雞爲多。②《孟子》言"雞、豚、狗、彘
之畜，無失其時，七十者可以食肉矣"。《梁惠王上》。《記》言"問庶人之
富，數畜以對"。《曲禮》。《管子》云："若歲凶旱水泆，民失本，則修宫室
臺榭，以前無狗、後無彘者爲庸。"《山權數》。案動物之與人親，最早者
爲犬，犬可助田獵，故古男子多畜犬。而彘最弱，須防衛。於文，家從
宀從豕，或説爲豭省聲，非也。且從豭與從豕何異？蓋家之設本所以
養豕，後乃變爲人之居。女子居處有定，畜彘古殆女子之事也。《月
令》：孟春之月："命祀山林川澤，犧牲毋用牝。"其愛惜物力之意，亦
與田獵之法同。

　　魚在古昔，蓋亦爲女子之事，③故"教成之祭牲用魚"。《禮記·祭
義》。陳乞謂諸大夫亦曰"常之母有魚菽之祭"也。《公羊》哀公六年。古人
重武事，獵可講武，而漁則否，故《春秋》隱公五年，公觀魚於棠，臧哀
伯諫，謂"山林川澤之實，器用之資，皁隸之事，官司之守，非君所及"
也。見《左氏》。司其事者：《月令》季夏，命漁師伐蛟，取鼉，登龜，取黿。
《周官》有鼈人，掌以時籔爲梁；鼈人，掌取互物；掌蜃，掌斂互物、蜃
物；蓋官自取其物。《月令》孟冬，乃令水虞、漁師，收水泉池澤之賦；
《周官》籔人，凡籔征入於王府；則取之於民者也。漁業蓋以緣海爲
盛。故《史記》言大公封於齊，通魚鹽；《貨殖列傳》。《左氏》昭公三年，晏
子述陳氏厚施，謂"魚鹽蜃蛤，弗加於海"也。其川澤之地，則《孟子》
言數罟不入汙池，《王制》言獺祭魚然後虞人入澤梁，其規制亦頗嚴。

---

① 實業：牧人無牲使買買。此見官家之業日微。
② 實業：多畜雞犬豕。
③ 實業：漁亦女子事。

　　洪荒之世,林木率極茂盛。斯時爲墾闢計,多斬刈焚燒之。《孟子》言洪水未平,"草木暢茂","益烈山澤而焚之"是也。《滕文公上》。墾闢愈廣,林木愈希,遂須加以保護。《孟子》言"斧斤以時入山林",《梁惠王上》。《曲禮》言"爲宮室不斬於丘木"是也。《左氏》昭公十六年:"鄭大旱。使屠擊、祝款、豎柎有事於桑山。斬其木。不雨。子產曰:有事於山,藝山林也,而斬其木,其罪大矣。奪之官邑。"可見其法之嚴矣。政令之可考者:《月令》季夏:"乃命虞人,入山行木。毋有斬伐。""命澤人,納材葦。"季秋:"草木黄落,乃伐薪爲炭。"仲冬:"日短至,則伐木取竹箭。"《周官》山虞:"掌山林之政令,物爲之厲而爲之守禁。""令萬民時斬材,有期日。""凡竊木者有刑罰。"林衡:"掌巡林麓之禁令而平其守。"皆其事也。然濫伐仍在所不免。《孟子》曰:"牛山之木嘗美矣,以其郊於大國也,斧斤伐之,可以爲美乎?是其日夜之所息,雨露之所潤,非無萌蘖之生焉,牛羊又從而牧之,是以若彼濯濯也。"則幾成童山矣。《告子上》。《戰國·宋策》:墨子謂公輸般:"荊有長松、文梓、楩柟、豫章,宋無長木。"西戎板屋,漢世猶然。見《漢書·地理志》。內地繁富之區,林木必不如緣邊之盛,[1]實古今一轍也。《周官》司險,設國之五溝五涂,而樹之林以爲阻固。此乃爲設險計。[2]　天下一統之後,惟恐交通之不利,此等林木,更逐漸剗除以盡矣。

　　《管子·地數》言:葛盧、雍狐之山,發而出水,金從之,蚩尤受而制之以爲兵,已見第七章第一節。《韓非·內儲説》,亦言荊南之地,麗水之中生金,人多竊采,則古所取者,似多水中之自然金。然《地數》又曰:"上有丹砂者,下有黄金;上有慈石者,下有銅金;上有陵石者,下有鉛、錫、赤銅;上有赭者,下有鐵;此山之見榮者也。"又曰:"山上有赭者,其下有鐵;上有鉛者,其下有銀。一曰:上有鉛者,其下有鉒銀;上有丹砂者,其下

---

①　實業:古林盛於緣邊。
②　實業:樹木爲阻固,一統則無須。

有鉒金;上有慈石者,其下有銅金;此山之見榮者也。"則已知察勘礦苗之法矣。蓋始取之於水,後求之於山。《淮南·本經》,謂衰世"鐫山石,鍥金玉,擿蚌蜃,消銅鐵,而萬物不滋",可見其開采之盛。無怪《地數》言出銅之山四百六十七,出鐵之山三千六百九,舉天下礦產,且若略有會計也。《周官》卝人:"掌金、玉、錫、石之地,而爲之厲禁以守之。若以時取之,則物其地圖而授之。"《注》云:"物地占其形色,知鹹淡也。"《疏》云:"鄭以當時有人采者,嘗知鹹淡,即知有金玉。"此亦勘察之一法,惜其詳不可得聞也。

古農業之勝於後世者,有兩端焉:一曰水利之克修。《周官》遂人云:"夫間有遂,遂上有逕,十夫有溝,溝上有畛,百夫有洫,洫上有涂,千夫有澮,澮上有道,萬夫有川,川上有路,以達於畿。"匠人云:"匠人爲溝洫。耜廣五寸,二耜爲耦。一耦之伐,廣尺深尺,謂之畎。田首倍之,廣二尺,深二尺,謂之遂。九夫有井,井間廣四尺,深四尺,謂之溝。方十里爲成,成間廣八尺,深八尺,謂之洫。方百里爲同,同間廣二尋,深二仞,謂之澮。專達於川。"《注》雖以爲二法,然釋遂人遂、溝、洫、澮之深廣,皆與匠人同,則其實不異也。[1] 古溝洫之制,或疑其方罫如棋局,勢不可行,則此本設法之談。又或疑其費人力大多,勢不能就,則靡以歲月而徐爲之,又何不可致之有? 古土地皆公有,各部族各有其全局之規畫,農業部族之共主,與田獵畜牧之族,徒恃戰伐者不同,亦以其能救患分災;設有鉅工,則能爲諸部族發蹤指示也。觀無曲防,無遏糴,列於葵丘之載書;而城周,城杞,亦由當時之霸主,合諸侯而就役可知。恤鄰且然,況於爲己? 有不及者,督責而指道之。不相協者,整齊而畫一之。謂始皇能合秦、趙、燕之所築者,以爲延袤萬里之長城,而自神農至周,不能合諸部族之水工,以爲中原方數千里之溝洫,吾不信也。農田水利,相依爲命,古水利之修治如此,較之土地私有,政治闊疏之世,人民莫能自謀,官吏亦莫能代

---

[1]　實業:溝洫非必虛言(又見第287頁)。

謀；川渠聽其湮塞，隄防聽其廢壞，林木聽其斫伐，旱乾水溢，習爲故常，轉徙流離，諉諸天數者，其不可同年而語明矣。一曰農政之克舉。古多教稼之官，亦有恤農之事。①《噫嘻》鄭《箋》，謂古三十里爲一部，一吏主之，此即所謂田畯。古之吏，於農事至勤，固多督促之意，《禮記·曲禮》曰："地廣大，荒而不治，此亦士之辱也。"《管子·權修》曰："土地博大，野不可以無吏。"此士與吏，即田畯之儔。《月令》孟夏："命野虞出行田原，爲天子勞農勸民，毋或失時。命司徒巡行縣鄙，命農勉作，毋休於都。"仲秋："乃勸種麥，毋或失時。乃命有司，趣民收斂。務畜菜，多積聚。"季冬："令告民出五種。命農計耦耕事。具耒耜。修田器。"一《公羊》宣公十五年《解詁》曰："民春夏出田，秋冬入保城郭。田作之時，春，父老及里正旦開門坐塾上，晏出後時者不得出，暮不持薪樵者不得入。"《漢書·食貨志》略同。此等規制，蓋皆世及爲禮之大人，所以督責其農奴者，非大同之世所有也。亦時能以其知識，輔道齊民。如《周官》大司徒："辨十有二壤之物而知其種。"司稼："巡邦野之稼而辨穜稑之種，周知其名，與其所宜地，以爲法而縣於邑閭。"此辨土壤、擇穀種之法也。草人："掌土化之法，以物地相其宜而爲之種。"此變化土壤之法也。《月令》季夏："是月也，土潤溽暑，大雨時行。燒薙行水，利以殺草，如以熱湯。"注："薙謂迫地芟草也。此謂欲稼萊地，先薙其草，草乾燒之。至此月，大雨，流水潦畜於其中，則草死不復生，而地美可稼。薙人掌殺草，職曰：夏日至而薙之，又曰：如欲其化也，則以水火變之。"案薙人亦見《周官》，此即所謂火耕水耨也。庶氏，掌除毒蠱；翦氏，掌除蠹物；赤犮氏，掌除牆屋；除蟲豸藏逃其中者。蟈氏，蟈讀如蟈。掌去鼃黽；壺涿氏，掌除水蟲；則除害蟲之法也。《詩·大田》："去其螟螣，及其蟊賊，毋害我田稺。田祖有神，秉畀炎火。"《月令》，孟春："王命布農事，命田舍東郊，皆修封疆，審端徑術。善相丘陵、阪險、原隰土地所宜，五穀所殖，以教道民，必躬親之。"蓋於督責之中，兼寓教道之意矣。《漢志》農家之書，出於先秦之世者，有《神農》、《野老》；又有《宰氏》，不知何世；今皆無存。古農家之學，尚略見於《管子·地員》、《呂覽·任地》、《辨土》、《審時》諸篇皆當時農稷之官所發明，而曰教道其下者也。以視後世，士罕措心農學；即有之，亦不能下逮；負耒之

---

① 實業：古教稼之法。

子,徒恃父祖所傳,經歷所得者,以事耕耘,又迥不侔矣。《大田》之詩曰:"曾孫來止,以其婦子,饁彼南畝。田畯至喜,攘其左右,嘗其旨否。"《箋》云:"曾孫,謂成王也,攘讀爲饟。饁、饟,饋也。田畯,司嗇,今之嗇夫也。喜讀爲饎。饎酒食也。成王來止,謂出觀農事也。親與后世子行,使知稼穡之艱難也。農人之在南畝者,設饋以勸之,司嗇至,則又加之以酒食,饟其左右從行者。成王親爲嘗其饋之美否,示親之也。"此説後人多疑之,其實此何足疑? 古君民相去,本不甚遠,讀《金史》之《昭肅皇后傳》,則可知矣。昭肅后,唐括氏,景祖后,《傳》曰:"景祖行部輒與偕,政事獄訟,皆與決焉。景祖殁後,世祖兄弟凡用兵,皆稟於后而後行,勝負皆有懲勸。農月,親課耕耘刈穫。遠則乘馬,近則策杖。勤於事者勉之,晏出早歸者訓厲之。"晏子述巡守之禮曰:"春省耕而補不足,秋省斂而助不給。"又引《夏諺》"吾王不遊,吾何以休? 吾王不豫,吾何以助"以明之。《孟子·梁惠王下》。知古所謂巡守者,實乃勸農之事,即方伯行邑亦如此,故有召伯聽訟於甘棠下之説也。見《史記·燕世家》。夫如是,安有暴君污吏,敢剥削其民者哉? 古者一夫百畝,又有爰田之法,所耕之地實甚廣,然《王制》言:"上農夫食九人,其次食八人,其次食七人,其次食六人,下農夫食五人。"《孟子》同見《萬章下篇》。其所得,無以逾於今江南之農夫,而今江南之農夫,所耕者不逮古三之一也,此蓋地狹人稠,迫之使耕作益精,而智巧亦日出。今日農夫之所知,蓋有古士大夫之所不逮者矣。然人所以駕馭自然之術日精,而人與人之相剥削,則亦愈烈矣。噫!

第二節 工 業

　　工業何由演進乎? 曰:始於分業而致其精;繼以合諸部族之長技而匯於一;終則決破工官之束縛,使智巧之士,人人有以自奮焉;此工業演進之途也。

　　《考工記》曰:"粵無鎛,燕無函,秦無廬,胡無弓車。粵之無鎛也,

非無鑄也，夫人而能爲鑄也。燕之無函也，非無函也，夫人而能爲函
也。秦之無廬也，非無廬也，夫人而能爲廬也。胡之無弓車也，非無
弓車也，夫人而能爲弓車也。"《注》曰："言其丈夫人人皆能作是器，不
須國工。"然則非人人所能作之器，必設官以司其事矣。此蓋大同之
世之遺規。今東印度農業共產社會，攻木，搏埴，咸有專職。不事稼
穡，祿以代耕。吾國古代，蓋亦如是。王公建國，襲其成法，遂爲工官
矣。人之才性，各有所宜，而藝以專而益精，習熟焉則巧思自出，不惟
舊有之器，制作益工，新器且自茲日出矣。故一部族之中，以若干人
耑司製造，實工業演進之第一步也。

　　然古代部族，率皆甚小，一部族中，智巧之士有限；抑且限於所處
之境，物材不能盡備，利用厚生之事，自亦不能無缺也。而各部族之
交通，適有以彌其憾。《考工記》曰："知者創物，巧者述之，守之世，謂
之工。百工之事，皆聖人之所作也。"古無信史，公眾逐漸發明之事，
率歸美於一人。《淮南·本經》曰："周鼎著倕。"注云："周鑄垂象於鼎。"此殆即《考工
記》所謂聖人，如學校之有先聖也。① 《易·繫辭傳》曰："備物致用，立成器，以爲天下利，
莫大乎聖人。"亦此意。其實以一人而有所發明者，甚希，一部族有所專長
者則不乏，此亦其所處之境，或其獨有之物產使然也。《記》又言："有
虞氏上陶，夏后氏上匠，殷人上梓，周人上輿。"《注》云："官各有所尊，
王者相變。"此說殊非。虞、夏、殷、周皆異部族，各有所長，故亦各有
所貴耳。利用厚生之技，傳佈最易。野蠻人遇文明人，尤渴慕如恐不
及。蒙古人之入西域，即其明證。《考工記》諸官，或以人稱，或以氏
稱。《注》曰："其曰某人者，以其事名官也。其曰某氏者，官有世功，
若族有世業，以氏名官者也。"以氏名官之中，必多異族才智之士，如
烏春之於女真者矣。② 《金史·烏春傳》："烏春，阿跋斯水溫都部人。以鍛鐵爲業。
因歲歉，策杖負儋，與其族屬來歸。景祖與之處。以本業自給。"按此所謂以本業自給者，
必非烏春一人，正猶突厥本爲柔然鐵工也。

―――――――――――

① 　實業：《易繫辭傳》、《考工記》之聖人，即先聖之聖。
② 　實業：合各部族所長，如烏春之於金。

　　封建之世,有國有家者,既能廣徠異部族智巧之士;而又能則古昔,設專官以處之,"凡執技以事上者,不貳事,不移官";《禮記·王制》。工業似當猛晉,而不能然者,則以工官之制,亦有其阻遏工業,使之停滯不進者在也。人之才性,各有不同,子孫初不必盡肖其父祖,而古工官守之以世,必有束縛馳驟,非所樂而強爲之者矣,一也。工官之長,時曰工師,所以督責其下者甚嚴。《月令》:季春,"命工師,令百工,審五庫之量,金、鐵、皮、革、筋、角、齒、羽、箭幹、脂膠、丹漆毋或不良,百工咸理。監工日號,毋悖於時。毋或作爲淫巧,以蕩上心。"季秋,"霜始降,則百工休。"孟冬,"命工師效功,陳祭器,案度程,毋或作爲淫巧,以蕩上心,必功致爲上。物勒工名,以考其成。功有不當,必行其罪,以窮其情。"《荀子·王制》序官:"論百工,審時事,辨功善,尚完利,便備用,使雕琢文采,不敢造於家,工師之事也。"下乃不得不苟求無過。凡事率由舊章,則無由改善矣二也。封建之世,每尚保守,尤重等級,故《月令》再言"毋或作爲淫巧,以蕩上心";《荀子》亦言:"雕琢文采,不敢造於家。"《管子》曰:"菽粟不足,末生不禁,民必有飢餓之色,而工以雕文刻鏤相稺也,謂之逆。布帛不足,衣服無度,民必有凍寒之色,而女以美衣錦繡綦組相稺也,謂之逆。"《重令》。此即漢景帝"雕文刻鏤傷農事,錦繡纂組害女紅"詔語所本,原不失爲正道,然新奇之品,究以利用厚生,抑或徒供淫樂,實視其時之社會組織而定,不能禁貴富者之淫侈,而徒欲禁止新器,勢必淫侈仍不能絕,而利用厚生之事,反有爲所遏絕者矣,三也。《墨子·魯問》:"公輸子削竹木以爲䧿,成而飛之,三月不下。公輸子自以爲至巧。子墨子謂公輸子曰:子之爲䧿也,不如匠之爲車轄,須臾,斲三寸之木,而任五十石之重,故所爲工利於人謂之巧,不利於人謂之拙。"其說是矣。然能飛之械,安見不可爲公衆之利乎?《禮記·檀弓》:"季康子之母死。公輸若方小。斂,般請以機封。將從之。公肩假曰:不可,夫魯有初,公室視豐碑,三家視桓楹。般,爾以人之母嘗巧,則豈不得以?其毋以嘗巧者乎?則病者乎?噫,弗果從。"此則純爲守舊之見而已矣。夫如是,故工官之制,本可使工業益致其精,而轉或爲求精之累也。

　　凡制度,皆一成而不易變者也,而社會則日新無已。閱一時焉,社會遂與制度不相中。削足適屨,勢不可行,制度遂至名存實亡矣。工官之制,亦不能免於是。工官之設,初蓋以供民用。然其後在上者威權日增，終必至專於奉君，而忽於利民。孟子之詰白圭也，曰："萬室之國，一人陶，則可乎？曰：不可，器不足用也。"《告子下》。明古之工官，皆度民用而造器。然所造之數果能周於民用乎？生齒日繁；又或生活程度日高，始自爲而用之者，繼亦將以其所有，易其所無；則相需之數必驟增，然工官之所造，未必能與之俱增也，則民間百業，緣之而起矣。工官取應故事民間所造之器，則自爲牟利，相競之餘，優絀立見，則一日盛而一式微矣，況乎新創之器，又爲工官所本無者邪？《管子》言四民不可使雜處；《呂覽》言民生而隸之三官；皆見第十一章第四節。《穀梁》亦曰："古者立國家，百官具，農工皆有職以事上。古者有四民：有士民，有商民，有農民，有工民。"成公元年。《論語》言"百工居肆"。《子張》。《國語》言"工商食官"。《晉語》。《中庸》曰："日省月試，餼稟稱事，來百工也。"則古之工人，皆屬於官。然《管子·問篇》曰："問人工之巧，出足以利軍伍，處可以修城郭，補守備者幾何人？"則名不籍於官，餼不稟於上，非國家之所能知矣。《治國篇》曰："今爲末作技巧者，一日作而五日食，農夫終歲之作，不足以自食也。"[1]《史記·貨殖列傳》曰："用貧求富，農不如工，工不如商。"皆足見民間工業之盛。此固能使智巧日出，民用益周，然菽粟不足，不得事雕文刻鏤，布帛不足，不得事錦繡纂組之義，亦并告朔之餼羊而不存矣噫！

第三節　商　　業

商業之始，其起於部族與部族之間乎？《老子》曰："郅治之極，鄰國相望，雞狗之聲相聞，民各甘其食，美其服，安其俗，樂其業，至老死不相往來。"據《史記·貨殖列傳》。《管子》曰："市不成肆，家用足也。"[2]《權

---

① 實業：工之利大於農。
② 實業：古家國各自足。

修》。《鹽鐵論》曰："古者千室之邑，百乘之家，陶冶工商，四民之求，足以相更。故農民不離畎畝而足乎田器，工人不斬伐而足乎陶冶，不耕而足乎粟米。"《水旱》。蓋古代部族，凡物皆自爲而用之，故無待於外也。然智巧日開，交通稍便，分業即漸行於各部族之間。《洪範》八政，一曰食，二曰貨，貨即化，謂變此物爲他物也。《孟子》曰："子不通工易事，則農有餘粟，女有餘布。"《滕文公下》。又曰："一人之身，而百工之所爲備，如必自爲而後用之，是率天下而路也。"《滕文公上》。人無不恃分工協力以生者，自皇古以來即如此，商業之興，特擴而大之而已矣。

《易·繫辭傳》言神農氏"日中爲市，致天下之民，聚天下之貨，交易而退，各得其所"。"天下"蓋侈言之。《呂覽·勿躬》曰："祝融作市。"祝融即神農也。《書·酒誥》言：農功既畢，"肇牽車牛遠服賈"；《記·郊特牲》言："四方年不順成，八蜡不通。"此皆今之作集，商學家所謂定期貿易也。神農時之市，度亦不過如是耳。生計稍裕，則邑居之地，有常設之市。《管子·乘馬》"方六里命之曰暴，五暴命之曰部，五部命之曰聚，聚者有市，無市則民乏"是也。①《齊策》："通都、小縣置社、有市之邑莫不止事而奉王。"則邑不必皆有市。國都所在，市之規模尤大。《考工記》："匠人營國，面朝後市。"《管子·揆度》言百乘、千乘、萬乘之國，中而立市是也。藏貨賄之地曰廛，《王制》言"市廛而不稅"是也，《注》："廛，市物邸舍。"案廛爲區域之意，不論其爲民居與商用，故許行踵門見滕文公，言"願受一廛而爲氓"也。見《孟子·滕文公上篇》。邑以外之市，則在田野之間，《公羊解詁》所謂"因井田而爲市"；宣公十五年。《孟子》所謂"有賤丈夫焉，必求龍斷而登之"者也。《滕文公下》。《注》："龍斷，謂堁斷而高者也。左右占望，見市有利，罔羅而取之。"案登高則所見者遠，招徠買者易，而人亦易見之也。城市之間，亦有作小賣買者則《周官》所謂販夫販婦，②司市、大市，日昃而市，百族爲主。朝市，朝時而市，商賈爲主。夕市，夕時而市，販夫販婦爲主。又廛人掌斂總布。杜子春云："總

---

① 實業：聚者有，有市之邑，因井田而爲市。
② 實業：壟斷，販夫販婦。

當爲傮,謂無市立持者之税也。"康成不從,然注肆長叙其總布取之。又《詩·有瞽》箋云:"簫,編小竹管,如今賣餳者所吹也。"此即《説文》所謂衒,①《説解》曰:"行且賣也。"其規模彌小矣。

都邑中市,國家管理之頗嚴。②《王制》曰:"有圭璧、金璋,不粥於市。命服、命車,不粥於市。宗廟之器,不粥於市。犧牲,不育於市。布帛精麤不中度,幅廣狹不中量,不粥於市。姦色亂正色,不粥於市。錦文、珠玉成器,不粥於市。衣服、飲食,不粥於市。五穀不時,果實未熟,不粥於市。木不中伐,不粥於市。禽獸、魚鼈不中殺,不粥於市。"一以維當時之所謂法紀,一以防商人之欺詐也。《周官》所載,有胥師以察其詐偽,各掌其次之政令,而平其貨賄,憲刑禁焉。察其詐偽飾行價慝者而誅罰之。聽其小治小訟而斷之。有賈師以定其恒賈,凡天患,禁貴儥者,使有恒賈。四時之珍異亦如之。有司虣以禁其鬥囂,掌憲市之禁令,禁其鬥囂者,與其虣亂者,出入相陵犯者,以屬遊飲食於市者。若不可禁,則搏而戮之。有司稽以執其盜賊,掌巡市而察其犯禁者,與其不物者而搏之。掌執市之盜賊,以徇,且刑之。有胥以掌其坐作出入之禁令,各掌其所治之政,執鞭度而巡其前,掌其坐作出入之禁令,襲其不正。凡有罪者,撻戮而罰之。有肆長以掌其物之陳列,各掌其肆之政令,陳其貨賄,名相近者相遠也,實相近者相邇也,而平正之。而司市總其成。《注》云:"司市,市官之長。"又云:"自胥師以及司稽,皆司市所自辟除也。胥及肆長,市中給繇役者。"又有質人以掌其質劑、書契、度量、淳制。掌成市之貨賄、人民、牛馬、兵器、珍異。凡賣儥者質劑焉。大市以質,小市以劑。掌稽市之書契。同其度量。壹其淳制。凡治質劑者,國中一旬,郊二旬,野三旬,都三月,邦國朞,朞內聽,朞外不聽。案小宰八成,七曰聽賣買以質劑,《注》引鄭司農曰:"質劑,謂市中平賈,今時月平是也。"又曰:"玄謂兩書一札,同而別之,長曰質,短曰劑。傅別質劑,皆今之券書也,事異,異其名耳。"質人《注》云:"大市人民牛馬之屬用長券,小市兵器珍異之物用短券。"③淳制:杜子春云:"淳當爲純。純謂幅廣,制謂匹長也,皆當中度量。"後鄭云:"淳讀如淳尸盥之淳。"《疏》云:"杜子春云,淳當爲純,純謂幅廣,制謂匹長也者,即丈八尺,後

① 實業:衒。
② 實業:管理商人頗嚴。
③ 實業:立持。

鄭從之。後鄭不從杜子春純者，純止可爲絲爲緇，不得爲幅廣狹，故讀從《士虞禮》淳尸盥之淳，故《内宰注》依巡守禮淳四圯，鄭答《志》：圯八寸，四當爲三，三圯，謂二尺四寸也。"**凡治市之吏，居於思次。**① 司市職云："凡市入，則胥執鞭度守門。市之羣吏，平肆，展成，奠賈，上旌於思次以令市。市師莅焉，而聽大治大訟。胥師、賈師泹於介次，而聽小治小訟。"《注》云："思次，若市亭，介次，市亭之屬小者。"**通貨賄則以節傳出入之。**司市，凡通貨賄，以璽節出入之。司關，掌國貨之節，以聯門市。凡貨不出於關者，舉其貨，罰其人。凡所達貨賄者，則以節傳出之。《注》云："貨節，謂商本所發司市之璽節也。自外來者，則案節而書其貨之多少，通之國門。國門通之司市。自内出者，司市爲之璽節，通之國門，國門通之關門。"又云："商或取貨於民間，無璽節者，至關，關爲之璽節及傳出之。其有璽節，亦爲之傳。傳，如今移過所文書。"**有物靡之禁，**司市，以政令禁物靡而均市。**有僞飾之禁。**司市，凡市，僞飾之禁：在民者十有二，在商者十有二，在賈者十有二，在工者十有二。鄭司農云："所以俱十有二者？工不得作，賈不得粥，商不得資，民不得畜。"後鄭即引《王制》以說之。**有市刑：小刑憲罰，中刑徇罰，大刑扑罰。**較《王制》尤嚴矣。《史記·田單列傳》：湣王時，爲臨淄市掾，②則古列國之市，皆有官以治之。

　　賈師之職云："凡天患，禁貴儥者，使有恒賈，四時之珍異亦如之。"司市職云："凡治市之貨賄、六畜、珍異，亡者使有，利者使阜，害者使亡，靡者使微。"《注》云："抑其賈以卻之。"朝士職云："凡民同貨財者，令以國灋行之，犯令者罰之。"《注》云："鄭司農云：同貨財者，謂合錢共賈者也。以國法行之，司市爲節以遣之。玄謂同貨財者，富人畜積者，多時收斂之，乏時以國服之法出之，雖有騰躍，其贏不得過此，以利出者與取者。過此則罰之，若今時加貴取息坐臧。"小宰之質劑，司農以漢之月平釋之，雖不必確，然漢之有月平章章矣。漢有月平，亦必沿之自古也。《左氏》稱晉文之治，"民易資者，不求豐焉"。僖公二十七年。《史記·循吏列傳》，言子產爲相二年，"市不豫賈"，是古之市價，官吏頗能操縱其閒也。廛人之職，掌斂市之絘布、列肆之稅布。總布、守斗斛銓衡者之稅。質布、犯質劑者之罰。罰布、犯市令者所罰。廛布，邸舍之

---

　　① 實業：案從來商人無管理，無如近世之甚者。物買之制馭。
　　② 實業：田單爲臨淄市掾。

稅。而入於泉府，凡珍異之有滯者，斂而入於膳府。泉府，“掌以市之征布，斂市之不售，貨之滯於民用者，以其賈買之。[1] 物楬而書之，以待不時而買者”。是賣者、買者，皆受公家保護，不虞虧折及昂騰也。《漢書·食貨志》：王莽下詔曰：“夫《周禮》有賒貸，《樂語》有五均。”《注》引鄧展曰：“《樂語》，《樂元語》，河閒獻王所傳，道五均事。”臣瓚曰：“其文云：天子取諸侯之土，以立五均，則市無二賈，四民常均；彊者不得困弱，富者不得要貧；則公家有餘，恩及小民矣。”然則古確有平亭市賈之事。陳相謂：“從許子之道，則市賈不貳，國中無僞，雖使五尺之童適市，莫之或欺。布帛長短同，則賈相若。麻縷絲絮輕重同，則賈相若。五穀多寡同，則賈相若。屨大小同，則賈相若。”《孟子·滕文公上》。其欲舉不齊之物而使之齊，事固未必能行，然齊市價使不貳，古固不能謂無是事也。此可見商業初興時，尚未盡自由；賈人之牟利，尚時爲公家所干涉。然其後商賈之勢益張，政令之力益弱，此等恐悉成虚文矣。不然，管、商輩何爲深惡商賈，務欲裁抑之哉？

商業之初興也，實凡民之友而非其敵也，[2]何則？天災人禍之來，通全局計之，曾不足爲人患；就一部落、一氏族言之，則有一蹶而不能復振者矣。庚財、乞糴，非可常恃，故必有商人焉，以己之所饒，易之於外。鄭桓公之遷國，實與商人俱；《左氏》昭公十六年。衛爲狄滅，文公通商；閔公二年。晉文公之返國，亦輕關、易道、通商；《國語·晉語》。即以當轉徙破壞之餘，必不可無之物，或有所闕，不得不藉商賈以求之也。斯時之貿易，皆行於部族與部族之間，商人跋涉山川，蒙犯霜露，冒盜賊劫略之險，以爲公衆謀，而己不與其利，謂爲凡民之友，而非其敵，信不誣矣。然此乃爲公産之部族言之，至私産之制興，貿易行於部族之中，商賈各自爲謀，而其情勢一變。

---

① 實業：泉府。

② 實業：商業初興時之利羣。

　　《管子》曰：^①"政有緩急，故物有輕重。歲有敗凶，故民有義_{當作}_{羨。}不足。時有春秋，故穀有貴賤。"《七臣七主》。又曰："泰春，泰夏，泰秋，泰冬，此物所以高下之時也。此民所以相併兼之時也。"《山國軌》。案《輕重乙》曰："歲有四秋，物之輕重，相什而相百。"所謂歲有四秋者，謂農事作爲春之秋，絲纊作爲夏之秋，五穀會爲秋之秋，紡績緝屨作爲冬之秋也。計然言："糶二十病農，九十病末，上不過八十，下不過三十，則農末俱利。"《史記·貨殖列傳》。則三十至八十，實爲穀之恒價。而李悝《盡地力之教》，言農民生計，穀石皆以三十計，《漢書·食貨志》。則自三十以上，利皆入於商人，農民所得，僅其最下之價矣。《管子·揆度》曰："今天下起兵加我，君朝令而夕求具，民肆其財物，與其五穀爲讎。賈人受而廩之。師罷，萬物反其重，賈人出其財物，國幣之少分，廩於賈人。"然則不論天時人事之變動，賈人皆乘之以獲利，而凡民則舉受其弊也。夫有無之相劑，一以其時，一以其地。以其時者，《王制》耕九餘三之法是也。以其地者，若《管子》言："斢鍾之國，粟十鍾而釬金，山諸侯之國，粟五釜而釬金。"《輕重乙》。以其所饒，易其所乏，則地雖異而用各足是也。各地方之豐歉，不必同時，苟能互相調劑，則雖微積貯，而與有積貯者無異；而窖藏不用，同於廢棄之物，咸可用爲資本矣。故通商實兩利之道，而通全局計之，則爲利尤溥也。然利皆入於商人，則不蒙其利者，仍與受天災人禍無異，或且加酷焉。是猶舉公衆之積，以奉一二人，而使大衆流爲餓莩也。此管、商等所以有抑商之論也。非偏也，商人固剝削兼併之流，而凡民則爲所剝削兼併者也。

　　當時在一區域之中，商人所恃以牟利者，蓋以穀及日用所資之物爲主，如上文所言是也。其販運於列國之閒者，則爲各地方所特有之物。^②《史記·貨殖列傳》曰："山西饒材、竹、穀、纑、旄、玉、石；山東多魚、鹽、漆、絲、聲色；江南出柟、梓、薑、桂、金、錫、連、丹沙、犀、瑇瑁、

――――――――

　　① 　實業：管子所言之商人。
　　② 　實業：古國際貿易。

珠、璣、齒、革;龍門、碣石北,多馬、牛、羊、旃裘、筋、角;銅鐵則千里往往山出棊置;此其大較也,皆中國人民所喜好,謠俗、被服、飲食、奉生、送死之具也。"惟如是,故與外國接境之處,商利遂無不饒。《貨殖列傳》言:櫟邑北卻戎狄,多大賈;巴、蜀南御滇、僰,僰僮;西近邛、笮,笮馬旄牛;天水、隴西、北地、上郡,西有羌中之利,北有戎翟之畜;楊平、楊陳西賈秦、翟,北賈種、代;上谷至遼東,北鄰烏桓、夫餘,東綰穢貉、朝鮮、真番之利;是其事也。《傳》又言番禺爲珠、璣、瑇瑁、果、布之湊,珠、璣、瑇瑁固漢後與西南洋通所致之物,果亦南方所饒,布疑即木棉所織也,然則海道之通商,亦自先秦時已然矣。[1]《貨殖傳》雖大史公所作,然實多取先秦成説,非述當時事也。凡史籍所著,大抵較述作之時爲早,正不獨《史記》爲然。

　　此等商賈,所販運者,率皆珍貴之品,非平民之所資,故其人恒與王公貴人爲緣。"子貢結駟連騎,束帛之幣,以聘享諸侯,所至國君,無不分庭與之抗禮。"《貨殖列傳》。正猶蒙古朝廷,樂與西域商人交接矣。當時王公大人用與商人交易者何物乎? 予疑其爲粟帛,[2]《管子·山權數》言:"丁氏之家粟,可食三軍之師。"《輕重丁》言:"大夫多併其財而不出,腐朽五穀而不散。"有封地徵斂於民者,粟帛固其所饒也。"嬖寵被絺綌,雁鶩含餘秣",亦見《輕重丁》。言城陽大夫如是。固不如以易珍奇玩好,而商人得此,則可豪奪吾民矣。夫商賈既日與王公貴人爲緣,則其地望宜日尊顯,顧當時視爲賤業者? 則以坐列販賣,率使賤者爲之故也。漢人樂府曰:"孤兒生,孤兒遇生,命當獨苦。父母在時,乘堅車,駕駟馬。父母已去,兄嫂令我行賈,南到九江,東到齊與魯。"王子淵《僮約》曰:"舍後有樹,當裁作船,上至江州下到湔,主爲府掾求用錢。推訪堊,販樓索,縣亭買席,往來都落。當爲婦女求脂澤,販於小市,歸都儋枲。轉出旁蹉,牽犬販鵝。武都買茶,楊氏儋荷。往來市聚,慎護奸偷。入市不得夷蹲旁臥,惡言醜罵。多作刀

---

① 實業:先秦已有海道對外商業。

② 實業:古貴族用以與商人交易者蓋粟帛。

矛，持入益州，貨易羊牛。"雖風謡之辭，游戲之文，不爲典要，然終必以事實爲據，不過或溢其分耳。漢世如此，先秦可知。《貨殖傳》言："齊俗賤奴虜，刁閒獨貴之。""桀黠奴，人之所惡也，惟刁閒收取，使逐漁鹽商賈之利"，則當時貨殖之家，度亦不過發蹤指示，未必身居闤闠之間。故曰："千金之子，不死於市"也。然商人多周歷四方，熟知民之情僞；又其事本須心計；故其人率有才智，遂能上游媚王公貴人，以出其利，而下以剥削人民矣。商字之義，本爲計度之辭。① 《漢書·食貨志》言耿壽昌以善爲算，能商功利，幸於上是也。《白虎通義》曰："商之爲言章也。"言能計度利害，使之章著也，弦高能卻秦師，即商人多智之一證。《吕覽·上農》曰："民舍本而事末，則好詐，好詐則巧法令，以是爲非，以非爲是，不如農人之朴實而易治。"法家所以重農賤商者，此亦其一原因也。

第四節　泉　　幣

　　大同之世，人無所謂自爲也，亦無所謂爲人。有所爲，皆以致諸羣，有所須，亦皆取諸羣者也。大同之世既逝，人不能無彼我之分。有所效於其羣者，必求所以爲償，乃不得不計其值。計其值之物，則泉幣也。甲以物與乙，乙以幣與甲，雖若兩人相授受，然甲將來以幣易物，不必更求之乙，凡一切人之物，皆可易取焉，此即甲非以物授乙，而先致諸其羣，由羣更以授乙之明證。特其授受之間，羣無代表，而即藉甲乙之手以行之耳。職是故，爲錢幣之物，乃不得不爲衆所同欲。②

　　《漢書·食貨志》云："凡貨，金錢布帛之用，夏、殷以前，其詳靡記云。"此説最爲得實。③ 《史記·平準書》云："虞、夏之幣，金爲三品：

----

① 　實業：商爲計度之辭。

② 　錢幣：錢幣具公的性質。

③ 　錢幣：錢幣緣起，《平準書》《漢志》皆不足信。古者貨貝。獵民皮農民粟。珠玉黃金用於貴族，交易盛而黃金重。古珠玉黃金略有與錢相權之價。母子錢之利病（見第299～301頁）。

或黄,或白,或赤,或錢,或布,或刀,或龜貝。"數語附著簡末,必後人記識,溷入本文者也。《漢志》又云:"大公爲周立九府圜法。黄金方寸而重一斤。錢圜函方,輕重以銖。布帛廣二尺二寸爲幅,長四丈爲匹。""大公退,又行之於齊。"案《史記・貨殖列傳》言管子設輕重九府;《管晏列傳》言"吾讀管氏《牧民》、《山高》、《乘馬》、《輕重》、《九府》";則九府圜法,實齊中葉後事,云大公爲周立者妄也。此三物者,布帛及錢,蓋以供平民之用,黄金則貴族豪商用之,然已非其朔矣。何則? 交易之興,由來甚舊,蓋衣皮之世即有之,安所得束帛而用之? 而亦安能鑄金爲錢也? 故言吾國之泉幣者,必當以貝與皮爲最早。

　《説文》曰:"古者貨貝而寶龜,周而有泉,至秦廢貝行錢。"此語亦較《漢志》爲確。《詩・菁菁者莪》箋云:"古者貨貝,五貝爲朋。"《禮記・少儀》曰:"臣如致金、玉、貨、貝於君",可見作《記》時貝尚通行也。《鹽鐵論・錯幣》曰:"夏后氏以玄貝,周人以紫石,後世或金錢刀布。"其言亦必有所據。《士喪禮注》云:"貝,水物,古者以爲貨,江水出焉。"蓋南方業漁之民所用,貨財等字,無不從貝者,可見其通行之廣。錢圜函方,蓋以象貝,《説文》云:貫,錢貝之貫也。知古之用貝,如後世之用錢也。皮則田獵之民用之,國家相沿以爲幣,民間亦用焉。如昏禮之納幣。逮農耕之世,則通用粟,《詩》言握粟出卜,《孟子》言許行衣、冠、械、器,皆以粟易之是也。《滕文公上》。粟值賤而重,故又多用布帛,《詩》言"抱布貿絲"是矣。金可分合,便貯藏,用爲幣本最善,然古金價甚貴,雖銅錢,亦未必能供零星貿易之用,況黄金乎? 故知其僅行於貴族豪商之間也。計然言糴二十病農,九十病末,上不過八十,下不過三十則農末俱利,古權度於今三之一,則在戰國時,今粟一石,價不過九十至二百四十錢也。

　然當時輕重家言,恒以金粟相權,而珠、玉、黄金,亦同稱爲幣,其故何也? 曰:泉幣行於小民若豪貴閒者,本不同物,今猶如是也。貴人之寶珠、玉、金、銅,蓋以供玩弄,故珠玉之價,尤貴於黄金。《管子・侈靡》:"天子藏珠玉,諸侯藏金石。"其後稍用以資交易,而金之爲用,乃勝於珠玉焉。《管子》曰:"玉起於禺氏,金起於汝、漢,珠起於赤野,東西南北,距周七千八百里,《通典》引作七八千里。水絕壤斷,舟車不能通,先王爲其途之遠，其至之難，故託用於其重。以珠玉爲上幣，以黃金爲中幣，以刀布爲下幣。"《國蓄》。《地數》、《揆度》、《輕重乙》略同。又曰："湯七年旱，禹五年水。湯以莊山之金，禹以歷山之金鑄幣，而贖民之無饘賣子者。"《山權數》。《周官》司市："國凶荒札喪，則市無征而作布。"《注》曰："金銅無凶年，因物貴，大鑄泉以饒民。"然則古之作泉，乃歉歲用以求粟於竟外，猶之乞糴也。《管子》言丁氏之藏粟，可食三軍之師，桓公將伐孤竹，以龜爲質而假焉，《山權數》。古之求粟者，蓋多於此曹，安得無用珠、玉、黃金？商人所用，蓋多銅錢。《國語·周語》："景王將鑄大錢，單穆公曰：不可，古者天降災戾，於是乎量資幣、權輕重以振救民。民患輕，則爲作重幣以行之，於是乎有母權子而行，民皆得焉。若不堪重，則多作輕而行之，亦不廢重，於是乎有子權母而行，小大利之。今王廢輕而作重，民失其資能無匱乎？"此所謂子母相權者，非如近世以銀銅相權，乃大小錢並行，大錢蓋利商賈，商賈流通，則物產外溔，故單穆公又訾其"絕民用以實王府"也。《周書·大匡》："惟周王宅程三年，遭天之大荒"，"幣租輕，乃作母以行其子"，此即單穆公所謂母權子而行也。《史記·循吏孫叔敖傳》：莊王以爲幣輕，更小以爲大，百姓不便，皆去其業。市令言之相，相言之王。王許之。下令三日，而市復如故。莊王之所爲，即單穆公所謂廢輕而作重也。古珠、玉、黃金，亦略有與錢相權之價。如《公羊》隱公五年《解詁》言："古者以金重一斤，若今萬錢。"《管子·輕重丁》言："使玉人刻石而爲璧，尺者萬泉，八寸者八千，七寸者七千，珪中四千，瑗仲五百"是也，然價大貴，故商民交易，仍不能用。當時列國，蓋以齊爲最富。其商業亦最盛。齊竟內蓋誠錢粟並行，故《輕重丁》統計四方之稱貸者，凡出泉三千萬，出粟參數千萬鍾；《國蓄》言萬室之都，必有萬鍾之藏，藏繦千萬；千室之都，必有千鍾之藏，藏繦百萬也。錢幣誠便民用，然有之則貨財之轉易彌易，儲藏亦益便；操奇計贏者，愈有所資，而好厚藏者，亦益錮其財而不出矣。大史公曰："維幣之行，以通農商，其極，則玩巧併兼，殖爭於機利，去本趨末。"《自序》。今生計學家所言泉幣利病，古人固早燭之矣。

第十三章　衣食住行

第一節　飲　　食

　　飲食之演進，一觀其所食之物，一觀其烹調之法。《禮記·禮運》曰:"昔者先王未有火化，食草木之實，鳥獸之肉，飲其血，茹其毛。"《疏》云:"雖有鳥獸之肉，若不能飽者，則茹食其毛，以助飽也。若漢時蘇武，以雪雜羊毛而食之，是其類也。"案人當飢餓時，實無物不食。《詩·豳風》曰:"九月築場圃。"《箋》云:"耕治之以種菜茹。"《疏》云:"茹者，咀嚼之名。以爲菜之別稱，故書傳謂菜爲茹。"然則古人當不能飽時，亦食草根樹皮也。《管子·七臣七主》曰:"果蓏素食當十石。"《墨子·辭過》曰:"古之民，素食而分處。"素食即疏食，見《月令》鄭注。①　疏食有二義:一指穀以外之物，一指穀類之糲疏者，《禮記·雜記》:"孔子曰:吾食於少施氏而飽。少施氏食我以禮。吾祭，作而辭曰:疏食不足祭也。吾飧，作而辭曰:疏食也，不足以傷吾子。"《疏》曰:"疏糲之食。"是後一義也。前一義，後人作蔬以別之，蓋草木較穀食爲牺疏，故得疏食之名，後遂引伸以稱穀食之糲疏者也。此漁獵蒐采之時所食之物也，逮知耕稼而其勢一變。

　　熟食之始，或則暴之於日，或燒石以熟食物。昔從殘肉及日，《説

---

　　①　飲食:疏食。

文》。蓋暴乾之以便貯藏。《禮運》云："夫禮之初，始諸飲食。其燔黍而捭豚，汙尊而抔飲，蕢桴而土鼓，猶若可以致其敬於鬼神。"《注》云："中古未有釜甑，釋米，捭肉，加於燒石之上而食之耳，今北狄猶然。"此即今所謂石烹。① 逮有陶器，乃知烹煮，并有各種熟食之法。《禮運》言，後聖有作，修火之利，以炮，《注》："裹燒之也。"以燔，《注》："加於火上。"以烹，《注》："煮之鑊也。"以炙《注》："貫之火上。"是也。既能烹煮，則稍知調和。古但煮肉爲汁，後人謂之大羹。《士昏禮注》。按汁，古文作渚，見《公食大夫禮注》。後世則能和以鹽菜，爲鉶羹矣。見《禮運》。云汙尊而抔飲者？《注》云："汙尊，鑿地爲尊也。抔飲，手掬之也。"蓋大古僅飲水，是爲後世所謂玄酒。《士昏禮疏》云："相對，玄酒與明水別，通而言之，明水亦名玄酒。"案《禮運》云："玄酒之尚。"《郊特牲》作"玄酒明水之尚"。明水二字，乃注語也。《魏策》云："昔者帝女令儀狄作酒。"後人或謂酒始於是，非也。此乃言酒之旨者，非謂前此無酒。《士昏禮疏》云："汙尊抔飲，謂神農時。雖有黍稷，未有酒醴。後聖有作，以爲醴酪，據黃帝以後。"雖出億度然初有穀時，未必以之爲酒，《聘禮注》云："凡酒，稻爲上，黍次之。"《周官·酒正》疏云："五齊，三酒。"俱用秫、稻、麴糵，鬯則用黑黍。則説亦可通也。汙尊抔飲，自是飲水，《疏》謂鑿地盛酒，非。《周官》酒正有五齊、三酒、四飲，四飲最薄，五齊次之，三酒最後，而昔人以五齊祭，三酒飲，可見酒味之日趨於厚矣。祭禮多存古制，如玄酒明水是也。

公產之世，飲食亦必公，② 斯巴達之食堂，即其遺制，非霸者所能強爲也。《禮記·禮器》曰："周禮其猶醵與？"《注》曰："王居明堂之禮，仲秋乃命國釀。"此即後世之賜酺。獨酌本非所禁，亦不能禁，古所禁者，皆羣飲也。③ 《酒誥》曰："羣飲，女勿佚，盡執拘以歸於周，予其殺。"當酒禁甚嚴之世，猶或甘冒司敗之誅，蓋由積習已深，猝難改易。《易·序卦傳》曰："飲食必有訟。"即因羣聚易致爭鬩，非爭食也。

---

① 飲食：最古烹調之法。
② 飲食：古飲食必公。
③ 飲食：古所禁皆羣飲。

當此之時，其所食之物，亦必無異，故許行謂"賢者與民並耕而食，饔
飧而治"也。《孟子·滕文公上》。然至後來，則顯分等級矣。《左氏》：齊
師伐魯，魯莊公將戰，曹劌請見，其鄉人曰："肉食者謀之，又何閒焉？"
莊公十年。《注》："肉食，在位者。"《疏》云："昭四年《傳》說頒冰之法云：食肉之祿，冰皆與
焉。大夫命婦喪浴用冰，則大夫以上，乃得食肉。"是惟貴者乃得食肉也。《王制》
言六十非肉不飽，《孟子》言七十可以食肉，《梁惠王上》。是惟老者乃得
食肉也。而食肉之中，又分等級。古男子多畜犬，女子多畜豕。見第十
二章第一節。鄉飲酒之禮："其牲狗。"《禮記·鄉飲酒》。《士昏禮》："舅姑入
室，婦以特豚饋。"《禮記·昏義》。《越語》："生丈夫者二壺酒，一犬；生女
子者，二壺酒，一豚。"《吳越春秋·句踐伐吳外傳》同。蓋各因其所牧以爲
饌。馬、牛、羊、豕、犬、雞，並稱六畜，農耕之世，牧地既少，馬、牛、羊
皆不能多畜；馬、牛又須供耕田服乘之用；而犬、豕與雞，遂爲常食，魚
鼈不待畜，尤爲饒多。①《王制》曰："國君無故不殺牛，大夫無故不殺
羊，士無故不殺犬豕。"亦見《玉藻》。《國語·楚語》：屈建曰："祭典有之曰：國君有
牛享，大夫有羊饋，士有豚犬之獻，庶人有魚炙之薦。"又觀射父曰："天子舉以大牢，祀以
會。諸侯舉以特牛，祀以大牢。卿舉以少牢，祀以特牛。大夫舉以特牲，祀以少牢。士食
魚炙，祀以特牲。庶人食菜，祀以魚。"《詩》："牧人乃夢，眾惟魚矣"，"大人占
之，眾惟魚矣，實惟豐年。"《箋》云："魚者，眾人之所以養也。今人眾
相與捕魚，則是歲熟相供養之祥。"案孟子言："雞豚狗彘之畜，無失其
時，七十者可以食肉。"又言："數罟不入污池，魚鼈不可勝食。"與"不
違農時，穀不可勝食"並言，蓋以爲少者之食。《公羊》言晉靈公使勇
士殺趙盾，闚其戶，方食魚飧。勇士曰：嘻，子誠仁人也。爲晉國重
卿，而食魚飧，是子之儉也。宣公六年。則魚飧實賤者之食，鄭《箋》之
言是也。此同一肉食，又因難得易得而分等級也。而晚周貴族之侈
靡，尤有可怵目劌心者。《墨子·辭過》曰："古之民，未知爲飲食時，
素食而分處。故聖人作，誨男耕稼樹藝，以爲民食。其爲食也，足以
增氣充虛彊體充腹而已矣。故其用財節，其自養儉，民富國治。今則

①　飲食：六畜、魚鼈爲常食。

不然,厚斂於百姓,以爲美食芻豢。蒸炙魚鱉,大國累百器,小國累十器,前方丈。《孟子·盡心下》:"食前方丈。"趙《注》:"食列於前方一丈。"目不能徧視,手不能徧操,口不能徧味。冬則凍冰,夏則飾饐。人君爲飲食如此,故左右象之,是以富貴者奢侈,孤寡者凍餒,雖欲無亂,不可得也。"案古人常食,不過羹飯。①《王制》曰:"羹食,自諸侯以下至於庶人,無等。"《注》曰:"羹食,食之主也。"《疏》曰:"此謂每日常食。"《左氏》隱公元年言潁考叔有獻於公,公賜之食。食舍肉。公問之,對曰:小人有母,皆嘗小人之食矣,未嘗君之羹,請以遺之。《注》曰:"宋華元殺羊爲羹享士,蓋古賜賤官之常。"《疏》曰:"《禮》公食大夫,及《曲禮》所記大夫士與客燕食,皆有牲體殽胾,非徒設羹而已。此與華元享士,惟言有羹,故疑是賜賤官之常。"案《論語·雍也》:孔子稱顏回一簞食,一瓢飲。《述而》自言飯疏食飲水。《鄉黨》記孔子雖疏食菜羹,必祭。《孟子·告子上》言簞食豆羹。《禮記·檀弓》言黔敖左奉食,右執飲。《墨子·節用》稱堯黍稷不二,羹胾不重。《戰國·韓策》張儀言韓"民之所食,大抵豆飯藿羹",皆古常食以羹飯爲主之徵也。《禮記·曲禮》曰:"凡進食之禮:左殽右胾,食居人之左,羹居人之右。膾炙處外,醢醬處内。蔥渫處末,酒漿處右。以脯修置者,左朐右末。"《管子·弟子職》曰:"凡彼置食:鳥獸魚鱉,必先菜羹。羹胾中列,胾在醬前。其設要方。飯是爲卒,左酒右醬。"所加者,一不過殽胾、膾炙、醢醬、蔥渫、酒漿,一不過酒醬及肉,然爲大夫士與賓客燕食及養老之禮矣。如所言列之,方不踰尺,而當時貴人,至於方丈。《周官》膳夫,凡王之饋:食用六穀,見第十二章第一節。膳用六牲,飲用六清,水、漿、醴、涼、醫、酏。羞用百有二十品,即庶羞,出於牲及禽獸,以備滋味。據鄭《注》,即《禮記·内則》膳膷臐膮腤醢至樝梨薑桂一節所言各物,惟數不及百二十耳。珍用八物,《注》云:淳熬、淳母、炮、牂、擣珍、漬、熬、肝膋,亦見《内則》。醬用百有二十甕。《注》云:醯醢,見醯人職。食醫云:掌和王之六食、六飲、六膳、百羞、百醬、八珍之齊。王日一舉,鼎十二物皆有俎。齊則日三舉。有小事而飲酒,謂之稍事,此後鄭説:司農以爲非日中大舉時而閒食。設薦脯醢。内羞則籩人供四籩之實,醢人供四豆之實。賓客之食,詳見《禮經·聘禮》、《周官》掌客、大行人;士夫家飲食,詳見《禮記·内

---

① 飲食:羹食爲常。

則》;其侈亦相等。至於平民,則有啜菽飲水,並養老之禮而不能盡者。《檀弓》。孔子言:"大古之民,秀長以壽者,食也。今之民,羸醜以嶠者,事也。"《大戴記·千乘》。蓋凡民皆食少事煩,遂至形容枯槁矣。《曲禮》曰:"歲凶,年不順成,君膳不祭肺。"《玉藻》謂年不順成,則天子食無樂。又言"至於八月不雨,君不舉"。《王制》曰:"三年耕,必有一年之食。九年耕,必有三年之食。以三十年之通,雖有凶旱水溢,民無菜色,然後天子食,日舉,以樂。"雖已非饗飧而治之規,猶略存同甘共苦之意,後世則并此而不能行,遂至於"狗彘食人食",而"途有餓莩"矣。《孟子·梁惠王上》。豈不哀哉?

　　《郊特牲》曰:"凡飲,養陽氣也。"《射義》曰:"酒者,所以養老也,所以養病也。"《周官》疾醫,以五味、五穀、五藥養其病。瘍醫亦曰:以五味節之,《注》曰,五味:醯、酒、飴、蜜、薑、桂、鹽之屬。蓋酒有興奮之用,故古人謂可扶衰起病也。《周官》漿人,六飲有涼。司農曰:"涼,以水和酒也。"其說必有所本。[1]《韓詩》說酒器曰:一升曰爵,二升曰觚,三升曰觶,四升曰角,五升曰散,觚、觶、角、散,總名曰爵。其實曰觴,觴者,餉也。觥亦五升,所以罰不敬。古《周禮》說:爵一升,觚三升,獻以爵而酬以觚,一獻而三酬,則一豆矣。馬季長說:豆當爲斗,與一爵三觶相應。《五經異義》。《玉藻》曰:"君子之飲酒也,受一爵而色灑如也,二爵而言言斯,三爵而油油,以退。"古權量於今三之一,三爵略如今一升,此尚近乎情理。《考工記》曰:"食一豆肉,飲一豆酒,中人之量。"淳于髡說齊王:臣飲一斗亦醉,一石亦醉;《史記·滑稽列傳》。則大遠乎事情矣。蓋古人之飲酒,皆以水和之,故其多如是。量有不同,而獻酬所用酒器,大小相等,正以和水多少,各從其便故也。《樂記》曰:"豢豕爲酒,非以爲禍也,而獄訟益繁,則酒之流生禍也。是故先王因爲酒禮,一獻之禮,賓主百拜,終日飲酒而不得醉焉。此先王之所以避酒禍也。"此蓋指鄉飲等禮言之。《賓之初筵》之詩,

---

[1]　飲食:古飲酒以水和之。

極陳時人酒德之惡。《酒誥》曰:"天降威,我民用大亂喪德,亦罔非酒惟行。越小大邦用喪,亦罔非酒惟辜。"蓋淫酗之習,起於王公大人,而波及於黎庶矣。

刺激之品,如茶菸等,皆非古人所有。古人所好,則爲香及葷辛。[1]《士相見禮》:"夜侍坐,問夜,膳葷,請退可也。"《注》曰:"膳葷,謂食之葷辛物,蔥薤之屬,食之以止卧,古文葷作薰。"《疏》曰:"云古文葷作薰者?《玉藻》云:膳於君,有葷桃茢,作此葷。鄭注《論語》作焄,義亦通,若作薰,則《春秋》一薰一蕕,薰香草也,非葷辛之字,故疊古文不從也。"案薰與葷雖或相借,然其義自有別。薰指香料,如鬱邑是也。《周官·邑人疏》,謂邑酒非可飲之物,僅以給浴,然其初必以供飲也。蔥薤氣雖葷而味非辛,故鄭言之屬以該之。辛蓋指薑桂等物。又《左氏》昭公二十年:"異如和羹焉,水、火、醯、醬、鹽、梅以烹魚肉。"《疏》云:"此説和羹而不言豉,古人未有豉也。《禮記·内則》、《楚辭·招魂》,備論飲食,而不言及豉,史游《急就篇》乃有蕪荑鹽豉。蓋秦、漢以來始爲之焉。"此亦古今好尚之異也。

第二節　衣　　服

《禮記·禮運》曰:昔者先王"未有麻絲,衣其羽皮",後聖有作,"治其麻絲,以爲布帛"。《墨子·辭過》曰:"古之民未知爲衣服時,衣皮帶茭,冬則不輕而温,夏則不輕而清。聖王以爲不中人之情,故作誨婦人,治絲麻,梱布帛,以爲民衣。"案古冠之最通用者爲弁,弁以皮爲之。[2] 甲則後世猶用革。帶用韋,韨亦從韋。屨用皮。此皆衣皮之遺俗。孫詒讓《墨子閒詁》曰:"帶茭,疑即《喪服》之絞帶,《傳》云:"絞

---

① 飲食:香及葷辛。
② 服飾:皮服卉服。甲之惡劣者即皮服也。

帶者,繩帶也。"亦即《尚賢篇》所謂帶索。"《記·郊特牲》曰:"黃衣黃冠而祭,息田夫也。野夫黃冠,黃冠,草服也。大羅氏,天子之掌鳥獸者也,諸侯貢屬焉。草笠而至,尊野服也。"《詩》云:"彼都人士,臺笠緇撮。"《毛傳》云:"臺所以禦暑,笠所以禦雨也。"《箋》云:"臺夫須也。"《左氏》襄公十四年,晉人數戎子駒支曰:"乃祖吾離被苫蓋。"《注》曰:"蓋,苫之別名。"《疏》曰:"言無布帛可衣,惟衣草也。"僖公四年:"共其資糧屝屨。"《注》曰:"屝,草屨。"《孟子·盡心上》:"舜視棄天下,猶棄敝蹝也。"《注》曰:"草屨。"此則古所謂卉服。《禹貢》冀州島夷皮服,揚州島夷卉服,吾族演進淺時,蓋與夷狄同俗也。《新序·雜事》:"田贊衣儒衣見荊王。荊王曰:先生之衣,何其惡也?對曰:衣又有惡此者。荊王曰:可得聞邪?對曰:甲惡於此。王曰:何謂也?對曰:冬日則寒,夏日則熱,衣無惡於甲者矣。"此即墨子不輕而清不輕而溫之説,可見知用麻絲,實爲衣服之一大變也。既有絲,即有絮纊,《禮記·玉藻》:"纊爲繭,緼爲袍。"《注》云:"纊謂新緜,緼謂纊及舊絮。"《疏》云:"好者爲緜惡者爲絮。"《説文》:"絮,敝緜也。"《公羊》昭公二十年《解詁》,又以絮爲新緜,蓋皆對文別,散則可以相通。古絮纊頗貴,故必五十乃得衣帛。《孟子·梁惠王上》。貴者以裘禦寒,賤者則衣褐。①《詩》"無衣無褐",《箋》云:"褐,毛布也。"《孟子·滕文公上》"許子衣褐",《注》云:"褐,以毳織之,若今馬衣。"此古衣服材料之大宗也。

《易·繫辭傳》曰:"黃帝、堯、舜垂衣裳而天下治。"《疏》曰:"以前衣皮,其制短小,今衣絲麻布帛,所作衣裳,其制長大,故曰垂衣裳也。"《淮南·氾論》曰:"伯余之初作衣也,緂麻索縷,手經指挂,其成猶網羅。後世爲之機杼勝復,以領其用,而民得以掩形禦寒。"《注》曰:"伯余,黃帝臣。《世本》曰:伯余制衣裳。一曰伯余黃帝。"伯余黃帝之伯余二字,疑衍。謂《世本》一曰黃帝作衣裳也。黃帝、堯、舜爲古文明昌盛之世,其時有絲麻布帛所作衣裳,蓋可信。謂治其麻絲,即在是時,則未必然矣。

---

① 服飾:衣牛馬之衣,牛衣及褐也。

　　皮服卉服，蓋一原於南，一原於北，非卉服，無由知用麻絲，則衣服實起於南也。以材料論如此，以裁製之法論亦然。古之服：蔽上體者爲衣。其後分別短者曰襦，長者曰袍、衫。[①]下體親身者爲褌。有襱可蔽脛者曰袴。袴，《說文》作絝，云："脛衣也。"襱，《說文》云："絝踦也。"即今所謂袴褶。偪束其脛，自足至膝者曰邪幅，亦曰偪，即後世之行縢。《詩·采菽》箋。其外爲裳。裳之外又有韍，亦曰韠，以皮爲之，以蔽前。邪幅之外爲韍。著於足者爲屨。覆首者有冕、弁、冠、巾等。此其形制之大略也。案衣服之始，非以裸露爲褻，而欲以蔽體，亦非欲以禦寒。蓋古人本不以裸露爲恥，冬則穴居或煬火，《莊子·盜跖》："古者民不知衣服，夏多積薪，冬則煬之，故命之曰知生之民。"[②]亦不藉衣以取煖也。衣之始，蓋用以爲飾，故必先蔽其前，此非恥其裸露而蔽之，實加飾焉以相挑誘。鄭注《乾鑿度》，所謂"古者田漁而食，因衣其皮，先知蔽前，後知蔽後"者也。《詩·采菽》，《左氏》桓公二年《疏》引。夫但知蔽前爲韍，兼知蔽後則爲裳矣。此即南方民族之干闌。寒地之人效之，緊束其體，則變爲褌，更引而長之，而爲之襱以便行動，則成爲袴。《淮南·原道》言九疑之南，"短綣不絝，以便涉游"，可見袴非南方所有。以此推之，屨韍亦當始於北。古人以跣爲敬，[③]蓋以開化始於南方，爲禮之所自出，禮也者，反本修古，不忘其初，故沿襲焉而不敢變也。《史記·叔孫通傳》，言其"短衣楚製"，可見袍衫亦必北人所爲。冕弁及冠，古人視之，極爲隆重，度其緣起必早，蓋亦當始於南。然亦所以爲飾，而非所以取煖也。始制衣服之時不可知，其緣起之地，略可推測則如此。

　　覆首之物，最早者當爲帽。《淮南·氾論》曰："古者鍪而卷領。"鍪即帽。《說文》："冒，小兒蠻夷頭衣也。"蓋中國後有冠冕，小兒及蠻夷，則猶沿舊制也。冕爲古人所最尊。其制：以木爲幹。《周官·弁師》疏引叔孫通漢禮器制度，廣八寸，長尺六寸。《續漢書·輿服志》：明帝永平二年，用歐陽、

---

　　①　服飾：南方短衣。
　　②　服飾：無衣時夏則積薪，冬則煬之。
　　③　服飾：以跣爲敬？

夏侯説制，廣七寸，長尺二寸。前圓後方。《禮記·王制》疏引應劭《漢官儀》，廣七寸，長八寸。用布衣之。《論語·子罕》：子曰：麻冕禮也，《禮記·王制》疏：以三十升玄布爲之。裏用朱，不知布繒。上玄下朱，是爲延，亦作綖。前俯後仰。黈纊掩聰，纊，薛綜《東京賦注》云：以黃縣大如丸，縣冠兩邊，當耳，後易以玉；曰瑱。縣瑱之繩曰紞。見《左氏》桓公二年《疏》。垂旒蔽明。《禮記·玉藻》：天子玉藻十有二旒。《禮運》云：朱緑藻十有二旒，《周官》弁師，五采繅十有二就，皆五采玉十有二。注云：合五采爲之繩，垂於延之前後，各十二，案垂於後似非蔽明之義。又司服冕服有六，而弁師云掌玉之五冕，《注》言大裘之冕無旒，亦顯與《郊特牲》言“祭之日，王被衮以象天，戴冕璪十有二旒”者相背也。《禮運》又言旒之數，諸侯九，上大夫七，下大夫五，士三，而《説文》云：“冕，大夫以上冠也。”《禮記·雜記》曰：“大夫冕而祭於公，弁而祭於己。士弁而祭於公，冠而祭於己。”則士無冕。蓋大夫士原爲貴族平民之界，然其後等級稍平，則亦以大夫之禮，下施之於士，古制原不能一律也。《周官》鄭注，又言鷩衣之冕九旒，毳衣之冕七，希衣之冕五，玄衣之冕三，又推言公、侯、伯、子、男、卿、大夫繅玉之制，皆以意差次，無確據。蓋野蠻時代之飾。弁制略與冕同。所異者，“弁前後平，冕則前低一寸餘耳”。《弁師疏》。《公羊》宣公三年《解詁》曰：“皮弁武冠，爵弁文冠。夏曰收，殷曰冔，周曰弁。加旒曰冕。”《士冠禮記》曰：“委貌，周道也；章甫，殷道也；毋追，夏后氏之道也。周弁，殷冔，夏收，三王共皮弁素積。”《郊特牲》同。《注》謂其制之異同皆未聞。宋縣初《釋服》云：經意若言委貌弁，章甫冔，毋追收，大同而小異，其説是也。然則弁爲初制，冕其後起加飾者耳。《弁師注》：“弁者，古冠之大稱，委貌緇布曰冠。”《疏》云：“六冕皆得稱弁。委貌緇布，散文亦得言弁。”《續漢書·輿服志》：委貌冠、皮弁冠同制，長七寸，高四寸，制如覆杯，前高廣，後卑鋭。所謂夏之毋追殷之章甫者也。冠之制則大異。《説文》曰：“冠，絭也，所以絭髮。”蓋古重露髮，故必韜之以纚，《士冠禮》：“緇纚，廣終幅，長六尺。”結之爲紒，然後固之以冠。《内則》：子生，“三月之末，擇日，翦髮爲鬌，男角女羈，否則男左女右。”《注》云：“鬌，所遺髮也。夾囟曰角，午達曰羈。”《疏》云：“囟是首腦之上縫。夾囟兩方當角之處，留髮不翦。女翦髮留其頂上，縱橫各一，相交通達，不如兩角相對，故曰羈。羈者，隻也。”又云：男女未冠笄者總角，則以無笄，直結其髮，聚之爲兩角。此古未成人者之髮飾也。其鬌，長大猶存之，謂之髦，以順父母幼小之心。親死，既殯，乃説之，見《既夕禮》。其形象，《注》云未聞。《詩·柏舟》毛傳云：“髧者，髮齊眉。”古冠形略如後世之喪冠。中有梁廣二寸。喪冠廣二寸，見《喪服》。《疏》云：古冠當同。冠形穹隆，其長當尺有數寸也。冠之卷謂之武。以布圍髮際，自前而後，及項，則有繼以結之，缺而不周，故謂之缺項。《士冠禮》。"居冠屬武。"《玉藻》文。居謂燕居。否則冠與武別，臨著乃合之，所謂"有事然後緌"也。亦《玉藻》文。緌者，以組二屬於武，結頤下，曰纓，有餘，垂爲飾，是曰緌。冕弁有笄用紘，冠無笄用纓。紘以一條組，於右笄上繫定，繞頤下，上於右相，今之廂字。笄上繞之。以有笄，用力少，故從下而上。冠無笄，用纓力多，故從上而下也。喪冠以繩爲組，故纓武同材，見《雜記》。冠爲成人之服，亦爲貴人之服。若賤者則惟用巾，故《呂覽》謂庶人不冠弁，《上農》。《釋名》謂二十成人，庶人巾，士冠也。巾以葛爲之，形如帕。《後漢書·郭泰傳》注引周遷《輿服雜事》。《玉篇》：帕，帽也。巾以覆髻則曰幘。《獨斷》謂幘古卑賤執事不冠者之所服，後世以巾爲野人處士之服，蓋沿之自古也。

　　衣之製僅蔽上體。其長者有著曰袍，無著曰衫，僅衣之於內，外必以衣裳覆之。凡禮皆重古，故知初惟有短衣，長衣爲後起也。衣之制右衽，此爲中國所以異於夷狄者，故古人甚重之。《論語·憲問》：子曰："微管仲，吾其被髮左衽矣。"《禮記·喪大記》："小斂，大斂，祭服不倒，皆左衽。"《注》："左衽，衽鄉左，反生時也。"則左衽中國用諸死者。裳幅前三後四，皆正裁。祭服、朝服，襞積無數，喪服則三襞積。《喪服》鄭注。袴原於裳，主爲蔽脛，故不縫其當。《漢書·外戚傳》：霍光欲皇后擅寵有子，帝時體不安，左右及醫，皆阿意言宜禁內，雖宮人使令，令皆爲窮絝，多其帶，後宮莫有進者。服虔曰："窮袴，有前後當，不得交通也。"師古曰："窮絝，即今之緄縛絝也。"《集韻》："緄，縫也。"可見裳先而絝後矣。褌亦曰襣。《方言》。又曰犢鼻，《史記·司馬相如傳》：身自著犢鼻褌，與保庸雜作，滌器於市中。《集解》引韋昭曰："今三尺布作，形如犢鼻。"《三國·魏志·賈逵傳》注引《魏略》曰："少孤家貧，冬常無袴，過其妻兄柳孚宿，其明，著孚袴去。"可見古人不盡著袴，又可見袴爲後起也。韍，以韋爲之。下廣二尺，上廣一尺，長三尺。其制詳見《玉藻》。《詩》言"赤芾在股，邪幅在下"，蓋皆以爲飾。其初則所以自偪束，便行走。故《戰國·秦策》言蘇秦"羸縢履屬，負書儋橐”也。鞮，初用韋，故其字從韋。屨，《士冠禮》曰：“夏用葛，冬皮屨可也。”《周官》屨人注曰：“複下曰舃，禪下曰屨。《疏》云：下謂底。古人言屨以通於複，今世言屨以通於禪。”則屨舃均爲皮葛通稱。《左氏疏》引《方言》曰：“絲作者謂之屨，麻作者謂之扉。”僖公四年。《禮記·少儀》言：“國家靡敝，君子不履絲屨。”則絲履君子之所服也。《詩·葛屨》疏曰：“凡屨，冬皮夏葛，則無用絲之時，而《少儀》云國家靡敝，君子不履絲屨者，謂皮屨以絲爲飾也，似非。”《士冠禮》曰：“素積白屨，以魁柎之。”《注》曰：“魁蛤柎注也。”《疏》曰：“以蛤灰塗注於上，使色白。”故《士喪禮》又言白屨矣。古者席地而坐，故必解屨然後升堂。既解屨，則踐地者韤也，久立或漬汙，故必解韤然後就席。《左氏》褚師聲子韤而登席，衛出公輙怒之是其事。哀公二十五年。屨皆説於户外，惟尊者一人説於户內。故曰：“户外有二屨，言聞則入，言不聞則不入。”《曲禮》。又曰：“排闔説屨於户內者，一人而已矣。”此禮至後世猶沿之。故漢命蕭何劍履上殿；衛宏《漢舊儀》，謂掾吏見丞相脱屨；唐劉知幾以釋奠皆衣冠乘馬，猶譏其韤而鞾，跣而鞍；蓋至舉國胡坐時，而後跣禮始廢也。衣之外有帶。帶有大帶革帶之別。大帶以素絲爲之，亦曰鞶。其垂者曰紳。帶之制亦見《玉藻》。《曲禮疏》曰：“帶有二處：朝服之屬，帶高於心，深衣之類，帶下於脇。何以知然？《玉藻》説大帶，三分帶下，紳居二焉。紳長三尺，而居帶之下三分之二，則帶之去地四尺五寸矣。人長八尺爲限，若帶下四尺五寸，則帶上所餘正三尺五寸，故知朝服等帶則高也。”案革帶爲韍佩所繫，佩有德佩事佩之別，德佩謂玉，事佩則《內則》所謂紛帨等也。又有笏，亦插於帶。笏佩之制，皆見《玉藻》。蓋徒以爲飾，故其高得如此，若推原其朔，則自當如《深衣》之所云也。

深衣之制，詳見《禮記·玉藻》、《深衣》兩篇。其制，連衣裳而一之。領曰袷，其制方，後世所謂方領也。《深衣注》曰：“古者方領，如今小兒衣領。”《後漢書·儒林傳》：“習爲方領矩步。”《馬援傳》：朱勃衣方領，能矩步；則漢時猶有其制。袷亦曰襘，見《左氏》昭公十一年。衣袂當掖之縫曰袼。“人從脊至肩尺一寸，從肩至手二尺四寸。布幅二尺二寸。衣幅之覆臂者尺一寸。袂屬於衣,長二尺二寸,並緣寸半,二尺三寸半,除縫之所殺各一寸,餘二尺一寸。"《深衣疏》。故曰"袂之長短,反屈之及肘"也。《深衣》文。袂圓以應規。《深衣》文。袂口曰袪。"袪尺二寸。"《玉藻》文。裳十二幅。前後各六。皆以二尺二寸之布破爲二。中四幅正裁,上下皆廣一尺一寸,各邊去一寸爲縫,上下皆九寸,八幅七尺二寸。又以布二幅斜裁,狹頭二寸,寬頭二尺,各去一寸爲縫,狹頭成角,寬頭一尺八寸,皆以成角者向上,廣一尺八寸者向下。四幅,下廣亦得七尺二寸。《玉藻》所謂"縫齊倍要"也。《疏》云:"齊裳之下畔。要,裳之上畔。"斜裁之四幅,連於裳之兩旁,名衽。其左連,時曰續衽。其右別用一幅布,上狹下闊,綴於後内衽,使句曲而前,以掩裳際,是謂句邊。江永《深衣刊誤》。"短毋見膚,長毋被土。"《深衣》文。衣之裂,與裳後幅之縫,垂直而下,時曰:"負繩及踝以應直。""下齊如權衡以應平。帶,下毋厭髀,上毋厭脅,當無骨者。"皆《深衣》文。以白布十五升爲之。《詩·蜉蝣》箋。緣廣寸半。《玉藻》。"具父母,大父母,衣純以繢。具父母,衣純以青。如孤子,衣純以素。"《深衣》文。無純者曰襤褸。《說文》:"襑謂之襤褸,襤無緣衣也。"《左氏》宣公十二年:"訓之以若敖、蚡冒,篳路藍縷,以啓山林。"《疏》引服虔曰:"縷破藍藍然。"此別一義,今用之,然以釋《左氏》,恐未當。《戰國·齊策》云"下宫揉羅紈,曳綺縠,而士不得以爲緣",謂此也。古衣裳皆異色,惟婦人之服,上下同色。《詩·綠衣》箋。深衣亦然。士以上別有朝祭之服,庶人則即以深衣爲吉服。蓋古男子之好修飾,本甚於女子,古男子爲求愛者,女子則操選擇之權。又惟貴族爲能盡飾也。然貴族燕居,亦服深衣,即非燕居,深衣之爲用亦甚廣,則所謂"可以爲文,可以爲武,可以擯相,可以治軍旅,完且弗費"者。《深衣》文。以簡便切用言,固有不得不然者矣。[1]

宋衛湜《禮記集說》引呂氏曰:"深衣之用,上下不嫌同名,吉凶不嫌同制,男女不嫌同服,諸侯朝朝服,夕深衣;大夫士朝玄端,夕深衣;庶人吉服,深衣而已;此上下之同也。有虞氏深衣而養老;諸侯大夫夕深衣;將軍文子除喪而受越人弔,練冠深衣;親迎女在塗壻之父母死,深衣縞總以趨喪;此吉凶男女之所同也。蓋深衣者,簡便之服,推其義類,非朝祭皆可

---

① 服飾:深衣之簡便。

服之。故曰可以爲文，可以爲武，可以擯相，可以治軍旅也。"案朝祭之服，皆後起奢侈之制，推原其朔，則所謂吉服者，皆不過深衣之類而已。

貴族服制等級，以《周官》所載爲較詳。蓋《周官》爲六國時書，故其等差彌備也。《司服職》云："王之吉服，祀昊天上帝，則服大裘而冕，祀五帝亦如之。享先王則衮冕。享先公饗射則鷩冕。祀四望山川則毳冕。祭社稷五祀則希冕。祭羣小祀則玄冕。凡冕服皆玄衣，《書·皋陶謨》今本《益稷》曰："予欲觀古人之象，日、月、星辰、山龍、華蟲作會；宗彝、藻、火、粉、米、黼、黻、絺、繡，以五采施於五色作服，女明。"《左氏》昭公二十五年《疏》云："孔安國云：日、月、星爲三辰，華象草，華蟲，雉也。畫三辰、山、龍、華蟲於衣服、旌旗，會五采也，以五采成此畫焉，宗廟彝樽，亦以山、龍、華蟲爲飾。藻，水草有文者。火爲火字。粉若粟冰。米若聚米。黼若斧形。黻爲兩己相背。葛之精者曰絺。五色備曰繡。如孔此言，日也，月也，星辰也，山地，龍也，華也，蟲也，七者畫於衣服旌旗。山、龍、華、蟲，四者，亦畫於宗廟彝器。藻也，火也，粉也，米也，黼也，黻也，六者繡之於裳，如此數之，則十三章矣。天之大數，不過十二，若爲十三，無所法象。或以爲孔并華蟲爲一，其言華象草華蟲雉者，言象草華之蟲，故爲雉也，若華別似草，安知蟲爲雉乎？未知孔意必然以否。鄭玄讀會爲繢，謂畫也。絺爲繡，謂刺也。宗彝，謂虎蜼也。《周禮》宗廟彝器有虎彝、蜼彝，故以宗彝名虎蜼也。《周禮》有衮冕、鷩冕、毳冕，其衮鷩毳者，各是其服章首所畫，舉其首章以名服耳。衮是衮龍也。衮冕九章，以龍爲首。鷩是華蟲也，鷩冕七章，以華蟲爲首。毳是虎蜼也。毳冕五章，以虎蜼爲首，虎毛淺，蜼毛深，故以毳言之。毳，亂毛也，如鄭此言則於《尚書》之文，其章不次。故於《周禮》之注，具分辨之。鄭於司服之注，具引《尚書》之文，乃云：此古天子冕服十二章，絺或作繡，字之誤也。王者相變，至周而以日、月、星辰畫旌旗，所謂三辰旂旗，昭其明也。而冕服九章，登龍於山，登火於宗彝，尊其神明也。九章：初一曰龍，次二曰山，次三曰華蟲，次四曰火，次五曰宗彝，皆畫以爲繢。次六曰藻，次七曰粉、米，次八曰黼，次九曰黻，皆絺以爲繡，則衮之衣五章，裳四章，凡九也。鷩畫以雉，謂華蟲也，其衣三章，裳四章，凡七也。毳畫虎蜼，謂宗彝也，其衣二章，裳三章，凡五也。是鄭玄之說，華蟲爲一，粉米爲一也。"案鄭又云："希刺粉米，無畫也。其衣一章，裳二章，凡三也。玄者衣無文，裳刺黻而已，是以謂之玄焉。"宋縣初駁之云：謂古天子冕服十二章，至周而九章，其說無據。又云：繪之爲畫，乃假借之文，非本訓。經典無衣服用畫之文，而《周官》典絲、《考工記》皆以畫繢並舉，繪繢一字。《說文》：繪，會五采繡也。繢，織餘也。繪繡對文異，散則通。繪者，合五采絲爲之，織功也。絺繡者，刺五采絲爲之，箴功也。衣以繪，裳以繡，上下相變，其爲采色彰施則同。案宋氏辨繪非畫極確。章服之制，列代未必一律，經傳多以意擬制之辭，亦未必與實際合，無足深論。要之衮衣兼繪繡之功，爲古貴人最華美之服，則事實也。凡兵事韋弁服。《注》：韋弁，以靺韋爲弁，又以爲衣裳。案鄭《雜問志》及《聘禮注》，又以爲素裳。見《疏》。眂朝則皮弁服。《注》：十五升白布衣，積素以爲裳。凡甸，冠弁服。《注》：冠弁，委貌。其服緇布衣，亦積素以爲裳。諸侯以爲視朝之服。凡凶事，服弁服。《注》：服弁，喪冠也。其服斬衰、齊衰。凡弔事，弁経服。《注》：如爵弁而素，加環経。其服錫衰、緦衰、疑衰。大札，大荒，大災，素服。《注》：君臣素服縞冠。《左氏》昭公十七年《疏》云：素服，禮無明文，蓋象朝服，而用素爲之。公之服，自袞冕而下，如王之服。侯伯之服，自鷩冕而下，如公之服。子、男之服，自毳冕而下，如侯伯之服。孤之服，自希冕而下，如子男之服。卿大夫之服，自玄冕而下，如孤之服。士之服，自皮弁而下，如大夫之服。"《内司服職》云："掌王后之六服：褘衣、揄狄、闕狄、鞠衣、展衣、緣衣、素沙。辨外内命婦之服：鞠衣、展衣、緣衣、素沙。"鄭司農云："褘衣，畫衣也。揄狄、闕狄，畫羽飾。展衣，白衣也。鞠衣，黃衣也。素沙，赤衣也。"後鄭曰："狄當爲翟。翟，雉名。伊、雒而南，素質五色皆備成章曰翬。江、淮而南，青質五色皆備成章曰搖。王后之服，刻繒爲之形，而采畫之，綴於衣以爲文章。褘衣，畫翬者。揄翟，畫搖者。闕翟，刻而不畫。此三者皆祭服。從王祭先王則服褘衣，祭先公則服揄翟，祭羣小祀則服闕翟。鞠衣黃，桑服也，其色如鞠塵，象桑葉始生。展衣，以禮見王及賓客之服，字當爲襢，襢，誠也。緣衣，御於王之服，亦以燕居。男子之褖衣黑，則是亦黑也。六服備於此矣。推次其色，則闕狄赤，揄狄青，褘衣玄。婦人尚專一，德無所兼，連衣裳，不異其色，素沙者，今之白縛也。六服皆袍制，以白縛爲裏，使之章顯。内命婦之服，鞠衣九嬪也，展衣世婦也，緣衣女御也。外命婦之服，其夫孤也則服鞠衣，卿大夫也則服展衣，士也則服緣衣。三夫人及公之妻，其闕狄以下乎？侯伯之夫人揄狄，子男之夫人亦闕狄，惟二王之後褘衣。"此外掌王后之首服者有追師。職云："掌王后之首服。爲副、編、次、追衡、笄。爲九嬪及外内命婦之首服。以待祭祀賓客。"《注》曰："副之言覆，其遺象若今步繇矣，服之以從王祭祀。編，編列髮爲之，其遺象若今假紒，服之以桑也。次，次第髮長短爲之，所謂髲髢，服之以見王。王后之燕居，亦繼笄總而已。追，猶治也。王后之衡笄，皆以玉爲之。惟祭服有衡，垂於副之兩旁，當耳。其下以紞縣瑱。外内命婦，衣鞠衣襢衣者服編，衣褖衣者服次。非王祭祀賓客，佐后，自於其家，則亦降焉。凡諸侯夫人，於其國，衣服與王后同。"掌王及后之服屨者有屨人。職云："掌王及后之服屨，爲赤舄、黑舄、赤繶、黃繶、青句、素屨、葛屨。辨内外命夫命婦之命屨、功屨、散屨。"《注》曰："凡舄之色，如繶之次。絇、純、繶皆同色。今云赤繶、黃繶、青句，雜互言之，明舄屨衆多，反覆以見之。素屨，非純吉，有凶去飾者，散屨亦謂去色。命夫之命屨、繶屨，命婦之命屨、黃屨以下。功屨，於孤卿大夫則白屨，黑屨，九嬪内子亦然。世婦、命婦以黑屨爲功屨。女御、士妻命屨而已。"又云："屨自明矣，必連言服者？著服各有屨也。凡屨舄，各象其裳之色。王吉服有九，舄有三等，赤舄爲上，冕服之舄，下有白舄，黑舄。王后吉服，亦惟祭服有舄。玄舄爲上，褘衣之舄也。下有青舄、赤舄。鞠衣以下皆屨耳。天子諸侯吉事皆舄。其餘惟服冕衣翟著舄。案絇，《士冠禮注》曰："絇之言拘也，以爲行戒。狀如刀鼻，在屨頭。"又曰："繶，縫中紃也。"《疏》曰："牙底相接之縫，中有條紃也。"又曰："純，緣也。"《疏》曰："謂繞口緣邊也。"《屨人注》曰："有絇、有繶、有純者，飾也。"《玉藻》等篇所説，略有出入。要足見古代貴族服飾之大略也。

作事以短衣爲便，古今一也。或謂其制起於趙武靈王之胡服，斯不然矣。《曲禮》曰："童子不衣裘裳。"《玉藻》曰："童子不裘不帛。"《内則》曰："十年，衣不帛，襦袴；二十可以衣裘帛。"此數語實互相備，成年則裘帛而裳，否則不裘不帛而襦袴也。《方言》曰："複襦，江、湘之間謂之襢。"襢即裋，與短同語，襦亦即侏儒之儒，其爲短衣無疑。古少者、賤者，皆服勞役，見第十一章第四節。而賤者恒衣短褐。① 戴德《喪服變除》："童子當室，謂十五至十九，爲父後，持宗廟之重者，其服深衣不裳。"《玉藻》："童子無緦服，聽事不麻。"《注》曰："雖不服緦，猶免，深衣，無麻，往給事也。"蓋喪祭不可以襦袴，故加之深衣；正與庶人以深衣爲吉服同也。《左氏》昭公二十五年，師己稱童謡曰："鸜鵒跦跦，公在乾侯，徵褰與襦。"蓋言其將跋涉於外。《方言》曰："袴，齊、魯之間謂之襪。"是凡行道者皆襦袴也。又成公二十六年："見靺韋之跗注。"《注》曰："戎服，若袴而屬於跗。"云若袴而不云袴者，以袴不屬於跗，非謂無跨，否則當云若裳矣。或謂即宣公十二年之甲裳，爲後世之戰裙者非也。服勞、行道、從戎皆襦袴，所以便動作也。若燕居取其温暖，又或取脱著之便，則又貴乎長。《論語·鄉黨》："褻裘長。"袍亦下至跗，《釋名》。皆取其暖。深衣連衣裳而一之，不過拘於禮服必用衣裳之制，其實已與袍衫無異。後世此等拘泥去，則替深衣而徑代以袍衫矣。《方言注》："今或呼衫爲襌襦。"《急就篇注》："長衣曰袍，下至足跗。短衣曰

① 服飾：勞者恒短。

襦，自膝以上。"皆可見襦與袍衫是一。而《續漢書·輿服志》，以袍爲古之深衣者？《釋名》
曰："衫，芟也。衣無袖端也。"《唐書·車服志》：中書令馬周上議：禮無服衫之文。三代之
制有深衣，請加襴袖褾襈，爲士人上服。《類篇》：衣與裳連曰襴。褾，袖端也。襈，緣也。
蓋特加袖端及緣，以象深衣，其實則仍袍衫耳。後漢時之袍，或有褾襈，亦未可知。然觀馬
周之議，則俗去之亦已久矣。其便服轉尚裙襦，則仍取動作之便也。惟習以袴
爲戎服及賤者之服，故必著裙。魏、晉以後，車駕親軍，中外戒嚴，皆服袴褶。
《急就篇》注："其形若袍，短身而廣袖。一曰左衽之袍也。"案左衽者原於胡服，非左衽者，
自原於中國之戎服也。賤者之服短衣，尤古今如一，可見有關實際之事，
必不能因好尚而變遷。古今中外，雖有小異，實必大同也。

衣之寬窄，隨氣候而異。南方氣候暖，多寬。北方氣候寒，多窄。
吾國文化，本起於南，故衣服亦頗寬。貴人尤甚。蓋以是爲美。《禮記·
儒行》：孔子曰："丘少居魯，衣逢掖之衣。"《注》云："逢，猶大也。大
掖之衣，大袂單衣，此君子有道藝者所衣也。庶人禪衣，袂二尺二寸，
祛尺二寸。"《周官》司服：士，"其齊服有玄端素端"。《注》云："士之
衣袂，皆二尺二寸，而屬幅，廣袤等也。其祛尺二寸，大夫以上侈之。
侈之者，蓋半而益一焉？半而益一，則其袂三尺三寸，祛尺八寸。"此
雖無正文，然古必有貴者侈袂之俗，鄭乃據以爲言也。

古代衣服，頗不自由。一以封建之制，藉服飾以別等級，一由錮
蔽之俗，率疾惡獨異者也。《周官》大司徒，以本俗六安萬民，六曰同
衣服。①《注》云："民雖有富者，衣服不得獨異。"商君治秦，蓋用此
法。見第十一章第四節。此明等級之説也。《禮記·緇衣》："子曰：長民
者，衣服不貳，從容有常，以齊其民，則民德壹。"《王制》："關執禁以
譏，禁異服。"鄭子臧好聚鷸冠，鄭伯聞而惡之，使盜殺之於陳、蔡之
間。《左氏》僖公二十四年。荀子曰："今世俗之亂君，鄉曲之儇子，奇衣婦
飾，態度擬乎女子。婦人莫不願得以爲夫，處女莫不願得以爲士。束
乎有司，而戮乎大市。"《非相》。此惡異己者之説也。然各地方之服飾，
初不甚一律，故孔子言："君子之學也博，其服也鄉。"《儒行》。《左氏》言

———————————

① 服飾：同衣服問題。古衣服本不甚同。

鍾儀南冠而縶。成公九年。《國策》言異人楚服而見。《秦策》。又《史記》言:"子路冠雄雞,佩豭豚,陵暴孔子。孔子設禮,稍誘子路。子路後儒服委質,因門人請爲弟子。"《仲尼弟子列傳》。則因氣類之異,而服飾不同者亦有之。蓋好尚之殊,習俗之異,皆能使服飾不一律也。《儒行》:"魯哀公問於孔子曰:夫子之服,其儒服與?"《荀子·哀公篇》:"魯哀公問於孔子曰:吾欲論吾國之士,與之治國,敢問何如取之邪?孔子對曰:生今之世,志古之道,居今之俗,服古之服,舍此而爲非者,不亦鮮乎?"《鹽鐵論·相刺篇》:"大夫曰:今文學衣冠有以殊於鄉曲,而實無以異於凡人。"《刺議篇》:"文學曰:衣儒衣,冠儒冠,而不能行其道,非真儒也。""大夫曰:文學褒衣博帶,竊周公之服。鞠躬踧踖,竊仲尼之容。"則當時儒者之服,確與恒人有異。衣服所以章身,故富貴者多好華異。然孔子曰:"國家未道,則不充其服焉。"《玉藻》。衛文公大布之衣,大帛之冠。《左氏》閔公二年。晏子一狐裘三十年。《檀弓》。此則公產之世,同甘共苦之規,演而爲封建之初,制節謹度之道,有足使不稱其服之徒,抱媿色焉者矣。

古之裘,皆如今之反著。故曰"虞人反裘而負薪,彼知惜其毛不知皮盡而毛無所附"也。《新序·雜事》。《玉藻》曰:"君衣狐白裘,錦衣以裼之。君之右虎裘,厥左狼裘。士不衣狐白。君子狐青裘豹褎,玄綃衣以裼之。麛裘青豻褎,絞衣以裼之。羔裘豹飾,《注》"飾猶褎。"緇衣以裼之。狐裘,黄衣以裼之。"又曰:"惟君有黼裘以誓省,大裘非古也。"《周官》:司裘:"掌爲大裘,以供王祀天之服。中秋獻良裘,王乃行羽物獻。功裘,以待頒賜。"鄭司農云:"大裘,黑羔裘,服以祀天,示質。良裘,王所服也。功裘,卿大夫所服。"後鄭云:"良裘,《玉藻》所謂黼裘與?功裘,人功微麤,謂狐青麛裘之屬。"此皆貴族之服。《玉藻》又云:"犬羊之裘不裼。"《注》云:"質略,又庶人無文飾。"蓋平民之服也。裼者,以衣加於裘上。掩之曰襲,開裼衣露其裘曰裼。《玉藻》曰:"裘之裼也,見美也。服之襲也,充美也。"《注》:"充猶覆。"疑初因惜其毛,加衣以護之,後又因以爲飾也,"凡當盛禮者,以充美爲敬,非盛禮者,以見美爲敬"。《聘禮》鄭注。無裼衣爲表裘,爲不敬。《玉藻》:"表裘不入公門。"絺綌之上,亦必加襌衣,時曰袗。《論語》所謂"當暑,袗絺綌,必表而出之"者也。《鄉黨》。不則不敬與表裘同。

《郊特牲》曰:“大古冠布,齊則緇之。”《雜記注》曰:“大白冠,大古之布冠也。”《冠禮記》曰:“三王共皮弁素積。”其服用之甚廣,《玉藻》:“天子皮弁,以日視朝,遂以食。”《鄉黨》:“素衣麑裘”,鄭《注》:“視朝之服,君臣同服也。”《小雅》:“有頍者弁”,《注》:“弁,皮弁也。天子諸侯朝服以燕。”《郊特牲》:“祭之日,天子皮弁以聽祭報。”《明堂位》:“皮弁,素積,以舞大夏。”《學記》:“大學始教,皮弁釋菜。”《聘禮》:賓皮弁以聘。又賓射、燕射亦用之。蓋未知染色時之遺制。《月令》:季夏,命婦官染采。《周官》:地官有染草,掌以春秋斂染草之物。天官有染人,掌染絲物,掌凡染事。則其技稍進矣。其物有藍、《月令》:仲夏,命民毋艾藍以染。蒨、《爾雅》:茹藘茅蒐,即此物。齊人謂之韎韐。象斗、染黑,見染草。紫苑、染紫,見染草《注》。丹秫見《鍾氏》。之屬。其染法:則《爾雅》言:一染謂之縓,《既夕禮注》:“今紅也。”再染謂之䞓,《士冠禮注》:“再入謂之䞓。”三染謂之纁。《士冠禮疏》:“一染至三染,同名淺絳。”《士冠禮注》曰:朱則四入與?《鍾氏疏》:“以纁入赤汁則爲朱,若不入赤而入黑汁則爲紺。”《考工記·鍾氏》曰:五入爲緅。《士冠禮注》:“爵弁者,冕之次。其色青而微黑,如爵頭然,或謂之緅。”《疏》云:“以纁入黑則爲紺,以紺入黑則爲緅。”七入爲緇。《注》云:“凡玄色者在緅緇之間,其六入者與?”《疏》云:“緇謂更以玄入黑汁。”又云:“緇與玄相類,故禮家每以緇布衣爲玄端也。”《士冠禮疏》云:“古緇紂二字兼行。若據布爲色者,則爲緇字。若據帛爲色者,則爲紂字。但紂多誤爲純。”又染人,秋染夏。《注》謂染五色。此古染色之大略也。《玉藻》云:“衣正色,裳間色。”古皆貴正色,賤間色,實則染色之技,當以知間色者爲優也。

《考工記》曰:“畫繢之事雜五色:東方謂之青,南方謂之赤,西方謂之白,北方謂之黑,天謂之玄,地謂之黃。青與白相次也,赤與黑相次也,玄與黃相次也。”《注》:“此言畫繢六色所象及布采之第次,繢以爲衣。”又曰:“青與赤謂之文,赤與白謂之章,白與黑謂之黼,黑與青謂之黻,五采備謂之繡。”《注》:“此言刺繡采所用,繡以爲裳。”繪繡之義已見前,此古人織功箴功所用之色也。

古喪服以布之精麤爲度,非以其色也。《禮記·間傳》曰:“斬衰三升。齊衰四升、五升、六升。大功七升、八升、九升。小功十升、十一升、十二升。緦麻十五升,去其半。有事其縷,無事其布曰緦。”案

《喪服記》但云：齊衰四升，大功八升若九升，小功十升若十一升，此齊衰多二等，大功小功多一等，故鄭《注》謂其“極列衣服之差”也。升者，鄭注《喪服》云：“布八十縷爲升。升字當爲登，登，成也。今之禮皆以登爲升俗誤已行久矣。”《疏》云：“布八十縷爲升者，此無正文，師師相傳言之。是以今亦云八十縷謂之宗，宗即古之升也。”有相傳言語爲證，鄭説自屬不誤。《論語·子罕》：“子曰：麻冕，禮也。今也純，儉，吾從衆。”《集解》：“孔曰：古者績麻三十升布爲之。”《疏》云：“三十升則二千四百縷矣，細縷難成，故孔子以爲不如純之儉。”然其紡織之技，則甚精矣。《周官》：司服，王爲三公六卿錫衰，爲諸侯緦衰，爲大夫疑衰。鄭司農云：“錫，麻之滑易者。十五升去其半。有事其布，無事其縷。《喪服傳》文。錫，今文或作緆，見《大射禮注》。疑衰十四升。”此無文。蓋至十五升則爲吉布也。

第三節　宮　室

人類藏身，古有兩法：一居樹上，一居穴中。《禮記·禮運》曰：“昔者先王未有宮室，冬則居營窟，夏則居橧巢。”《孟子》言：“當堯之時，水逆行，氾濫於中國，龍蛇居之，民無所定，下者爲巢，上者爲營窟。”《滕文公上》。《淮南子》言：“舜之時，江、淮流通，四海溟涬，民上丘陵，赴樹木。”《本經訓》。即其事。《詩》云：“古公亶父陶復陶穴。”《禮記·月令》疏曰：“古者窟居，隨地而造。若平地則不鑿，但累土爲之，謂之爲複。若高地則鑿爲坎，謂之爲穴。其形皆如陶竈。故《詩》云陶復陶穴也。”《詩疏》不甚清晰，故引《禮記疏》。此古穴居之法。巢居，今世野人猶有之。其法連結大樹之枝，使其中可容人，去地三五十尺。鑿樹幹爲級，以便上下。亦有能造梯者，人既上則藏之。《淮南·本經》謂容成氏之時，“託嬰兒於巢上”，蓋其事。穴居多在寒地。巢居則在溫熱而多毒蛇猛獸之區。《御覽·皇王部》引項峻《始學篇》曰：“上古皆穴處，有聖人教之巢居，號大巢氏，今南方人巢居，北方人穴處，古之遺俗也。"可見其一起於南，一起於北也。

築室材料，不外木、石、土三者，甎即熟土。寒帶之人，有以雪爲屋者，溫帶熱帶無之也。《易‧繫辭傳》曰："上古穴居而野處，後世聖人易之以宮室，上棟下宇，以待風雨。"《淮南子‧修務訓》曰："舜作室築牆茨屋，辟地樹穀，令民皆知去巖穴，各有家室。"棟宇者，巢居之變，築牆則穴居之變也。《左氏》：鄭伯有爲窟室而飲酒，襄公三十年。吳公子光伏甲於堀室，以弒王僚，昭公二十七年。皆古穴居之遺。《月令》："仲秋，穿竇窖。"《注》："入地，橢曰竇，方曰窖。"此亦穴居遺法。《呂覽‧召類》曰："明堂茅茨蒿柱，土階三等，以見節儉。"《注》曰："茅可覆屋，蒿非柱任也，雖云節儉，實所未聞。"此實巢居之遺制，高氏自不解耳。然《大戴記‧盛德篇》，謂"周時德澤洽和，蒿茂大，以爲宮柱，名蒿宮"，業已曲爲之説，更無責乎高氏矣。[1]

漁獵之世，民多山居，亦有藉水以自衛者。希臘史家赫羅多德（Horodotus），謂古屋皆在湖中，築於杙上，惟一橋通出入，與《史記‧封禪書》：公玉帶上明堂圖，水環宮垣，上有樓，從西南入，名爲昆侖者酷相似。西元千八百五十三年，歐洲大旱，瑞士秋利伊湖涸，湖居遺址見，人類學家、古物學家皆以爲邃古之遺。今委内瑞拉、新幾内亞之民，仍有湖居者，可知以水自環，實野人防衛之法也。吾國古者，州洲同字，洲字即今島字。已見第七章第三節。明堂稱辟雍。辟即璧，《説文》"璧，瑞玉圜也"，又曰"璧，肉好若一謂之環"，蓋取周還之意。雍，篆書作雝，乃借字，其本字當作邕，從川邑，《説文》云"四方有水，自邕成池"者是也，蓋正指洲言之。《易‧泰卦爻辭》曰："城復於隍。"《爾雅‧釋言》曰："隍，壍也。"城臨壍，猶湖居時遺法也。湖居蓋邃古之事，稍進則依丘陵。[2] 古丘虛同字。書傳言先代都邑者，皆曰某某

---

[1] 宮室：窟室、寶窖皆穴居之遺。

[2] 宮室：古湖居稍進依丘陵。

氏之虛，即某某氏之丘也。至農耕之世，民乃降丘宅土。《淮南》以作室築牆茨屋，與辟地樹穀並舉其徵。此時文明日進，營造之技日精，城郭宮室，乃次弟興起矣。

《禮記・王制》曰：“司空執度以度地，《注》：“度，丈尺也。”居民山川沮澤，時四時，《注》：“觀寒暖燥溼。”量地遠近，《注》：“制井邑之處。”任事興力。”《注》：“事，謂築邑廬宿市也。”此古經野之法。《管子・乘馬》云：“凡立國都，非於大山之下，必於廣川之上，高毋近旱，而水用足，下毋近水，而溝防省。因天材，就地利，故城郭不必中規矩，道路不必中準繩。”此則建國之法也。《篤公劉》之詩曰：“涉則在巘，復降在原，逝彼百泉，瞻彼溥原。乃陟南岡，乃覯於京。既溥既泉，既景迺岡。相其陰陽，觀其流泉。度其夕陽，豳居允荒。”即古建國時計度之事。《漢書・藝文志・數術略》有形法家，《漢志》說其學云：“大舉九洲之勢，以立城郭宮室。”蓋即其法，而今亡矣。古制：百里之國，九里之城。七十里之國，五里之城。五十里之國，三里之城。《詩・文王有聲》疏引《尚書》傳《注》云：“玄或疑焉。① 匠人營國方九里，謂天子之城。今大國九里，則與之同。然則大國七里之城，次國五里之城，小國三里之城爲近耳。或者天子實十二里之城，大國九里，次國七里，小國五里。”焦循《羣經宮室圖》曰：“《周書・作雒篇》：作大邑成周於土中，城方千六百二十丈，計每五步得三丈，每百八十丈得一里，以九乘之，千六百二十丈，與《考工記》九里正合。”則謂天子之城九里者是也。城之牆曰墉。《爾雅・釋宮》：“牆謂之墉。”《疏》：“亦爲城。《王制》云：小城曰附庸。《大雅・皇矣》云：以伐崇墉。義得兩通也。”又於其上爲垣，於其中睥睨非常，是曰陴，亦曰堞，亦曰女牆。《説文》：“陴，城上女牆，俾倪也。”又曰：“堞，女牆也。”《釋名》：“城上垣曰睥睨，言於其中睥睨非常也。亦曰陴。陴，俾也，言俾助城之高也。亦曰女牆，言卑小，比之於城，若女子之於丈夫也。”門外有曲城，謂之闉。《詩》：“出其闉闍。”《毛傳》：“闉，曲城也。”《説文》：“闉，城內重門也。”《詩疏》云：“闉是門外之城，即今之門外曲城是也。”其上有臺曰闍。《詩》：“出其闉闍。”《毛傳》：“闍，城臺也。”《爾雅・釋宮》：闍謂之臺。四角爲屛以障城曰城隅。《考工記》：“王宮門阿之制五雉。宮隅之制七雉。城隅之制九雉。門阿之制，以爲都城之制。宮隅之制，以爲諸侯之城制。”《注》：“阿，棟也。宮隅、城

---

① 經學：鄭玄疑天子城九里誤，疑九女亦然。

隅謂角浮思也。《疏》：“漢時云東闕浮思災，言災，則浮思者小樓也。”焦氏曰：“浮思，《廣雅》、《釋名》、《古今注》，皆訓爲門外之屏。城之四角，爲屏以障城，城角隱僻，恐奸宄踰越，故加高耳。《詩·邶風·靜女》：俟我於城隅。《傳》云：城隅，以言高不可踰。《箋》云：自防如城隅。皆明白可證。《疏》據漢時浮思災，以城隅爲小樓，非也。《古今注》謂罘罳合板爲之，則屏自可災。”城版築所成。城之外爲郭，亦曰郛，則依山川形勢爲之，非如城之四面有垣也。《周書·作雒解》：作大邑成周於土中，城方千六百二十丈，郛方七十二里，南繫於雒水，北因於郟山，以爲天下之大湊。郭所以禦小寇，有大敵則不能守，故春秋列國相攻，不聞守外城者。郭之設，如專於一面，即爲長城，[1]亦所以防鈔掠。戰國時秦、趙、燕三國，皆有長城，所以防北族，齊亦有長城，則所以防淮夷也。郭以內爲郊，郊猶稱國中；郭以外爲鄙，亦曰野，則野人之居矣。《春秋》之例，未入郭曰侵某鄙，伐某鄙，入郭曰入某郛，入城曰入。郭爲古征服者與所征服者之界。見第十章第四節。郭之門即郊門，其外有關。關多據形勝之地，不必盡在界上，蓋扼險之始也。《周官·司關》注曰：“關，界上門。”《儀禮·聘禮》：“賓及竟，乃謁關人。”然《左氏》定公六年，鄭伐關外，《注》云：“關外，周邑。”蓋周以伊闕險隘，設關守之，謂之闕塞，闕塞之外，未嘗無邑也。昭公元年，孟仲之子殺豎牛於塞關之外，此齊、魯分界之關，關外即齊。襄公十七年，齊伐我北鄙，圍桃。高厚圍臧紇於防，師自陽關迎臧孫，至於旅松，則桃、防皆在陽關外。成公二年，齊侯入徐關。十七年，高弱叛盧，慶克圍之。國佐殺克，以穀叛，齊侯與盟於徐關。則徐關外亦有盧、穀等邑也。《考工記》：“匠人營國，左祖右社，面朝後市。”《注》云：“王宮所居。”謂中爲王宮也。天子諸侯皆三朝。《禮記·明堂位》：“庫門，天子皋門。雉門，天子應門。”《注》：“言廟及門如天子之制也，天子五門：皋、庫、雉、應、路，魯有庫、雉、路，則諸侯三門與？”戴震謂天子亦三門，焦循《羣經宮室圖》從之。門：最在外者曰皋門，諸侯曰庫門。庫門之內爲外朝，九棘三槐在焉。《周官·朝士》。其內爲應門，諸侯曰雉門。門之內爲治朝，羣臣治事之朝也。《周官·大宰》注：“其位，司士掌焉。”“宰夫察其不如儀。”見《宰夫注》。治朝之內爲路門。路門之內曰燕朝。燕朝之後曰六寢。六寢之後爲六宮。此係據《周官》爲說，見《天官·宮人》及《內宰》。今文家說，則謂天子諸侯皆三寢，見《公羊》莊公三十二年《解詁》，二者不可强合。六寢之後，六宮之前，

---

① 宮室：郭專一面即爲長城。

爲内宮之朝。《匠人》云：“内有九室，九嬪居之。外有九室，九卿朝焉。”内九室當在内宮之朝，外九室當在治朝也。又有官府次舍，其所在不可悉考。《周官·宮正》：“以時比宮中之官府、次舍之衆寡。”《注》：“官府之在宮中者，若膳夫、玉府、内宰、内史之屬。次，諸吏直宿，若今部署諸廬者。舍，其所居寺。”《宮伯》，“授八次八舍之職。”《注》：“衛王宮者，必居四角、四中，於徼候便也。次謂宿衛所在。舍其休沐之處。”應門之旁有闕，即觀也，亦曰象魏，①爲縣法之地。《天官·冢宰》，“正月之吉，縣治象之法於象魏。”司農云：“象魏，闕也。”《左氏》哀公三年，司鐸火季桓子御公，立於象魏之外，命藏象魏，曰：“舊章不可亡也。”杜《注》曰：“《周禮》，正月，縣教令之法於象魏，使萬民觀之，故謂其書爲象魏。”案魏者，闕名，象者，形象，其初本皆一名，後單音語變爲複音，乃並二者皆稱爲象魏耳。《公羊》昭公二十五年，子家駒曰：“設兩觀，乘大路，天子之禮也。”《解詁》曰：“禮，天子諸侯臺門，天子外闕兩觀，諸侯内闕一觀。”《禮記·禮器》：“天子諸侯臺門。”又曰：“家不臺門。”《注》：“闔者謂之臺。”《疏》曰：“兩邊築闔爲基，上起屋曰臺門，故乘之可以眺遠。”《禮運》“昔者仲尼與於蠟賓，事畢出遊於觀之上”是也。城亦有之，《詩·鄭風》“佻兮健兮，在城闕兮”是也。塾在路門之側，爲門闈之學所在。《爾雅》：“門側之堂謂之塾。”《學記》：“古之教者，家有塾。”即在於此。《疏》曰：“《周禮》二十五家爲閭，同共一巷。巷首有門，門邊有塾。謂民在家之時，朝夕出入，恒就教於塾。”此即《公羊》宣公十五年《解詁》，所謂“田作之時，父老及里正，旦開門坐塾上，晏出後時者不得出，暮不持薪樵者不得入”者也。《戰國策·齊策》：王孫賈之母謂賈曰：“女朝出而晚來，則吾倚門而望汝，暮出而不還，則吾倚閭而望汝。”秦有閭左之戍，晁錯謂入閭取其左。《後漢書·齊王縯傳》云：使天下鄉亭，皆畫伯升象於塾，且起射之。則古民居之巷通稱閭，閭之兩端恒有門，其側皆有室，至漢世猶名爲塾也。寢之制：前爲堂，後爲室。堂之左右爲夾，亦曰廂。東廂之東曰東堂，西廂之西曰西堂。東西牆謂之序。其下曰階。東爲阼階，西爲賓階。室之左右爲房。鄭云：天子諸侯左右房，大夫士僅有東房，見《詩·斯干》箋、《禮·公食大夫禮》注。其北爲北堂。《詩·伯兮》：“焉得諼草，言樹之背。”《毛傳》曰：“背，北堂也。”《疏》：“《士昏禮》云：婦洗在北堂。《有司徹》云：致爵於主婦，主婦北堂。《注》皆云：北堂，房半以北爲北堂。堂者，房室所居之地，總謂之堂，房半以北爲北堂，房半以南爲南堂也。”《士昏禮疏》曰：“房與室相連爲之，房無北壁，故得北堂之名。”堂北有階曰北階。户在室東

南,牖在西南,北亦有牖,曰北牖。牖戶之間,謂之扆。其內謂之家。室:西南隅爲奧,尊者處之。西北隅謂之屋漏,當室之白,日光所漏入也。《爾雅疏》引孫炎說。東北隅曰宧,宧,養也,《疏》引李巡說。蓋飲食所藏。東南隅曰窔,在戶下,亦隱闇也。郭《注》。中室曰中霤,復穴之世開其上以取明,雨霤之,後因名焉。《月令疏》。《爾雅》曰:"室有東西廂曰廟,無東西廂有室曰寢。"蓋寢廟之制大同,故其稱亦互受也。以上言城郭朝寢之制,略據焦循《羣經宮室圖》。

穴處之世,室內蓋甚幽暗。野蠻人入室,行臥坐立,皆有定處,蓋此時之遺習。吾國古禮,室中居有常處,蓋亦由是也。《墨子》曰:"未有宮室之時,因陵丘堀穴而處焉。聖王慮之,以爲堀穴,冬可以避風寒,逮夏潤溼,上熏烝,恐傷民之氣,於是作爲宮室而利。"《節用》中。又《辭過》曰:"古之民,未知爲宮室時,就陵阜而居,穴而處,下潤溼,傷民,故聖王作爲宮室。"今野蠻人亦有冬夏異居者。《月令》:季秋:"乃命有司曰:寒氣總至,民力不堪,其皆入室。"《豳風之詩》曰:"十月蟋蟀入我牀下,穹窒熏鼠,塞向墐戶。嗟我婦子,曰爲改歲,入此室處。"《公羊》宣公十五年《解詁》曰:"在田曰廬,在邑曰里。吏民春夏出田,秋冬入保城郭。"此即《堯典》春云"厥民析",冬云"厥民隩"者,其俗蓋由來甚久。[①] "霜降逆女,冰泮殺止"之禮,由是作也。參看第十一章第一節。貴人築室於爽塏之處,是爲《月令》所謂"居高明"。仲夏之月。然古營高明之技似甚拙。《爾雅》曰:"闍謂之臺。"又曰:"四方而高曰臺。"注謂積土爲之。又曰:"有木者謂之榭。"榭有二義:一此所謂臺上起屋,一則《爾雅》所云:"無室曰榭。"《左氏》宣公十六年杜《注》引之,謂:"屋歇前者。"疏云:"歇前者,無壁,如今廳是也,爲講武屋。""陝而修曲者曰樓",則於臺上起屋。《淮南·本經》曰:"逮至衰世,構木爲臺,積壤而丘處。"亦即指此。蓋不能爲今世之樓,苟非因高爲高,即須於平地累土,其勞民力尤甚,故古人恒以爲戒也。[②] 《公羊》莊公三十一年《解詁》曰:"禮:天子有靈臺,以候天地。諸侯有時臺,以候四時。登高遠望,人情所樂,動而無

① 宮室:古春折冬入邑。
② 宮室:古不能爲樓臺,最勞民力。

益於民者,雖樂不爲也。"《孟子·盡心》下:"孟子之滕,館於上宮。"《注》:
"上宮,樓也,孟子舍止賓客所館之樓上也。"《史記·平原君列傳》:
"平原君家樓臨民家。民有躄者,槃散行汲。平原君美人居樓上,臨
見,大笑之。"可以居人,當係今日之樓。《春秋》莊公三十一年,春,築
臺於郎。《公羊》曰:"何以書? 譏。何譏爾? 臨民之漱浣也。"①秋,
築臺於秦,《公羊》曰:"何以書? 譏。何譏爾? 臨國也。"三十二年,
《左氏》謂公築臺臨黨氏,則今之樓,戰國之世乃能爲之,春秋時尚無
有也。

　　寢之制,前堂而後室,與今民居不同。《漢書·晁錯傳》:錯言:
"古之徙遠方以實廣虛也,先爲築室,家有一堂二內。"則近今中爲堂,
左右爲室之制矣。張晏曰:"二內,二房也。"蓋平民之居,無寢制之所
謂堂,即以其室爲堂,房爲室耳。②《史記·孔子世家》:"故所居堂,
弟子內,後世因廟,藏孔子衣冠琴車書。"蓋改一堂二內之居,爲廟寢
之制也。《史記·外戚世家》:"帝求王大后女,女亡匿內中牀下。"亦
即"故所居堂弟子內"之內。

　　《禮記·儒行》曰:"儒有一畝之宮,環堵之室,篳門圭窬蓬户甕
牖。"《注》曰:"五版爲堵,五堵爲雉。今《戴禮》、《韓詩》説:"八尺爲版,五版爲
堵,五堵爲雉。"古《周禮》及《左氏》説:"一丈爲版,"見《詩·鴻雁》、《左氏》隱公元年《疏》。
篳門,荆竹織門也。圭窬,門旁窬也,穿牆爲之,如圭矣。"《疏》云:"一
畝,謂徑一步,長百步爲畝。若折而方之,則東西南北各十步爲宅也。
牆方六丈,故曰一畝之宮,謂牆垣也,環謂周迴。東西南北惟一堵。
《釋文》:方丈爲堵。蓬户,謂編蓬爲户,又以蓬塞門,謂之蓬户。甕牖者,
謂牖窗圓如甕口也。又云以敗甕口爲牖。"案以敗甕口爲牖,今世猶
有之。《左氏》襄公十年,王叔之宰謂瑕禽曰:"篳門閨竇之人,而皆陵
其上,其難爲上矣。"杜《注》:"篳門,柴門。閨竇,穿壁爲户,上銳下方,狀如圭也。"

---

① 宮室:譏臨民。
② 宮室:一堂二內,蓋以室爲堂,房爲內,無堂也,後世多進之屋,廳爲堂,共一堂也。

則古平民之居皆如是。又十七年,宋子罕曰:“吾儕小人,皆有闔廬,以辟燥溼寒暑。”《注》云:“闔,謂門戶閉塞。”《疏》云:“《月令》仲春修闔扇。鄭玄云:用木曰闔,用竹葦曰扇。是闔爲門扇,所以閉塞廬舍之門户也。”此亦篳門之類也。可見古者民居之簡陋矣。

然貴族之居,則有甚侈靡者。子産譏晉,謂文公無觀臺榭,今銅鞮之宫數里,而諸侯舍於隸人。《左氏》襄公三十一年。子西慮吴,謂闔廬室不崇壇,宫室不觀,舟車不飾,而夫差次有臺榭陂池。哀公元年。宋向戌聘魯,見孟獻子,尤其室,對曰:“我在晉,吾兄爲之。”襄公十五年。齊景公欲更晏子之宅,辭,及如晉,則公更其宅矣。昭公三年,參看下文。蓋俗以踰侈爲高,如孔子所稱衛公子荆善居室,始有曰苟合,少有曰苟完,富有曰苟美者寡矣。《論語·子路》。勞民之事,見於記載者:晉有虒祁之宫。昭公八年。楚有章華之臺。昭公七年。又作乾谿之臺,三年不成。《公羊》昭公十三年。齊高臺深池,宫室日更。《左氏》昭公二十年。魯雖小,襄公反自楚,猶作楚宫。① 襄公三十一年。此亦猶秦每破諸侯,寫放其宫室,作之咸陽北阪上矣。《史記·秦始皇本紀》二十六年。東周諸大國中,惟秦最簡陋,而商君告趙良,以大築冀闕,營如魯、衛自誇,《史記》本傳。則自孝公變法而後,亦不肯以簡陋自安,阿房、驪山,未始非作法於貪者有以致之也。

宫室而外,又有苑囿之樂。②《說文》云:“苑所以養禽獸也。”高誘注《淮南·本經》云:“有牆曰苑,無牆曰囿。”其注《吕覽·重己》則云:“畜禽獸所,大曰苑,小曰囿。”囿蓋猶今之動物院,苑則畫地,任自然之禽獸蕃殖其中者也。苑囿義雖有別,散文則通,後且爲複語,故書傳每連舉也。《孟子》言:“文王之囿,方七十里,芻蕘者往焉,雉兔者往焉。”此蓋山澤之地尚爲公有之世,其後施以屬禁,則有如齊宣王之囿,方四十里,爲阱於國中者矣。參看第十二章第一節。《公羊》成公十八年

---

① 宫室:襄公作楚宫,猶秦寫放諸侯宫室。
② 宫室:今古説苑囿之大。

《解詁》云:"天子圉方百里,公侯十里,伯七里,子男五里,取一也。"《疏》云:"《孟子》文,《司馬法》亦云也。"今《孟子》無此文,《司馬法》則已亡。然《穀梁疏》引徐邈説,與何君同,其説必有所本,蓋《春秋》制也。《詩·靈臺》毛傳云:"天子百里,諸侯四十里。"《周官》閽人《疏》引《白虎通》云:"天子百里,大國四十里,次國三十里,小國二十里。"蓋古文説。《穀梁疏》引《毛傳》作三十里,三蓋誤字。《孟子》言紂"棄田以爲園囿"。《滕文公下》。《詩·駟鐵序》曰:"美襄公也。始命,有田狩之事,園囿之樂焉。"《疏》云:"有蕃曰園,有牆曰囿,囿者,域養禽獸之處,因在其内調習車馬。"此即《周官·載師》"以場圃任園地"之園。後世民家無囿,而猶有園,因而疊石穿池,構亭臺,植卉木,則成今所謂園林,古苑囿實非其倫。《孟子》"棄田以爲園囿"之園,疑實苑之誤字也。

　　貴族宫室園囿,占地甚多,平民之居,則有甚爲局促者。古宅地謂之廛,①皆掌諸官。《孟子》"許行自楚之滕,踵門而告文公曰:聞君行聖人之政,願受一廛而爲氓,文公與之處"是也。《滕文公上》。《管子問》:"問死事之孤,其未有田宅者有乎? 外人之來從而未有田宅者幾何人?"則並不待其乞請矣。《王制》言"田里不粥,墓地不請",蓋各舉一偏以相備也。《孟子》"五畝之宅",趙《注》言廬井邑居各二畝半,《梁惠王》上。此即《公羊解詁》言"一夫一婦,受田百畝,公田十畝,廬舍二畝半,秋冬入保城郭,一里八十户"者,宣公十五年。地在郊野。"市廛而不税",《王制》,《孟子》作"廛而不征"。則在國中者也。《左氏》昭公三年:"景公欲更晏子之宅,曰:子之宅近市,湫隘囂塵,不可以居,請更諸爽塏者。辭曰:小人近市,朝夕得所求,小人之利也,敢煩里旅? 及晏子如晉,公更其宅,反則成矣。既拜,乃毁之,而爲里室,皆如其舊,則使宅人反之。"《注》曰:"本壞里室以大晏子之宅,故復之。"則城市之中,民居已極闐溢。② 然猶曰國中則然。韓、魏之民,復陰陽澤水者過半。已見第十一章第三節。《史記·仲尼弟子列傳》:孔子卒,原憲亡在草澤中。子貢相衛,結駟連騎,排藜藿,入窮閻,過謝原憲。案《周

----

① 宫室:廛,即壇。
② 宫室:城野民居皆擁擠。

官·載師》注:"故書廛或作壇,鄭司農云:壇讀爲廛。"《序官》廛人《注》:"故書廛爲壇,杜子春讀壇爲廛。"壇者,築土爲之,所以備營建,《管子·五輔》"利壇宅",《注》云"壇堂基"是也。《荀子·王制》云:"定廛宅。"可見廛壇同字。居於草澤之中,排藜藿而後入,其無基址審矣。此則在野之民,亦不能得宅地也。度地居民之制,蓋蕩焉無復存者矣。

《周官·量人》:"掌建國之法,以分國爲九州。九州二字,義有廣狹。已見第十章第二節。此九州二字,乃指國以内之九聚落言,範圍尤隘,實近九州二字之初義也。營國城郭,營後宮,量市朝、道巷、門渠,造都邑,亦如之。營軍之壘舍,量其市朝、州、涂、軍社之所里。"《考工記》:"匠人建國,水地以縣,《注》:"於四角立植,而縣以水,望其高下,高下既定,乃爲位而平地。"《疏》曰:"此經說欲置國城,先當以水平地,欲高下四方皆平,乃始營造城郭也。云於四角立植而縣者,植即柱也,於造城之處,四角立四柱而縣,謂於柱四畔縣繩以正柱。柱正,然後去柱,以水平之法,望柱高下定,即知地之高下,然後平高就下,地乃平也。"置槷以縣,眡以景。注:"於所平地,中央樹八尺之臬以縣正之,眡之以其景,將以正四方也。"《疏》云:"置槷者,槷亦謂柱,云以縣者,欲取柱之景,先須柱正,欲須柱正,當以繩縣而垂,於柱之四角四中,以八繩縣之,其繩皆附柱,則其柱正矣。然後眡柱之景,故云眡以景也。"爲規,識日出之景,與日入之景。《注》:"日出日入之景,其端則東西正也。又爲規以識之者,爲其難審也。自日出而畫其景端,以至日入,既則爲規,測景兩端之内規之,規交乃審也。度兩交之間,中屈之以指臬,則南北正。"畫參諸日中之景,夜考之極星,以正朝夕。"《春秋》莊公二十二年:"丹桓宮楹。"《穀梁》曰:"禮:天子諸侯黝堊,《疏》:"徐邈云:黝,黑柱也。堊,白壁也。"大夫倉,士黈。《注》:"黈,黃色。"丹楹,非禮也。"二十四年:"刻桓宮桷。"《穀梁》曰:"禮,天子之桷,斲之礱之,加密石焉。《注》:"以細石磨之。"諸侯之桷,斲之礱之。大夫斲之。士斲本。刻桷,非正也。"《公羊解詁》略同。《疏》云:"皆《外傳》、《晉語》張老謂趙文子椽之制。"《禮記·禮器》注:"宮室之飾:士首本,大夫達棱,諸侯斲而礱之,天子加密石焉,無畫山藻之禮也。"疏云:"《禮緯·含文嘉》云:大夫達棱,謂斲爲四棱,以達兩端。士首本者,士斲去木之首本,令細,與尾頭相應。《晉語》及《含文嘉》並《穀梁傳》,雖其文小異,大意略同也。"《禮記·禮器》:"管仲鏤簋朱紘,山節藻梲,君子以爲濫矣。"《明堂位》曰:"山節,藻梲,復廟,重檐,刮楹,達鄉,反坫,出尊,崇

坫,康圭,疏屏:天子之廟飾也。"《注》:"山節,刻欂盧爲山也。藻梲,畫侏儒柱爲
藻文也。復廟,重屋也。重檐,重承壁材也。刮,刮摩也。鄉,牖屬,謂夾户牖也,每室八窗
爲四達。反坫,反爵之坫也。出尊,當尊南也。惟兩君爲好,既獻,反爵於其上,禮:君尊於
兩楹之間。崇,高也。康讀爲亢龍之亢。又爲高坫,亢所受圭,奠於上焉。屏謂之樹,今浮
思也,刻之爲雲氣蟲獸,如今闕上爲之矣。"《疏》云:"皇氏云:鄭云重檐,重承壁材也,謂就
外檐下壁,復安板檐,以辟風雨之灑壁,故云重檐,重承壁材。"並可見古者建築之
術。然古宮室城郭,皆役民爲之,能守成法以其時者蓋寡,故古多以
事土木爲大戒也。

　　吾國最古之建築,莫如明堂。蔡邕《明堂月令章句》,謂:"明堂
者,天子大廟,所以祭祀,饗功,養老,教學,選士,皆在其中。取正室
之貌,則曰大廟;取其正室,則曰大室;取其堂,則曰明堂;取其四時之
學,則曰大學;取其圓水,則曰辟雍;雖名別實同。"袁準難之,殊不中
理。阮元謂:"有古之明堂,有後世之明堂。古者政教樸略,宮室未
興,一切典禮,皆行於天子之居,後乃禮備而地分。禮不忘本,於近郊
東南,別建明堂,以存古制。"《揅經室集·明堂説》。其説是也。明堂之
制,今古文皆謂其以茅蓋屋,蓋猶祭祀之存玄酒大羹。今《戴禮》説:
明堂九室,室四户八牖。古《周禮孝經》説:明堂東西九筵,南北七
筵,堂崇一筵。其壯麗,殊與樸略之世不稱,蓋晚周之制也。鄭玄謂
《戴禮》所云,雖出《盛德篇》,云九室,三十六户,七十二牖,似秦相吕
不韋作《春秋》時説,得其實矣。《淮南·本經》云:"古者明堂之制,下
之潤溼弗能及,上之霧露弗能入,四方之風弗能襲,土事不文,木工不
斲,堂大足以周旋。理文靜潔,足以享上帝,禮鬼神。"可見明堂之初
制。合初制與吕不韋所説觀之,可見自隆古至晚周建築之精進也。本
節引《禮記·明堂位》疏。蔡邕説詳見《續漢書·祭祀志》注。《考工記·匠人》説明堂之
制,與古《周禮》、《孝經》説同。

　　《周官》:天官掌舍,掌王之會同之舍。設梐枑再重。《注》:"鄭司農
云:梐枑,謂行馬。"案謂交互設木,以資守衛也。設車宮轅門。《注》:"謂王行止宿阻
險之處,備非常,次車以爲藩,則仰車,以其轅表門。"爲壇壝宮棘門。《注》:"謂王行止
宿,平地築壇,又委壝土起埒垍圽以爲宮。鄭司農云:棘門,以戟爲門。杜子春云:棘門,或

爲材門。"《疏》:"閔二年,衛文公居楚丘,國家新立,齊桓公共門材,先令豎立門户,故知棘門亦得爲材門,即是以材木爲門也。"爲帷宫設旌門。《注》:"謂王行止,晝有所展肆,若食息,張帷爲宫,則樹旌以表門。"無宫則共人門。《注》:"謂王行有所逢遇,若住遊觀,陳列周衛,亦立長大之人以表門。"此古人行道止舍之法也。

古人席地而坐,尊者則用几。阮諶《禮圖》云:"几長五尺,高尺二寸,廣二尺。"《曾子問疏》。其高尚不如今之椅也。其坐則略如今之跪。寢則有牀,《詩》所謂"載寢之牀"也。《左氏》襄公二十七年:"牀笫之言不踰閾。"《注》:"笫,簀也。"《正義》:"《釋器》云:簀謂之笫,孫炎曰:牀也。郭璞曰:牀版也。然則牀是大名,簀是牀版。《檀弓》云:大夫之簀與? 簀名亦得統牀,故孫炎以爲牀也。"室中用火有二:一以取暖,一以取明。《漢書·食貨志》云:"冬民既入,婦人同巷相從夜績。必相從者? 所以省費燎火。"師古曰:"燎,所以爲明;火,所以爲温也。"古無蠟燭,所謂大燭庭燎者,以葦爲中心,以布纏飴蜜灌之,樹於門外曰大燭,於門内曰庭燎。平時用荆燋爲火炬,使人執之,所謂執燭抱燋,所謂燭不見跋,皆指此。《周官·秋官》司烜氏《疏》。《左氏》昭公十年:"宋平公卒。初,元公惡寺人柳,欲殺之。及喪,柳熾炭於位,將至則去之。比葬,又有寵。"定公三年:"邾子自投於牀,廢於鑪炭,遂卒。"則取煖亦用炭也。

述宫室及與宫室附麗之器用既竟,請再略言葬埋之制。古之葬,蓋有於山者,亦有於平地者。《孟子》曰:"蓋上世,嘗有不葬其親者矣,其親死,則舉而委之於壑。他日過之,狐狸食之,蠅蚋姑嘬之。""蓋歸,反虆梩而掩之。"《滕文公上》。此田獵之世之葬於山。《易》言:"古之葬者,厚衣之以薪,葬之中野,不封不樹。"《繫辭傳》。此則耕稼之世之葬於地者也。農民葬埋,率就所耕之地。[1]《曾子問》:"下殤葬於園。"亦其一證。故《孟子》言:"死徙無出鄉。"《滕文公上》。《公羊解詁》述井田之制曰:"死者得葬焉。"宣公十五年。《檀弓》曰:"孔子既得合葬於防,曰:吾聞之,古也墓而不墳;今丘也,東西南北之人也,不可以弗識

---

① 葬埋:葬埋率就所居之地,故言不欲去墳墓。故墓而不墳,以中田不安,求高燥之處,則遠乃墳(又見第 331 頁)。

也,於是封之,崇四尺。"蓋古之所以不封不樹者,正以葬地距所居甚
邇,不待識別也。《詩》:"行有死人,尚或墐之。"毛《傳》:"墐,路冢也。"路人而猶爲之
冢,亦以便識別也。貴族則以中田爲不安,而求葬於高燥之處。《呂覽》謂
"葬必於高陵之上,以避狐狸之患,水泉之溼"是也。《節喪》。於是葬地
距所居漸遠,不得不爲之識別,而有所謂丘封之度與樹數,《周官》冢人,
以爵等爲丘封之度,與其樹數。並有以人力爲丘陵者矣。顧亭林《日知録》云:"古
王者之葬,稱墓而已。春秋以降,乃有稱丘者。趙肅侯、秦惠文、悼武孝文三王始稱陵,至
漢則無帝不陵者矣。"此葬地之變也。《檀弓》曰:"有虞氏瓦棺,夏后氏墍
周,殷人棺椁。"《淮南·氾論》同。鄭《注》言有虞氏始不用薪,高《注》
言禹世無棺椁,以瓦廣二尺,長四尺,側身累之以蔽土,曰:墍周,蓋
尚未能用木。① 《墨子》言:"禹葬曾稽,桐棺三寸。"實假託之辭也。見
《節葬》。上文云:"古聖王制爲葬埋之法。曰:棺三寸,足以朽骨。"下文又云:"子墨子制爲
葬埋之法,曰:棺三寸,足以朽骨。"可見實爲墨子所定之制。《左氏》哀公二年,趙鞅誓衆
曰:"若其有罪,絞縊以戮,桐棺三寸,不設屬辟。"墨子所據,自係當時穀薄之制也。《檀
弓》言:"夫子制於中都,四寸之棺,五寸之椁。"《孟子》言:"中古棺七
寸,椁稱之。"《公孫丑》下。而天子諸侯,棺椁皆至數重。《檀弓》:"天子之棺
四重,水兕革棺被之,其厚三寸,杝棺一,梓棺二,四者皆周。"鄭《注》以水兕革棺爲一重,杝
棺即椑棺,梓棺爲屬與大棺,《喪大記》:"君大棺八寸,屬六寸,椑四寸;上大夫大棺八寸,屬
六寸;下大夫大棺六寸,屬四寸。"蓋即《禮器》所謂諸侯三重,大夫再重者,諸侯無革棺,大
夫無椑也。又云:士棺六寸,則士無屬也。《禮器》又云:"天子五重。"鄭謂加抗木與茵,
《疏》云:"古者爲椁,累木於其四邊,上下不周,致茵於椁下,所以藉棺,從上下棺之後,又置
抗木於椁之上,所以抗載於上茵者。藉棺外,下裀,用淺色緇布爲之,每將一幅,輒合縫爲
囊,將茅秀及香草著其中,如今有絮褥也。"案《莊子·天下》:"天子棺椁七重,諸侯五重,大
夫三重,士再重。"七重,蓋以水兕革棺爲二,茵與抗木,亦各爲一重。《荀子·禮論》:"天子
棺椁十重。"十,蓋七字之誤。此棺椁之變也。《檀弓》又曰:"仲憲言於曾子
曰:夏后氏用明器,示民無知也。殷人用祭器,示民有知也。周人兼
用之,示民疑也。"其論三代制禮之意非,言三代異禮當是。所謂明器
者,"竹不成用,瓦不成味,木不成斲,琴瑟張而不平,竽笙備而不和,

---

① 葬埋:墍周用瓦,禹桐棺三寸非實。

有鐘磬而無簨虡”，亦《檀弓》文。蓋其時制器之技，本只如此。“孔子謂
爲芻靈者善，謂爲俑者不仁。”芻靈與塗車並稱，亦見《檀弓》。蓋在瓦棺
堲周之世，俑則與棺椁並興也。① 此葬器之變也。凡此皆葬埋之法，
隨文明之進而臻美備者也。

　　昔之論者，恒謂古人重神不重形，故其葬埋不至踰侈，其説實似
是而非。② 《檀弓》言延陵季子適齊，比其反也，其長子死，葬於嬴、博
之間。既封，左袒，右還其封，且號者三，曰：“骨肉歸復於土，命也；若
魂氣，則無不之也！無不之也！”《左氏》定公五年：“吳師居麇，子期將
焚之，子西曰：父兄親暴骨焉，不能收，又焚之，不可。子期曰：國亡
矣，死者若有知也，可以歆舊祀，豈憚焚之？”合此兩事觀之，似古人之
重神，誠過於其形，且以形魄爲無知矣。然《穀梁》僖公十年：“驪姬謂
君曰：吾夜夢夫人趨而來，曰：吾苦畏。胡不使大夫將衛士而衛冢
乎？”則謂古人謂神不棲於丘墓者，非也。或謂《穀梁》之言，乃漢師之
説，不免以後世事附會。然“孔子死，子貢築室於場，獨居三年，然後
歸”，《孟子·滕文公上》。此即後世之廬墓，與將士而衛冢何異？且自武
王，即已上祭於畢矣。見第八章第六節。而齊亦有東郭墦間之祭。《孟子·
離婁下》。“奔喪者不及殯，先之墓，哭盡哀。除喪而後歸，之墓哭成
踊。”《禮記·奔喪》。“去國則哭於墓而後行，反其國不哭，展墓而入。”《檀
弓》。“大夫士去其國，止之曰：奈何去墳墓也？”《曲禮》。苟以形魄爲無
知，又何爲是戀戀也？《檀弓》曰：“大公封於營丘，比及五世，皆反葬
於周。君子曰：樂，樂其所自生，禮不忘其本。古之人有言曰：狐死
正丘首，仁也。”然則季子之不歸葬，亦力有不逮耳，非果以形魄爲無
知，而棄之於遠也。職是故，古貴族乃多違禮厚葬者，觀《吕覽·安
死》、《節葬》二篇可知。《論語》言顏淵死，門人欲厚葬之。子曰：不
可，而門人弗聽。《先進》。蓋雖聖門之弟子，且不免隨俗矣。知厚葬之

---

① 葬埋：塗車芻靈其時，俑則與棺椁並興也。
② 葬埋：謂古不重形之非。

習之入人深也。道術之士所以多非厚葬者，_{墨家詆儒家厚葬，然儒家葬法，較}_{之流俗，已遠薄矣。}一不欲以死傷生，一則禮多守舊，前世之法，既成遺習，不欲輕違也。然一二智士之曉音瘏口，豈能回千百流俗人之聽哉？

　　古言葬埋之侈者，莫過於吳闔廬，及秦惠、文、武、昭、莊襄五王，_{劉向《諫起昌陵疏》見《漢書》本傳。}或謂此六王之事，乃以世近而有傳，他國王侯，亦未必不如此。然《左氏》成公二年，宋文公卒，始厚葬，君子譏華元、樂舉之不臣。《史記·秦本紀》：武公卒，初以人從死，獻公元年又止之。_{《左氏》成公二年，亦云宋始用殉。}則戰國初年以前，違禮厚葬者，似確不如後來之甚。① 蓋禮恆守舊，非至風俗大變時，敢顯然違之者少也。此乃習俗之拘束，非真知禮義，故隄防一潰，遂橫決不可遏止矣。

　　《周官》冢人：“掌公墓之地，辨其兆域而爲之圖。”墓大夫：“掌凡邦墓之地域，爲之圖，令國民族葬。”《檀弓》：“晉獻文子成室，晉大夫發焉。張老曰：美哉輪焉，美哉奐焉。歌於斯，哭於斯，聚國族於斯。文子曰：武也得歌於斯，哭於斯，聚國族於斯，是全要領以從先大夫於九京也，北面再拜稽首。”《注》曰：“晉卿大夫之墓地在九京，京蓋原字之誤。”②案《左氏》襄公二十五年，楚蒍掩辨京陵。《注》云：“以爲冢墓之地。”《爾雅·釋丘》曰：“絶高謂之京。”《周官·大司徒》注曰：“高平曰原。”二者義實無大異，則作京亦可通。《檀弓》又曰：“成子高曰：吾聞之，生有益於人，死不害於人，吾縱生無益於人，吾可以死害於人乎哉？我死，則擇不食之地而葬我焉。”丘陵不必皆不食，然究非土田之比，族葬於丘陵，則地之棄於葬者較少，猶較以人力爲丘陵者爲善也。

　　《墨子·節葬》曰：“秦之西，有儀渠之國者，其親戚死，聚柴薪而

---

①　葬埋：厚葬確晚起之事。
②　葬埋：九京不必改字，蓋由求高燥。

焚之,燻上,謂之登遐,然後成爲孝子。"《呂覽·義賞》曰:"氐、羌之民
其虜也,不憂其係累,而憂其死不焚也。"《荀子·大略》同。此爲異民
族之俗,非漢族所有,彼蓋誠重神而不重形者矣。

第四節 交 通

《易·繫辭傳》述黃帝、堯、舜之事曰:"刳木爲舟,剡木爲楫,舟楫
之利,以濟不通。"又曰:"服牛乘馬,引重致遠。"《墨子》曰:"古之民,
未知爲舟車時,重任不移,遠道不至,故聖王作爲舟車以便民之事。"
《辭過》。《淮南子》曰:"古者大川名谷,衝絕道路,不通往來也,乃爲窬
木方版,以爲舟航,故地勢有無,得相委輸。乃爲鞄蹻而超千里。肩
荷負儋之勤也,而作爲之楺輪建輿,駕馬服牛,民以致遠而不勞。"《氾
論》。皆以舟車之興,爲大有益於人類。蓋無舟車,則一水之隔,即可
使人不相通,陸路雖可步行,然水性使人通,山性使人塞,跋涉千里,
業已甚勞,況加以儋荷負戴提挈邪?人之軀體,能運物者有四:肩、背、頭、手是
也,肩以儋,背以負,頭以戴,手以提挈。合兩人之手,則爲昪。舟車之興,其大有益
於人類,確不誣也。①
　　舟之興,蓋始於浮木。《莊子·逍遙遊》曰:"今子有五石之瓠,何
不慮以爲大樽,而浮乎江湖?"《釋文》引司馬云:"樽如酒器,縛之於
身,浮於江湖,可以自渡。"以手足擊水而進。此時人之手足即楫也。此蓋最古
之法。稍後,則知刳木。《淮南子·説山》曰:"古人見竅木浮而知
舟。"《詩》曰:"就其深矣,方之舟之。"《疏》云:"《易》曰:利涉大川,乘
木舟虚。《注》曰:舟謂集板,如今船,空大木爲之,曰虚。即古又名
曰虚,摠名皆曰舟。"案《詩》所謂方,即《淮南子》所謂方版,乃後世之
筏,不足以當舟虚則其所謂窬木,而亦即《易》所謂刳木也。舟之始,

---

　　① 交通:舟橋之始。

蓋僅如此，能方版而爲筏，技已稍精，知造舟則更進矣。既能浮木以渡水，則亦能駕木以爲橋。《說文》："榷，水上橫木，所以渡者"是也。其字亦作杠。《孟子》曰："歲十一月徒杠成，十二月輿梁成。"梁與杠字並從木，蓋亦架木爲之。《爾雅》曰："石杠謂之徛。"則後來更用石也。《爾雅》："隄謂之梁。"《注》："即橋也。或曰：石絕水者爲梁，見《詩傳》。"案梁亦初用木，後用石也。郭《注》云："聚石水中，以爲步渡。"蓋未能爲橋時，又有此法。雖云簡陋，然較之"山無蹊隧，澤無舟梁"之世，見《莊子‧馬蹄篇》。已迥不相侔矣。

車之興，必有較平坦之道，故其時之文明程度必更高。《日知錄》論騎射之始云："春秋之世，戎翟雜居中夏者，大抵皆在山谷之間，兵車之所不至。齊桓、晉文僅攘而卻之，不能深入其地者，用車故也。中行穆子之敗翟於大鹵，得之毀車崇卒；而知伯欲伐仇猶，遺之大鐘，以開其道，其不利於車可知，勢不得不變而爲騎。騎射，所以便山谷也。胡服，所以便騎射也。"此雖論軍事，而交通從可見焉。後來夷狄之情形，即吾國古代之情形也。吾國文明，大啓於河域之平原，故車之爲用尤廣。《考工記》曰："一器而工聚焉者，車爲多。"可見古人之殫心於是矣。

《曲禮》曰："前有車騎，則載飛鴻。"《疏》云："古人不騎馬，故經但記正典，無言騎者。今言騎，當是周末時禮。"《左氏》昭公二十五年，"左師展將以公乘馬而歸。"《疏》曰："古者服牛乘馬，馬以駕車，不單騎也。至六國時始有單騎，蘇秦所云車千乘，騎萬匹是也。《曲禮》曰前有車騎者，《禮記》漢世書耳，經典無騎字也。炫謂此欲共公單騎而歸，此騎馬之漸也。"案世無知以馬駕車而不知騎乘之理，亦無久以馬駕車而仍不知騎乘之理，古書不見乘馬事，自如劉子玄議，以記庶民事少；兵有車而無騎，自如亭林言，以古華夏多居平地，與戎狄爭不甚劇也。《日知錄》云："《詩》云：古公亶父，來朝走馬，馬以駕車，不可言走，曰走者，單馬之稱。"段玉裁《說文解字注》謂："趙旃以其良馬二，濟其兄與叔父，即是單騎。"《馬部》騎下。則急遽之時，古固有跨馬者。

予案載重亦宜於車,古貴族之行,載物必多,安能用騎?《史記‧秦始皇本紀》:八年,"輕車重馬,東就食",疑即是舍車而騎。毛奇齡《經問》云:"古書不記事始,今人但以書之所見,便爲權輿,此最不通。《易》、《書》、《詩》無騎字,遂謂古人不騎馬,騎是戰國以後字,然則六經無髭髯字,將謂漢後人始生髭髯乎?"語雖謔,實中事理也。

古車亦有以人輓者,輦是也。《周官》鄉師云:"大軍旅會同,正治其徒役與其輂輦。"《注》云:"輂駕馬,輦人輓行,所以載任器也。止以爲藩營。《司馬法》曰:夏后氏謂輦曰余車,殷曰胡奴車,周曰輜輦。輦,一斧、一斤、一鑿、一梩、一鋤,周輦加二版二築。"又曰:"夏后氏二十人而輦,殷十八人而輦,周十五人而輦。"案《春官》巾車,"王后之五路"有輦車。《注》云:"爲輇輪人輓之而行。"《疏》:"《説文》:有輻曰輪,無輻曰輇。"又服車五乘,士乘棧車,庶人乘役車。《注》但云:役車方箱,可載任器以共役,與棧車皆不言爲人輓。而《詩》:"有芃者狐,率彼幽草,有棧之車,行彼周道。"《毛傳》云:"棧車,役車也。"《箋》云:"狐草行草止,故以比棧車、輦者。"一似棧車、役車,以皆人輓行者。蓋役車既可駕馬,又可人輓行,既可乘坐亦可共役;而棧車、役車同爲無飾,故二者又可通名也。《巾車》,王之五路:曰玉路,以祀。曰金路,以賓,同姓以封。曰象路,以朝,異姓以封。曰革路,以即戎,以封四衞。曰木路,以田,以封蕃國。王后之五路:曰重翟,曰厭翟,曰安車,曰翟車,曰輦車。服車五乘:孤乘夏篆,卿乘夏縵,大夫乘墨車,士乘棧車,庶人乘役車。《注》云:玉路以玉飾,金路以金飾,象路以象飾,革路輓之以革,而漆之,無他飾,木路不輓以革,漆之而已。重翟,重翟雉之羽也。厭翟,次其羽,使相迫也。安車,坐乘車。翟車,不重不厭,以翟飾車之側爾。輦車,但漆之而已。夏篆,《故書》爲夏緣。司農云:夏,赤也。緣,綠色。或曰:夏篆,篆讀爲圭瑑之瑑,夏篆,轂有約也。玄謂夏篆,五采畫轂約也,夏縵亦五采畫,無瑑,墨車不畫,棧車不革,輓而漆之。案《考工記》云:"棧車欲弇,飾車欲侈。"《注》云:棧車欲弇,"爲其無革輓,不堅,易折壞也"。飾車,"謂革輓輿也"。《疏》云:"云大夫以上,則天子諸侯之車以革輓。但有異物之飾者,則得玉金象之名號,無名號者,直以革爲稱。木路亦以革輓,但不漆飾,故以木爲號。"與《巾車注》不合。《疏》説當是。或其初但用木,後雖以革輓,猶襲木名也。棧車則仍用木。《巾車疏》引《唐傳》云"庶人木車單馬"是也。用木即是無飾,故《唐傳》又云:"古之帝王,必有命民,命然後得乘車、駢馬。"《考工記》引《殷傳》亦云:"未命爲士者,不得乘飾車。"《公羊》昭公二十五年《解詁》，亦云："天子大路，諸侯路車，大夫大車，士飾車"也。駕數：《易》孟、京，《春秋》,《公羊》說：天子駕六。《毛詩》說：天子至大夫同駕四，士駕二。《禮·王度記》曰：天子駕六，諸侯與卿同駕四，大夫駕三，士駕二，庶人駕一。說與《易》、《春秋》同，見《五經異義》。《曲禮》云："婦人不立乘。"故《巾官注》云："凡婦人車，皆坐乘。"《疏》云："皇后五路皆坐乘，獨此得安車之名者，以此無異物之稱，故獨得安車之名也。"又云：《曲禮上》。"大夫七十而致事，若不得謝，則必賜之几杖，乘安車，則男子坐乘，亦謂之安車也。"《説文》："輦，輓車也，从車扶，扶在車歬，引之也。"扶訓並行，蓋二人輓之，亦或一推一輓。①《司馬法》所言，乃行軍時制，尋常役車，固不必如是其大也。《論語·爲政》："子曰：大車無輗，小車無軏，其何以行之哉？"《集解》："包曰：大車，牛車；《考工記·輈人》注同。《車人注》曰："平地載任之車。"小車，駟馬車。"中央兩馬夾轅者名服，兩邊名騑，亦曰驂。《左氏》桓公三年《疏》云："總舉一乘，則謂之駟。指其騑馬，則謂之驂。"則古車有服牛、乘馬與以人輓，凡三種也。②古喪車亦以人輓，《既夕禮》，屬引，《注》曰："屬，猶著也，引，所以引柩車，在軸輴曰紼，古者人引柩。"《疏》云："言古者人引，對漢以來不使人也。"

　　輂即《史記·夏本紀》"山行乘橇"之橇。《河渠書》作"山行即橋"。案禹乘四載，③《史記·夏本紀》、《河渠書》、《漢書·溝洫志》、《呂覽》、《慎勢》。《淮南王書》、《齊俗》、《修務》。《説文》、《史記集解》引《尸子》及徐廣說所作字互異，其中陸行乘車，水行乘舟或作船，無足疑。山行則橇與橋外，又作桐、蔂、樏、欙；澤行作毳、橇、蕝、輴、楯；而《呂覽》及《淮南·修務》，又云沙行乘鳩，《齊俗》作肆。肆疑誤字。莊逵吉曰："鳩車聲相轉，古蓋別有一種小車，名鳩。輴、輴、楯三字同類，橇、毳、蕝三字同類。《周禮》曰：孤乘夏輴，又下棺車亦曰輴，古字無輴，楯乃以闌楯借用耳。"案莊氏説是也。桐字見《玉篇》，云："輿食器也，又土轝也。"雷浚《説文外編》云："土轝之字，《左傳》作挶。襄公九年，陳畚挶。杜《注》："挶，土轝。"《漢書·五行志》引作輂。應劭曰："輂，所以輿土也。"《説文》："輂，大車，駕馬也。"蔂、樏即一字，顯而易見，亦即《孟

①　交通：輦僅二人輓之。
②　交通：古喪車亦以人輓。
③　交通：四載。

子》反虆梩而掩之之虆。《滕文公》上。趙《注》云：“虆梩，籠臿之屬，可以取土者也。”蓋桐本取土之器，駕馬則以輂名，而虆亦取土器，故輂又可名欙，而輂之音又轉爲橋，則即後世之轎字。徐廣曰：“欙者，直轅車。”韋昭云：“桐，木器，如今輿狀，人舉以行。”蓋其物在魏、晉時，尚可以人舁，可以駕馬也。

有國中之道，有野鄙之道，國中之道，匠人職之。《考工記》云：“國中九經九緯，經涂九軌，《注》：“軌謂轍廣，乘車六尺六寸，旁加七寸，凡八尺，是謂轍廣，九軌積七十二尺。”環涂七軌。杜子春云：“環涂，謂環城之道。”野涂五軌。環涂以爲諸侯經涂，野涂以爲都經涂。”蓋極寬平坦蕩。野鄙之道，則不能然。①《周官》遂人云：“遂上有徑，溝上有畛，洫上有涂，澮上有道，川上有路，以達於畿。”《注》云：“徑容牛馬，畛容大車，涂容乘車一軌，道容二軌，路容三軌。”其路，依蓋田間水道。《月令·季春》：“令司空曰：時雨將降，下水上騰，循行國邑，周視原野，修利隄防，道達溝瀆，開通道路，毋有障塞。”鄭《注》云：“古者溝上有路。”此溝爲遂、溝、洫、澮之總名，路亦徑、畛、涂、道之總名也，此等路，即役人民修之。《國語·周語》：單襄公引《夏令》曰：“九月除道，十月成梁。”又曰：“其時儆曰：收而場功，待而畚挶，營室之中，土功其始。火之初見，期於司里。”其技，自不如匠人等有專職者之精，又政令時或不舉，故其寬平不如國中。《儀禮·既夕禮》：“商祝執功布，以御柩執披。”《注》云：“居柩車之前，若道有低仰、傾虧，則以布爲抑揚左右之節，使引者執披者知之。”《周官》喪祝，掌大喪勸防之事。《注》云：“勸，猶倡帥，前引者。防，謂執披備傾戲。”《曲禮》亦曰：“送葬不避塗潦。”此野鄙之道，不盡平坦之證。《左氏》成公五年，梁山崩，晉侯以傳召伯宗。伯宗辟重，曰辟傳，重人曰：“待我，不如捷之速也。”《周官》野廬氏，“凡道路之舟車轚互者，叙而行之。”此野鄙之道，不盡寬廣之證也。《曲禮》言歲凶則馳道不除，蓋惟馳道爲寬平，餘則不免傾仄，三代時亦與秦、漢同矣。古道路與溝洫相輔而行，即所謂阡陌。井田未廢時，溝

---

① 交通：野鄙之道不善。

洫占地頗多,亦頗平直,與之相依之阡陌,亦必較寬且直可知。至阡陌開,則無復舊觀矣。故路政之壞,亦與土地私有之制骈進者也。

古國小而爲治纖悉,其路政自較後世爲修飭。然其欲設險以慎固封守亦較大一統時爲甚。故其往來之際,阻礙頗多。後人讀古書,不審當時字義,而以後世字義釋之,則失其實矣。《周官》野廬氏,掌達國道路,至於四畿。合方氏,掌達天下之道路。量人,邦國之地與天下之涂數,皆書而藏之。此皆所以利交通。司險,掌九州之圖,以周知其山林川澤之阻,而達其道路。設國之五溝、五涂而樹之林,以爲阻固,此則所以慎封守也。九州字義,廣狹不同,已見第十章第二節及上節。所謂天下者,亦就其時交通所及言之耳。《月令》:"孟冬,命百官,謹蓋藏。命有司,循行積聚,無有不斂。壞城郭,戒門閭,修鍵閉,慎管籥,固封疆,備邊竟,完要塞,謹關梁,塞蹊徑。"皆慎固封守之事。蓋農耕之民,收穫之後,最懼劫掠,故古即有"重門擊柝"之事,見《易·繫辭傳》。後世政令,仍沿襲此意也。因列國之互相猜忌,於是往來之間,非有符節不能通,甚至國內亦然。符節之制,《周官》最詳,以其爲六國時書也。《地官》掌節云:"山國用虎節,土國用人節,澤國用龍節,門關用符節,貨賄用璽節,道路用旌節,皆有期以反邦。"《秋官》小行人無貨賄用璽節句,而云"都鄙用管節"。虎節,人節,龍節,使臣所用;旌節,符節,管節,則人民所用也。鄭《注》云:"門關,謂司門司關也。貨賄,主通貨賄之官,謂司市也。道路,主治五涂之官,謂鄉遂大夫也。都鄙,公之子弟及卿大夫采地之吏也。"又云:"凡民遠出至於邦國,邦國之民,若來入,由門者,司門爲之節;由關者,司關爲之節;其商則司市爲之節;其以徵令及家徙,則鄉遂大夫及采地吏爲之節。將送者,執此節以送行者,皆以道里日時課,如今郵行有程也。"案《秋官》行夫云:"掌邦國傳遞之小事,媺惡而無禮者,凡其使也,必以旌節。"掌交云:"掌以節與幣,巡邦國之諸侯,及其萬民之所聚者。"此出使者之必以節也。司關云:"有外內之送令,則以節傳出內之。"環人云:"掌送逆邦國之通賓客,以路節達諸四方。"懷方氏云:"掌來遠方之民,致方貢致遠物而送逆之,達之以節。"此來使者之必以節也。大司徒:"國有大故,令無節者不行於天下。"鄉大夫云:"國有大故,則令民各守其閭,以旌節輔令則達之。"司險云:"國有故,則藩塞阻路而止行者,以其屬守之。惟有節者達之。""大故"鄭《注》曰:"謂王崩及寇兵也。"此有事時禁民往來也。掌節云:"凡通達於天下者,必有節以傳輔之,無節者有幾則不達。"此平時禁民往來也。此猶曰往來於列國之間也。比長云:"徙於國中及郊,則從而授之,若徙於他,則爲之旌節而行之。若無授無節,則唯圜土內之。"《注》云:"或國中之民出徙郊;或郊民入徙國中,皆從而付所處之吏,明無罪惡。徙於他,謂出居異鄉也,授之者有節乃達。"此即《孟子》所謂"死徙無出鄉"者。《詩‧碩鼠》箋云:"古者三年大比,民或於是徙。"①其言亦當有所據,則雖一國之中,遷徙亦不自由矣。案《管子‧大匡》:"三十里置遽委焉,有司職之。客與有司別契,至國八契。"八契,蓋入契之誤,此亦符節之類。《史記‧楚世家》言齊王折符而合於秦,《張儀列傳》言楚王使勇士至宋,借宋之符,北罵齊王。又言儀使其舍人馮喜之楚,借使之齊。樂毅《報燕惠王書》曰:"具符節,南使臣於趙。"蘇代《遺燕昭王書》曰:"使之盟於周室,盡焚天下之秦符。"《魏策》:宋郭曰:"請焚天下之秦符者,臣也。次傳焚符之約者,臣也。"皆列國往來無符節即不得通之證。**而關之譏察尤嚴,其極,遂至藉以爲暴。**關之始,蓋專爲譏察計,《王制》謂關執禁以譏,禁異服,察異言是也。其後因以征商,然譏察之法仍不廢。《周官》有司門以主城門,司關以主畀上之門,又有閽人以守王宮之門,皆以幾訶爲事。《左氏》昭公二十年,晏子言:"縣鄙之人,入從其政,偪介之關,暴征其私。"《注》云:"邊鄙之人,既入服政役,又爲近關所征稅相暴,奪其私物。"入服政役而猶有幾,正與《周官》雖有微令,猶須符節相合,知六國時自有此事,故作《周官》者,亦據以立言也。從而奪其私財,則盜賊不啻矣。宜乎《孟子‧盡心》下篇,謂"古之爲關也,將以禦暴;今之爲關也,將以爲暴"也。然《左氏》文公二年,以廢六關爲臧文仲三不智之一,則古視設關幾察之制甚重矣。此以言其爲阱於國中也。關之設,後雖或在國內,乃因國竟開擴使然,其初則必在界上,故於列國往來,所關尤鉅。《史記‧張儀列傳》言,楚懷王聽儀計,閉關絕約於齊。《戰國‧魏策》:宋郭曰:"欲使五國約閉秦關者,臣也。"是絕約必先閉關也。《魏策》又曰:"通韓之上黨於共莫,使道已通,因而關之,出入者賦之,是魏重質韓以其上黨也。共有其賦,足以富國,韓必德魏,愛魏,重魏,畏魏,韓必不敢反魏,韓是魏之縣也。"則又可設關阻道以自利矣。《左氏》成公十二年,晉、楚盟辭曰:"道無壅。"蓋即指此等事言之,可見列國並立之世,交通之梗阻矣。**宜乎漢有天下後,論者以通關梁、一符傳爲美談矣。**

　　古民間之往來不盛,故道途宿息,及既至後之館舍,皆須官爲措畫。②《周官》野廬氏:"比國郊及野之道路宿息井樹。"遺人:"凡國野之道:十里有廬,廬有飲食。三十里有宿,宿有路室,路室有委。五十里有市,市有候館,候館有積。"遺人職云:"郊里之委積,以待賓客。野鄙之委

---

① 交通:古者三年大比,民或於是徙。
② 交通:古無逆旅。

積,以待羈旅。"委人職亦云:"以稍聚待賓客,以甸聚待羈旅。"掌訝職云:"若將有國,賓客至,則戒官修委積。"又云:"及委則致積。"懷方氏職云:"治其委積、館舍、飲食。"《管子·五輔》亦云:"修道路,便關市,慎將宿。"《覲禮》:天子有賜舍。《曾子問》曰:"卿大夫之家曰私館,公館與公所爲曰公館。"其事也。《雜記》:"公館者,公宮與公所爲也。私館者,自卿大夫以下之家也。"《覲禮》又曰:"卿館於大夫,大夫館於士,士館於工商。"蓋無特設之客舍,故各就其家館之。《聘禮》:"有司入陳。"《注》云:"入賓所館之廟,陳其積。"案古廟寢同制,故可以舍客。民間往來,當亦如是。《史記·商君列傳》:商君亡至關下,欲舍客舍。舍人不知其是商君也,曰:"商君之法,舍人無驗者坐之。"此客舍必是民家。若關下官所爲舍,則本非有符節不能止宿矣。《左氏》僖公二年,晉人假道於虞曰:"虢爲不道,保於逆旅,以侵敝邑之南鄙。"此逆旅亦必是民家,若專以宿客爲業,官自可加以封禁也。《史記·扁鵲列傳》:"少時爲人舍長。舍客長桑君過,扁鵲獨奇之。"《索隱》引劉氏云:"守客館之師,故號云舍長。"此客館似是專業,然此等似不多也。《商君書·墾令篇》:"廢逆旅,則姦僞躁心私交疑農之民不行。逆旅之民,無所於食,則必農。農則草必墾矣。"當時之秦,未必有專營客館者,蓋亦民家以此牟利,故欲返諸農易也。

　　操舟之技,北不如南,内地又不如緣海。案《左氏》僖公十三年,秦輸粟於晉,自雍及絳相繼,命之曰汎舟之役。《史記》亦云:"以船漕車轉,自雍相望至絳。"見第九章第三節。《戰國·楚策》:張儀説楚王曰:"秦西有巴蜀,方船積粟,起於汶山,循江而下,至郢三千餘里。舫船載卒一舫載五十人,與三月之糧,下水而浮,一日行三百餘里,里數雖多,不費馬汗之勞,不至十日,而距扞關。扞關驚,則從竟陵以東,盡城守矣。"似西北操舟之技,亦已甚優。然北人徒涉者甚多,可見其濟渡尚乏[1]案古濟渡有二法:一以船自此岸渡至彼岸,詩所謂"誰謂河廣,一葦杭之"者也。此法見於記載者甚少。二以舟自此岸接於彼岸,人馬行其上。《爾雅》云:"天子造舟,諸侯維舟,大夫方舟,士特舟,庶人乘泭。"《公羊》宣公十二年《解詁》同。《詩·大明》疏所謂"加板於上,即今之浮橋"者也。古人所以如此,蓋緣其造橋之技頗拙。《孟子》言:"歲十一月,徒杠成。

---

① 交通:徒涉之多(又見第343頁)。

十二月，輿梁成。”蓋僅能於水小之時，架木爲橋，水大即不免斷絶，故不得不如此。然亦由其行舟之技尚拙，舟船較少故也。《詩》曰：“子惠思我，褰裳涉溱。”《論語・憲問》曰：“深則厲，淺則揭。”此皆所謂徒涉也。《易・既濟》：“初九，曳其輪，濡其尾。”《孟子・離婁下》：“子產聽鄭國之政，以其乘輿濟人於溱、洧。”此則所謂“以車載而渡之者。”《論語・述而》：“子曰：暴虎馮河，死而無悔者，吾不與也。”《禮記・檀弓》曰：“死而不弔者三：畏，厭，溺。”《祭義》曰：“壹舉足而不敢忘父母，是故道而不徑，舟而不游。”《左氏》哀公十五年，芋尹蓋謂吳大宰嚭曰：“苟我寡君之命，達於君所，雖隕於深淵，則天命也，非君與涉人之過也。”《荀子・天論》曰：“水行者表深，表不明則陷。”《大略》曰：“水行者表深，使人無陷。”則古過涉滅頂者甚多，《易》所由取爲大過之象也。《吕覽・過理篇》言：“紂截涉者脛而視其髓。”《注》曰：“以其涉水能寒也，故視其髓，欲知其與人有異否也。”此即僞《泰誓》“斮朝涉之脛”語所本。《戰國・齊策》云：“有老人涉菑而寒，出不能行，坐於沙中。”正因戰國時徒涉者甚多，乃以是附會紂之惡耳。巴蜀之文明，多受之於楚，其長於操舟，未始非東南人之教也。中國與海外之交通，自漢以後乃有可徵，然燕、齊之民，當先秦之世，散佈於遼東西者已甚衆。《史記・封禪書》言，齊威、宣，燕昭王，即使人入海求蓬萊、方丈、瀛州，此三山，據近人所考證，實爲今之日本。見馮承鈞譯《中國史乘中未詳諸國考證》，商務印書館本。然則先秦之世，燕、齊之人，航勃海者已盛，故能有此傳聞，其散佈遼東西，未必非浮海而往矣。然北方諸國，未聞有用舟師者，至南方，則吳徐承帥舟師欲自海入齊。[①]《左氏》哀公十年。越王句踐亦命范蠡、后庸率師沿海泝淮，以絶吳路。《國語・吳語》。而吳、楚水戰之事，尤不可一二數。入郢之役，楚所以大敗者，亦以吳忽捨舟而陸，卒不及防也。海外黑齒等國之見知，必南方航海者所傳述也。《禹貢》九州貢路，皆有水道。於揚州云，“沿於江、海，達於淮、泗”，此正吳徐承、越范蠡、后庸所由之路，此亦見《禹貢》爲戰國時書。知緣岸航行，南人久習爲故常矣。而東南溝渠之貫通，尤足爲其長於舟楫之證。《史記・河渠書》云：“滎陽下引河東南爲鴻溝，以通宋、鄭、陳、蔡、曹、衛，與濟、汝、淮、泗會於楚；西方則通渠漢水、雲夢之野，東方則通鴻溝江、淮之間。於吳，則通渠三江、五湖。於齊，則通菑、濟之間。於蜀，蜀守冰，鑿離碓辟沫水之害，穿二

_____

① 　交通：南方先用舟師。

江成都之中。此渠皆可行舟，有餘則用溉浸，百姓饗其利。”《左氏》昭公九年：“吴城邗，溝通江、淮。”《吴語》：夫差“起師北征，闕爲深溝，通於商、魯之間。北屬之沂，西屬之濟，以會晉公午於黄池”。亦見《吴越春秋·夫差内傳》。“北屬之沂”，誤作“北屬蘄。”案越亂既聞，王孫雒曰：“齊、宋、徐夷，將夾溝而𢊁我。”夫差既退於黄池，又使王孫苟告勞於周，曰：“余沿江泝淮，闕溝深水，出於商、魯之間，以徹於兄弟之國。”可見當時水道所通甚遠。苟，《吴越春秋》作駱，當即《國語》上文之王孫雒，苟乃誤字也。蓋自江至河，水道幾於縱横交貫矣。果誰所爲不可知，古水利修治，溝渠到處皆是，連屬之而爲可以通舟之漕渠，初不難也。而其較大之工程，明見記載者，爲徐偃王、吴夫差。徐偃王事，見第八章第八節。可知舟楫之技，東方長於西方，東南尤長於東北也。此已開後世恃江河爲大動脈之先聲矣。

交通，通信，論者多並爲一談，其實當分爲二事。通信者，所以使人之意，離乎其身而行者也。通信之最早者爲驛傳，其初蓋亦以便人行，後因其節級運送，人畜不勞，而其至可速，乃因之以傳命。《説文》傳、遽互訓，而《管子》大匡，言三十里置遽委，有司職之，若宿者，令人養其馬，食其委，是其徵也。《吴語》言“徒遽日至”，則傳命者不必皆車騎。《周官》行夫：“掌邦國傳遽之小事，雖有難而不時，必達。”則用車騎者，亦不必盡由求速也。用以通信，時名曰郵，郵之義爲過，《王制》“郵罰麗於事”鄭《注》。蓋過而不留之義，故孔子云：“德之流行，速於置郵而傳命。”《孟子·公孫丑上》。而《説文》及《漢書注》，《平帝紀》、《淮南厲王》、《薛宣》、《京房傳》、《五行志》。皆以郵爲行書舍也。驛有車有騎。《説文》：“驛，置騎也。”《吕覽·士節》高《注》：“馹，傳車也。”《爾雅·釋言》舍人注：“馹，尊者之傳也。”則馹爲傳車，尊者所乘。① 《左氏》所載楚子乘馹，會師於臨品，文公十六年。《國語》所載晉侯乘馹，會秦於王城等事，《晉語》。並是乘車。顧亭林《日知録》，指爲事急不暇乘車，或是單乘驛馬，則誤矣。《左氏》定公十三年，邴意兹言：“鋭師伐河内，傳必數日而後及絳。”自河内至絳僅數日，較之師行日三十里，吉行日五十里者，不可同日語矣。皆節級

① 交通：馹爲車。

傳遞之功也。

　　自有郵政，而人之意可離其身而行，自有電報，而人之言之行，乃速於其身之行，古無電訊，言之行，不能速於身之行也，於是有燧燧置鼓，用人之耳目，以傳機速之事焉。《史記·周本紀》言："周幽王爲燧燧大鼓，有寇至則舉燧火"是也。① 《周本紀》云："幽王爲燧燧大鼓，有寇至，則舉燧火。"《正義》云："晝日然燧以望火煙，夜舉燧以望火光也。燧，土櫓也。燧，炬火也。皆山上爲之。有寇舉之。"《呂覽·疑似》云："爲高堡，置鼓其上，遠近相聞，即傳寇至，傳鼓相告。"此法至後世猶用之，即今亦未能盡廢也。

第十四章　政治制度

第一節　封　　建

　　中國以統一之早，豪於世界，然秦始皇之滅六國，事在民國紀元前二千一百三十二年，亦不過餘二千年耳。自此上推，迄於史事略有可知之時，其年歲必不止此。則中國之歷史，猶是分立之時長，統一之時短也。分立之世，謂之封建，統一之時，號稱郡縣，爲治史者習用之名。然以封建二字，該括郡縣以前之世，於義實有未安。何則？封者裂土之謂，建者樹立之義，必能替彼舊酋，改樹我之同姓、外戚、功臣、故舊，然後封建二字，可謂名稱其實，否即難免名實不符之誚矣。故封建以前，實當更立一部族之世之名，然後於義爲允也。“部落曰部，氏族曰族”，見《遼史・營衛志》。

　　部族之世，事迹已鮮可徵，然昔人想像之辭，亦有不盡誣者。《呂覽》曰：“凡人之性，爪牙不足以自守衛，肌膚不足以扞寒暑，筋骨不足以從利辟害，勇敢不足以卻猛禁悍，然猶且裁萬物，制禽獸，寒暑燥溼弗能害，不惟先有其備而以羣聚邪？羣之可聚也，相與利之也。利之出於羣也，君道立也。自上世以來，天下亡國多矣，而君道不廢者，天下之利也。四方之無君者，其民少者使長，長者畏壯；有力者賢，暴傲者尊；日夜相殘，無時休息，以盡其類，聖人深見此患也,故爲天下長慮,莫如置天子也;爲一國長慮,莫如置君也。"①《恃君覽》。《墨子》曰:"夫明乎天下之所以亂者生於無政長,是故選天下之賢可者,立以爲天子。天子立,以其力爲未足,又選擇天下之賢可者,置立之以爲三公。天子三公既已立,以天下爲博大,遠國異土之民,是非利害之辨,不可一二而明知,故畫分萬國,立諸侯國君。諸侯國君既已立,以其力爲未足,又選擇其國之賢可者,置立之以爲正長。"《尚同上》。由《呂覽》之說,則自下而上;由《墨子》之說,則自上而下;二者皆有真理存乎其間,蓋古之民,或氏族而居,或部落而處,彼此之間,皆不能無關係。有關係,則必就其有才德者而聽命焉。又或一部族人口獨多,財力獨裕,兵力獨強,他部族或當空無之時,資其救恤;或有大役之際,聽其指揮;又或爲其所憚;於是諸部族相率聽命於一部族,而此一部族者,遂得遣其同姓、外戚、功臣、故舊,居於諸部族之上而監督之,亦或替其舊酋而爲之代。又或開拓新地,使其同姓、外戚、功臣、故舊分處之。此等新建之部族,與其所自出之部族,其關係自仍不絕。如此,即自部族之世,漸入於封建之世矣。先封建之世,情形大略如此。

封建之制,蓋亦嘗數變矣。其有傳於後而較完整者,蓋惟儒家之說。儒家之說,又分今古文兩派。孰非孰是,向爲經生爭辯之端。其實二者皆擬議之辭,非史實也。今先略述二家之說,然後考其說之所由來。儒家之說既明,而封建之世之情形,亦略可睹矣。

《禮記·王制》曰:"王者之制禄爵:公、侯、伯、子、男,凡五等,諸侯之上大夫卿、《白虎通》引無卿字,又云:"諸侯所以無公爵者,下天子也。"則上大夫即卿可知。下大夫、上士、中士、下士,凡五等。天子之田方千里,公侯田方百里,伯七十里,子男五十里,不能五十里者,不合於天子,附於諸侯,曰附庸。天子之三公之田視公侯,天子之卿視伯,天子之大夫視子男,天子之元士視附庸。制農田百畝,百畝之糞,上農夫食九人,

---

① 政體:《恃君覽》言立君之理尚同立天子之理。

其次食八人，其次食七人，其次食六人，下農夫食五人。庶人在官者，其禄以是爲差也。諸侯之下士視上農夫，禄足以代其耕也。中士倍下士，上士倍中士，下大夫倍上士，卿四大夫禄，君十卿禄。次國之卿三大夫禄，君十卿禄。小國之卿倍大夫禄，君十卿禄。"《孟子·萬章下篇》答北宮錡問周室之班爵禄略同。《孟子》云"天子一位，公一位，侯一位，伯一位，子男同一位，凡五等"，與《王制》公、侯、伯、子、男凡五等異。其云"君一位，卿一位，大夫一位，上士一位，中士一位，下士一位，凡六等"，則與《王制》似異實同。又云"下士與庶人在官者同禄"，亦與《王制》小異。《白虎通》引《含文嘉》，亦以爲周制。云：殷爵三等。合子男從伯，或曰合從子。地三等不變。《含文嘉》又云：夏爵亦三等，見《王制疏》。鄭注《王制》則云："此地殷所因夏爵三等之制也。《春秋》變周之文，從殷之質，合伯子男以爲一，則殷爵三等者。公、侯、伯也異畿内謂之子。周武王初定天下，更立五等之爵，增以子男，而猶因殷之地，以九州之界尚狹也。周公攝政，致大平，斥大九州之界。封王者之後爲公，及有功之諸侯，大者地方五百里。其次侯，四百里。其次伯，三百里。其次子，二百里。其次男，百里。所因殷之諸侯，亦以功黜陟之。其不合者，皆益之地爲百里焉。是以周世有爵尊而國小，爵卑而國大者。惟天子畿内不增，以禄羣臣，不主爲治民。"案《周官》大司徒云："諸公之地，封疆方五百里，其食者參之一。諸侯之地，封疆方四百里，其食者參之一。諸伯之地，封疆方三百里，其食者參之一。諸子之地，封疆方二百里，其食者四之一。諸男之地，封疆方百里，其食者四之一。"鄭氏偏據《周官》，遇禮制與《周官》不合者，輒擠爲夏、殷制，實皆無稽之談也。

　　無論《周官》、《王制》，皆屬學者擬議之辭，本非古代史實。然擬議之説，亦必有其所由。《穀梁》曰："古者天子封諸侯，其地足以容其民，其民足以滿城而自守也。"襄公二十九年。此以人口之衆寡言之。《孟子》曰："天子之地方千里，不千里，不足以待諸侯；諸侯之地方百里，不百里，不足以守宗廟之典籍。"《告子下》。此以財用之多少言之。足見封地之大小，實視事勢而定，非可任意爲之也。《易·訟卦》九

二:"不克訟,歸而逋,其邑人三百户,無眚。"《疏》:"此小國下大夫之
制。《周禮》小司徒,方十里爲成,九百夫之地。溝渠,城郭,道路,三
分去一,餘六百夫。又以不易,一易,再易,定受田三百家。"此即《左
氏》所謂夏少康有田一成,哀公元年。亦即《論語》所謂奪伯氏駢邑三百
者。《憲問》。在春秋時爲下大夫之封,在古則爲成國矣。《吕覽》謂"海
上有十里之諸侯",《慎勢》。蓋指此,此封建之最早者也。稍進則爲今
文家所言之制。古之居民,實以百里爲一區。已見第十一章第三節。其不
及此者,則《孟子》所謂"今滕絶長補短,方五十里"者也。《滕文公上》。
過於此者,則《明堂位》謂成王封周公於曲阜,地方七百里;《史記·漢
興以來諸侯年表》,謂周封伯禽、康叔於魯、衛,地各四百里;太公於
齊,兼五侯地。此爲《周官》上公之封。《孟子》曰:"周公之封於魯,爲
方百里也,地非不足,而儉於百里。""今魯方百里者五。"《告子下》。《明
堂位》、《史記》蓋皆據後來封域言之,在周初尚無此等國,故今文家所
擬制度,大國猶僅百里;春秋以來,此等國漸多,作《周官》者,遂增公
侯之封,至於四五百里,而以百里爲男國也。更大於此者,則《孟子》
所謂"海内之地,方千里者九,齊集有其一";《梁惠王上》。子産所謂"大
國地多數圻"。《左氏》襄公三十五年。此等大國,從無受封於人者,故作
《周官》者亦不之及也。公、侯、伯、子、男,皆爲美稱,見《白虎通義·爵
篇》。語其實則皆曰君。故《曲禮》謂"九州之長,入天子之國曰牧,於
外曰侯,於其國曰君"也。公、侯、伯、子、男,雖爲美稱,然古碻亦以是爲進退。[1]
《史記·衛康叔世家》,自貞伯以上皆稱伯。頃、釐兩世稱侯。武公平戎有功,平王命之,自
此稱公,成侯復貶號爲侯。及子平侯皆稱侯。嗣君貶號曰君。以下四世,又皆稱君,皆從
其實書之,必國史元文也。君其實,稱君則無復誇飾。《趙世家》:"五國相王,武靈王獨不
肯,曰:'無其實,敢有其名乎?令國人謂己曰君。'"謙,不欲妄有美稱也。牧與伯即一物,
自其受職於天子言之曰牧,自其長一州言之曰伯,故《王制》言"八州八伯",而《曲禮》言州
長曰牧。王者天下所歸往,伯則諸侯之長。凡並時尊無與敵者,則謂之
王。受命於王,以監察一方者,則謂之伯。然所謂王者,非真普天之

---

[1] 政體。

下,尊無二上,亦就一區域之内言之,故春秋時吳、楚等國皆稱王以其所王之區,本非周室號令所及也。參看第九章第二節楚熊渠、熊通事。徐偃王亦稱王。《穀梁》哀公十三年,與吳辭尊稱而居卑稱,以令乎諸侯,以尊天子,即謂去王而稱子也。然此特在中國,在江東未必如是。越之亡也,《史記》言其諸族子或爲王,或爲君,濱於江南海上,服朝於楚,爲王而仍可服朝於人,即因其各居一區也。伯之始,似係就一區之内,分爲九州,中由天子自治,是爲縣内,其外更分爲八區,各委一人治之。堯、舜時封域,實不過今山東一隅,其時已有九州之制。已見第十章第二節。故《尚書大傳》即有所謂八伯。見第七章第四節。其後疆域式廓,而此制不廢,則其所治者,侔於《禹貢》之一州矣。召康公命齊大公,見《左氏》僖公四年。周命楚成王、見第九章第二節。秦穆公見第九章第四節。皆如此。此即《王制》所謂八州八伯,亦即《曲禮》所謂九州之長者。又周初聲教所及既廣,天子一人治理難及,於是有周、召分陝之制,見《公羊》隱公五年。後擬制者亦沿之,則《王制》所謂"分天下以爲左右曰二伯",《曲禮》所謂"五官之長曰伯,是職方"者也。《史記・五帝本紀》言黃帝"置左右大監,監於萬國",疑亦附會此制以立説。《王制》又曰:"天子使其大夫爲三監,監於方伯之國,國三人。"此則依附周初使管叔、蔡叔、霍叔監殷之事者也。周、召二公,世爲王室卿士,二伯分陝之制,可謂仍存,特不克舉其職耳。五霸迭興,亦即九州之長之職,特其會盟征伐,所搜而及者更廣;而秦始皇分天下爲三十六郡,郡置守尉監,亦即三監之制;蓋當時自有此法,故儒家之擬制者,亦以是爲言也。李斯爲荀卿弟子,此制或即原於儒家之説,亦未可知。戰國之世,所謂七雄者,地小者與王畿侔,大者則又過之,實即春秋以前之王,故各國後皆稱王。此時列國之封其臣,小者稱君,如孟嘗君、望諸君是也。大者亦稱侯,如穰侯、文信侯是也。則臨其上者,非更有他稱不可。其時之人所擬之稱號爲帝,故齊、秦嘗並稱東西帝,秦圍邯鄲時,魏又欲尊秦爲帝。始皇併六國後,令丞相御史議更名號,博士初上尊號爲泰皇,始皇命去泰著皇,採上古帝位號,號曰皇帝,名爲法古,實亦順時俗所習聞也。

　　巡守朝貢之制，其爲虛擬而非事實，亦與制祿爵之説同。《王制》
云："諸侯之於天子也，比年一小聘，三年一大聘，五年一朝。天子五
年一巡守。歲二月東巡守，至於岱宗。五月南巡守，至於南嶽。八月
西巡守，至於西嶽。十有一月北巡守，至於北嶽。"《周官》大行人則
云："侯服歲壹見，其貢祀物。甸服二歲壹見，其貢嬪物。男服三歲壹
見，其貢器物。采服四歲壹見，其貢服物。衛服五歲壹見，其貢材物。
要服六歲壹見，其貢貨物。九州之外，謂之蕃服，世壹見，各以其所寶
貴爲摯。王之所以撫邦國諸侯者：歲徧存。三歲徧覜。五歲徧省。
七歲屬象胥，諭言語，協辭命。九歲屬瞽史，諭書名，聽聲音十有一
歲，達瑞節，同度量，成牢禮，同數器，修法則。十有二歲，王巡守殷
國。"案晏子説巡守之禮曰："春省耕而補不足，秋省斂而助不給。"《孟
子·梁惠王上》。與《周官》、《王制》所説，主爲治諸侯者，絕不相同。《王
制》云："山川神祇，有不舉者爲不敬，不敬者，君削以地。宗廟有不順者爲不孝，不孝者，君
絀以爵。變禮易樂者爲不從，不從者君流。革制度衣服者爲畔，畔者君討。有功德於民
者，加地進律。"《孟子·告子下篇》曰："入其疆，土地辟，田野治，養老尊賢，俊傑在位，則有
慶，慶以地。入其疆，土地荒蕪，遺老失賢，掊克在位，則有讓。"此皆三公黜陟之事。《白
虎通義·巡狩篇》曰："天道時有所生，歲有所成。三歲一閏，天道
小備，五歲再閏，天道大備，故五歲一巡狩。三年小備，二伯出述職
黜陟。一年物有終始，歲有所成，方伯行國。時有所生，諸侯行
邑。"夫省耕省斂，則所謂時有所生者也。齊景公問於晏子曰："吾
欲觀於轉附、朝儛，遵海而南，放於琅邪，吾何修而可以比於先王觀
也？"《孟子·梁惠王下》。自營丘至於琅邪，則所謂方伯行國者也，二伯
出述職黜陟，即周、召分陝之事，猶之蒙古憲宗命世祖治漠南，阿里
不哥治漠北耳。設使周王是時，猶能親歷所屬，安用是紛紛爲？然
則所謂巡守者，邦畿之大，不過齊之先君，猶能行之，過此以往，則
不可知矣。安得如《堯典》所云，一歲之中，驅馳萬里乎？《王制》所言
巡守之法，皆本《堯典》，即《堯典》之傳也。《書疏》云："鄭玄以爲每岳禮畢而歸，仲月乃
復更去，計程不得周徧，此事不必然也。"然果以東嶽爲泰山，西嶽爲華山，南嶽爲衡山，
北嶽爲恒山，即不歸而逕往，又安得周徧乎？作《周官》者，亦知其事之不可

行，故改爲十二歲一巡守。然如《堯典》之所説，雖十二歲一舉，亦豈能行？《左氏》莊公二十一年，“王巡虢守”，近畿之國，雖東周後，亦未嘗不可舉行巡守之典也。即如《周官》所説屬象胥、屬瞽史等，亦千里之内，猶或難之，況欲行之方數千里之廣邪？

《左氏》昭公三年，子大叔曰：“昔文、襄之霸也，令諸侯三歲而聘，五歲而朝。”昭公十三年，叔向曰：“明王之制，使諸侯歲聘以志業，間朝以講禮，《注》：三年而一朝。再朝而會以示威，《注》：六年而一會。再會而盟以顯昭明。”《注》：十二年而一盟。其説與《周官》、《王制》相出入。叔向所云明王之制，《義疏》引崔氏，以爲朝霸主之法，蓋是。春秋時，魯數朝於晉，又嘗朝於楚，馳驅皆在數千里外，然則《周官》、《王制》所云，其爲按春秋、戰國時事立説無疑也。是時大國之誅求於小國者甚酷。如《左氏》襄公二十九年，女叔侯謂魯之於晉，“職貢不乏，玩好時至，公卿大夫相繼於朝，史不絶書，府無虛月”是也。八年，公如晉朝，以聽朝聘之數。是歲，五月，會于邢，以命朝聘之數。然則朝聘之疏數，亦大國制之，無定法也。① 貢賦之數，本大國多，小國少。《左氏》昭公十三年，子產爭承曰：“昔天子班貢，輕重以列。列尊貢重，周之制也。卑而貢重者，甸服也。鄭，伯男也，而使從公侯之貢，懼弗給也。”是其事也。襄公二十七年，弭兵之會，季武子使謂叔孫，以公命，曰：“視邾、滕。”既而齊人請邾，宋人請滕，皆不與盟。② 叔孫曰：“邾、滕，人之私也，我列國也，何故視之？宋、衛吾匹也。”乃盟。邾、滕之不與盟，即所謂附庸也。此等附庸，仍助大國共賦役。襄公四年，公如晉聽政，請屬鄫。晉侯不許。孟獻子曰：“鄫無賦於司馬，爲執事朝夕之命敝邑，敝邑褊小，闕而爲罪，寡君是以願借助焉。”定公元年，城成周。宋仲幾不受功，曰：“滕、薛、郳，吾役也。”是其事也。又貢於大國多，貢於小國少。哀公十三年，黃池之會，吳人將以公見晉侯。子服景伯曰：“王合諸侯，則伯帥侯牧以見於王；伯合諸侯，則侯帥子男以見於伯，自王以下，朝聘玉帛不同，故敝邑之職貢於吳，有豐於晉，無不及焉，以爲伯也。今諸侯會而君將以寡君見晉君，則晉成爲伯矣，敝邑將改職貢。”是其事也。《周官·司徒》，其食者幾，鄭《注》云：“足其國禮俗、喪紀、祭祀之用，乃貢其餘，若今度支經用，餘爲司農穀矣。”《月令》：季秋：“合諸侯，制百縣，爲來歲受朔日，與諸

———————
① 封建：貢大國多小國少。
② 封建：齊人請邾，宋人請滕，即附庸仍助大國供賦役。

侯所税於民輕重之法，貢職之數，以遠近土地所宜爲度，以給郊廟之事，無有所私。"季
冬："乃命大史，次諸侯之列，賦之犧牲，以共皇天上帝社稷之饗。乃命同姓之邦，共寢廟
之芻豢。命宰歷卿大夫，至於庶民土田之數，而賦犧牲，以共山林名川之祀。"蓋亦行於
畿内之法，而後推之遠國者也。《左氏》襄公二十二年："臧武仲如晉，雨，過御叔。御叔
在其邑，將飲酒，曰：焉用聖人？我將飲酒而已，雨行，何以聖爲？穆叔聞之，曰：不可使
也，而傲使人，國之蠹也。令倍其賦。"《注》云："古者家其國邑，故以重賦爲罰"，《疏》云：
"言以國邑爲己之家，有貢於公者，是減己而貢之，故以重賦爲罰。"①大國之誅求於小
國，猶國君之誅求於大夫也。

　　古有所謂興滅國，繼絶世者，書傳以爲美談，實則貴族之互相回
護而已。興滅國，繼絶世，説見《尚書大傳》，曰："古者諸侯始受封，必
有采地：百里諸侯以三十里，七十里諸侯以二十里，五十里諸侯以十
五里。其後子孫雖有罪黜，其采地不黜，使其子孫之賢者守之，世世
以祠其始受封之人。此之謂興滅國，繼絶世。"案東周之亡也，秦盡入
其國，而不絶其祀，以陽人賜周君，奉其祭祀，此即《書傳》所謂興滅國
繼絶世者。而如《樂記》述《牧野之語》，謂武王既克殷，反商，未及下
車，而封黄帝之後於薊，封帝堯之後於祝，帝舜之後於陳；下車而封夏
侯氏之後於杞，投殷之後於宋；《五經異義》："《公羊》説：存二王之後，以通三統。
古《春秋左氏》説：封夏、殷二王之後，以爲上公，封黄帝、堯、舜之後，謂之三恪。"通三統之
説，見於隱公三年，《公羊解詁》云：使統其正朔，服其服色，行其禮樂。蓋儒家謂三王之道
若循環，終而復始，故必存二代之法，以備本朝之治既敝而取資焉，此乃儒家之説。三恪之
名，見於《左氏》襄公二十五年，然僖公二十五年、昭公二十五年，皆云"宋於周爲客"，則並
非專指黄帝、堯、舜之後，亦不必專指夏、殷。蓋尊禮先代之後，古確有其事，儒家乃因之以
立三統之義也。此亦猶契丹大祖尊遥輦於御營，亦貴族之互相回護而已。後世於此等
事，率美而偁之，然於民何與焉？則尤其大焉者。蓋古貴族皆恃封土以爲
食，而古人迷信"鬼猶求食"，亦與生人同。《左氏》宣公四年。失其封土，
則生無以爲養，死不能盡葬祭之禮，故古人以爲大戚。紀季之以酅入齊
也，曰："請復五廟，以存姑姊妹。"即此義也。見《公羊》莊公二十三年。東周時國，往
往有滅而復見者，則古人能行此者蓋甚多。然有國有家者之所以争，

---

　　① 封建：賦於邑。

以其利也,利其土地人民而争之,而復與之以采地,又何以充不尊不
屬之欲乎？此先王之後所以卒絕,而封建之所以終變爲郡縣也。"_寓
_{公不繼世}"亦此義。

　　《王制》曰:"天子之縣内諸侯,禄也。外諸侯,嗣也。"以制爵禄之
道言之,内諸侯與外諸侯,絕無以異,所異者,世與不世而已。變封建
爲郡縣,無他,即變外諸侯爲内諸侯而已。何以言之？案古之居民,
最小者曰聚,大曰邑,又大曰都。^① 何以知聚最小,邑較大,都更大？
以《史記》言舜所居"一年成聚,二年成邑,三年成都";《五帝本紀》。《左
氏》言"邑有宗廟先君之主曰都,無曰邑"也。莊公二十八年,都邑等時亦通
稱,不可泥。合若干都與邑而統屬之,則曰國。其君不世繼者則爲縣。
何以知縣與國是一？以古書多記滅國爲縣者。其不記其興滅建置
者,縣名亦率多舊國名,可推想其滅國而爲縣也。昭公二十八年,晉
分祁氏之田以爲七縣,羊舌氏之田以爲三縣。五年,蔵啓疆言:"韓賦
七邑皆成縣。"又言:"因其十家九縣長轂九百,其餘四十縣,遺守四
千。"此卿大夫之采地,寖盛而成爲縣者也。《史記·商君列傳》,言商
君治秦,集小都鄉邑聚爲縣,此則國家新設之縣,君之者不復世襲者
也。楚縣尹稱公,楚稱王,其所封之大國,固得稱公也。然既謂之縣尹,則必不復世襲,此
即内諸侯禄之制。縣爲居民之區。已見第十一章第三節。郡則爲軍事而設。
姚氏鼐曰:"郡之稱,蓋始於秦、晉。以所得戎翟地遠,使人守之,爲戎
翟民君長,故名曰郡。如所云陰地之命大夫,即郡守之謂也。案見《左
氏》哀公四年。趙簡子之誓曰:上大夫受縣,下大夫受郡。見哀公二年。郡
遠而縣近,縣成聚富庶而郡荒陋,故以美惡異等。愚案《周書·作雒》云:
"千里百縣,縣有四郡。"則亦有大小之異。《晉語》:夷吾謂公子縶曰:君實有
郡縣。言晉地屬秦,異於秦之近縣,非云郡與縣相統屬也。及三卿分
范、中行、知氏之縣,其縣與己故縣隔絕,分人以守,略同昔者使人守
遠地之體,故率以郡名,然而郡乃大矣,所統有屬縣矣。"愚案《史記》:

<hr>

　　① 實業:聚小於邑,邑小於都。

甘茂謂秦王曰："宜陽大縣也,上黨、南陽,積之久矣。名曰縣,其實郡
也。"春申君言於楚王曰："淮北地邊齊,其事急,請以爲郡便。因并獻
淮北十三縣,請封於江東。"皆見本傳。此皆郡之軍備優於縣之證。楚
有巫、黔中;趙有雲中、雁門、代郡;燕有上谷、漁陽、右北平、遼西、
遼東;魏有河西、上郡;皆所以控扼戎翟。參看第十章第一節。宜陽、淮
北,則所以捍禦敵國。吳起爲魏文侯守西河,晉文公問原守於寺人
勃鞮,見《左氏》僖公二十五年。即其類。然則郡縣之興久矣。東周之
世,諸大國中所苞之郡縣,固不少矣。秦始皇滅六國,以其異國初
服,不可無以控制之,乃皆裂其地以爲郡,使信臣精卒,陳利兵而誰
何焉,然非創制也。始皇之所異者,深鑒天下苦戰鬥不休,以有侯
王,復立國是樹兵,故身有海内,而子弟爲匹夫,謂其行郡縣,不如
謂其廢封建之爲當也。

第二節 官 制

古代官制,今古文説亦不同。《王制》云："天子三公、九卿、二十
七大夫、八十一元士。"《五經異義》今《尚書》歐陽、夏侯説同。《尚書
大傳》云："每一公,三卿佐之。每一卿,三大夫佐之。每一大夫,三元
士佐之。"《白虎通義》同。公、卿、大夫、元士凡百二十。《通義》云:
"下應十二子。"《春秋繁露・官制象天篇》,益以二百四十三下士,凡
三百六十三,近乎一歲之日數。此即《尚書・洪範》所謂"王省惟歲,
卿士惟月,師尹惟日"者也。其官:則三公:一曰司徒,二曰司馬,三
曰司空。《異義》。《韓詩外傳》云:司馬主天,司空主土,司徒主人。九
卿經傳皆無説。《荀子・王制》、《序官》,所舉官名凡十三:曰宰爵,
曰司徒,曰司馬,曰大師,曰司空,曰治田,曰虞師,曰鄉師,曰工師,曰
傴巫跛擊,曰治市,曰司寇,曰冢宰。除冢宰、司徒、司馬、司空外,凡
九官,或曰即九卿也。此今文説也。

古《周禮》説，亦見《異義》。曰："天子立三公：曰大師、大傅、大保。無官屬，與王同職。故曰：坐而論道，謂之三公。又立三少以爲之副，曰少師、少傅、少保。是爲三孤。冢宰、司徒、宗伯、司馬、司寇、司空，是爲六卿。之同其。屬，大夫、士、庶人在官者，凡萬二千。"《僞古文尚書·周官篇》本之。《周官》無師、傅、保之名，然朝士建外朝之法，"左九棘，孤卿大夫位焉。面三槐，三公位焉。"他官職文，涉及公孤者尚衆。宰夫、司服、典命、巾車、司常、射人、司士、大僕、弁師、小司寇等。則謂《古文尚書》之《周官篇》爲僞物可，謂其僞而又誤，固不可也。此古文説也。

　　今古文異説，每爲經生聚訟之端，實則其説亦各有所據。① 《禮記·文王世子》曰："《記》曰：虞、夏、商、周，有師、保，有疑、丞，設四輔，及三公。"《書傳》曰："古者天子必有四輔：前曰疑，後曰丞，左曰輔，右曰弼。"《文王世子》引舊《記》，係三言韻語，故於四輔三公之名，皆僅舉其二。或指此篇爲古文，謂其説不與今文相中，非也。不特此也，《大戴記·保傅》曰："昔者周成王幼，在襁褓之中，召公爲大保，周公爲大傅，大公爲大師，保保其身體，傅傅之德義，師道之教訓，此三公之職也。於是爲置三少，皆上大夫也。曰少保、少傅、少師，是與大子燕者也。"案《保傅》亦見《賈子書》，此大子作天子，是也。與古《周禮》説合，《戴禮》亦今文説也。又曰："明堂之位曰篤仁而好學，多聞而道慎，天子疑則問，應而不窮者，謂之道。道者，道天下以道者也。常立於前，是周公也。誠立而敢斷，輔善而相義者，謂之充。《賈子》作輔。充者，充天子之志者也。志，《賈子》作意。常立於左，是大公也。潔廉而切直，匡過而諫邪者，謂之弼。弼者，弼天子之過者也。常立於右，是召公也。博聞而彊記，接給而善對者，謂之承。承者，承天子之遺忘者也。常立於後，是史佚也。"亦即《書傳》

----

①　職官：三公與三師 ｛《文王世子》四輔不異書傳，亦見《大戴》。
　　　　　　　　　　　　古文三公三孤見《戴禮》，亦與今文不背。

之疑、丞、輔、弼。則謂今文無師、傅、保之官者必非矣。然則今古之説，又何别乎？曰：有大學之三老焉。有治朝政之三官焉。大師、大傅、大保，大學中之三老也。① 司徒、司馬、司空，治朝政之三官也。公乃爵之最高者，本不限於三人。治朝政之三官，蓋自古即稱三公。大學中之三老，其初雖爲天子私暱，其後體制漸尊，故亦稱爲公。然究爲天子私人，言國政者並不之及，故《周官》雖有公孤之名而無其職。而漢儒治古文者，乃將其與理政之官，併爲一談，此武帝所以譏《周官》瀆亂不驗也。何以知師、傅、保爲大學中之三老也？案《保傅篇》又曰：“《學禮》曰：帝入東學，上親而貴仁，則親疏有序，而恩相及矣。帝入南學，上齒而貴信，則長幼有差，而民不誣矣。帝入西學，上賢而貴德，則聖智在位，而功不匱矣。帝入北學，上貴而尊爵，則貴賤有等，而下不踰矣。帝入大學，承師問道，退習而端於大傅，太傅罰其不則，而達其不及，則德智長而理道得矣。”東南西北四學，蓋疑、南。丞、北。輔、東。弼西。所在，大學則師、傅、保所在，合三公四輔凡七人，故《孝經》言，“天子有争臣七人，雖無道不失其天下”也。《戴記》所言，爲王居明堂之禮，《禮記·禮運》亦然。《禮運》曰：“三公在朝，三老在學，王前巫而後史，卜筮瞽侑，皆在左右，王中，心無爲也，以守至正。”巫、史、卜筮、瞽侑，即疑、丞、輔、弼，三老即師、傅、保。三公蓋司徒、司馬、司空，一言在朝，一言在學，古明堂大學同物，亦即天子之居，此三公三老，一治國政，一爲天子私暱之徵也。② 《禮記·曾子問》言：“古者男子，外有傅，内有慈母。”而《内則》言養子之禮曰：“異爲孺子室於宫中，擇於諸母與可者。必求其寬裕慈惠，温良恭敬，慎而寡言者，使爲子師，其次爲慈母，其次爲保母，皆居子室。他人無事不往。”師保之名，父母皆同，傅夫一字，《禮記·郊特牲》：“夫也者，夫也”，《注》：“夫，或

爲傅。"女子不可言夫，故變文言慈。古以三爲多數，貴族生子，蓋使三父三母左右之，《公羊》襄公三十年《解詁》："禮，后夫人必有傅母，所以輔正其行，衛其身也。選老大夫爲傅，選老大夫妻爲母。"則女子亦有男女侍從。三母曰師、慈、保，三父則師、傅、保也，然則師、傅、保之初，亦僕御之類耳，云保其身體或有之，安能傅之德義，道之教訓？更安能坐而論道邪？治民事者，古多言五官。①《曲禮》曰"天子之五官：曰司徒、司馬、司空、司士、司寇，典司五衆"者也。《左氏》載郯子、蔡墨，《淮南·天文》、《春秋繁露·五行相勝篇》所言略同。《左氏》：昭公十七年，郯子之言曰："祝鳩氏，司徒也。鴡鳩氏，司馬也。鳲鳩氏，司空也。爽鳩氏，司寇也。鶻鳩氏，司事也。五鳩，鳩民者也。"司事即司士，鳩民，即"典司五衆"之謂也。《春秋繁露·五行相勝》曰："木者，司農也。火者，司馬也。土者，君之官也。其相曰司營。金者，司徒也。水者，司寇也。"司營即司空，司農即司事，農者民事也。《淮南子·天文訓》曰："何謂五官？東方爲田，南方爲司馬，西方爲理，北方爲司空，中央爲都。"田即司農，理即司寇，都即司空也。《左氏》昭公二十九年，蔡墨曰："木正曰句芒，火正曰祝融，金正曰蓐收，水正曰玄冥，土正曰后土。"名雖異，其象五行則同。又《大戴·盛德》："設其四佐：司徒典春，司馬司夏，司寇司秋，司空司冬"，亦即《繁露》之説，特未及君之官耳。今文家取其中之司徒、司馬、司空爲三公，古文則易司士以宗伯，益冢宰爲六官。案《左氏》昭公四年，杜洩謂季孫曰："夫子受命於朝而聘於王。王思舊勳而賜之路。復命而致之君。君不敢違王命，而復賜之。使三官書之。吾子爲司徒，實書名。夫子爲司馬，與工正書服。孟孫爲司空，以書勳。"則司徒、司馬、司空並稱三官，春秋列國，確有是制。而宋官制有六卿。其名爲右師、左師、司馬、司徒、司城、司寇，見《左氏》文公七年、十六年、成公十五年、哀公二十年。②《大戴禮記·盛德篇》曰："冢宰之官以成道，司徒之官以成德，宗伯之官以成仁，司馬之官以成聖，司寇之官以成義，司空之官以成禮。"則《周官》之制所本也。《管子·五行篇》曰："黃帝得蚩尤而明於天道，得大常而察於地理，得奢龍而辨於東方，得祝融而辨於南方，得大封而辨於西方，得后土而辨於北方。黃帝得六相而天地治，神

---

① 職官：五官六官亦見大戴。
② 職官：三官六官春秋時事亦（有）據。

明至。蚩尤明乎天道，故使爲當時。大常察乎地利，故使爲廩者。奢龍辨乎東方，故使爲土師。祝融辨乎南方，故使爲司徒。大封辨於西方，故使爲司馬。后土辨於北方，故使爲李。是故，春者，土師也。夏者，司徒也。秋者，司馬也。冬者，李也。”説雖不與《周官》同，而亦相類。案冢宰不獨天子有之，①諸侯之國、大夫之家皆有之。《左氏》隱公十六年：“羽父請殺桓公，將以求大宰。”《孟子》言“求也爲季氏宰”《離婁上》。是也。《論語》曰：“季氏富於周公，而求也，爲之聚斂而附益之。”《先進》。《史記·孔子世家》：“孔子欣然而笑曰：有是哉！顏氏之子，使爾多財，吾爲爾宰。”宰蓋主財利之官，故《王制》猶言“冢宰制國用”。宰又爲“羣吏之長”，《儀禮·特牲饋食禮》注。故《論語》曰：君薨，百官總己，以聽於冢宰，三年。《憲問》。《檀弓》曰：“陳子車死於衞，其妻與家大夫謀以殉葬，定而后陳子亢至，以告，曰：夫子疾，莫養於下，請以殉葬。子亢曰：以殉葬，非禮也，雖然，則彼疾，當養者，孰若妻與宰？得已，則吾欲已，不得已，則吾欲以二子者之爲之也。”則宰又主飲食，故叔孫使竪牛爲政，而竪牛絕其飲食以死。《左氏》昭公四年。然則宰者，富貴之家，僕役之用事者耳，安得與治國政之三官比哉？今文家説，重國政而輕君之褻臣，故雖長羣吏之冢宰，於制國用而外，亦絕不齒及也。《考工記》曰“國有六職”“坐而論道，謂之王公”，此王公乃指天子諸侯，鄭《注》。而爲古學者竊之以論三公，彌不讎矣。謂《周官》爲瀆亂不驗之書，信不誣也。卿與鄉實一字，《書·甘誓》：“大戰于甘，乃召六卿。”《墨子·非攻》云：晉有六將軍。《尚同》以將軍大夫連舉，皆卿即將軍之證，然則卿本軍率之稱也。

　　《王制》云：“大國三卿，皆命於天子。下大夫五人，上士二十七人。次國三卿，二卿命於天子，一卿命於其君。下大夫五人，上士二十七人。小國二卿，皆命於其君。下大夫五人，上士二十七人。”《注》云：“小國亦三卿，一卿命於天子，二卿命於其君，此文似誤脱耳。”案《王制》又云：“小國之上卿，位當大國之下卿，中當其上大

---

①　職官：宰。

夫,下當其下大夫。"則鄭説是也。《公羊》襄公十一年《解詁》曰:
"古者諸侯有司徒、司空、上卿各一,下卿各二。司馬事省,上下卿
各一。"下卿即《王制》所謂下大夫也。《疏》引崔氏,謂司徒兼冢宰,
司馬兼宗伯,司空兼司寇。司徒下小卿二:曰小宰、小司徒。司空
下小卿二:曰司寇,曰小司空。司馬下小卿一,曰小司馬。牽合《周
官》爲説,殊無謂也。

　　《周官》地方之制:王城之外爲鄉,鄉之外爲外城,外城之外爲近
郊,近郊之外爲遂,遂之外爲遠郊,遠郊謂之野,野之外爲甸,甸之外
爲稍,稍之外爲縣,縣爲小都;小都之外爲鄙,鄙爲大都。甸、稍、縣、
都皆采邑。鄉以五家爲比,五比爲閭,四閭爲族,五族爲黨,五黨爲
州,五州爲鄉。比長爲下士,閭胥中士,族師上士,黨正下大夫,州長
中大夫,鄉大夫即卿。遂以五家爲鄰,五鄰爲里,四里爲酇,五酇爲
鄙,五鄙爲縣,五縣爲遂。鄰長,里宰,酇長,鄙師,縣正,遂大夫,比鄉
官遞降一級。遂大夫爲中大夫,鄰長無爵。《管子‧立政》:"分國以爲五鄉,
鄉爲之師。分鄉以爲五州,州爲之長。分州以爲十里,里爲之尉。分
里以爲十遊,遊爲之宗。十家爲什,五家爲伍,什伍皆有長焉。"《小
匡》參國之法:"制五家爲軌,軌有長。十軌爲里,里有司。四里爲連,
連有長。十連爲鄉,鄉有良人。三鄉一帥。"五鄙之法:"制五家爲
軌,軌有長。六軌爲邑,邑有司。十邑爲率,率有長。十率爲鄉,鄉
有良人。三鄉爲屬,屬有帥。五屬一大夫。"説雖不同,要皆以五起
數,與軍制相應。《尚書大傳》云:"古八家而爲鄰,三鄰而爲朋,三
朋而爲里,五里而爲邑,十邑而爲都,十都而爲師,州十有二師焉。"
則以三起數,與井田之制相合。《禮記‧雜記》注引《王度記》云:
"百户爲里,里一尹。"《疏》云:"《撰考》云:古者七十二家爲里。"七
十二家即三朋。《公羊》宣公十五年《解詁》云:"一里八十户,八家
共一巷。選其耆老有高德者,名曰父老。其有辨護伉健者爲里
正。"《管子‧度地》云:"百家爲里,里十爲術,術十爲州,州十爲都,
都十爲霸國。"曰百家,曰八十家,蓋皆以成數言之也。古行貢法之

地,其民服兵役,以什伍編制。行助法之地,民不爲兵,則以八家起數。二説蓋各有所據。什伍之制,多存於後世,而鄰朋之制不可見者,則以井田廢壞,而野鄙之民,後亦爲正兵故也,參看第四第五兩節自明。

　　孟子曰:天子一位,《繁露》曰:士者君之官,則人君之尊,初非殊絶於其臣,而天子之尊,亦非殊絶於羣后也。然其後卒至殊絶者,則事勢之遷流實爲之。一羣之中,公事本無由一人把持之理,故邃初政制,必爲民主。迨以兵戈相懾服,勝者入據敗者之羣,而爲之首長,則不復能以衆意爲興替,於是世及之制興焉。而氏族之長,與部落之酋,承襲之法,併爲一談矣,此以言乎一國之君也。至合衆國而奉一國爲共主,則其國初無一定,故邃初無所謂王霸。其後一部落漸强,諸部落莫能代興,則此部落尸共主之位漸固,於是有天子諸侯之別。然爲諸部落之共主者,雖有一定,而身膺共主之位者,尚不必即此部落中之酋長。如蒙古自成吉思汗以後,大汗之位,雖非成吉思汗之子孫莫屬,然仍必由忽烈而台推戴,即其事也。[①] 我國之所謂"唐、虞禪",蓋亦如此。其後此一部族之力益强,酋長之承襲,不復許他部族置喙,則一國之君之承襲,與各國共主之承襲,又併爲一談。猶蒙古自仁宗以後,遂公然建儲矣。此則我國自夏以來之制也。民權遺迹,猶有存於各國之中者。其大者,莫如《周官》之詢國危,詢國遷,詢立君。[②] 見小司寇。《左氏》定公八年,衛侯欲叛晉,朝國人,使王孫賈問焉;哀公元年,吳召陳懷公,懷公召國人而問焉:此所謂詢國危者也。盤庚之將涉河也,命衆悉造於庭;《書·盤庚上》。大王之將遷岐也,屬其耆老而告之:《孟子·梁惠王下》。此所謂詢國遷者也。《左氏》僖公十五年,子金教郤缺:朝國人,而以君命賞。且告之曰:孤雖歸,辱社稷矣,其卜貳圉也;昭公二十四年,晉侯使士景伯莅問周政,士伯立於乾

---

①　政體:禪=忽力而台繼=仁宗後建儲。

②　政體:大詢之事迹。刑賞詢於衆(第 361～362 頁,又見第 403 頁)。

祭,而問於介眾;哀公二十六年,越人納衛侯。文子致眾而問焉:此
所謂詢立君者也。鄉大夫《注》引鄭司農説,謂大詢於眾庶,即《洪範》
所謂謀及庶民。案《洪範》云:"三人占,則從二人之言。"又以謀及乃
心,謀及卿士,謀及庶人,謀及卜筮並言,則庶人操可否之權,亦五之
一。又《孟子》言:"國人皆曰賢,然後察之,見賢焉,然後用之。""國人
皆曰不可,然後察之,見不可焉,然後去之。""國人皆曰可殺,然後察
之,見可殺焉,然後殺之。"《梁惠王下》。此雖似空論,然《韓非子·外儲
説》,謂齊桓公將立管仲,令羣臣曰:善者入門而左,不善者入門而
右。與《左氏》言陳懷公朝國人,令欲與楚者左,欲與吳者右相合。則
古必有成法,特其後漸廢不行,遂至無可考耳。《管子》言黃帝立明臺
之議,堯有衢室之問,舜有告善之旌,禹立諫鼓於朝,湯有總街之庭,
武王有靈臺之復,欲立嘖室之議,人有非上之所過者内焉,《桓公問》。
疑亦必有所據,非盡假託之辭矣。暴其民甚者,若周厲王之監謗,勢
不可以口舌爭,則國人起而逐之,此等事雖不多見,然古列國之君,暴
虐甚者,大夫多能逐之;大夫暴虐甚者,其君亦多能正之;諸侯與諸
侯,大夫與大夫之間,亦恒互相攻擊,雖其意不在弔民伐罪,然暴民甚
者,亦多因此而覆亡焉。此平民革命之事,所以不數數見也。① 孟子
曰:"賊仁者謂之賊,賊義者謂之殘,殘賊之人謂之一夫。聞誅一夫
紂矣,未聞弑君也。"《梁惠王下》。又曰:"民為貴,社稷次之,君為輕。"
"諸侯危社稷,則變置。"《盡心下》。《淮南子》曰:"肆一人之邪,而長
海内之禍,此大倫之所不取也。所為立君者,以禁暴討亂也。今乘
萬民之力,而反為殘賊,是為虎傅翼,曷為弗除? 夫畜池魚者必去
猵獺,養禽獸者必去豺狼,又況治人乎?"《兵略》。南宮邊子曰:"昔周
成王之卜居成周也,其命龜曰:予一人兼有天下,辟就百姓,敢無中
土乎? 使予有罪,則四方伐之,無難得也。周公卜居曲阜,其命龜
曰:作邑乎山之陽,賢則茂昌,不賢則速亡。季孫行父之戒其子也,

---

① 政體:諸侯大夫互攻與平民革命實質是一。

曰：吾欲作室之挾於兩社之間也，使吾後世有不能事上者，其替益速。"《説苑·至公》。郑文公卜遷於繹，史曰：利於民而不利於君。郑子曰：苟利於民，孤之利也。天生民而樹之君，以利之也。民既利矣，孤必與焉。左右曰：命可長也，君何弗爲？郑子曰：命在養民。死之短長，時也。民苟利矣，遷也。吉莫如之。遂遷於繹。《左氏》文公十三年。蓋貴族之馮恃兵力者，其初雖視所征服之民，悉爲俘虜，財産亦悉爲所有，而有"普天之下，莫非王土，率土之濱，莫非王臣"之説，然天下非一人所私有之義，卒莫能泯，故賢者亦多能行之；而道術之士，尤曉音癄口以讜言之也。① 特是時之庶民，無拳無勇，欲倡使革命甚難，而以君正其臣，以列國之君之有道者，正其無道者，其勢較易。於是尊王尊君之義大昌，而君主專制之權，遂日益鞏固矣。

世及爲禮之世，君位之承襲，往往與國家之治亂有關，故言治者恒致謹焉。氏族承襲之法，有相及者，有相繼者。② 繼之中，又有立長者，有立少者，已見第十一章第二節。《左氏》昭公二十六年，王子朝告諸侯曰："先王之命曰：王后無適，則擇立長。年鈞以德，德鈞則卜。③襄公三十一年，穆叔亦曰："大子死，有母弟則立之。無則長立。年鈞擇賢，義鈞則卜。古之道也。"案《檀弓》："石駘仲無適子，有庶子六人，卜所以爲後者。"《左氏》昭公十三年，"楚共王無冢適，有寵子五人，無適立焉，乃大有事于羣望，曰：當璧而拜者，神所立也，誰敢違之？既乃與巴姬密埋璧於大室之庭，使五人齊而入拜。"定公元年，子家曰："若立君，則有卿士大夫與守龜在。"皆立君以卜之事也。王不立愛，公卿無私，古之制也。"先別適庶，次計長幼，制蓋莫嚴於周，後世皆遵行焉。《公羊》隱公元年曰："立適以長不以賢，立子以貴不以長。"《解詁》曰："適，謂適夫人之子，尊無與敵，故以齒。子，謂左右媵及姪娣之子。位有貴賤，又防其同時而生，故以貴也。禮：適夫人無子立右媵。右媵無子立左媵。

---

① 政體：革命之理論。
② 政體：孫林父甯殖相＝周召。
③ 政體：立君以卜。

左媵無子立適姪娣。適姪娣無子立右媵姪娣，右媵姪娣無子立左媵姪娣。質家親親先立娣，文家尊尊先立姪。適子有孫而死，質家親親先立弟，文家尊尊先立孫。其雙生也，質家據見立先生，文家據本意立後生。”此蓋《春秋》所立之法，古制未必嚴密如是。素王之法，亦所以防爭亂也。《春秋》隱公四年，“衛人立晉”。《公羊傳》曰：“立者何？立者，不宜立也。其稱人何？衆立之辭也。衆欲立之，其立之非也。”《春秋》之立君，主依法，不主從衆，以成法易循，衆意難見也。

　　古代君臣相去，初不甚遠，故有君薨百官總己以聽於冢宰之制。《尚書・大誥》之“王若曰”，王肅以爲成王，鄭玄以爲周公。案《春秋》魯隱公攝政，初未嘗事事以桓公之命行之，則鄭説是也。[1]《左氏》襄公十四年，衛獻公出奔，衛人立公孫剽，孫林父、甯殖相之，以聽命於諸侯。此雖有君，實權皆在二相，實與周、召之共和行政無異。若魯昭公出居乾侯，則魯并未嘗立君也。[2]　知古貴族之權之大。君權既昌，此等事遂絶迹矣。

第三節　選　　舉

　　邃古之世，公産之羣，羣之公事，必有人焉以治之，則必舉其賢者能者，此即孔子所謂“選賢與能”。《禮運》。斯時之公職，既無利可圖，而人之賢能與否，爲衆所共見，自亦不易欺蔽，其選舉，必最能得人者也。逮此等公産之羣，漸爲黷武之羣所征服，夷爲有國有家者之屬地，居其上而統治之者，乃有所謂君大夫。百戰所得，視同私産，位皆世襲，不在選舉也。俞正燮《癸巳類稿・鄉興賢能論》云：“大古至春秋，君所任者，與共開國之人及其子孫。上士、中士、下士、府、史、胥、徒，取諸鄉賢興能，大夫以上皆世族，不在選舉也。周單公用羈，鞏公用遠人，皆被殺。古人身經百戰，而得世官，而以遊談之士

----

　①　政體：王若曰鄭玄以爲周公＝魯隱公攝。
　②　政體：魯昭公出＝屬王奔齔。

加之,不服也。立賢無方,則古者繼世之君,又不敢得罪於巨室也。"然所征服之社會,舊有之事,征服者初不甚干涉之,故其選舉之法仍存,此即《周官》鄉舉里選之制。有國有家者,間亦擇其人而用之,其初蓋專取勇力之士,後乃及於凡賢者能者,此則《禮記‧王制》、《射義》諸篇,所述升於學及貢士等制所由來也。上既以是擢用,下自可因之以謀利祿,於是選舉之途漸擴。東周以後,貴族驕淫矜誇,不足任國事,人君亟於擢用賢能;而井田制廢,士之失職者亦益衆,遊士遂徧天下矣。此先秦之世,選法變遷之大略也。

《周官》:大司徒:"以鄉三物教萬民,而賓興之。一曰六德:知、仁、聖、義、中、和,二曰六行:孝、友、睦、婣、任、恤,三曰六藝:禮、樂、射、御、書、數。"鄉大夫之職:"正月之吉,受教灋於司徒,退而頒之於其鄉吏,使各以教其所治,以考其德行,察其道藝。三年則大比,考其德行道藝,而興賢者能者。鄉老及鄉大夫、帥其吏與其衆寡,以禮禮賓之。厥明,鄉老及鄉大夫、羣吏,獻賢能之書於王。王再拜受之。登於天府。內史貳之,退而以鄉射之禮五物詢衆庶:一曰和,二曰容,三曰主皮,四曰和容,五曰興舞。此謂使民興賢,出使長之;使民興能,入使治之。"《管子‧君臣下》云:"鄉樹之師,以遂其學;官之以其能;及年而舉之;則士反行矣。"即此制也。[1]《小匡》曰:"正月之朝,鄉長復事,公親問焉,曰:於子之鄉,有居處爲義,好學聰明,質仁慈孝於父母,長弟於鄉里者?有則以告。有而不以告,謂之蔽賢,其罪五。有司已於事而竣。公又問焉,曰:於子之鄉,有拳勇股肱之力,筋骨秀出於衆者?有則以告。[2] 有而不以告,謂之蔽才,其罪五。有司已於事而竣。公又問焉,曰:於子之鄉,有不慈孝於父母,不長弟於鄉里,驕躁淫暴,不用上令者?有則以告。有而不以告,謂之下比,其罪五。有司已於事而竣。於是乎鄉長退而修德進賢,桓公親見

---

[1] 選舉:管子鄉樹之師,以遂其學,官之以其能,及年而舉之。此似周官審其行,繼觀其能,進之朝也。後世不以是進,士而辟有譽望者誤矣。達輿聞(第369頁)。

[2] 選舉:初所取者勇力之士。

之,遂使役之官。公令官長期而書伐以告,且令選官之賢者而復之。"
於五屬大夫同。《立政》曰:"凡孝悌忠信,賢良儁材,若在長家,子弟、
臣妾、屬役、賓客,則什伍以復於遊宗,遊宗以復於州長,州長以計於
鄉師,鄉師以著於士師。凡過黨,其在家屬,及於長家;其在長家,及
於什伍之長;其在什伍之長,及於遊宗;其在遊宗,及於里尉;其在里
尉,及於州長;其在州長,及於鄉師;其在鄉師,及於士師。三月一復,
六月一計,十二月一著。"皆與《周官》之制相似。俞正燮曰:"出使長
之,用爲伍長也。入使治之,用爲鄉吏也。"《鄉興賢能論》。其用之止於
此而已矣。

《禮記·王制》曰:"命鄉論秀士,升之司徒,曰選士。司徒論選士
之秀者而升之學,曰俊士。升於司徒者不征於鄉。升於學者不征於
司徒,曰造士。""大樂正論造士之秀者,以告於王,而升諸司馬,曰進
士。司馬辨論官材,論進士之賢者,以告於王,而定其論。論定後然
官之,任官然後爵之,位定然後禄之。"案《周官》司士:"掌羣臣之版,
以治其政令,歲登下其損益之數,辨其年歲,與其貴賤,周知邦國都家
縣鄙之數,卿大夫士庶子之數,依賈《疏》,當作卿大夫士士庶子。以詔王治。
以德詔爵,以功詔禄,以能詔事,以久奠食。掌國中之士治,凡其戒
令。掌擯士者,凡邦國,三歲,則稽士任而進退其爵禄。"亦司馬屬官
也。《射義》曰:"古者天子之制,諸侯歲獻,①貢士於天子。《注》:"歲獻,
獻國事之書及計偕物也。三歲貢士,舊說云:大國三人,次國二人,小國一人。"《疏》云:"知
歲獻國事之書者? 小行人云:令諸侯春入貢,秋獻功。《注》云:貢六服所貢也。功,考績
之功也。秋獻之,若今計文書斷於九月,其舊法也。云三歲而貢士者,以經貢士之文,繫歲
獻之下,恐每歲貢士,故云三歲而貢士也。又知三歲者? 案《書傳》云:古者諸侯之於天子
也,三年一貢士。一適謂之好德,再適謂之賢賢,三適謂之有功。有功者,天子賜以衣服弓
矢。再賜以秬鬯,以虎賁百人,號曰命諸侯。不云益地者,文不具矣。《書傳》又云:貢士一
不適謂之過。《注》云:謂三年時也。再不適謂之敖,《注》云:謂六年時也。三不適謂之
誣,《注》云:謂九年時也。一紬以爵,再紬以地,三紬而地畢,《注》云:凡十五年。鄭以此

---

① 職官、封建:歲獻似即上計。

故知三歲而貢士也。"天子試之於射宫。其容體比於禮,其節比於樂,而中多者,得與於祭。其容體不比於禮,其節不比於樂,而中少者,不得與於祭。數與於祭而君有慶,數不與於祭而君有讓。數有慶而益地,數有讓而削地。故曰:射者,射爲諸侯也。"又曰:"天子將祭,必先習射於澤。《注》:"澤,宫名也。"《疏》:"蓋於寬閑之處,近水澤爲之。《書傳》論主皮射云:鄉之取也於圃中,勇力之取也。今之取也於澤宫,揖讓之取也。"澤者,所以擇士也。已射於澤,而后射於射宫。射中者得與於祭,不中者不得與於祭。不得與於祭者有讓,削以地,得與於祭者有慶,益以地。進爵絀地是也。"古明堂大廟同物,《左氏》文公二年,狼瞫曰:"《周志》有之,勇則害上,不登於明堂",即不與於祭之謂。觀鄉大夫既獻賢能之書,復退而行鄉射之禮,可見古者專以射選士。諸侯貢士,其初殆如周世宗、宋太祖,升州兵之强者於京師耳。《管子·明法解》:"明主在上位,則竟内之衆,盡力以奉其主;百官分職,致治以安國家。亂主則不然,雖有勇力之士,大臣私之,而非以奉其主;雖有聖智之士,大臣私之,非以治其國也。"[1]此選舉之所以屬司馬也。《白虎通義》曰:"諸侯三年一貢士者,治道三年有成也。諸侯所以貢士於天子者,進賢勸善者也。天子聘求之者,貴義也。治國之道,本在得賢。得賢則治,失賢則亂。故《月令》:季春之月,開府庫,出幣帛,周天下,勉諸侯,聘名士,禮賢者。有貢者復有聘者何? 以爲諸侯貢士,庸才者貢其身,盛德者貢其名,及其幽隱,諸侯所遺失,天子之所昭,故聘之也。"《白虎通佚文》,據陳立《疏證本》卷十二。觀其所貢,而其所聘者可知矣。蓋古之汲汲於求勇士如此。然演進漸深,政治所涉漸廣,所求之材,不止一途,則其所舉之士,亦漸不專一格矣。鄉舉里選,爲農耕社會固有之制,故不專尚武勇。

古之選舉者,其初蓋專於鄉,以其爲戰士所治之區也。《管子》參國伍鄙之法,制國以爲二十一鄉,工商之鄉六,士鄉十五。江永《羣經補義》,謂十五鄉有賢能,五鄉大夫有升選之法,故謂之士鄉。

---

① 選舉:大臣私勇力聖知之士。

其說是也。然工商之鄉，亦未嘗遂無所舉。《大匡篇》言：桓公使鮑叔識君臣之有善者，晏子識不仕與耕者之有善者，高子識工賈之有善者。令鮑叔進大夫，令晏子進貴人之子、士耕者，令高子進工賈是也。《周官》遂大夫之職云："三年大比，則帥其吏而興甿。"《注》曰："興甿，舉民賢者、能者，如六鄉之爲也。"《疏》云："此文不具，故鄭就鄉大夫解之。"案遂賓興之法，果與鄉同，《周官》不應略不之及，則其選舉之法，必不能如六鄉之優可知矣，蓋國與野之界限，未能全泯也。參看第十一章第四節。

　　私家之臣，升於朝者，古亦多有。如《論語》言"公叔文子之臣大夫僎，與文子同升諸公"，《憲問》。《左氏》言"子伯季子初爲孔氏臣，新登於公"哀公十六年。是也。古代公家用人，由大夫保任者似頗多。羈旅之士，亦或因之以進。故《孟子》言"觀近臣以其所爲主，觀遠臣以其所主"也。《萬章上》。《史記·蔡澤列傳》云："秦之法，任人而所任不善者，各以其罪罪之。"《國語·晉語》云："董叔將取於范氏。叔向曰：范氏富，盍已乎？曰：欲爲繫援焉。他日，董祁愬於范獻子曰：不吾敬也。獻子執而紡於庭之槐。叔向過之。曰：子盍爲我請乎？叔向曰：求繫既繫矣，求援既援矣，欲而得之，又何請焉？"《商君書·農戰》曰："下官之冀遷者，皆曰：多貨，則上官可得而欲也。[1] 曰：我不以貨事上，而求遷者，則如以貍餌鼠耳，必不冀矣；若以情事上而求遷，如引諸絕繩而求乘枉木也，俞不冀矣。"貴族之任人如此，宜乎人君不得不求之草澤也。

　　歷代世祿之家，未有不盤樂怠敖，一無所能者。《春秋》譏世卿之義，蓋由是而興。見隱公三年、宣公十年。然其事有甚難焉者。蓋古之事人，恒以其族，去官則族無所庇，《左氏》文公十六年："司城蕩卒，公孫壽辭司城，請使意諸爲之。既而告人曰：君無道，吾官近，懼及焉。棄官則族無所庇。子，身之貳也，姑紓死焉。雖亡子，猶不亡族。"故有一族之人，並起而爲難者。王

子朝"因舊官百工之喪職秩者以作亂"是也。《左氏》昭公二十二年,七月,單子使王子處守於王城,盟百工於平宮,八月,司徒醜以王師敗績於前城,百工叛。孟子曰:"國君進賢,如不得已。將使卑踰尊,疏踰戚,可不慎與?"《梁惠王下》。鞏簡公棄其子弟而用遠人,爲羣子弟所賊;《左氏》昭公二年。單獻公棄親用羈,爲襄、頃之族所殺;七年。吳起、商鞅,皆身見誅戮;亦可謂難矣。然大勢卒不可挽,"孟子見齊宣王曰:所謂故國者,非謂有喬木之謂也,有世臣之謂也。王無親臣矣,昔者所進,今日不知其亡也。"《梁惠王下》。蓋時局日亟,決非驕淫矜誇者所能支持,故其時之人,雖猶習以世臣爲與國同休戚,然卒不能不坐視遊談之士,代之而興也。

遊談之士之興也,蓋亦緣迫於生計,炫於富貴。《戰國·秦策》記蘇秦之事,可謂盡之矣。然其事實不自戰國始。《論語》言:"子張學干祿。"《爲政》。又曰:"三年學,不至於穀,不易得也。"《泰伯》。又曰:"君子謀道不謀食,耕也,餒在其中矣,學也,祿在其中矣,君子憂道不憂貧。"《衞靈公》。則春秋之世,士之干進者既多矣。孟子曰:"傳曰:孔子三月無君,則皇皇如也,出疆必載贄;公明儀曰:古之人,三月無君則弔。"則儒家亦不以爲非也,況於縱橫家乎?此等失職之士,其初求舉,蓋仍在鄉里之間。《論語》:"子張問士,何如斯可謂之達矣?子曰:何哉?爾所謂達者。子張對曰:在家必聞,在邦必聞。子曰:是聞也,非達也。夫達也者,質直而好義,察言而觀色,慮以下人,在邦必達,在家必達夫聞也者,色取仁而行違,居之不疑,在邦必聞,在家必聞。"《顏淵》。蓋違道干譽之流,主進取者,爲孔子所謂聞,求無過者,則孟子之所謂鄉原;《孟子·盡心下》曰:"行何爲踽踽涼涼?生斯世也,爲斯世也,善斯可矣。閹然媚於世也者,是鄉原也。"《管子·大匡》曰:"凡於父兄無過,州里稱之,吏進之,君用之,有善無賞,有過無罰,吏不進,廉意。於父兄無過,於州里莫稱,吏進之,君用之,善爲上賞,不善吏有罰。"可見當時視鄉評頗重,州里莫稱者,吏敢舉之者必少也。其實皆以求利而已矣。然"民之飢,以其上食稅之多"。《老子》。目睹夫"一日縣令,子孫累世絜駕",《韓非·五蠹》。則鄉舉里選之士,用之止於府史胥徒之流者，不復足以饜其欲，而不得不歷說諸侯之廷矣。《史記·呂不韋傳》言“諸客求宦爲嫪毐舍人千餘人”，又何怪奔走諸侯之廷者之衆也？此等遊説之士，其達者則後車數十乘，從者數百人。①《孟子·滕文公下》。《戰國·齊策》亦曰：“齊人見田駢曰：今先生設爲不宦，資養千鍾，徒百人。”案當時遊説之士，頗以朋友接引爲重。《穀梁》昭公九年曰：“子既生，不免乎水、火，母之罪也。羈貫成童，不就師傅，父之罪也。就師學問無才，心志不通，身之罪也。心志既通，而名譽不聞，友之罪也。名譽既聞，有司不舉，有司之罪也。有司舉之，王者不用，王者之過也。”《禮記·儒行》曰：“儒有内稱不避親，外舉不避怨。程功積事，推賢而進達之，不望其報。君得其志，苟利國家，不求富貴：其舉賢援能有如此者。儒有聞善以相告也，見善以相示也，爵位相先也，患難相死也，久相待也，遠相致也：其任舉有如此者。”《中庸》曰：“獲乎上有道，不信乎朋友，不獲乎上矣。”皆朋友互相援引之證。叔孫通從儒生弟子以遊漢，先秦時早有其事矣。其窮則“家累千金，以遊仕不遂，而破其家”。②《史記·吳起列傳》。甚有宦三年不得食者。《左氏》宣公二年，初，宣子田於首山，舍于翳桑，見靈輒餓，問其病。曰：不食三日矣。食之，舍其半。問之。曰：宦三年矣，未知母之存否，今近，請以遺之。與王符、葛洪所譏漢、晉時遊宦之士何以異？使此等人與人國家事，安得不惟利是圖？《史記·田敬仲世家》言：“后勝相齊，多受秦間金，多使賓客入秦。秦又多與金。客皆爲反間，勸王去從朝秦，不修攻戰之備，不助五國攻秦。秦以故得滅五國。五國已亡，秦兵卒入臨淄，民莫敢格者。王建遂降，遷於共。故齊人怨王建不蚤與諸侯合從攻秦，聽姦臣賓客，以亡其國。歌之曰：松耶柏耶？住建共者客耶？疾建用客之不詳也。”乍觀之，一似齊人謀國不臧，嫁罪於客者。然《管子·八觀》曰：“權重之人，不論材能而得尊位，則民倍本行而求外勢。民倍本行而求外勢，則國之情僞，竭在敵國矣。”《商君書·農戰篇》，亦以“民隨外權”爲慮。則食其禄而反爲間諜者未始無人。韓非疾“寬則寵名譽之人，③急則用介胄之士，所養非所用，所用非

---

① 選舉：重友遊揚，漢亦如此。
② 選舉：宦破其家。
③ 選舉：寬則用名譽之人。

所養”；《史記》本傳。商君亦疾禮樂、詩書、修善、孝弟、誠信、貞廉、仁義，見《飭令》、《農戰》等篇。而欲一其民於農戰；蔡澤稱吳起之功，在於“破橫散從，使馳説之士，無所開其口，禁朋黨以厲百姓”；本傳。宜矣。此所以貴族雖不可用，而韓非所亟稱之法術之士，亦終不能躋斯世於治平與？

　　古代用人，雖亦不能盡當，然其論材之法，則有大可取者，《大戴記·文王官人》之篇是也。《周書·官人篇》大同。此亦專門之學，劉劭之《人物志》，猶衍其緒，殊足究心也。

第四節　租　　税

　　取民之法，最早者有三：一曰税，二曰賦，三曰役。[①] 而此三者，實仍是一事。蓋邃古職業少，人皆務農，按其田之所穫而取之，是爲租。馬牛車輦等供軍用者，自亦爲其所出，是爲賦。有事則共赴焉，是曰役。至於山林藪澤等，其初本屬公有，自無所謂賦税。關之設，所以譏察非常，不爲收税。商則行於部族與部族間，不爲牟利之舉。當部族分立之時物産既少，製造之技亦尚未精。或則必需之品，偶爾缺乏，不得不求之於外。又或其物爲本部族所無，不得不求之於外。此時奢侈之風未開，所求者大抵有用之品，於民生利病，關係甚鉅。有能挾之而來者，方且慶幸之不暇，安有征税之理？《金史·世紀》：“生女直舊無鐵，鄰國有以甲冑來易者，景祖傾貲厚賈，以與貿易，亦令昆弟族人皆售之。得鐵既多，因之以修弓矢，備器械，兵勢稍振。”古厚待商人，多以此等故也。故山、海、池、澤征商之税，無一非後起之法也。

　　欲明古代之田税，必先知古代之田制。《孟子》曰：“夏后氏五十而貢，殷人七十而助，周人百畝而徹，其實皆什一也。”《滕文公上》。後人

───────────

　　① 　賦税：古衹税賦役三者。然布縷亦漸普通（又見第 377 頁）。

疑之者：一謂三代授田，忽多忽少，則田之疆界，豈不將時時更易？勞民而無益於事。二則貢徹二法，田無公私之別，按其所收穫，而取其十分之一，謂之什一則可矣；井田之制，"方里而井，井九百畝。其中爲公田，八家皆私百畝，同養公田"，亦見《孟子》。説者謂一夫一婦，受田百畝公田十畝，廬舍二畝半，《公羊》宣公十五年《解詁》。《韓詩外傳》卷四同。《孟子·梁惠王上》："五畝之宅。"趙《注》："廬井邑居，各二畝半以爲宅，冬人保城二畝半，故爲五畝也。"則爲十一分而稅其一矣，安得云什一？殊不知三代皆異民族；三代之王，皆爲同族，然其所治之民，則不必同族。興起之地，亦復不同；既非前後相承，何怪不能畫一？至於什一之數，不能密合，則古人言數，率多辜較之辭，而尤好舉成數。井田之法，以一區之中，公田與私田之比率論，爲一與八；就一夫所治之田論，則爲十一分之一；古人既辭不審諦，概以什一言之，亦無足怪。《孟子》又云"請野九一而助"，則其所行者，不得謂與"方里而井，井九百畝，中爲公田，八家皆私百畝同養公田"者有異，自不得謂"其實皆什一"一語爲可疑也。故孟子所言三代稅法，必爲當時實事也。

田有畦田與井田之別。《九章》有圭田求廣從法，有直田截圭田法，有圭田截小截大法，凡零星不成井之田，一以圭法量之。蓋井田者，平地之田；畦田，則在高下不平之處者也。圭畦即一字。①《孟子》趙《注》云："圭，潔也。"《王制疏》云："圭，潔白也。言卿大夫德行潔白，乃與之田。"乃曲説。後世城市，求利交通，必築於平夷之地。古代則主爲守禦，必築於險峻之區，故曰："王公設險以守其國。"《易·坎卦象辭》。又曰："域民不以封疆之界，固國不以山谿之險。"《孟子·公孫丑下》。古之民，有征服者與所征服者之別。征服者必擇險峻之地，築城而居，而使所征服者，居四面平夷之地，爲事耕耘。故鄭注《周官》，謂鄉遂用貢法，都鄙用助法，雖未能言其所以然，然於事實初不繆也。《匠人注》云："畿內用貢法者，鄉遂及公邑之吏，旦夕從民事，爲其促之以公，使不得恤其私。邦國用莇法者，諸侯專一國之政，爲其貪暴，稅民無藝。"此説未合事情，然又引《孟子》，謂邦國亦異外內，自不誤也。孟

---

① 田制：圭畦一字。

子説滕文公"請野九一而助，國中什一使自賦"，亦猶行古之道耳。至所謂"卿以下必有圭田，圭田五十畝"者，其田即國中什一使自賦之田，以其在山險之地，不可井授故名之曰圭田，此即《王制》"夫圭田無征"之圭田。以其免税，《王制》鄭《注》。故特言之，其田則初無以異也。又云"餘夫二十五畝"，則平地零星不可井之田，與圭田之在國中者異。夏、殷之世，田制已難具詳。周代國中用貢法，野用助法，必無大繆，①故《孟子》言"周人百畝而徹"，徹即什一使自賦之法，又云"雖周亦助"也。

　　貢與徹何别？曰：農耕之羣之初爲黷武之羣所征服也，則取其租税以自奉而已矣，其羣之事，非所問也。職是斯時之納税者，乃爲所征服者之羣而非其人人。猶後世義役之制，鄉自推若干人以應役，官但求役事無闕，應役者爲誰，初不過問也。職是故，乃有"校數歲之中以爲常，樂歲粒米狼戾，多取之而不爲虐，則寡取之，凶年糞其田而不足，則必取盈"之惡法焉，《孟子》引龍子語。徹無是也。故貢與徹，取民之數同，其取之之法則大異。助徹二法，取民之數，大致相同，然助法公私田分别，吏無以肆其誅求，故龍子謂"治地莫善於助"也。及後世公私之利害，益不相容；則民有盡力於私田，而置公田於不顧者，於是有履畝而税之法。《春秋》之"初税畝"是也。此時公私田之别猶在，至阡陌開，而公私之别蕩然矣。然阡陌之開，爲勢不容已之事，故其後履畝而税，逐漸成常法也。

　　地税初蓋惟有田，其後任地之法各異，利亦迥殊，而分别之税法出焉。《周官》載師："以廛里任國中之地，以場圃任園地，以宅田、士田、賈田任近郊之地。以官田、牛田、賞田、牧田任遠郊之地。以公邑之田任甸地。以家邑之田任稍地。以小都之田任縣地。以大都之田任畺地。凡任地：國宅無征。園廛二十而一。近郊十一。遠郊二十而三。甸、稍、縣、都皆無過十一。惟其漆林之征，二十而

---

　　① 田制：周國中貢野助必無大繆。

五。凡宅不毛者有里布。凡田不耕者出屋粟。凡民無職事者,出夫家之征。"《注》云:"廛,民居之區域也。里,居也。圃,樹果蓏之屬,季秋於中爲場。樊圃謂之園。宅田,致仕者之家所受田也。士讀爲仕。仕者亦受田,所謂圭田也。① 賈田,在市賈人其家所受田也。官田,庶人在官者其家所受田也。牛田牧田,畜牧者之家所受田也。公邑,謂六遂餘地。天子使大夫治之,自此以外皆然。家邑,大夫之采地。小都,鄉之采地。大都,公之采地,王子弟所食邑也。畺,五百里王畿界也。國宅,凡官所有宮室,吏所治者也。周税輕近而重遠,近者多役也。② 園廛亦輕之者,廛無穀,園少利也。宅不毛者罰以一里二十五家之泉。空田者,罰以三家之税粟。民雖有閒無職事者,猶出夫税家税也。夫税者百畝之税。家税者,出士,從車輦,給徭役。"案《周官》戰國時書,故税地之法稍雜。《孟子》言:"廛無夫里之布,則天下之民,皆悦而願爲之氓矣。"《公孫丑上》。宅不毛田不耕者,其地當作別用,故税之較重,非必遊惰不事事之罰也。

賦以足兵,別於論軍制時言之。力役之法:《周官》小司徒云:"上地家七人,可任也者家三人。中地家六人,可任也者二家五人。下地家五人,可任也者家二人。凡起徒役,毋過家一人,以其餘爲羨,惟田與追胥竭作。"《注》云:"可任,謂丁强任力役之事者,出老者一人。其餘男女强弱相半,其大數。"案古女子亦應役,③ 觀第五節所言可知,此古應役之人數也。其年限:則鄉大夫云:"國中自七尺以及六十,野自六尺以及六十有五皆征之。"《疏》云:"七尺,謂年二十。知者?案《韓詩外傳》二十行役,與此國中七尺同。《後漢書·班超傳》注引《韓詩外傳》曰:"二十行役,六十免役。"六尺,謂年十五,《論語》云:可以託六尺之孤,鄭《注》云年十五以下。所征税者,謂築作、挽引、道渠之役,及口

---

① 田制:士田同仕亦圭田。
② 田制:貢徹之異。
③ 賦税:古女子亦應役。

率出錢。若田獵五十則免，是以《祭義》云五十不爲甸徒。若征伐六
十乃免，是以《王制》云六十不與服戎。"案《王制》又云"五十不從力
政"，安得云事築作、挽引、道渠之役乎？則《戴記》、《周官》，説實不可
强合也。服役日數：《王制》云："用民之力，歲不過三日。"《周官》均
人云："凡均力政，以歲上下，豐年則公旬用三日焉，中年則公旬用二
日焉，無年則公旬用一日焉，凶札則無力政。"二説相合。其免役者：
鄉大夫云："國中貴者、賢者、服公事者、老者、疾者皆舍。"《王制》云：
"八十者一子不從政。九十者其家不從政。廢疾非人不養者，一人不
從政。父母之喪，三年不從政。齊衰大功之喪，三月不從政。將徙於
諸侯，三月不從政。自諸侯來徙家，期不從政。"《禮運》曰："三年之
喪，與新有昏者，期不使。"《荀子·大略》："八十者，一子不事。九十者，舉家不事。
廢疾非人不養者，一人不事。父母之喪，三年不事。齊衰大功，三月不事。從諸侯不，與新
有昏，朞不事。"從諸侯不，《注》云："不當爲來。"案其下并有奪文。《雜記》云："三年
之喪，祥而從政。期之喪，卒哭而從政。九月之喪，既葬而從政。小
功緦之喪，既殯而從政。"《喪服大記》曰："君既葬，王政入於國，既卒
哭而服王事。大夫士既葬，公政入於家，既卒哭，弁絰帶，金革之事無
辟也。"按《曾子問》："子夏問曰：三年之喪，卒哭，金革之事無辟也
者，禮與？初有司與？孔子曰：夏后氏三年之喪，既殯而致事，殷人
既葬而致事。《記》曰：君子不奪人之親，亦不可奪親也，此之謂乎？
子夏曰：金革之事無辟也者，非與？孔子曰：吾聞諸老聃曰：昔者魯
公伯禽，有爲爲之也。今以三年之喪從其利者，吾弗知也。"《公羊》宣
公元年，"古者臣有大喪，君則三年不呼其門。已練，可以弁冕，服金
革之事。君使之非也，臣行之禮也。閔子要絰而服事。既而曰：若
此乎，古之道不即人心，退而致仕。孔子蓋善之也。"則古之所以優恤
有喪者厚，而後世較薄也。《管子·入國》："年七十已上，一子無征。
八十已上，二子無征。九十已上，盡家無征。有三幼者無婦征。① 四

---

① 賦税：三幼無婦征。

幼者盡家無征。士人死,子孤幼,無父母、所養,《注》:"既無父母,又無所養之親也。"不能自生者,屬之其鄉黨知識故人。養一孤者一子無征。養二孤者二子無征。養三孤者盡家無征。丈夫無妻曰鰥,婦人無夫曰寡,取鰥寡而合和之,予田宅而家室之,三年然後事之。"言免役之法尤備也。

《周官》:大宰,"以九賦斂財賄:一曰邦中之賦。二曰四郊之賦。三曰邦甸之賦。四曰家削之賦。五曰邦縣之賦。六曰邦都之賦。七曰關市之賦。八曰山澤之賦。九曰弊餘之賦。"《注》:"財,泉穀也。鄭司農云:邦中之賦,二十而税。"各有差也。弊餘,百工之餘。玄謂賦,口率出泉也。① 今之筭泉,民或謂之賦,此其舊名與? 鄉大夫歲時登其夫家之衆寡,辨其可任者,國中自七尺以及六十,野自六尺以及六十有五皆征之;遂師之職,亦云以徵其財征;皆謂此賦也。邦中,在城郭者。四郊,去國百里。邦甸二百里。家削三百里。邦縣四百里。邦都五百里。《疏》云:"削有大夫采地,謂之家,故名家削。大夫采地,賦税入大夫家。采地外爲公邑,其民出泉入王家,縣都同。"此平民也。關市山澤,謂占會百物;《疏》云:"關上以貨出入有税物。市若泉府廛布總布之等,亦有税物。山澤,民人入山取材,亦有税物。此人占會百物,爲官出息。"弊餘,謂占賣國中之斥弊;斥弊,謂此物不入大府,指斥出而賣之,故名斥弊。皆末作當增賦者,若今賈人倍筭矣。自邦中以至弊餘各入其所有穀物,以當賦泉之數。"按司農即約載師以爲言,後鄭則據漢法之口賦也。司會云"以九賦令田野之材用",恐所入者實非泉穀。大宰又云:"以九貢致邦國之用:一曰祀貢,二曰嬪貢,三曰器貢,四曰弊貢,五曰材貢,六曰貨貢,七曰服貢,八曰斿貢,九曰物貢。"此則取諸異國者。其初蓋僅僅取之邦畿之内,遠國庸有貢者,然必甚稀,不能爲經常之用。然及其後,則霸國亦遂誅求之於小國矣。參看第一節自明。

———————

① 賦税:賦似不必口率出泉。但口率出泉其遺耳,蓋粟米之外也。云各入所有穀物恐非。

　　田稅之所取,初蓋專於穀物,力役亦止於其身而已,然其後則無物不取之於民,此民之所以重困也。孟子曰:"有布縷之征,粟米之征,力役之征。君子用其一,緩其二。用其二而民有殍,用其三而父子離。"《注》云:"國有軍旅之事,則橫興此三賦也。"案《管子・國蓄》云:"以室廡藉,謂之毀成。以六畜藉,謂之止生。以田畝藉,謂之禁耕。以正人藉,謂之離情。以正戶藉,謂之養嬴。"正人、正戶,蓋謂有稅役之人與戶。取於正人,人口將有隱匿;取於正戶,則重困有稅役之家,無稅役者顧邀寬免;故曰養。嬴形似而誤爲贏也。此言其所取之人。《山至數》言:"肥藉斂則械器不奉。"又言:"皮、革、筋、骨、羽、毛、竹、箭、器、械、財物,苟合於國器君用者,皆有矩券於上。"此言其所藉之物。《揆度》言:"君朝令而夕求具,國之財物,盡在賈人。"則初不必軍興而後然。蓋古之封君,即後世之田主。此時尚未有私租。後世之田主,固多凡物雜取之於佃戶者。古代奢侈不甚,軍旅之事較少,故其取民也簡,後世一切反是,則取民者亦苛也。夫如是,與其多取之農,自不如廣徵他稅之爲得。《國蓄》曰:[1]"中歲之穀,糶石十錢。大男食四石,月有四十之籍。大女食三石,月有三十之籍。吾子食二石,月有二十之籍。歲凶穀貴,糶石二十錢,則大男有八十之籍,大女有六十之籍,吾子有四十之籍。是人君非發號令收嗇而戶籍也。彼人君守其本委謹,而男女諸君吾子,無不服籍者也。"蓋山海池澤之地,非凡民所能有,君不取,利亦徒入於豪民,實不如收其利而善筦之爲得也。惜乎真能行此義者甚少,利權仍輾轉操之貨殖之家耳。《史記・貨殖列傳》所著貨殖之家,多占山海池澤之地者,蓋君先障筦之,又以畀之此等人。

　　《王制》云:"名山大澤不以封。"《注》云:"其民同財,不得障筦,亦賦稅之而已。"按《王制》又言,"澤梁無禁",而《荀子・王制》言"山林澤梁,以時禁發而不稅",則稅之亦非今文家意也。[2]《左氏》襄公十一年,同盟於亳,載書云:"毋壅利。"《注》云:"專山川之利。"芮良夫言:

------

　　① 生計:《國蓄》大男食四石,大女三石,吾子二石。
　　② 賦稅:賦稅山澤非今文家意。

"榮夷公好利",蓋即謂其專山川之利,參看第八章第八節。昭公二十年,晏子言:"山林之木,衡鹿守之。澤之萑蒲,舟鮫守之。藪之薪蒸,虞候守之。海之鹽蜃,祈望守之。"此即所謂障管者。《穀梁》莊公二十八年、成公十八年,兩言:"山林藪澤之利,所以與民共也,虞之非正也。"虞之即設官障管也。而三年又言陳氏厚施曰:"山木如市,弗加於山;魚鹽蜃蛤,弗加於海。"則春秋時猶有行之者,然其後則漸少矣。《月令》:季冬:"命水虞漁師,收水泉池澤之賦,毋或敢侵削衆庶兆民,以爲天子斂怨於下。"《周官》:山師:"掌山材之名,辨其物與其利害,而頒之於邦國,使致其珍異之物。"川師:"掌川澤之名,辨其物與其利害,而頒之於邦國,使致其珍異之物。"皆稅之之法也。《曲禮》曰:"問國君之富,數地以對,山澤之所出。"蓋國君視山澤爲私產久矣。[1]《史記·平準書》言漢時:"山川、園地、市井、租稅之入,自天子以至于封君湯沐邑,皆各爲私奉養。"此制必沿自戰國,不然,秦、漢必不能一日而盡障管天下之林麓川澤也。《管子·戒篇》曰:"山林梁澤,以時禁發而不征也,草封澤,鹽者之歸之也,若市之人。"此猶爲舊說。《海王》曰:"十口之家,十人食鹽,百口之家,百人食鹽。終月,大男食鹽五升少半,大女食鹽三升少半,吾子食鹽二升少半,此其大曆也。鹽百升而釜。令鹽之重:升加分彊,釜五十也。升加一彊,釜百也。升加二彊,釜二百也。鍾二千,十鍾二萬,百鍾二十萬,千鍾二百萬。萬乘之國,人數開口千萬也。禺筴之商,日二百萬,十日二千萬,一月六千萬。萬乘之國,正九百萬也,當作正人百萬也。月人三十錢之籍,爲錢三千萬。今吾非籍之諸君吾子,而有二國之籍者六千萬。使君施令曰:吾將籍於諸君吾子,則必囂號。今夫給之鹽筴,則百倍歸於上,人無以避此者,數也。今鐵官之數曰:一女必有一鍼、一刀,若其事立。耕者必有一耒、一耜、一銚,若其事立。行服連軺輂者,必有一斤、一鋸、一錐、一鑿,若其事立。不爾而成事者,天下無有。令鍼之重加一也,三十鍼一人之籍。刀之重加六,五六三十,五刀一人之籍

---

[1] 賦稅:君以山澤爲私產。

也。粗鐵之重加七,三粗鐵一人之籍也。其餘輕重皆准此而行。然則舉臂勝事,無不服籍者。"此官賣鹽鐵之説也。當時必有行之者,故漢世郡國,猶間有鹽鐵官也。

《王制》云:"市廛而不税,關譏而不征。"《管子·五輔》、《小匡》兩篇同。《霸形》云:"關譏而不征,市書而不賦。"《戒篇》云:"關譏而不征,市正而不布。"《問篇》云:"征於關者勿征於市,征於市者勿征於關。"《孟子·公孫丑上》云:"市廛而不征,法而不廛。"《注》:"當以什一之法征其地耳,不當征其廛宅也。""關譏而不征。"蓋古之於關市,有不税者,有税其一者,有並税之者;而市之税,又有取其物與取其布二法;《周官》:大府,"關市之賦,以待王之膳服",可見其所取者多實物。其不税之而但收其地租者,亦有法與廛二法。① 晚周之世,征税蓋不免重疊,故諸子並以爲戒也。《孟子·梁惠王》、《荀子·王制》、《王霸》並言"關市譏而不征",市不司稽察,蓋挾句連言之。孟子曰:"古之爲關也,將以禦暴。今之爲關也,將以爲暴。"《盡心下》。又曰:"古之爲市也,以其所有,易其所無者,有司者治之耳。有賤丈夫焉,必求龍斷而登之,以左右望而罔市利。人皆以爲賤,故從而征之。征商,自此賤丈夫始矣。"《公孫丑下》。則關市之征,皆爲後起之事。然春秋以後多有之。戴盈之曰:"什一,去關市之征,今兹未能,請輕之,以待來年然後已,何如?"《孟子·滕文公下》。晉平公曰:"吾食客門左千人,門右千人。朝食不足,夕收市賦。暮食不足,朝收市賦。"《韓詩外傳》卷六。"李牧居代、雁門備匈奴,以便宜置吏,市租皆輸入莫府,爲士卒費。"《史記·廉頗藺相如列傳》。其事也。《月令》:仲夏:"關市無索。"仲秋:"易關市,《注》謂輕其税。來商旅,納貨賄,以便民事。四方來集,遠鄉皆至,則財不匱。上無乏用,百事乃遂。"《周官》:司市:"凡通貨賄,以璽節出入之。國凶荒札喪,則市無征而作布。"司關:

---

① 賦税:關市 { 不税 / 税一 / 税二 } 市税 { 物 / 布 { 法 / 廛 } }

“掌國貨之節以聯門市。司貨賄之出入者,掌其治禁,與其征廛。”
《注》:“征廛者,貨賄之稅,與所止邸舍也。關下亦有邸舍,其出布如市之廛。”“凡貨不出
於關者,舉其貨,罰其人。國凶札,則無關門之征,猶幾。”參看第十二章
第三節。二者皆戰國時書,故言之較詳也。《管子·幼官》:三會諸侯,
令曰:“市賦百取二,關賦百取一。”《大匡》曰:“弛關市之征,五十而稅
一。”可見當時通行之稅率。然《問篇》又言:“虛車勿索,徒負勿入。”
以來遠人,合“偪介之關,暴征其私”之言觀之,見第十三章第四節。則當
時之關,有需索及於行旅者矣,而謂其稅商人能謹守繩尺乎?《商君
書·墾令》曰:“貴酒肉之價,重其租,令十倍其樸,然則商賈少,農不
能喜酣奭,大臣不爲荒飽。”又曰:“重關市之賦,則農惡商,商有疑惰
之心。”此法家重農抑商之論,然能行之者亦少也。

第五節　兵　　制

　　古代兵制,當以春秋、戰國之間爲一大變。春秋以前,爲兵者率
皆國都附近之人,戰國時乃擴及全國。而殺戮之慘,戰爭時創痍之
甚,亦即與之俱進焉。
　　言古代兵制者,率依據《周官》,以其文獨完具也。然《周官》實已
爲後起之制矣。《夏官·序官》云:“凡制軍,萬二千五百人爲軍。王
六軍,大國三軍,次國二軍,小國一軍。軍將皆命卿。二千有五百人
爲師,師帥皆中大夫。五百人爲旅,旅帥皆下大夫。百人爲卒,卒長
皆上士。二十五人爲兩,兩司馬皆中士。五人爲伍,伍皆有長。”自來
言古兵制者皆主之。然此説實與今文異。今文之説,見於《白虎通
義·三軍篇》。其説曰:“國必三軍何?所以戒非常,伐無道,尊宗廟,
重社稷,安不忘危也。何以言有三軍也?《論語》曰:子行三軍則誰
與?《詩》云:周王於邁,六師及之。三軍者何?法天地人也。以爲
五人爲伍,五伍爲兩,四兩爲卒,五卒爲旅,五旅爲師,師爲一軍,六師

一萬五千人也。《傳》曰：一人必死，十人不能當；百人必死，千人不能當；千人必死，萬人不能當；萬人必死，横行於天下。雖有萬人，猶謙讓，自以爲不足，故復加二千人，因法月數。月者羣陰之長也，十二月足以窮盡陰陽，備物成功，萬二千人，亦足以征伐不義，致大平也。《穀梁傳》曰：天子有六軍，諸侯上國三軍，次國二軍，下國一軍。"此文爲人竄亂，幾不可讀。然其説仍有可考見者。《説文》以四千人爲一軍，《一切經音義》引《字林》同，是萬二千人適三軍也。《魯頌》云：公徒三萬。《管子·小匡》述作内政寄軍令之制曰："五人爲伍，軌長率之。五十人爲小戎，里有司率之。二百人爲卒，連長率之。二千人爲旅，鄉良人率之。萬人一軍，五鄉之師率之。"其所謂旅，即《白虎通義》所謂師，然則古實以萬人爲軍，天子則又加二千人也。① 《孟子·告子下篇》言："三不朝則六師移之。"亦以天子爲六師。《説文》云："軍，圜圍也。"則軍乃戰時屯駐之稱，其衆之多少，本無一定。戰時亦不論人數多寡，皆分爲三。見《詩·常武》疏。《公羊》隱公五年《解詁》："二千五百人稱師，天子六師，方伯二師，諸侯一師。"二千五百人稱師句，必後人所改。《穀梁》襄公十一年，"古者天子六師，諸侯一軍"實與萬人爲軍，天子又加二千人之説合，知今《通義》所引，亦必後人所改也。凡今文家所言制度，率較古文爲早，觀《白虎通義》與《周官》所言兵數之不同，而可知兵數之漸增矣。《左氏》襄公十四年："成國不過半天子之軍。"與《周官》合。

出兵之法：《周官》大司徒云："令五家爲比，五比爲閭，四閭爲族，五族爲黨，五黨爲州，五州爲鄉。"小司徒云："乃會萬民之卒伍而用之，五人爲伍，五伍爲兩，四兩爲卒，五卒爲旅，五旅爲師，五師爲軍。"又云："凡起徒役，毋過家一人，以其餘爲羨。惟田與追胥竭作。"《夏官·序官》注云："伍一比，兩一閭，卒一族，旅一黨，師一州，軍一鄉。家所出一人。"《遂人注》云："遂之軍法，追胥，起徒役如六鄉。"是

---

① 兵制：古萬人爲軍，天子加二千（又見第387頁）。

鄭謂鄉遂之人,皆服兵役也。出車之法:今文家謂:"十井共出兵車一乘。"《公羊》宣公十五年《解詁》,又哀公十二年《解詁》云:"禮:稅民不過十一,軍賦十井不過一乘。""公侯封方百里,凡千乘。伯四百九十乘。子男二百五十乘。"昭公元年《解詁》。《論語·學而》:"道千乘之國",《集解》引包咸說同。古文家用《司馬法》。而《司馬法》又有兩說:一云:"六尺爲步,步百爲畮,畮百爲夫,夫三爲屋,屋三爲井,井十爲通。通爲匹馬,三十家,士一人,徒二人。通十爲成。成百井,三百家,革車一乘,士十人,徒二十人。十成爲終。終千井,三千家,革車十乘,士百人,徒二百人。十終爲同。同方百里,萬井,三萬家,革車百乘,士千人,徒二千人。"《小司徒疏》謂宮室、塗巷三分去一,再以不易、一易、再易通率,三夫受六夫之地,故十井九十夫之地,惟有三千家。鄭注《小司徒》引之。又其一云:"九夫爲井。四井爲邑。四邑爲丘,有戎馬一匹,牛三頭,是曰匹馬丘牛。四丘爲甸,甸六十四井,出長轂一乘,甲士三人,步卒七十二人,馬四匹,牛十二頭。甲士三人,步卒七十二人,戈楯具備,謂之乘馬。"如此說,則地方千里,當得兵車萬乘,士三萬,卒七十二萬。《史記·周本紀》:"帝紂聞武王來,亦發兵七十萬人距武王。"①《孫子·用間》:"怠於道路者,七十萬家。"《淮南·兵略》:"吳王夫差地方二千里,帶甲七十萬。"皆據此立言也。此說,《漢書·刑法志》、鄭注《論語》"道千乘之國"見《小司徒》及《禮記·坊記》疏。服虔注《左氏》作丘甲成公元年,見《詩·小雅·信南山》疏。皆用之。鄭以前一說爲采地制,後一說爲畿外邦國法。《坊記疏》云:"凡出軍之法:鄉爲正,遂爲副。公邑出軍與鄉同。公卿大夫采地爲井田,殊於鄉遂,則出軍亦異於鄉遂。王畿之外,諸侯大國三軍,次國二軍,小國一軍,皆出鄉遂。計地出軍則丘甸。"《小司徒疏》云:"凡出軍之法:先六鄉。不止,出六遂。猶不止,徵兵於公邑及三等采。猶不止,乃徵兵於諸侯。大國三軍,次國二軍,小國一軍,皆出鄉遂。猶不止,則諸侯有偏境出之法,則十乘之賦是也。"案如《司馬法》之說,一同之地,僅得百乘,與今文家說大國方百里千乘,天子畿方千里萬乘者不合,故《疏》必以偏地出軍之法通之。其實今古文說,

_____

① 文例:紂兵七十萬,在於道路七十萬之由來(又見第388頁)。

本不可合。《司馬法》與《周官》亦不合。古文家既强據《周官》爲周制，又强以《司馬法》説《周官疏》家雖曲爲彌縫匡救，終不能自圜其説也。《詩·采芑》："方叔蒞止，其車三千。"《箋》云："《司馬法》兵車一乘，甲士三人，步卒七十二人。宣王乘亂，羨卒盡起。"《疏》云："天子六軍千乘，今三千乘則十八軍矣。《地官》小司徒職，三等之家，通而率之，家有二人半耳。縱令盡起，惟二千五百家，所以得有三千者？蓋出六遂以足之也。且言家二人三人者，舉其大率言耳。人有死生，數有改易，六鄉之内不必常有千乘況羨卒豈能正滿二千五百家？當是於時出軍之數有三千耳。或出於公邑，不必皆鄉遂也。"又《禮記·坊記》言："制國不過千乘。"《疏》云："千乘之賦，地方三百一十六里有奇。案《周禮》：公五百里，侯四百里，則是過千乘，云不過千乘者？其地雖過，其兵賦爲千乘，故《論語注》云：雖大國之賦，亦不是過焉。"又《詩·公劉》疏云："夏、殷大國百里。周則大國五百里，大小縣絶，而軍數得同者？周之軍賦，皆出於鄉，家出一人，故鄉爲一軍。諸侯一軍，出其三鄉而已。其餘公邑、采地，不以爲軍。若夏、殷之世，則通計一國之人，以爲軍數。大國百里，爲方一里者萬，爲田九萬夫。田有不易、一易、再易，通率二而當一，半之得四萬五千家。以三萬七千五百家爲三軍，尚餘七千五百，舉大數，故得爲三軍也。次國七十里，爲方一里者四千九百，爲田四萬四千四百夫。半之，得二萬二千五十家。二軍當用二萬五百人，少二千九百五十人，以羨卒充之。舉大數，亦得爲二軍也。小國五十里，爲方一里者二千五百，爲田二萬二千五百夫。半之，得一萬一千二百五十家。以萬二千五百人爲軍，少一千二百五十人，不滿一軍。舉大數，亦得爲一軍也。"皆穿鑿之説也。**古之民，有征服者與所征服者之别。征服者居中央山險之地，服兵役，是爲鄉。所征服者，居四面平夷之地。其人亦非不能爲兵，惟但使保衛閭里，不事征戍，如後世之鄉兵然。故《周官》鄉列出兵法，無田制，遂人但陳田制，無出兵法。**據朱大韶《實事求是齋經義·司馬法非周制説》。古兵農不合一之説，江永《羣經補義》首發之，而此篇繼其後，其論皆極精闢者也。江氏云："管仲參國伍鄙之法制國以爲二十一鄉，工商之鄉六，士鄉十五，公帥五鄉，國子、高子各帥五鄉，是齊之三軍，悉出近國都之十五鄉，而野鄙之農不與也。"又言魯之士卒車乘，皆近國都，故陽虎欲作亂，壬辰戒都車，令癸巳止。皆足爲予征服之族居中央爲兵，所征服之族居四周不爲兵之説之證。① 鄭謂遂之軍法如六鄉，非也。《小司徒職》云："乃經土地而井牧其田野。九夫爲井，四井爲邑，四邑爲丘，四丘爲甸，四甸爲縣，四縣爲都，以任田事而令貢賦。"亦與軍賦無涉。《周

---

① 兵制：近都——全國。

官》實無計地出車之法，兵車牛馬，亦皆公家所給。亦據朱大韶説。案《坊記》及《左氏》成公元年《疏》，亦謂鄉遂之車馬牛，爲國家所給，特未能破《司馬法》之説耳。蓋至戰國，用兵益多，軍賦益重，乃有如《司馬法》所云之制。《周官》雖六國時書，所言軍制猶較舊，故其兵雖多於今文經，猶無《司馬法》徧地出軍之法也。此又可見兵數之日增矣。

《春秋》成公元年，“作丘甲”。《左氏》杜《注》云：“此甸所賦，今使丘出之。”哀公十二年，“用田賦”。杜《注》云：“丘賦之法，因其田財，通出馬一疋，牛三頭。今欲別其家財，各爲一賦，故言田賦。”《疏》：“賈逵以爲欲令一井之間，出一丘之税，多於常一十六倍。杜説則謂舊制丘賦之法，田之所收，及家内資財，并共一馬三牛，今欲別其田及家資，令出一馬三牛，又計田之所收，更出一馬三牛，是爲所出倍於常也。”案賈逵所言之數大多，《國語》韋《注》已疑之。杜説亦無據。自以《異義》之説爲得也。《左氏》昭公四年，“鄭子産作丘賦”。杜《注》亦云：“丘十六井，當出馬一匹，牛三頭，今子産別賦其田，如魯之田賦。”《疏》：“服虔以爲復古法，丘賦之法，不行久矣，今子産復修古法，民以爲貪，故謗之。”案成公元年《穀梁》云：“古者立國家，百官具，農工皆有職以事上。古者有四民：有士民，有商民，有農民，有工民。夫甲非人人之所能爲也。”《公羊》何《注》意同。非所能爲之事，安能強之？然《左氏》僖公十五年，吕甥言：“征繕以輔孺子，諸侯聞之，喪君有君，羣臣輯睦，甲兵益多，好我者勸，惡我者懼，庶有益乎？衆説，晉於是乎作州兵。”又欲不謂爲非使州作兵而不得也，是又何邪？案用田賦之事，《國語·魯語》載孔子之言曰：“先王制土，籍田以力，而砥其遠邇。賦里以入，而量其有無。任力以夫，而議其老幼。於是乎有鰥寡孤疾，有軍旅之出則徵之，無則已。其歲，《注》：“有軍旅之歲也。”收田一井，出稯禾秉芻缶米，不是過也。先王以爲足，若子季孫欲其法也，則有周公之籍矣。若欲犯法，則苟而賦，又何訪焉？”《公羊解詁》曰：“賦者，斂取其財物也。言用田賦者，若今漢家斂民錢，以田爲率矣。”《五經異義》：“有軍旅之歲，一井九夫百畮之賦，出禾二百四十斛，芻秉二百四十勒，釜米十六斗。”則係加取其物，故《穀梁》云“古者公田十一，用田賦，非正也”。

竊疑州兵丘甲,亦當是斂其財物,而別使工人作之。① 不然,甲縱凡民能勉爲之,兵豈人人所能爲邪?《左氏》襄公二十五年,"楚蒍掩爲司馬。子木使庀賦,數甲兵。甲午,蒍掩書土田,度山林,鳩藪澤,辨京陵,表淳鹵,數疆潦,規偃豬,町原防,牧隰皋,井衍沃,量入修賦,賦車籍馬,賦車兵徒甲楯之數,既成,以授子木,禮也。"此頗近乎《司馬法》所言之制,當是野鄙之民出賦之漸也。

《史記·蘇秦列傳》:秦説六國之辭,於燕云:"帶甲數十萬,車六百乘,騎六千匹,粟支數年。"於趙云:"帶甲數十萬,車千乘,騎萬匹,粟支數年。"於韓云:"帶甲數十萬。"於魏云:"武士二十萬,蒼頭二十萬,奮擊二十萬,廝徒十萬,車六百乘,騎五千匹。"於齊云:"帶甲數十萬,粟如丘山。"於楚云:"帶甲百萬,車千乘,騎萬匹,粟支十年。"《張儀列傳》儀説六國之辭,亦不甚相遠。儀説楚,言秦虎賁之士百餘萬,説韓言秦帶甲百餘萬,車千乘,騎萬匹,積粟如丘。又韓卒悉之不過三十萬,而廝養在其中矣。又言魏卒不過三十萬。又《范雎蔡澤列傳》:雎言秦奮擊百萬,戰車千乘,澤言楚持戟百萬。《穰侯列傳》:須賈言魏氏悉其百縣勝甲以上戍大梁,臣以爲不下三十萬。知其説頗得實。戰國時之大國,大率皆方千里,《孟子·梁惠王》上言:"今海内之地,方千里者九,齊集有其一。"以辜較言之是也。當時大國,計其面積,皆不止千里,然多未開闢之地,於國力無與也。然其兵,則較之《周官》之六軍,又不啻數倍矣。此驟增之兵數,何自來邪?曰:皆春秋以前不隸卒伍之民也。鞌之戰,齊侯見保者曰:勉之,齊師敗矣。《左氏》成公二年。是齊之兵雖折於外,其四境守禦之兵仍在。乃蘇秦説齊宣王曰:"韓、魏戰而勝秦,則兵半折,四竟不守;戰而不勝,國以危亡隨其後。"則其情勢大異矣。張儀説魏王曰:"卒戍四方,守亭障者,不下十萬。"説韓王曰:"料大王之卒,悉之不過三十萬,而廝徒負養在其中矣。除守徼亭障塞,見卒不過二十萬而已矣。"其説齊湣王曰:"秦、趙戰於河、漳之上,再戰而趙再勝秦,戰於番吾之下,再戰又勝秦,四戰之後,趙之亡卒數十萬,邯鄲僅存,雖有戰勝之名,而國已破矣。"是則戰國時,危急之際,無不傾

---

① 兵制:州兵丘甲。

國以出者。不特此也,蘇秦北見燕王噲,謂:"齊異日濟西不役,所以備趙也。河北不師,所以備燕也。今濟西、河北,盡以役矣。"見《戰國策·燕策》。燕王噲乃昭王之誤。案蘇秦説齊宣王,謂:"臨菑之中七萬户,户不下三男子,三七二十一萬,不待發於遠縣,而臨菑之卒,固已二十一萬矣。"雖設説,亦可想見當時有空國出兵之事。王翦以六十萬人伐楚曰:"今空秦國甲士而委於我。"《史記》本傳。是逐利者亦或傾國而出也。《王制》曰:"五十不從力政,六十不與服戎。"《韓詩》説:"二十從政,三十受兵,六十還之。"見《詩·擊鼓》疏。《王制正義》引《五經異義》、《禮戴》、《易》孟氏説皆同。《白虎通義·三軍篇》:"年三十受兵何?重絕人世也。師行不必反,戰不必勝,故須其有世嗣也。年六十歸兵何?不忍並鬥人父子也。"《鹽鐵論·未通篇》亦云:"三十而娶,可以服戎事。"《後漢書·班超傳》,班昭上書曰:"妾聞古者十五受兵,六十還之。"則誤以從役之年,爲受兵之年矣。① 而《趙策》:"燕王喜使栗腹以百金爲趙孝成王壽。酒三日,反報曰:趙民,其壯者皆死於長平,其孤未壯,可伐也。王乃召昌國君樂閒而問曰:何如?對曰:趙四達之國也,其民皆習於兵,不可與戰。"此謂趙之民,雖未壯者,亦能執干戈以衛社稷也。觀長平之役,秦王自之河内,賜民爵各一級,發年十五以上,悉詣長平,遮趙救及糧食,《史記·白起王翦列傳》。則樂閒之言信矣。其兵數安得不增哉? 然戰爭之酷,則亦於斯爲烈矣。

　　《荀子》論六國之兵曰:"齊人隆技擊,其技也,得一首者,則賜贖錙金,無本賞矣。是事小敵毳,則偷可用也,事大敵堅,則渙焉離耳。是亡國之兵也。兵莫弱是矣。魏氏之武卒,以度取之,衣三屬之甲,贏三日之糧,日中而趨百里。中試則復其户,利其田宅,是數年而衰,而未可奪也。改造則不易周也。是故地雖大,其稅必寡,是危國之兵也。秦人:其生民也陜阨,其使民也酷烈。劫之以勢,隱之以阨,忸之以慶賞,鰌之以刑罰。使天下之民,所以要利於上者,非鬥無由也。阨而用之,得而後功之。功賞相長也,五甲首而隸五家,是最爲衆彊長久,多地以正,故四世有勝,非幸也,數也。"《議兵》。蓋惟秦,真能驅

_____

① 兵制:古服兵役之年。

全國之民使爲兵,故其數多而且彊也。《戰國·齊策》:"田單問趙奢曰:吾非不説將軍之兵法也,所以不服者,獨將軍之用衆。用衆者,使民不得耕作,糧食輓賃,不可給也。此坐而自破之道也。單聞之:帝王之兵,所用者不過三萬,此亦可見古以萬人爲軍。今將軍必負十萬二十萬之衆乃用之,此單之所不服也。馬服君曰:君非徒不達於兵也,又不明其時勢。夫吳干之劍,肉試則斷牛馬,金試則截盤匜,薄之柱上而擊之,則折爲三;質之石上而擊之,則碎爲百。今以三萬之衆,而應強國之兵,是薄柱擊石之類也。且夫吳干之劍,材難夫毋脊之厚而鋒不入,無脾之薄而刃不斷。兼有是兩者,無鉤咢鐔蒙須之便,操其刃而刺,則未入而手斷。君無十萬二十萬之衆,而爲此鉤咢鐔蒙須之便,而徒以三萬行於天下,君焉能乎? 此謂行軍必更有厮徒之屬。《公羊》宣公十二年,子重言南郢之與鄭,相去數千里,諸大夫死者數人,厮役扈養死者數百人。張儀言魏有厮徒十萬。可見古行軍頗以厮養爲重。且古者四海之内,分爲萬國,城雖大,無過三百丈者。人雖衆,無過三千家者。今取古之爲萬國者,分以爲戰國七;千丈之城,萬家之邑相望也;而索以三萬之衆,圍千丈之城,不存其一角;而野戰不足用也,君將以此何之?"此可見兵之所以多。然田單所言之禍,則亦無可免矣。① 《齊策》:蘇秦説齊湣王曰:"彼戰者之爲殘也:士聞戰,則輸私財而富軍市,輸飲食而待死士。令折轅而炊之,殺牛而觴士,則是路君之道也。中人禱祝,君鬻釀;通都小縣,置社有市之邑,莫不止事而奉王;則此虛中之計也。夫戰之明日,尸死扶傷,雖若有功也,軍出費,中哭泣,則傷主心矣。死者破家而葬,夷傷者空財而共藥,完者内酺而華樂,故其費與死傷者鈞。故民之所費也,十年之田而不償。軍之所出,矛戟折,鐶弦絶,傷弩,破車,罷馬,亡矢之大半;甲兵之具,官之所私出也,士大夫之所匿,厮養士之所竊,十年之田而不償也。天下有此再費者,而能從諸侯者寡矣。攻城之費,百姓理襜蔽,舉衝櫓,家雜總,身窟穴,中罷於

---

　　① 　兵制:殺多、破壞甚(又見第 388、380~386 頁)。

刀金,而士困於立功。將不釋甲,期數而能拔城者爲歪耳。上倦於教,士斷於兵,故三下城而能勝敵者寡矣。"武安君亦言:"長平之事,秦民之死者厚葬,傷者厚養,勞者相饗,飲食餔餽,以靡其財。"見《中山策》。勝者之禍如此,況敗者乎?孫子言:"興師十萬,出征千里。百姓之費,公家之奉,日費千金。內外騷動,怠於道路,不得操事者,七十萬家。"《用間》。信矣。

《史記·魯仲連列傳》:連言"秦者,棄禮義而上首功之國也。"《集解》引譙周曰:"秦用衛鞅計,制爵二十等,以戰獲首級者計而受爵,是以秦人每戰勝老弱婦人皆死,計功賞至萬餘,天下謂之首功之國。"《商君書·竟內篇》:"人得一首則復。得三十三首以上,盈論。百長,屯長賜爵一級。有爵者乞無爵者爲庶子,級一人。爵五大夫,或賜邑三百家,或賜稅三百家。能得一甲首者,賞爵一級,益田一頃,益宅九畝,除庶子一人。"即譙周之所云也。案泓之戰,《公羊》是之,《左》、《穀》非之,《公羊》儒家言,《左》、《穀》古文,戰國時說也。齊桓公遷邢於夷儀,封衛於楚丘,邢遷如歸,衛國忘亡;楚莊王還師而佚晉寇;則春秋時猶有能行仁義者。當時用兵,惟夷狄之國,較爲野蠻,《穀梁》之狄秦,僖公三十三年,言秦亂人子女之教,無男女之別。《公羊》譏吳反夷狄是也。定公四年,吳入楚,君舍於君室,大夫舍於大夫室。陳之從楚伐鄭也,"當陳隧者,井堙木刊",《左氏》襄公二十五年。蓋猶爲報怨起見。魯之入邾也,晝掠,又宵掠,襄公七年。則利其所有矣。至秦,遂至於"主必死辱,民必死虜",《齊策》陳軫之言。事勢之遷流,蓋非一朝一夕之故矣。孟子曰:"爭地以戰,殺人盈野,爭城以戰,殺人盈城,此所謂率土地而食人肉,罪不容於死。"《離婁上》。又曰:"梁惠王以土地之故,糜爛其民而戰之,大敗,將復之,恐不能勝故驅其所愛子弟以殉之。"《盡心下》。而淮南王言:七國之民,"枕人頭,食人肉,葅人肝,飲人血,甘之於芻豢"。《覽冥》。蓋爲刑罰所驅爵賞所誘,無不失其本心者矣。豈不哀哉?

《商君書·兵守篇》言壯男爲一軍,壯女爲一軍,男女之老弱者爲一軍。①《墨子·備城門》言守法：五十步，丈夫十人，丁女二十人，老小十人。《備穴篇》：諸作穴者五十人，男女各半。則古女子亦從軍。故《周官》司徒言家可任者，鄭《注》以男女老弱通計也。見上節。楚王之圍漢滎陽也，漢王夜出女子東門二千人，《史記·項羽本紀》。則楚、漢之間，女子猶可調集。《史記·田單平原君列傳》，皆言妻妾編於行伍之間，決非虛語矣。此亦見當時軍役之重也。《書·費誓》："馬牛其風，臣妾逋逃，勿敢越逐。"《疏》謂"古人或以婦女從軍"，則厮徒中亦有女子矣。

　　車易爲騎，蓋始於戰國之世；第十三章第四節引《日知錄》已言之。案車戰之廢，與騎戰之興，實非一事。② 蓋騎便馳騁，利原野，吾國内地，古多溝洫阻固，騎戰固非所利，即戎狄居山林，騎亦無所用之也。《左氏》隱公九年，北戎侵鄭，鄭伯禦之。患戎師，曰：彼徒我車，懼其侵軼我也。昭公元年，中行穆子敗狄於大原，亦不過毀車崇卒而已。僖公二十八年，晉作三行以禦狄。《周官》有輿司馬、行司馬，孫詒讓《正義》，謂即《詩·唐風》之公路、公行，行指步卒，其說是也。《大司馬職》云："險野人爲主，易野車爲主。"蘇秦、張儀言七國之兵，雖皆有騎，然其數初不多。世皆謂趙武靈王胡服騎射，以取中山，其實乃欲以臨胡貉。攻中山凡五軍，趙希將胡、代之兵爲其一，《史記·趙世家》。初不言爲騎兵。蓋中山亦小國，不利馳驟也。李牧居代、雁門備匈奴，乃有選騎萬三千匹，《史記》本傳。逾於儀、秦所言秦、楚舉國之數矣，以所臨者爲騎寇也。故車戰在春秋時稍替，騎戰至戰國時始興。言車騎徒之長短利害者，莫詳於《六韜》。車大抵利平地而忌險阻山澤汙下沮洳。騎雖不盡然，然亦慮人爲深溝阬阜。惟徒兵依丘陵險阻，不則爲行馬蒺藜以自固，實最利於險也。

　　兵之始，或以木，黄帝之"弦木爲弧，剡木爲矢"是也。《禮記·内則》："國君世子生，射人以桑弧蓬矢六。射天，地四方。"《注》曰："桑弧蓬矢，本大古也。"此亦大古以木爲兵之一證。或以石，肅慎氏石砮是也。惟蚩尤始以金屬爲兵，説已見前。

---

　　① 賦税：爲兵。
　　② 兵制：車廢騎興非一事。

《管子·小匡》言:"美金以鑄戈劍矛戟,惡金以鑄斤斧鉏夷鋸欘。"美
金者銅也,惡金者鐵也。《周官》:秋官職金,入其金錫於兵器之府。
掌受士之金罰、貨罰,入於司兵。①《越絕書·寶劍篇》,薛燭論鉅闕,
謂"寶劍者金錫和同而不離",則古之兵,皆以金與錫爲之。然朱亥袖
四十斤鐵椎椎殺晉鄙;《史記·信陵君列傳》。張良得力士,爲鐵椎,重百
二十斤,以椎擊秦皇帝於博浪沙中;《留侯世家》。則先秦之末,鐵之用稍
廣,而銅之用稍微矣。僞《古文尚書·説命》曰:"惟甲胄起戎。"《僞
傳》云:"甲,鎧;胄,兜鍪也。"《疏》曰:"經傳之文,無鎧與兜鍪,蓋秦、
漢以末,始有此名,《傳》以今曉古也。古云甲胄,皆用犀兕,未有用鐵
者,而鍪鎧之字皆從金,蓋後世始用鐵耳。"《費誓疏》云:"經典皆言甲胄,秦世
以來,始有鎧兜鍪之文,古之作甲用皮,秦、漢以來用鐵,鎧、鍪二字皆從金,蓋用鐵爲之,而
因以作名也。"《周官·司甲》注:"今之鎧也。"《疏》:"古云皮,謂之甲;今用金,謂之鎧,從金
爲字也。"此亦鐵之用漸廣之徵也。《墨子·節用》曰:"古者聖人,爲猛
禽狡獸,暴人害民,於是教民以兵行。"《淮南·氾論》曰:"爲摯禽猛獸
之害傷人而無以禁御也,而作爲之鑄金鍛鐵,以爲兵刃。"②案今雲南
之猓玀人,無不帶兵,然未有用之於人者,知墨子、淮南王之言,不我
欺也。兵之始,有直刺者,有橫擊者。直刺者欲其不易脱,則又曲其
刃之端。《考工記》所謂擊兵、刺兵、句兵是也。其及遠者則爲矢。此
皆以木者也。其以石者,則或桀以投,《左氏》成公二年,齊高固入晉師,桀石以
投人。或乘高而下。乘高而下者,所謂壘石是也。《漢書·鼂錯傳》:"以便爲
之高城深塹,具藺石。"如淳曰:"藺石,城上雷石也。"《李廣蘇建傳》:"單于遮其後,乘隅下
壘石。"發之以機,則古謂之旝,亦後世以機發石之祖也。《左氏》桓公五年,
"旝動而鼓。"《疏》云:"賈逵以爲發石,一曰飛石,引范蠡《兵法》作飛石之事爲證。《説文》
亦云:建大木,置石其上,發其機以槌敵,與賈同也。"《明史·兵志》云:古之礮皆以機發
石,至明成祖征交阯,始得火器,爲神機營肄之。以爲攻具者,登高以望曰巢車。
以之攻城,則曰雲梯。在上臨下曰臨,從旁衝突曰衝。《詩·大雅·皇

---

① 兵器:銅鐵遞嬗,罰金爲兵。
② 兵器:兵之始非施之人(又見第391頁)。

矣》:"以尒鈎援,與尒臨衝,以伐崇墉。"毛《傳》云:"鈎,鈎梯也。所以鈎引上城者。臨,臨車也。衝,衝車也。"《疏》云:"鈎援一物,正謂梯也。以梯倚城,相鈎引而上。援,即引也。云鈎鈎梯,所以鈎引上城者?墨子稱公輸般作雲梯以攻宋,蓋此之謂也。臨者,在上臨下之名,衝者,從旁衝突之稱,故知二車不同。兵書有作臨車、衝車之法,墨子有《備衝》之篇,知臨衝俱是車也。"《左氏》成公十六年《注》曰:"巢車,車上爲櫓。"《疏》曰:"《説文》云:轈,兵高車,加巢以望敵也。櫓,澤中守草樓也。"《史記·鄭世家集解》引服虔《左氏注》:"樓車,所以窺望敵軍,兵法所謂雲梯。"蓋巢車與鈎援,爲相類之物也。軍營所處,築土自衞,謂之爲壘。《左氏》文公十二年《疏》。築土爲山,以窺城内,曰距堙。《書·費誓疏》。作高木櫓,櫓上作桔槔兜零,以薪置其中,謂之爟。常眠之,有寇,即火然舉之以相告。《史記·信陵君列傳》集解引文穎。又有以水火毒藥相虧害者。見《墨子》。案《公羊》莊公十七年,遂人以藥殲齊成,《左氏》襄公十四年,晉以諸侯伐秦,秦人毒涇上流是也。案《考工記》云:"攻國之兵欲短,守國之兵欲長。攻國之人衆,行地遠,食飲飢,且涉山林之阻,是故兵欲短。守國之人寡,食飲飽,且不涉山林之阻,是故兵欲長。"然則短兵者,利於山林者也。而山林者,禽獸之所處也。兵之短者莫如劍。《考工記》又曰:"戈柲六尺有六寸。殳長尋有四尺。車戟常,酋矛常有四尺。夷矛三尋。劍:上制長三尺,中制二尺二寸,下制五尺。"蓋兵以劍爲最短。然人人佩之者惟劍耳。夫人人所佩者,惟行山林之兵,則兵之始,固所以禦異類也。墨子、淮南王之言,豈欺我哉?

第六節　刑　　法

　　言古代刑法者,每喜考中國之有成文法,始於何時,其實此乃無甚關係之事也。邃古之時,人與人之利害,不甚相違,衆所共由之事,自能率循而不越。若此者,就衆所共由言之,則曰俗。就一人之踐履言之,則曰禮。古有禮而已矣,①無法也。迨羣治演進,人人之利害,

---

　　①　刑:古有禮而已,違禮制裁心誹議,並不嫌多難知(又見第392頁)。

稍不相同,始有悍然違衆者。自其人言之,則曰違禮。違禮者,衆不能不加以裁制,然其裁制也,亦不過誹議指摘而已。利害之相違日甚,悍然犯禮者非復誹議指摘所能止,乃不得不制之以力。於是有所謂法。法强人以必行之力强於禮,然其所强者,不能如禮之廣。於其所必不容己者則强之,可出可入者則聽之,此法之所以異於禮也。顧此亦必以漸致。愈古則法所干涉者愈多,即實不能干涉者,在時人之意,亦以爲當干涉,特力有不逮耳。所謂"出於禮者入於刑"也。《呂刑》曰:"墨罰之屬千。劓罰之屬千。剕罰之屬五百。宮罰之屬三百。大辟之罰,其屬二百。五刑之屬三千。"①《周官》司刑曰:"墨罪五百。劓罪五百。宮罪五百。刖罪五百。殺罪五百。"案集先秦法律之大成者爲《法經》,不過六篇,見下。安得有三千或二千五百條? 古言曲禮三千,《禮記·禮器》。則五刑之屬三千,猶言出於禮者入於刑耳,古以三爲多數;不可以百計則云千;以千計之而猶覺其多,則曰三千。云墨罰之屬千,劓罰之屬千者,猶言其各居都數三之一;曰剕罰之屬五百者,言其居都數六之一;曰宮罰之屬三百,大辟之罰其屬二百者,猶言此二刑合居都數六之一,而宮與大辟,又若三比二也。此其所犯者,必爲社會之習俗,而非國家之法令審矣。然則是時爲日用尋常之軌範者,猶是習俗而非法令也。《周官》大司寇:"以五刑糾萬民:一曰野刑,上功糾力。二曰軍刑,上命糾守。三曰鄉刑,上德糾孝。四曰官刑,上能糾職。五曰國刑,上願糾暴。"所謂鄉刑者? 大司徒:"以鄉八刑糾萬民:一曰不孝之刑。二曰不睦之刑。三曰不婣之刑。四曰不弟之刑。五曰不任之刑。六曰不恤之刑。七曰造言之刑。八曰亂民之刑。"猶是社會之習俗也。"禁殺戮,掌司斬殺戮者。凡傷人見血而不以告者,攘獄者,遏訟者,以告而誅之。""禁暴氏,掌禁庶民之亂暴力正者,撟誣犯禁者,作言語而不信者,以告而誅之。凡國聚衆庶,則戮其犯禁者,以徇。凡奚隸聚而出入者則司牧之,戮其犯禁者。"此等蓋所謂國刑,近乎今之警察,乃以治者之力,强制人民者也。

　　禮之繁如此,而曰出於禮者入於刑,在今人,必以爲生其時者,將無所措手足,其實不然也。三千特言其多,云出於禮者入於刑,不過謂理

_____

　① 刑:五刑之屬三千解,此仍禮。

當如是，斷不能一有出入，即隨之以刑也。今日尋常日用之間，所當遵守之科條，奚翅千百？然絕未有苦其繁者，則以其童而習之也。所難者，轉在今日之所謂法，本非人民所習，乃不顧其知與不知，而一切行之耳。此等法何自起乎？曰：其必起於有國有家者之所求矣。[①] 有國有家者之所求，本非民之所知，而亦非其所欲，如是，則非有強力焉以守之不可，此今所謂法律者之緣起也。《左氏》昭公六年，叔向詒子產書曰："夏有亂政而作《禹刑》，商有亂政而作《湯刑》，周有亂政而作《九刑》。"九刑，[②]又見文公十八年，《周書·嘗麥》："令大正正刑書九篇。"疑即其物。《周官·司刑》疏，引鄭注《堯典》云："正刑五，加之流宥、鞭、朴、贖刑，此之謂九刑。""賈、服以正刑一加之以八議"，附會不足據。時則子產作《刑書》。二十九年，晉趙鞅鑄刑鼎。定公九年，鄭駟歂殺鄧析而用其《竹刑》。又昭公七年，楚陳無宇引周文王之法。又謂楚文王有《僕區之法》。《韓非子·外儲説上》，謂楚莊王有《茅門之法》。皆刑書之名之可考者也。此等法律，其詳已不可得聞，其稍有可知者，始於李悝之《法經》。《魏律序》云：悝爲魏文侯相，譔次諸國法爲之，曰盜、賊、網、捕、雜律，又以一篇著其加減，凡六篇。商君取之以相秦。見《晉書·刑法志》。此律爲漢人所沿用。以其少而不周於用也，遞增至六十篇，又益以令甲及比。繁雜不可名狀，姦吏因得上下其手，屢圖刪定，訖未有成。至魏世，乃定爲十八篇，未及行而亡。晉初又加修正爲二十篇，於泰始三年，民國紀元前一千六百四十五年(公元267)。大赦天下行之。南北朝、隋、唐之律，咸以爲本。唐以後定律者，金與明皆本於唐，清律又本於明，實仍本於晉也。晉律當多取漢時之令及比等，然李悝之《法經》，必仍有存於其中者，即謂所存甚寡，然自商君以後，法典遂前後相承，有修改而無創制矣。故《法經》實吾國法律之本也。

古有所謂布憲者，《周官》有其官，《管子·立政篇》亦言其事。

---

① 刑：法有 {國 家} 者。所求　難知　非欲　非強力守不可。

② 刑：九刑亦刑書之一。悝撰次諸國……

《周官》職文云：“掌憲邦之刑禁。正月之吉，執邦之旌節，以宣布於四方。”《立政篇》言正月之朔，百吏在朝，君乃出令，布憲於國。五鄉之師，五屬大夫，皆受憲於大史，而遂於其所屬。案《小匡篇》言：“修舊法，擇其善者而嚴用之。”而《月令》：季冬之月：“天子與公卿大夫，共飭國典，論時令，以待來歲之宜。”則正月之所布者，乃君與大夫所擇焉而行之於一歲之中者也。《立政》又曰：“凡將舉事，令必先出。其賞罰之數，必先明之。”此爲臨事所發。《墨子·非命》言：“古之聖王，發憲出令，設爲賞罰以勸賢。”《韓非·定法》云：“憲令著於官府。”則憲與令，乃上所求於下之兩大端。其使之不得爲者，則謂之禁。《曲禮》言“入竟而問禁，入國而問俗”是也。<small>此爲古書各舉一邊之例。入竟者亦問俗，入國者亦問禁也。</small>此等皆不原於俗，非其民所素知，故必表而縣之<small>“憲謂表而縣之”，見《周官》小宰《注》。</small>又或徇以木鐸；<small>小宰、小司徒、小司寇、士師等，咸有其文。</small>而州長、黨正、族師、閭胥，又有屬民讀法之舉也。違憲令或犯禁者，則治之以法，其初蓋臨事審度。故孔子謂“先王議事以制，不爲刑辟。”《左氏》昭公二十九年。後因其輕重失宜，且執法者不免上下其手，則必著其輕重。① 叔向、仲尼之言，乃當時一派議論，不必合於時勢也。<small>法不公布，《義疏》亦疑之，見昭公六年。</small>

　　刑之始，蓋所以待異族。古之言刑與今異。漢人恒言“刑者不可復屬”，亦曰“斷者不可復屬”，則必殊其體乃謂之刑，拘禁罰作等，不稱刑也。<small>此爲刑字之初義，其後自不盡如此，勿泥。然初義仍並行，如《周官》司圜曰“凡圜土之刑人也不虧體，其罰人也不虧其財”是也。虧財蓋原於贖刑，本無肉刑，自不得有贖也。</small>《國語·魯語》：臧文仲言：“大刑用甲兵，其次用斧鉞。中刑用刀鋸，其次用鑽窄。薄刑用鞭朴。大者陳之原野，小者肆之市朝，五刑三次，是無隱也。”陳之原野，指戰陳言，可見古以兵刑爲一。② 此《漢書》述兵制，所以猶在《刑法志》中也。《堯典》曰：“象以典刑。流宥五

---

① 刑：因輕重失宜上下其手而定法。
② 刑：兵刑是一（又見第 396 頁）。

刑。鞭作官刑。朴作教刑。金作贖刑。"象以典刑,蓋即《周官》之縣法象魏。《周官·天官》大宰:"正月之吉,始和,布治于邦國都鄙,乃縣治象之法於象魏,使萬民觀治象,挾日而斂之。"《地官》作教象,《夏官》作政象,《秋官》作刑象,其文咸同。惟《春官》無文,以其事與民無涉也。魏,闕名,蓋以其縣象,故稱象魏。《左氏》哀公三年:"司鐸火,季桓子至,御公立於象魏之外,命藏《象魏》,曰:舊章不可亡也。""命藏象魏"之魏字,疑涉上文而衍,杜《注》"謂其書爲象魏",非也。其初蓋縣行刑之狀以恐怖人。五刑,即《呂刑》所云墨、劓、腓、宮、大辟。大辟者,臧文仲所謂用斧鉞;劓、腓、宮,其所謂用刀鋸;墨其所謂用鑽笮;官刑、教刑,其所謂用鞭朴;金作贖刑,即《呂刑》之所言也。《呂刑》云:"苗民弗用靈,制以刑,惟作五虐之刑曰法。爰始淫爲劓、刵、椓、黥。"①劓、刵、椓、黥,《書疏》云:"歐陽、大小夏侯作臏、宮、劓、割頭、庶剠。"見卷二《虞書》標目下,庶字未詳。《說文·支部》:"𣨭,去陰之刑也。《周書》曰刖、劓、𣨭、黥。"則今本之刵乃誤字。《書·康誥》之"刑人,殺人,劓刵人",刵疑刖之誤。殺指大辟,刑指宮,《左氏》襄公二十九年,"婦人無刑",正指宮刑言也。②

　　五刑實自苗民至周穆王,未之有改。除婦人宮刑閉於宮中外,《周官·司刑》鄭《注》:"宮者,丈夫則割其勢,女子閉於宮中。"《呂刑僞孔傳》:"宮,淫刑也。男子割勢,婦人幽閉。"《疏》云:"大隋開皇之初,始除男子宮刑,婦人猶閉於宮。"《左氏》僖公十五年杜《注》云:"古之宮閉者,皆登臺以抗絶之。"餘皆殊其體。大辟則并絶其生命,故或稱爲死,與刑相對,又或稱爲大刑也。《周官》司刑,有刖而無臏。鄭《注》云"周改臏作刖",未知何據。③ 今《尚書》之剕,《周官》司刑注引《書傳》作臏,則二者一字。襄公二十九年《公羊》疏引鄭駁《異義》云:"皋陶改臏爲剕,《呂刑》有剕,周改剕爲刖。"其說與《周官注》不合,自當以《周官注》爲是。《爾雅·釋言》:"跀,刖也。"《說文》:"跀,斷足也。刖,斷足也。"皆以跀與刖爲一,而鄭氏以爲二。《說文》又云:"臏,剶骨也。"段《注》:"臏者髕之俗,去剶頭骨也。刖,漢之斬止。臏者廢不能行,刖者尚可著蹖而行。《莊子》:兀者叔山無趾踵見仲尼,崔譔云:無趾,故以踵行,是則刖輕於臏。"案鄭說恐非是,《莊子·養生主》云:"公文軒見右師而驚曰:是何人也? 惡乎介也? 曰:天也,非人也。天之生是使獨也。"注曰:"介,偏刖之名,偏刖曰獨。"《釋文》:"介,一音

---

① 刑:劓、刵、椓、黥,刵當作刖。
② 刑:刑必虧體,惟婦人無刑指宮。
③ 刑:腓臏刖。

兀，司馬云：刖也，向、郭云：偏刖也，崔本作兀，又作跀，云斷足也。"《管子·地數》："苟山之見榮者，謹封而爲禁。有動封山者，罪死而不赦。有犯令者，左足入，左足斷，右足入，右足斷。"即所謂偏刖。則陳喬樅《今文尚書經說考》，謂"跀者去左趾，跀者并去右趾"，其說是也。《易》言噬嗑滅趾，即此。《玉篇》："髕，骨也。又去膝蓋刑名。"說稍後。《白虎通義·五刑篇》："腓者，脱其臏也。"此書爲後人竄亂大多，恐不足據。鄭注《司刑》云："夏刑大辟二百，臏辟三百，宫辟五百，劓墨各千，周則變焉。"即據《呂刑》、《周官》異同爲説。其改臏作刖之言，疑亦如此，未必别有所據也。掌戮云："墨者使守門。劓者使守關。宫者使守内。刖者使守囿。髡者使守積。"則又益一髡。案髡即越族之斷髪，黥則其文身。① 苗民在江、淮、荆州，其初蓋俘異族以爲奴婢，後則本族之犯罪者，亦以爲奴婢而儕諸異族，因以異族之所以爲飾者施之；後益暴虐，乃至以刀鋸斧鉞，加於人體，而有臏、宫、劓、割頭之刑也。刵即馘，其初亦施諸戰陳。此疑亦原於越族，越族本有儕耳之習也。《後漢書·南蠻傳》述珠崖儋耳之俗云："其渠帥貴長耳，皆穿而縋之，垂肩三寸。"《左氏》僖公二十七年，楚子玉治兵，"貫三人耳"。所謂貫耳，亦即穿耳也。《堯典》曰："帝曰：皋陶，蠻夷猾夏，寇賊姦宄。汝作士。五刑有服，五服三就。五流有宅，五宅三居。"三就即臧文仲所謂三次，五流即所謂流宥五刑。《周官》司戮："掌斬殺賊諜而搏之。《注》："斬以鈇鉞，若今要斬也。殺以刀刃，若今棄市也。搏當爲膊諸城上之膊，字之誤也。膊謂去衣磔也。"案"膊諸城上"，見《左氏》成公二年。斬亦曰斷，見《公羊》成公二年。凡殺其親者焚之。《注》："焚，燒也，《易》曰：焚如死如棄如。"《左氏》昭公二十二年，鄩肸伐皇，大敗，獲鄩肸，焚諸王城之市。又古刑有烹，《公羊》莊公四年："哀公亨乎周。"《注》："亨，爨而殺之。"即《漢書·刑法志》所謂秦有鑊烹之刑者也。《左氏》襄公二十六年，宋亨伊戾。哀公十六年，楚亨石乞。殺王之親者辜之。《注》："辜之言枯也，謂磔之。"案《荀子·正論》云："斬斷枯磔。"《史記·李斯列傳》："十公主矺死於杜。"《索隱》："矺音宅，與磔同，古今字異耳，磔，謂裂其肢體而殺之。"殺人者踣諸市，肆之三日。"賊諜即所謂姦宄。士本戰士，士師者，士之長，其初皆軍官。肉刑又有轘。《周官》條狼氏："誓僕右曰殺，誓馭曰車轘。"《墨子·號令》："歸敵者，父母、妻子、同産皆車裂。"然則殊體之刑，初由異族貤及軍中，後乃行之平時也。案古死刑又有脯

---

① 刑：髡、越之斷髪，黥其文身，後五刑效越，刵疑亦原焉。

醢。《史記·殷本紀》：紂醢九侯、脯鄂侯是也。《檀弓》："孔子哭子路於中庭，既哭，進使者而問故。使者曰：醢之矣。遂命覆醢。"《左氏》莊公十二年，宋人醢猛獲、南宮萬。襄公十五年，鄭人醢堵女父、尉翩、司齊，十九年，齊人醢夙沙衛。哀公二年，趙簡子誓曰："若其有罪，絞縊以戮。"《注》："絞，所以縊人物。"宣公八年，"晉人獲秦諜，殺諸絳市，六日而蘇"，此必不殊其體，疑即絞殺之也。又炮格之刑，見《呂覽·順民》。高《注》云："紂嘗熨爛人手，因作銅烙，布火其下，令人走其上，人墮火而死。"畢校云："烙當作格。"然《列女孽嬖傳》亦作烙。此亦焚之類也。《周官》大司徒："凡萬民之不服教而有獄訟者，與有地治者聽而斷之，其附於刑者，歸於士。"此刑之初不施諸本族之證。書家有象刑之説，後人多疑之。見《荀子·正論篇》。《漢書·刑法志》本之。案其說曰："上刑赭衣不純。中刑雜屨。下刑墨幪。"《白帖》引《尚書大傳》。又曰："以幪巾當墨。以草纓當劓。以菲屨當刖。以艾韠當宮。以布衣無領當大辟。"《太平御覽》引《慎子》。此即《周官》所謂明刑明梏。明刑，見下。掌囚："及刑殺，告刑於王。奉而適朝，士加明梏以適市而殺之。"《注》："士加明梏者，謂著其姓名及其罪於梏而箸之也。"《論衡·四諱》曰："俗諱被刑，不上丘墓。古者肉刑，形毀不全，乃不可耳。方今象刑，①象刑重者，髡鉗之法也，若完城旦以下，施刑，施，疑當作弛。采衣系躬，冠帶與俗人殊何爲不可？"則漢世猶行之矣。《玉藻》曰："垂緌五寸，惰遊之士也。玄冠縞武，不齒之服也。"《注》謂：惰遊即罷民。不齒，謂所放不帥教者。案《王制》言："命鄉簡不帥教者以告，耆老皆朝於庠。元日習射上功，習鄉尚齒。大司徒帥國之俊士，與執事焉。不變，命國之右鄉簡不帥教者移之左；命國之左鄉，簡不帥教者移之右；如初禮。不變，移之郊，如初禮。不變，移之遂，如初禮。不變，屏之遠方終身不齒。"又曰："將出學，小胥、大胥、小樂正簡不帥教者，以告於大樂正。大樂正以告於王。王命三公、九卿、大夫、元士皆入學。不變，王親視學。不變，王三日不舉，屏之遠方：西方曰棘，東方曰寄，終身不齒。"②《大學》曰："惟仁人放流之，屏諸四夷，不與同中國。"中國即國

① 刑：象刑漢猶行之。
② 刑：屏四方不必遠，即古之流，蓋待貴族，贖蓋亦然（又見第398頁）。

中。古所謂四夷者，去中國本不甚遠。《周官》入于圜土而能改過者，反於中國不齒三年，則屛之遠方者，未必無還期，還而猶爲之刑，則所謂不齒也，此即《堯典》所謂流宥五刑。語云：教笞不可廢於家，則其所謂鞭朴。鞭朴固初施於家，流亦猶之"子放婦出"耳。見《禮記·內則》。知古之待本族者，不過如此而已矣。《唐書·吐蕃傳》曰："重兵死，以累世戰歿爲甲門。敗懦者垂狐尾於首，示辱，不得列於人。"此亦所謂不齒。淺演之羣，風俗每相類，知象刑爲古所可有，不必驚怖其言若河漢而無極也。

　　《曲禮》曰："刑不上大夫。"《五經異義》："古《周禮》說：士尸肆諸市，大夫尸肆諸朝，是大夫有刑。"案刑不上大夫者？刑之始，乃以爲奴婢而儕諸異族，大夫以上，不可以爲奴，故亦不容施刑也。《公羊》宣公元年云："古者大夫已去，三年待放。"《解詁》曰："古者刑不上大夫，故有罪，放之而已。"然則流宥五刑，其初乃所以待貴族。即贖刑亦然。《管子·中匡》曰："甲兵未足也，請薄刑罰以厚甲兵。於是死罪不殺，刑罪不罰，使以甲兵贖：死罪以犀甲一戟，刑罰以脅盾一戟，過罰以金鈞。無所計而訟者，成以束矢。"《小匡》曰："制重罪入以兵甲犀脅二戟。輕罪入蘭盾鞈革二戟。小罪入以金鈞。分宥薄罪入以半鈞。無坐抑而訟獄者，正三禁之而不直，則入一束矢以罰之。"案《周官》大司寇："以兩造禁民訟。入束矢於朝，然後聽之。以兩劑禁民獄，入鈞金三日乃致於朝，然後聽之。"亦以爲足兵之謀也。鈞三十斤。《呂刑》之制：墨辟百鍰。劓辟惟倍。剕辟倍差。宮辟六百鍰。大辟千鍰。鍰六兩。夏侯、歐陽說，見《周官》職金疏。古二十四銖爲兩，十六兩爲斤。則周大辟之罰，以金之重計之，當秦半兩錢萬，漢五銖錢二萬三千餘。幣價誠不必與金同，然當圜法初立時，民信未孚，往往計金之重以定錢價，相去亦不能甚遠。《史記·貨殖列傳》言："糴二十病農，九十病末，上不過八十，下不過三十，則農末俱利。"然則周大辟之贖，以漢最上之糴計之，直三百石，夫豈平民所能堪？故知其始，乃所以待貴族也。《禮記·文王世子》："公族：其有死罪，則磬於甸人。其刑罪，則纖剸，亦告於甸人。"所與庶族異者，亦僅"無宮刑"而已矣。

《周官》：王之同族與有爵者不即市，刑殺於甸師氏，見天官甸師、秋官小司寇、掌囚、掌戮。此刑法之漸峻，而亦等級之漸平也。

《孟子·梁惠王》下，言文王之治岐也，“罪人不孥”，《左氏》昭公二十年，苑何忌引《康誥》，亦曰“父子兄弟，罪不相及”。而《書·甘誓》、《湯誓》，皆有“孥戮”之文。《湯誓》鄭《注》，引《周官》“男子入於罪隸，女子入於舂藁”。見《疏》。《費誓》云：“女則有無餘刑，非殺。”《疏》引王肅云：“父母、妻子、同産皆坐之，入於罪隸。”又引鄭玄云：“謂盡奴其妻子，在軍使給廝役，反則入於罪隸舂藁。”然則孥戮之始，乃軍刑也。①《史記·秦本紀》：文公二十年，“法初有三族之罪”。《集解》引張晏曰：“父母、兄弟、妻子”，即王肅之説，蓋以軍刑施之平時也。商君“令民爲什伍，而相收司連坐”，《史記》本傳。世皆以爲暴政。然《周官》族師職云：“五家爲比，十家爲聯。五人爲伍，十人爲聯。四閭爲族，八閭爲聯。使之相保相受，刑罪慶賞，相及相共。”比長職云：“五家相受，相和親，有罪奇邪則相及。”鄰長職云：“掌相糾相受。”士師職云：“掌鄉合州黨族閭比之聯，與其民人之什伍，使之相安相受，以比追胥之事，以施刑罰慶賞。”《墨子·尚同》引《大誓》云：“小人見姦巧，乃聞不言也，發罪鈞。”《繁露·王道》曰：“梁使民比地爲伍，一家亡，五家殺刑。”《公羊解詁》説同。見僖公十九年。皆相收司連坐之法也；其非起於商君，審矣。古居民有兩法：一什伍之制，與軍制相應。一鄰朋之制，與井田相應。什伍之民服兵役，井地之民初不爲兵。觀第二第五兩節可明。然則鄰比相坐，其初亦軍法也。

父子兄弟，罪不相及，然謀叛者往往族誅，則以此爲兩族之爭，猶之兩國交戰，非復干犯法禁之事也。部族林立之時，有怨惟自相報。故《書》有“非富天下，爲匹夫匹婦復讎”之義。見《孟子·滕文公下篇》。上文引《書》曰：“葛伯仇餉”，故知此爲《書》説也。其後雖有國法，此風仍不能絶。

---

　　①　刑：孥戮始軍刑，相司連坐亦然，《周官》等已有。

君父、師長、朋友、昆弟復讎之隆殺，《禮》文明著等差。《禮記·曲禮》："父之讎，弗與共戴天。兄弟之讎不反兵。交遊之讎不同國。"《注》云："交遊，或爲朋友。"《檀弓》："子夏問於孔子曰：居父母之仇如之何？夫子曰：寢苫，枕干，不仕，弗與共天下也。遇諸市朝，不反兵而鬥。曰：請問居昆弟之仇如之何？曰：仕，弗與共國。銜君命而使，雖遇之不鬥。曰：請問居從父昆弟之仇如之何？曰：不爲魁，主人能，則執兵而陪其後。"《大戴禮記·曾子制言上》："父母之讎，不與同生。兄弟之讎，不與聚國。朋友之讎，不與叙鄉。族人之讎，不與聚隣。"《公羊》莊公四年《解詁》："禮：父母之讎，不同戴天。兄弟之讎不同國。九族之讎，不同鄉黨。朋友之讎，不同市朝。"《周官》：調人凡和難：父之讎，辟諸海外。兄弟之讎，辟諸千里之外。從父兄弟之讎不同國。君之讎眂父，師長之讎眂兄弟，主友之讎眂從父兄弟。且有"不討賊非臣，不復讎非子"之義。《公羊》隱公十一年，子沈子曰："君弒，臣不討賊，非臣也；不復讎，非子也。《春秋》，君弒，賊不討，不書葬，以爲不繫乎臣子也。"此猶以義理言之。《管子·大匡》曰："君謂國子：凡貴賤之義，入與父俱，出與師俱，上與君俱，凡三者，遇賊不死，不知賊，則無赦。"則並明著刑誅矣。《公羊》隱公四年："衛人殺州吁於濮。其稱人何？討賊之辭也"。《解詁》曰："明國中人人得討之，所以廣忠孝之路。"此即《檀弓》邾婁定公言"臣弒君，凡在官者殺無赦；子弒父，凡在官者殺無赦"之義；所以激厲臣子之復讎者至矣。《周官》有調人，亦不過禁其不直，使之相辟而已，不能逕絕之也。調人職云："凡過而殺傷人者，以民成之，鳥獸亦如之。凡和難者，皆使之辟。弗辟，然後予之瑞節而以執。凡殺人，有反殺者邦國交讎之。凡殺人而義者，不同國，令弗讎。讎之則死。凡有鬥怒者，成之。不可成者則書之。先動者誅之。"又朝士云："凡報仇讎者書於上，殺之無罪。"皆所以限制復讎，稍殺私鬥之禍也。《注》引鄭司農云："成之，謂和之也。和之，猶今二千石以令解仇怨，後復相報，移徙之。"①則漢世猶有其法矣。《公羊》大復百世之仇，亦必以"上無天子，下無方伯"爲限。又曰："父不受誅，子復讎可也。父受誅，子復讎，推刃之道。"又曰："復讎不除害，朋友相衛而不相迿"，皆此義。見莊公四年、定公四年。部族之外，使其自相報，則部族之內相殘殺，自非所問。《白虎通義·誅伐篇》曰："父殺其子當誅。"即因其時父殺子之事甚多故也。《左氏》成公三年，知罃對楚子曰："首其請於寡君，而以戮於宗，亦死且不朽。"昭公二十一年，宋華費遂曰："吾有讒子而弗能殺。"皆父得專殺其子之證。

《說文》曰："廌，解廌，獸也。似山牛，一角。古者決訟，令觸不直

---

① 刑：漢二千石以令解仇怨，複相報，移徙之，見《周官·朝士注》。

者。"段《注》删山字,云:"《玉篇》、《廣韻》及《太平御覽》引皆無。"然又引《論衡》云:"獬豸者,一角之羊,性識有罪,皋陶治獄,有罪者令羊觸之。"案《墨子·明鬼》云:"齊莊君之臣,有王里國、中里徼者,訟三年而獄不斷。乃使人共一羊,盟齊之神社。讀王里國之辭,既畢矣,讀中里徼之辭,未半也,羊起而觸之,殪之盟所。"此羊即解廌之流。山牛二字,疑羊字之誤分,《篇》、《韻》、《御覽》删之,亦未是也。《詩·何人斯》云:"取彼譖人,投畀豺虎。豺虎不受,投畀有北。有北不受,投畀有昊。"蓋皆所謂神斷之流,其詳已不可考矣。至後世之聽斷則有獄訟之別。"爭罪曰獄,爭財曰訟",《周官》大司徒鄭《注》,又大司寇《注》云:"訟,謂以財貨相告者。獄,謂相告以罪名者。"頗近今日刑民事之分。① 其聽斷之官,則有屬於地官者,有屬於秋官者。② 屬於地官,所謂地治者是也。屬於秋官者,有鄉士掌國中,遂士掌四郊,縣士掌野,方士掌都家,訝士掌四方之獄訟。地官本以教爲主,故其所治者,亦以不服教爲重。其所施者,至圜土嘉石而止。地官司救:"掌萬民之邪惡過失而誅讓之。以禮防禁而救之,凡民之有邪惡者,三讓三罰,而士加明刑,恥諸嘉石,役諸司空,其有過失者,三讓而罰,三罰而歸於圜土。"《注》:"罰,謂撻擊之也。明刑,去其冠飾,而書其邪惡之狀,著之背也。"大司寇:"以圜土聚教罷民,凡害人者,寘之圜土,而施職事焉。以明刑恥之。其能改過,反於中國,不齒三年。其不能改而出圜土者殺。"司圜:"掌收教罷民。凡害人者,弗使冠飾而加明刑焉。任之以事而收教之。能改者,上罪三年而舍,中罪二年而舍,下罪一年而舍。其不能改而出圜土者殺。雖出,三年不齒。"大司寇職又云:"以嘉石平罷民,凡萬民之有罪過,而未麗於法,而害於州里者,桎梏而坐諸嘉石,役諸司空。重罪旬有三日坐,期役。其次九日坐,九月役。其次七日坐,七月役。其次五日坐,五月役。其下三日坐,三月役。使州里任之,則宥而舍之。"案圜土嘉石之法,蓋初屬司徒,後乃移於司寇。故其所治,爲未麗於法而害於州里者。使州里任之,則宥而舍之。其後移於司寇者?《墨子·尚賢》云:"昔者傅說居北海之洲,圜土之上,衣褐帶索,庸築於傅巖之城。"蓋使之作苦於邊竟,故言能改則反於中國。庸作於邊竟,當與兵事有關,故又屬司寇也。涉刑殺之罪,皆屬秋官。《呂刑》:"王曰:嗟四方司政,典獄。"司政蓋指司徒之屬,司獄指司寇之屬。《王制》曰:"成獄辭,史以獄之成告於正。"《注》:"正,於周鄉師之屬。"正聽

---

① 刑:刑民事之分古已有之。

② 刑:聽斷或屬地官,或屬秋官,其用刑異。

之。正以獄之成告於大司寇。大司寇聽之棘木之下。大司寇以獄之成
告於王。王命三公參聽之。三公以獄之成告於王。王三又，《注》："又當作
宥。"然後制刑。"其說亦與《周官》同。此爲人民之獄訟，其貴人之獄
訟，則人君自聽之，如《左氏》載王叔之宰，與伯輿之大夫，坐獄於王庭；
案見襄公十年。叔孫昭子朝而命吏曰"婼將與季氏訟"是也。案見昭公十二年，
說本崔氏述。見《豐鎬考信別錄》。下不能斷之獄，亦可上於朝，①如昭公二十
八年，梗陽人有獄，魏戊不能斷，以獄上是也。《周官》訝士："掌四方
之獄訟，諭罪刑於邦國。凡四方之有治於士者造焉。四方有亂獄，則
往而成之。"則審斷之權，稍集於中樞矣。又有此國之臣，訟於彼國
者。如《左氏》文公十四年，周公與王孫蘇訟於晉；王叔陳生與伯輿之
爭，亦訟於士匂是也。此則古者有土之君，於其上皆非純臣，猶之兩
小國訟於大國，如鄭與許訟於楚，衛侯與元咺訟於晉。事涉外交，非復可以國
法論矣。

　　古斷獄有與後世大異者，重意是也。《春秋繁露・精華篇》曰：
"《春秋》之聽獄也，必本其事而原其志。志邪不待成，首惡者罪特
重，本直者其論輕。折獄而是也，理益明，教益行。折獄而非也，闇
理迷衆，與教相妨。教，政之本也。獄，政之末也。其事異域，其用
一也，不可以不相順，故君子重之也。"蓋事之善惡，判於意之善惡。
古之明刑，將以弼教，非如後世徒欲保治者之所謂治安及其權利，
故其言如是也。②《王制》曰："凡聽五刑之訟，必原父子之親，立君
臣之義以權之。意論輕重之序，慎測淺深之量以別之。悉其聰明，
致其忠愛以盡之。"即《繁露》所謂"本其事而原其志"者也。"孟氏
使陽膚爲士師。問於曾子。曾子曰：上失其道，民散久矣。如得其
情，則哀矜而勿喜。"《論語・子張》。謂本其事，原其志，則所見之善
惡，與徒觀其表者不同也。"子曰：聽訟，吾猶人也，必也，使無訟

_____

①　刑：下不能斷之獄，可上於朝。訝士掌四方之獄訟。
②　刑：重體則明刑，所以弼教，故重意徙在上，所求則不然矣。

乎？無情者不得盡其辭，大畏民志，此謂知本。"《大學》。謂斷獄者能推原人之本心，則人不敢懷惡意，而風俗因之而淳，所謂與教相順者此也。此等議論，今人必以爲迂，然如今日之所謂司法者，明知其意之惡而弗能誅，明知其意之善而弗能救，愈善訟之人，其心愈不可問。以維持治者之所謂治安，及其權利則得矣，於社會公益何有焉？則古人所言，正未可以深譏也。然此非徒聽訟者之咎也，社會風氣之變遷則爲之。《王制》曰："有旨無簡，不聽。"《注》："簡，誠也。"案蓋指事狀。又曰："凡執禁以齊衆，不赦過。"此爲不重意而重事之漸。蓋風俗稍偷，人藏其心，不可測度，而折獄者亦不必皆公正，徒據其意，不足服人，乃不得不側重於事也。《王制》又曰："必三刺。"三刺者？"一曰訊羣臣，二曰訊羣吏，三曰訊萬民。"①《周官》小司寇及司刺，咸有其文。孟子曰："左右皆曰可殺，勿聽，諸大夫皆曰可殺，勿聽，國人皆曰可殺，然後察之，見可殺焉，然後殺之。"《梁惠王下》。左右即羣臣，諸大夫即羣吏，國人即萬民，蓋古自有此法，非作《周官》、《王制》者之億説也。司刺，掌三刺、三宥、三赦之法，三宥者？一宥曰不識，再宥曰過失，三宥曰遺忘。三赦，壹曰幼弱，再曰老旄，三曰憃愚。亦誠本其事而原其意，非貌爲寬大也。欺法吏於一時易，蔽萬人之耳目難。"疑獄氾與衆共之，衆疑赦之"，亦《王制》文。意正在此，此亦猶選舉之重鄉評也。然亦惟風氣淳樸之世爲可行。若在後世，則有愈兼聽並觀，而愈益其惑亂者矣。故凡制度之實，未有不隨社會爲變遷者也。《莊子》所謂藏舟於壑，夜半，有力者負之而走也。

《説文·豸部》："貈，胡地野狗。"其或體从犬。引《詩》曰宜犴宜獄。今《毛詩》作犴，《釋文》云：《韓詩》作犴，云鄉亭之繫曰犴，朝廷曰獄。狀部："獄从犬言，二大所以守也。"此最古之監獄也。《周官》掌囚："掌守盜賊，凡囚者，上罪梏拲而桎。中罪桎梏。下罪梏。王之同族拲。有爵者桎。以待弊罪。"《注》："鄭司農云：拲者，兩手共一木也。桎梏者，兩

---

① 刑：三刺即左右、諸士夫、國人。

手各一木也。玄謂在手曰梏，在足曰桎。中罪不拳，手足各一木耳。下罪又去桎，王同族及命士以上，雖有上罪，或拳或桎而已。”《易·噬嗑》，初九，“屨校滅趾”。上九，“何校滅耳”。《説文》：“校，木囚也。”段《注》云：“屨校，若今軍流犯人新到箸木鞾。何校，若今犯人帶枷也。”又《坎卦》上六：“繫用徽纆，寘於叢棘。”纆，《説文》作縲，云“索也”。《論語·公冶長》：“雖在縲絏之中。”《集解》引孔曰：“縲，黑索，絏，攣也，所以拘罪人。”蓋即纆也。《左氏》哀公八年：“邾子又無道，吳子使大宰子餘討之，囚諸樓臺，栫之以棘。”《注》：“栫，雍也。”此即所謂寘於叢棘也。《周官》大司馬，“以九伐之法正邦國，暴内陵外則壇之”，即所謂囚諸樓臺者，合僖公十五年杜《注》，“古之宮閉者，皆登臺以抗絶之”之文觀之，可見古者拘繫之制。[1] 觀《周官》圜土之文，又可想見既有宮室後監獄營造之法。《管子·小匡》：“遂生束縛而桎以予齊。”此則所謂檻車也。

---

[1] 刑：無宮室時之拘禁。

第十五章　宗教學術

第一節　文　字

　　人何以靈長萬物？曰智。然一大古之人之智，與高等動物相去果幾何？則難言之矣。然則人之能靈長萬物也，非以其獨智，而實以其能羣。何則？動物無語言，即有之,亦與人類相去懸絶。前輩之所得者，不能付諸後輩，事事須從頭學起，故其所得殊淺，而人則不然也。文字者，賦語言以形者也。自有文字，而語言之所及愈廣，其傳之亦愈久矣。謂文字之作，爲人類演進中一大事，誠不誣也。

　　夫如是，則語言文字，必爲社會之公器。其成也，實由無數人通力合作，今日造一語，明日造一語，此人造一字，彼人造一字，積之久而其數乃有可觀。謂有一人焉，創制文字，頒諸全羣，使人遵用，於理必不可通。然今之言文字者，尚多懷此等見解。倉頡造字之説，童稚皆知，即通人碩儒，亦罕能正其繆，或且爲之推波助瀾焉。庸詎知此説本非古之所有，而出於後人之附會乎？

　　《易·繫辭傳》曰："上古結繩而治，後世聖人易之以書契，百官以治，萬民以察。"此但言文字之用而已，未嘗及其創造也。《漢書·藝文志》祖之。《荀子·解蔽》曰："故好書者衆矣，而倉頡獨傳者壹也。"亦以倉頡爲好書之人，而非作書之人。《呂覽·君守》曰："倉頡造書。”則墮古人附會之習，以善其事者爲始創之人矣。《詩·何人斯》正義引《世本》云“暴辛公作壎，蘇成公作簙”，即此類。降逮漢儒，附會彌甚。許慎《説文解字序》曰：“古者庖犧氏之王天下也，仰則觀象於天，俯則觀法於地；觀鳥獸之文，與地之宜；近取諸身，遠取諸物；於是始作《易》八卦，以垂憲象。及神農氏，結繩爲治，而統其事。① 李鼎祚《周易集解》引《九家易》曰：“古者無文字。其有約誓之事，事大大其繩，事小小其繩，結之多少，隨物衆寡。各執以相考，亦足以相治也。”《書序疏》引鄭《注》亦云：“爲約事大大其繩，事小小其繩。”《繫辭傳疏》引則作：“事大大結其繩，事小小結其繩。”庶業其繁，飾僞萌生。黃帝之史倉頡，見鳥獸蹏迒之迹，知分理之可相別異也，初造書契。百工以乂，萬品以察。”倉頡，漢人傳説多以爲古帝。倉頡爲黃帝史官，後儒多以爲出於《世本》，其實《世本》無是言，而出於宋衷之注，見《路史》。《路史》引《春秋演孔圖》及《春秋元命苞》，叙帝王之相云“倉頡四目，是謂並明”，與顓帝、帝佶、堯、舜、禹、湯、文、武并舉。《河圖玉版》云：“倉頡爲帝，南巡狩，登陽虛之山，臨於玄扈。洛汭之水，靈龜負書，丹甲青文以授。”《河圖説徵》云：“倉帝起，天雨粟，青雲扶日。”亦見《洛書説河》。《春秋河圖》、《揆命篇》云：“蒼、羲、農、黃，三陽朔天德聖明。”皆不以爲人臣。《淮南子·本經訓》云：“昔者蒼頡作書而天雨粟，鬼夜哭。”與《河圖説徵》同。《修務訓》云“史皇産而能書”，亦見《隨巢子》。皆無史官之説也。熹平六年《倉頡碑》云：“天生德於大聖，四目重光，爲百王作憲。”尚與《演孔圖》、《元命苞》同。許獨以爲黃帝史者？緯書言三皇無文。② 《周官·外史》注引《孝經緯》云：“三皇無文，五帝畫象，三王肉刑。”《公羊》襄公二十九年《解詁》引《孝經説》云：“孔子曰：三皇設言民不違，五帝畫象世間機，三王肉刑揆漸加，應世黜巧姦僞多。”此本指文法，漢儒附會，因以爲文字，司文字者爲史官，遂億説倉頡爲黃帝史矣。其言伏羲、神農，蓋沿《易傳》之舊，以見庶業其繁，其來有漸，非謂垂憲、結繩，與造字有關涉也。自《尚書·僞孔傳》出，欲以羲、農、黃帝爲三皇，少昊、顓頊、高辛、唐、虞爲五帝，乃謂三皇之書，名曰三墳，五帝之書，稱爲五典。見《僞孔傳序》，參看第六章第一節。於是文字之作，遠在伏羲之時；畫卦，造文，二事并爲一談矣。要皆無徵不信之辭也。

---

① 文字：作結繩。或與記事無關。

② 文字：三皇無文非指文字。

　　文字至後世，所以代表語言，而其初起也，則與語言同表物象。
《檀弓》曰："孔子之喪，公西赤爲志焉"。"子張之喪，公明儀爲志焉。"
《注》曰："志，爲章幟。"此即《禮運》"大道之行也，與三代之英，丘未之
逮也，而有志焉"之志。《注》曰："志爲識。"志、識、幟實同字也。此即
許《序》所謂"鳥獸蹏迒之迹，分理可相別異"者。知文字之起，實與圖
畫同原也。此等字即六書中之象形、指事字，物固多無形可象，無事
可指者，欲舉一切字，一一以象形、指事之法造之，雖神聖有所不能，
即能之，其字亦將繁不可識。且以文字語言，同表意象者，終必進至
以語言表意象，文字表語言，此六書之中，形聲字之所以獨多也。許
《序》曰："倉頡之初作書，蓋依類象形，故謂之文。其後形聲相益，即
謂之字。"象形爲文，指事、會意、形聲皆字。指事舊以爲獨體之文，實誤也。
許説指事曰："視而可識，察而見意。"其説未甚明了。其所舉之例，又僅上下二字。次於許
君者爲衛恒。其説曰："在上爲上，在下爲下。"其言彌不可解。① 今案衛恒而下，説指事最
古者，莫如賈公彥。公彥《周官疏》曰："人在一上爲上，人在一下爲下。"知今所傳四體書
勢，實有奪文。篆文上下二字，皆當从人从一，今本篆形實譌也。六書之説，議論紛繁，欲
知其略者，可參看拙撰《字例略説》。商務印書館本。許書明指爲指事者，惟上下
二名，即會意字亦寥寥無幾，而惟形聲獨多。此乃事勢之自然，凡造
字者皆遵循焉而莫能外，所謂百姓與能者也。又有所謂轉注者，蓋因
言語遷變，雙聲相演，疊韻相迆，而爲之別制一字，此乃文字孳乳之
由，實非造字之法。假借則字異聲同，就固有之字以爲用，而不別造；
即已造者，亦或廢之；所以減文字之數，省仞識之勞者也。六書之名，
見於《周官》保氏。鄭司農以象形、會意、轉注、處事、假借、諧聲説之。
其實保氏所謂六書，即《漢志》所謂六體，猶今日篆刻題署，字各有體，
非造字之六法也。許氏及先鄭所言六書，亦見於《漢書·藝文志》。
《漢志》曰："古者八歲入小學，故《周官》保氏，掌養國子，教之六書。
謂象形、象事、象意、象聲、轉注、假借，造字之本也。② 漢興，蕭何草

---

　① 文字：在上爲上，在下爲下，有奪文。
　② 文字：六書指書體，《漢志》謂象形十八字，後人竄入。

律,亦著其法,曰:大史試學童,能諷書九千字以上,乃得爲史。又以
六體試之。課最者以爲尚書、御史史書令史。吏民上書,字或不正,
輒舉劾。六體者,古文、奇字、篆書、隸書、繆篆、蟲書,皆所以通知古
今文字,摹印章,書幡信也。"惟保氏所教與大史所試是一,故云亦著
其法。夾入"謂象形者"十八字,豈不與下六體者云云相矛盾乎? 故
知此十八字必後人竄入也。許《序》云:"秦書有八體:一曰大篆,二曰小篆,三曰刻
符,四曰蟲書,五曰摹印,六曰署書,七曰殳書,八曰隸書。"隸之初興,與篆實非二體,見下。
大小篆之名,許《序》始有,《漢志》尚稱秦篆,知其不能別爲二體,八體去大小篆,即仍爲六
體矣。書體分爲六種,蓋自古相沿,迄於亡新,未之有改也。許氏及先鄭六書之説,
蓋興於兩漢之間,乃研求文字條例者之所爲。前此説字者,如許書所
引一貫三爲王,推十合一爲士之類,多借以説義理,本非説字,然亦可
謂爲造字之一端。即會意字。象形指事之理,亦淺而易見。形聲尤人
人所知。即轉注、假借之理,亦非人所不能曉。舊蓋本有此等説,特
於文字條理,莫或措意,則亦等閒視之。逮兩漢間,研求文字條例者
出,乃薈萃舊説,立爲六書之目也。吾國字書:漢初以秦李斯所作之
《倉頡篇》,趙高所作之《爰歷篇》,胡母敬所作之《博學篇》爲三倉。其
後揚雄作《訓纂篇》。班固作《十三章》。和帝永元中,郎中賈魴又作
《滂喜篇》。梁庾元成云:《倉頡》五十五章爲上卷,揚雄作《訓纂》記
《滂喜》爲中卷,賈升郎更續記《彥均》爲下卷,人稱爲三倉。江式亦
云:是爲三倉。揚雄《訓纂》,終於滂喜二字,賈魴用此二字爲篇目,而終於彥均二字,
故庾氏云揚記《滂喜》,賈記《彥均》。《隋志》則云揚作《訓纂》,賈魴《滂喜》,其實一也。自
《倉頡》至《彥均》,皆四言。又有司馬相如之《凡將篇》,七言,史游之
《急就篇》,前多三言,後多七言。惟李長之《元尚篇》無考。段玉裁説,見
《説文解字序注》。蓋教學童識字,實以韻語便諷誦者爲易,故歷代字書,
體例皆然。史籀爲周時史官教學童書,體例亦不得有異。然則以字
形分別部居,實始許慎之《説文解字》。此可見西漢以前,治文字者率
多識其形、音、義以應用,而於造字之法,初不究心;至西漢之末,始有
留意於此者也。

　　文字改易之劇,增加之多,蓋皆在東周之世。許《序》言“五帝三王之世,改易殊體”,此固勢所必然。然其時文字之用尚少,變遷當不甚速,故人不以是爲病。至於東周之世,則不然矣。子曰:“吾猶及史之闕文也,有馬者借人乘之,今亡已夫!”《論語·衞靈公》。班《志》許《序》皆引之,説以“是非無正,人用其私”,其説蓋是。蓋前此文字之用少,故率舊而已足。此時文字之用多,昔時未著簡牘者,一一須筆之於書,既爲舊文所無,自不得不以意造作。正猶今日譯書而欲造新名,問之老師宿儒亦無益,故不復闕文待問。此亦事理宜然。孔子之言,已爲不達。許《序》又云:七國之時,“言語異聲,文字異形”,則尤附會失實矣。音讀本有楚、夏之殊,《荀子》謂“居夏語夏,居楚語楚”。《孟子》曰:“一齊人傅,衆楚人咻,雖日撻而求其齊,亦不可得。”又詆許行爲“南蠻鴃舌之人”。知南北語音不同,由來甚舊。然其異,亦不過如今日之方言而已。①《説文·牛部》:“㹬,黄牛虎文,讀若塗。”王氏筠謂“《左氏》楚人謂虎於菟,《釋草》菟虎杖,皆與㹬同音。”又口部:“咷,楚謂兒泣不止曰噭咷。”亦與《易》“先號咷而後笑”同。《左氏》:“吳人獲衞侯,衞侯歸,效夷言。”必其言語本無大異,乃能暫聞而即效之。《穀梁》:“吳謂善伊,謂稻緩。”《説文》:“沛國謂稻曰稦。”此即今日之糯字,北方亦無異言也。何待七國之世?所謂文字異形者,其理亦與孔子謂時人不肯闕文同,一由增造者之多,一亦由舊字形音義漸變,又或此用本文,彼行借字,遂覺其不相合。至於舊有習熟之文,彼此必無同異,故《中庸》言“今天下書同文”也。②　許《序》云:“秦始皇帝初兼天下,丞相李斯乃奏同之,罷其不與秦文合者。”此即《史記·秦始皇本紀》二十六年所謂“書同文字”。所罷者蓋即此等字。然此令能行之官獄間,已侈矣。民間日用,必非其力之所及。許《序》又云:“李斯作《倉頡篇》。中車府令趙高作《爰歷篇》。大史令胡母敬作《博學篇》。皆取史籀大篆,或頗省改,所謂小篆者也。”皆取者,殆於盡取之辭,或頗者,偶或有之之謂。今籀文見於許氏書者,不過二百二十餘,豈有周時教學童之書,數止於此之理?則知許書不著

---

　　①　文字:古南北語言之異,不過如今日。
　　②　文字:新字增於春秋時,舊字改易亦然,無大異。李斯奏同,不過如此,實亦未廢。

其異者，籀文皆同小篆也。《漢志》言閭里書師，合《倉頡》、《爰歷》、《博學》三篇，斷六十四字以爲一章，凡五十五章，合爲《倉頡篇》。又云：《訓纂篇》順續《倉頡》，又易《倉頡》中重複之字，凡八十九章。臣復續揚雄作十三章，凡一百二章，無複字。然則《倉頡》、《爰歷》、《博學》三篇，合複字僅三千三百，揚雄、班固所增者，三千六十有七字，許書九千三百十三字，又增三千有十三。豈皆漢人新造？ 蓋李斯之所奏罷者，實無不存於許書中矣。然則所謂奏罷者曷嘗能罷？ 而亦曷嘗見爲異形而不可識乎？ 故知漢時古學家之言，無一非支離滅裂之談也。

孔子病史不闕文，許《序》言七國時文字異形，此指字體言之。許《序》又云：秦時“官獄職務繁，初有隸書，以趣約易”，此指筆畫形狀言之。秦隸傳於後世者，皆平直無波勢，即挑法。世多誤以爲篆，西漢猶沿用之。至東漢，乃有有挑法者，謂之八分，亦謂之楷法。用之銘石等事。其尋常記識所用，則仍平直無波勢。謂之章程書，亦曰正書。對行草之名也。又曰真書。魏、晉以降，工正書者，史多稱其善隸書，實以八分變秦，而正書則仍秦之舊也。隸之初，蓋篆書之率易者。衛恒《四體書勢》，謂秦令隸人佐書，故曰隸書。此猶今日令不能作書者爲鈔胥，所作之字，遂不得盡如法耳。本爲工拙之異，絕非體制之殊。乃蔡邕《聖皇篇》云：“程邈刪古立隸文。”後人多從之，一若別爲一體，有其創制之人者，則又許《序》所不言，而傳譌彌甚者也。許《序》述亡新六書云：“三曰篆書，即小篆，秦始皇帝使下杜人程邈所作也。”論者多以爲非。若知隸之初興，與篆本無大別，則此語原不爲誤也。①

最可怪者，許《序》謂“秦燒滅經書，滌除舊典”，“初有隸書，以趣約易，而古文由此絕矣”。所謂古文者，果何種文字邪？ 許《序》曰：“亡新居攝，使大司空甄豐等校文書之部，自以爲應制作，頗改定古文。時有六書：一曰古文，孔子壁中書也。二曰奇字，即古文而異者也。”“壁中書者，魯共王壞孔子宅，而得《禮記》、《尚書》、《春秋》、《論

---

① 文字：小篆程邈作不誤。

語》、《孝經》。又北平侯張蒼獻《春秋左氏傳》。郡國亦往往於山川得鼎彝，其銘即前代之古文，皆自相似。"然則古文原本，不外三端：一孔壁所得書，二張蒼所獻書，三鼎彝之銘也。今許書實無一鼎彝中字，以後世所得鼎彝之文，案許書之字，又多不相儷，故吳大澂謂郡國所出鼎彝，許氏實未之見。《說文古籀補序》。張蒼獻書，不見《史記》本傳，觀於孔壁得書事之子虛烏有，其說亦殆不足信。孔壁得書一役，市三成虎，幾成信史矣。然核其實，則皆子虛烏有之談也。說見拙撰《中國文字變遷考》及《燕石札記》中《孔壁》條。今更言其略。則此事惟見《漢書·藝文志》、《景十三王傳》及《楚元王傳》中劉歆《移大常博士書》。《景十三王傳》，初言共王好治宮室，下不接敘壞壁得書事，直待述其後嗣既竟，乃更補敘，沾綴之迹顯然。《志》云：武帝末，共王壞孔子宅。共王之年，實不及武帝末也。漢時，鄒、魯爲文學之邦，孔子故居，尤儒生所薈萃。孔子宅果見壞，壞孔子宅果得古文經傳，自爲當時一大事，安得他處別無散見之文，而惟見此三篇中乎？況此三篇，《移大常博士》本劉歆之言，《志》亦本諸歆之《七略》者邪？秦有天下僅十五年，漢高帝誅項籍，舉兵圍魯，魯中諸儒，尚講誦，習禮樂，絃歌之音不絕，然則秦、漢之間，魯實未嘗破壞。孔襄爲孝惠帝博士，孝惠之立，距秦之亡一紀耳，孔壁藏書非少，不應至漢初遂無知者也。此皆不待深求，衡以尋常事理，而即知其不可通者也。然則所謂古文，蓋即新室之所改定者耳。[1]　奇字則其不能説以六書條理者也。《漢志》云："元始中，徵天下通小學者以百數，各令記字於庭中，揚雄取其有用者，以作《訓纂篇》。"有用二字，最可玩味。雄書合《倉頡》、《爰歷》、《博學》，凡五千三百四十名，少於《許書》者尚三千有餘。自皇古以來，字之孳乳寖多者，自不止此。雄蓋取日用所急，以爲字書，餘則棄置之。亡新制作，又頗取之，以改舊所謂六書者耳。今許書中所載古文奇字，數實寥寥無幾。亡新六書所有，或當不止此數。然亦必不能甚多。何則？鄭玄注《儀禮》，備著今古異文，數亦寥寥無幾也。故知自先秦至於漢世，文字實一綫相承。其隨歲月而變遷，新者漸增，舊者漸廢，其情形，亦必與後世無以異。自漢人妄誇其所謂古文經，後遂有謂孔壁得書，時人莫能讀，必待以已通諸篇，與之校儷，乃可得多

---

[1]　文字：古文即新室所改。

通十六篇者。説愈神奇，而其去情實亦彌遠矣。其罅隙至易見也，乃世竟莫之能發，爲所惑者幾二千年，豈不異哉？近世王國維作《漢代古文考》，謂周、秦間東西文字有異，①西方秦人所用者，即籀文。東方六國所用者，則體勢殊異，即許《序》謂孔子書六經，左丘明作《春秋傳》所用也。司馬遷云：秦撥去古文。揚雄云：秦剗滅古文。許慎云：古文由秦絕。秦滅古文，史無明文，有之惟一文字與焚詩書二事，蓋其所焚者，即用此等文字之書。故漢人所謂古文者，即六國之文也。此説羌無證據。王氏乃謂《史籀》一書，秦人作之以教學僮，而不傳於東方諸國”。又謂“六藝之書，行於齊、魯，爰及趙、魏，而未嘗流佈於秦”。又謂“秦行峻法以同文字，民間日用，非秦文不得行”。“十餘年間，六國文字，遂遏而不行。”鑿鑿言之，幾於億造史實矣。詳見拙撰《中國文字變遷考》。

　　作書之具，昔人所用者，有竹木二種。木曰牘，亦曰版，又曰方。版長尺，《玉海》。故曰尺牘。小者曰札。《漢書·郊祀志》注：“札，木簡之薄小者也。”亦曰牒。《説文》牒札互訓。大者曰槧。《釋名》：槧長三尺。方而有八角，或八面或六面可書者曰觚。《急就篇注》。亦曰棱。《史記·酷吏列傳》注：“觚八棱有隅者。”刻木：以記事曰契。《漢書·古今人表注》。分而爲二亦曰券。《曲禮》曰：“獻粟者執右契。”《老子》曰：“執左契而不責於人。”《史記·田敬仲世家》言：“公常執左券。”蓋以右爲尊，故自執其左也。竹曰簡，亦曰策，《儀禮·既夕禮》疏曰：“編連爲策，不連爲簡。”此乃對文則別，若散文則簡策通稱也。其編之也以韋，故《史記》言孔子讀《易》，韋編三絕。《孔子世家》。書於簡牘以漆，誤則以刀削去，故曰“筆則筆，削則削”。《孔子世家》。《曲禮疏》云：“削，書刀。”則刀亦可稱削也。此爲尋常所用。欲傳諸久遠者，則刻諸金石。又有書之於帛者，則後世用紙之漸也。《説文》：“紙，絮也。”紙本縑素之名。後世物雖殊，名則仍其舊耳。

第二節　古代宗教學術上

　　古代之文明在宗教，後世之文明在學術；學術主智，宗教主情；此

---

①　文字：王國維東西文字之説之繆。

人之恒言也。然學術宗教，亦無判然之界。無論何等宗教，莫不各有
其理。世之詆爲迷信者，謂其所謂理，無當於學術之家所謂理耳。然
理無窮而境有限，後人之所謂理者，易一境焉，亦豈得謂爲是？而古
人之所謂理者，在彼其時，亦安得謂之非邪？學術雖云主智，然其從
事研求，亦必出於好尚。好之深，斯信之篤；信之篤，斯執之固。世固
有棄禄利，冒危難，齊死生，以申其所信者矣。與教徒之殉教，亦何以
異？故曰：二者無判然之界也。

　　邃初之民，知識淺陋。外物情狀，概非所知。不特動物，即植
物、礦物，亦皆以爲有神靈而敬畏之。於是有所謂拜物之教焉。其
愚昧誠若可哀，然高等之宗教，實道原於是。何則？以爲萬物皆有
神靈，寖假其神靈又可以離其身而獨存，不特無形之鬼神，由是而
立，即汎神、無神之論，實亦隱伏于是也。人之謂神靈可離其體而
獨存也，蓋由於夢與死。明明臥而未動也，而忽有所周歷，所見聞；
猶是四肢百骸也，而忽焉失其知覺運動；則以爲知覺運動，必別有
物焉以爲之主，而其物且可離體而獨存矣。其爲物不可見也，則設
想以爲極微之氣。微則輕，輕則浮遊自如，乃狀其絪縕之態而謂之
魂。魂去則形體塊然不可知，同於月之失其明而不可見，則謂之爲
魄。其實月魄之魄，當由魂魄之魄引伸。《墨子》曰：“有天鬼，亦有山水鬼神
者，亦有人死而爲鬼神者。”《明鬼下》。可見古謂凡物皆有神靈，不獨
人，並不獨生物。《國語·魯語》：仲尼曰：“木石之怪曰夔、罔
兩，水
之怪曰龍、罔象。”《左氏》宣公三年《疏》引賈逵説，謂“罔兩、罔象，
有夔龍之形而無實體”，①此即神靈之離體而獨立者也。《中庸》曰：
“鬼神之爲德，其盛矣乎？視之而不見，聽之而不聞，體物而不可
遺。使天下之人，齊明盛服，以承祭祀。洋洋乎，如在其上，如在其
左右。”此爲汎神論中精粹之言，然溯其原，固由罔兩、罔象等見解
蜕化而出也。

————————

　　①　哲學宗教：有形而無實體。案火如是。

《郊特牲》曰:"祭有祈焉,有報焉,有由辟焉。"《注》。"由,用也。辟讀爲弭,謂弭災兵,遠罪戾也。"人之自媚於神,其意不外此三端而已。所以自媚者,必本諸身之所欲以爲推。《爾雅》曰:"祭天曰燔柴,祭地曰瘞埋,祭山曰庪縣,祭川曰浮沈,祭星曰布,祭風曰磔。"《釋天》。皆以神所好之物奉之也。蓋人之所急,莫如飲食,則以爲神亦然。故曰"神嗜飲食",《詩・小雅・楚茨》。又曰:"鬼猶求食。"《左氏》宣公四年。神之所在,雖不可知,然以恒情度之,則多謂在遼遠之處,如《招魂》之於遠方是也。然有可招而致之者,尸是也。尸與巫同理。古蓋謂神可降於人身。① 所異者,巫能知神所在而致之,尸則無是術,只能聽神之來降耳。祭人鬼必以同姓爲尸,且必以孫行,蓋由古有半部族之制,父子爲異部族人,祖孫則同部族也。見第十一章第二節。古祭天地、社稷、山川、五祀等皆有尸,不問同異姓,卜吉則爲之。《公羊》説:祭天無尸,《左氏》有,見《曲禮疏》。祭殤無尸,所謂陰厭、陽厭,見《曾子問》。足見可附麗於人身者,不獨人鬼也。巫與尸之降神,皆一時事,在平時亦可棲於木石,於是乎有主。《論語・八佾》:"哀公問社於宰我。宰我對曰:夏后氏以松。殷人以柏。周人以栗。"社,張、包、周本皆作主。《淮南・齊俗》云:"有虞之祀,其社用土。夏后氏其社用松。殷人之禮,其社用石。周人之禮,其社用栗。"《左氏》昭公八年,"石言於晉魏榆。晉侯問於師曠。對曰:石不能言,或馮焉。"此神靈可棲於石之證。莊公二十四年,原繁曰:"先君桓公,命我先人典司宗祏。"哀公十六年,孔悝使貳車反祏於西圃,蓋皆謂以石爲主。《義疏》云:"於廟之北壁內爲石室,以藏木主。"非也。木石所以能爲神之所棲者,以古人視木石等物本皆有神也。

《漢書・郊祀志》曰:"民之精爽不貳,齊肅聰明者,神或降之。在男曰覡,在女曰巫,使制神之處位,爲之牲器。使先聖之後,能知山川,敬於禮儀,明神之事者以爲祝,能知四時犧牲,壇場上下,氏姓所出者以爲宗。"説本《楚語》觀射父之言。所謂先聖,蓋即巫覡,此古巫覡之世其官者也。《左氏》僖公十年,狐突適下國,見大子。大子曰:"七日,新城西偏,將有巫者而見我焉。"此神降於巫之證。《周官》司巫,

---

① 宗教:尸巫皆可降神,但巫能致之尸不能。神亦可棲於木石。

所屬有男巫、女巫,掌旱暵舞雩。邦之大災,歌哭而請。又有大祝、小
祝、喪祝、甸祝、詛祝。① 鄭《注》曰:"詛祝,謂祝之使喪敗也。"《郊特
牲》曰:"祝,將命也。"蓋祝主傳人意於神,故盟詛之事,由之而起。盟
禮見《左氏》隱公元年《疏》。盟大而詛小,故有土之君,多行盟禮,而詛則民
間用之特多。《周官》司盟盟萬民之犯命者,詛其不信者。《左氏》襄公十一年,季武子
將作三軍,盟諸僖閎,詛諸五父之衢。定公六年,陽虎盟國人於亳社,詛於五父之衢,其事
也。《詩·何人斯》:出此三物,以詛爾斯。《左氏》隱公十一年,鄭伯使卒出豭,行出犬雞,
以詛射潁考叔者,其事也。《曲禮》曰:"約信曰誓,涖牲曰盟。"《左氏》隱公元年,鄭伯寘姜
氏於城潁而誓之曰:不及黃泉,無相見也。卒用潁考叔之言,掘地及泉,隧而相見。可見古
人視盟誓之重。

　　古者親愛之情,限於部族之內,故有"神不歆非類,民不祀非族"
之語,《左氏》僖公十年。此非獨人鬼,即他神亦然,彼其所崇奉者,率皆一
部族所私尊而已。交通漸啓,各部族互相往來,所崇奉之神,亦因之
互相傳播。《楚語》言"少皞之衰,九黎亂德,夫人作享,家爲巫史,民
匱於祀,而不知其福",蓋即此時代之情形也。於斯時也,自不得不有
以拯其弊。然所以拯其弊者,亦非所謂聖王者之所能爲也。人羣之
所以相維相繫者愈切,則其分職愈備,而其統屬亦愈明。不獨一羣之
內,即羣與羣之間亦如是。本此以推諸神,則神亦有其分職統屬,而
所謂多神教者成焉。《禮記·禮運》曰:"祭帝於郊,所以定天位也。
祀社於國,所以列地利也。祖廟,所以本仁也。山川,所以儐鬼神也。
五祀,所以本事也。"《祭法》曰:"燔柴於泰壇,祭天也。瘞埋於泰折,
祭地也。埋少牢於泰昭,祭時也。相近於坎壇,祭寒暑也。王宮,祭
日也。夜明,祭月也。幽宗,祭星也。雩宗,祭水旱也。四坎壇,祭四
方也。山林、川谷、丘陵,能出雲,爲風雨,見怪物,皆曰神。有天下者
祭百神。諸侯在其地則祭之,亡其地則不祭。"又曰:"聖王之制祭祀
也:法施於民則祀之。以死勤事則祀之。以勞定國則祀之。能禦大
災則祀之。能捍大患則祀之。""及夫日、月、星辰,民所瞻仰也。山

────────────────

　　① 宗教:詛祝。女真人有是術。

林、川谷、丘陵,民所取材用也。非此族也,不在祀典。"《周官》大宗
伯,有天神、人鬼、地祇、物魅之名。《曲禮》曰:"天子祭天地,祭四方,
祭山川,祭五祀,歲徧。諸侯方祀,祭山川祭五祀,歲徧。大夫祭五
祀,歲徧。士祭其先。"《王制》曰:"天子祭天地。諸侯祭社稷。大夫
祭五祀。天子祭天下名山大川。諸侯祭名山大川之在其地者。"《公
羊》曰:"天子祭天。諸侯祭土。天子有方望之事,無所不通。諸侯山
川有不在其竟内者,則不祭也。"僖公三十一年。皆所以定其孰當祭,孰
不當祭;某當祭某,某不得祭某;以免於瀆亂者也。《曲禮》曰:"非其
所祭而祭之,謂之淫祀,淫祀無福。""楚昭王有疾。卜曰:河爲祟。
王弗祭。大夫請祭諸郊。王曰:三代命祀,祭不越望。江漢、睢、漳,
楚之望也。禍福所至,不是過也。不穀雖不德,河非所獲罪也。遂弗
祭。"《左氏》昭公六年。則能謹守典禮者,頗不乏矣。此所以部族雖多,所
崇奉之神雖雜,而卒免於瀆亂之禍與?

　　所謂天子祭天地者,天地果何所指邪? 斯言也,聞者將莫不駭且
笑,然而無足異也,諸經皆稱祭天曰郊,無所謂五帝。《周官》則大宗
伯以禋祀祀昊天上帝,小宗伯兆五帝於四郊。《司服》:"王祀昊天上帝,則大
裘而冕。祀五帝亦如之。"又大司樂:"冬日至,於地上之圜丘奏之,若樂六
變,則天神皆降。夏日至,於澤中之方丘奏之,若樂八變,則地祇皆
出。"鄭玄云:天有六,其祭有九。圜丘祭昊天上帝耀魄寶,一也。蒼
帝靈威仰,立春之日,祭之於東郊,二也。赤帝赤熛怒,立夏之日祭之
於南郊,三也。黃帝含樞紐,季夏六月土王之日,亦祭之於南郊,四
也。白帝白招拒,立秋之日,祭之於西郊,五也。黑帝汁光紀,立冬之
日,祭之於北郊,六也。王者各稟五帝之精氣而王天下,於夏正之月,
祭於南郊,七也。四月龍星見而雩,總祭五帝於南郊,八也。季秋大
饗五帝於明堂,九也。地神有二,歲有二祭:夏至之日,祭昆侖之神
於方澤,一也。夏正之月,祭神州地祇於北郊,二也。《曲禮》天子祭天地
《疏》。王肅謂天一而已,何得有六? 郊丘是一。《祭法疏》。案《郊特牲》
言祭天亦在冬至,肅説似是。然《郊特牲》又曰:"郊之祭也,大報本反

始也。"又曰："天子大社,必受霜露風雨,以達天地之氣也。社所以神地之道也。地載萬物,天垂象,取材於地,取法於天,是以尊天而親地也。故教民美報焉。家主中霤而國主社,示本也。唯爲社事,單出里。唯爲社田,國人畢作。唯社,丘乘共粢盛。所以報本反始也。"其言報本反始郊社同,而郊與社之大小則大異。《祭法》曰："王爲羣姓立社曰大社,王自爲立社曰王社。諸侯爲百姓立社曰國社,諸侯自爲立社曰侯社。大夫以下成羣立社曰置社。"《月令》:仲春:"擇元日,命民社。"《祭法》王爲羣姓所立,即《郊特牲》所謂必受霜露風雨;《月令》所命民祭,亦即《郊特牲》所謂教民美報者。天子之所立,不獨不能苞括諸侯、大夫、凡民,並其身與羣姓,亦分爲二安有所謂大地之神邪?《左氏》昭公二十九年《疏》引劉炫云:"天子祭地,祭大地之神也。諸侯不得祭地,使之祭社也。家又不得祭社,使祭中霤也。"蓋所謂父天母地者,實男系氏族既立後之説,前此固無是也。生物之功,必歸於女,故野蠻人恒以地與日爲女神。[①] 中國後世,雖以日爲大陽,月爲大陰,然離爲日;爲中女;《易·説卦傳》。《山海經·大荒南經》、《淮南子·天文訓》,以生日、馭日者爲女神;《大荒南經》:"東南海之外,甘水之間,有羲和之國。有女子名羲和,方浴日於甘淵。羲和者,帝俊之妻,生十日。"又《大荒西經》:"有女子,方浴日,帝俊妻常羲,生月十有二,此始浴之。"《淮南·天文》:"至於悲泉,爰止其女,爰息其馬,是爲縣車。"又季秋"青女乃出,以降霜雪"。仲春:"女夷鼓歌,以司天和。"猶存荒古之遺迹。《郊特牲》曰:"郊之祭也,迎長日之至也,大報天而主日也。兆於南郊,就陽位也。"蓋其始特祭日神,後乃以爲報天而主日耳。採日本田崎仁義之説。見所著《中國古代經濟思想及制度》。王學文譯。商務印書館本。五帝座星在大微宮,昊天上帝在紫微宮,見《郊特牲疏》引《春秋緯》。五帝之名,見《周官》小宗伯《注》。大宗伯及《曲禮疏》云:本於《文耀鉤》。亦後人附會之説。《禮運》曰:"因名山以升中於天,因吉土以饗帝於郊。"《周官》而外,天與帝分言者,僅此一見。然未嘗有耀魄寶、靈威仰等名目也。蓋

---

① 宗教:矢初祀日,日爲女神。

民之所祀，必其利害切於己者。生物之功，后土而外，厥惟四時，故古之人謹祀焉。升中於天，即《堯典》之柴於岱宗，特王者巡守之時行之，固非國之常祀也。《史記·封禪書》：齊之八神：①"一曰天主，祠天齊。天齊淵水，居臨菑南郊山下者。二曰地主，祠泰山、梁父。蓋天好陰，祠之必於高山之下，小山之上，命曰畤。地貴陽，祭之必於澤中圜丘云。"此即《周官》圜丘方丘之類，然其義較《周官》爲古。至秦之時，則所祭者係五帝，而《春秋繁露·郊祭篇》譏秦不事天，可見天與帝非一。古部族各有封畛，所美報者，安得出於封畛之外？況又以昆侖之神與神州之神相對，於理絕不可通乎？其爲讖緯之妄言，不竢論矣。

古所謂國者，諸侯之私産也。所謂家者，卿大夫之私産也。故古言國家，義與今日大異。其爲羣之人所共託命，而義略近於今日之國家者，則社稷也。故以社稷並稱，其義較古，以郊社並言，其辭必較晚也。"今《孝經》説：社者，土地之主。土地廣博，不可徧敬，封五土以爲社。古《左氏》説：共工爲后土，后土爲社。今《孝經》説：稷者五穀之長，穀衆多，不可徧敬，故立稷而祭之。古《左氏》説：烈山氏之子曰柱，死祀以爲稷。稷是田正，周棄亦爲稷，自商以來祀之。"《郊特牲疏》。案民之重粒食久矣。如古説，將共工、烈山以前，遂無社稷之祭乎？《淮南·氾論》曰："炎帝於火而死爲竈，禹勞天下而死爲社。后稷作稼穡而死爲稷。羿除天下之害而死爲宗布。"豈得謂炎帝、夷羿以前，無竈與宗布之祭？蓋古之有功德於民者，民懷之不能忘，則因明神之祭而祀之，亦猶功臣之配享於廟耳。《書·盤庚上》："兹予大享於先王，爾祖其從與享之。"《公羊》文公二年《解詁》云："禘功臣皆祭。"趙氏祀安于於廟，見《左氏》定公十四年。遂以此奪明神之席則誤矣。王肅等以五天帝爲五人帝，誤亦同此。五人帝係據《月令》，謂其帝大皞即伏羲氏，炎帝即神農氏，黃帝即軒轅氏，少皞即金天氏，顓頊即高陽氏。

《公羊》云："山川有能潤於百里者，天子秩而祭之。"僖公三十一年。此即諸侯祭其竟内名山大川之義。又云："河海潤於千里。"千里者，

天子之畿。知所謂天子祭天下名山大川者，天下二字，初亦指畿內言
之也。①《解詁》説方望之義云："謂郊時所望祭四方羣神、日、月、星
辰、風伯、雨師、五嶽、四瀆及餘山川，凡三十六所。"此即《曲禮》所謂
"祭四方"，亦即《堯典》所謂"望於山川，徧於羣神"者。《堯典》又云：
"肆類於上帝，禋於六宗。"肆類於上帝，即《王制》所謂"天子將出征，
類乎上帝"。六宗者，"《異義》：今歐陽、夏侯説：上不及天，下不及
地，旁不及四時，居中央，恍惚無有，神助陰陽變化，有益於人，故郊祭
之。古《尚書》説：六宗，天地神之尊者，謂天宗三，地宗三。天宗日、
月、星辰。地宗岱山、河、海。日月爲陰陽宗。北辰爲星宗。岱爲山
宗。河爲水宗。海爲澤宗。許從古説。鄭玄據《周官》大宗伯，以禋
祀祀昊天上帝，以實柴祀日、月、星辰，以槱燎祀司中、司命、風師、雨
師。《祭義》曰：郊之祭，大報天而主日，配以月，則郊祭並祭日月可
知。其餘星也，辰也，司中、司命、風師、雨師，此之謂六宗。劉歆、孔
昭以爲《易》震巽等六子之卦爲六宗。魏明帝時，詔令王肅議六宗，取
《家語》宰我問六宗，孔子曰：所宗者六，泰昭、坎壇、王宮、夜明、幽
禜、雩禜。孔安國注《尚書》與此同。"《大宗伯疏》。《家語》僞物不足據。
《尚書》明與望於山川分言，鄭駮許説是也，而安牽合《周官》則亦非。
《禮經·覲禮》，有方明之祭。"方明者，木也。方四尺。設六色：東
方青，南方赤，西方白，北方黑，上玄，下黃"，此即所謂六宗。《覲禮》
所言，爲會諸侯於方嶽之禮，鄭《注》。知歐陽、夏侯之説極確。蓋天子
諸侯，其後侈然以人民之代表自居，遂舉封內之神，凡有益於人民者，
悉秩而祭之，其初則無是也。《國語·周語》：幽王二年，西周三川皆
震。伯陽父曰："周將亡矣。昔伊、洛竭而夏亡，河竭而商亡。"《左氏》
成公五年，重人言："國必依山川，山崩川竭，君爲之不舉，降服，乘縵，
徹樂，出次；祝幣，史辭以禮焉。"所謂國主山川國必依山川者，則巖險
之地，戰勝之族，初據之以立邑者耳。參看第十一章第四節、第十三

---

① 宗教：天子祭天下名山大川亦畿內。

章第三節自明。

　　五祀者？春祀户,夏祀竈,中央祀中霤,秋祀門冬祀行,見於《月令》。《祭法》曰:"王爲羣姓立七祀:曰司命,曰中霤,曰國門,曰國行,曰泰厲,曰户,曰竈。王自爲立七祀。諸侯爲國立五祀:曰司命,曰中霤,曰國門,曰國行,曰公厲。諸侯自爲立五祀。大夫立三祀:曰族厲,曰門,曰行。適士立二祀:曰門,曰行。庶士庶人立一祀,或立户,或立竈。"則益以司命及厲耳。司中、司命,先後鄭皆以三台及文昌宫星説之,其實非是。《莊子·至樂》云:"莊子之楚,見髑髏而問之。夜半,髑髏見夢。莊子曰:吾使司命復生子形,爲子骨肉肌膚。"知古謂人生死,皆司命主之,故古人甚嚴畏焉。[1]《風俗通》云:"今民間獨祀司命。刻木,長尺二寸,爲人象。行者儋篋中,居者則作小屋。齊天地,大尊重之。"是其事也。《周書·命訓》:"天生民而成大命,立司德正之以禍福。"此篇所言,皆善惡壽夭之事。中德同聲,疑司中即司德,察民之善惡,而司命據之以定壽夭也。鄭注《祭法》曰:"此非大神,所祈報大事者也,小神居人之間,司察小過,作譴告者耳。"説自與其《周官注》相違,《祭法注》是也。多神之教,神有大小。大神之位雖尊,然不親細事於人生關係不切,故人所崇奉者,轉以小神爲多。神既有分職統屬,初不虞其瀆亂。或以一神教善於多神,亦偏見也。

　　所謂五祀者,特當時祀典之所秩者耳。古人所奉此等小神甚多。如在室則有儺,《郊特牲》:"鄉人禓,孔子朝服立於阼,存室神也。"《注》曰:"禓,强鬼也。謂時儺,索室毆疫,逐强鬼。禓或爲獻,或爲儺。"《論語·鄉黨》:"鄉人儺,朝服而立於阼階。"《釋文》云:"儺魯爲獻,今從古。案《月令》:季春、仲秋、季冬皆有儺。鄭《注》引《王居明堂禮》,謂仲秋九門磔攘,以發陳氣,禦止疾疫。《周官》方相氏,掌帥百隸而時儺,以索室毆疫,則儺者,所以逐室中疫鬼者也。出行則有軷是也。祭道路之神。委土爲山,伏牲其上,酒脯祈告。禮畢,轢之而行。見《聘禮》鄭《注》。此等難徧疏舉。其切於農民,而爲後世所沿襲者,蠟是也。《郊特牲》曰:"天子大蠟八。伊耆氏始爲蠟。蠟也者,索也。歲十二月,合萬物而索饗之也。"八者？據

① 宗教:司命。

鄭《注》，則先嗇一，司嗇二，農三，《注》："田畯。"郵表畷四，《注》："謂田畯所以督約百姓於井間之處也。"貓、虎五，坊六，水庸七，昆蟲八也。蠟雖類乎拜物之教，然"使之必報之"，所謂"仁之至，義之盡"，轉非貴族爲淫祀以求福者之所及矣。古者將食，先以少許祭先造食者，謂之祭食。見《周官·大祝九祭》。又有先炊之祭，學校有先聖先師，義皆如此。

　　宗廟有四時之祭，《爾雅·釋天》曰祠、禴、烝、嘗。《王制》作禴、禘、嘗、烝。《祭統》同。《公羊》桓公八年，《繁露·四祭篇》作祠、禴、烝、嘗。《周官》大宗伯同。《郊特牲》曰："故春禘而秋嘗。"又有禘祫。禘各就其廟，祫則"毀廟之主，陳於大祖，未毀廟之主，皆升合食於大祖"。見《公羊》文公二年。故"禘大於四時而小於祫"。《詩·雝序》箋。三年一祫，五年一禘。《雝序疏》引《禮緯》、《公羊疏》引《春秋說文》。《雝序疏》云："每五年中爲此二禮，自相距各五年，非祫多禘少。"《公羊疏》則云："三五參差，隨數而下，何妨或有同年時乎？"疑《公羊疏》之說是也。《王制》云："天子七廟，三昭三穆，與大祖之廟而七。諸侯五廟，二昭二穆，與大祖之廟而五。大夫三廟，一昭一穆，與大祖之廟而三。士一廟。庶人祭於寢。"《禮運》曰："天子七廟，諸侯五，大夫三，士一。"僖公十五年《穀梁》作士二。《喪服小記》曰："王者禘其祖之所自出，而以其祖配之，而立四廟。"《祭法》曰："王立七廟，一壇，一墠。曰考廟，曰王考廟，曰皇考廟，曰顯考廟，曰祖考廟，皆月祭之。遠廟爲祧。有二祧，享嘗乃止。去祧爲壇。去壇爲墠。壇墠，有禱焉祭之，無禱乃止。去墠曰鬼。《注》："凡鬼者，薦而不祭。"諸侯立五廟，一壇，一墠。曰考廟，曰王考廟，曰皇考廟，皆月祭之。顯考廟，祖考廟，享嘗乃止。去祖爲壇，去壇爲墠。壇墠，有禱焉祭之，無禱乃止，去墠爲鬼。大夫立三廟，二壇，曰考廟，曰王考廟，曰皇考廟，享嘗乃止。顯考祖考無廟。有禱焉，爲壇祭之。去壇爲鬼。適士二廟，一壇。曰考廟，曰王考廟，享嘗乃止。顯考無廟。《注》："顯當爲皇。"有禱焉，爲壇祭之。去壇爲鬼。官師一廟，曰考廟。王考無廟而祭之。去王考爲鬼。庶士庶人無廟，死曰鬼。"其說互異。《公羊》成公六年《解詁》曰："禮：天子諸侯立五廟，受命始封之君立一廟，至於子孫，過高祖不得復立廟，周家祖有功，尊有德，立后稷、文、武廟。至於子孫，自高祖以下而七廟。天子卿大夫三廟，元士二廟。諸侯之卿大夫比元士，二廟。諸侯之士一廟。"說與《白虎通義》同。古天子、諸侯，本無大異，謂其親廟止四是也。鄭注《王制》亦同。惟又據《稽命徵》、《鉤命決》，謂夏五廟，殷六廟，未免穿鑿。見《疏》。又謂諸侯上士二廟，以通《祭法》，亦嫌牽合。月祭羣經不見，惟《國語‧周語》有日祭、月祀之文，明爲異說，不可合也。王肅以高祖之父祖爲二祧，並始祖及親廟四爲七，皆次第而遷，文、武爲祖宗不改，鄭祧即文、武廟，先公之遷主，藏於后稷之廟，先王之遷主，藏於文、武之廟。見《周官》守祧《注》。觀《王制》之文似是，其實恐不然也。古諸侯不敢祖天子，然《左氏》文公二年云："宋祖帝乙，鄭祖厲王。"則經說不必與事實合也。"禘其祖之所自出，而以其祖配之"者，以古有感生之說，即《史記》所言契、后稷之事見第八章第二、第五節。今文家說：聖人皆無父，感天而生，見《五經異義》。王者自謂其先祖皆出於天帝，故然。[1] 案此義由來蓋甚古。然謂商以水德王，所感者爲汁光紀，周以木德王，所感者爲靈威仰，則五德終始之說既盛後附會之辭，非古義也。《周官》大司樂："乃奏夷則，歌小呂，舞大濩，以享先妣。"《注》云："先妣，姜嫄也。周立廟自后稷，爲始祖。姜嫄無所妃，是以特立廟祭之，謂之閟宮。"案閟宮，《詩‧毛傳》引孟仲子說，以爲高禖之祀，鄭《注》恐非也。

第三節　古代宗教學術下

宗教非無其理，特非學術之家所謂理，上節已言之矣。然則宗教家之所謂理，果何如邪？曰：其研求所得者，與學術之家異，其所研求者，則無不同也。宇宙事物，莫不有其定則可求。人而睢睢盱盱，不知求之，則亦已耳。苟其知之則有所求必有所得，其所得如何，可

---

[1]　宗教：感生之義，蓋古五感生帝不必古。

勿論也。事物之可資研求者，大別爲二：一曰自然，一曰人爲。自然
之事，有其一定不易之則，至易見也。人爲之事則不然，觀其會通，固
亦有其定則，就一時一地而觀之，則儼若絶無定則，可以自由者。後
世研究漸深，舉人事之紛紜繁變者，亦欲求其定則而駕馭之。古人則
不獨不知人事之有定則，且視自然之事，亦若有人焉以爲之主。此其
所以於木石等無知之物，亦皆視爲有知也。然智識隨經驗而進，閱一
時焉，則知自然之可以定則求。更閱一時焉，遂並欲推之人事矣。其
研求所得者，今人庸或視爲可笑。然椎輪大輅，理固宜然。今所謂自
然科學、社會科學者，究不能不謂其基已奠於數千年前也。故曰：學
術與宗教，實無判然之界也。

　　吾國最古之書目，莫如《七略》。讀之，不獨可知古代之載籍，並
可知古代之學術流別，第二章已言之矣。《七略》中之《輯略》，爲羣書
總要。《詩賦略》爲文辭。《六藝》、《諸子》、《兵書》三略，爲研求社會
見象之書。《數術》、《方技》二略，則研求自然見象者也。

　　數術略之書，凡分六家：曰天文，曰曆譜，曰五行，曰蓍龜，曰雜
占，曰形法。其中天文、曆譜，實乃一家之言也。天象雖云高遠，然極
著明，且不差忒，故其發明特早。《史記·曆書》言黃帝考定星曆，《禮
記·祭法》言帝嚳能序星辰以著衆，雖乏確證，然天文曆法，各民族發
明皆甚早，則謂黃帝、帝嚳之時，已有此等知識，理固非不可通也。惟
《堯典》謂堯命羲和四子，分宅嵎夷、南交及西北二方，以資推步；並命
其以閏月定四時成歲，則似近附會。《公羊》言天子有靈臺以觀天文，
時臺以觀四時施化，諸侯無靈臺而有時臺；《左氏》亦言天子有靈臺，
諸侯有觀臺；《五經異義》。則古之觀象者，不過就國中以人力爲臺，安能
分駐四方？《史記·秦始皇本紀》後附《秦紀》，謂宣公初志閏月。《管
子·五行篇》，以甲子木行，丙子火行，戊子土行，庚子金行，壬子水行
各七十二日爲紀。凡三百六十日。《輕重己篇》，冬至後九十二日而春
至，自春徂夏，自夏徂秋，自秋徂冬皆然。凡三百六十八日。《幼官篇》則
每閱十二日而佈政，而中方云五和時節，東方云八舉時節，夏云七舉

時節,秋云九和時節,冬云六行時節,甚似春九十六日,夏八十四日,秋百有八日,冬七十二日,又別加五日凡三百六十五日。以成歲者。皆主日而不及月,安得謂堯時已知置閏之法乎?① 閏法始於何時不可知,要爲曆法一大發明。蓋月爲紀時自然節度,雖蠻人亦知之,且早已習用之,而歲則非其所知,故古代明堂行政之法,必有待於廟堂之出令,而非如後世農人,皆能置一曆本,按節氣而行事。二十四氣之名,始見於《周書·時訓解》。後世農人之所以能明於曆法者,實因置閏之法,主日而仍不廢月,有以調和之也。曆法之所謂歲,始於冬至。於平地立表測之,冬至日景最短,夏至最長。《周官》大司徒,以土圭測日景,是其法。其定正朔,則有三法:《公羊》隱公元年《解詁》,謂夏以斗建寅之月爲正,平旦爲朔,殷以建丑之月爲正,雞鳴爲朔;周以建子之月爲正,夜半爲朔是也。古國家所理者皆民事,政令或宜按時舉行或戒非時興作,與人民利害,關係殊切。《禮記·月令》、《管子·幼官》、《呂覽·十二紀》、《淮南·時則訓》,所勤勤焉者,皆此一事。故一言行夏之時,則一切要政,罔不該焉。初非徒争以某月爲歲首也。古天文之學,有蓋天、渾天、宣夜三家。蓋天謂天如蓋在上。渾天形如彈丸,地在其中,天苞其外,如雞卵白之繞黄。據《月令疏》。宣夜之法不傳。曆則有黄帝、顓頊、夏、殷、周、魯六家。見《漢志》。古天文曆法之學,《禮記·月令》疏曾總論之,惜多采緯候家言,頗雜漢人之説,非盡先秦之舊耳。分一日爲十二時之法,起於漢人,古人計日之早暮,但云日中日昃等而已。見《日知錄》卷二十。刻漏之法,見《周官》挈壺氏。《史記·司馬穰苴列傳》,言其"立表下漏",以待莊賈,其法亦非尋常所用也。

天官家言,亦有落入迷信者,《周官》保章氏:"掌天星,以志星辰日月之變動,以觀天下之遷,辨其吉凶。以星土辨九州之地。所封之域,皆有分星,以觀妖祥。以十有二歲之相觀天下之妖祥。以五雲之物辨吉凶,水旱降,豐荒之祲象。以十有二風察天地之和,命乖別之妖祥。"眡祲,"掌十煇之法,以觀妖祥,辨吉凶"。此占星望氣之術也。

---

① 曆法:《管子》言專主日者,故知堯不能知閏。

《漢志》天文家,有《圖書秘記》十卷。圖書者,《易·繫辭傳》言"河出圖,洛出書"。《禮記·禮運》言:"天降膏露,地出醴泉,山出器車,河出馬圖。"《論語·子罕》言:"鳳鳥不至,河不出圖,吾已矣夫!"《淮南·俶真》言:"洛出丹書,河出綠圖。"皆先秦舊文,不能謂無其事。諸説皆僅以爲瑞應,然《吕覽·觀表》曰:"聖人上知千歲,下知千歲,非意之也,蓋自有云也。綠圖幡簿,從此生矣。"似已有如漢世讖緯家言以圖書爲記帝王興亡之録者。然則讖緯怪妄之説,或亦前有所承。劉歆以河圖爲八卦,雒書爲五行,或反嫌平正邪? 言帝王興亡曆數者,瑞應雖出天文,年代必涉曆譜,然則漢代之讖書,亦天文曆譜二家之公言也。《説文》:"讖,驗也,有徵驗之書。河、雒所出書曰讖。"後七字自係東漢人語。《淮南·説山》曰:"六畜生多耳目者不祥,讖書著之。"僅言家人之事而已。然《趙世家》言秦穆公夢之帝所,而曰:"秦讖於是出。"則其所謂讖者,已涉國家興亡矣。

　　陰陽五行之説,爲後世迷信者所取資,輷輷紛紜者數千歲,然溯其始,則實不可謂之迷信也。凡研究物理者,必就其物而分析之,以求其原質。既得其原質,乃持是以觀一切物。天下之物雖繁,而原質則簡,執簡以馭繁,於物理自易明矣。各國學者,研求之初,莫不如此,如印度以地、水、火、風爲四大是也。吾國之言五行,亦猶印度之言四大也。就五行而求其變化,於是有生勝之説,亦曰生克。水生木,木生火,火生土,土生金,金生水。水克火,火克金,金克木,木克土,土克水。而五德終始之説出焉。見第五節。古人於一切事物變化,皆以五行生勝爲説,見《白虎通義·五行篇》。五行既能變化,則其原本是一,於是順古人萬物原質皆爲極微之説,而名之曰氣。氣何以能變化? 觀於生物之芸動,皆不外乎牝牡之相求,則又以是推之,而陰陽之説立焉。既分陰陽,更求其本,則終必至於大極。《易》曰:"《易》有大極,是生兩儀;兩儀生四象;四象生八卦。"八卦之始,蓋古所奉八方之神,加以大一,則爲九宫。《後漢書·張衡傳》注引《乾鑿度》鄭《注》:"太乙者,北辰神名也。下行八卦之宫,每四乃還於中央。中央者,地神之所居,故謂之九宫。天數大分,以陽出,以陰入。陽起于子,陰起於午,是以太乙下行九宫,從坎宫始。自此而坤,而震,而巽,所行者半矣。還息於中央之宫,既又自此而乾,而兑,而艮,而離,行則周矣。上游,息於太一之星,而反紫宮也。"就八方之中而專取其四正,則可以配四時。益以中央爲五方,更加上方成六合,於是五帝六天之説出。見上節。蓋前此宗教家之所崇奉,無不爲所網羅,且皆傅之以哲理矣。此等説,在後世沿襲之,則成爲迷信,在當時,固不得謂非宗教學術之一發明也。《漢志》五行家之書,有大一,有天一,有陰陽,知諸説皆相一貫。所謂五行家言,初非專就五行立説也。五行家言,所以落入迷信者,則因其後專就哲理立言,而不復措心於物質,抑且天文曆譜等,皆只能占國家大事,惟五行爲人人所稟,藉其生勝,可以説萬事萬物之吉凶,於是以禍福惑人者,羣取資焉,遂至於不可究詰。然非始創此説者之意也。

宇宙事物,本同一體,故知此即可以知彼。學術之所求,亦即彼此間之關係耳。然事物雖屬一體,而就人之知識言之,則有知此可以知彼者,有知此必不能知彼者。前者如天文與農田之關係,後者如鴉鳴雀噪與人事吉凶之關係是也。此等區別,非古人之所知,故於其本無關係者,亦從而研究之,如蓍龜與雜占是也。龜卜之法:以木爲契,爇以灼龜,觀其璺罅,是之爲兆。龜焦則兆不成,見《左氏》哀公二年。蓍者,蒿屬,《説文》。揲其數以爲占。見《易·繫辭傳》"大衍之數五十"一節。雜占則一切異常之事皆屬焉。如嚏、耳鳴、六畜變怪等,《漢志》皆有其書。《漢志》曰:"衆占非一,而夢爲大,故周有其官。"今案《周官》大卜,掌三兆、三易、三夢之法,其下有卜師、卜人、龜人、菙氏、占人、簭人等,蓋蓍龜雜占兩家之事皆屬焉。三兆:一曰玉兆,二曰瓦兆,三曰原兆。其經兆之體,皆百有二十;其頌皆千二百。《注》云:"頌,繇也。"三易:一曰《連山》,二曰《歸藏》,三曰《周易》。杜子春云:"玉兆,帝顓頊之兆。瓦兆,帝堯之兆。原兆,有周之兆。《連山》伏犧,《歸藏》黃帝。"鄭釋三兆爲璺罅似玉、瓦、原。原謂田。又從近師,以《連山》爲夏,《歸藏》爲殷。見《疏》。與杜説同爲無據。《大史公自序》,謂"齊、楚、秦、趙,爲日者各有法";又云"三王不同龜,四夷各異卜";則古蓍龜、雜占,法本錯雜不一,惟其原出於一,仍當小異大同。《周官》之三卜三易,蓋亦並存數家之法，不必其爲先代之遺也。① 龜書之繇，蓋猶《易》之卦爻辭，《左氏》僖公四年、襄公十年、十七年、哀公九年皆載之。其體相類。其物皆並無深意，即《易》之卦爻辭亦然。其哲理皆在十翼，則後人就其所見，加以發揮，初非作《易》者之本意也。《曲禮》曰："疑而筮之，則勿非也，日而行事，則必踐之。"《表記》言三代明王，"不犯日月，不違龜筮"；而《史記》有《日者》、《龜策》二傳；則時日卜筮，實爲古人趨吉避凶之術之兩大端，蓋事有可豫測其吉凶而趨避之者，時日是也。有無從豫見，必待臨事求其徵兆；或徵兆先見，從而占其吉凶者；龜筮、雜占是也。吉凶既可豫知，自可從事禳解，故《周官》占夢，有贈惡夢之法；而《漢志》雜占家，亦有執不祥，劾鬼物，請官除妖祥及禳、祀、請、禱諸書焉。

數術六家中，最近自然科學者，莫如形法。《漢志》論形法之學云："大舉九州之勢，以立城郭宮舍。此蓋度地居民及營國之術，《山海經》十三篇、《國朝》七卷、《宮室地形》二十卷其書也。於此可見今之《山海經》，必非《漢志》著録之舊，參看第二章。形人及六畜骨法之度數，器物之形容，以求其聲氣貴賤吉凶。猶律有長短，而各徵其聲。非有鬼神，數自然也。"《繁露·同類相動篇》曰："平地注水，去燥就溼；均薪施火，去溼就燥；百物去所與異，而從所與同。故氣同則會，聲比則應，其驗皦然也。試調琴瑟而錯之，鼓其宮則他宮應之，鼓其商則他商應之。五音比而自鳴，非有神，其數然也。知此，則可以制物而用之矣。"《繁露》此説，略同《吕覽·應同》。《易·文言》亦曰："同聲相應，同氣相求。水流溼，火就燥，雲從龍，風從虎。聖人作而萬物覩，本乎天者親上，本乎地者親下，則各從其類也。"知古自有此專重形質之學也。② 由此而深求之，物理必可漸明。然後遂停滯不進，而專以相人及六畜等術，流傳於世焉。案相術較之時日卜筮等，實爲有據，③故學術之家，樂道之者較多。如王充著《論衡》，於相術即不甚排斥。然相法只可定人之智愚賢不肖，而

---

① 宗教：《周官》三卜三易蓋并存數法，不必傳諸先代。
② 學術：古重形質之説。
③ 宗教：相最有據有後墮落。

不能定其貴賤吉凶，以貴賤吉凶，初不與智愚賢不肖相應也。昔人之有取於相者，多就前者立説，而世人之有求於相者，則多惟後者之求。於是言相法者，不得不捨其有憑，言其無據，遂與時日卜筮之本不足信者等矣。然則學術之墮落，亦社會使之也。相人之術，見於古書者，如《左氏》文公二年，子上謂商臣蠭目而豺聲；宣公四年，子文謂子越椒熊虎之狀，而豺狼之聲；昭公二十八年，叔向之母謂伯石豺狼之聲；本皆以性格言。文公元年，叔服相公孫敖之子，謂"穀也豐下，必有後於魯國"，則以禍福言矣。

　　方技四家：醫經，今所謂醫學也。經方，今所謂藥學也。房中關涉醫學，無待於言。神仙家雖若宗教，然無所信而有所求；[1]又方士多知醫藥；《素問》中多載方士之言。服食練藥，又爲其求仙之法之兩大端；《漢志》與醫經、經方、房中同列一略，誠得其實也。醫之初，操於巫覡之手，故古恒以巫醫並稱。《素問·移精變氣論》：黃帝問曰："古之治病者，惟其移精變氣，可祝由而已。"祝由，《説文》作祝褕。又《言部》："譸，詶也。詶，詛也。詛，詶也。詶，詶也。"詶褕亦一字。祝由即呪詛耳。[2]　蓋古人視萬物皆有知，故有疾病，不求諸物理，而求諸鬼神，乃欲以呪詛已之也。然迷信雖深，真知識仍與時俱進。古之人雖信巫不信醫，其時之巫，亦多知醫者。後來所謂方士，蓋即其人也。醫之始，蓋因解剖而知藏府、經脈。《靈樞經·水篇》云："人死則可解剖而視之。"案《漢書·王莽傳》。載莽誅翟義，捕得其黨，使大醫尚方與巧屠共刳剥之，量度五藏，以竹筳道其脈，知所終始，其事必有所本。又疏食之世，所食之物甚雜，乃漸知草木之性，於是有《本草》之書。《曲禮》："醫不三世，不服其藥。"《疏》引舊説云："三世者，一曰黃帝鍼灸；二曰神農本草；三曰素女脈訣，又云夫子脈訣。"神農乃農業之名，參看第六章第二節。神農本草，猶言農家原本草木之書。《淮南·修務》言："神農嘗百草之滋味，水泉之甘苦，一日而遇七十毒。"乃附會之辭也。古書之傳於後者：《神農本草經》即神農本草之學，蓋《漢志》所謂經方家言；《靈樞經》爲黃帝鍼灸之

---

[1]　宗教：神仙家無所信有所求。

[2]　學術：祝由即呪詛。

學;《難經》爲素女脈訣之學;此書《隋書·經籍志》稱《黄帝八十一難》。《史記·扁鵲列傳》正義引楊玄操説，以爲秦越人作，未知何據。則醫經家言也。《素問》雜以陰陽五行之論，蓋方士兼通哲學者之所爲。古之以醫名者:《漢志》云:"大古有岐伯、俞跗，中世有扁鵲、秦和。"《周官》疾醫:"以五味、五穀、五藥養其病。"鄭《注》云:"其治合之齊，存乎神農、子儀之術。"岐伯、《素問》書中，設爲其與黄帝問對之辭。扁鵲《史記》有傳。俞跗事即見其傳中。醫和見《左氏》昭公元年。成公十年又有醫緩。子儀，《疏》引《中經簿》有《子義本草經》一卷，云儀與義一人，則亦經方家。諸家事迹可考見者，惟醫和有天有六氣之論，可見醫學與哲學相合，起於戰國之世也。醫緩之言，與晉侯夢見二豎子之言相合。扁鵲遇長桑君，予以藥，曰:飲是以上池之水，三十日，當知物矣。乃悉取其禁方書盡與扁鵲。忽然不見，殆非人也。扁鵲以其言飲藥，三十日，視見垣一方人，以此視病，盡見五藏癥結。特以診脈爲名耳，猶是巫覡本色。《周官》有醫師，其屬有食醫、疾醫、瘍醫、獸醫;《扁鵲傳》言其過邯鄲爲帶下醫，過洛陽爲耳目痺醫，入咸陽爲小兒醫;頗可考見古者醫學之分科也。

　　神仙家之説，其起於燕、齊之間乎?[1]《史記·封禪書》言:"自威、宣、燕昭使人入海求蓬萊、方丈、瀛洲。"而《左氏》昭公二十年，載齊景公問晏子曰:"古而無死，其樂如何?"古無爲不死之説者，景公之所問，亦必神仙家言也。[2]《莊子·刻意》曰:"吹呴呼吸，吐故納新，熊經鳥申，爲壽而已矣。此道引之士，養形之人，彭祖壽考者之所爲也。"道引之術，服餌之方，房中之祕，皆得之於醫家者也。神仙家言，疑因燕、齊之間，時有海市而起。睹其象而不知其理，則以爲人可升仙。其理雖不足憑，其象自爲人人所睹，故威、宣、燕昭等皆雄主，猶甘心焉也。神仙家雖荒誕，然於藥物必多有發明。[3] 金石之齊尤甚。此非本草家所知，惟神仙家疑神仙之壽考，由其體質特異，久不變壞，

---

[1]　宗教:神仙家疑起燕齊，因海市。

[2]　宗教:古而無死，蓋亦信神仙。

[3]　宗教:(醫藥)金石之齊，蓋神仙家所發明。

乃欲以金石裨益其身。葛洪之論，即如此也。

　　以上諸家，皆研究自然見象者。其考索人事者，則出於理民行政之官。其學視九流蓋具體而微，章炳麟言官人守要，而九流究宣其義，及其發舒，王官之所弗能與。於第五節中詳之，兹不更及。欲考索行事者，必於人事多所記識，此爲史家之職。古無史學，觀《漢志》，《太史公書》猶附《春秋》之末可知，然不知其爲學者，不必遂無其學。[①]《七略》之不列史家，亦或由秦火以後，官家之書，焚毀已盡，私家則本無此項著作，非必不知其可爲一學也。行事之記識，實爲一切社會科學之本，固不容置諸不論也。今於此略述之。案古史有官私二種：官家之史：左史記事，右史記言，言爲《尚書》，事爲《春秋》。又有小史，掌奠繫世。大史所職，則爲圖法之倫。私家之史，概稱爲語。已見第二章。《周官》小史掌邦國之志，蓋指内諸侯言。外史掌四方之志，則指外諸侯。掌三皇五帝之書，蓋指異代史。則古之名國，於史籍收藏頗富。《史記·六國表》云：“秦既得意，燒天下詩書，諸侯史記尤甚，《詩》、《書》所以復見者，多藏人家，而史記獨藏周室，以故滅。”此周室二字，固古人言語以偏概全之法，非謂周室能盡藏列國之史，然當時名國，所藏者皆不止本國之史，則於此可見矣。史官所記，蓋僅國家大事，十口傳述，本來散在民間，古亦有收集之者。[②]《周官》誦訓，“掌道方志，以詔觀事”。《注》：説四方所識久遠之事。訓方氏，“誦四方之傳道”，《注》：世世所傳説往古之事也。其事也。古史官頗重直筆，如董狐、南史則是。見《左氏》宣公二年、襄公二十五年。故於行事多能存其真。而士大夫亦多能取材於是，如申叔時論教大子之法，謂教之《春秋》，教之《志》，教之《語》，教之《故志》是也。《國語·楚語》。史籍雖經秦火而亡，然昔人治史所得者，則永存不滅矣。

　　以萬物爲有知，與以萬物爲無知，實爲人心一大變。蓋視萬物爲有知，則凡事皆無可測度，除恐懼祈求而外，別無可以自處之方。視

---

① 史學：古有史學？
② 史學：古大國藏史籍頗多。收集民間傳説。

萬物爲無知，則彼自有其定則，我但能得其定則，即可從而駕馭之矣，復崇奉之何爲？此知愚之一大界也。宗教家受此感動，其論遂亦自擬人之神，進爲汎神，自有神入於無神焉。何以言之？蓋在視萬物爲有知之世，其視一切皆爲神之所爲，而其所謂神者，亦自有其實體。墨子《天志》、《明鬼》之論，所謂天，所謂鬼者，皆有喜怒欲惡如人，則其證也。至於陰陽五行之家，則不然矣。五行家視一切變化，皆爲五行生勝，陰陽家視一切變化，皆爲二氣乘除，安得有一人焉以尸之？二説相合，更求其原，則宇宙之本，實爲一種動力。①《乾鑿度》曰：“有大易，有大初，有大始，有大素。大易者，未見氣也；大初者，氣之始也；大始者，形之始也；大素者，質之始也。氣形質具而未相離，謂之渾沌。”《易正義》八論第一引。渾沌開闢，則輕清者上爲天，重濁者下爲地，沖和氣者爲人。自未見氣以至於有人，則此一氣之鼓盪而已矣，《老子》曰：“有物混成，先天地生。寂兮寥兮，獨立而不改，周行而不殆，可以爲天下母。吾不知其名，字之曰道。”《易》曰：“大哉乾元，萬物資始，乃統天。”《乾卦彖辭》。《公羊解詁》曰：“《春秋》以元之氣，正天之端”，“天不深正其元，則不能成其化。”隱公元年。《繁露》曰：“元者，萬物之本，在乎天地之前。”《重政》。則是力之謂也。此等動力，豈能謂有物焉以爲之主？則只可謂世界本來如此耳。世界本來如此，則世界之本體即神。所謂世界者，乃包括一切而言之，臭腐神奇，無所往而非是，然則一切皆神。此所謂汎神之説也。既一切皆神，復安有非神者與之相對？此則泛神之論，所以一轉而入於無神也。至此，所謂迷信者，安得不破？然人之所以自處者，則漸合乎自然之律矣，此宗教哲學之一大變也。

情感之泉，流爲美術。美術可分動静二端：動者音樂，静者繪畫、彫刻等也。樂之原，蓋當溯諸伊耆氏之蕢桴土鼓，見第六章第二節。其後有垂之和鍾，叔之離磬，女媧之笙簧，《禮記·明堂位》。舜之五絃琴，

---

① 哲學宗教：五行，陰陽，知自然有定則，再求則原爲動力——泛神——轉入無神。

《樂記》。而樂器乃漸備焉。《漢書·律曆志》曰："聲者，宮、商、角、徵、羽也。八音：土曰塤，匏曰笙，皮曰鼓，竹曰管，絲曰絃，石曰磬，金曰鍾，木曰柷。五聲之本，生於黃鍾之律，九寸爲宮，或損或益，以定商、角、徵、羽。律十有二，陽六爲律，陰六爲呂。《周官》大師作六同。律以統氣類物，一曰黃鍾，二曰大簇，三曰姑洗，四曰蕤賓，五曰夷則，六曰亡射。呂以旅陽宣氣，一曰林鍾，二曰南呂，三曰應鍾，四曰大呂，五曰夾鍾，六曰仲呂。"此古樂律之大略也。又謂黃鍾之律，乃黃帝使泠倫所作，則近於附會矣。樂之始，蓋惟按拍之器，爲不可缺，餘則或有或無，後世野蠻之人，莫不如是。吾國之樂，亦當隨世而備，謂有一人焉創意制作者，必妄也。古代樂名，見於《禮記·樂記》、《周官·大司樂》、《呂覽·古樂》諸篇，其事當不盡誣。《周官》鞮鞻氏，又有四夷樂名，則古樂之淵源頗廣，故亦頗稱美備。觀《樂記》等言樂理之精，及其感化之力之大，而可知也。古樂至漢世猶有存者，《漢書·禮樂志》，言漢興樂家有制氏，以雅樂聲律，世世在大樂官，但能記其鏗鎗鼓舞，而不能言其義。又云：文始舞本舜招舞，五行舞本周舞。以人心好尚之變，終至淪亡，而僅傳其歌辭於後，是爲詩。

詩者，歌辭之與樂分離者也，是曰謠。《説文》：徒歌曰謠。大抵歌之始，所美者僅在音節，故可傳諸不同語言之族。至其辭，則多複重淺薄，如《芣苢》之詩即是也。其後美感日益發皇，技亦日進，則並其辭亦皆有深意存乎其間，遂可不歌而誦矣。左氏襄公十四年："孫蒯入使，公飲之酒，使大師歌《巧言》之卒章，大師辭，師曹請爲之。初，公有嬖妾，使師曹誨之琴，師曹鞭之，公怒，鞭師曹三百，故師曹欲歌之以怒孫子，以報公。公使歌之，遂誦之。"《注》云："恐孫子不解故。"可見古人聽歌，亦不能解其辭句，與今人同也。① 古之詩，大抵四言。《詩序疏》云："自二言至於九言。"此乃就意義論，非言歌誦之節。又有三七言者。如《荀子·成相篇》。楚辭又別成一體。至於賦，則文之主於敷張者耳。雖曰有韻，然古之文亦多有韻也。《詩》分風雅頌三體。已見第二章。賦之意，亦大抵主於諷諫，如《荀子》之《賦篇》是也。

―――――――

① 文學：不歌而誦爲詩，離樂而獨立，古人聽歌亦不解其辭句。

　　文之初,大抵句簡短而整齊,亦多有韻,阮元所謂寡其辭,協其音,《揅經室集·文言説》。以便諷誦,助記憶。與口語相合之散文,實至東周以後而始盛。今之先秦諸子中,尚有兩種體制相雜也。寡辭協音之文,大抵先世之遺,而東周人録傳之者。

　　繪畫之始,本狀物形,其後意存簡略,又或遷就器形,則漸變而成幾何畫。吾國古代,亦兩者兼有。狀物者或以繪故事,如楚先王廟及公卿祠堂,圖畫天地山川神靈,及古賢聖怪物行事是也。《楚辭·天問》。幾何畫多施於器物,如古器之雷文,及兩己相背等形是。雕刻除器物外,亦有施之宫室者。可參看第十三章第三節。南方除雕刻外,又有鑄金之技。《吴越春秋》言句踐鑄金象范蠡之形是。《句踐伐吴外傳》。蓋由其本精於冶鑄也。

第四節　宦　　學

　　古代學術之府,果安在乎? 曰有二:一曰學校,一曰官守。

　　今之言教育史者,每好將今日之學校,與古代相比附,此全未知古代學校之性質者也。古代社會,有平民貴族之等級,其教育亦因之而異。[1] 貴族教育,又有大學與小學之分。貴族之小學,與平民之學校,皆僅授以日用之知識技藝,及當時所謂爲人之道,絶不足語於學術。大學則本爲宗教之府,教中之古籍,及高深之哲學在焉。然實用之學,亦無所有,而必求之於官守。此古代學術所在之大略也。

　　《禮記·内則》曰:“子能食食,教以右手。能言,男唯女俞。六年,教之數與方名。七年,男女不同席,不共食。八年,出入門户,及

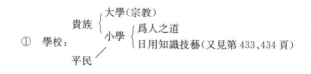

即席飲食，必後長者。始教之讓。九年，教之數日。十年，出就外傅，
居宿於外。學書計。衣不帛，襦袴。禮帥初。朝夕學幼儀，請肄簡
諒。十有三年，學樂，誦詩，舞勺。成童，舞象，學射御。二十而冠。
始學禮。可以衣裘帛。舞大夏。惇行孝弟。博學不教。內而不出。
三十而有室。始理男事。博學無方。孫友視志。四十始仕。方物出
謀發慮。道合則服從，不可則去。五十命爲大夫，服官政。七十致
事。女子十年不出。姆教婉娩聽從。執麻枲，治絲繭，織紝組紃，學
女事，以共衣服。觀於祭祀，納酒漿、籩豆、菹醢、禮相助奠。十有五
年而笄。二十而嫁，有故，二十三年而嫁。"此爲貴族男女一生情形。
七年爲始化之年，參看第十一章第一節。故始教之以男女之別。十年爲
就學之始，女子始聽姆教，男子出就外傅，蓋始離其父母之手。此時
男子所學者，當爲灑掃應對等事。所謂《幼儀》。古之學莫重於禮樂，十
三始學樂，二十始學禮，故《尚書大傳》言十三入小學，二十入大學。①
《大戴禮記》、《保傅》。《白虎通義》、《辟雍》。《漢書》、《食貨志》。則追溯始
化之年，故又以爲八歲入小學，十五成童。入大學也。《學記》曰："古
之教者家有塾。"塾爲門側之室之通稱。已見第十三章第三節。《周官》師
氏，掌以三德、六行及國中失之事教國子，居虎門之左，司王朝；保氏，
掌養國子以道，教之六藝、六儀，使其屬守王闈；亦塾制也。塾爲貴族
之小學。至於大學，則初在王宮之中，後乃移於南郊。參看第十三章第三
節。蔡邕《明堂論》曰："《易傳·太初篇》曰：太子旦入東學，晝入南
學，暮入西學。在中央曰大學，天子之所自學也。《禮記·保傅篇》
曰：帝入東學，上親而貴仁；入西學，上賢而貴德；入南學，上齒而貴
信，入北學，上貴而尊爵；入大學，承師而問道。與《易傳》同。《魏文
侯孝經傳》曰：大學者中學，明堂之位也。《禮記·古大學明堂之禮》
曰：膳夫是相禮，日中出南闈，見九侯，反問於相；日側出西闈，視五
國之事；日闇出北闈，視帝節猶。"此爲大學與明堂合一之世。《王制》

_____

① 　學校：古入小學大學之年（又見第436頁）。

曰：“小學在公宮南之左，大學在郊。”則與王宮分立矣。然其性質，仍沿先代之舊。《王制》言：“春秋教以禮樂。冬夏教以詩書。”《文王世子》曰：“春誦，夏弦，秋學禮，冬讀書。”禮樂所以祀神，詩即其歌辭，書則教中故典也。大學雖東周後不能盡廢，然未聞有一人焉，學成而出仕者，則以所肄皆宗教家言，非實用之事也。大學所教，既爲宗教家言，故爲涵養德性之地。子夏曰：“學而優則仕，仕而優則學。”《論語·子張》。即言德性、事功不可偏廢也。今世科學哲學分爲二，往古則合爲一。墨子最重實用，而其書中，《經》、《經說》、大小《取》諸篇，皆講哲學及自然科學，爲名家所自出，在先秦諸子中，最稱玄遠，以墨學出於史角，史官即清廟之守故也。見第五節。《學記》曰：“君子如欲化民成俗，其必由學乎？”又曰：“能爲師，然後能爲長；能爲長，然後能爲君。師也者，所以學爲君也。”又曰：“君子以大德不官，大道不器。”此即《漢志》所稱道家君人南面之學，其原固亦出於史官也。《學記》又曰：“君之所不臣於其臣者二：當其爲尸，則弗臣也；當其爲師，則弗臣也。”乞言養老之禮，執醬而饋，執爵而酳，所以隆重如此者，正以其所謂師者，其初乃教中尊宿耳。《王制》曰：“出征執有罪，反釋奠於學。”凱旋而釋奠於學者，以所謂學者本非學也。此爲辟雍明堂合一之誠證。又曰：“有虞氏養國老於上庠，養庶老於下庠。夏后氏養國老於東序，養庶老於西序。殷人養國老於右學，養庶老於左學。周人養國老於東膠，養庶老於虞庠。”鄭《注》以養國老者爲大學，養庶老者爲小學。小學中不得有乞言養老之禮，其說恐非。①

《曲禮》曰：“宦學事師，非禮不親。”《疏》引熊氏云：“宦謂學仕官之事。”②此猶明世國子生之歷事，進士之觀政，皆居其官而學之，特歷事觀政者，皆在學成之後，古所謂宦者則不然耳。李斯曰“若有欲學，以吏爲師”，即宦之謂也。古人實用之知識，皆由此得，故有重宦而輕學者。“子路使子羔爲費宰。子曰：賊夫人之子。子路曰：有民人焉，有社稷焉，何必讀書，然後爲學？”《論語·先進》。“子皮欲使尹何

---

① 學校：鄭以養庶老者爲小學恐非。

② 學校：宦（又見第 437 頁）。

爲邑,子產曰:少,未知可否? 子皮曰:使夫往而學焉,夫亦愈知治矣。"《左氏》襄公三十年。皆此等見解也。諸子之學,出於王官者以此。

孟子曰:"夏曰校,殷曰序,周曰庠,學則三代共之。"《滕文公上》。《學記》曰:"古之教者,家有塾,黨有庠,術有序,國有學。"學者大學,塾者貴族之小學;校、庠、序皆平民之學也。《書傳》曰:"大夫七十而致仕,老於鄉里。大夫爲父師,士爲少師。穫鉏已藏,祈樂已入,歲事畢,餘子皆入學。"《公羊解詁》曰:"一里八十户,八家共一巷。中里爲校室,選其耆老有高德者,名曰父老。十月事訖,父老教於校室。八歲者學小學,十五者學大學。"宣公十五年。孟子所謂:"校者,教也。"又曰:"序者,射也;庠者,養也。"蓋行鄉射及鄉飲酒禮之地。子曰:"君子無所爭,必也射乎? 揖讓而升,下而飲,其爭也君子。"《禮記·射義》,又見《論語·季氏》。又曰:"吾觀於鄉,而知王道之易易也。主人親速賓及介,而眾賓自從之;至於門外,拜賓及介,而眾賓自入;貴賤之義別矣。三揖至於階,三讓以賓升,拜至獻酬辭讓之節繁;及介省矣;至於眾賓,升受,坐祭,立飲,不酢而降;隆殺之義辨矣。工入,升歌三終,主人獻之;笙入三終,主人獻之;間歌三終,合樂三終,工告樂備,遂出;一人揚觶,乃立司正焉:知其能和樂而不流也。賓酬主人,主人酬介,介酬眾賓,少長以齒,終於沃洗者焉:知其能弟長而無遺矣。降,說屨升坐,修爵無數,飲酒之節,朝不廢朝,莫不廢夕。賓出,主人拜送,節文終遂焉,知其能安燕而不亂也。貴賤明,隆殺辨,和樂而不流,弟長而無遺,安燕而不亂,此五行者,足以正身安國矣;彼國安而天下安;故曰:吾觀於鄉,而知王道之易易也。"《禮記·鄉飲酒義》。蓋所謂庠序者,乃行禮觀化之地,不徒非讀書之處,並非設教之所也。《文王世子》曰:"行一物而三善皆得者,惟世子而已,其齒於學之謂也。故世子齒於學,國人觀之曰:將君我,而與我齒讓,何也? 曰:有父在則禮然,然而眾知父子之道矣。其二曰:將君我,而與我齒讓,何也? 曰:有君在則禮然,然而眾著於君臣之義也。其三曰:將君我,而與我齒讓,何也? 曰:長長也,然而眾知長幼之節矣。"則大學亦未嘗不以行禮觀化爲重也。故曰："强不犯弱，衆不暴寡，此由大學來者也。"
《祭義》。世豈有空言而可以立教者哉？

惟然，故古之言教化者，必在衣食饒足之後。孟子曰："明君制民
之產，必使仰足以事父母，俯足以畜妻子；樂歲終身飽，凶年免於死
亡；然後驅而之善，故民之從之也輕。今也，制民之產，仰不足以事父
母，俯不足以畜妻子，樂歲終身苦，凶年不免於死亡；此惟救死而恐不
贍，奚暇治禮義哉？"《梁惠王上》。故曰："無曠土，無遊民，食節事時，民
咸安其居，樂事勸功，尊君親上，然後興學。"《王制》。

以上所言，皆封建之世之規模也。東周以後，封建之制漸壞，學
校稍以頹廢，士大夫亦多不說學。《左氏》昭公十八年："葬曹平公，往者見周原伯
魯焉。與之語，不說學。"案此所謂不說學者，乃謂不說學校中之所謂學，非謂凡事皆不肯
問學也。蓋與子路、子皮同見。官失其守，疇人子弟散之四方，本其所得，各
自立說，於是王官之學，一變而爲私家之學矣。而平民之有餘暇能從
事於學問者亦稍多，於是有聚徒設教之人，有負笈從師之事，而學問
乃自貴族而移於平民。

第五節　先　秦　諸　子

中國學術，凡三大變：邃古之世，一切學術思想之根原，業已旁
薄鬱積。至東周之世，九流并起，而臻於極盛，此其第一期也。秦、漢
儒、道、法三家之學，及魏晉時之玄學，合儒道兩家。並不過衍其緒餘。
渡江而後，佛學稍起，至隋、唐而極盛，此爲一大變。宋、明之理學，則
融合佛學與我之所固有者也。明中葉後，西學東來，至近四十年而風
靡全國，此爲其又一變。將來歸宿如何，今尚未可豫知。學問之事，
每隨所處之境而異。各民族所處之境不同，故其所肆力、所成就者亦
不同。採人之所長，以補我之所闕，此一民族之文化，所以日臻美備；
而亦全世界之文化，所以漸趨統一也。語曰："甘受和，白受采。"惟文

化本高者,爲能傳受他人之文化,先秦學術,我之所固有也,固不容不
究心矣。

先秦學術之原,古有二説:一爲《漢書·藝文志》,謂其皆王官之
一守,一爲《淮南子·要略》,謂其起於救時之弊,二説孰是?曰:皆
是也。古代學術,爲貴族所專有。然貴族亦非積有根柢,不能有所成
就,王官專理一業,守之以世,歲月既久經驗自宏,其能有所成就,亦
固其所。然非遭直世變,鄉學者不得如此其多,即其所成就,亦不得
如此其大也。故《漢志》與《淮南》,可謂一言其因,一言其緣也。

凡人之思想,大抵不能無後於時者也。何則?世事只有日新,決
無複演,而人之所知,囿於既往,所以逆億將來,策畫將來者,大抵本
往事以立説。無論其所據若何,必不能與方來之事全合也。惟亦不至全
不合,因演進乃徐徐蜕變,非一日而大異於其故。有時固似突變,然其暗中之變遷,亦必已
甚久也。先秦諸子,雖因救時之弊而起,然其説亦必有所本。一爲探求
其本,而其説之由來,與其得失,概可見焉。

其所據最陳舊者,實惟農家。農家之書,真係講樹藝之術者,爲
《呂覽》之《任地》、《辨土》、《審時》諸篇,然此非其所重。先秦諸子皆
欲以其道移易天下,非以百畝爲己憂者也。《漢志》論農家之學云:
"鄙者爲之,欲使君臣並耕,悖上下之序。"可見《孟子》所載之許行,實
爲農家鉅子。《滕文公上》。許行之言有二:一君臣並耕,一則物價但論
多少,不論精麤也。此蓋皇古之俗,固不能謂古無其事,亦不能謂其
必不可復,然復之必有其方,許行之所以致之者,其道果何如乎? 許
行未嘗有言。如其有之,則陳相當述之,孟子當駁之,不應徒就宗旨辯難。此則不
能不令人疑其徒爲高論者也。

所託之古,次於農家者爲道家。古書率以黃、老並稱。今《老子》
書皆三四言韻語;間有散句,係後人加入。書中有雌雄牝牡字,而無男女
字;又全書之義,女權率優於男權;足徵其時之古。此書決非東周時
之老聃所爲,蓋自古相傳,至老聃乃著之竹帛者也。今《列子》書《天
瑞篇》,有《黃帝書》兩條,其一文同《老子》。又有《黃帝之言》一條,

《力命篇》有《黄帝書》一條。《列子》雖僞物，亦多有古書爲據，謂《老子》爲黄帝時書，蓋不誣矣。《老子》書之宗旨，一在守柔，一在無爲。主守柔者，古人率剛勇好鬥。① 其敗也，非以其弱而以其強。上古如蚩尤，中古如紂，下古如齊頃公、楚靈王、晉厲公、吳夫差、宋王偃、齊湣王皆然。故以是爲戒。其立論之根據，則爲禍福倚伏。蓋觀四時、晝夜，而以天道爲循環。此固淺演之民可有之知識也。無爲猶言無化。化者？棄其故俗，慕效他人。蓋物質文明，傳播最易，野蠻人與文明人遇，恒慕效如恐不及焉。然役物之方既變，則人與人之關係，亦隨之而變。而是時之效法文明，不過任其遷流所至，非有策畫，改變社會之組織，以與之相應也，則物質文明日增，而社會組織隨之而壞矣。民間之慕效文明，隱而難見，君上之倡率，則顯而易明，故古人恒以是爲戒，如由余對秦穆公之言是也。見第九章第四節。此等見解，誠不能謂爲無理，然不能改變社會之組織，以與新文明相應，而徒欲阻遏文明，云胡可得？況習俗之變，由於在上者之倡率，不過就表面觀之則然。人之趨利，如水就下。慕效文明，其利顯而易見，社會組織變壞，其患隱而難知？亦且未必及己，人又孰肯念亂？"化而欲作"，雖"鎮之以無名之樸"，又何益邪？

道家中別一派爲莊、列。莊、列之説，蓋鑒於世事之變化無方，其禍福殊不可知，故有齊物論之説。論同倫，類也。物論可齊，復何所欣羨？何所畏避？故主張委心任運。其書雖亟稱老聃，然其宗旨，實與老聃大異也。

所根據之道，稍後於老子者爲墨。墨之道原於禹。讀孫星衍《墨子後序》，即可見之。《漢志》云："墨家者流，蓋出於清廟之守。茅屋采椽，是以貴儉。養三老五更，是以兼愛。養三老五更者？所謂老人之老。選士大射，是以尚賢。選士所以助祭，見第十四章第三節。宗祀嚴父，是以右鬼。順四時而行，是以非命。此命蓋陰陽五行家所言之命，謂萬物變化，悉由二氣

---

① 史事：古人以剛毅好鬥而敗。案楚共工亦然，即位時年甚小也。

乘除,五行生勝者也。與墨子《天志》、《明鬼》之論。謂有天與鬼以主其賞罰者不同,順四時而行,即《明堂》、《月令》之法,其法謂行令有誤,則天降之罰,與《天志》之言正合。以孝視天下,是以上同。"此數語若知古明堂清廟合一,自極易明。《呂覽·當染》言:"魯惠公使宰讓請郊廟之禮於天子,天子使史角往,惠公止之,其後在魯,墨子學焉。"史固辨於明堂行政之典者也。墨家之根本義曰兼愛,此即所謂夏尚忠。兼愛則不容剥民以自奉,是以貴儉,而節用、節葬、非樂之説出焉。兼愛則不容奪人所有,且使其民肝腦塗地,於是有非攻之論。何以戢攻者之心,則守禦之術尚矣。非攻之説,《呂覽》力駁之,而主義兵,見《蕩兵篇》。其説誠辨。然究極言之,攻與守固不能判兵之義不義而自大體言之,攻兵究以不義者爲多,墨子固取救時之弊,非作究極之論也。貴儉之論,荀子力駁之。見《富國篇》。其實墨子所行者,乃古凶荒札喪之變禮,本不謂平世亦當如是。荀子之難,彌不中理矣。然墨子之論,皆責難於王公大人,此非習於驕侈者所能從;欲以《天志》、《明鬼》之説歆動之,則此説又久爲時人所不信矣;見上節。此其道之所以卒不能行也。

《淮南·要略》謂墨子學於孔子而不説,故背周道而用夏政。今觀《墨子》書,《修身》、《親士》、《當染》,純爲儒家言,他篇又多引《詩》、《書》之文,則《淮南》之説是也。儒與墨,蓋當時失職之貴族。性好文者則爲儒,性好武者則爲俠,自成氣類,孔、墨就而施教焉,非孔、墨身所結合之徒黨也。儒之義爲柔,若曾子之兢兢自守,言必信,行必果者,蓋其本來面目。孔子之道,則不盡於是。孔子之道,具於六《經》。六《經》者,《詩》、《書》、《禮》、《樂》、《易》、《春秋》。《詩》、《書》、《禮》、《樂》本大學之舊科,《易》、《春秋》則孔門之大道也。"《易》本隱以至顯,《春秋》推見至隱。"蓋一以明道,一就行事示人之措施,何如斯謂之合於道,二書實相表裏也。邃古社會,蕩平無黨類,孔子謂之大同。封建之世,雖已有君民等級之不同,然大同之世,社會之成規,尚多沿襲未廢,是爲孔子所謂小康。春秋以後,則入於亂世矣。《春秋》三世之義,據亂而作,進於升平,更進於大平,蓋欲逆挽世運,復於大同。

今儒家所傳多小康之義，稱頌封建初期之治法，後人拘泥之，或且致
弊，然此乃傳其道者不克負荷，不能歸咎於孔子也。儒家治民，最重
教化，此爲其出於司徒之官之本色。其處已之道，最高者爲中庸。待
人之道，最高者爲絜矩。中庸者，隨時隨地，審處而求其至當。絜矩
者，就所接之人，我所願於彼者，即彼之所願於我，而當以是先施之。
其説簡而該，爲人人所能明，所易守，無怪其能範圍人心數千年之久
也。孔門龍象，厥惟孟荀。孟子言性善，辨義利，闡知言養氣之功，申
民貴君輕之義，又重制民之産，有功於儒學極大。荀子晚出，持論少
近刻覈，然其隆禮、明分之論，亦極精闢也。

　　儒家有通三統之論，已見第十四章第一節。而陰陽家有五德終始之
説，其意亦猶是也。陰陽家以鄒衍爲大師，《史記‧孟荀列傳》載其説
甚恢迂，然其意，亦欲本所已知，推所未知而已。《漢書‧嚴安傳》載
安上書引鄒子之言曰：“政教文質者，所以云救也。當時則用，過則捨
之，有易則易之。”則五德終始之説，猶儒家之通三統，謂有五種治法，
當以時更易耳。《史記》曰：“奭也文具難施。”而《漢志》有《鄒奭子》十
二篇，則已擬有實行之法。果難施與否，今不可知，要非如漢人之言
五德者，徒以改正朔、易服色爲盡其能事也。《大史公自序》述其父談
之論，謂陰陽家言，“大祥而衆忌諱，使人拘而多所畏”，此乃陰陽家之
流失，而非其道遂盡於是也。

　　以上諸家，辜較言之，可云農家之所願望者，爲神農以前之世。
道家之所稱誦者，爲黃帝時之説。墨家所欲行者爲夏道。儒家與陰
陽家，則欲合西周以前之法，斟酌而損益之。切於東周事勢者，實惟
法家。秦人之兼併六國，原因雖不一端，法家之功，要不可没也。東
周時之要務有二：一爲富國强兵，一爲裁抑貴族。前者爲法家言，後
者爲術家言，説見《韓非子‧定法篇》。申不害言術，公孫鞅爲法，韓
非蓋欲兼綜二派者。法家宗旨，在“法目然”，故戒釋法而任情。揆其
意，固不主於寬縱，亦不容失之嚴酷。然專欲富國强兵，終不免以人
爲殉。《韓非子‧備内篇》云：“王良愛馬，爲其可以馳驅，句踐愛人，

乃欲用以戰鬥。"情見乎辭矣。在列國相爭，急求一統之時，可以暫用，治平一統之時而猶用之，則戀蘧廬而不捨矣。秦之速亡，亦不得謂非過用法家言之咎。後此之法學，則名爲法，實乃術家言耳。

名家之學出於墨。已見上節。《漢志》推論，謂其出於禮官，蓋禮主差別，差別必有其由，深求差別之由，是爲名家之學，督責之術，必求名實之相符，故名法二家，關係殊密也。顧名家之學，如臧三耳等，轉若與恒情相違者？則恒情但見其淺，深求之，其說固不得不如是；抑同異本亦相待，深求其異，或將反見爲同，此惠施所以有"氾愛萬物，天地一體"之論。見《莊子·天下篇》。又疑此亦由其學原出墨家，故仍不離忠愛之旨也。名家之學，深奧難明，欲知其詳者，拙撰《先秦學術概論》下篇第六章似可參看。世界書局本。

縱橫家者流，《漢志》云出於行人之官，其學亦自古有之，而大盛於戰國之世。古之使者，"受命不受辭"，故行人之辭令特重，至戰國時，列國之間縱橫捭闔益甚，而其術亦愈工也。縱橫家之書，存者惟一《戰國策》。參看第二章。其書述策士行事，多類平話，殊不足信。其精義，存於《韓非子》之《說難篇》。扼要言之，則曰：視所說者爲何如人，然後以吾說當之而已。

雜家者流，《漢志》曰："出於議官，兼儒、墨，合名、法，知國體之有此，見王治之無不貫。"蓋專門之學，往往蔽於其所不知。西漢以前，學多專門，實宜有以袪其弊，故雜家但綜合諸家，即可自成一學也。雜家蓋後世通學之原，所謂議官，則嘖室之類也。見第十四章第二節。

以上所述，時爲九流，見《劉子·九流篇》，《後漢書·張衡傳》注同。益以小說，則成十家。《漢志》曰："小說家者流，蓋出於稗官，街談巷議，道聽塗說者之所造也。"疑《周官》誦訓、訓方氏之所采者正此類。九流之學，皆出士大夫，惟此爲人民所造。《漢志》所載，書已盡亡。《御覽》卷八百六十六引《風俗通》，謂宋城門失火，汲池中水以沃之，魚悉露見，但就取之。說出百家，猶可略見其面目也。

諸子十家，爲先秦學術之中堅。兵書數術、方技三略，其爲專門之學，亦與諸子同。數術、方技見上節，兵書略見第二章。《漢志》所以別爲略者，蓋以校書者之異其人，非意有所軒輊也。獨列六藝於儒家，則爲漢世古文家之私言。今文家之所傳者，爲儒家之學，雖涉歷代制度，乃以其爲儒家之説而傳之，非講歷史也。古文家本無師説，自以其意求之古書，則伏羲、神農、堯、舜、禹、湯、文、武、周公，皆與孔子等耳。此以治學論，固無所不可，然古代學術之源流，則不如是也。

第十六章　結　論

　　中國夙以崇古稱。昔時讀書之人，幾於共仞三代以前有一黃金世界，今則雖三尺童子，亦知笑其誣矣。雖然，昔人之抱此見解，亦自有其由，不得笑爲愚癡也。人必有其所蘄至之竟。所蘄至之竟，大抵心所願望，非必事所曾有也。然無徵不信，立教者往往設爲昔曾有是，以誘導人。即微立教者，合衆人之心力，亦自能構成一實竟，以自慰藉，自鼓厲。佛教之净土，耶教之天國，皆是物也。一人之所願欲如此，一羣之所願欲，亦何獨不然？昔所謂唐、虞、三代云者，則言治化之人，所蘄至之竟耳。身所經歷，有不滿者，輒虛構一相反之竟，而曰：三代以前如是，此猶今之自憾貧弱者，有所不滿，輒曰：並世富强之國如何如何，其說原不盡實，然亦究非如天國净土等説，全出於人之虛構也。治化之升降，必合役物以自養及人與人相處兩端言之。以役物之智論，後人恒勝於前人。以人與人相處之道言，則後世誠有不如古昔者。無怪身受其禍之人有此遐想也。中國社會之遷變，可以《春秋》三世及《禮》家大同、小康之說明之。《春秋》據亂而作，進於升平，更進於大平。禮家則説大同降爲小康。小康之治，迄於成王、周公，蓋以自此以後爲亂世。《禮》家慨其遞降，《春秋》則欲逆挽世運，躋於郅隆。其所謂升平者即小康，所謂大平者即大同，無足疑也。《春秋》之義，雖若徒存願望，《禮》家之説，則實以行事爲根據矣。然則《春秋》之義，亦非虛立也。孔子所謂大同者，蓋今社會學家所謂農業公産社會。斯時之人，羣以内既康樂和親，羣以外亦能講信修睦。先秦諸子所知之治化，蓋以此爲最高，故多慨慕焉。如老子所云郅治之世，亦即孔子所謂大同也。然當斯時也，治化下降之機，即已隱伏於其中。蓋世運恒自塞而趨於通。隆古社會，因其處竟之不同，仁暴初非一致。其相遇也，或不免於以力相君，則有征服者與所征服者之殊，而入於小康之世矣。治化之前進也，非一日可幾於上理，而固有之良規，亦非一朝夕之間所能盡毀，大同之世之規制，留遺於後者，蓋猶歷若干時，此其所以獲稱小康也。其後在上之人，淫侈日甚。外之則爭城爭地，甚或以珠玉重器之故，糜爛其民而戰之。内之所以虐使之苛取之者亦愈甚。耕作之術稍精，所治之土益狹，於是有所謂井田。井田，昔之論者以爲至公，實則土地私有之制之根原也。耕墾之事既勞，益知人力之可貴，而奴婢之制，亦於是起焉。其尤甚者，則爲商業。交易之道，所以使人分工協力，用力少而成功多。然相扶助之事，而以相剥削之道行之。在以其所有易其所無之世已然，至有所謂商人者興，而人之相朘削乃愈甚矣。於是謀交易之便，而有所謂泉幣。泉幣行而物之變易彌易，人之貪欲滋甚。終至公產之世之分職盡壞，人不復能恃其羣以生，羣亦不復能顧恤其人，一聽其互相爭奪，而人與人相處之道苦矣。記曰：“强者脅弱，衆者暴寡，知者詐愚，勇者苦怯；疾病不養；老、幼、孤、獨不得其所：此大亂之道也。”苟以是爲治亂之衡，後世所謂治平，如漢之文帝、唐之大宗之世，亦曷嘗能免於大亂之譏乎？寧復有人，敢縣《禮記》之所云者，以爲治亂之鵠，而譏漢、唐之治爲不足云者乎？然人之不甘以“强者脅弱，衆者暴寡，知者詐愚，勇者苦怯；疾病不養，老、幼、孤、獨不得其所”爲已足也，則其心卒不可移易也。亦曷怪其縣一竟焉，以爲想望之鵠乎？故曰：昔人所抱之見解，未可盡笑爲愚癡也。然欲至其所至之竟，必有其所由至之途。徒存其願而不審其途，將如説食之不能獲飽。惟社會組織之遷變，爲能説明社會情狀之不同，他皆偏而不全，而歷史則所以記載社會之變遷者也。舉

國人鄉所想望之竟,稽求其實,俾得明於既往,因以指示將來,此治
古史者所當常目在之者也。不然,所聞雖多,終不免於玩物喪志而
已矣,抑無當於史學之本旨也。